D1572999

ANTONY BABEL

Professeur à l'Université de Genève

———

HISTOIRE

ÉCONOMIQUE

DE

GENÈVE

Des origines au début du XVIᵉ siècle

TOME PREMIER

GENÈVE
ALEXANDRE JULLIEN, ÉDITEUR

HISTOIRE ÉCONOMIQUE DE GENÈVE

DES ORIGINES AU DÉBUT DU XVIᵉ SIÈCLE

Ce volume est publié avec l'appui de l'Etat de Genève (Fonds Rapin), du Fonds des publications de l'Université de Genève et du Fonds des publications de la Faculté des Sciences économiques et sociales de l'Université de Genève.

ANTONY BABEL

Professeur à l'Université de Genève

———

HISTOIRE ÉCONOMIQUE

DE

GENÈVE

Des origines au début du XVIe siècle

TOME PREMIER

GENÈVE

ALEXANDRE JULLIEN, ÉDITEUR

1963

INTRODUCTION

Peu de villes ont donné lieu à tant de publications historiques que Genève. Le XVIᵉ siècle, en particulier, dont l'intérêt déborde si largement le cadre local, a été l'objet de recherches innombrables et minutieuses, sans que, d'ailleurs, les autres époques aient été négligées. Actuellement, l'école historique genevoise, qu'animent Paul-E. Martin et Paul-F. Geisendorf, continue et amplifie cet effort. Les deux volumes de l'*Histoire de Genève*, dont Paul-E. Martin a dirigé la publication, permettent d'en enregistrer les beaux résultats.

Il faut bien constater, en revanche, que l'histoire économique et sociale de Genève n'a pas provoqué le même intérêt. Cela ne signifie pas cependant qu'elle a été complètement ignorée.

Paradoxalement, on doit remarquer que, si la préhistoire et la protohistoire de nos régions sont encore loin d'avoir livré tous leurs mystères, on peut en fixer, avec toutes les interrogations et les lacunes qui subsistent, au moins les traits généraux. Depuis le milieu du XIXᵉ siècle, elles ont suscité des recherches poursuivies au début selon des méthodes quelque peu désordonnées, mais qui, ensuite, sont devenues de plus en plus sévères pour arriver à être, aujourd'hui, rigoureuses. Les noms d'Eugène Pittard, de Marc-R. Sauter, d'Adrien Jayet surgissent d'une légion de préhistoriens voués à la restitution du plus lointain passé genevois.

Quant à l'histoire économique, déjà au milieu et dans la seconde partie du XIXᵉ siècle, certains érudits genevois semblent en avoir pressenti l'importance et en avoir préparé le développement. Ils ont publié, en particulier dans les premiers volumes des *M.D.G.* et dans le *Régeste genevois*, de nombreux et précieux documents qui sont autant de matériaux permettant l'édification de cette histoire. L'apport d'Edouard Mallet [1], de Charles Le Fort, de Paul Lullin, du Dʳ J.-J. Chaponnière, de Louis Sordet, de Ja. A. et

---

[1] On voudra bien se référer, en ce qui concerne les œuvres des préhistoriens, des archéologues et des historiens que nous énumérons dans cette Introduction, aux sources et à la bibliographie qui figurent à la fin du deuxième volume de cet ouvrage.

de J.-B.-G. Galiffe, pour ne retenir que quelques noms, est parfois d'un grand intérêt.

Au XXe siècle, Emile Rivoire et Victor van Berchem ont repris, poursuivi et approfondi les efforts de leurs prédécesseurs : sans la publication des *Registres du Conseil* et des *Sources du droit,* on ne pourrait pas pousser très loin l'histoire économique de certaines époques.

Une place à part doit être faite à Louis Blondel. D'innombrables notes, articles, mémoires et plusieurs gros volumes, consacrés à la préhistoire, à l'époque romaine et au moyen âge, publiés au long d'une fructueuse carrière toute consacrée à l'étude, apportent à l'histoire économique une abondante documentation et des essais de synthèse d'une incomparable valeur.

Les œuvres des annalistes genevois du début du XVIIe siècle, à la publication desquelles Paul-F. Geisendorf a voué des soins diligents, sont tout chargés d'enseignements.

On doit à ce même historien la récente impression, en deux volumes, des parties arrivées jusqu'à nous du registre des habitants de l'époque du premier Refuge. Ils sont enrichis de pertinents commentaires et de précieux index. Ils permettront, sur le plan économique notamment, une étude renouvelée de la vie genevoise et du rôle des religionnaires au moment, particulièrement chargé de signification, où l'ancienne cité des foires s'orientait vers un nouveau destin.

Grâce au *Livre des Bourgeois de l'ancienne République de Genève,* dans lequel Alfred L. Covelle a rassemblé toutes les admissions à la bourgeoisie qu'il a pu retrouver, on peut établir le nombre, les origines et les professions de ceux qui ont été incorporés à la cité à part entière du XIVe à la fin du XVIIIe siècle.

Dépassant le stade nécessaire du rassemblement des sources, plusieurs érudits ont tenté quelques exposés d'ensemble. Le temps marche vite : les méthodes changent et les archives livrent leurs secrets. Ces études anciennes appellent inévitablement des réserves, des retouches, voire des corrections. Cela ne signifie pas qu'elles n'ont pas eu — qu'elles n'ont pas encore, maintenant, — leur utilité. *Industrie et état social à Genève au dix-huitième siècle, d'après les minutes des notaires,* de Louis Dufour, *Les foires de Genève au XVe siècle,* de Frédéric Borel, entre plusieurs autres ouvrages, constituent la contribution, non négligeable, de la fin du XIXe siècle.

Au début du XXe siècle, les publications du Dr Léon Gautier, de Léopold Micheli, d'Edouard Chapuisat, sont riches en enseignements. Plus près de nous, la contribution de Luc Boissonnas, de Simone Linnert Jensen, de Sven Stelling-Michaud est de grande valeur. Les nombreuses études, originales et érudites, consacrées par Hektor Ammann et par André-E. Sayous à notre histoire économique ne sont pas moins précieuses. J.-F. Rouiller a apporté une importante contribution à l'histoire de l'établissement des chemins de fer dans la région genevoise, au XIXe siècle, et Pierre Bertrand a marqué la signification de la Révocation de l'Edit de Nantes dans l'histoire économique de notre XVIIe siècle. Les banques de Genève ont donné lieu à certaines publications. Les ouvrages consacrés par Eugène Demole aux monnaies genevoises ont un caractère assez nettement numismatique.

D'autres recherches, portant sur l'histoire intellectuelle, artistique, religieuse de Genève au moyen âge et au XVIe siècle, éclairent aussi, indirectement, le développement de sa vie matérielle. Nous pensons notamment à celles d'Henri Naef et de Pierre Bouffard ; à celles qu'Henri Delarue, Mgr Marius Besson, Paul Chaix — pour n'en retenir que quelques-unes — ont consacrées aux origines de l'imprimerie. Quant à celles de Waldemar Deonna concernant l'archéologie ou le développement des beaux-arts et des arts décoratifs, qu'elles soient des monographies ou des ouvrages fondamentaux, elles projettent de vives lumières sur certaines activités économiques de la cité.

Le Comté de Genève de Pierre Duparc a restitué la vie matérielle d'une partie du diocèse de Genève. Ce livre permet, sans d'imprudentes généralisations, de se représenter ce qu'elle a été dans ses autres contrées. Ernest Naef, partant des potiers d'étain, a apporté sa contribution à l'histoire des métiers et à l'origine, au XVIe siècle, des corporations.

Des études, qui paraîtront prochainement, de Louis Binz, sur la population de Genève et de son diocèse, et d'Anne-Marie Piuz, sur les rapports économiques de la République avec l'étranger, les recherches de Marc Vuilleumier sur certains mouvements sociaux du XIXe siècle, seront autant de contributions importantes.

Des très nombreuses monographies consacrées aux communes et aux villages genevois, un certain nombre se détachent que l'historien économiste peut utiliser avec profit.

Quant aux deux beaux volumes dans lesquels Herbert Lüthy a évoqué le rôle de *La Banque protestante en France*, s'ils sont voués à des problèmes qui, cela va de soi, dépassent très largement le modeste horizon de Genève, ils ne laissent pas cependant d'éclairer bien des aspects de son histoire économique au XVIIe et au XVIIIe siècle. André Biéler a étudié dans un ouvrage exhaustif *La pensée économique et sociale de Calvin*.

Jean-François Bergier vient de soutenir, devant la Faculté des Sciences économiques et sociales de l'Université de Genève [1], une remarquable thèse

---

[1] En juin 1963.

de doctorat intitulée *Les foires de Genève et l'économie internationale de la Renaissance*. Elle va paraître dans l'excellente collection *Affaires et gens d'affaires* [1], qu'anime Fernand Braudel, collection qui a déjà publié tant de précieuses études sur les aspects les plus divers de l'histoire de l'Europe. Cet ouvrage fondamental apporte sur les rapports de l'économie genevoise avec celle de l'Europe de nombreux points de vue nouveaux.

Ces quelques rappels ne prétendent pas épuiser — il s'en faut de beaucoup — toutes les œuvres susceptibles de fournir des éléments, menus ou importants, à l'histoire économique de Genève [2]. Malgré tout, comparées à l'imposante masse des publications vouées aux autres aspects de son histoire, elles représentent une contribution qui reste encore modeste.

Dès lors, un recours constant aux sources d'archives s'imposera [3]. Beaucoup d'entre elles, dans la perspective des recherches économiques, n'ont été que très peu explorées. D'autres ne l'ont pas été du tout. Il faudra de nombreuses années, si l'on dispose des équipes de chercheurs nécessaires, pour en mettre en valeur toutes les ressources.

En attendant ce lointain moment, nous avons pensé — peut-être avec beaucoup d'audace, voire d'imprudence, — qu'une tentative pouvait être faite d'ébaucher une histoire économique de Genève. Sans doute, à la lumière de nouvelles recherches, devra-t-elle être dans la suite revisée, corrigée, complétée en plusieurs de ses parties.

Ses chapitres sont inégalement développés : certaines périodes sont très pauvres en documents alors que d'autres sont relativement riches. Nous avons tenté d'atténuer le déséquilibre qui en résulte.

Pour cette raison, mais aussi — et surtout — parce que nous ne voulons pas, comme on l'a fait parfois, isoler Genève et traiter son histoire en marge de l'histoire de l'Europe, nous avons dépassé souvent le cadre des événements locaux.

Pour la préhistoire et la protohistoire, nous avons tenu compte non seulement des fouilles du bassin genevois, mais aussi de celles des régions suisses et françaises voisines avec lesquelles Genève a été en contact et dont elle a peut-être partagé les modes de vivre. Nous n'avons pas voulu non plus la couper de la Rome antique : elle en a dépendu pendant des siècles et elle a été fortement marquée de son empreinte.

Les périodes mérovingienne et carolingienne sont particulièrement avares

---

[1] Paris, S.E.V.P.E.N.

[2] Les *M.D.G.*, *Genava*, les *M.I.G.*, en particulier, ont recueilli beaucoup d'autres études la concernant.

[3] Non pas seulement à Genève, mais aussi dans bien des villes étrangères, en particulier en Italie et en France. Et, naturellement, dans celles des cantons suisses.

en renseignements aborigènes. Fallait-il en négliger l'histoire ? Nous ne l'avons pas cru. Genève a été alors absorbée dans des ensembles dont elle a partagé le sort. Nous avons désiré donner une vision continue de son histoire et de celle de sa région en nous fondant sur les institutions et les structures économiques et sociales qui ont été valables pour elle. Nous avons naturellement incorporé à ces cadres généraux tous les éléments locaux que nous avons pu rassembler. Il ne nous a jamais paru qu'il y eût contradiction entre les uns et les autres : le sentiment qui ressort de cette confrontation est celui de l'homogénéité.

La question de la limite géographique des territoires sur lesquels porte ce livre s'est aussi posée. Devait-il s'en tenir à la seule cité ? Fallait-il l'étendre à sa région naturelle, le bassin genevois ? Ou même à ce qui a été, au moyen âge, le diocèse de Genève ? Nous n'avons pas voulu adopter un cadre étroit et rigide. Si la ville et la région qui l'entoure sont au cœur de cette étude, nous avons fait de nombreuses incursions aussi dans l'ancien diocèse, et même parfois un peu au-delà de ses limites. Bien que l'autorité temporelle du prince-évêque ne se soit étendue qu'à un très petit territoire, trop de liens organiques — économiques surtout — ont uni Genève et la vaste circonscription ecclésiastique dont elle était le centre pour que nous les séparions.

Lorsque nous avons eu à disposition une documentation suffisante, nous n'avons pas craint d'entrer dans le détail des événements, même si cela devait entraîner certains défauts de proportions. Nous avons pensé que, s'ils n'intéressaient pas la grande histoire, ils pourraient être utiles aux recherches locales et régionales. Les index qui se trouvent à la fin de cet ouvrage permettront de s'y référer.

Nous avons signalé que les études d'ensemble concernant l'histoire économique de Genève sont assez rares. Mais une remarque complémentaire doit encore être faite. Trop souvent, les rapports de l'économie avec l'histoire générale de Genève ont été négligés, parfois même complètement ignorés. Cette histoire a été, de ce fait, quelque peu désincarnée. On l'a séparée des contingences matérielles qui, avec beaucoup d'autres facteurs dont il ne s'agit pas de minimiser l'importance, ont contribué à faire d'elle ce qu'elle a été.

On a écrit l'histoire du moyen âge comme s'il n'y avait pas eu de foires. On a exposé par le menu les oppositions et les luttes politiques qui, tout au long du XVIIIe siècle, ont mis sans cesse aux prises les factions — Natifs, Représentants, Négatifs —, sans s'aviser qu'elles avaient, dans la plupart des cas, un substrat économique. Et combien d'autres exemples ne pourrait-on pas encore trouver ?

Mais on a ignoré, en même temps, d'autres rapports. On a étudié la Réforme en négligeant ses bouleversantes conséquences matérielles, en la séparant du renouveau industriel, commercial, financier entraîné par les Refuges. Or, ils ont profondément modifié le visage et les structures économiques de Genève. Ils lui ont préparé un avenir dont la richesse sera, à plus d'une époque, une des dominantes. Qu'on se réfère à ce sujet, aux témoignages qu'ont laissés les voyageurs qui l'ont visitée au XVIIIe siècle.

Nous avons arrêté ce livre à la veille de la Réforme. Nous avons préféré étudier au début de la deuxième partie de cette *Histoire économique* les événements qui ont conduit Genève vers un nouveau destin. Ils en constitueront, en quelque mesure, le prélude.

Cette partie sera consacrée à la période qui va de la Réforme à la chute de la République et à la réunion de Genève à la France en 1798. Le XIXe et le XXe siècle seront le sujet d'une troisième partie.

* * *

Nous devons nous acquitter, au moment où nous terminons cet ouvrage, d'une dette de reconnaissance. Nous n'aurions pas pu mener notre entreprise à bonne fin sans des aides multiples et précieuses.

Nous avons trouvé auprès de nos collègues les professeurs Paul-F. Geisendorf et Marc-R. Sauter un précieux et constant appui. Nous les prions d'agréer nos sentiments de très vive gratitude, ainsi que les professeurs Paul-E. Martin et Sven Stelling-Michaud qui nous ont aidé de leurs conseils et nous ont signalé d'intéressants documents.

Grâce à la générosité du *Fonds national suisse de la Recherche scientifique* — qui, dans tous les secteurs de la vie intellectuelle, rend tant d'inappréciables services —, nous avons pu bénéficier de multiples collaborations, en particulier dans les recherches bibliographiques et l'exploration des archives.

Jean-François Bergier, diplômé de l'Ecole des Chartes, D[r] ès sciences économiques, en partant des Registres du Conseil et des Minutes des notaires, a établi pour nous d'innombrables fiches, pendant qu'Anne-Marie Piuz et Nicole Diedey, licenciées en histoire, accomplissaient la même tâche en vue de la rédaction de la suite de cette *Histoire économique*.

Jean-Frédéric Rouiller, D[r] ès sciences économiques, outre les recherches bibliographiques et d'archives auxquelles il s'est livré, a corrigé, avec Anne-Marie Piuz, les épreuves typographiques de cet ouvrage. Il a dressé la bibliographie qui figure au tome II.

Luigi Solari, D[r] ès sciences économiques, et J.-F. Bergier, selon des méthodes qu'ils ont établies — ils vont publier un mémoire à ce sujet —, ont mis sur pied, avec la collaboration de J.-F. Rouiller, les tableaux qui se trouvent à la fin de ce livre. Luc Raymond, licencié en sociologie, en a aidé la réalisation technique.

Quant à l'ouvrage de J.-F. Bergier que nous avons déjà signalé, *Les Foires de Genève et l'économie internationale de la Renaissance*, nous l'avons lu en manuscrit. Il a bien voulu nous autoriser à l'utiliser ainsi que sa thèse, non publiée, de l'Ecole des chartes. Ces deux ouvrages, pleins de vues originales, nous ont été d'une très grande utilité, notamment dans la rédaction des chapitres que nous avons consacrés aux foires genevoises.

Annelise Koenig, en partant du *Livre des Bourgeois* d'Alfred L. Covelle, a établi les divers tableaux concernant les admissions à la bourgeoisie.

Nous avons aussi recouru, pour plusieurs chapitres, aux compétences de spécialistes. Gottfried Partsch, D^r en droit et ès sciences, historien du droit, nous a apporté de nombreuses et importantes suggestions au sujet des formes de la propriété foncière médiévale dans nos régions et des redevances qui la grevaient.

Colin Martin, D^r en droit, l'érudit conservateur du Cabinet des médailles du canton de Vaud, nous a aidé à résoudre les difficiles problèmes posés par notre histoire monétaire.

Louis Binz, archiviste adjoint aux Archives d'Etat de Genève, a bien voulu nous communiquer un savant mémoire qui va paraître sous peu — nous l'avons déjà mentionné — concernant le mouvement de la population de Genève et de son diocèse au moyen âge.

Quant au difficile établissement des trois index par quoi se termine cet ouvrage — ils en faciliteront l'emploi —, il a été assumé par André Duckert avec la collaboration d'Anne-Marie Piuz et de J.-F. Bergier.

Que tous ceux qui ont, à quelque titre que ce soit, si généreusement collaboré avec nous veuillent bien agréer nos sentiments très sincères de profonde reconnaissance.

TABLE DES ABRÉVIATIONS

AEG   =   Archives d'Etat de Genève.

B.H.G.   =   *Bulletin de la Société d'Histoire et d'Archéologie de Genève.*

B.I.G.   =   *Bulletin de l'Institut national genevois.*

BPU   =   Bibliothèque publique et universitaire de Genève.

D.H.B.S. =   *Dictionnaire historique et biographique de la Suisse*, 7 vol., Neuchâtel, 1921-1933.

Genava   =   *Genava. Bulletin du Musée d'Art et d'Histoire de Genève.*

M.D.G.   =   *Mémoires et documents publiés par la Société d'Histoire et d'Archéologie de Genève.*

M.D.R.   =   *Mémoires et documents publiés par la Société d'Histoire de la Suisse romande.*

M.I.G.   =   *Mémoires de l'Institut national genevois.*

Not.   =   Minutes des notaires. Archives d'Etat de Genève.

P.H.   =   Portefeuille historique. Archives d'Etat de Genève.

R.C.   =   Registres du Conseil de Genève. Manuscrits. Archives d'Etat de Genève.

R.C.   =   *Registres du Conseil de Genève*, publiés par la Société d'Histoire et d'Archéologie de Genève par les soins d'Emile RIVOIRE, Victor van BERCHEM et leurs collaborateurs, 13 vol., Genève, 1900-1940.

Rég. gen. =   *Régeste genevois, ou répertoire chronologique et analytique des documents imprimés relatifs à l'histoire de la ville et du diocèse de Genève avant l'année 1312*, publié par Paul LULLIN et Charles LE FORT, Genève, 1866.

S. du dr. =   *Les Sources du droit du canton de Genève*, publiées par Emile RIVOIRE et Victor van BERCHEM, 4 vol., Aarau, 1927-1930.

N.S.   =   Nouvelle série.

Suppl.   =   Supplément.

LIVRE PREMIER

LA PRÉHISTOIRE

INTRODUCTION

LE SITE GENEVOIS

A propos de la Suisse — mais ses remarques sont aussi valables pour Genève —, Camille Jullian a écrit : « Les hommes ont beau changer de maîtres et les nations d'allures, les mêmes lieux dominateurs s'imposent à leur vie, ils sont soumis aux mêmes confluents de rivières et aux mêmes croisées de routes ; et dans cette Suisse qui est au centre de l'Europe, au pied de ses plus grandes montagnes, entre Rhin, Rhône et Danube, il y aura éternellement quelques-uns des lieux et des chemins qui feront la loi au monde [1]. »

Nous ne voulons pas discuter ce qu'il y a d'excessif dans ce jugement de Jullian. Il est évident que la géographie contribue à fixer le cadre de l'histoire et de l'économie. Il sied cependant de ne rien exagérer : à un rigoureux déterminisme géographique s'oppose l'action concertée des hommes s'adaptant à la nature certes, mais souvent luttant contre elle. L'histoire et l'économie de la Suisse en particulier s'expliquent autant par son milieu géographique que par les réactions des populations contre ce même milieu. Il n'en est pas moins vrai que les activités des hommes en des lieux déterminés ont été en partie, surtout aux origines, subordonnées à certains impératifs du cadre naturel dans lequel elles se sont déployées [2].

Nombreuses ont été les vicissitudes économiques de Genève : nous les verrons se dérouler tout au long de son histoire. Ses effacements, ses chutes s'expliquent autant par sa maladresse à utiliser sa position géographique que

---

[1] *Histoire de la Gaule*, t. VI, *La civilisation gallo-romaine. Etat moral*, Paris, 1920, p. 502.

[2] « Le milieu géographique ne contraint pas les hommes sans rémission puisque, précisément, toute une part de leur effort — une très grande part et peut-être la plus grande — a consisté pour eux à se dégager des prises contraignantes de « la Nature », comme ils ont dit longtemps avec un respect mêlé à la fois de gratitude et de terreur. Le milieu géographique contraint de moins en moins les hommes. Mais les hommes le contraignent de plus en plus, soit à les aider positivement, soit à ne point contrarier leur effort... » — Fernand BRAUDEL, *La Méditerranée et le Monde méditerranéen à l'époque de Philippe II*, Paris, 1949, p. 3.

par sa soumission passive à cette situation. Ses redressements, si souvent merveilleux, ont été dans bien des cas l'œuvre des hommes, tantôt exploitant avec intelligence les possibilités que leur offrait le milieu géographique, tantôt lui imposant leur volonté lorsqu'il leur était hostile. Genève cependant, minuscule nation, parfois coincée entre de puissants Etats, a vu bien souvent aussi son sort — et sa vie économique — dépendre de circonstances extérieures, heureuses ou néfastes, qui la dépassaient.

Mais nous n'en sommes qu'à la préhistoire !

Au cours d'immenses périodes géologiques — dont la chronologie s'établirait sans doute en comptant par dizaines ou par centaines de millions d'années [1] — le pays genevois, comme toutes les parties du monde, a été bouleversé, modelé et remodelé bien des fois. Dans ses grandes lignes actuelles, sa physionomie se fixe à la fin de l'Oligocène. Le lac ébauche ses rivages, le Rhône et l'Arve leurs méandres entre les montagnes qui forment notre horizon familier. Bien des retouches ont été encore apportées à ce paysage, notamment par les glaciations successives que les variations climatologiques ont entraînées [2].

La position géographique de Genève, à l'extrémité sud-ouest du Plateau suisse, goulot où aboutissent ses cheminements vers la Méditerranée — porte d'entrée en même temps du Midi vers une partie de l'Europe centrale — est, dès les plus lointaines époques, éminemment favorable. David Viollier a bien marqué l'importance de ce plateau qui a servi « de passage ou d'étape à presque tous les peuples dont les migrations et les mouvements remplissent la préhistoire de l'Europe centrale » [3].

En des temps où les steppes et les toundras, ou la sylve primitive, ont recouvert tour à tour l'Europe, le lac et ses rivages facilitaient la circulation. Les flancs du Salève, bien exposés, avec leurs abris sous roche et leurs grottes, offraient aux hommes à la fois des possibilités d'établissement et des moyens de défense. Bien des groupes humains qui erraient à travers l'Europe ont passé dans la région genevoise. Certains s'y sont arrêtés. Le pied du Salève,

---

[1] « Pour comprendre l'aspect actuel du bassin de Genève, il est nécessaire de remonter très loin dans la nuit des temps. C'est à des événements vieux de centaines de millions d'années qu'il faut s'intéresser pour expliquer les traits structuraux fondamentaux de notre pays. » Jean-William SCHROEDER, *Géologie du Pays de Genève*, dans *Le Globe*, XCVII, Genève, 1958, p. 51.

[2] Edouard PARÉJAS, *Le Pays de Genève*, dans *Histoire de Genève*, t. 1er, Genève, 1951, pp. 7-8.

[3] *Etude sur les fibules de l'âge du fer trouvées en Suisse. Essai de typologie et de chronologie*, dans *Indicateur d'Antiquités suisses*, IX, 1907, p. 10.

les rives et le fond du lac ont restitué des vestiges qui permettent d'imaginer — bien plus, de reconstituer — les formes de la vie matérielle des premiers habitants de notre pays [1].

D'innombrables études de chercheurs et d'érudits ont été publiées sur notre préhistoire, si riche, si diverse. Sans doute cette phase des destinées humaines ne nous a-t-elle pas encore livré tous ses secrets. Mais on peut tenter d'ébaucher grossièrement, à titre provisoire, les traits de sa vie économique, même si cette esquisse devait être retouchée dans la suite au gré de nouvelles découvertes ou d'autres interprétations. Il est bon d'ailleurs de ne jamais oublier tout ce qu'il y a encore de conjectural dans la préhistoire.

Une dernière remarque. Les fouilles nous ont révélé surtout les aspects économiques de la vie des premiers habitants de nos régions. Mais cela ne doit pas faire perdre de vue les problèmes passionnants de l'ethnologie ou les ébauches artistiques parfois admirables, les balbutiements de la pensée, l'inquiétude religieuse de ces hommes [2].

---

[1] Louis Blondel, *Le sol et l'habitation*, dans *Genava*, V, 1927, p. 242.

[2] L. Blondel, *Le sol et l'habitation*, *loc. cit.* — Alphonse Favre, *Description géologique du Canton de Genève*, 2 vol., Genève, 1879. — Etienne Joukowsky, *Esquisse géologique du Plateau genevois*, dans *Genava*, V, 1927. — C. Jullian, *loc. cit.* — E. Paréjas, *loc. cit.* — J.-W. Schroeder, *loc. cit.*, pp. 51-87.

PREMIÈRE PARTIE

LE PALÉOLITHIQUE
ET LE MÉSOLITHIQUE

NOTE LIMINAIRE

La préhistoire et la protohistoire constituent des périodes particulièrement complexes. Les données les concernant se multiplient et se modifient sans cesse. Les interprétations que l'on en fait sont soumises à d'incessantes revisions. Aussi avons-nous tenu à nous entourer des conseils d'un spécialiste de la préhistoire. Le professeur Marc-R. Sauter a bien voulu revoir le texte des deux premiers livres de cette *Histoire économique de Genève*. Il leur a apporté un très grand nombre de retouches, de mises au point, de compléments, d'enrichissements. Les indications bibliographiques qu'il a bien voulu nous fournir nous ont été infiniment précieuses. Nous tenons à lui renouveler nos sentiments de très vive gratitude. Cependant, cela va de soi, nous restons entièrement responsable des points qui pourraient susciter des discussions ou des critiques.

LE PALÉOLITHIQUE

INTRODUCTION

Nous avons rappelé tout ce qu'il y a de conjectural dans notre préhistoire, quelles que soient les précisions que les nombreux restes de notre sol et de notre lac nous permettent d'apporter. Etablir une chronologie, même approximative de ces périodes — de ces âges — paraît difficile. On a aventuré quelques chiffres [1]. A combien de millénaires faudrait-il remonter pour trouver le premier établissement moustérien dans notre pays ? La période post-glaciaire, plus proche de nous, aurait commencé il y a plus de dix mille ans [2].

Essayons de fixer les étapes du peuplement de la région genevoise en les situant dans leur période géologique et en tenant compte des glaciations qui se sont succédé et au sujet desquelles tant d'interrogations restent encore posées.

Contrairement à l'opinion si souvent soutenue au sujet de la région située entre les Alpes et le Jura — et du bassin genevois en particulier —, on tend à rejeter aujourd'hui l'idée qu'elle a été soumise aux quatre grandes glaciations,

---

[1] Georges HEYMAN avance que « la durée du paléolithique aurait été de 100.000 ans environ et celle du néolithique de 7.000 ans ». *Préhistoire économique générale*, Bruxelles, 1944, p. 35. — De fait, les estimations varient beaucoup quant aux origines du Paléolithique, c'est-à-dire au début de l'humanité ; elles vont de 100.000 à 1 million d'années. Mais de véritables précisions, déterminées scientifiquement par la méthode chronologique du carbone 14, ne peuvent remonter au-delà de 25.000 ou 35.000 ans. Cf. Henri BREUIL et Raymond LANTIER, *Les hommes de la pierre ancienne. (Paléolithique et Mésolithique)*, Paris, 1951. — André LEROI-GOURHAN, *Les hommes de la préhistoire. Les chasseurs*, Paris, 1955. « Notre monde classique n'a que quelques milliers d'années, mais pour le préparer, l'homme avait travaillé pendant au moins deux cent mille ans. » P. 7. — Le Dr Louis S. B. Leakey qui a découvert dans le Tanganyika, en 1959, les fragments du crâne d'un hominien, le Zinjanthrope, pense qu'il remonte à environ 600.000 ans. Cf. Marc-R. SAUTER dans *Journal de Genève*, n° 13, des 16-17 janv. 1960.

[2] W. DEONNA, *Les arts à Genève*, dans *Genava*, XX, 1942, p. 53. — Adrien JAYET, *Le Paléolithique de la Région de Genève*, dans *Le Globe*, LXXXII, 1943, pp. 52, 98-99.

celles de Günz, de Mindel, de Riss et de Würm [1]. Les deux dernières seules semblent avoir intéressé notre contrée. J.-W. Schroeder pense que « la période glaciaire qui précède le XXe siècle de quelques dizaines de milliers d'années seulement est extrêmement importante, non seulement parce que les hommes de la Préhistoire en subirent les conséquences », mais aussi parce qu'elle a, dans notre pays, contribué à donner son aspect au paysage actuel [2].

La question est aussi débattue de l'importance réciproque des extensions glaciaires rissienne et würmienne. Marc-R. Sauter a relevé « l'intérêt qu'il y aurait, autant pour le géologue que pour le préhistorien, à reprendre l'examen des diverses coupes stratigraphiques du glaciaire en Suisse, sans idée préconçue ni crainte de secouer les cadres classiques les plus vénérables ». Un fait est sûr : c'est qu'à certains moments du Pléistocène « les glaciers alpins ont recouvert le territoire suisse presque tout entier » [3].

Le Pléistocène inférieur, aux époques chelléenne et acheuléenne, n'a pas laissé de traces humaines sur notre sol. A-t-il été alors habité ? Les glaciations ultérieures ont-elles effacé les témoignages qu'auraient pu laisser les populations primitives ? Il est impossible de répondre à ces questions. Mais entre les deux dernières, celles de Riss et de Würm, et pendant la progression du glacier würmien, des tribus moustériennes ont vraisemblablement marqué — à vrai dire d'une façon fort modeste — leur passage au pied du Jura [4].

Puis se produit l'énorme glaciation de Würm. C'est le temps, en Europe, des populations aurignacienne et solutréenne. Naturellement, le glacier, qui s'est avancé jusque près de Lyon et dont l'épaisseur aurait atteint 1200 mètres dans le bassin de Genève, a interdit pendant plusieurs millénaires tout établissement humain entre Jura et Salève.

Ensuite, le glacier s'est retiré avec quelques retours agressifs qui ont laissé, sous forme de moraines, des traces dans le paysage genevois ; il recule enfin

---

[1] Ces glaciations tirent leur nom de quatre petits affluents du Danube dans les vallées desquels elles ont été tout d'abord étudiées. — A. LEROI-GOURHAN, *op. cit.*, pp. 24-26. — Pour les glaciations de la région genevoise, cf. E. JOUKOWSKY, *Sur quelques postulats de la Glaciologie quaternaire*, dans *Archives des Sciences physiques et naturelles*, 5e période, XIII, Genève, 1931, pp. 109-120. — A. JAYET, *Glaciologie quaternaire et préhistoire : Quelques vues nouvelles*, dans *Archives suisses d'Anthropologie générale*, XI, 1945, pp. 200-214. — J.-W. SCHROEDER, *Géologie du Pays de Genève, loc. cit.*, pp. 51-87. — Voir aussi Edouard LANTERNO, *Essai de bibliographie géologique régionale*, dans *Le Globe*, XCVII, 1958, pp. 89-98, qui a dressé un répertoire des études publiées sur la géologie de la région genevoise dont beaucoup sont nécessaires à la compréhension de notre préhistoire.

[2] *Loc. cit.*, p. 68.

[3] M.-R. SAUTER, *La place de la Suisse dans les civilisations paléolithiques*, dans *Congrès international des Sciences préhistoriques et protohistoriques*, Zurich, 1950, p. 23. — Cf. aussi A. JAYET, *La notion de glaciation*, Genève, 1953. — JAYET, *Une conception nouvelle de la genèse morphologique du Plateau genevois*, dans *Le Globe*, XCV, 1956, pp. 30-55.

[4] Comme ailleurs en Suisse (Cotencher, Drachenloch, etc.).

dans les vallées du Rhône et de l'Arve, dégageant complètement notre contrée. Le lac abaisse graduellement son cours au fur et à mesure que le Rhône déblaie les barrages qui lui font obstacle. L'Arve cherche son lit définitif au gré des différents niveaux du lac. Après s'y être jetée au pied du quartier actuel des Tranchées, elle contournera finalement la colline de Saint-Pierre pour rejoindre le Rhône.

Le retrait du glacier würmien achevé pendant le Pléistocène supérieur, à l'époque du renne, peut-être dix mille ans avant notre ère, les hommes magdaléniens vont se fixer dans plusieurs sites de la région genevoise, laissant de nombreux restes, témoins fidèles de leur genre de vie. Mais, avant eux, les Moustériens avaient sans doute passé dans notre pays [1].

---

[1] Outre les ouvrages déjà cités, consulter :

Emil BÄCHLER, *Das alpine Paläolithikum der Schweiz*, dans *Monographien zur Ur- und Frühgeschichte der Schweiz*, II, Bâle, 1940. — Heinz BÄCHLER, *Die Erdgeschichte. Einführung in die Geologie des Eiszeitalters mit besonderer Berücksichtigung der Schweiz*, dans *Urgeschichte der Schweiz, herausgegeben von O. Tschumi*, I, Frauenfeld, 1949, pp. 1-14. — Marcellin BOULE et Henri-V. VALLOIS. *Les hommes fossiles. Eléments de paléontologie humaine*, 4e éd., Paris, 1952, pp. 46-47 et *passim*. — Joseph DÉCHELETTE, *Manuel d'archéologie préhistorique, celtique et gallo-romaine*, t. 1er, Paris, 1908, *passim*. — Marguerite-E. DELLENBACH, *La conquête du Massif alpin et de ses abords par les populations préhistoriques*, Grenoble, 1935, pp. 9-12. — G. HEYMAN, *op. cit.*, p. 38 et ss. — Raoul MONTANDON, *Genève, des origines aux invasions barbares*, Genève, 1922, pp. 19-30. — E. PARÉJAS, *loc. cit.*, pp. 7-10. — A. VAYSON de PRADENNE, *La Préhistoire*, Paris, 1938, p. 137 et *passim*.

CHAPITRE PREMIER

LE MOUSTÉRIEN

L'époque moustérienne tire son nom de la grotte du Moustier, en Dordogne. Elle se situe, nous le rappelons, dans le Quaternaire moyen et dans l'inter-glaciaire Riss-Würm. Les Chelléens et les Acheuléens, nous l'avons vu, n'avaient pas laissé, peut-être du fait du nivellement opéré par les glaciers, de témoignage de leur passage dans le pays genevois.

Les Moustériens ont habité notamment la partie inférieure de la vallée du Rhône, entre la Drôme et la Durance, au pied du Mont Ventoux en parti-culier. Ils se sont répandus en Suisse où l'on a retrouvé au moins sept de leurs stations, du Jura neuchâtelois au massif du Saentis. Sans doute leur marche a-t-elle procédé du sud vers le nord [1].

Longtemps, on a admis qu'aucun reste moustérien n'existait dans les environs de Genève. Leur habitat le plus proche aurait été, pensait-on, celui de Cotencher, dans la vallée de l'Areuse (Jura neuchâtelois). Or Adrien Jayet a réussi à identifier dans le Pays de Gex, entre Thoiry et Fenières, au pied du Jura, une grotte moustérienne, celle de Sézuet, à 700 mètres d'altitude.

Alors que Cotencher a livré un abondant matériel, on n'a retrouvé à Sézuet que quelques ossements brisés et une incisive d'ours des cavernes. Mais, témoignage important, les charbons d'un foyer attestent la présence de l'homme. « La grotte de Sézuet, écrit Adrien Jayet, ne peut être qualifiée de station, au sens habituel du mot ; mais, malgré la modicité de nos documents, nous pensons que le passage des hommes moustériens est marqué au voisinage de Genève. [2] »

Cotencher — comme les autres stations du Plateau suisse et de la vallée inférieure du Rhône — nous permet de nous représenter ce qu'a été la vie des

---

[1] DELLENBACH, *op. cit.*, pp. 18-21, 26-34. — MONTANDON, *op. cit.*, p. 29.

[2] *Le Paléolithique de la Région de Genève, loc. cit.*, p. 56. Cf. aussi pp. 49-55. — Sur Cotencher, cf. Auguste DUBOIS et Hans-Georg STEHLIN, *La grotte de Cotencher, station moustérienne*, dans *Mémoires de la Société paléontologique suisse*, LII-LIII, Bâle, 1932-1933.

Moustériens. Nous sommes encore à l'époque du mammouth. Plusieurs ossements de ces énormes proboscidiens ont été retrouvés, au Bois de la Bâtie, lorsque l'on creusait les caves de Tivoli, en 1878, ou lors du percement du tunnel du raccordement en 1948. On en a découvert aussi au bord du Rhône, au moulin de l'Evaux, et dans la vallée de l'Allondon [1].

L'homme moustérien — Sézuet n'en a pas livré de restes — se rattache au type dit *Homo neanderthalensis*. A. Vayson de Pradenne en fixe les grands traits : « Le type de Néanderthal présente des caractères très archaïques ou pithécoïdes dont les plus saillants sont : le faible développement de la partie cérébrale par rapport à la face ; l'existence d'arcades sourcilières énormes liées entre elles et formant bourrelet ou *visière* ; la lourdeur de la mâchoire et l'absence du menton ; la forme des os des jambes et de la colonne vertébrale dénotant *une attitude verticale moins parfaite que chez les Hommes actuels* [2]. »

La Suisse n'a fourni aucun reste de squelette néanderthalien, sauf une incisive trouvée par Fr.-Ed. Koby dans la grotte de Saint-Brais II (Jura bernois) [3].

Le climat à l'époque moustérienne est froid et humide. La faune est abondante. Elle comprend de grands animaux à fourrure, le mammouth, une variété de rhinocéros, mais aussi des bovidés et surtout des cervidés — le renne joue un rôle important —, le chamois, le bouquetin, la marmotte, l'ours des cavernes — Jayet a retrouvé une incisive d'un de ces ours à Sézuet dans le Pays de Gex —, le lièvre des neiges, le renard, le loup.

L'outillage des Moustériens est encore rudimentaire : des éclats de silex ou des pièces unifaces parmi lesquelles les racloirs sont nombreux. Ils proviennent de l'éclatement de nuclei irréguliers. Quelques pointes, des éclats ovales — dans quelques stations ils sont parfois bifaces — complètent cet outillage dont les pièces caractéristiques semblent avoir été les racloirs et des pointes de divers types. Le travail de l'os est déjà en honneur. Les instruments retrouvés à Cotencher sont fabriqués avec des silex d'origine locale [4].

Naturellement, ces données d'ensemble ne peuvent être établies qu'en partant des diverses stations de l'Europe et de la Suisse en particulier. Mais les Moustériens du Pays de Gex n'ont sans doute pas fait exception à la règle

---

[1] L. Blondel, *Chronique archéologique pour 1948*, dans *Genava*, XXVII, 1949, pp. 18-19. — Paréjas, *loc. cit.*, p. 8. — Sauter, *loc. cit.*, pp. 25-26.

[2] *Op. cit.*, p. 132.

[3] Fr.-Ed. Koby, *Une incisive néanderthalienne trouvée en Suisse*, dans *Verhandlungen der Naturforschenden Gesellschaft in Basel*, LXVII, 1, 1956, pp. 1-15.

[4] J. Déchelette, *Manuel...*, t. Ier, pp. 98-99, 104-105 et *passim*. — Aug. Dubois et H.-G. Stehlin, *loc. cit.* — A. Jayet, *Le Paléolothique...*, *loc. cit.*, pp. 54-56. — A. Vayson de Pradenne, *La Préhistoire*, pp. 102-103.

générale. Ils constituaient un des groupes qui ont marqué leur présence le long du Jura, au pied des Préalpes et sur le Plateau suisse.

Au Moustérien succèdent l'Aurignacien et le Solutréen. Nous l'avons dit, ils n'ont pas laissé de trace dans le bassin genevois : c'est l'époque de la dernière et puissante extension glaciaire, celle de Würm. Il faudra attendre son retrait pour que la vie humaine reparaisse dans notre région. Mais le Magdalénien y revêtira alors une singulière importance [1].

---

[1] Marc-A. SAUTER a posé la question de l'existence de l'Aurignacien dans la région de Bâle. Mais il pense qu'il est encore impossible de la résoudre. En revanche, il estime que le Solutréen n'est pas représenté en Suisse. *Loc. cit.*, p. 28. Ainsi, fait-il remarquer, notre contrée n'a pas connu l'important événement qu'est le passage de l'homme du Néanderthal à l'*Homo sapiens*.

LE MAGDALÉNIEN

1. Le pays. Le climat

Le Magdalénien tire son nom de la grotte de la Madeleine, en Dordogne. Après la lente fonte de l'énorme glacier du Rhône et de l'Arve, le paysage genevois apparaît avec un visage nouveau dont quelques traits se sont d'ailleurs encore modifiés au cours de cette époque. Au début de l'ère magdalénienne, le niveau du lac est d'une dizaine de mètres plus élevé que le plan d'eau actuel. Le bassin genevois est encadré par le Jura, le Vuache, le Salève et les Voirons. Le Mont-de-Sion est formé d'une moraine frontale de la glaciation de Würm.

Le pays, libéré de sa carapace de glace, offre sans doute un caractère assez désolé ; il est couvert d'alluvions au milieu desquelles non seulement le Rhône et l'Arve, mais aussi des rivières alors puissantes : l'Aire, l'Eau-Morte, l'Allondon, creusent leur lit. Le bassin genevois affecte l'aspect de la steppe ou de la toundra, avec des étangs, des étendues de gravier semées de blocs erratiques laissés par le glacier au cours de son retrait.

Le climat est encore froid et sec, à caractère continental accusé, avec des saisons tranchées qui, sans doute, exercent leur influence sur le déplacement des animaux, donc des hommes qui en vivent. Il impose, en hiver en tout cas, la recherche d'abris sous roche. A. Jayet estime que notre climat, dans ses grandes lignes, ressemble « à celui des régions sibériennes et canadiennes entre le 50e et le 60e degré de latitude nord » [1]. D'ailleurs, il évolue au cours de l'époque magdalénienne et, avec lui, la faune et la flore. A un régime arctico-steppique se substitue graduellement un régime sylvatique [2].

---

[1] *Le Paléolothique..., loc. cit.*, p. 103.

[2] Jayet, pp. 108-109. Cf. aussi pp. 57-58, 100-103, 108-116, 117. Consulter également M. Boule et H.-V. Vallois, *op. cit.*, pp. 48-49 et *passim.* — Alfred Cartier, *La station magdalénienne de Veyrier (Haute-Savoie)*, dans *Arch. Suisses d'Anthr. gén.*, II, 1916-1917, p. 46. — J. Déchelette, *Manuel...*, t. Ier, Paris, 1908. — Alphonse Favre, *Description géologique du Canton de Genève*. — A. Jayet, *Glaciologie quaternaire et Préhistoire :*

2. LA FAUNE

Le climat et la flore déterminent la faune magdalénienne du pays genevois. Adrien Jayet a cherché à établir les variations de cette flore. Au moment du retrait du glacier würmien, elle avait permis l'existence des mammouths dont notre sol a livré plusieurs restes, des rennes, des marmottes. Au cœur du Magdalénien, la flore est encore nettement celle des toundras bien que les forêts tendent à conquérir certains espaces. A la fin de la période, elles l'emportent sur les steppes. Elles domineront nettement au Mésolithique [1].

A. Jayet, reprenant les études antérieures, en y ajoutant ses propres observations, a donné des indications très précises au sujet de la faune magdalénienne du pays genevois. Aux vestiges livrés par les stations du pied du Salève s'ajoutent ceux fournis par l'abri des Douattes, sur les flancs du Mont Musiège, près de Frangy. Un assez grand nombre d'animaux ont été déterminés. La statistique n'en est pas indifférente : elle atteste à la fois l'abondance des espèces, leur utilisation par les Magdaléniens, mais aussi la difficulté de leur capture. Elle permet d'ébaucher les conditions de vie des Paléolithiques de notre région. Sans doute la pêche dans les rivières de la toundra et la cueillette de baies et de fruits sauvages complétaient-elles l'apport de la chasse qui leur fournissait cependant l'essentiel de leur nourriture et tous les éléments de leurs vêtements.

A Veyrier, au pied du Salève, A. Jayet établit la présence des animaux suivants : le mulot, le loir, l'écureuil, le putois, le blaireau, le castor, le lynx, le loup, l'étourneau, la grive, la cigogne en un exemplaire ; la taupe, un grand bovidé, le sanglier, l'élan, l'ours brun en deux exemplaires ; le chamois en trois ; le campagnol en quatre, le crapaud, le bouquetin en six ; le renard en sept exemplaires. Les animaux représentés le plus abondamment sont les marmottes, et les lièvres arctiques au nombre de onze, les chevaux sauvages au nombre de douze. Enfin on peut compter vingt-neuf rennes et cent trente lagopèdes blancs ou perdrix des neiges [2].

Mais il ne faut pas oublier que le site de Veyrier où ces trouvailles ont été faites à diverses époques — nous y reviendrons — a été maintes fois

---

Quelques vues nouvelles, dans *Arch. suisses d'Anthr. gén.*, XI, 1945. — R. Montandon, *Genève, des origines aux invasions barbares*, pp. 22, 24, 27. — E. Paréjas, *Essai sur la géographie ancienne de la région de Genève*, dans *Revue de la Faculté des Sciences*, N. S., III, 2, Istanbul, 1938. — Paréjas, *op. cit.*, dans *Hist. de Genève*, t. Ier, pp. 9-10. — M.-R. Sauter, *loc. cit.*, pp. 28-30.

[1] A. Jayet, *Le Paléolithique...*, *loc. cit.*, pp. 108-110. — A. Leroi-Gourhan, *op. cit.*, pp. 26-28.

[2] Jayet, *loc. cit.*, p. 85.

bouleversé par les travaux effectués dans les carrières du pied du Pas de l'Echelle.

Raoul Montandon et Louis Gay ont découvert à Sous-Balme, à un demi-kilomètre au sud de celle de Veyrier, une autre station, elle aussi modifiée par les carriers. Outre un certain nombre d'ossements dont A. Jayet a tenu compte dans ses statistiques, cet abri possède une telle accumulation de restes de batraciens, grenouilles et crapauds, que Montandon l'a baptisé la station des Grenouilles. On y a dénombré notamment plus de douze mille humérus, tous brisés. Le charbon et les foyers de l'abri montrent bien que ces batraciens ont servi de nourriture à des hommes qui ont consommé aussi beaucoup d'autres gibiers comme l'atteste la présence de certains ossements.

La station des Grenouilles a permis encore une autre constatation concernant la faune magdalénienne et l'alimentation des hommes du pied du Salève : on y a recueilli environ mille trois cents coquillages et mollusques appartenant à vingt-cinq espèces [1].

Adrien Jayet a exploré près de Frangy, au Mont Musiège, la station des Douattes que nous avons déjà signalée. Il a dressé la liste des animaux qui y figurent au niveau magdalénien : cinq à sept marmottes, cinq ou six rennes, quatre chevaux sauvages, trois cerfs, deux bouquetins, un bovidé, un sanglier, un élan, un chevreuil, un renard, un blaireau, une perdrix des neiges [2].

Ainsi les indications fournies par le Salève et le Mont Musiège offrent une certaine similitude : ce sont les espèces subarctiques et steppiques qui dominent [3].

---

[1] Raoul MONTANDON et Louis GAY, *Découverte d'une nouvelle station paléolithique à Veyrier-sous-Salève (Haute-Savoie)*, dans *Arch. suisses d'Anthr. gén.*, III, 1919, pp. 183-199.

[2] A. JAYET, *loc. cit.*, p. 65.

[3] Sur la flore et la faune magdaléniennes, cf. Alfred CARTIER, *La station magdalénienne de Veyrier (Haute-Savoie)*, dans *Arch. suisses d'Anthr. gén.*, II, 1916-17. — A. JAYET et G. AMOUDRUZ, *Découverte d'une station magdalénienne près de Frangy (Haute-Savoie)*, dans *Compte rendu des séances de la Société de Physique et d'Histoire naturelle de Genève*, XLVIII, 1931, pp. 136-138. — A. JAYET, *Quelques observations nouvelles sur le Magdalénien de Veyrier-sous-Salève*, dans *Compte rendu... Soc. de Phys. et d'Hist. nat. de Genève*, LIII, 1936, pp. 14-18. — *Les stations magdaléniennes de Veyrier. Quelques observations nouvelles*, dans *Genava*, XV, 1937, pp. 36-45. — *Le Paléolithique de la Région de Genève*, *loc. cit.*, pp. 49-120. — R. MONTANDON et L. GAY, *op. cit.* — R. MONTANDON, *Genève, des origines...*, déjà cité. — M.-R. SAUTER, *loc. cit.*, pp. 28-30. — *Faits nouveaux dans le Magdalénien de la Suisse*, dans *Arch. suisses d'Anthr. gén.*, XIX, 1954, pp. 109-114. — Sur la faune de l'Europe, cf. A. LEROI-GOURHAN, *op. cit.*, pp. 28-35. — Kurt LINDNER, *La chasse préhistorique*, Paris, 1941, Ire partie, chap. III, p. 117 et ss.

3. LES HOMMES

Plusieurs questions se posent au sujet des Magdaléniens de la région genevoise. Tout d'abord celle de leur arrivée.

Le géologue Alphonse Favre, dans sa *Description géologique du Canton de Genève* [1], et après lui Raoul Montandon ont pensé qu'ils se sont installés assez longtemps après le retrait du glacier würmien, à un moment où la végétation avait déjà conquis les terrasses d'alluvions formées par l'Arve [2]. Mais Adrien Jayet défend un autre point de vue. L'homme aurait occupé, sans long délai, les terrains abandonnés par les glaces. Il se fonde sur la rapidité avec laquelle la végétation s'empare des moraines lorsqu'un glacier se retire. Il pense que quelques siècles seulement auraient séparé la glaciation würmienne de l'apparition des hommes dans nos régions [3].

On a retrouvé un assez petit nombre d'ossements humains dans le bassin genevois. On a pu individualiser sept hommes dans la région de Veyrier. Le squelette de l'un d'eux, à la station des Grenouilles, est bien conservé. Ils sont fort différents de ceux qui peupleront les bords du lac plus tard, à l'époque néolithique.

L'anthropologie de l'époque magdalénienne est assez mal connue. Les documents sont rares et tous n'ont pas encore été étudiés. Le site le plus proche de celui de Veyrier ayant fourni des ossements humains — ils ont été trouvés en 1956 — est la grotte du Bichon sur le Doubs, dans la commune de La Chaux-de-Fonds [4].

Le professeur Marc-R. Sauter a bien voulu nous fournir quelques données sur cette difficile question de l'anthropologie magdalénienne de la région de Genève. Des imprécisions subsistent quant à l'interprétation des fragments crâniens trouvés au pied du Salève. Le crâne du squelette de la station des Grenouilles s'apparente au type de Laugerie-Chancelade, mais l'individu a une

---

[1] Déjà cité.

[2] MONTANDON, *Genève, des origines...*, p. 22.

[3] *Le Paléolithique...*, pp. 98-103.

[4] R. GIGON, *La grotte préhistorique du Bichon (La Chaux-de-Fonds, Neuchâtel)*, dans *Arch. suisses d'Anthr. gén.*, XXI, 1956, pp. 97-111. — M.-R. SAUTER, *Le squelette préhistorique de la Grotte du Bichon*, dans *Actes de la Société helvétique des Sciences naturelles*, 136e session, Bâle, 1956 (1957), pp. 150-151 et dans *Bulletin de la Société suisse d'Anthropologie et d'Ethnologie*, 33e année, 1956-1957, pp. 17-18. — *Le squelette préhistorique de la Grotte du Bichon... Caractères cranio-faciaux*, dans *Archives des Sciences*, Genève, IX, 1956, pp. 330-335. — Sur les premiers hommes, cf. LEROI-GOURHAN, *op. cit.*, chap. III.

taille moyenne à grande [1]. Une face et une base crânienne retrouvées par A. Jayet en position remaniée semblent être du type Cro-Magnon [2]. Un autre crâne découvert à Veyrier III en 1954 par des ouvriers et remis à A. Jayet présente un mélange de caractères des types Chancelade et Cro-Magnon [3].

M.-R. Sauter se propose de reprendre l'étude systématique et complète des ossements humains du pied du Salève et de la grotte du Bichon. Il relève l'intérêt qu'offre ce mélange de types ethniques dans un groupe de familles qui devait être restreint [4].

Un fragment de crâne d'enfant retrouvé à Veyrier est percé d'un trou circulaire de six millimètres à l'extérieur et de quatre à l'intérieur. Comme il n'offre aucun caractère de cicatrisation et qu'il est de petite dimension, il s'agit sans doute d'une perforation et non d'une trépanation [5]. D'ailleurs, la trépanation n'a été pratiquée vraisemblablement — et la question soulève beaucoup de discussions — qu'à la fin du Néolithique [6].

---

[1] E. PITTARD et M.-R. SAUTER, *Un squelette magdalénien provenant de la Station des Grenouilles (Veyrier, Haute-Savoie)*, dans *Arch. suisses d'Anthr. gén.*, XI, 1945, pp. 149-200. Ce squelette doit être situé « du côté de la race magdalénienne de Laugerie-Chancelade ». P. 197. Cependant, dans une conférence faite depuis lors à la Société d'histoire et d'archéologie de Genève, M.-R. Sauter semble admettre que le squelette de Veyrier est plutôt du type de Cro-Magnon. *Journal de Genève*, n° 48 du 27 fév. 1956.

[2] JAYET, *Le Paléolithique...*, pp. 92-93 et fig. 18. — « La race de Cro-Magnon est caractérisée par un crâne long et à voûte élevée (dolichocéphale et hypsicéphale) avec lequel contraste une face relativement basse et large, ce qui constitue une tête dysharmonique. Le nez est étroit et le menton proéminent. Les os longs indiquent une grande taille (voisine de 1 m. 80) ». VAYSON de PRADENNE, *op. cit.*, p. 132.

[3] A. JAYET et M.-R. SAUTER, *Sur la récente découverte d'un crâne magdalénien à Veyrier (Haute-Savoie, France)*, dans *Arch. des Sciences*, Genève, VII, 1954, pp. 479-481. — SAUTER, *Faits nouveaux dans le Magdalénien de la Suisse*, dans *Arch. suisses d'Anthr. gén.*, XIX, 1954, p. 114. — JAYET et SAUTER, *Un nouveau crâne magdalénien aux stations de Veyrier (Bossey, Haute-Savoie)*, dans *Bulletin de la Société préhistorique française*, LII, 1955, p. 123. — « La race humaine qui a chassé le Renne et le Cheval sauvage aux environs de Genève est rattachable à l'un des rameaux du Paléolithique français, la race de Cro-Magnon. Toutefois les caractéristiques de l'Homme de Veyrier sont atténuées et une variation individuelle assez forte se manifeste. » JAYET, *Le Paléolithique...*, p. 117. — Cf. aussi E. PITTARD, *Les stations magdaléniennes de Veyrier, I. Histoire des découvertes ; II. Objets en os et en ramures...*, dans *Genava*, VII, 1929, pp. 43-75.

[4] Sur l'ensemble de la question cf. aussi Hans-Georg BANDI, *Die Schweiz zur Rentierzeit*, Frauenfeld, 1947, pp. 159-165.

[5] Henri LAGOTALA, *Perforation crânienne de l'époque magdalénienne (Station de Veyrier, près Genève)*, dans *Arch. suisses d'Anthr. gén.*, IV, 1920-1922, p. 128. — E. PITTARD, *Les stations magdaléniennes de Veyrier*, II, *Objets en os et en ramures...*, dans *Genava*, VII, 1929, p. 75.

[6] J. DÉCHELETTE, *Manuel...*, t. Ier, pp. 474-480. — J. de MORGAN, *L'humanité préhistorique*, Paris, 1924, pp. 261-262. — E. PITTARD, *A propos de la trépanation préhistorique*, dans *Arch. suisses d'Anthr. gén.*, XI, 1945, pp. 56-67.

4. Les stations de la région genevoise. Le cheminement des Magdaléniens

L'itinéraire que les Magdaléniens semblent avoir suivi dans leur marche du sud vers le nord, de la basse vallée du Rhône — ou de la Dordogne — vers le Plateau suisse, est jalonné d'une série de stations, notamment entre Lyon et Genève. Ils ont utilisé la rive gauche du Rhône, puis la vallée des Usses ; ils ont traversé ensuite le Mont-de-Sion. Les obstacles de la rive droite, notamment la gorge du Fort-de-l'Ecluse, leur ont imposé ce cheminement.

Au cours de leur voyage et pendant des époques dont il n'est pas facile de préciser la durée, ils ont habité une série de grottes et d'abris sous roche vers lesquels la rudesse du climat les dirigeait tout naturellement, en particulier en hiver. Ils semblent avoir longé le massif alpin sans avoir pénétré dans des vallées encore inhospitalières.

Les stations où ils ont marqué leur passage entre Lyon et Genève sont celles des Hotteaux, près de Rossillon, de la Colombière, près de Poncin, de la Bonne-Femme, près de Brégnier-Cordon, toutes les trois dans le département de l'Ain, et celles de la Maladière et de la Grande-Cave, près de Yenne, en Savoie.

Dans le bassin genevois — mais aucune ne se trouve sur le territoire de notre canton — les stations magdaléniennes sont, en Haute-Savoie, celles des Douattes, au Mont Musiège, dans la vallée des Usses, près de Frangy ; des Grenouilles ; de Veyrier — ces dernières semblent avoir constitué une manière de village — ; du Château d'Etrembières et, dans l'Ain, au pied du Jura, celle de Sergy. A vrai dire, ces deux dernières sont de modeste importance.

Continuant leur pénétration le long du lac, les Magdaléniens ont occupé la station du Scé, près de Villeneuve [1].

En l'état actuel de nos connaissances, il paraît imprudent d'affirmer ou de nier l'existence de rapports ou d'une communauté d'origine entre les Magdaléniens du Lyonnais, du Bugey, du Genevois, de Villeneuve et leurs congénères suisses de la vallée de la Birse ou du canton de Schaffhouse.

En tenant compte de la grandeur des grottes et des abris, Adrien Jayet [2] a cherché à déterminer l'importance de la population magdalénienne de la région genevoise. Il insiste sur le caractère de « simple appréciation » de ses

---

[1] M.-R. Sauter, *Le Scé du Châtelard sur Villeneuve (distr. d'Aigle, Vaud), site préhistorique ; essai de mise au point*, dans *Arch. suisses d'Anthr. gén.*, XVII, 1952, pp. 119-130.

[2] *Le Paléolithique...*, p. 106.

calculs. Il tient compte du fait que ces hommes primitifs devaient vivre très serrés. Il pense que la grotte des Hotteaux, dans l'Ain, pouvait abriter une trentaine d'individus, celles des Douattes une dizaine, les abris de Veyrier de vingt à cinquante [1].

La question s'est posée aussi d'un certain nomadisme de ces populations, dicté par le rythme des saisons et par les déplacements des animaux. Ceux des rennes en particulier ont donné lieu à plusieurs interprétations. Raymond de Saint-Périer estimait qu'ils devaient s'effectuer sur de grandes distances [2]. En revanche, Jean Bouchud pense que ces migrations ont eu une plus faible amplitude, quelques centaines de kilomètres seulement [3].

De toute façon, quelle que soit leur importance, ces déplacements de rennes ont impliqué un certain nomadisme des peuples chasseurs.

5. L'ÉCONOMIE

a) *Les fouilles*

Faites au début d'une façon un peu empirique, puis selon des méthodes toujours plus rigoureuses, les fouilles de la région genevoise ont donné des résultats importants. Les collections déposées dans notre Musée sont d'une certaine richesse.

Les recherches concernant le Magdalénien ont débuté en 1833 près de Veyrier, en Haute-Savoie, sur le territoire de la commune de Bossey, dans le secteur compris entre le bas du Pas de l'Echelle et le talus construit plus tard pour le chemin de fer à crémaillère du Salève, aujourd'hui disparu, dans la courbe qu'il faisait à son départ. Nous n'avons pas à faire ici l'historique de ces fouilles, marqué notamment par les noms du Dr François Mayor (1833-39), du pasteur Louis Taillefer (1834), de J.-A. Deluc, du professeur Alphonse Favre et du dentiste François Thioly (1867-68), du Dr Hippolyte Gosse (1868-71). Au XXe siècle, une série de chercheurs ont été entraînés par

---

[1] Sur l'ensemble de la question, cf. A. JAYET et G. AMOUDRUZ, *Découverte d'une station magdalénienne près de Frangy, loc. cit.*, p. 138. — A. JAYET, *Les stations magdaléniennes de Veyrier, loc. cit.*, p. 45. — A. JAYET, *Le Paléolithique..., loc. cit.*, pp. 104-106, 116. — R. MONTANDON, *Genève, des origines...*, p. 33. — M.-E. DELLENBACH, *op. cit.*, pp. 23-26. — M.-R. SAUTER, *La place de la Suisse..., loc. cit.*, pp. 28-30.

[2] *Les migrations des tribus magdaléniennes des Pyrénées*, dans *Revue anthropologique*, XXX, 1920, pp. 136-141.

[3] *Le renne et le problème des migrations*, dans *L'Anthropologie*, Paris, LVIII, 1954, pp. 79-85. — Cf. aussi Yves GUILLIEN, *Bois et dents de renne, historique d'une recherche, 1949-1953*, dans *Bull. Soc. préhist. française*, LVI, 5-6, 1959, pp. 293-296.

Eugène Pittard. Raoul Montandon et Louis Gay ont exploré en 1916 la station des Grenouilles. Marc-R. Sauter et Adrien Jayet, après Pittard, ont cherché à coordonner, à systématiser, les données fournies par le site de Veyrier et la station des Grenouilles. A. Jayet a étudié l'abri de Sergy dans le Pays de Gex. En compagnie de G. Amoudruz, il a découvert celui des Douattes, près de Frangy, qui a permis de préciser l'itinéraire suivi par les Magdaléniens dans leur marche vers le nord [1].

b) *L'habitation*

Le choix des habitations a été, semble-t-il, dicté aux Magdaléniens par les nécessités de la chasse — et peut-être de la pêche — à proximité des passages des animaux dont ils vivaient. Ils ont utilisé notamment les abris que la nature leur offrait car les hivers d'un climat continental étaient fort rudes. S'ils ont abandonné les régions méridionales dont les agréments eussent été plus grands, c'est qu'ils ont été entraînés par les troupeaux de la faune froide qui suivaient les glaciers dans leur retrait.

Les abris sous roche, peu profonds, d'assez petites dimensions — celui des Douattes a trois ou quatre mètres de profondeur, une largeur d'une dizaine de mètres et un plafond de moins de trois mètres —, les ont surtout retenus. Selon Jayet, ceux du Salève sont formés de masses rocheuses, tombées de la montagne sur une « moraine latérale gauche du glacier de l'Arve, déposée lors d'un stationnement du retrait würmien et à un moment qui a précédé de peu la disjonction des deux glaciers Rhône-Arve » [2].

Tous ces abris — les Douattes, les Grenouilles, Veyrier, Etrembières — sont à faible altitude, donc à proximité des aires de chasse et de pêche. La région de Veyrier semble avoir été privilégiée. L'Arve, qui offrait ses ressources aux pêcheurs, était une rivière puissante, capable d'arrêter dans leur marche les troupeaux qui devaient se masser devant l'obstacle.

La chasse, la pêche, la préparation de l'outillage, des vêtements, des aliments constituaient les occupations essentielles des Magdaléniens, à quoi s'ajoutait sans doute leur défense contre certains animaux et, éventuellement, contre d'autres hommes.

Partout, dans les abris, des restes très nets de foyers, des charbons, des

---

[1] Outre les sources déjà indiquées, on pourra consulter, sur l'historique de ces fouilles et leurs résultats, Alfred CARTIER, *La station magdalénienne de Veyrier*, déjà citée, pp. 74-76. — J. DÉCHELETTE, *Manuel...*, t. Ier, Ire partie, chap. VIII. — E. PITTARD, *Les stations magdaléniennes de Veyrier*, I, *Hist. des découvertes*, dans *Genava*, VII, 1929, pp. 43-45.

[2] *Quelques observations nouvelles sur le Magdalénien de Veyrier-sous-Salève*, déjà cité, p. 17.

cendres ont été retrouvés. Quelques-uns d'entre eux — celui des Douattes en particulier — ont été occupés au cours de diverses époques. Les strates des dépôts permettent de l'attester.

Plusieurs parties de la Suisse ont fourni des restes beaucoup plus importants que la région genevoise pour la connaissance des Magdaléniens. C'est le cas en particulier du canton de Schaffhouse avec ses abris de Schweizerbild, de Freudenthal, et surtout de Kesslerloch, près de Thayngen. Ce dernier, à lui seul, a livré 1500 kgs d'ossements d'animaux et plus de douze mille objets — y compris les éclats et les débris — parmi lesquels des pièces fort importantes, notamment une trentaine de ces pseudo « bâtons de commandement » dont nous aurons à reparler. L'os et la corne s'y retrouvent avec la pierre. C'est à Thayngen que l'on a découvert le fameux renne broutant, cette admirable gravure faite sur un bois de renne, qui est un des plus beaux témoignages de l'art paléolithique [1].

Il faut d'ailleurs rappeler que les abris sous roche et l'entrée des grottes ne constituent par les seules habitations des Magdaléniens. Il est même probable qu'ils restent une exception. Ils ont édifié sans doute de modestes cabanes ou, à leur défaut, des tentes de peau de renne, solidement installées en groupes parfois nombreux [2]. Malheureusement, ces habitations n'ont pas laissé de vestiges dans nos pays : seules, les accumulations de silex taillés, en pleine campagne, attestent leur présence. Il semble que les abris sous roche de faible profondeur — ceux du pied du Salève ou du Mont Musiège par exemple — ont été préférés aux grottes. Les hommes y étaient à l'abri des intempéries et ils pouvaient adosser à leurs parois des protections en branchages, en mottes de terre et en peaux d'animaux. Les vraies grottes n'ont été utilisées qu'à défaut d'autre chose, du fait de leur humidité et de leur obscurité. On n'occupait d'ailleurs que leur entrée. Une réserve cependant doit être faite : celles qui sont décorées dans leurs parties profondes semblent avoir été liées aux expres-

---

[1] J. DÉCHELETTE, *Manuel...*, t. Ier, pp. 190-194, 224-227. — M.-E. DELLENBACH, *op. cit.*, pp. 38-39. — A. JAYET, *Quelques observations...* déjà cité. — *Le Paléolithique...*, *loc. cit.*, pp. 58-60.

[2] Leur présence est attestée par les blocs de pierre qui assujettissaient les parois de peau, en Allemagne centrale et septentrionale. Cf. Günter BEHM-BLANKE, *Magdalenienzeitliche Zeltplätze eines Wildpferdjägerlagers im Kyffhäusergebiet bei Bad Frankenhausen*, dans *Ausgrabungen und Funde, Nachrichtenblatt für Vor- und Frühgeschichte*, Berlin, I, 6, 1956, pp. 263-266. — Gotthard NEUMANN, *Magdalénien in Ostthüringen*, dans *Ausgrabungen und Funde...*, Berlin, III, 4/5, 1958, pp. 159-161. — Alfred RUST, *Préhistoire du Nord-Ouest de l'Europe à la fin des temps glaciaires*, dans *L'Anthropologie*, LV, 1951, pp. 205-218. — A. RUST, *Die jungpaläolithischen Zeltanlagen von Ahrensburg*, dans *Offa-Bücher, Vor- und frühgeschichtliche Untersuchungen aus dem Schleswig-Holsteinischen Landesmuseum für Vor- und Frühgeschichte...*, Neue Folge, XV, 1958.

sions primitives du sentiment religieux [1]. On n'a d'ailleurs pas retrouvé dans le bassin genevois de cavernes à peintures pariétales [2].

c) *La chasse, la pêche, la cueillette. Les matières premières*

La chasse fournissait aux Magdaléniens l'essentiel de leur alimentation. En parlant de la faune, nous avons indiqué, d'après les fouilles de Veyrier et des Douattes, quel était le gibier — mammifères, oiseaux, batraciens — dont ils pouvaient disposer.

Une remarque préalable : l'homme, en face de certains animaux de grande taille et parfois agressifs, a dû se trouver souvent dans une position de défense. Il n'a pas toujours été l'attaquant, mais parfois l'attaqué. Lorsqu'il était victorieux, il se nourrissait de sa victime [3].

On peut se demander par quels moyens l'homme primitif s'emparait de sa proie. Il est probable que les bâtons et les massues — ils ne nous sont pas parvenus — ne jouaient qu'un rôle accessoire. Comment auraient-ils pu servir dans la chasse au gros gibier ? Les sagaies à pointe de bois de renne ou d'ivoire, lancées vraisemblablement à l'aide d'un propulseur, devaient être l'arme principale. Le harpon, adaptation de la sagaie, rendait les mêmes services qu'elle, en ce qui concerne les gros poissons. Les hommes de la pierre taillée ont aussi utilisé des fosses-pièges, des chausse-trapes, pour s'emparer notamment des bisons et des mammouths. Pour ces derniers, la sagaie devait rester inopérante. Des lacets, des collets ont peut-être été employés pour le petit gibier. Mais nous n'en avons pas de preuve, alors que certaines peintures pariétales nous renseignent sur la chasse à la sagaie et — avec moins de netteté — sur l'emploi des pièges [4]. Il est même probable — des peintures l'attestent — que l'on a utilisé le lasso pour capturer certains animaux, par exemple les rennes [5]. D'autres œuvres, laissées par les artistes magdaléniens au fond de plusieurs grottes européennes, montrent aussi des bêtes transpercées de flèches. Lindner a reproduit plusieurs peintures où l'on voit les chasseurs attaquant leur proie avec leurs arcs [6].

---

[1] Cf. *infra*, p. 32.

[2] Sur l'ensemble de la question, voir A. Leroi-Gourhan, *op. cit.*, pp. 114-117.

[3] J.-G.-D. Clark, *L'Europe préhistorique. Les fondements de son économie*, Paris, 1955, chap. II. — *La préhistoire de l'humanité*, Paris, 1962, *passim*. — Cf. aussi A. Leroi-Gourhan, *op. cit.*, pp. 107-109. — K. Lindner, *op. cit.*, pp. 141-142. — J. de Morgan, *op. cit.*, pp. 171-172.

[4] A. Leroi-Gourhan, *op. cit.*, pp. 107-109. — K. Lindner, *op. cit.*, pp. 156-160, 172.

[5] Lindner, *op. cit.*, pp. 194-196.

[6] Pp. 214-224.

Le règne végétal n'offrait sans doute pas de très grandes ressources aux Magdaléniens. La cueillette restait modeste : la flore de la toundra et de la steppe est assez avare de ses dons. Des baies — des myrtilles probablement —, des champignons, à quoi s'ajoutaient l'écorce interne de certains arbres — pins, bouleaux —, de jeunes pousses, des feuilles tendres, pouvaient apporter quelque complément à la nourriture des Magdaléniens. Il n'était pas encore question d'élevage. Tout au plus les hommes, liés aux troupeaux de rennes qu'ils suivaient dans leurs déplacements, vivaient-ils en une espèce de symbiose avec eux. Pas d'agriculture non plus. On pourrait peut-être imaginer les Madgaléniens aménageant certains espaces où poussaient à l'état naturel les plantes qu'ils pouvaient consommer, les aidant à se développer par quelques sarclages ou par l'extirpation de végétaux qui en gênaient le développement [1]. Mais la base de l'alimentation de l'âge de la pierre taillée était carnée.

Les animaux fournissaient aux hommes, outre les peaux pour leurs vêtements, les fourrures qu'exigeaient les rigueurs de l'hiver.

La toundra, puis, au fur et à mesure de son extension, la forêt livraient le bois pour la cuisson des aliments. Partout, le feu a laissé avec netteté ses traces.

L'outillage des Magdaléniens — nous allons en reparler —, si rudimentaire fût-il, nécessitait plusieurs matériaux : le bois, utilisé pour fabriquer des armes et les manches de certains outils ; les os, par exemple les phalanges des chevaux ; les bois des rennes ; pour les parures, des dents d'animaux ou certains coquillages marins dont la présence dans nos régions pose tout le problème — que nous retrouverons — des échanges entre contrées parfois très éloignées. Mais la pierre restait le matériau le plus important. L'outillage de l'époque est avant tout lithique.

Les pierres du bassin genevois, bien qu'elles fussent parfois de médiocre qualité pour les services qu'on leur demandait, ont été souvent utilisées. On les cherchait dans les alluvions glaciaires ou fluviales qui ont livré des quartz, des quartzites, des calcaires siliceux. Mais le silex était la pierre par excellence, celle qui a fourni le plus bel outillage du Paléolithique et à peu près tout celui du Néolithique.

La provenance du silex utilisé par les Magdaléniens genevois a donné lieu à diverses interprétations. Certains nuclei ont été trouvés sur place. Louis Reverdin, reprenant une idée d'Alphonse Favre, pensait qu'on tirait le silex de Mornex, sur les flancs du Petit Salève, et du Coin, au pied du Grand Salève. A Veyrier, on a retrouvé trente et un nuclei. On peut nettement discerner, sur les rognons primitifs, les traces de l'enlèvement des éclats et des lames qui

---

[1] A. Leroi-Gourhan, *op. cit.*, pp. 109-111.

ont permis de faire les instruments [1]. Selon Raoul Montandon, les plus lourdes de ces pierres pèsent de 1 kg 110 à 3 kg 850. Mais la plupart d'entre elles n'atteignent que quelques centaines de grammes [2].

Adrien Jayet, tout en admettant l'origine locale d'une partie des silex des stations proches de Genève, estime que beaucoup d'entre eux, les plus beaux, ont été tirés de la région comprise entre Bellegarde et Seyssel où, dans la molasse marine, gisent beaucoup de nodules silicieux de diverses espèces [3].

Les mêmes silex, notamment de couleur grise, se retrouvent aux Douattes et à Veyrier. Les dépôts de la zone de Bellegarde à Seyssel étaient à proximité au moins de la première de ces stations. Quant à la seconde, son éloignement n'était pas tel qu'il pût effrayer des chasseurs magdaléniens [4].

d) *L'outillage magdalénien*

On admet parfois que l'industrie lithique du Magdalénien, si elle fournit des pièces beaucoup plus abondantes, est qualitativement inférieure à celle des époques précédentes. En revanche, l'utilisation de l'os semble s'être beaucoup développée. Naturellement, pour la région genevoise, du fait des glaciations, aucune comparaison n'est possible.

Nos stations locales ont livré une importante collection d'objets. A côté de ceux qui sont exposés dans les salles du Musée d'Art et d'Histoire de Genève, de nombreux autres constituent des réserves qui ont été souvent utilisées par les préhistoriens genevois.

Une première remarque s'impose : l'outillage lithique des abris de Veyrier, d'Etrembières et des Douattes offre une parfaite cohérence. Il constitue bien une série provenant d'une population homogène et non pas de groupes disparates. Il a été étudié systématiquement à plusieurs reprises, au fur et à mesure que nos collections s'enrichissaient, notamment par E. Pittard, L. Reverdin

---

[1] L. REVERDIN, *Les stations magdaléniennes de Veyrier*, III, *L'industrie lithique*, dans *Genava*, VII, 1929, pp. 76-86 et *passim*.

[2] *Notes sur quelques objets des collections préhistoriques du Musée*, dans *Genava*, III, 1925, p. 78.

[3] *Les stations magdaléniennes de Veyrier: Quelques observations nouvelles*, dans *Genava*, XV, 1937, p. 43. — Cf. aussi JAYET, *Quelques observations...*, déjà cité, *Compte rendu... Soc. de Phys. et d'Hist nat.*, LIII, 1936, pp. 16-17.

[4] Sur l'ensemble de la question, outre les sources déjà indiquées, cf. A. FAVRE, *op. cit., passim.* — G. HEYMAN, *op. cit.*, pp. 48-49. — A. JAYET, *Le Paléolithique..., loc. cit.*, pp. 66-67. — E. PITTARD, *Les stations magdaléniennes de Veyrier*, déjà cité, dans *Genava*, VII, 1929, *passim*. — M.-R. SAUTER, *La place de la Suisse..., loc. cit.*, p. 28.

et A. Jayet, pour ne pas remonter aux nombreuses descriptions et interprétations fragmentaires du XIXe siècle.

Nous ne revenons pas sur l'origine des silex que les Magdaléniens du bassin genevois ont utilisés. L. Reverdin et A. Jayet se plaisent à constater que, si la matière première est parfois de médiocre qualité, le travail qui lui a été appliqué ne manque pas d'habileté. Parlant de Veyrier, L. Reverdin a pu dire [1] : « Nous avons retrouvé là tous les types d'instruments caractéristiques de la belle époque magdalénienne et, parmi ceux-ci, toute une série de pièces très remarquables par leur grande finesse et délicatesse. L'abondance des petites lamelles à dos rabattu nous permet de rapporter cet outillage à une phase tardive du magdalénien. »

A côté des nuclei — les rognons de silex — qui ont servi à les fabriquer, on peut dénombrer, selon l'inventaire dressé par Adrien Jayet [2], 1.112 pièces provenant de Veyrier et 10.010 des Douattes. Il ne faut pas perdre de vue qu'une bonne partie des richesses que devaient recéler les abris de Veyrier a été dispersée ou détruite par le travail des carriers alors que celui des Douattes, encore vierge, a permis une exploitation systématique. Il est bien évident que la station de Veyrier a été de beaucoup la plus importante de la région genevoise.

Un bon nombre des pièces retrouvées ne sont d'ailleurs que des éclats de silex, des lamelles brutes, non retouchées, mais qui, grâce à leur forme naturelle, sont parfaitement utilisables. Elles représentent 742 pièces sur les 1.112 de Veyrier et 9.207 sur les 10.010 des Douattes. Dans la plupart des cas, elles résultent bien du travail des Magdaléniens s'attaquant aux rognons de silex. Seules quelques-unes, provenant de Veyrier, sont des éclats naturels de calcaire ramassés dans les pierriers du Salève.

Les outils façonnés sont surtout des lames et des lamelles de dimensions variables, adaptées aux divers usages domestiques, éventuellement aussi à la défense ou à l'attaque. Sans doute s'en est-on servi pour la chasse. Pour la guerre ? Rien ne permet de répondre à cette question. Les services que l'on attend de ces lames imposent des formes et des techniques multiples qui dénotent une assez grande habileté. Leur dessin et la position de leurs pointes sont changeants ; certaines ont déjà une arête médiane façonnée ; d'autres ont leur tranchant muni de coches ; quelques-unes sont même crénelées ou nettement en dents de scie.

Les grattoirs, les burins, les poinçons, les perçoirs sont aussi très nombreux. Des pierres ont été façonnées comme broyeurs et percuteurs [3].

---

[1] *Op. cit.*, p. 101.
[2] *Le Paléolithique...*, p. 87.
[3] A. LEROI-GOURHAN, *op. cit.*, pp. 58-63, 92 et ss.

Le propre des Magdaléniens est d'avoir travaillé, à côté de la pierre, les os de divers animaux, plus particulièrement du cheval, les bois de renne, l'ivoire et aussi les peaux. Les os ont servi en particulier à faire des manches pour les outils de silex. On a retrouvé à Veyrier une première phalange de cheval munie d'une cavité d'un centimètre de diamètre et de deux centimètres et demi de profondeur, destinée à recevoir un grattoir ou un perçoir. Un tibia de cheval a été façonné de façon à rendre plus facile le maniement d'un instrument de grande dimension. Des bois de renne ont permis de fabriquer des sagaies [1].

Les fragments livrés par Veyrier montrent la technique du travail de l'os et des bois de renne. Ils étaient sciés à l'aide de silex. Parfois, on les usait par polissage. Dans d'autres parties de l'Europe, on a trouvé aussi des poinçons, des spatules, des aiguilles à chas très fines, des harpons, des pointes de flèches faites de ces deux matériaux. Certains fragments d'andouillers découverts à Veyrier sont peut-être des parties de ces curieux objets que l'on a qualifiés de « bâtons de commandement » [2].

La poterie est encore ignorée des Magdaléniens.

On a percé des dents d'animaux et des coquillages pour en faire des parures.

Alors que les palafittes nous livrent de nombreux documents de bois que l'eau a parfaitement conservés, les abris magdaléniens ne nous ont rien transmis d'une matière qui, à l'air libre, est putrescible. Mais, sans grand effort d'imagination, on peut supposer les usages que les hommes des abris sous roche en ont pu faire.

Ainsi, les Magdaléniens du bassin de Genève étaient arrivés, comme ceux d'autres régions européennes, à un degré de développement déjà assez remarquable. Les trouvailles de Veyrier, de la station des Grenouilles, d'Etrembières, des Douattes, s'inscrivent dans la série des nombreuses fouilles qui ont permis la reconstitution approximative de la vie des Magdaléniens [3].

e) *Les échanges interrégionaux*

Le problème des échanges entre régions plus ou moins éloignées se pose à l'époque magdalénienne. Naturellement, ils seront courants pendant le Néolithique.

---

[1] A. Leroi-Gourhan, *op. cit.*, pp. 97-98.

[2] Cf. *infra*, pp. 32-33.

[3] J.-G.-D. Clark, *L'Europe préhistorique...*, chap. VII. — J. Déchelette, *Manuel...*, t. Ier, Ire Partie, chap. VIII. — G. Heyman, *op. cit.*, pp. 48-49. — A. Jayet, *Le Paléolithique...*, pp. 86-89 et *passim*. — E. Pittard, *Les stations magdaléniennes...: I. Hist. des*

Il n'est pas étonnant que les hommes de Veyrier aient été chercher entre Bellegarde et Seyssel des silex très supérieurs à ceux qu'ils trouvaient dans les alluvions de la plaine genevoise. Le parcours n'était pas long ; il était jalonné par la station des Douattes.

D'autres matières semblent venir de contrées beaucoup plus lointaines. Des débris d'ornements sont formés d'une matière que l'on a cru être du jayet, espèce de lignite brillant et cassant. D. Viollier pensait que celui découvert dans la région de Veyrier provenait du Pays de Bade, du Wurtemberg ou du Hanovre [1]. Mais on admet maintenant qu'il s'agit en réalité d'une stéatite du massif alpin dont les fragments ont pu être transportés par l'Arve.

Quant aux coquilles marines trouvées à Veyrier — nous allons en voir l'usage —, elles ont été déterminées à plusieurs reprises, récemment encore par Jules Favre à la demande d'Adrien Jayet. Plusieurs valves de pétoncles, une de mactra, une de dentale ont pu être authentifiées. Il semble qu'elles ne peuvent provenir que de la Méditerranée ou des Iles britanniques. Il ne faut pas oublier que le chemin de la Méditerranée à Veyrier est ponctué d'une série d'établissements magdaléniens. La vallée du Rhône, celle des Usses, le seuil du Mont-de-Sion ont-ils constitué une de ces voies naturelles d'échanges qui se dessinent peu à peu dès les premiers âges de la préhistoire ?

Mais peut-être la présence d'objets ou de matières premières retrouvés parfois très loin de leurs sources s'explique-t-elle aussi par les hasards de la guerre et le passage du butin de main en main [2].

f) *Les arts, la parure*

Les arts, dira-t-on peut-être, n'ont rien à faire avec l'économie. Et pourtant ! Ne faut-il pas admettre que la vie matérielle doit avoir atteint déjà un certain niveau pour que l'on songe à la satisfaction de besoins superflus ? N'est-il pas applicable à toutes les phases du développement de l'humanité, même les plus lointaines, le vieil adage *Primum vivere, deinde philosophari* ?

A l'époque magdalénienne, l'art a joué un rôle important : sculptures, gravures d'os ou de pierre, peintures et gravures sur les parois de certaines

---

découv.; II. *Obj. en os et en ramures;* et L. REVERDIN, *III. L'industrie lithique,* dans *Genava,* VII, 1929, pp. 43-101. — L. REVERDIN, *Sur quelques pièces de la station magdal. de Veyrier,* dans *Genava,* III, 1925, pp. 72-76.

[1] D. VIOLLIER, *Les sépultures du second âge du fer sur le Plateau suisse,* Genève, 1916, p. 63.

[2] J.-G.-D. CLARK, *L'Europe préhistorique...,* chap. IX. — M.-E. DELLENBACH, *op. cit., passim.* — W. DEONNA, *Les stations magdaléniennes de Veyrier,* dans *Genava,* VIII, 1930, p. 41. — A. JAYET, *Le Paléolithique...,* pp. 89-90. — E. PITTARD, *op. cit.,* pp. 73-74. — D. VIOLLIER, *loc. cit.*

grottes, objets de parure se retrouvent en plus d'une station. Certaines créations de cet art préhistorique — de véritables statuettes par exemple — remontent même aux époques aurignacienne et solutréenne. Les peintures pariétales magdaléniennes sont les unes au trait, d'autres complétées de teintes monochromes. Certaines même sont polychromes — on emploie le rouge, le jaune, le noir — avec des essais de figuration en relief qui utilisent les aspérités et les sailies de la roche. L'art magdalénien est arrivé à des réussites incomparables qui laissent loin derrière elles tout ce que feront le Néolithique et les âges du Bronze et du Fer.

Malheureusement, les abris sous roche de la région genevoise ne possèdent aucun reste de telles peintures. Il ne faut d'ailleurs pas oublier que ceux du pied du Salève n'ont été explorés scientifiquement qu'après les bouleversements que leur avaient fait subir les carriers.

En revanche, Veyrier et, dans une moindre mesure, les Douattes, nous ont donné plusieurs spécimens de sculptures, de gravures et d'ornements magdaléniens. E. Pittard et W. Deonna estiment même que c'est à Veyrier que l'on a trouvé pour la première fois, dans l'histoire des fouilles, des spécimens de la sculpture et de la gravure de cette époque.

Il s'agit en particulier de ces fameux pseudo-« bâtons de commandement » de Veyrier — nous en reverrons la signification — faits de bois de renne polis et gravés. L'un d'entre eux porte l'esquisse d'un bouquetin. D'autres figures animales gravées sont plus imprécises. Elles sont tout de même, estime Eugène Pittard, l'œuvre d'un « artiste qui maniait le burin avec habileté ».

Une autre pièce peut être considérée comme une véritable sculpture : un os taillé en épines, avec cinq barbelures. Il ne s'agit nullement d'un harpon mais, pense Pittard, d'un simple essai d'art. Il y voit la figuration d'une branche d'arbre.

Veyrier et les Douattes ont aussi fourni certains objets de parure, des éléments de colliers et des pendentifs. Il s'agit de ces valves de coquilles dont nous avons dit qu'elles devaient provenir de la Méditerranée. Elle sont percées d'un trou à la charnière. Des dents d'ours, de cerf, de bouquetin, peut-être d'homme, ont été perforées ou incisées. Quant à ces ornements brillants trouvés à Veyrier, nous l'avons indiqué, ils ne sont pas de jayet, mais de stéatite que l'Arve avait arrachée aux Alpes.

Coquilles, dents, petites pierres brillantes, tels sont les modestes bijoux dont les Magdaléniennes et sans doute aussi les Magdaléniens se sont parés [1].

---

[1] A. CARTIER, *loc. cit.* — J. DÉCHELETTE, *Manuel...*, t. Ier, Ire partie, chap. IX et X. — W. DEONNA, *Les arts à Genève, des origines à la fin du XVIIIe siècle*, Genève, 1942, pp. 53-54. — A. JAYET, *Les stations magdaléniennes de Veyrier: Quelques observations nouvelles*, dans *Genava*, XV, 1937, pp. 43-44. — *Le Paléolithique...*, pp. 90, 117. —

6. L'ORGANISATION SOCIALE

On sait combien il est difficile de déceler les formes primitives de la pensée religieuse. On a admis parfois que les manifestations d'un art dont nous venons de voir les émouvants essais pouvaient être en rapport avec les préoccupations religieuses des Paléolithiques tout en répondant sans doute aussi à des besoins esthétiques plus ou moins conscients. Est-ce le cas des statuettes aurignaciennes ? Ou des peintures pariétales magdaléniennes ? Tel animal percé d'une flèche est-il une « figure d'envoûtement » s'apparentant à la magie, elle-même forme rudimentaire d'un concept religieux à ses premiers balbutiements ? D'ailleurs, nous le rappelons, ni Veyrier, ni les Douattes n'ont révélé de telles peintures.

Les sépultures aussi peuvent avoir une signification religieuse. Selon Jayet, Veyrier a dû en posséder plusieurs, mais elles ont été bouleversées par l'expoitation des carrières : on en a, hélas, trouvé les ossements brisés et dispersés [1].

Il est tout aussi difficile de préciser les traits de l'organisation sociale. J.-G.-D. Clark pense que « c'est à partir du Paléolithique supérieur qu'il est possible pour la première fois de distinguer des sociétés humaines, et non plus seulement de simples traditions » [2]. Les petits groupes de Magdaléniens du bassin de Genève, qu'on peut à peine considérer comme des embryons de tribus, avaient-ils un chef ? On a qualifié de « bâtons de commandement » les beaux bois de renne retrouvés à Veyrier comme dans plusieurs grottes françaises et à Thayngen dans le canton de Schaffhouse. Mais, en l'état actuel de nos connaissances, il semble bien qu'on doive rejeter le sens qu'on leur avait tout d'abord accordé. Contrairement à l'hypothèse avancée par certains préhistoriens, ils n'ont pas été des manières de sceptres de chefs dont ils auraient attesté l'autorité. J. de Morgan pense que leur signification « la plus vraisemblable est celle qui leur attribue une valeur magique ou religieuse » [3].

E. Pittard, *op. cit.*, pp. 57-64. — Cf. aussi A. Leroi-Gourhan, *Les hommes préhistoriques*, chap. 6 ; pp. 117-119. — Sur l'ensemble de la question, cf. M.-R. Sauter, *Propos sur l'art des chasseurs préhistoriques*, dans *Club des Arts*, sept.-oct. 1954, pp. 3-28.

[1] *Le Paléolithique...*, p. 90. — Cf. aussi Emile Cartailhac, *La France préhistorique d'après les sépultures et les monuments*, Paris, 1889. — E. Cartailhac et H. Breuil, *Peintures et gravures murales des cavernes paléolithiques. La caverne d'Altamira à Santillane près Santander (Espagne)*, Monaco, 1906. — E.-O. James, *La religion préhistorique. Etude d'archéologie préhistorique. Paléolithique. Mésolithique. Néolithique*, Paris, 1959, chap. 1er. — A. Leroi-Gourhan, *op. cit.*, pp. 119-123. — J. Maringer, *L'homme préhistorique et ses dieux*, Paris, 1958. — Vayson de Pradenne, *op. cit.*, pp. 27, 114-115.

[2] *Op. cit.*, p. 5.

[3] *Op. cit.*, p. 70.

Le professeur M.-R. Sauter se refuse de son côté [1] à donner à ces pseudo-« bâtons de commandement » une portée sociale. Il se rattache à l'opinion qu'il s'agit de redresseurs de sagaies. Le soin que l'on a apporté à leur décoration montrerait l'importance qu'avait la chasse pour les Magdaléniens.

Il va de soi que l'abandon des anciennes interprétations de ces « bâtons de commandement » ne présuppose pas que l'on doive rejeter nécessairement l'hypothèse d'une société déjà hiérarchisée, d'une tribu obéissant peut-être à un chef, qu'il s'agisse d'une organisation patriarcale ou d'un système fondé sur la contrainte.

Tout d'ailleurs laisse supposer — en particulier l'outillage qu'ils ont laissé dans le bassin genevois et la région lémanique — que les Magdaléniens ont été de mœurs plutôt paisibles [2].

Peut-être pourrait-on trouver une raison de ce comportement pacifique dans le fait qu'ils étaient peu nombreux dans nos régions et qu'ils y trouvaient des troupeaux abondants, des rivières poissonneuses et des possibilités de cueillette que seuls le climat et le sol, après le retrait des glaciers, limitaient. Si ces suppositions correspondent à la réalité, la « lutte pour la vie » ne se serait pas imposée d'une façon impérieuse. Mais peut-être une telle interprétation répondrait-elle un peu trop à la notion du « bon sauvage » chère à Rousseau et à tant d'autres écrivains du XVIIIe siècle. De toute façon, on ne saurait en tirer la conclusion absolue que les Magdaléniens étaient nécessairement de nature pacifique.

Cela va de soi, leur économie est fondée sur l'utilisation de réserves naturelles qui, à la longue, du fait de leur emploi et des changements de climat, ne laissent pas de s'épuiser. Si le problème de la propriété privée n'existe sans doute pas à ces stades primitifs où les hommes sont peu nombreux et les ressources abondantes, il peut se poser au moment où la population augmente et où la nature se fait plus parcimonieuse dans l'octroi de ses biens.

Mais — est-il nécessaire de le dire ? — l'origine de la propriété privée et ses formes éventuelles dans cette phase de la préhistoire sont entourées de mystères qui vraisemblablement ne se dissiperont jamais. Certains instruments, certaines armes portent des marques distinctives. S'agit-il de signes attestant un droit rudimentaire de propriété mobilière ? Ou correspondent-ils à des règles de la magie, donc d'une religion primitive [3] ?

---

[1] D'après l'avis qu'il a bien voulu nous donner.

[2] Cf. E. PITTARD, *op. cit.*, pp. 57-62. — W. DEONNA, *Les arts à Genève...*, p. 53.

[3] Outre les ouvrages et articles cités dans ce chapitre réservé aux Magdaléniens du bassin genevois, de nombreuses études leur ont été consacrées. On trouvera des bibliographies complètes concernant les recherches régionales notamment dans les ouvrages suivants : A. CARTIER, *La station magdalénienne de Veyrier (Haute-Savoie)*, dans *Arch*.

suisses d'Anthr. gén., II, 1916-1917, pp. 74-76. — R. MONTANDON, *Coup d'œil sur les époques préhistorique, celtique et romaine dans le canton de Genève et les régions limitrophes*, Genève, 1917. — MONTANDON, *Bibliographie générale des travaux palethnologiques et archéologiques, Canton de Genève et régions voisines*, Genève, 1917. — E. PITTARD, *La Préhistoire*, dans *Histoire de Genève*, t. Ier, Genève, 1951, p. 22. — L. REVERDIN, *Les stations magdaléniennes de Veyrier. III L'industrie lithique*, dans *Genava*, VII, 1929, pp. 102-104. — F. THIOLY, *L'époque du renne dans la vallée du Léman*, dans *Indicateur d'histoire et d'antiquités suisses*, 1868, pp. 116-121. — *Description d'objets de l'industrie humaine trouvés à Veyrier...*, B.I.G., XV, 1869, pp. 341-375. — En ce qui concerne la Suisse en général, on se référera notamment aux indications bibliographiques fournies par Hans-Georg BANDI, *Die Schweiz zur Rentierzeit*, déjà cité. — E. PITTARD, *Préhistoire de la Suisse*, Genève, 1942. — Otto TSCHUMI et collaborateurs, *Urgeschichte der Schweiz*, I, *Die Steinzeit*, Frauenfeld, 1949. — Parmi les nombreux ouvrages consacrés à la préhistoire en général, on trouvera une abondante bibliographie dans J.-G.-D. CLARK, *L'Europe préhistorique. Les fondements de son économie*, déjà cité, pp. 463-491. — Cf. aussi J. DÉCHELETTE, *Manuel d'archéologie préhistorique, celtique et gallo-romaine*, 4 vol., Paris, 1908-1914. — A. LEROI-GOURHAN, *Les hommes de la préhistoire*, déjà cité. — Richard THURNWALD, *L'économie primitive* (trad. de l'allemand), Paris, 1937. — Parmi les ouvrages généraux permettant des comparaisons avec la région genevoise, cf. notamment J. de MORGAN, *L'humanité préhistorique*, déjà cité. — Georges RENARD, *Le travail dans la préhistoire*, Paris, 1927. — A. VAYSON de PRADENNE, *La Préhistoire*, déjà cité.

LE MÉSOLITHIQUE

CHAPITRE PREMIER

LE MÉSOLITHIQUE

A la période magdalénienne, si riche en documents, succède une phase beaucoup moins bien connue du fait de la rareté des restes qu'elle nous a transmis. Opérant une transition entre la pierre taillée et la pierre polie, le Mésolithique est surtout marqué par son époque azilienne qui tire son nom de la station du Mas d'Azil dans l'Ariège.

Longtemps, on a admis qu'il y avait eu une véritable rupture — le fameux « hiatus » si abondamment commenté — entre le Paléolithique et le Néolithique, que les hommes magdaléniens avaient suivi la faune nordique au fur et à mesure qu'elle se dirigeait vers des régions plus froides et que les zones vidées de leurs habitants avaient accueilli des populations nouvelles.

Puis on en est venu à une autre interprétation, celle de la continuité. Les hommes ne se seraient pas retirés vers le nord ; ils se seraient adaptés à des conditions naturelles qui étaient, somme toute, plus favorables. L'examen des restes humains de l'époque néolithique prouve la survivance de certains types de l'époque antérieure. Ainsi, à l'hiatus on a substitué l'idée d'une période intermédiaire, de transition, le Mésolithique.

La Suisse occidentale est à peu près dépourvue d'éléments représentatifs de cette phase de la préhistoire. La question de leur présence à Sous-Balme, près de Veyrier — dans le département de la Haute-Savoie —, après le Madgalénien, n'est pas encore résolue. En revanche la station du Col des Roches, près du Locle, est nettement caractérisée [1]. Dans la région française proche

---

[1] L. REVERDIN, *La station préhistorique du Col des Roches près du Locle (Neuchâtel)*, dans *Annuaire de la Société suisse de Préhistoire*, XXII, 1930, pp. 141-158.

de Genève, le Mésolithique est représenté par les abris de Sous-Sac, dans le département de l'Ain, au pied du Jura, entre Bellegarde et Seyssel [1], et ceux du défilé de Pierre-Châtel, sur le Rhône, en Savoie.

En Suisse alémanique, un plus grand nombre de stations ont été identifiées, notamment dans le Mittelland bernois [2], dans la vallée de la Birse où se trouvent, près de Laufon, les abris sous roche de Birsmatten [3] et, plus près de Bâle, celui de Birseck [4]. La station de Wauwilermoos, dans le canton de Lucerne (district de Willisau), est en plein air, dans une zone marécageuse [5].

Une ébauche de cette période peut être tentée. Elle se situe à la fin du quaternaire, du Pléistocène, à son tournant vers l'Holocène ou âge actuel.

La population, entre les Alpes et le Jura, semble avoir été clairsemée. Le climat s'est beaucoup modifié. A l'époque magdalénienne, il avait été sec, froid, extrême. Il s'adoucit, devient plus humide, ce qui entraîne des changements importants dans la flore et la faune. A une végétation s'apparentant à celle des steppes et des toundras se sont graduellement substituées des prairies et des forêts, encore légères, où le noisetier prédomine, mais qui compartimentent le pays jusque-là très dégagé [6]. La faune, tributaire à la fois du climat et de la flore, s'est modifiée. Les rennes en particulier, dont le rôle a été si important dans la vie des Magdaléniens, ont disparu, remplacés par d'autres animaux : le cerf élaphe, le castor, et surtout le sanglier. Le chamois, le bouquetin, la marmotte ont remonté les vallées des Alpes. Les hommes, qui ne s'y sont pas encore fixés, semble-t-il, à demeure, vont probablement les y poursuivre de même que les ours [7].

---

[1] Abbé TOURNIER et Charles GUILLON, *Les hommes préhistoriques dans l'Ain. Les abris de Sous-Sac et les grottes de l'Ain à l'époque néolithique*, Bourg, 1903.

[2] René WYSS, *Beiträge zur Typologie der paläolithisch-mesolithischen Übergangsformen im schweizerischen Mittelland*, Diss., Berne, 1953. — Cf. aussi *Schriften des Instituts für Ur- und Frühgeschichte der Schweiz*, IX, Bâle, 1953.

[3] Hans-Georg BANDI et Carl LÜDIN, *Birsmatten-Basishöhle*, dans *Jahrbuch des Bernischen Historischen Museums in Bern*, XXXIV, 1954, pp. 193-200. — H.-G. BANDI, *Sauveterrien im Birstal*, dans *Ur-Schweiz (La Suisse primitive)*, XX, 1956, pp. 6-19.

[4] Fritz SARASIN, *Die Steinzeitlichen Stationen des Birstales zwischen Basel und Delsberg*, dans *Nouveaux Mémoires de la Société helvétique des Sciences naturelles*, LIV, 2, 1918, pp. 8-99.

[5] Verena BODMER-GESSNER, *Provisorische Mitteilung über die Ausgrabung einer mesolithischen Siedlung in Schötz (« Fischerhäusern ») Wauwilermoos, Kt. Luzern, durch H. Reinerth im Jahre 1933*, dans *Annuaire Soc. suisse de Préhist.*, XL, 1949-1950, pp. 108-126.

[6] Walter RYTZ, *Die Pflanzenwelt, Botanische Wege und Ziele in der Urgeschichtsforschung der Schweiz*, dans *Urgeschichte der Schweiz*, déjà cité, pp. 52-53.

[7] Certains indices montrent que la chasse à la marmotte a été abondamment pratiquée en tout cas dans les vallées du Dauphiné. Cf. Hippolyte MULLER, *Les stations aziliennes du Vercors. Les chasseurs de marmottes*, dans *Comptes-rendus des congrès de l'Association*

Peut-être a-t-on réussi, à la fin du Mésolithique, la première domestication d'un animal, le chien.

Comme leurs prédécesseurs les Magdaléniens, les hommes de cette période sont essentiellement chasseurs et pêcheurs. La cueillette, qui n'est pas encore très abondante, complète leur subsistance.

Ils sont artisans aussi, travaillant les os, les ramures de cerf, le bois. Leur industrie microlithique a progressé : on perçoit quelques timides essais de polissage. Les lames, les lamelles, les grattoirs sont particulièrement nombreux. Mais l'art figuré, si remarquable chez les Magdaléniens, a presque disparu. Tout au plus a-t-on retrouvé, notamment dans la vallée de la Birse, à Birseck, quelques galets ornés de stries ou de touches d'ocre.

Les hommes du Mésolithique sont sans doute plus sédentaires que les Magdaléniens, mais ils ne sont pas encore voués à l'élevage et à l'agriculture. On a le sentiment qu'ils traversent une période critique, qu'ils vivent plus difficilement que leurs prédécesseurs. Il n'empêche, comme le constate Marc-R. Sauter à propos du monde méditerranéen, que le Mésolithique « apporte réellement quelque chose de nouveau ». Il annonce une transformation. « Plus que le Chien, c'est la cueillette du Blé sauvage qui préfigure un état nouveau où l'homme, cultivant la terre, s'y assujettit [1]. »

La faible densité des populations mésolithiques a facilité sans doute l'arrivée de nouveaux venus, plus nombreux. Un pas de plus va être fait dans la voie de la civilisation. A des hommes déjà en partie sédentaires, mais encore pêcheurs et chasseurs, succéderont les Néolithiques, qui vont atteindre un autre degré de développement. La région genevoise, si dépourvue de témoignages concernant le Mésolithique, va être au contraire prodigue de ses dons pour ce nouvel âge [2].

---

française pour l'Avancement des Sciences, Session du Havre, 1914, pp. 642-648. — H. MULLER, *La préhistoire et la protohistoire des environs de Grenoble*, dans *Grenoble et sa région*, vol. publié à l'occasion du congrès de l'Association française pour l'Avancement des Sciences, Grenoble, 1925, pp. 673-684. — Frank BOURDIER et H. de LUMLEY, *Magda-lénien et Romanello-azilien en Dauphiné*, dans *Bulletin du Musée d'anthropologie préhisto-rique de Monaco*, III, 1956, pp. 123-176.

[1] M.-R. SAUTER, *Préhistoire de la Méditerranée. Paléolithique. Mésolithique*, Paris, 1948, p. 179.

[2] Outre les sources déjà signalées, cf. J.-G.-D. CLARK, *op. cit.*, *passim*. — L. COU-LONGES, *Quelques considérations sur le Paléolithique supérieur et le Mésolithique*, dans *Bulletin de la Société d'études et de recherches préhistoriques*, Les Eyzies, 3, 1953, pp. 28-33. — J. DÉCHELETTE, *Manuel...*, t. Ier, IIe partie, chap. Ier. — M.-E. DELLENBACH, *op. cit.*, pp. 60-70. — W. DEONNA, *Les arts à Genève*, p. 54. — Walter-U. GUYAN, *Mensch und Urlandschaft der Schweiz*, Zurich, 1954, pp. 74-83. — G. HEYMAN, *op. cit.*, pp. 53-54. — A. JAYET, *Le Paléolithique...*, *passim*. — R. MONTANDON, *Genève, des origines...*, pp. 33-34. — E. PITTARD, *Préhist. de la Suisse*, pp. 24-27. — M.-R. SAUTER, *Préhist. de la Méditerranée*, déjà cité, liv. Ier, chap. Ier. — Otto TSCHUMI, *Urgeschichte der Schweiz*, I, Frauenfeld, 1949, pp. 525-568. — VAYSON de PRADENNE, *op. cit.*, pp. 115-120.

LA STATION DE LA PRAILLE

En 1935 et 1936, d'importants travaux ont été entrepris à la Praille, en rapport avec la construction de la plateforme de la nouvelle gare. La Drize, qui s'appelait dans la dernière partie de son cours l'Eau-Morte, a été emprisonnée dans une énorme gaine souterraine de béton. C'est ce qui a permis la découverte d'une station préhistorique non loin de la route des Acacias. Elle a été étudiée par Louis Blondel [1]. Il est difficile de dater cette station. L. Blondel, qui l'avait d'abord placée dans le Mésolithique, la situe finalement au début du Néolithique [2].

Elle devait se trouver en bordure de l'Arve, dans une île ou une presqu'île, à un moment où la rivière coulait au pied de la falaise de Lancy [3]. Elle constituait une sorte de petit village dont les cabanes, selon L. Blondel, étaient en partie appuyées à un grand chêne couché, long de 17 mêtres et dont la circonférence mesurait 5,50 m. La longueur de ce « village » a été estimée à une trentaine de mètres. Plusieurs huttes étaient assez bien conservées. L'une était en forme de fer à cheval, une seconde carrée ; les autres étaient rondes. La plus importante, « la grande cabane », était isolée. Le tronc et les maîtresses branches du chêne conservaient, nous dit Blondel, des « mortaises destinées à supporter les étais du toit ». Deux autres troncs complétaient l'ossature de la « grande cabane » qui comprenait deux pièces importantes et plusieurs petits locaux munis de litières ; mais, trop petits pour abriter des animaux, ils devaient servir de réduits à des hommes. Toutes les huttes étaient construites en rondins de 10 à 15 centimètres de diamètre.

Il n'existait qu'un seul foyer, conservant des restes de bois carbonisé,

---

[1] L. BLONDEL, *Chronique des découvertes archéol. ... en 1936*, dans *Genava*, XV, 1937, p. 46. — BLONDEL, *La station préhistorique de la Praille près de Genève*, dans *Genava*, XVI, 1938, pp. 27-54.

[2] *Le développement urbain de Genève à travers les siècles*, dans *Cahiers de Préhistoire et d'Archéologie*, Genève et Nyon, III, 1946, p. 12.

[3] Plus tard, elle s'est déplacée du côté de la colline de Genève.

sur la place, commun à tout le « village ». Un bassin de fontaine était creusé dans un tronc.

Quelles ont pu être les occupations des habitants de cette station ? Les fouilles ont livré très peu d'ossements d'animaux : un fragment d'os de bovidé et un de chevreuil. On n'en peut pas tirer de conclusions. Blondel pose cette question : « Les habitants jetaient-ils tous leurs débris dans l'Arve ou bien vivaient-ils principalement de la pêche ? » On n'a pas retrouvé d'arêtes de poissons, mais elles sont si friables qu'elles auraient pu disparaître.

A l'appui de la thèse d'un peuple adonné à la pêche, les fouilles de la Praille apportent un témoignage. Elles ont livré une pirogue d'environ cinq mètres et demi, à fond plat, creusée dans un tronc, destinée à naviguer en eau peu profonde, sans doute sur les lagunes que l'Arve formait en divaguant entre la falaise de Lancy et la colline de Genève. Le bateau était posé sur des étais, comme s'il était dans un atelier ou en « cale sèche ». Deux rames l'accompagnaient.

L'outillage lithique est peu abondant. Les matériaux utilisés sont nettement inférieurs aux silex — pourtant souvent de qualité assez médiocre — des stations du Salève ou des Douattes. On a cherché sur place, dans les alluvions de l'Arve, des schistes, des ardoises, du cristal de roche, du granit, du calcaire dont on s'est accommodé. La pierre est encore simplement taillée.

Alors que l'outillage de bois a disparu des abris sous roche et des grottes, détruit par le temps, il s'est bien conservé, immergé dans l'eau des couches d'alluvion de la rivière. Des manches et des gaines de formes diverses étaient destinés à faciliter l'emploi des outils de pierre. Le bois a été aussi utilisé pour fabriquer des récipients, des cuillers, des spatules, des crochets, des hameçons, des pointes de pique ou d'épieu, des bâtons ou des massues, un billot [1].

Beaucoup de questions se posent à propos de la station de la Praille auxquelles on ne peut donner de réponses certaines. Des divergences apparaissent dans l'interprétation de ces vestiges. Elle n'offre en tout cas pas de pierre polie, ni de trace d'élève du bétail ou d'agriculture, non plus que de débris de poterie. En revanche, elle semble attester une vie sédentaire. On n'édifierait pas de telles cabanes pour un séjour momentané [2].

---

[1] BLONDEL, *loc. cit.*

[2] A proximité de cette agglomération, L. BLONDEL a décelé, près du Pont-Rouge, plusieurs troncs d'arbres couchés abritant des huttes. — *Chronique archéol. ... 1948*, dans *Genava*, XXVII, 1949, pp. 17-18. — Le Mésolithique avait vu augmenter le nombre des cabanes bâties en plein air, complétant les abris sous roche et les cavernes, dans diverses régions de l'Europe, ainsi à Campigny, dans la Seine inférieure. Elles étaient souvent au bord des cours d'eau car la pêche restait un élément important de l'alimentation. J. de MORGAN, *op. cit.*, pp. 83-84, 164-166. — Selon M.-R. SAUTER, Campigny est néolithique, mais de tradition mésolithique.

DEUXIÈME PARTIE

LE NÉOLITHIQUE

INTRODUCTION

Le Néolithique genevois se situe dans la période géologique holocène ou actuelle [1]. Nous avons déjà dit combien il était difficile de fixer une chronologie rigoureuse des âges préhistoriques. Les idées à ce sujet évoluent très rapidement [2]. En l'état actuel de nos connaissances, M.-R. Sauter pense que, dans nos régions, le début du Néolithique, soit la période de la civilisation de Cortaillod [3], se situe vers l'an 3000 et plus probablement vers 2900. Il se termine aux environs de 1800. De toute façon, il n'a pas la longueur démesurée du Paléolithique. L'évolution s'y fait à une cadence beaucoup plus rapide. Faut-il déjà y voir une lointaine préfiguration de « l'accélération de l'histoire » ?

Paul Vouga, en se fondant sur les données si caractéristiques du lac de Neuchâtel, a établi des subdivisions à l'intérieur du Néolithique [4]. La station palafittique d'Auvernier lui a fourni plusieurs niveaux pour la pierre polie qui dévoilent des différences à l'avantage du Néolithique ancien qui a possédé — sans qu'on puisse en déceler les causes — une poterie plus fine et mieux travaillée que le Néolithique plus récent. Vouga a eu le privilège de travailler sur un rivage dont les strates étaient restées en place, alors qu'à Genève le

---

[1] En ce qui concerne la bibliographie de cette période, cf. W. DRACK, *Die jüngere Steinzeit der Schweiz, Repertorium der Ur- und Frühgeschichte der Schweiz*, Heft 1, Zurich, 1955. — Trad. par M.-R. SAUTER, *Le Néolithique de la Suisse. Répertoire de Préhistoire et d'Archéologie de la Suisse*, cahier 1, Bâle, 1958.

[2] Cf. notamment E. PITTARD, *L'outillage lithique des stations lacustres (Période néolithique) de Genève*, dans Soc. auxiliaire du Musée de Genève, *Mélanges publiés à l'occasion du 25e anniversaire de la fondation de la Société*, Genève, 1922, p. 17. — L. BLONDEL, *La salle du Vieux-Genève au Musée d'art et d'histoire*, dans *Genava*, XIII, 1935, p. 322.

[3] Le « Néolithique lacustre ancien » de Vouga.

[4] On a abandonné le terme de « Robenhausien » que l'on avait appliqué à la Pierre polie en partant de la station de palafittes de Robenhausen sur le lac de Pfäffikon dans le canton de Zurich.

courant du Rhône, déjà sensible à l'extrémité du lac, a mêlé les nombreux vestiges de la cité lacustre [1].

La Suisse, et en particulier le lac de Neuchâtel et la région genevoise, ont l'avantage de posséder d'innombrables témoignages du Néolithique. Certains ont été livrés par des fouilles terrestres. Mais la plupart proviennent des marais ou des rivages des lacs. Ils ont été protégés ainsi des bouleversements apportés par les hommes au cours de l'histoire et de la destruction qui atteint les objets putrescibles restés à l'air libre. Les incendies qui ont atteint les cités « lacustres » ont souvent précipité dans l'eau ou dans la vase des marais des objets qui nous ont été restitués intacts. Le Néolithique nous est beaucoup mieux connu que le Paléolithique. Cependant, en ce qui concerne Genève, les palafittes de la rade, du fait de leur immersion assez profonde, n'ont pas permis une fouille stratigraphique rigoureuse. La plus grande partie des nombreux objets qu'on y a trouvés, récoltés par la force des choses sans grande méthode, sont des vestiges des niveaux les plus récents. De telle sorte que l'agglomération lacustre genevoise, malgré son importance, laisse dans l'obscurité beaucoup d'aspects de l'histoire du Néolithique local.

Vouloir caractériser le Néolithique uniquement par l'apparition d'un outillage de pierre polie se substituant à la pierre taillée serait insuffisant. Certes, les techniques nouvelles de meulage de la pierre sont d'une extrême importance. D'ailleurs, elles ne font pas disparaître la pierre taillée qui, dans beaucoup d'usages, continue à jouer un rôle immense tout au long du Néolithique. Mais cette phase est aussi marquée par d'autres traits non moins originaux : l'élève du bétail, l'agriculture, une vie qui tend à devenir plus sédentaire [2], le tissage des étoffes, la fabrication des poteries, des modes nouveaux d'alimentation, la multiplication des bourgades. Les progrès sont immenses par rapport aux troglodytes paléolithiques de Veyrier, d'Etrembières ou des Douattes [3].

─────────────

[1] Paul VOUGA, *Le vieux Néolithique palafittique suisse*, dans *Le Globe*, LXXIV, 1934-35, pp. 20-21. — *Le Néolithique lacustre ancien*, dans Université de Neuchâtel, *Recueil de travaux publiés par la Faculté des Lettres*, XVII, 1934.

[2] Cependant, le Néolithique n'a connu qu'une semi-sédentarité, du fait de certains déplacements d'agriculteurs conquérant la terre par le défrichement au feu. Il a dû subsister un certain nomadisme lent, cyclique. — W.-U. GUYAN, *Mensch und Urlandschaft der Schweiz*, Zurich, 1954, pp. 128-129. — Cf. aussi GUYAN, *L'économie néolithique*, dans *Répertoire de Préhistoire et d'Archéologie de la Suisse*, *Le Néolithique de la Suisse*, cahier 1, Bâle, 1958, pp. 25-29.

[3] Outre les ouvrages déjà cités, cf. CLARK, *op. cit.*, *passim*. — DÉCHELETTE, *Manuel...*, t. Ier, IIe partie, chap. Ier. — DEONNA, *Les arts à Genève*, pp. 55-60. — MONTANDON, *Genève, des origines...*, pp. 35-38, 56. — PITTARD, *Préhist. de la Suisse*, pp. 27-47. — Hans REINERTH, *Die jüngere Steinzeit der Schweiz*, Augsburg, 1926. — VAYSON de PRADENNE, *op. cit.*, pp. 95, 120-131.

LA POPULATION

LA PÉNÉTRATION DE LA CIVILISATION NÉOLITHIQUE EN SUISSE ET DANS LA RÉGION GENEVOISE

Les questions posées par les populations néolithiques en général et celles de la région genevoise en particulier ont suscité au cours des années beaucoup d'hypothèses et de discussions [1]. Il n'est pas question de les reprendre ici.

Marc-R. Sauter a bien voulu résumer pour nous ce problème, tel qu'on peut l'envisager en l'état actuel de nos connaissances.

Il n'y aurait pas eu de profonds changements de population entre le Magdalénien et le Néolithique. Il ne semble pas que l'on puisse parler d'une intrusion en masse de brachycéphales apportant une civilisation nouvelle. A leur arrivée, elle était déjà en train de se développer. Ils restent d'ailleurs une minorité. Les hommes de Chamblandes, près de Lausanne, et de Collombey dans le Bas-Valais sont presque tous dolicho- à mésocéphales, de type méditerranéen, type qui pourrait dériver des paléolothiques de Combe-Chapelle et de Chancelade. Certes, la civilisation néolithique est venue du dehors suivant des cheminements que l'on précise toujours mieux. Mais cela n'implique pas nécessairement des bouleversements anthropologiques [2].

---

[1] Cf. notamment M.-E. DELLENBACH, *op. cit.*, pp. 13-16, 74-75. — E. PITTARD et L. RÉVERDIN, *A propos de la domestication des animaux pendant la période néolithique* dans *Arch. suisses d'Anthr. gén.*, IV, 1920-1922, p. 262. — E. PITTARD, *La Préhistoire*, dans *Hist. de Genève*, t. Ier, pp. 16-20. — R. MONTANDON, *Genève, des origines...*, pp. 35-38. — A. VOSS, *Recherches d'anthrop. historique sur la population de Genève au moyen âge et celle de l'ensemble de la Suisse romande à l'âge du fer et à l'époque romaine.* Thèse, Genève, 1950, *passim*. — P. VOUGA, *Le vieux Néolith. palafittique, loc. cit.*, pp. 20-21. — *Le Néolithique lacustre ancien, loc. cit.*

[2] Carleton Stevens COON, *The races of Europe*, New-York, 1939, *passim*. — V. Gordon CHILDE, *L'aube de la civilisation européenne*, Paris, 4e éd., 1949. — CHILDE, *Prehistoric migrations in Europe* (Instituttet for Sammenlignende Kulturforsking), Oslo, 1950. — Raymond RIQUET, *Essai de synthèse sur l'ethnogénie des Néo-énéolithiques en France*, dans *Bulletin et Mémoires de la Société d'Anthropologie de Paris*, II, Xe série,

Dans la première phase du Néolithique, elle se serait propagée de deux façons. Une civilisation danubienne, caractérisée notamment par la céramique rubanée, serait venue par les Balkans et le bassin du Danube, en utilisant les terres légères de loess. Mais elle n'aurait touché la Suisse, vers 3000 av. J.-C., que dans le canton de Schaffhouse et se serait arrêtée en Alsace à un moment où le Plateau suisse en était encore au stade du Mésolithique.

Une seconde civilisation, probablement d'origine africaine — égyptienne peut-être — serait arrivée par l'Espagne. Remontant la vallée du Rhône, elle aurait passé par Genève et serait représentée dans les couches profondes des stations du lac. Elle a pu d'ailleurs utiliser aussi le chemin de l'Italie et des cols des Alpes. Elle a conquis une bonne partie du Plateau suisse, jusqu'au lac de Zurich. On la trouve en Valais, à Saint-Léonard, où, depuis plusieurs années, le professeur Sauter poursuit des fouilles fructueuses [1]. Elle est qualifiée dans nos régions de civilisation de Cortaillod [2]. La station terrestre la plus proche de Genève est l'abri sous roche de Génissiat qui a été exploré par Olivier Reverdin [3]. Cet abri a été noyé lors de la construction du barrage.

Cette civilisation néolithique d'origine méditerranéenne, qui semble dériver de celle qui, au sud, est caractérisée notamment par la céramique

---

1951, pp. 201-233. — M.-R. SAUTER, *Les races de l'Europe*, Paris, 1952, pp. 89-98. — Emil VOGT, *Problems of the Neolithic and Bronze Ages in Switzerland*, dans *Congrès internat. des sciences préhistor. et protohist. Actes de la IIIᵉ session*, Zurich, 1950 (1953), pp. 31-41. — E. VOGT, *Synthèse finale sur les civilisations du Néolithique en Suisse*, dans *Répertoire de Préhistoire et d'Archéologie de la Suisse, Le Néolithique de la Suisse*, cahier 1, Bâle, 1958, pp. 30-33. — P. VOUGA, *Le Néolithique lacustre ancien, loc. cit.*

[1] M.-R. SAUTER, *La station néolithique et protohistorique de « Sur le Grand Pré » à Saint-Léonard (distr. Sierre, Valais), note préliminaire*, dans *Arch. suisses d'Anthr. gén.*, XXII, 1957, pp. 136-149. — *Saint-Léonard, haut lieu de la préhistoire valaisanne*, dans *Ur-Schweiz (La Suisse primitive)*, XXII, 1, 1958, pp. 4-9. — *Le Néolithique de Saint-Léonard, Valais (fouilles de 1958 et 1959)*, *Ibid.*, XXIV, 2, 1960, pp. 27-33. — *Préhistoire du Valais des origines aux temps mérovingiens. Deuxième supplément à l'inventaire archéologique (1955-1959)*, dans *Vallesia*, 1960, pp. 264-271. — *Fouilles dans la station néolithique et protohistorique de Saint-Léonard (Distr. Sierre, Valais)*, dans *Bulletin de la Murithienne*, Société valaisanne des sciences naturelles, fasc. LXXV, 1958, pp. 65-66.

[2] Cf. Victorine von GONZENBACH, *Die Cortaillodkultur in der Schweiz*, dans *Monographien zur Ur- und Frühgeschichte der Schweiz*, VII, Bâle, 1949. — M.-R. SAUTER, *Le Néolithique d'origine méditerranéenne*, dans *Bull. Soc. préhist. française*, LI, 8, 1954, pp. 85-88. — René WYSS, *Le Néolithique ancien de la Suisse*, dans *Répertoire...*, cahier 1, pp. 1-4. — Emil VOGT, *Synthèse finale sur les civilisations néolithiques de la Suisse*, *Répertoire...*, cahier 1, pp. 30-32 et planche 19.

[3] O. REVERDIN, *Une nouvelle station néolithique près de Génissiat (Département de l'Ain)*, dans *Genava*, X, 1932, pp. 33 et ss. — Une étude systématique du matériel recueilli à Génissiat — il se trouve au Musée d'Art et d'Histoire de Genève — a été faite par Marc-R. SAUTER et Alain GALLAY, *Les matériaux néolithiques et protohistoriques de la station de Génissiat (Ain, France)*, dans *Genava*, N.S., VIII, 1960, pp. 63-111.

décorée par impression [1], pénètre en Suisse vers 2900. C'est la « civilisation ancienne de Cortaillod » [2]. Elle a perdu d'ailleurs dans sa marche vers le nord quelques-uns de ses caractères, subissant l'influence de la région danubienne et de la céramique rubanée. Cette apparition du Néolithique dans nos régions semble contemporaine des premières stations palafittiques.

Vers 2500, une double poussée se serait produite. Dans le nord, la civilisation danubienne aurait été supplantée par la civilisation dite de Michelsberg, provenant probablement de l'Allemagne septentrionale et centrale. Elle s'introduit par le lac de Constance, la Thurgovie, Zurich, et s'étend jusqu'à Coire. Elle a laissé des stations lacustres, palustres [3] et terrestres.

Mais une autre poussée se fait, qui intéresse directement la région genevoise. Des influences s'exerçant du sud, par la vallée du Rhône et peut-être par les cols alpins, apportent les éléments de la « civilisation nouvelle de Cortaillod » [4]. Sur le Plateau suisse, elle n'atteint pas Zurich. Une de ses stations est celle d'Egolzwil sur le Wauwilermoos [5]. Elle s'est implantée dans la région lémanique et a pénétré profondément en Valais.

Ces deux civilisations semblent avoir été remplacées vers 2000 par celle dite de Horgen [6] qui dérive peut-être de celle de Seine-Oise-Marne. Marquée par une régression de l'art de la céramique, elle s'est enracinée dans les stations palafittiques du Plateau suisse. Mais son extension en Suisse occidentale est encore mal connue.

Aux environs de 1900 av. J.-C., partant de l'Europe de l'est et du nord-est, la civilisation de la céramique cordée et de la hache de combat se propage à son tour rapidement sur le Plateau suisse [7] pour atteindre la région lémanique et genevoise. Elle y prend vraisemblablement contact avec la civilisation de la céramique campaniforme ou caliciforme, d'origine méridionale, ibérique, où se manifestent les signes avant-coureurs de l'âge du Bronze. Mais l'interpénétration de ces deux civilisations s'est faite surtout dans la vallée du Rhin allemand : la civilisation du Bronze en sortira vers 1800 [8].

---

[1] Le plus souvent au moyen de la coquille de cardium, d'où son nom de céramique cardiale.

[2] Correspondant au « Néolithique lacustre » de Paul Vouga.

[3] La plus caractéristique est celle de Weier dans la commune de Thayngen (canton de Schaffhouse).

[4] Apparentée à la civilisation chasséenne (du Camp-de-Chassey en France) et de Lagozza dans l'Italie du Nord.

[5] District de Willisau, canton de Lucerne.

[6] Elle correspond au « Néolithique lacustre moyen » de la stratigraphie de Paul Vouga.

[7] Peut-être cette rapidité résulte-t-elle de la guerre et de la conquête ?

[8] E. VOGT, *Synthèse finale...*, dans *Répertoire...*, cahier 1, pp. 30-33.

L'intérêt de ces diverses poussées qu'entourent encore beaucoup de mystères, c'est qu'elles semblent avoir apporté au bassin genevois — comme à bien d'autres contrées — des éléments originaux et en constante transformation, des connaissances étendues dans le domaine de la domestication des animaux, de l'élève du bétail et de l'agriculture, mais aussi des techniques industrielles dont nous reverrons la diversité et la relative perfection.

Les Néolithiques se sont groupés en villages terrestres, palustres ou lacustres, car la sédentarité s'est imposée de plus en plus à des hommes trop nombreux pour vivre sur ce que la nature offrait bénévolement, le gibier, les poissons, les fruits et les baies. Obligés dorénavant d'élever le bétail et de cultiver la terre, ils ont dû rompre dans bien des cas avec les habitudes d'un semi-nomadisme. Là où quelques groupes paléolithiques avaient erré ou s'étaient fixés temporairement, une population plus dense tendait à s'implanter définitivement. Le nombre des agglomérations édifiées dans les marais ou au bord des lacs suisses, du Léman en particulier, l'atteste éloquemment.

Marc-R. Sauter a fait une étude concernant la longévité de la population de deux régions de la Suisse romande grâce aux nécropoles néolithiques de La Barmaz, près de Collombey, en Valais, et de Chamblandes, à Pully près de Lausanne. La mortalité infantile est de 42,1% à La Barmaz et de 19,2% à Chamblandes. La différence est considérable, mais il n'est pas possible d'en déterminer les causes. M.-R. Sauter remarque que l'on « ne constate en tout cas aucune lésion traumatique sur les os conservés, ce qui tend à diminuer la probabilité de mort violente ». Peut-on en inférer que ces populations ont été pacifiques [1] ?

---

[1] M.-R. SAUTER, *Quelques données sur la mortalité dans la population néolithique de la Suisse romande*, dans *Actes de la Société helvétique des Sciences naturelles*, 128e assemblée, Saint-Gall, 1948, pp. 169-170. — Cf. sur l'ensemble de la question Louis-René NOUGIER, *Essai sur le peuplement préhistorique de la France*, dans *Population*, IX, 2, Paris, 1954, pp. 241-271. — De nouvelles recherches du professeur Sauter et la découverte qu'il a faite d'autres squelettes à la Barmaz semblent modifier ces données. La mortalité infantile s'établit actuellement à 35%.

CHAPITRE II

LA FLORE. LA FAUNE

La physionomie générale du pays n'a pas changé depuis l'époque anté-rieure. L'Arve a continué ses divagations en quête de son lit définitif. Le niveau du Rhône et du lac a subi quelques fluctuations avec les conséquences que cela entraîne, dans les zones marécageuses qui les bordent, pour la cons-truction des cités palafittiques. Les marais et les tourbières étaient nombreux.

Le climat, plus doux et plus humide que celui de l'époque magdalénienne, est tempéré, assez proche du nôtre. Il conditionne la flore et la faune de nos régions. Les Néolithiques genevois — de très nombreux éléments livrés par les lacs en font foi — ont continué à tirer de la cueillette une partie de leur subsistance, utilisant les baies de sureau et de cornouiller, les framboises, les fraises, les mûres, les raisins sauvages, les prunelles, les faînes, les noisettes, les glands. Mais l'agriculture — dont nous reparlerons — a permis de planter dans le pays des cerisiers, des poiriers, des pommiers, des noyers, des châtai-gniers. On a cultivé plusieurs céréales, d'autres plantes encore, ainsi le lin.

Les forêts aux essences diverses ont conquis de vastes espaces. Qu'on songe aux innombrables pieux qui ont été enfoncés dans la vase des marais et sur la berge des lacs lors de la construction des cités lacustres. Le chêne prédomine, mêlé à l'orme et au tilleul. Les pentes du Jura sont revêtues de conifères [1].

Ce double emploi de la flore — dons de la nature et produits résultant du travail des hommes —, nous le retrouvons dans la faune. Les débris pala-fittiques, les ossements des grottes néolithiques du Salève ou de celle qu'Olivier Reverdin a explorée sur la rive droite du Rhône, dans la gorge de Génissiat, près de la ferme dite « au Cruchon », le montrent bien.

---

[1] Werner LÜDI, *Analyse pollinique des sédiments du lac de Genève (Etudes sur la partie occidentale du lac de Genève, IV)* dans *Mémoires de la Société de Physique et d'Histoire naturelles de Genève*, Genève, XLI, 5, 1939, pp. 467-497. — W. RYTZ, *Die Pflanzenwelt...*, déjà cité, dans *Urgeschichte der Schweiz*, pp. 15-119.

La faune sauvage n'a pas beaucoup changé depuis lors si ce n'est, naturellement, sous le rapport de l'abondance. Tout au plus quelques rares espèces ont-elles disparu de nos régions. A. Jayet, au niveau néolithique de l'abri des Douattes — superposé à la couche paléolithique du plancher de la grotte —, a retrouvé quelques ossements d'un bœuf, de deux ou trois cochons des tourbières, d'un sanglier, d'un cerf, d'un bouquetin. La station de Saint-Aubin, sur le lac de Neuchâtel, dont les conditions étaient les mêmes que celles de notre région, a livré des os de cerf, de chevreuil, d'élan, de sanglier, de loup, de renard, de blaireau, de loutre, de martre, de castor, de lièvre, de hérisson, d'ours, etc., mais aussi d'animaux domestiques : bœufs, chèvres, moutons, cochons des tourbières, chiens, chats [1].

Olivier Reverdin a trouvé dans la grotte de Génissiat des ossements d'animaux sauvages et domestiques qui correspondent à ceux que nous venons d'énumérer [2].

Ainsi les Néolithiques de la région genevoise, tout en restant des chasseurs et des pêcheurs, ont demandé à l'agriculture et à l'élève du bétail, c'est-à-dire à un travail ordonné et persévérant, une partie de leur subsistance [3].

---

[1] H. HARTMANN-FRICK, *Le monde animal du Néolithique*, dans *Répertoire...*, cahier 1, pp. 20-23, planches 14 et 15. — W.-U. GUYAN, *L'économie néolithique*, dans *Répertoire...*, cahier 1, p. 26.

[2] *Loc. cit.* — SAUTER et GALLAY, *loc. cit.*, pp. 67-70.

[3] J.-G.-D. CLARK, *op. cit.*, chap. I à V. — R. MONTANDON, *Genève, des origines...*, p. 47. — MONTANDON, *Mélanges d'archéol. et d'hist. genevoise, I. Le commerce des vins dans la Genève gallo-romaine et l'origine de notre vignoble*, Genève, 1921, pp. 5-6. — E. PITTARD et L. REVERDIN, *A propos de la domestication des animaux pendant la période néolithique, loc. cit.*, pp. 259-271. — O. REVERDIN, *loc. cit.* — SAUTER et GALLAY, *loc. cit.* — Sur la chasse, cf. K. LINDNER, *op. cit.*, IIe partie, chap. VII.

CHAPITRE III

L'HABITATION

1. LES HABITATIONS TERRESTRES

Une remarque préalable doit être faite. Si la région genevoise — comme plusieurs autres — livre de nombreux éléments retrouvés les uns dans des grottes ou sur le sol, les autres au fond du lac ou dans la vase d'anciens marécages, ils proviennent tous d'une seule et même population. Il n'y a pas eu des Néolithiques terriens différents des Néolithiques lacustres ou palustres mais des hommes semblables qui ont habité sur terre ou sur l'eau — et peut-être tour à tour sur terre et sur l'eau —, au gré des circonstances. L'identité des documents qu'ils nous ont laissés l'atteste bien. Souvent, les cités dites lacustres et les villages terrestres ont été juxtaposés, complémentaires. C'est le cas probablement de Genève bâtie sur la rade et les berges du lac, alors qu'un refuge couronnait la colline de Saint-Pierre dont les flancs étaient plus abrupts qu'aujourd'hui. Joukowsky a noté que le seuil du Bourg-de-Four a été très atténué au cours des âges par le travail des hommes.

On admet que des groupements terrestres néolithiques ont existé à plusieurs endroits dans le bassin genevois, à Troinex, à Evordes, à Sézenove, dans la région de Bossey et même sur les flancs du Salève, à une certaine hauteur, de Veyrier à Collonges, en particulier sur le Plateau de l'Ours — il tire son nom de la grotte de l'Ours — qui offre, grâce à sa position dominante et aux énormes blocs qui l'entourent, de grandes facilités pour la défense. Les hommes ont d'ailleurs complété l'œuvre de la nature. Il en serait de même au Plateau du Chavardon, au-dessus du Coin, près de Collonges-sous-Salève.

Ces deux zones fortifiées possédaient des abris sous roche et même des grottes profondes que les Genevois connaissent bien : celles du Seillon, de l'Ours, du Sablon, des Bourdons, du Chavardon, de la Bourne, du Seret, de la Voûte, de la Mule, d'autres encore. Occupées peut-être épisodiquement, en cas de nécessité, elles ont donné quelques ossements humains et des objets non seulement de la Pierre polie, mais encore de l'âge du Bronze. On a pensé même qu'un cheminement, de Veyrier au Coin, attesté par quelques ébauches de gravures rupestres, les aurait desservies.

Cependant, le professeur M.-R. Sauter estime qu'il n'existe pas de vraie station néolithique terrestre, nettement caractérisée, dans le bassin genevois, mais bien plutôt quelques abris sous roche, quelques refuges, fouillés sans méthode dès la première moitié du XIXe siècle par des amateurs ou des jeunes gens dépourvus de connaissances scientifiques. Les documents qu'ils ont livrés sont rares. Quant aux refuges, aux enceintes des flancs du Salève, outre qu'il n'est pas tout à fait sûr qu'ils soient de l'époque néolithique, ils auraient été des lieux de rassemblement de troupeaux plutôt que des appareils de défense. Des recherches systématiques à leur sujet devraient être entreprises [1].

Louis Blondel, en revanche, admet que les deux plateaux du Salève, dominant la plaine, étaient des refuges en cas de guerre, les grottes offrant leurs abris naturels et servant à enterrer les morts. Quant à la plaine, son importance est attestée par les mégalithes de Pierre-Grand, Bossey, Troinex dont nous reparlerons à propos de l'âge du Bronze [2].

En descendant du Mont-de-Sion vers Frangy, près de la route nationale, l'abri sous roche du Malpas tire son nom du hameau voisin [3].

Outre les villages qui doublaient les cités lacustres, dont nous allons parler, et ceux de la région du Salève, déjà mentionnés, les hommes de la Pierre polie se sont fixés sur le plateau de Douvaine ; au pied du Jura, entre Gex et le Fort de l'Ecluse ; le long des Voirons. L'abri des Douattes et celui de Génissiat possèdent un niveau néolithique.

Les hommes de la Pierre polie ont aussi remonté la vallée de l'Arve, jusqu'aux Houches. Ils ont atteint le Valais soit par des cols où ils auraient laissé quelques traces de leur marche, soit directement par la rive droite du lac qui est jalonnée par des tombes en cistes à squelettes repliés, dont Chamblandes, à Pully, offre des exemples caractéristiques. Marc-R. Sauter, à qui l'on doit les fouilles systématiques de la Barmaz, près de Collombey, a exploré également en Valais, dans la commune de Saint-Léonard, une agglomération néolithique

---

[1] A propos des enceintes du Néolithique, cf. Oscar PARET, *Le mythe des cités lacustres et les problèmes de la construction néolithique*, Paris, 1958, pp. 100-107.

[2] L. BLONDEL, *L'ensemble mégalithique de la Pierre-aux-Dames à Troinex*, dans *Genava*, XXI, 1943, pp. 76-78. — J. DÉCHELETTE a relevé, en France, un grand nombre d'enceintes fortifiées du même type, situées en général au pied des montagnes. Beaucoup ont été utilisées à l'âge du Bronze et même parfois jusqu'à l'époque romaine. *Manuel...*, t. Ier, pp. 368-371.

[3] Ch. JEANNET et A. JAYET, *Le Néolithique terrestre du Malpas, près de Frangy (Haute-Savoie, France)*, dans *Mélanges... Louis Bosset*, Lausanne, 1950, pp. 65-82.

qu'il situe à environ 4500 ans de nous [1]. Les maisons terriennes qu'il y a retrouvées sont fort différentes des demeures palafittiques de la région genevoise [2].

2. LES « CITÉS LACUSTRES »

Ce qui caractérise surtout l'habitation des Néolithiques de notre région et de tout le Plateau suisse — comme de plusieurs autres contrées —, ce sont les cités dites lacustres. On en a trouvé environ deux cents en Suisse.

On sait le débat très vif qui se déroule à leur sujet. Nous n'avons pas à l'exposer ici. Une interprétation récente arrive à une conclusion radicale : elle exclut l'existence d'agglomérations lacustres. Elles auraient été édifiées en réalité sur terre ferme, en bordure des lacs et des marais [3].

Parmi ceux qui n'adhèrent pas à ce point de vue, tous ne sont pas poussés par la tradition ou le sentiment. Des arguments scientifiques lui ont été opposés [4]. Pour la rade de Genève, on a pu faire remarquer que l'abaissement du plan d'eau du lac jusqu'à son niveau inférieur extrême ne mettrait pas actuellement à sec les pilotis de la station palafittique de l'époque du Bronze.

Le professeur Marc-R. Sauter a exposé récemment l'état actuel — et

---

[1] Cf. *supra*, chap. Ier.

[2] *Journal de Genève*, n° 222 du 23 sept. 1957. — Sur l'ensemble de la question, cf. M.-R. SAUTER, *Sépultures à cistes du bassin du Rhône et civilisations palafittiques*, dans *Sibrium*, Varese, II, 1955, pp. 133-139. — *La station néol. et protohistor. de « Sur le Grand Pré »*, loc. cit. — *Saint-Léonard, haut-lieu...*, loc. cit. — *Fouilles dans la station néolithique et protohistorique de Saint-Léonard (Distr. Sierre, Valais)*, dans *Bulletin de la Murithienne*, Société valaisanne des sciences naturelles, fasc. LXXV, 1958, pp. 65-86. — Otto TSCHUMI, *Die steinzeitlichen Hockergräber der Schweiz*, dans *Indicateur d'Antiquités suisses*, N.S., XXII, 1920, pp. 73-81, 145-154, 217-227 ; XXIII, 1921, pp. 1-10, 65-75, 161-171. — Sur les constructions terrestres néolithiques en Suisse, cf. R. WYSS, *Le Néolithique ancien de la Suisse*, dans *Répertoire...*, cahier 1, p. 2.

[3] O. PARET, *Le mythe des cités lacustres...*, déjà cité, Paris, 1958, pp. 46-73 et *passim*. — Emil VOGT, *Pfahlbaustudien*, dans *Das Pfahlbauproblem*, Monographien zur Ur- und Frühgeschichte der Schweiz, Bâle, XI, 1955, pp. 117-219.

[4] Jules FAVRE, *Die Mollusken aus den Pfahlbauten des nordwestlichen Ufers des Neuenburgersees und ihre Bedeutung für die Siedlungswese der Neolithiker*, dans *Bericht der Römisch-Germanischen Kommission*, Frankfurt-a.-M., XVIII, 1928. — FAVRE, *Histoire malacologique du Lac de Genève*, dans *Mém. Soc. de Phys. et d'Hist. nat. de Genève*, XLI, 3, 1935, pp. 295-414. — A. JAYET, *Les faunules malacologiques du Néolithique d'Auvernier (Neuchâtel, Suisse)*, extrait du Compte rendu de la Société paléontologique suisse, 36e assemblée. *Eclogae geologicae Helvetiae*, 50/2, 1957. — Werner LÜDI, *Die Vorgeschichtlichen Pfahlbauten als naturwissenschaftliches Problem*, dans *Bericht über das geobotanische Forschungsinstitut Rübel in Zürich für das Jahr 1955* (1956), pp. 108-136. — Voir aussi une étude antérieure de W. LÜDI, *Problèmes relatifs aux palafittes*, dans *Arch. suisses d'Anthr. gén.*, XVI, 1951, pp. 129-159. — SAUTER, *Quelques réflexions à propos du problème des palafittes*, dans *Genava*, N.S., VII, 1959, pp. 35-56.

provisoire — de la question [1]. Avec d'autres, il pense qu'il conviendrait d'établir des distinctions. Il est hors de doute que les fouilles conduites avec précision au cours de ces dernières années ont prouvé que les villages néolithiques d'anciens petits lacs ou marais, actuellement asséchés en partie ou complètement, ont été édifiés sur le sol palustre, mou et stérile, ou au bord de nappes d'eau. Les pilotis qu'on a retrouvés ne sont alors pas autre chose que des poutres verticales, formant l'armature des parois latérales, ou encore celles qui soutiennent le faîte de la maison, poutres qui ont été enfoncées profondément dans une terre molle. Mais on n'a pas fait de fouilles systématiques dans les stations des rives des grands lacs, ceux de Neuchâtel et de Genève en particulier. Il paraît donc prudent de ne pas tirer des conclusions hâtives et générales de constatations valables pour les régions marécageuses.

La présence de véritables palafittes dans les lacs de Neuchâtel et de Genève ne saurait être sans autre écartée. Comment pourrait-on expliquer les innombrables pilotis situés dans la rade genevoise au-dessous du niveau du lac [2] ? On ne pourrait le faire qu'en invoquant des phénomènes géologiques localisés postérieurs à l'époque des palafittes, mouvements sismiques, glissements de terrain [3].

Marc-R. Sauter, après avoir montré tous les aspects et la complexité de la question et les divergences d'opinions qu'elle provoque, estime qu'on ne saurait « lui donner dès maintenant une solution unilatérale » [4]. En ce qui concerne le Léman, il a « conclu provisoirement qu'il pouvait paraître difficile d'admettre que le lac ait pu s'écouler si on en abaissait le niveau jusqu'à exonder les plus profondes des palafittes ; on est toutefois peu au clair sur bien des points essentiels (profondeur exacte des stations, possibilité que le relief du seuil genevois du lac ait été différent de ce qu'il est) » [5].

De toute façon, les conclusions du débat engagé ne laisseront pas d'être importantes par leurs implications ethnographiques, techniques et sociales.

En ce qui concerne Genève, les agglomérations, déjà étendues au Néolithique et qui grandiront encore à l'âge du Bronze, semblent avoir été édifiées à la fois sur le lac et dans les marécages qui bordaient ses rives incertaines. Les plus importantes sont celles des Eaux-Vives et des Pâquis qui finiront — à l'époque du Bronze en tout cas —, par constituer un tout cohérent, coupé

---

[1] *Quelques réflexions à propos du problème des palafittes, loc. cit.*, pp. 35-56.

[2] Voir les tableaux de SAUTER, pp. 49 et 50, et le plan de la rade, p. 51.

[3] SAUTER, p. 53. — C'est une hypothèse émise par W. LÜDI, *Die vorgeschichtlichen Pfahlbauten..., loc. cit.*, pp. 115-116.

[4] P. 53.

[5] P. 54.

par le chenal du Rhône naissant. D'autres, plus modestes, sont situées à la Belotte, à Bellerive, à Hermance, près de cette localité, à Cusy (Haute-Savoie) et, sur la rive droite, à Bellevue. Leur nombre augmentera à l'âge du Bronze. Certains de ces villages ont pu avoir des prolongements sur la terre ferme. Les rives vaudoises du lac de Genève — Morges a été une cité très importante —, celles du lac de Neuchâtel, si riches en témoignages, celles des lacs d'Annecy et du Bourget [1] ont été également jalonnées d'établissements « lacustres » [2].

Plus loin encore, sur les derniers plateaux du Jura français, des palafittes ont été également retrouvés dans les lacs de Clairvaux et de Chalain (département du Jura) [3].

Le début de la construction de la cité lacustre de Genève est difficile à préciser [4]. M.-R. Sauter émet l'hypothèse que les porteurs de la civilisation ancienne de Cortaillod se seraient installés à Genève vers 3000 ou plus probablement vers 2800 av. J.-C.

L'agglomération a été constituée à l'origine de deux parties distinctes édifiées l'une aux Eaux-Vives, en face du parc de la Grange, l'autre aux Pâquis, près du Palais Wilson. Elles se sont étendues ensuite, en se rapprochant, pour constituer la grande cité de l'âge du Bronze.

On a pu dresser, malgré les travaux effectués dans la rade et le long des quais qui ont détruit tant de documents du temps des palafittes, une carte assez précise de la cité lacustre néolithique et du Bronze. Les pieux fichés dans la vase du lac ont été repérés à diverses époques par Hippolyte Gosse, Alexandre Le Royer, Louis Blondel et leurs collaborateurs.

On peut se demander quelles ont été les raisons qui ont conduit certaines populations néolithiques à construire les cités palustres ou lacustres. Leur édification ne représente-t-elle pas des efforts incomparablement plus longs, plus difficiles, que celle de villages terrestres ou l'aménagement d'abris sur les flancs des montagnes? Est-ce pour des raisons de sécurité? Pour se défendre contre d'autres hommes à un moment où un certain accroissement de la population et la raréfaction du gibier rendaient plus urgente l'occupation de terres de culture et de pacage? La lutte pour la vie a été peut-être plus accusée

---

[1] Pour ce dernier lac, seulement à l'âge du Bronze.

[2] En Chablais, entre Nernier et Messery, des pieux semblent remonter à environ 2100 ans. — *Mémoires et Documents publiés par l'Académie Chablaisienne*, III, Thonon, 1956, p. XLIX.

[3] Gérard BAILLOUD et P. MIEG de BOOFZHEIM, *Les civilisations néolithiques de la France dans leur contexte européen*, Paris, 1955, pp. 92, 94, 100, 103, 132, 210. — J. DÉCHELETTE, *Manuel...*, t. Ier, pp. 366-368.

[4] L. BLONDEL, *Le développement urbain...*, pp. 12-13.

au Néolithique qu'au Paléolithique. Ou bien fallait-il se protéger contre les rares animaux dangereux, les loups en particulier, qui survivaient au Néolithique ?

Sans doute a-t-on aussi voulu, dans les marécages ou au bord des lacs, s'isoler de l'eau, se mettre au sec. Ceux qui rejettent l'idée traditionnelle de la cité lacustre avancent encore une autre explication. La forêt triomphante laissait peu de place à l'agriculture et aux pâturages. Utiliser, pour la construction, les marais ou les berges stériles des lacs était un moyen de conserver à des fins productives la totalité des terres arables conquises sur la sylve. On ne peut en définitive se livrer qu'à de simples hypothèses quant aux mobiles qui ont guidé les palafittiques.

En tout cas, leurs cités ont bien été conçues pour des hommes et non pas, comme on l'a avancé parfois, à l'usage de greniers. Le bétail occupe aussi une partie de leur aire.

La construction de ces bourgades, qu'elles fussent palustres ou lacustres, était chose difficile. On reste confondu devant la grandeur d'une œuvre qui ne paraît guère à la mesure des moyens précaires dont disposaient les Néolithiques.

La forêt voisine offrait des chênes et d'autres arbres dont on a façonné les admirables pilotis que la rade de Genève nous a restitués, après quelques millénaires, en parfait état de conservation. Les pieux étaient taillés en pointe, grâce à l'outillage lithique perfectionné des palafitteurs : ils possédaient de belles haches alors que les Magdaléniens en étaient dépourvus. On a planté ces pilotis en rangs serrés dans la vase des marais ou du lac au moyen d'une dame ou peut-être, pensent certains, d'un mouton. Ces instruments étaient certainement manœuvrés par plusieurs hommes, ce qui implique une véritable discipline de travail.

Des poutres horizontales assurées par des chevilles, des entrelacs de branchages, le tout recouvert de cailloutis et de terre battue ou d'argile malaxée, constituaient de solides et commodes plates-formes. Elles pouvaient être très vastes, mais étaient souvent subdivisées en secteurs individualisés destinés à des cabanes ou à des groupes de cabanes : maisons des hommes, étables et greniers. Des ponts les unissaient.

Ces huttes étaient parfois rondes, mais le plus souvent carrées ou rectangulaires. Leurs dimensions étaient assez variables, d'une douzaine à environ soixante-dix mètres carrés. Certaines étaient subdivisées en deux parties. Leurs parois étaient formées de rondins ou de clayonnages renforcés de terre battue ou d'argile durcie au feu.

La couverture de ces cabanes était de paille, d'écorce ou de feuillage. Avec de tels matériaux, plates-formes et maisons étaient la proie désignée des incendies. C'est à leur fréquence que les préhistoriens ont eu le privilège de trouver tant de restes de ce passé, précipités dans les lacs ou les marais qui les ont conservés [1].

Telles étaient ces cités palafittiques qui groupaient les hommes de la Pierre polie. C'est là qu'ils avaient leurs maisons, leurs ateliers, leurs greniers et leurs réserves. Sans doute, ces chasseurs et ces cultivateurs passaient-ils une partie de leur temps sur la terre ferme.

La Genève lacustre, selon les calculs de Louis Blondel, au moment de sa plus grande extension, à l'âge du Bronze, a atteint environ 150 hectares. Elle était fondée sur une véritable forêt de pilotis. Cependant leur nombre ne doit pas conduire à des exagérations quant à l'estimation de la grandeur de la cité et du chiffre de sa population. Quelle que soit la signification que l'on attribue à ces pieux, qu'ils soient les soutiens de plates-formes ou des poutres de parois fichées dans le sol, il faut bien admettre que l'usure, les destructions, les incendies, au cours d'une dizaine de siècles, ont nécessité sans cesse la plantation de nouveaux pilotis et peut-être le déplacement de groupes d'habitations. Ainsi toutes les parties de la rade et des rivages de Genève couvertes de ces pieux n'ont-elles pas été habitées en même temps. Cela réduit l'importance qu'on est tenté de donner à la cité palafittique [2].

Malgré ces réserves, on peut se demander si, à l'époque de sa plus grande extension, articulée sur les deux rives, prolongée par l'oppide qui couronnait la colline de Saint-Pierre, la Genève lacustre n'a pas été aussi peuplée — plus peuplée peut-être — que le modeste *vicus* romain primitif, avant son extension sur le plateau des Tranchées.

Ainsi, lorsqu'elle a célébré, en 1942, le deuxième millénaire de son apparition dans l'histoire grâce aux *Commentaires* de Jules César, Genève a été trop modeste. A combien de siècles ne faudrait-il pas, en réalité, faire remonter sa naissance, sur terre et dans les eaux [3]?

---

[1] L. Blondel, *Le développement urbain...*, pp. 12-15. — R. Montandon, *Genève, des origines...*, pp. 39-41. — E. Pittard, *La Préhistoire*, dans *Hist. de Genève*, t. Ier, p. 18.

[2] E. Vogt, *Pfahlbaustudien, Das Pfahlbauproblem, loc. cit.*, pp. 151, 182 et *passim*.

[3] Outre les ouvrages déjà cités, cf. L. Blondel, *Relevé des stations lacustres de Genève*, dans *Genava*, I, 1923, pp. 88-112. — *Le sol et l'habitation*, dans *Genava*, V, 1927, pp. 241-243. — *Notes d'archéologie genevoise*, Genève, 1914-1932, p. 47. — *L'ensemble mégalithique de la Pierre-aux-Dames...*, dans *Genava*, XXI, 1943. — *Le développement urbain...*, p. 12. — *Chronique archéol. pour 1950*, dans *Genava*, XXIX, 1951, p. 23. — J.-G.-D. Clark, *op. cit.*, chap. VI. — W. Deonna, *Notes d'histoire et d'art genevois...*, dans *Genava*, XXI, 1943, pp. 91-92. — A. Jayet et G. Amoudruz, *loc. cit.*, p. 137. — E. Joukowsky, *Esquisse géologique du Plateau genevois*, dans *Genava*, V, 1927, pp. 238-239 et *passim*. — R. Montandon, *Genève, des origines...*, pp. 38-46, 113. — *Notes sur quelques objets des collections préhistoriques du Musée*, dans *Genava*, III, 1925, pp. 78-81. — E. Pittard, *La Préhistoire*, dans *Hist. de Genève*, t. Ier, pp. 16-18. — *L'outillage lithique des stations lacustres... de Genève, loc. cit.*, p. 17. — O. Reverdin, *op. cit.*, p. 36. — Vayson de Pradenne, *op. cit.*, pp. 120-131. — A. Voss, *op. cit.*, pp. 129-130.

CHAPITRE IV

L'AGRICULTURE

La cueillette et la pêche continuent à fournir aux Néolithiques une partie de leur subsistance. La pêche est pour eux une ressource importante. Leur contact avec l'eau, leurs pirogues, leurs harpons, leurs hameçons le laissent bien supposer. Nous avons indiqué, à propos de la flore et de la faune, les plantes qui leur offrent leurs baies ou leurs fruits, les animaux qu'ils chassent à un moment où le gibier tend à diminuer en nombre et en variété [1]. Quant aux poissons, ils ne nous ont laissé que peu de débris, car leurs arêtes sont très friables.

Les méthodes agricoles apportées par les Néolithiques arrivés, par les cheminements que nous avons esquissés, de régions plus civilisées, ont été les bienvenues à un moment où la nature se faisait moins généreuse alors que la population devenait plus dense et que les besoins des hommes se multipliaient avec le progrès.

Les Magdaléniens, conditionnés par les déplacements du gibier, avaient été en partie nomades. Les Néolithiques se sont fixés à demeure sur une terre qui ne livre ses fruits qu'à ceux qui la travaillent régulièrement et qui lui font, si modestes soient-elles encore, les avances en capitaux qu'elle requiert. L'agriculture, avec les longues attentes qu'impose le rythme des saisons, l'élève du bétail, déjà pratiquée selon la méthode de la stabulation, exigent non seulement une vie sédentaire mais aussi une technique et un outillage déjà perfectionnés. J. de Morgan a fait remarquer que l'agriculture de la Pierre polie d'Europe est connue en grande partie grâce aux éléments fournis par les palafittes suisses [2].

Les habitants de la région genevoise disposaient de terres sur les deux rives du lac et du Rhône, conquises sur la forêt et vraisemblablement sur les marécages. Prairies et champs labourés y alternaient. Les marais devaient

---

[1] Cf. *supra*, chap. II.
[2] *Op. cit.*, pp. 180-181.

être fort gênants. C'est ce qui explique que beaucoup des établissements terriens du bassin de Genève se trouvent sur des plateaux ou les derniers ressauts des montagnes. La sylve primitive, puissante, mesurait les terres arables et les pâturages.

On a évoqué, à propos du Néolithique, le problème de la propriété. On a pensé que l'agriculture aurait imposé l'appropriation individuelle des terres, que les hommes de la Pierre polie auraient « inventé le régime de la propriété » [1].

A vrai dire, il nous paraît bien difficile de résoudre le problème de la propriété primitive, de ses origines, de ses formes, de son évolution. Il a suscité beaucoup d'hypothèses, d'interprétations, de polémiques même. Pour des époques plus proches de nous, appartenant déjà aux débuts de l'histoire proprement dite, on n'a pas encore apporté de solution acceptée par tous. De fait, l'agriculture du Néolithique ne présuppose pas nécessairement le régime de la propriété privée ; à plus forte raison l'élève du bétail qui s'accommode fort bien de pacages communs. La survivance jusqu'à nos jours de l'*Allmend* dans plusieurs régions de la Suisse le prouve bien .

Nous sommes mal renseignés sur les outils agricoles. Celles de leurs parties qui sont de pierre se confondent avec le reste de l'outillage palafittique. Cependant, on a retrouvé divers types de pics qui sont certainement des instruments aratoires. Des faucilles de pierre ont été aussi découvertes. Les charrues devaient être à soc de bois et dépourvues de roues. C'est le vieux type de l'araire qui s'est maintenu encore au début des temps historiques.

La présence de restes nombreux, notamment d'excréments, prouve que les étables construites sur les plates-formes palafittiques devaient accueillir le bétail le soir, au moins à certains moments de l'année. Les bêtes sauvages, les loups en particulier, et peut-être les incursions de certaines tribus nomades pillardes, débris des anciennes populations mésolithiques, exigeaient des précautions. Cependant, il est possible que du bétail soit aussi resté sur terre ferme, grâce à des mesures de protection appropriées, aussi bien dans l'agglomération genevoise que dans celles du Petit-Lac.

Comment s'est opérée la domestication ? Le Paléolithique ne l'avait pas pratiquée, malgré l'abondance des chevaux et des rennes dans nos régions. On admet qu'elle nous vient du dehors [2]. Mais elle a pris une grande importance. Les nombreux ossements trouvés dans le lac de Genève, mais surtout dans la station de Saint-Aubin au bord de celui de Neuchâtel, permettent de connaître les espèces qui ont été élevées.

---

[1] M.-E. DELLENBACH, *op. cit.*, p. 97.
[2] E. PITTARD, *La Préhistoire*, dans *Hist. de Genève*, t. Ier, pp. 15-16.

Eugène Pittard et Louis Reverdin, reprenant les trouvailles de Paul
Vouga, ont étudié les os de cette dernière station. Ils ont établi de véritables
statistiques qui sont précieuses aussi pour notre région, étant donné la similitude des conditions de vie sur les rivages des deux grands lacs de la Suisse
romande [1]. Ils estiment que l'ordre chronologique de la domestication des
animaux — phénomène qui s'est produit sous d'autres cieux — a été le suivant :
le chien, la chèvre, le bœuf, le cochon, le mouton, alors que le cheval, longtemps
chassé pour sa chair, ne sera vraisemblablement dressé qu'à l'âge du Bronze.

Sur les 4.000 os ou fragments osseux de Saint-Aubin, E. Pittard et
L. Reverdin ont retenu les 2.336 pièces les plus utiles à la détermination des
espèces animales. Celles qui appartiennent à des bêtes sauvages, cerfs, chevreuils, élans, sangliers, renards, loutres, martres, blaireaux, ours, lièvres, etc.,
à quoi il faut ajouter 3 débris provenant de poissons et 4 d'oiseaux, constituent
18,4% de l'ensemble alors que celles qui proviennent d'animaux domestiques
représentent 81,5%. Le cheval n'a laissé aucune trace à Saint-Aubin, alors
qu'il était un gibiers des Magdaléniens de nos régions [2].

Bien sûr, cette statistique fondée sur des parties de squelettes ne signi-
fierait-elle pas grand chose. Aussi E. Pittard et L. Reverdin ont-ils tenté,
par le regroupement des os, d'évaluer le nombre d'individus qu'ils représentent.
Pour les animaux domestiques, ils ont compté, à Saint-Aubin, 75 bœufs,
32 chiens, 28 cochons, 10 chèvres, 6 moutons. Ainsi, dans la station neuchâteloise — mais pourquoi en serait-il autrement à Genève ? —, les bovidés
l'emportent de loin sur les chèvres et les moutons. Leur lait et leur chair leur
conféraient une valeur incomparable. Faut-il tirer de la rareté des moutons
la conclusion que les Néolithiques n'employaient guère leur laine pour se
vêtir et qu'ils ont utilisé surtout des fibres végétales ? La laine ne s'est malheureusement pas conservée dans les couches palafittiques. Les bovidés et les
ovidés fournissaient aussi leurs peaux pour la confection des vêtements.

Les données établies par Olivier Reverdin grâce à la grotte de Génissiat
au bord du Rhône corroborent celles d'Eugène Pittard et de Louis Reverdin.
Les ossements d'animaux domestiques, bœufs, cochons, chèvres, moutons,
chiens, sont plus nombreux que ceux des bêtes sauvages tuées à la chasse,
cerfs, chevreuils, sangliers, loups, lièvres [3].

---

[1] E. Pittard et L. Reverdin, *A propos de la domestication...*, *loc. cit.*, pp. 259-271.

[2] Georges Lefranc donne des chiffres différents, marquant une avance rapide de
la domestication. « Le progrès est attesté par la statistique qui, pour une même station,
sur le lac de Neuchâtel, révèle au Néolithique ancien 78% d'espèces sauvages contre
22% d'espèces domestiques, alors qu'au Néolithique moyen, la proportion est de 39%
d'espèces sauvages contre 61% d'espèces domestiques. » *Histoire du travail et des travailleurs*, Paris, 1957, p. 21.

[3] O. Reverdin, *loc. cit.*, p. 41. — Au niveau du Néolithique, les espèces domestiques
représentent 79,4% des individus recueillis. Sauter et Gallay, *loc. cit.*, p. 67.

Toutes ces indications, si fragmentaires soient-elles, permettent d'inférer que les Néolithiques tiraient leur nourriture carnée beaucoup plus de leur bétail que d'un gibier qui allait se raréfiant. Cependant, J. de Morgan [1] a remarqué à ce sujet que la rareté des os d'animaux sauvages ne signifie pas nécessairement que la chasse a eu une médiocre importance. Sans doute les chasseurs ne rapportaient-ils dans leurs demeures que les parties comestibles du gros gibier abattu, abandonnant sur place ce dont ils n'avaient que faire [2].

Les hommes de la Pierre polie continuaient à cueillir les baies et les fruits que la nature leur offrait, des faînes, des glands, des noisettes, des prunelles, des mûres, des framboises, des fraises. On a même retrouvé des grains de raisins sauvages [3].

Mais, fait nouveau, ils plantent des arbres fruitiers, des cerisiers, des pommiers, des poiriers, des châtaigniers.

Cependant, l'élément le plus frappant de cette période est la culture des céréales, à la fois cause et manifestation d'une civilisation qui progresse. Les grains se sont fort bien conservés, dans les grottes comme au fond du lac. Les céréales ne sont pas des plantes aborigènes. Elles sont venues du dehors.

On a cru pouvoir discerner, parmi les grains retrouvés dans nos régions, trois espèces de froment, deux espèces d'orge et de mil, une espèce de seigle et d'avoine. Le froment prédomine nettement. Nous reverrons l'usage que l'on faisait de ces grains.

Dans toute l'Europe occidentale, on a cultivé en outre des pois, des fèves, des lentilles, des navets. Une variété de lin fournissait ses fibres à une industrie textile assez développée. En revanche, le chanvre ne semble pas encore s'être implanté.

Cette agriculture, déjà si variée, apportait ses produits au gré des saisons. On avait la prévoyance de les emmagasiner. On a retrouvé parfois des masses compactes de baies diverses, d'où R. Montandon conclut qu'on les aurait fait fermenter pour obtenir des boissons alcooliques. On a même, dit-il, retrouvé

---

[1] *Op. cit.*, pp. 177-179.

[2] Sur l'élevage néolithique, cf. A. Leroi-Gourhan, *Etudes des vestiges zoologiques*, dans *La découverte du passé, progrès récents et techniques nouvelles en préhistoire et en archéologie*, études réunies et présentées par A. Laming, Paris, 1952, pp. 123-150. — Pour la Suisse : H. Hartmann-Frick, *Le monde animal du Néolithique*, dans *Répertoire...*, cahier 1, pp. 20-24. — W.-U. Guyan, *L'économie néolithique*, *ibid.*, cahier 1, p. 26 et pl. 17. — Thérèse Josien, *Station lacustre d'Auvernier (Lac de Neuchâtel). Etude de la faune de la station*, dans *Bull. Soc. préhist. française*, LII, 1955, pp. 57-75. — Th. Josien, *Etude de la faune de gisements néolithiques (niveau de Cortaillod) du canton de Berne (Suisse)*, dans *Arch. suisses d'Anthr. générale*, XXI, 1956, pp. 28-62.

[3] W.-U. Guyan, *Mensch und Urlandschaft der Schweiz*, Zurich, 1954. — W. Rytz, *Die Pflanzenwelt*, déjà cité, dans *Urgeschichte der Schweiz*, pp. 15-119.

des pommes et des poires coupées en quartiers comme si elles avaient été destinées à être mises en conserve [1].

Quant aux grains, on les accumulait en de véritables réserves. La vase de nos lacs l'atteste, et aussi la grotte de Génissiat dans laquelle Olivier Reverdin en a décelé une couche allant jusqu'à vingt-cinq centimètres d'épaisseur.

Ce sont là autant d'éléments qui dénotent une vie déjà sagement ordonnée [2].

---

[1] *Mélanges d'archéologie...*, pp. 5-6.

[2] Outre les œuvres déjà citées, cf. sur l'agriculture et l'élevage du Néolithique en Europe, J.-G.-D. CLARK, *op. cit.*, chap. V. — J. DÉCHELETTE, *Manuel...*, t. Ier, pp. 337-344. — W.-U. GUYAN, *L'économie néolithique, loc. cit.*, pp. 25-26 et pl. 17. — André-G. HAUDRICOURT et Mariel JEAN-BRUNHES DELAMARRE, *L'homme et la charrue à travers le monde*, Paris, 1955.

CHAPITRE V

L'INDUSTRIE

Encore que les matières premières restent — sous réserve de quelques exceptions — assez sensiblement les mêmes, le Néolithique possède une industrie incomparablement plus diverse et plus perfectionnée que le Paléolithique. La rapidité de l'évolution de certaines techniques est saisissante : c'est elle qui explique la courte durée de l'âge de la Pierre polie en face des millénaires de la Pierre taillée.

Nous avons noté l'identité des activités agricoles et pastorales des populations palafittiques et de celles qui vivent sur la terre ferme. La même remarque peut être faite quant aux industries. Parlant de la grotte de Génissiat, Olivier Reverdin a pu dire : « L'outillage est exactement le même que celui des stations lacustres suisses [1] ».

La pierre est encore le matériau par excellence. Aux éclats de silex taillés se superposent des instruments de pierre polie. Le polissage des pierres dures, dont on choisit la qualité avec soin, dénote une habile technique. Les pointes et les tranchants des outils et des armes sont finis au moyen de polissoirs de grès, de granit et de quartz. C'est un travail qui demande beaucoup de temps et de patience. Selon R. Montandon, les pierres dures utilisées surtout dans nos régions sont « le jaspe, le grès, le cristal de roche, le quartzite, la serpentine, la saussurite, la néphrite, la chloromélanite » [2].

Quant aux instruments de silex, ils sont produits par débitage et par retouches. Leur matière première vient de diverses parties de l'Europe, de la France en particulier. Les silex sont exploités dans bien des cas selon des méthodes déjà fort compliquées. De véritables puits de mine sont creusés à

---

[1] *Op. cit.*, p. 42. — O. Reverdin constate que l'on a travaillé des pierres trouvées sur place. Pp. 41-42.

[2] R. Montandon, *Genève, des origines...*, p. 47.

travers les couches stériles — certaines dépassent une douzaine de mètres — jusqu'aux veines contenant les rognons que l'on atteint par des galeries [1].

Les gisements du Grand-Pressigny (Indre-et-Loire) ont livré à plusieurs régions de l'Europe leurs beaux silex. Cependant, le professeur Sauter, d'accord avec Gérard Cordier [2], pense que la plupart de ceux qui ont été utilisés dans nos contrées ont été tirés d'autres parties de la France. A la fin du Néolithique, au temps de l'Enéolithique, on a utilisé une certaine quantité de silex de couleur brune dont on a coutume de dire qu'ils viennent du Grand-Pressigny. Il estime qu'une partie d'entre eux ont sans doute cette origine. Mais l'ensemble de la question n'est pas encore, à ses yeux, élucidée [3].

Pierres et silex ont servi à fabriquer des armes, poignards, couteaux, casse-têtes, pointes de flèches, de javelots et de lances, et beaucoup d'outils, surtout des pics, des tranchets, des perçoirs, des alènes, des grattoirs, des fusaïoles, des scies, des marteaux, des maillets, des gouges, des ciseaux, des haches, des broyeurs, des percuteurs. Il n'est pas toujours facile de déterminer l'usage d'une série de petits instruments de pierre. Ce qui est caractéristique et nouveau dans cet outillage lithique, c'est la hache qui affecte les formes les plus diverses et s'adapte à de multiples usages, pacifiques ou guerriers.

Beaucoup de ces instruments étaient pourvus de manches de bois ou de corne, parfois fixés par des ligatures ou de la résine. On a retrouvé aussi quelques restes — rares à vrai dire — de vases, d'écuelles, de cuillers, de couteaux, taillés dans le bois. Quant aux os, ils ont été utilisés dans la fabrication de perçoirs, de poinçons, d'aiguilles, mais aussi de poignards et de pointes de flèche. Les pêcheurs s'en servent pour leurs harpons [4]. Olivier Reverdin a trouvé à Génissiat 42 objets d'os, dents de peigne, poinçons, fragments de poignards, de ciseaux, et aussi une petite boîte de corne façonnée dans la

---

[1] J. Déchelette, Manuel..., t. Ier, pp. 355-358, donne de nombreux exemples de ces exploitations en France et en Grande-Bretagne. — Sur l'outillage de pierre de la région genevoise, cf. R. Montandon, Notes sur quelques objets des collections préhistoriques du Musée, dans Genava, III, 1925, pp. 77-81.

[2] Cf. infra, p. 69.

[3] G. Bailloud et P. Mieg de Boofzheim, Les civilisations néolithiques..., déjà cité. — J.-G.-D. Clark, op. cit., p. 261 et ss. et passim. — Charles Singer, E.J. Holmyard et A.R. Hall, A History of technology, vol. Ier, From early times to fall of ancient empires, Oxford, 1956, pp. 558-563 et passim. — R. Ströbel, Die Feuersteingeräte der Pfahlbaukultur, Mannusbücherei, Bd. 66, Leipzig, 1939.

[4] Sur les objets de pierre, d'os, de corne, de bois en Suisse, cf. dans Le Néolithique de la Suisse, Répertoire..., cahier 1, les études de René Wyss, pp. 1-4, et pl. 2, 3, 4 ; Albert Baer, p. 10 et pl. 7 ; Walter Drack, pp. 14-15 et pl. 12 ; W.-U. Guyan, pp. 26-27 et pl. 16 et 18.

base d'un andouiller de cerf [1]. Il s'agit probablement d'une lampe ou peut-être d'un gobelet [2].

Les millénaires du Paléolithique n'ont laissé aucune trace de poterie. Une des plus prodigieuses innovations du Néolithique, c'est l'art du feu, c'est la cuisson de l'argile. Qu'on songe aux commodités de tous ordres que cette industrie a apportées aux hommes.

Non seulement les gisements du fond du lac ont livré de nombreux restes de poterie, mais aussi la grotte de Génissiat [3], et, dans une plus faible mesure, l'abri des Douattes, à son niveau néolithique, et celui du Malpas [4]. Partout, les fragments retrouvés montrent la variété des ustensiles, la diversité de leur grandeur, de leurs formes, de leurs usages : vases, écuelles, pots, tasses, plats. Leur qualité varie beaucoup selon les époques. Marc-R. Sauter a trouvé à Saint-Léonard, en Valais, au niveau néolithique, une grande quantité de restes de poterie d'une couleur gris noirâtre ou parfois beige, d'une pâte assez fine, à surface lisse. Il s'agit de jarres, de coupes, de plats, de fusaïoles [5].

On doit à L. Franchet une *Etude technique sur la Céramique des palafittes de la Suisse* [6]. Elle est à l'heure actuelle dépassée dans certaines de ses parties. On peut cependant en retenir quelques éléments concernant le travail du potier néolithique. Les pâtes sont encore grossières, peu compactes, poreuses, souvent épaisses, mélangées de grains de quartz. Les pièces de petites dimensions sont parfois de meilleure qualité. Il faudra attendre l'époque romaine pour trouver des pâtes vitrifiées [7].

Le tour du potier est encore inconnu. « L'ébauchage et le façonnage se font entièrement à la main. » On n'a pas retrouvé d'ébauchoirs de pierre dans le matériel néolithique [8]. Peut-être étaient-ils de bois ? Les vases étaient faits parfois de deux parties séparées, le fond et la panse, qui étaient ensuite soudées. Les anses étaient le plus souvent remplacées par de simples mamelons. Olivier Reverdin a constaté que, dans la grotte de Génissiat, certains d'entre eux étaient percés. Cependant, quelques vases présentaient de véritables anses. Plusieurs portaient de rudimentaires décorations, marques d'ongles, perfora-

---

[1] O. Reverdin, *loc. cit.*, pp. 38-39. — Sauter et Gallay, *loc. cit.*, p. 74-75.

[2] M.-R. Sauter, *Lampe ou gobelet ? Au sujet d'un objet néolithique en corne de cerf*, dans *Annuaire Soc. suisse de Préhist.*, XXXIV, 1943, pp. 158-163.

[3] O. Reverdin, *loc. cit.*, pp. 40-41. — Sauter et Gallay, *loc. cit.*, pp. 76-86, 94-96.

[4] Ch. Jeannet et A. Jayet, *Le Néolithique terrestre du Malpas...*, *loc. cit.*, pp. 65-82.

[5] *Fouilles dans la station néolithique et protohistorique de Saint-Léonard*, *loc. cit.*, pp. 75-81. Reproduction de ces poteries, pp. 76, 78, 79.

[6] *Indic. d'Antiqu. suisses*, XXII, 1920, pp. 82-91. 166-172.

[7] Pp. 84-85.

[8] P. 85.

tions, stries, petites bosses [1]. L. Franchet en a signalé d'autres, toujours très simples, faites dans « la pâte fraîche au moyen d'un retouchoir » [2]. Les poteries de Saint-Léonard retrouvées par Marc-R. Sauter sont décorées de mamelons, de lignes, de cercles concentriques, de cordons, de trous. On a donc utilisé à la fois le relief et la gravure [3].

La cuisson de la terre restait la chose la plus délicate. Selon Franchet, « les poteries étaient entassées sur le sol (sans aucun doute sur le rivage) puis recouvertes de branches auxquelles on mettait le feu. La température de cuisson, voisine de 700°, pouvait être atteinte (pour l'ensemble de la masse) en six heures environ » [4]. On utilisait sans doute le sapin, dont le pouvoir calorique est plus élevé que celui du bouleau et du chêne. La couleur des poteries variait selon le degré de cuisson et la composition de la terre, allant d'un bel aspect brillant, analogue à celui du graphite, à des tons d'un jaune-rougeâtre.

Marc-R. Sauter pense que l'on peut esquisser une succession des formes de la poterie néolithique de nos régions. Au temps de la civilisation de Cortaillod, elle est de bonne qualité, bien lustrée, à dégraissant assez fin. Ses formes sont variées ; les anses, plutôt rares, sont remplacées en général par des mamelons parfois perforés. Dans quelques cas, une décoration apparaît. Grâce aux fragments trouvés à Génissiat, deux vases ont pu être reconstitués [5].

Dans une deuxième phase, celle de la civilisation dite de Horgen, il semble qu'il y ait eu régression. La poterie est grossière, les parois sont épaisses. Les formes, beaucoup moins variées, sont dominées par le « pot de fleur » cylindrique. Les décors ont à peu près complètement disparu et les anses sont quasi inexistantes.

Enfin, dans une troisième phase, apparaît la poterie cordée, plus fine, décorée à la ficelle. Mais, même alors, les anses restent rares [6].

Selon L. Franchet, lors du passage du Néolithique au Bronze, dans cette phase énéolithique où la pierre et le métal sont employés concurremment,

---

[1] O. REVERDIN, *loc. cit.*, p. 41. — Sur les types de céramique de Chassey-Cortaillod-Lagozza et du Néolithique tardif de Génissiat, cf. SAUTER et GALLAY, *loc. cit.*, pp. 76-96. Cette étude compte de nombreuses illustrations.

[2] *Loc. cit.*, p. 85.

[3] *Fouilles dans la station néolithique...*, *loc. cit.*, pp. 76-81.

[4] FRANCHET, *op. cit.*, p. 87.

[5] Ils se trouvent au Musée d'Art et d'Hist. de Genève.

[6] Sur la question de la céramique néolithique en Suisse, cf. *Le Néolithique de la Suisse*, dans *Répertoire...*, cahier 1, Bâle, 1958. Voir en particulier les études de René WYSS, pp. 3 et 4, pl. 1 et 2 ; Albert BAER, p. 9 et pl. 5 et 6 ; Walter DRACK, pp. 13-16 et pl. 9, 11 et 13 ; W.-U. GUYAN, p. 26.

les pâtes ont été plus fines, les formes plus belles, les décors plus variés et plus artistiques. Mais les procédés de cuisson seraient restés les mêmes [1].

L'industrie textile est une autre grande innovation du Néolithique. Son existence chez les palafitteurs genevois est attestée par des restes d'outillage, notamment des fusaïoles de terre cuite ou de pierre et des peignes à carder faits de côtes de cerf. Mais on n'a pas retrouvé de métier à tisser [2]. On filait et tissait les fibres d'une variété de lin, le chanvre étant encore inconnu dans nos régions. Les moutons étaient peu nombreux, mais on a dû utiliser leur laine, bien qu'aucun reste de drap ne nous soit parvenu [3]. Nous ne possédons aucune indication valable quant à la forme des costumes des Néolithiques.

Naturellement, ils utilisaient aussi la peau des animaux sauvages et domestiques pour les confectionner. La présence d'instruments destinés à sa préparation le prouve. Les palafitteurs, chez qui la pêche jouait un grand rôle, fabriquaient des filets. On a retrouvé aussi des osiers et de la paille de blé et de seigle tressés [4].

Certaines industries alimentaires étaient liées à l'agriculture et à la cueillette. Les grains étaient concassés ou réduits en une farine grossière à l'aide de broyeurs ovales que l'on actionnait sur une dalle de pierre en général légèrement creusée. Il n'y avait pas encore de meule au sens exact du terme. De cette farine — ou, si l'on veut, de ces grains broyés —, on faisait une sorte de pain sans levain, des galettes cuites sur des pierres [5].

R. Montandon tire des amas de baies et de fruits, framboises, mûres, prunelles, raisins sauvages, fruits de sureau et de cornouiller, découverts dans la rade de Genève, la conclusion que les Néolithiques ont préparé, par la fermentation, des boissons alcooliques. On ne peut voir là qu'une simple hypothèse [6].

L'industrie néolithique s'est tournée aussi vers la fabrication d'objets de

---

[1] FRANCHET, *op. cit.*, pp. 87-91.

[2] En partant de tissus retrouvés à Robenhausen, sur le lac de Pfäffikon, on a tenté de reconstituer le très rudimentaire métier qui a servi à les fabriquer.

[3] Emil VOGT, *Geflechte und Gewebe der Steinzeit*, dans *Monographien zur Ur- und Frühgeschichte der Schweiz*, Bâle, I, 1937. — VOGT, *Vanneries et tissus de la pierre et du bronze en Europe*, dans *Cahiers CIBA*, 15, févr. 1948, pp. 506-540. — Cf. aussi W.-U. GUYAN, *L'économie néolithique, Répertoire...*, cahier 1, p. 27 et pl. 16.

[4] E. VOGT, *Geflechte und Gewebe...*, déjà cité. — *Vanneries et tissus...*, *loc. cit.*

[5] J. DÉCHELETTE, *Manuel...*, t. Ier, pp. 344-346. — J. de MORGAN, *op. cit.*, p. 181. — A. MAURIZIO, *Verarbeitung des Getreides zu Fladen seit den urgeschichtlichen Zeiten*, dans *Indic. d'Antiqu. suisses*, N.S., XVIII, 1916, pp. 1-30. — MAURIZIO, *Botanisch-Chemisches zur Getreidenahrung der Pfahlbauer*, dans *Indic. d'Antiqu. suisses*, N.S., XVIII, 1916, pp. 183-185.

[6] R. MONTANDON, *Mélanges d'archéologie...*, pp. 5-6. — *Genève, des origines...*, p. 47.

parure, à une époque où les arts étaient loin d'égaler ceux des Magdaléniens. Peut-être est-ce la rançon de l'essor des autres formes de la civilisation, avec le travail et les efforts qu'elle impose. Nous avons déjà noté la simplicité, pour ne pas dire la médiocrité de la décoration des poteries.

Pourtant, on a fabriqué des boutons, des colliers, des peignes, des pende-loques, des bracelets, en utilisant certaines pierres, la terre cuite, des canines d'ours, des défenses de sanglier perforées [1]. L'os et la corne ont été également employés.

Ainsi l'industrie des Néolithiques du Petit-Lac et des agglomérations terrestres ou des abris sous roche du bassin genevois était déjà diversifiée. Elle possédait un outillage complexe et dénotait une certaine habileté. On a même parlé de l'existence de véritables ateliers fabriquant des armes ou des outils en série. Marguerite-E. Dellenbach pense qu'aux portes de Genève la station palafittique de la Belotte aurait possédé une « fabrique » de haches de pierre [2]. On ne saurait cependant tirer d'un tel indice la conclusion que les Néolithiques de notre région ont déjà pratiqué des formes, même rudimen-taires, de la grande industrie [3].

Il n'en reste pas moins vrai que le perfectionnement de la technique pose le problème de la division du travail. A-t-elle existé chez les palafitteurs? Certes, on ne saurait affirmer que de véritables métiers, au sens exact du terme, ont été déjà constitués. Mais une différenciation des tâches, timide encore, a dû exister. Elle est nécessaire à l'acquisition d'une habileté permettant d'ac-complir certaines besognes assez difficiles. Sans doute dans chaque agglomé-ration, peut-être dans chaque groupe familial important, des individus, hommes et femmes, se sont-ils voués, sinon d'une façon exclusive au moins assez régulièrement, à des tâches déterminées. Ainsi des spécialistes du silex et des polisseurs de pierre, des potiers et des potières, des tisserands et des

---

[1] E. PITTARD, *L'outillage lithique...*, *loc. cit.*, p. 22.

[2] *Op. cit.*, p. 93.

[3] Cependant J. DÉCHELETTE a signalé un nombre considérable d'ateliers en France au temps de la pierre polie, en particulier en Bourgogne, dans le département de Saône-et-Loire, du fait peut-être des nombreuses voies naturelles qui y convergent. D'autres sont situés en Normandie, dans l'Ile-de-France, l'Orléanais, la Touraine, le Poitou, la Guyenne. Certains ont une production assez variée, d'autres au contraire, se sont spé-cialisés et préfigurent la fabrication en série. *Manuel...*, t. Ier, pp. 351-355. — On étudie actuellement ce problème, notamment en Angleterre et en Bretagne. On a pu, grâce à des analyses minéralogiques, préciser la situation de certains centres de fabrication, conditionnés par la présence des matériaux dont ils ont besoin. Mais, pense M.-R. Sauter, une telle méthode n'aurait guère de chance de fournir, dans nos régions, des renseigne-ments utiles, du fait de l'extrême dissémination des pierres utilisables, déposées sur une vaste aire par les glaciers. — Sur la question, voir J.-F.-S. STONE, *Reconstitution des voies de commerce. L'identification pétrographique des instruments de pierre*, dans *La découverte du passé...*, Paris, 1952, déjà cité, pp. 247-262.

tisserandes. Peut-être même certains charpentiers et bâtisseurs ont-ils consacré la majeure partie de leur temps à l'édification des maisons terrestres, palustres ou lacustres, à la plantation de pilotis et à la construction de plates-formes? Mais la chose est moins sûre, car il se peut que chaque homme valide ait été, quelles que fussent par ailleurs ses autres occupations, un constructeur [1].

---

[1] Sur l'ensemble de l'industrie néolithique, outre les études déjà citées, cf. L. BLONDEL, *Chronique archéol... 1950*, dans *Genava*, XXIX, 1951, p. 23. — J.-G.-D. CLARK, *op. cit.*, chap. VII et VIII. — J. DÉCHELETTE, *Manuel...*, t. Ier, IIe partie, chap. II et chap. VI à IX. — A. JAYET, *Le Paléolithique...*, *loc. cit.* — G. LEFRANC, *op. cit.*, Ire partie, chap. I, II. — R. MONTANDON, *Notes sur quelques objets des collections préhistoriques du Musée*, dans *Genava*, III, 1925, pp. 77-81.

CHAPITRE VI

LES ÉCHANGES

L'intensification des besoins, la localisation de quelques matières premières, une ébauche de division du travail, l'existence d'ateliers spécialisés imposent une certaine organisation des échanges. Comment se sont-ils développés, à l'intérieur d'une communauté néolithique, entre les bourgades du bassin genevois et, à plus forte raison, entre des régions éloignées ? Il va de soi que, malgré la multitude des objets retrouvés, il est impossible de répondre à ces questions, liées d'ailleurs au problème de la propriété auquel nous avons fait allusion.

Si des échanges internes ont existé, ils ne pouvaient s'opérer que sous la forme d'un troc portant sur des objets ou éventuellement sur des services. Il ne paraît guère vraisemblable qu'une tierce marchandise, faisant fonction de monnaie, ait décomposé le troc en deux opérations successives, la vente et l'achat [1].

Si on ne peut se livrer qu'à des conjectures sur le commerce interne ou celui qui lie des localités rapprochées, on est un peu mieux renseigné quant à l'échange entre régions plus éloignées. Mais, même dans ce cas, quantité de points restent obscurs. Quelles sont les formes du troc, quelles sont les échelles du commerce, qui sont les intermédiaires éventuels ? Si nous pouvons lire dans les documents néolithiques certains résultats d'un échange interrégional, il est difficile d'en établir les modalités. Des tribus encore nomades, vouées à un rôle quasi commercial, circulaient-elles encore entre les peuplades sédentaires ?

Une autre question se pose. Le troc présuppose que l'on peut donner quelque chose en retour de ce que l'on reçoit. Et lorsque cela n'est pas possible ? La guerre, le pillage interviennent-ils alors pour combler — les termes sont

---

[1] Qu'on songe à ce que la monnaie avait encore de rudimentaire dans la civilisation homérique, pourtant beaucoup plus avancée, où elle était représentée par des trépieds, des chaudrons, des haches bipennes de bronze, et même du bétail.

anachroniques — les déficits d'une balance du commerce passive ? Dans la région de Genève comme dans beaucoup d'autres on a trouvé quantité d'armes [1]. Une chose est certaine : les communautés néolithiques ne pouvaient pas vivre sous un régime autarcique. Leur niveau de vie exigeait déjà au moins quelques éléments tirés du dehors.

Pour beaucoup d'objets, on a pu se servir de matériaux aborigènes, notamment de galets abandonnés par le glacier würmien lors de son retrait. D'autres ont été peut-être tirés du Valais et en général du massif alpin qui ont fourni, pour des pièces lithiques exceptionnelles, quelques roches de qualité, la néphrite et la jadéite par exemple.

Le meilleur silex provenait des carrières du Grand-Pressigny dans le département d'Indre-et-Loire. Son débitage et son clivage étaient faciles et il donnait de belles et longues lames que l'on pouvait accommoder aux usages les plus divers. A Génissiat, à côté d'objets fabriqués avec des pierres recueillies sur place — les Paléolithiques s'étaient déjà servis de nucléi de la région —, on trouve du silex de provenance plus lointaine.

Celui du Grand-Pressigny est jaunâtre, brunâtre. Les minéralogistes le déterminent naturellement avec une entière certitude. On avait admis qu'il circulait un peu partout en Europe. Cependant G. Cordier a émis récemment des doutes à ce sujet. Des silex roux et bruns peuvent provenir d'ailleurs. Mais on n'est pas encore au clair sur les autres gisements [2]. Autre question : le Grand-Pressigny a-t-il livré à une « clientèle » lointaine des rognons ou des pièces semi-finies et finies ? Les objets de silex trouvés en Suisse décèlent une technique qui n'est pas celle de nos stations locales. On en peut inférer à titre d'hypothèse, que « l'exportation » a porté sur des pièces fabriquées. Il s'agit presque toujours de lames d'une belle qualité. Les restes des nucléi que l'on retrouve au Grand-Pressigny montrent l'importance des ateliers et de la main-d'œuvre qu'ils employaient, main-d'œuvre dont l'habileté est attestée par la minceur des lames qu'elle réussissait [3].

---

[1] Les Grecs de la période homérique — et ils n'étaient pas les premiers dans le monde méditerranéen — ont souvent demandé à la piraterie de rétablir leur équilibre économique, eux qui avaient déjà tant de besoins à satisfaire et si peu à offrir.

[2] Gérard CORDIER, *Le vrai visage du Grand-Pressigny*, dans Congrès préhistorique de France, *Compte rendu de la XVe session, Poitiers-Angoulême 1956*, Paris, 1957, pp. 416-442. — G. CORDIER et F. BERTHOUIN, *Les ateliers de la Chatière-la-Falanderie, Abilly (Indre-et-Loire). Compte rendu de la XVe session...*, pp. 107-115. — La comtesse R.-S. de SAINT-PÉRIER admet qu'il y a peu de pièces pressigniennes dans la région genevoise. En revanche elle pense que les stations du lac de Neuchâtel en ont livré un grand nombre, mais de la fin du Néolithique, du seuil de l'Enéolithique. *L'exportation des silex pressigniens serait-elle une légende ?* dans *Les amis du musée préhistorique du Grand-Pressigny, Bulletin*, VII, 1956, pp. 23-38.

[3] J. de MORGAN, *op. cit.*, pp. 153-154.

A côté de la pierre, d'autres matériaux, plus rares, plus précieux, satisfaisant certains besoins de luxe, ont circulé à travers l'Europe.

Comme pendant le Magdalénien, les pendeloques, colliers, anneaux, bracelets sont façonnés soit avec des matières premières étrangères, soit avec des produits de la faune locale, os, dents, ou cornes.

D'où provenaient les coquilles, l'ivoire, l'écaille, le corail que les Néolithiques ont employés pour leur parure ? Des obsidiennes peuvent être originaires de Hongrie, de Bohême, d'Italie ou d'Auvergne. Le problème de l'ambre est intéressant. Il joue au Néolithique un rôle qui grandira dans la période du Bronze. Olivier Reverdin en a trouvé à Génissiat [1]. Les principaux gisements d'ambre — qui est une résine fossile — se trouvent sur les rives de la Mer Baltique, entre le Niemen et la Vistule, et aussi dans quelques parties de la Suède et du Danemark. Mais il en existe également dans l'Italie du sud et en Sicile : c'est de là, contrairement à ce que pense J. Déchelette, que provient presque à coup sûr l'ambre des palafittes suisses.

On peut établir une carte très approximative, ne comportant que quelques rares tracés, des courants d'échange du Néolithique. La région genevoise est vraisemblablement en contact par la vallée de l'Arve avec le massif du Mont-Blanc et, par la rive droite du lac, avec le Valais. Les cheminements du Grand-Pressigny vers le bassin genevois et la Suisse traversent la France et aboutissent dans la vallée supérieure du Rhône en contournant le Jura. Le Rhône met aussi la région lémanique en relation avec le monde méditerranéen et même l'Italie. Mais certains cols des Alpes, celui du Grand Saint-Bernard en particulier, sont déjà utilisés [2]. D'autres courants, venant de l'Europe centrale, septentrionale et orientale, convergent vers le Plateau suisse et Genève. Par le seuil du Mont-de-Sion, ils rejoignent la vallée du Rhône. La céramique cordée est venue de Russie par les routes du nord-est. Les tessons de céramique campaniforme, trouvés dans le dolmen de Cranves-Sales, près d'Annemasse, détruit en 1864, attestent les rapports avec l'Espagne par les itinéraires du sud-ouest [3].

Parmi les grandes voies terrestres de l'Europe néolithique, J. Déchelette signale celle qui va de la Baltique à la Mer Noire par la Vistule et le Dniester, celle de la vallée de l'Elbe au Danube, très importante pour l'Europe centrale, celle enfin — elle intéresse plus particulièrement la région genevoise — qui

---

[1] Il est possible qu'il ne soit pas du Néolithique, mais d'un niveau plus récent.

[2] M.-R. SAUTER, *Sépultures à cistes...*, *loc. cit.*, pp. 133-139.

[3] A. del CASTILLO YURRITA, *La cultura del vaso campaniforme*, Barcelone, 1928. — Marc-R. SAUTER et Jean-Christian SPAHNI, *Revision des dolmens de la Haute-Savoie (France)*, dans *Arch. suisses d'Anthr. gén.*, XIV, 1949, pp. 151-167.

unit les côtes de la Mer du Nord et la Méditerranée par les vallées du Rhin et du Rhône [1].

Des pistes existaient déjà. Comme l'a écrit Lucien Febvre, « les routes commerciales se trouvent dans toutes les civilisations, même les plus archaïques, les plus rudimentaires. Chaque jour, les conquêtes patientes de la préhistoire font reculer plus loin dans le passé la création et l'origine des grandes voies de trafic et d'échanges » [2].

Les Néolithiques ont-ils utilisé des bêtes de somme ? J.-G.-D. Clark pense qu'il « est à tout le moins douteux que les hommes de la céramique cordée aient employé d'une manière quelconque le cheval pour leurs transports » [3]. Les échanges devaient, de ce fait, être lents et compliqués.

Des cheminements locaux réunissaient naturellement les localités voisines, ainsi dans le bassin genevois.

Les transports par voie d'eau jouaient également leur rôle. La mer était déjà utilisée, et plus encore les fleuves et les lacs. Les Néolithiques se sont servis de pirogues creusées dans des troncs d'arbres [4]. On en a trouvé en Suisse dans les lacs de Bienne et de Pfäffikon, et dans celui de Chalain (département du Jura). Elles sont peu profondes ; la forme de la proue et de la poupe varie. Elles sont plus ou moins longues ; la plus grande d'entre elles, provenant du lac Chalain, conservée au Musée de Lons-le-Saunier (département du Jura), mesure 9 m 35 sur 75 centimètres. Elle a été creusée, semble-t-il, au feu.

En définitive, aux multiples questions que posent les échanges néolithiques, il en est peu auxquelles on puisse donner une réponse sûre [5].

---

[1] J. DÉCHELETTE, *Manuel...*, t. Ier, p. 626. — J. de MORGAN, *op. cit.*, carte p. 287.

[2] Lucien FEBVRE et Lionel BATAILLON, *La Terre et l'évolution humaine*, Paris, 1922, p. 390.

[3] *Op. cit.*, p. 442.

[4] CLARK, *op. cit.*, p. 414 et ss. — J. DÉCHELETTE, *Manuel...*, t. Ier, pp. 540-543. — J. de MORGAN, p. 292.

[5] Sur l'ensemble de la question, cf. CLARK, *op. cit.*, chap. IX. — J. DÉCHELETTE, *Manuel...*, t. Ier, IIe partie, chap. X. — R. MONTANDON, *Genève, des origines...*, pp. 47, 50, 56 et *passim*. — E. PITTARD, *L'outillage lithique...*, pp. 23-26. — O. TSCHUMI, *Urgeschichte der Schweiz*, déjà cité.

CHAPITRE VII

LA PARURE. LES ARTS

Le Néolithique ne peut rien présenter qui soit susceptible de soutenir la comparaison avec les belles peintures pariétales, les gravures et les sculptures magdaléniennes. Que signifient, à côté de cela, les maladroites décorations des poteries de la pierre polie ? Quelques mamelons, quelques traits et figures plus ou moins géométriques, des traces malhabiles faites avec les doigts, les ongles ou quelque objet pointu. Dans certaines régions — en Autriche —, on a modelé de rudimentaires figures de terre cuite, des idoles sans doute. Mais les palafittes genevois n'ont rien livré de semblable.

Restent les nombreux objets de parure dont nous avons parlé à propos des industries et du commerce. Les « néolithiques de Genève aimaient à se parer », a dit Eugène Pittard [1]. Bracelets, anneaux, colliers, pendeloques étaient fabriqués avec diverses pierres, des dents d'ours ou de sanglier, des os, de la corne, de la terre cuite, de l'ambre, etc. Sans doute beaucoup de ces bijoux — et la matière dont ils étaient faits ne devait pas être indifférente — ont pu être en même temps des amulettes et jouer un rôle magique [2].

Toute la partie de la parure qui utilisait des matières putrescibles, plumes, crins, fourrures, nous est inconnue : nous ne pouvons faire à son sujet, comme pour les vêtements, que de simples suppositions. Des matières colorantes trouvées dans des sépultures — mais en dehors de la région genevoise — laissent penser que peut-être on peignait les corps.

Les fameuses pierres à cupules, qui sont d'ailleurs très difficiles à situer dans le temps et que l'on ne saurait, sans autre, attribuer au Néolithique, ne méritent pas d'être classées dans la catégorie des œuvres d'art, pas plus que ces traits et ces rainures rupestres dont la signification nous échappe. On en trouve dans le Jura, entre Gex et Collonges. On ne peut non plus attribuer

---

[1] *La Préhistoire*, dans *Hist. de Genève*, t. Ier, p. 19.
[2] G. RENARD, *Le travail dans la préhistoire*, p. 93. — J. de MORGAN, *op. cit.*, p. 188.

une valeur artistique aux ensembles mégalithiques qui sont d'ailleurs surtout caractéristiques de l'âge du Bronze. Leur disposition avait sans doute une signification purement religieuse.

Ainsi cette phase de la préhistoire qui est marquée par un progrès matériel étonnant est en nette régression sur le plan de l'art [1].

---

[1] Cf. W. Deonna, *Les arts à Genève...*, pp. 55-60. — R. Montandon, *Genève, des origines...*, pp. 50-52. — E. Pittard, *L'outillage lithique...*, p. 22. — Sur les problèmes généraux, cf. J. Déchelette, *Manuel...*, t. Ier, IIe partie, chap. IX et X. — J. de Morgan, *op. cit.*, IIe partie, chap. III ; IIIe part., chap. I. — Vayson de Pradenne, *op. cit.*, p. 124.

CHAPITRE VIII

LES STRUCTURES SOCIALES

Que les préoccupations religieuses se soient précisées depuis le Paléolithique, bien des éléments le laissent supposer. Mais ce serait sortir de notre sujet que d'en parler longuement. Il nous suffit d'évoquer ce problème dans ses rapports avec les structures sociales qu'il éclaire. Les indications fournies par notre région s'insèrent d'ailleurs dans les données des autres parties de l'Europe.

Les rites funéraires sont liés sans doute à l'idée religieuse, à la croyance en une autre vie. Les grottes des Plateaux de l'Ours et du Chavardon, sur les flancs du Salève, abritent plusieurs tombes. On en retrouve aussi dans les régions de mégalithes, les unes étant de la Pierre polie, les autres du Bronze. Les habitants des stations « lacustres » ont dû enterrer leurs morts sur terre ferme. Le culte des morts est attesté par les objets retrouvés dans les sépultures : poteries, parures, matières colorantes.

Adrien Jayet a décelé des ossements humains calcinés dans l'abri des Douattes, au niveau néolithique. Il pense que le fait est en rapport avec le phénomène religieux. J. Déchelette a constaté que l'incinération répondait aux mêmes préoccupations que l'inhumation [1].

Faut-il attribuer aux pierres à cupules et aux roches gravées du Jura gessien, dont on ne connaît pas d'ailleurs l'époque exacte, une signification religieuse ?

Restent les mégalithes du Néolithique et du Bronze. Certes, le bassin genevois n'a rien à offrir de comparable aux grandioses ensembles qui abondent en Bretagne ou en Irlande. Mais il n'en est pas dépourvu. On a retrouvé des dolmens et même des tumuli plus ou moins complets dans plusieurs régions. Celui de Cranves, au pied du coteau de Monthoux, a été hélas ! détruit en 1864. On a cru en déceler un à Etrembières et un autre à Brens : il est assez

---

[1] *Manuel...*, t. II, *Archéologie celtique ou protohistorique*, Ire partie : *Âge du Bronze*, Paris, 1910, chap. V, notamment pp. 159-161.

probable qu'il s'agit d'une erreur. Quant à la prétendue érection d'un dolmen à Saint-Gervais, sur l'emplacement du temple actuel, c'est une pure fantaisie. Non loin de Reignier, à l'entrée de la Plaine aux Rocailles, la Pierre-aux-Fées est fameuse. Au pied des Voirons, près de Saint-Cergues, d'autres restes subsistent [1].

Le plus bel ensemble se trouvait dans la région comprise entre Collonges-sous-Salève, Evordes, Troinex et Bossey. Il a été étudié par Louis Blondel. Son rôle a été particulièrement important à l'âge du Bronze et au début de celui du Fer, mais les mégalithes ont bien été dressés déjà au temps de la Pierre polie [2]. La Pierre-aux-Dames, située sur une éminence entre Troinex et Bossey, a été malheureusement déplacée. Transférée en 1872 au Jardin des Bastions, elle a été finalement réédifiée dans la cour du Musée d'Art et d'Histoire. Elle a été successivement vénérée par les hommes de la Pierre polie, du Bronze et du Fer, liée, pense L. Blondel, à un culte solaire. Puis, au gré de l'évolution des conceptions religieuses, les Gallo-Romains, substituant un culte anthropomorphique aux vieux rites solaires, y ont gravé les effigies dont est né le nom de Pierre-aux-Dames.

Sans doute d'autres mégalithes, dressés dans le pays, ont-ils été détruits, utilisés pour la construction de maisons. De nombreux lieux-dits du cadastre semblent se rattacher, par une longue tradition, à leur existence, ainsi Pierre-Grand, près de Troinex, ou Pierres-Grosses entre Bardonnex et Arare. Il est vrai que les blocs erratiques auraient pu donner naissance à de semblables noms.

On a trouvé ailleurs des statuettes de terre cuite, figurant des divinités anthropomorphes. Peut-être des haches bipennes, des cornes, des croissants de céramique ont-ils joué le rôle d'idoles. On a sans doute conféré à certains animaux un caractère sacré. Il s'agit là de données générales et non pas d'interprétations tirées d'objets trouvés dans la région genevoise. Mais il est probable que les conceptions religieuses ont été à peu près les mêmes dans les diverses parties de l'Europe.

Naturellement, nous ne savons rien de précis concernant la structure des sociétés néolithiques. Tout au plus peut-on formuler quelques hypothèses grâce aux témoignages qu'elles nous ont laissés.

Une remarque préalable doit être formulée. Il faut apporter bien des correctifs à l'idée que l'on se fait trop souvent de l'extraordinaire ampleur des

---

[1] M.-R. SAUTER, et J.-Chr. SPAHNI, *Revision des dolmens de la Haute-Savoie (France)*, dans *Arch. suisses d'Anthr. gén.*, XIV, 1949, pp. 151-167. — Sur les sépultures mégalithiques de l'Europe, cf. E.-O. JAMES, *La religion préhistorique...*, chap. III.

[2] L. BLONDEL, *L'ensemble mégalithique de la Pierre-aux-Dames...*, dans *Genava*, XXI, 1943, pp. 57-79.

travaux du Néolithique. Beaucoup de palafittes ont été de modestes dimensions et même de brève durée, utilisés par quelques générations seulement. Une agglomération importante comme celle de la rade de Genève n'a vraisemblablement jamais eu une extension correspondant à l'ensemble des pilotis qui existent aujourd'hui. Des secteurs anciens, nous l'avons vu, ont été abandonnés au moment où l'on en construisait d'autres.

Mais toutes ces réserves étant faites, il n'en reste pas moins vrai que les Néolithiques se sont livrés à des travaux considérables et hérissés de difficultés qui dénotent une organisation économique assez développée, des connaissances techniques variées, une stricte discipline de travail et une structure sociale déjà complexe. Comment expliquer sans cela le façonnage de dizaines de milliers de pilotis, leur implantation dans la vase des marais et peut-être dans des baies lacustres, la construction de vastes plates-formes supportant parfois de grandes bourgades? Ou encore l'organisation ingénieuse des abris des Plateaux de l'Ours et du Chavardon — qu'ils aient servi à la défense des hommes ou au rassemblement des troupeaux —, le transport et la mise en place des mégalithes?

Il faut bien cependant convenir que nous sommes, quant à la société néolithique, devant une série de problèmes insolubles. Il a sans doute existé une organisation tribale. A-t-elle été autoritaire ou patriarcale? La discipline a-t-elle été exigée ou consentie? Qui a détenu le pouvoir? Les chefs éventuels ont-ils été choisis ou ont-ils bénéficié d'un droit héréditaire? Ou bien encore ont-ils imposé leur autorité par la force? Comment cette autorité s'est-elle exercée? Quelles ont été la stratification et la hiérarchie sociales?

Qui pourra jamais répondre à ces questions [1]?

En somme, la civilisation néolithique a été dans l'ensemble remarquable, son agriculture et son industrie perfectionnées, les rapports entre régions assez fréquents. La structure économique et sociale semble déjà satisfaisante. Les guerres — dans la mesure où elles ont existé — n'ont pas interrompu durablement le progrès.

Mais un des points faibles de cette société est son outillage qui ne dispose, comme matières premières, que de la pierre, de l'os, de la corne et du bois. Aussi un pas immense va-t-il être franchi avec l'apparition des métaux.

---

[1] Sur l'ensemble du problème, cf. L. BLONDEL, *L'ensemble mégalithique...*, dans *Genava*, XXI, 1943, pp. 57-79. — W. DEONNA, *Le transfert de la « Pierre-aux-Dames »*, dans *Genava*, XXI, 1943, pp. 55-56. — A. JAYET, *Le Paléolithique...*, *passim*. — R. MONTANDON, *Genève, des origines...*, pp. 50-56. — J. de MORGAN, *op. cit.*, IIIe partie, chap. II. — E. PITTARD, *La Préhistoire*, dans *Hist. de Genève*, t. Ier, p. 19. — M.-R. SAUTER et J.-Chr. SPAHNI, *Revision des dolmens...*, *loc. cit.*, pp. 151-167. — VAYSON de PRADENNE, *op. cit.*, pp. 122-124.

LIVRE II

LA PROTOHISTOIRE

PREMIÈRE PARTIE

L'ÂGE DU BRONZE

INTRODUCTION

Bien que cet âge soit assez proche de nous, il offre encore des obscurités quant à sa chronologie qui a provoqué certaines divergences entre les préhistoriens. Celle qu'avait établie J. Déchelette [1] semble actuellement périmée. Jean-Jacques Hatt a proposé pour la France la chronologie suivante [2] :

Bronze ancien 1800-1500
Bronze moyen 1500-1200
Bronze récent 1200-1000
Bronze final I (Protohallstatt I) . . . 1000- 800
Bronze final II (Protohallstatt II) . . 800-700

En ce qui concerne la chronologie du Bronze en Suisse, on trouvera les dernières données dans *L'âge du Bronze en Suisse* [3]. Le Bronze ancien se terminerait aux environs de 1500, le Bronze moyen s'étendrait du XVe au XIIIe siècle, le Bronze récent et final irait approximativement de 1230 à 750 [4].

---

[1] *Manuel...*, t. II, p. 6; t. III, p. 513.

[2] *Pour une nouvelle chronologie de la Protohistoire française*, dans *Bull. Soc. préhist. française*, LI, 7, 1954, pp. 379-384. — *De l'âge du Bronze à la fin du Ier âge du Fer. Problèmes et perspectives de la Protohistoire française*, dans *Bull.*, LI, 8, 1954, pp. 101-110. — *Chronique de Protohistoire*, II, *La question des migrations des Champs d'Urnes en France, en Espagne et en Italie*, dans *Bull.*, LII, 7, 1955, pp. 397-400.

[3] *Répertoire de Préhistoire et d'Archéologie de la Suisse*, cahier 2, Bâle, 1959.

[4] René Wyss, *L'âge du Bronze ancien en Suisse, Répertoire...*, cahier 2, p. 7. — Emil Vogt, *L'âge du Bronze moyen*, p. 11. — Josef Speck, *L'âge du Bronze final*, p. 17. — Il ne faut d'ailleurs pas attribuer à ces divisions chronologiques une trop grande rigidité. A propos du Bronze moyen, Emil Vogt a pu écrire : « Le Bronze moyen est une conception

La plus belle période de cette civilisation est celle du Bronze récent et final, celle des « champs d'urnes », marquée par une immigration — ou une invasion — protoceltique. Il ne faut pas perdre de vue qu'il y a souvent de sérieux décalages dans la chronologie selon les régions. Ainsi le fer a peut-être été utilisé aux environs de 1500 en Egypte et, sur les rivages méditerranéens, deux siècles plus tôt que chez nous.

Qui étaient les hommes du Bronze ? C'est une de ces questions auxquelles il est impossible de répondre avec certitude. A. Jayet affirme qu'il n'y a rien de commun entre les caractères squelettiques du Magdalénien de Veyrier et de l'homme du Néolithique et du Bronze dans la région genevoise [1]. E. Pittard adopte une attitude prudente à propos des habitants des cités lacustres lémaniques du Bronze : « Sommes-nous... devant une population d'une autre origine, ayant apporté avec elle la nouvelle invention, ou celle-ci est-elle arrivée chez nous de proche en proche, par simple voie de commerce ? La question ne peut recevoir de solution définitive, car les squelettes de cette époque ne sont pas assez nombreux pour permettre une identification raciale [2]. »

Il semble bien cependant que les hommes du Bronze ont été en partie différents des Néolithiques dans nos régions. Il y a parmi eux davantage de représentants de la race alpine, brachycéphale, que dans le passé [3].

Quoi qu'il en soit, à défaut d'une certitude fondée sur des données anthropologiques, on suppose que les nouveaux habitants de notre région, comme de beaucoup d'autres parties de l'Europe centrale et méditerranéenne, auraient été des Ligures. Mais on sait combien reste obscure l'histoire des origines et des déplacements de ce peuple.

---

purement chronologique. C'est une époque bien délimitée, sans que pour autant des groupes culturels ni des événements historiques particuliers permettent de la reconnaître. Il s'agit d'un stade d'évolution qui revêt certainement moins d'importance qu'on ne lui en donnait naguère. » *Loc. cit.*, p. 11.

[1] *Le Paléolithique de la Région de Genève*, p. 95.

[2] *La Préhistoire*, dans *Hist. de Genève*, t. Ier, p. 20.

[3] Hélène KAUFMANN, *Etude anthropologique de deux squelettes de l'âge du Bronze trouvés près de Saint-Sulpice...*, dans *Arch. suisses d'Anthr. gén.*, XV, 1950, pp. 23-39. — D. VIOLLIER estimait que les peuples terrestres et lacustres du Bronze ont demeuré en Suisse, neuf siècles durant, les uns à côté des autres sans se confondre. « Ils paraissent s'ignorer complètement. » Les Lacustres, à quelques exceptions près, seraient restés longtemps attachés à la pierre alors que les terriens auraient utilisé le bronze qui n'aurait conquis les palafitteurs que tardivement. « Peut-être les tribus du bronze se sont-elles trouvées alors assez nombreuses et assez fortes pour pouvoir subjuguer les lacustres. » *Les débuts de l'âge du Bronze en Suisse*, dans *Arch. suisses d'Anthr. gén.*, IV, 1920-1922, p. 6. — Mais cette hypothèse est actuellement abandonnée. A. CARTIER avait déjà affirmé la similitude du genre de vie des lacustres et des terriens du Bronze. *Un cimetière de l'âge du Bronze à Douvaine*, dans *Arch. suisses d'Anthr. gén.*, I, 1914-1915, pp. 63-88. — Sur l'ensemble de la question, cf. Georges GOURY, *L'Homme des Cités lacustres*, Paris, 2 vol., 1932.

La lente pénétration du métal dans les usages quotidiens n'a pas fait disparaître l'emploi de la pierre. On n'abandonne pas du jour au lendemain un outillage et des ustensiles ancestraux qui peuvent rendre encore de grands services. Au début d'ailleurs, le métal, assez rare, n'aurait pas pu suffire à tous les besoins.

Le cuivre a précédé de plusieurs siècles le bronze. Il apparaît déjà à l'époque néolithique. On le trouve en Suisse en tout cas dès la civilisation récente de Cortaillod, très rarement d'ailleurs. J. Déchelette pense que le cuivre était déjà utilisé dans l'Orient méditerranéen « dès le quatrième millénaire avant notre ère » [1].

Tout n'est pas clair encore en ce qui concerne la pénétration du cuivre et du bronze dans nos régions. On peut admettre cependant qu'il ne s'agit pas d'une brusque invasion mais d'un lent cheminement. Des objets de métal ont été colportés de proche en proche à travers le continent ; des techniques nouvelles se sont répandues, installées et perfectionnées, d'où la diversité des types fabriqués et les modifications que subit la métallurgie des différents ateliers. La position du Plateau suisse lui a permis de bénéficier des progrès accomplis ailleurs.

La technique du bronze de nos régions s'apparente à celle de la Hongrie occidentale, de l'Autriche, de la Haute-Bavière, de la vallée française du Rhône, du versant italien des Alpes. Elle a un caractère alpin. L'Europe centrale a été une région importante de la métallurgie. Mais cela n'exclut pas les relations avec les pays du sud, l'Espagne et la péninsule italique notamment [2].

L'utilisation de métaux se prêtant à de nombreux usages a apporté aux hommes de la période du Bronze bien des avantages et des commodités. Cependant, ils semblent avoir conservé une partie de leurs traditions, ne serait-ce, longtemps encore, que dans la construction de leurs demeures.

------

[1] *Manuel...*, t. II, pp. 91-92. — Quant au bronze, il « apparaît dans la vallée du Nil dès les premières dynasties, mais il est rare avant la fin du troisième millénaire ».

[2] Jacques-F. MILLOTTE, *Le peuplement du Haut Jura aux âges des métaux*, dans *Revue archéologique de l'Est et du Centre-Est*, Dijon, VI, 2, 1955, pp. 105-123. — Emil VOGT, *Die Gliederung der schweizerischen Frühbronzezeit*, dans *Festschrift für Otto Tschumi*, Frauenfeld, 1948, pp. 53-69. — VOGT, *L'âge du Bronze moyen, loc. cit.*, p. 11 et ss. — Les indications fournies par J. DÉCHELETTE, *Manuel...*, t. II, pp. 92-93, ne semblent pas toujours s'accorder avec les données archéologiques du Plateau suisse et de la région genevoise.

CHAPITRE PREMIER

L'HABITATION

La Suisse, à l'époque du Bronze, a été un centre de peuplement. La partie alémanique du pays a eu de nombreux villages terrestres ou palustres. En Suisse romande, des stations du Bronze ont été trouvées notamment, en Valais, près de Collombey, à Chamoson, Saillon, Conthey, Ayent, Sierre, Varone ; dans le canton de Vaud à Bex, Ollon, la Bordonnette près de Lausanne et sur les rives du lac ; dans celui de Fribourg à Montsalvens, Villars-sous-Mont, Saint-Martin. On sait l'importance considérable des lacs de Neuchâtel et de Bienne en ce qui concerne les palafittes.

La région genevoise a été privilégiée. Sur terre, le hasard des découvertes a révélé la présence de plusieurs stations du Bronze au pied et sur les flancs du Salève. Celle des Chèvres, du nom du sentier près duquel elle se trouve, au-dessus de la gare de Bossey-Veyrier, a livré deux poinçons et deux aiguilles de bronze. Plusieurs autres ont été explorées, celles de Veyrier [1], du Coin [2], des Sources, au-dessus de Collonges-sous-Salève [3]. Les positions fortifiées — ou abris pour le bétail — des Plateaux de l'Ours et du Chavardon ont continué sans doute à être utilisés. D'autres trouvailles ont été faites à Troinex, Aire-la-Ville, Corsier, dans la région de Douvaine. L'abri des Douattes, près de Frangy, possède aussi un niveau du Bronze.

Naturellement, les agglomérations palafittiques jouaient dans nos régions un rôle plus grand que celles qui étaient construites sur terre. La rive gauche du Petit-Lac était jalonnée de bourgades : la Pointe-à-la-Bise, Bellerive, la

---

[1] A. JAYET, *Essai d'une chronologie de la céramique préhistorique des environs de Genève*, dans *Annuaire Soc. suisse de Préhist.*, XL, 1949/1950, pp. 8-9.

[2] Emile CONSTANTIN et A. JAYET, *Une station préhistorique de l'âge du Bronze au Coin-sous-Salève (Haute-Savoie, France)*, dans *Annuaire Soc. suisse de Préhist.*, XXXV, 1944, pp. 131-135.

[3] Danilo RIGASSI et Jean-Christian SPAHNI, *Une nouvelle station de l'âge du Bronze au pied du Salève (Hte-Savoie)*, dans *Bull. Soc. préhist. française*, XLIX, 1952, pp. 364-378.

Gabiule, Anières ou Bassy, Hermance, Chens, Creux-de-Tougues, Messery, Nernier et, au-delà, Excenevex, Coudrée, Thonon. Sur la rive droite, les villages lacustres de la Poussière et de Genthod semblent avoir disparu avec le Néolithique. Mais ceux de la Demi-Lieue, Versoix, Mies, Coppet, Céligny, Nyon étaient d'une certaine importance. Morges restait une grande cité. Cette multiplication des lieux habités dénote une augmentation évidente du chiffre de la population [1].

Mais Genève l'emportait sur toutes ces agglomérations. Elle bénéficiait de sa situation à l'extrémité du lac. Elle était à la fois terrestre et lacustre. Cependant, selon Louis Blondel, « l'*oppidum* n'était qu'un camp refuge fortifié en forme d'éperon barré peu habité ». Mais au-delà du seuil du Bourg-de-Four, au bas de la colline de Saint-Pierre, s'étendait le plateau des Tranchées, peuplé, comme au Néolithique, à demeure. Les objets trouvés dans le sol le prouvent : des poteries, une hache, des épingles, un poignard, une épée. La source de Saint-Laurent, au bas de l'église russe, devait être déjà utilisée.

La partie construite sur les berges marécageuses et la rade était plus grande qu'à l'époque de la Pierre polie. La faible profondeur du banc de Travers, qui s'étend de Sécheron aux Eaux-Vives, aurait facilité la plantation des pilotis et la construction de plates-formes qui s'étendaient jusqu'à la pointe de l'Ile. Les deux secteurs qui constituaient la cité se rapprochaient toujours plus l'un de l'autre, rétrécissant le chenal qui les séparait. A leur extrémité sud, un pont franchissait le Rhône en utilisant l'île [2], où l'on a retrouvé, lors de la démolition de maisons en 1893, de nombreux objets de bronze [3]. Selon Marc-R. Sauter, il n'est pas sûr que le Bronze ancien — la période de 1800 à 1500 — soit représenté à Genève. Il estime que la cité palafittique genevoise du Bronze se situe approximativement entre 1250 et 750.

Le plan détaillé de l'agglomération lacustre a été dressé par Louis Blondel grâce au relevé des pilotis. Elle s'étendait de l'Ile au bas de Cologny sur la rive gauche et jusqu'à Mon-Repos sur la rive droite. Les pieux ne se trouvaient pas seulement dans la vase du lac mais encore sous les quartiers qui, au cours des âges, ont été conquis sur les anciens marais habités par les palafitteurs. Ils atteignaient la rue des Eaux-Vives, la place de Rive, le bas de la colline

---

[1] Cf. David VIOLLIER et Paul VOUGA, *Die Moor- und Seesiedelungen in der West-schweiz*, dans *Pfahlbauten, Zwölfter Bericht, Mitteilungen der Antiquarischen Gesellschaft in Zürich*, XXX, 7, 1930, pp. 5-57, plus particulièrement pp. 44-57. — W.-U. GUYAN, *Occupation du sol, économie et circulation à l'âge du Bronze, Répertoire...*, cahier 2, Bâle 1959, pp. 29-34.

[2] L. BLONDEL, *Le développement urbain...*, pp. 12-15.

[3] Jaques MAYOR, *Fragments d'archéologie genevoise*, B.H.G., I, 1892-1897, pp. 371-385.

de Saint-Pierre. De l'autre côté de la rade, des pilotis étaient enfoncés sous tout l'actuel quartier des Pâquis. Nous l'avons dit : ces diverses parties n'ont pas été construites et habitées en même temps. Des secteurs ont été abandonnés, peut-être après des incendies ; d'autres ont été reconstruits ailleurs. Jamais la bourgade habitée n'a atteint la dimension de 150 hectares qui est la surface approximative de la zone où l'on a retrouvé des pieux.

Nous ne revenons pas sur les méthodes de construction des plates-formes et des cabanes de la zone lacustre[1]. Les villages terrestres ne diffèrent pas non plus de ceux du Néolithique. Les maisons continuent à être simples, sans confort, « bâties en matériaux légers — pièces de bois, planches, torchis de branchage — crépies d'argile et couvertes en chaume ». La brique et la tuile ne sont pas encore utilisées[2].

Entre le secteur de la rive droite et celui de la rive gauche, le Rhône, se dégageant du lac, constituait un chenal central. Les plates-formes étaient articulées en quartiers unis par des ponts. Des digues et des estacades défendaient la cité. Louis Blondel pense qu'elles servaient à la fois à la sécurité militaire et à la protection contre les vagues, ce qui expliquerait qu'elles sont plus puissantes sur la rive gauche, particulièrement exposée au vent du nord.

Dans un autre chapitre, nous verrons la localisation industrielle qui s'est ébauchée sur la plate-forme palafittique[3].

Cette cité lacustre a duré jusqu'à la fin du Bronze. Elle a été abandonnée, dans des conditions qui restent obscures, au début du Fer, à l'époque de Hallstatt[4].

---

[1] Cf. *supra*, livre Ier, IIe partie, chap. III, 2.

[2] J. Déchelette, *Manuel...*, t. II, pp. 111-112.

[3] Cf. *infra*, livre II, Ire partie, chap. III.

[4] Outre les œuvres déjà citées, cf. sur l'ensemble de la question H.-G. Bandi, *La civilisation de l'âge du Bronze*, dans *Répertoire...*, cahier 2, p. 35 et *passim*. — L. Blondel, *Relevé des stations lacustres de Genève*, dans *Genava*, I, 1923, pp. 88-112. — *Le sol et l'habitation*, dans *Genava*, V, 1927, pp. 241-265. — *Chronique des découvertes archéologiques... en 1941 et 1942*, dans *Genava*, XXI, 1943, pp. 33-40. — *Le développement urbain...*, pp. 12-15. — *L'ensemble mégalithique...*, dans *Genava*, XXI, 1943, pp. 57-79. — *Origines de Genève et source des crêts de Saint-Laurent*, dans *Genava*, XXII, 1944, pp. 61-68. — *Chronique archéol. pour 1945*, dans *Genava*, XXIV, 1946, p. 16. — *Le plateau des Tranchées à Genève. Période préhistorique*, dans *Genava*, XXVI, 1948, pp. 38-42. — L. Blondel et Louis Reverdin, *La station des Chèvres sur Veyrier*, dans *Genava*, IX, 1931, pp. 82-84. — A. Cartier, *Un cimetière de l'âge du Bronze à Douvaine*, dans *Arch. suisses d'Anthr. générale*, I, 1914-1915, pp. 63-88. — W. Deonna, *Notes d'hist. et d'art genevois...*, dans *Genava*, XXI, 1943, pp. 91-92. — F.-A. Forel, *Le Léman. Monographie limnologique*, t. III, Lausanne, 1904, pp. 432-436. — R. Montandon, *Genève, des origines...*, pp. 57-61. — E. Pittard, *La Préhistoire*, dans *Hist. de Genève*, t. Ier, pp. 20-21. — Emile Vuarnet, *Historique des découvertes faites à Douvaine (Hte-Savoie), Age du Bronze et du Fer*, dans *Genava*, III, 1925, pp. 82-84.

CHAPITRE II

L'AGRICULTURE

La flore et la faune ne se sont pas sensiblement modifiées depuis le Néolithique. Le climat est peut-être un peu plus doux et un peu plus sec. Le pays reste couvert d'épaisses forêts où le hêtre fait quelques conquêtes sur la chênaie mixte et sur les conifères [1].

Des clairières défrichées sont cultivées ; certaines régions possèdent des prairies naturelles.

Les espèces de gibier n'ont pas changé. Sans doute l'augmentation de la population et la diminution des bêtes sauvages rendent-elles la chasse de moins en moins intéressante. Elle porte surtout sur les cerfs, les chevreuils, les aurochs, les ours, les sangliers et, dans les régions montagneuses, les chamois, les bouquetins et les marmottes. L'insuffisance de ses résultats impose aux hommes un effort agricole plus intense. En revanche, la pêche continue à être largement pratiquée. On a retrouvé des hameçons de bronze, des restes de filets, des pirogues monoxyles — creusées dans un tronc d'arbre [2].

L'élève du bétail se développe. Les bovidés sont plus nombreux. Les moutons ont une taille plus grande, résultat d'une meilleure sélection sans doute. Aux bœufs, chèvres, moutons, porcs, chiens, les hommes ont ajouté une nouvelle espèce domestiquée dont les services seront dorénavant incomparables : les chevaux, qui représentent la première force motrice naturelle asservie. Des mors, des pièces de harnachement prouvent cette conquête [3].

Les céréales gagnent du terrain. A toutes celles qui étaient déjà cultivées s'adjoignent l'avoine et l'épeautre. De belles faucilles de bronze, qui ont remplacé celles de silex, facilitent les moissons. Il est probable que l'on utilise l'araire,

---

[1] Werner LÜDI, *Beitrag zur Kenntnis der Vegetationsverhältnisse im schweizerischen Alpenvorland während der Bronzezeit*, dans Das Pfahlbauproblem. *Monographien zur Ur- und Frühgeschichte der Schweiz*, XI, Bâle, 1955, pp. 89-109.

[2] Sur la chasse en Europe, cf. K. LINDNER, *op. cit.*, IIe partie, chap. VIII.

[3] Karl HESCHELER et Emil KUHN, *Die Tierwelt*, dans O. TSCHUMI, *Urgeschichte der Schweiz*, I, Frauenfeld, 1949, pp. 121-368.

la rudimentaire charrue, tirée par deux bœufs. On n'en a pas retrouvé de vestiges dans la région genevoise, mais des gravures rupestres en attestent la présence dans d'autres régions de l'Europe [1].

Le pavot fournit sa graine pour les aliments de choix. On cultive les haricots, les pois, les lentilles, les carottes, les choux. Le chanvre n'est pas encore utilisé. Le lin et la laine constituent les deux seules matières premières textiles. La vigne n'existe qu'à l'état sauvage. On retrouve les mêmes arbres fruitiers qu'au Néolithique et l'on cueille les mêmes baies qui, fermentées, produisent peut-être des boissons alcooliques.

Au total, l'agriculture du Bronze a gagné en extension et a ajouté quelques espèces végétales et animales à celles de l'âge de la Pierre polie [2].

---

[1] André-G. HAUDRICOURT et Mariel JEAN-BRUNHES DELAMARRE, *L'homme et la charrue à travers le monde*, déjà cité.

[2] A côté des études déjà signalées, cf. René WYSS, *L'âge du Bronze ancien en Suisse*, p. 5 et ss.; E. VOGT, *L'âge du Bronze moyen*, p. 11 et ss.; J. SPECK, *L'âge du Bronze final*, p. 17 et ss. dans *L'âge du Bronze en Suisse, Répertoire...*, cahier 2, Bâle, 1959. — W.-U. GUYAN, *Occupation du sol, économie et circulation à l'âge du Bronze*, cahier 2, pp. 29-34 et pl. 14 à 16; H.-G. BANDI, *La civilisation de l'âge du Bronze*, pp. 35-39 et pl. 17 à 20. — J.-G.-D. CLARK, *L'Europe préhistorique...*, pp. 159-163. — R. MONTANDON, *Mélanges d'archéol. et d'hist. genevoise I. Le commerce des vins dans la Genève gallo-romaine et l'origine de notre vignoble*, ouvrage déjà cité, pp. 5-7. — MONTANDON, *Genève, des origines...*, pp. 66-67. — E. PITTARD, *La Préhistoire*, dans *Hist. de Genève*, t. Ier, pp. 20-21.

CHAPITRE III

L'INDUSTRIE

La pénétration des métaux dans notre région s'est faite d'abord très lentement dans le sein d'une économie longtemps encore dominée par l'emploi de la pierre et où le bois, la corne, les os, l'argile plastique continuaient à jouer leur rôle. Peu à peu, les usages des métaux se sont multipliés.

Au début, le cuivre a été utilisé à l'état pur. Il a fourni de petits outils, des armes, des parures — pendeloques ou boules pour des colliers. D'ailleurs, le premier métal employé par les hommes a été l'or que l'on trouvait sous forme de paillettes en particulier dans les fleuves et les rivières qui s'échappaient des Pyrénées, des Cévennes et des Alpes. Peut-être des orpailleurs, précurseurs de ceux du moyen âge et des temps modernes, ont-ils déjà cherché l'or sur les berges de l'Arve et, au-delà de la Jonction, du Rhône ? Le métal jaune a même été, semble-t-il, plus abondant au début du Bronze qu'au cours des époques ultérieures, les paillettes entraînées par les rivières se faisant toujours plus rares [1].

Le cuivre pur a fait place au bronze dès que les progrès de la métallurgie ont permis son alliage avec l'étain.

Une question se pose. Les objets de bronze trouvés dans les stations de la région genevoise, du lac en particulier, sont-ils arrivés par les voies de l'échange, prêts à être utilisés, ou bien ont-ils été fabriqués sur place ? Il est vraisemblable qu'au début ils proviennent d'un colportage de manufacturés. Puis des forgerons ont dû se déplacer, peut-être porteurs de secrets techniques qu'ils défendaient jalousement, travaillant dans une région avant de passer dans une autre. Il est possible qu'il ait existé en Europe quelques centres importants

---

[1] J. DÉCHELETTE signale que dans la Gaule en général les parures d'or massif sont d'un poids beaucoup plus élevé au temps du Bronze que plus tard. Il cite le cas d'une douzaine de bracelets découverts dans les Côtes-du-Nord qui pèsent plus de huit kilogrammes. *Manuel...*, t. II, pp. 345-350.

d'où rayonnaient à la fois les objets de bronze et les métallurgistes ambulants qui représentaient déjà un haut degré de qualification professionnelle [1].

Quelle était l'origine des métaux ? Le bassin genevois qui, nous le reverrons, a exploité plus tard le fer du Salève, ne possédait aucun des éléments du bronze. Le cuivre est assez répandu en Europe [2]. En revanche, les gisements d'étain sont rares [3]. L'a-t-on tiré de Cornouailles et des îles Scilly, les fameuses Cassitérides — les îles de l'étain —, où la cassitérite [4] abonde ? Les Grecs, aux temps homériques, s'y sont ravitaillés. Le métal serait arrivé dans la région genevoise à travers la Gaule et le Jura. Mais l'Espagne en a possédé aussi des gisements.

L'alliage qui constitue le bronze peut varier. Le meilleur airain utilisé pour les outils et les armes est celui contenant dix pour cent d'étain. Si l'on augmente cette proportion, le métal devient plus cassant. Les procédés de travail des hommes de la préhistoire étaient très empiriques. Ils ont eu beaucoup de peine à s'en tenir à un titre précis : il varie en pratique entre 10 et 18 pour cent [5]. On ne sait pas si les métallurgistes procédaient à la fusion des deux métaux préalablement préparés ou au traitement des deux minerais réunis [6]. Mais il est bien évident que le cuivre et l'étain arrivaient dans la région lémanique à l'état de métal. Il est tout à fait exclu que l'on ait transporté au loin d'encombrants minerais.

Le bassin genevois a fourni d'assez nombreux objets retrouvés dans les abris sous roche, les villages terriens et dans la vase lacustre. Sans cesse, le métal était refondu ; on utilisait à nouveau les armes, les outils, les ustensiles usés, détériorés ou peut-être démodés. Il n'est pas étonnant que les civilisations de la Pierre aient laissé davantage de témoignages. Ce n'est pas à dire que la moisson de nos préhistoriens soit négligeable et dépourvue de signification. Il n'est que de jeter un coup d'œil sur les collections de notre Musée d'Art et d'Histoire pour s'en convaincre.

D'ailleurs, les régions françaises proches de Genève ont livré beaucoup d'objets. La Haute-Savoie possède un grand nombre de stations du Bronze, ainsi Domancy, Douvaine, Menthon-St-Bernard, Meythet, Pringy, Reignier

---

[1] V. Gordon CHILDE, *The Bronze Age*, Cambridge, 1930, chap. II, *Metallurgy and Trade*. — J.-G.-D. CLARK, *L'Europe préhistorique...*, pp. 273-297, 379-401. — S. JUNGHANS, H. KLEIN, E. SCHEUFELE, *Untersuchungen zur Kupfer- und Frühbronzezeit Süddeutschlands*, dans *Bericht der Römisch-Germanischen Kommission*, XXXIV, Frankfurt-a.-M., 1951-1953, pp. 77-114.

[2] CLARK, *op. cit.*, pp. 278-289.

[3] *Ibid.*, pp. 289-292.

[4] Le minerai d'étain.

[5] J. de MORGAN, *op. cit.*, pp. 120-121.

[6] *Ibid.*, pp. 126-127.

(Cry), Syon dans le val de Fier, Thonon (Chez Pioton). Il en existe une à Gex
(le Crêt). Le lac d'Annecy et, au-delà des chaînes du Jura, celui de Chalain
sont riches en vestiges de cette époque, mais ils sont dépassés par celui du
Bourget [1].

Quant à la Suisse, elle offre une infinité de vestiges du Bronze. Le Plateau
en est ponctué. Ils pénètrent très avant dans les vallées alpines. On en trouve
dans le Jura. Dans la partie occidentale du pays, outre celles de Genève et de
Morges, il faut mentionner les riches stations du lac de Neuchâtel, une quarantaine en tout, les plus importantes étant celles de Cortaillod, de Corcelette, de
Concise et surtout celles d'Auvernier et d'Estavayer. Quant à la Suisse
orientale, elle a aussi apporté sa très riche moisson [2]. Parlant des fouilles
suisses, J. Déchelette a pu écrire en 1910 : « C'est à ces retentissantes découvertes que l'archéologie dut longtemps ses principales informations sur
l'industrie de l'âge du bronze [3]. »

Les objets de métal sont évidemment plus élégants que ceux de pierre :
armes, outils, ustensiles correspondent mieux à ce que les hommes attendent
d'eux. Des haches aux formes multiples, des couteaux, des tranchets, des
ciseaux, des gouges, des scies, des marteaux, des faucilles, des épingles, des
aiguilles à chas, des objets de parure — bracelets, colliers, boucles d'oreille,
pendeloques, anneaux, fibules, agrafes, chaînettes —, des armes enfin, pointes
de flèches et de javelots, lances, épées, tels sont les principaux produits de la
métallurgie du bronze de la région genevoise.

La technique en était déjà savante. Les fondeurs recevaient les lingots
et coulaient les objets. On a retrouvé une importante collection de moules
en molasse, en grès, en d'autres pierres encore, dans le lac, surtout à Plonjon,
en face du Parc des Eaux-Vives. Certains étaient déjà très compliqués, tels
ceux qui ont servi à la fabrication de pièces articulées, de chaînes en particulier. On a recueilli plusieurs moules bivalves. La plupart d'entre eux ont
été abondamment utilisés : leur usure en témoigne avec éloquence. Le procédé
à la cire perdue était connu. Plonjon a été une importante fonderie à en juger
par les trouvailles qu'on y a faites. Parmi ses moules figurent en particulier
ceux qui servaient à fabriquer des haches, des flèches, des lances, des marteaux,
des ciseaux, des couteaux, des faucilles, des épées. D'autres, plus petits, ont
été utilisés pour créer des objets de parure. Des moules ont été également

---

[1] Déchelette, *Manuel...*, t. II, pp. 115-117 ; t. II, vol. 2, *Appendices*, pp. 94-95.

[2] Voir la carte nº 3 dans *Historischer Atlas der Schweiz*, publié par Hektor Ammann
et Karl Schib, Aarau, 2ᵉ éd., 1958. Cf. aussi la carte, pl. 16, dans W.-U. Guyan, *op. cit.*,
dans *Répertoire...*, cahier 2.

[3] *Manuel...*, t. II, p. 113.

retrouvés à Morges et à Auvernier, c'est-à-dire dans des agglomérations déjà importantes [1].

La photographie d'un moule du Musée de Genève et celle d'un de ceux que l'on utilise actuellement dans une fonderie de robinets, la maison Kugler S.A., présentent d'étonnantes ressemblances [2]. D'ailleurs, l'outillage du métallurgiste était très complexe. Outre les moules, on utilisait des creusets dont les feux étaient activés par des soufflets de cuir munis de tuyères de terre cuite. La station de Genève en a fourni une qui se trouve au Musée. Si on ne connaissait pas la soudure, on savait en revanche lier les parties d'un objet d'étain par des rivets. Souvent, des pièces de bronze étaient burinées et ciselées à l'aide de poinçons et de ciselets.

Non loin de Genève, le lac du Bourget a joué un rôle important dans l'industrie du bronze. Innombrables sont les stations qui jalonnent ses berges, parmi lesquelles on peut signaler celles de Conjux, de Châtillon, de Grésine, de Brison-Saint-Innocent, de Saut, des Fiolliets, de Charpignat, de Chindrieux. Les types industriels sont identiques à ceux des lacs de Genève, de Neuchâtel et de la Suisse en général. Ces stations du lac du Bourget, à côté de nombreux objets de bronze et de restes de poteries, ont livré une très grande quantité de moules de fondeur [3].

Le bronze n'était pas le seul métal utilisé. Certains besoins de luxe se développaient, entraînés par les progrès de la civilisation. Pour employer des termes anachroniques, l'orfèvrerie et la bijouterie en étaient à leurs premiers balbutiements. Des fragments d'or pur ont été trouvés dans la vase de notre lac, mais aussi quelques objets ouvrés, des boucles d'oreille en particulier. L'ambre continue à être utilisé [4]. On a recueilli des perles de verre dont le lieu d'origine doit être fort éloigné.

---

[1] D. VIOLLIER, *Moules de fondeurs de l'âge du Bronze au Musée de Genève*, dans *Genava*, IV, 1926, pp. 83-90. — P.-A. BONNELANCE, *Notes sur la fonderie de bronze dans la Genève lacustre*, dans *Communications technologiques* éditées par le Laboratoire Gardy S.A.-Tarex S.A., Genève, I, 3, 1953, pp. 69-76. — BONNELANCE, *Métallurgie de la Genève lacustre*, loc. cit., III, 1, 1958, pp. 351-359. — Sur la métallurgie du bronze en Suisse, cf. dans *L'âge du Bronze en Suisse* (*Répertoire...*, cahier 2), les études de R. WYSS, p. 7, pl. 1, 4 ; E. VOGT, *passim* et pl. 5 et 6 ; J. SPECK, *passim* et pl. 10, 12, 13 ; H.-G. BANDI, pp. 35-37, 39-41 et pl. 17.

[2] BONNELANCE, *Genève et la métallurgie de la préhistoire*, dans *Indicateur industriel*, décembre 1955.

[3] J. DÉCHELETTE, *Manuel...*, t. II, pp. 115-117 ; t. II, 2, *Appendices*, pp. 158-164. — L. COUTIL, *La céramique des palafittes du lac du Bourget (Savoie)*, dans *Bull. Soc. préhistor. française*, XII, 1915, pp. 386-402.

[4] CLARK insiste sur l'importance de l'ambre baltique, *op. cit.*, pp. 386-392. — Mais L. REUTTER pense que l'ambre utilisé dans nos régions était d'origine méditerranéenne. *Analyses d'ambres préhistoriques*, dans D. VIOLLIER et L. REUTTER, *Contribution à l'étude de l'ambre préhistorique*, dans *Indic. d'Antiqu. suisses*, XVII, 1916, pp. 169-182.—REUTTER

Des poteries découvertes sur terre ou dans le lac montrent les progrès accomplis dans l'art de la terre cuite. Là où l'Enéolithique a pu être étudié, on a constaté que la céramique avait déjà perfectionné son outillage et amélioré sa pâte et ses procédés de cuisson. Au temps du Bronze, l'outillage — ébauchoirs, lissoirs, retouchoirs, poinçons de formes très variées — est de bois, le métal ne convenant pas pour des raisons techniques. Il ne nous est donc pas parvenu, alors que divers instruments de pierre polie, utilisés au même moment, ont été retrouvés.

Quelques pâtes grossières, rappelant celles du Néolithique, subsistent. Mais on voit triompher les pâtes fines ou mi-fines, parfois soigneusement lissées et lustrées. Les pièces importantes sont faites de deux ou trois parties que l'on soude. On a utilisé aussi, semble-t-il, des moules d'argile. Les formes sont plus belles et plus variées qu'au Néolithique. Les céramiques portent souvent des décors faits au poinçon sur la pâte déjà sèche, avant la cuisson : éléments géométriques, lignes parallèles, droites ou ondulées, grecques, damiers.

Parfois, la recherche artistique, plus poussée, utilise d'autres techniques. On incise plus profondément la pâte alors qu'elle est encore molle ; on lui applique une série de petits triangles avec un poinçon ; on orne le vase de disques ou de cannelures. Les pièces les plus intéressantes, mais elles sont rares, portent même des ornements en relief, faits avec les doigts ou avec des outils, par exemple des mamelons. Des cordelettes servent à tracer des sillons sur la panse des vases. Il arrive même que l'on applique à des poteries de qualité des lamelles de bronze ou d'étain. Mais les décorations peintes dont on tirera plus tard de si saisissants effets ne sont pas encore connues sauf peut-être, à l'extrême fin de l'âge du Bronze, en Suisse orientale, alors que Genève semble les ignorer.

La cuisson aussi s'est perfectionnée. On l'avait d'abord pratiquée à l'air libre. Dorénavant, on recouvre les pièces à cuire de branchages, on couronne le tout d'argile en y ménageant les prises d'air nécessaires. C'est la première forme, encore rudimentaire, du four du potier.

Parmi les céramiques dont on a retrouvé des fragments figurent des vases de formes variées, des jarres, des jattes, des coupes, des plats, des assiettes, des tasses, etc. [1].

---

a analysé douze fragments d'ambre recueillis dans diverses parties de la Suisse alémanique et du Tessin. Aucun ne vient de la région genevoise. Il arrive à la conclusion « que les ambres lacustres suisses sont de provenance italienne ». P. 182.

[1] L. FRANCHET, *Etude technique...*, dans *Indic. d'Antiqu. suisses*, XXII, 1920, pp. 82-91, 166-172. — Cf. les articles, déjà cités, dans *L'âge du Bronze en Suisse* (*Répertoire...*, cahier 2), de R. WYSS, p. 7 et pl. 3 ; E. VOGT, p. 14 et pl. 17 ; J. SPECK, pp. 20, 25, 26 et pl. 10 et 11 ; H.-G. BANDI, p. 39 et pl. 18. — Sur la poterie du Bronze de la station

Les hommes du Bronze ont été d'excellents travailleurs du bois. La préparation des pilotis, la construction des plates-formes et des maisons dénotent un art consommé. Les pièces de charpente sont assemblées grâce à un système perfectionné de tenons et de mortaises. Les meubles étaient déjà assez nombreux. On a utilisé de préférence le bois de chêne ; mais les autres essences n'ont pas été négligées.

Héritiers des Néolithiques, les hommes du Bronze filaient et tissaient le lin et la laine, alors que le chanvre leur était encore inconnu. Sans doute avaient-ils fait dans l'outillage textile des progrès, mais nous ne sommes pas à même de les mesurer. Si quelques tourbières scandinaves permettent de se faire une certaine idée des costumes, la région genevoise n'a rien livré à ce sujet. Des filets pour la pêche sont d'un usage courant [1].

Dans le domaine de l'alimentation, le Bronze continue aussi le Néolithique. On fabrique par concassage une grossière farine dont on fait des galettes car on ignore encore l'usage du levain. Des restes calcinés de ce pain ont été trouvés en Suisse alors que la vase de la rade genevoise n'en a pas livré [2]. Peut-être prépare-t-on des boissons fermentées avec des baies et des fruits ?

Au milieu du XIXᵉ siècle, en face du Parc des Eaux-Vives, entre la « fonderie » de bronze et Plonjon, on a découvert au fond du lac un amas énorme d'ossements d'animaux. Hippolyte Gosse a voulu voir là les restes d'une « boucherie » où l'on aurait abattu les animaux. Louis Blondel accepte ce point de vue.

Le fait que l'on a relégué une industrie bruyante et comportant des risques d'incendie, la fonderie de bronze, et une activité qui peut dégager des odeurs désagréables, la boucherie, ou, si l'on veut, les abattoirs, à l'extrême limite de la plate-forme palafittique ne résulte certainement pas du hasard. C'est le début d'une tradition qui s'affirmera dès la plus haute antiquité : fixer aux métiers désagréables, malodorants, bruyants, des rues ou des quartiers extérieurs. De nos jours, la jeune science de l'urbanisme cherche à délimiter logiquement les secteurs de l'industrie, ceux du commerce et les quartiers résidentiels.

La division du travail apparaît encore plus nettement au temps du Bronze qu'à l'époque néolithique. Elle n'existe guère dans les petites bourgades. Mais

---

de Saint-Léonard, cf. M.-R. SAUTER, *Fouilles dans la station néolith. et protohist. de Saint-Léonard*, loc. cit., p. 82. — Sur Génissiat, M.-R. SAUTER et A. GALLAY, *loc. cit.*, pp. 97-101.

[1] Sur les techniques textiles, cf. H.-G. BANDI, *loc. cit.*, p. 37 et pl. 20 et 21. — E. VOGT, *Geflechte und Gewebe der Steinzeit*, dans *Monographien zur Ur- und Frühgeschichte der Schweiz*, I, Bâle, 1937.

[2] A. MAURIZIO, *Verarbeitung des Getreides zu Fladen seit den urgeschichtlichen Zeiten*, dans *Indic. d'Antiqu. suisses*, N.S., XVIII, 1916, pp. 1-30, particulièrement pp. 28-30.

elle est très sensible dans les grandes agglomérations des rives de nos lacs, ainsi à Auvernier, Morges ou Genève. D'ailleurs, de tout temps la division des tâches a été conditionnée par l'étendue du marché.

Que certaines des activités de l'âge du Bronze aient exigé des connaissances techniques très poussées, une longue et difficile formation professionnelle, la chose est évidente. Qu'on songe aux charpentiers et à leur adresse dans l'assemblage des pièces de bois, aux préparateurs et aux planteurs de pilotis. Mais aussi aux travailleurs du bronze. La fonte du métal, le dosage de l'alliage, la préparation des moules de pierre, en particulier de ceux qui étaient bivalves, la coulée, le polissage et parfois le burinage des pièces sont autant de besognes qui demandent une habileté consommée et aussi un outillage ou, si l'on veut, un capital, déjà considérable. On conçoit qu'une telle industrie ait été assez étroitement localisée et ait possédé des marchés étendus. Cependant, il faut aussi faire leur place, et elle est grande, à ces artisans nomades, détenteurs de certains procédés, voire de quelques secrets, qui se déplaçaient à travers le continent.

La plus grande partie de l'activité industrielle se poursuivait cependant au sein de la famille dont on ne connaît pas d'ailleurs la structure. Etait-elle à base patriarcale ? Une certaine autarcie du groupe devait être la règle. On ne recourait sans doute à des métiers indépendants que dans les cas où ils exigeaient un outillage compliqué — donc une mise de capital — ou des connaissances techniques exceptionnelles. C'est ce même système que dépeignent fort bien les poèmes homériques.

Mais la rupture, même partielle, du cadre des autarcies pose la question des échanges locaux et interrégionaux [1].

----

[1] Outre les œuvres déjà indiquées, consulter sur l'ensemble de la question : Pierre BERTRAND, *Les origines de Genève*, Genève, s.d. [1942], pp. 14-15. — L. BLONDEL, *Relevé des stations lacustres de Genève*, dans *Genava*, I, 1923, pp. 88-112. — *Le plateau des Tranchées à Genève...*, dans *Genava*, XXVI, 1948, pp. 38-42. — L. BLONDEL et L. REVERDIN, *La station des Chèvres sur Veyrier*, dans *Genava*, IX, 1931, pp. 82-84. — A. CARTIER, *Un cimetière de l'âge du Bronze à Douvaine*, dans *Arch. suisses d'Anthr. gén.*, I, 1914-1915, pp. 63-88. — J. DÉCHELETTE, *Manuel...*, t. II, chap. VI à XI. — M.-E. DELLENBACH, *op. cit.*, p. 138. — F. FRANCHET, *op. cit.*, pp. 82-91 et 166-172. — R. MONTANDON, *Genève, des origines...*, pp. 57-68. — E. PITTARD, *La Préhistoire*, dans *Hist. de Genève*, t. Ier, pp. 20-21. — D. VIOLLIER, *Les débuts de l'âge du Bronze en Suisse*, dans *Arch. suisses d'Anthr. gén.*, IV, 1920-1922, pp. 1-6. — *Moules de fondeurs...*, dans *Genava*, IV, 1926, pp. 83-90. — E. VUARNET, *Historique des découvertes faites à Douvaine...*, dans *Genava*, III, 1925, pp. 82-84.

CHAPITRE IV

LES ÉCHANGES. LA MONNAIE

L'échange était déjà assez développé au temps du Bronze. Il était imposé par la localisation étroite de plusieurs matières premières, le cuivre et l'étain avant tout, mais aussi l'or, l'ambre, certaines roches, ainsi le jade, enfin le sel. Des produits fabriqués provenaient de régions parfois lointaines qui restaient mystérieuses pour les hommes du bassin genevois. Ils passaient sans doute de lieu en lieu, d'un intermédiaire à un autre, comme ces marchandises qui, au moyen âge, suivaient la route de la soie ou celle des épices pour aboutir dans les ports du Levant et finalement à Venise et à Gênes. Ainsi les perles de verre trouvées dans notre région provenaient-elles sans doute du Proche-Orient car le verre est probablement d'origine égyptienne. Des armes ou certaines parures arrivaient des mêmes contrées.

« En passant en revue les différents types d'armes, d'ustensiles, de bijoux, etc., écrit J. Déchelette, nous avons pu maintes fois constater combien était étendue l'aire de dispersion de certains objets. Leur cheminement, souvent considérable, l'influence qu'ils ont exercée les uns sur les autres ne peuvent s'expliquer que par les communications établies non seulement entre les diverses tribus d'un même peuple, mais encore entre les différents peuples de l'Europe. » L'usage des métaux n'a pu qu'accentuer cet échange « comme l'indique nettement l'emploi général de l'étain dans les ateliers de fondeur, alors que ce métal ne se rencontre que dans un nombre très limité de districts miniers » [1].

Le sel gemme donnait lieu à un commerce étendu répartissant la précieuse marchandise que produisaient surtout les salines d'Autriche et du Jura.

Parmi les nombreux objets — poteries, perles de verre, bijoux, outils, ustensiles, armes — qui ont été retrouvés loin de leur centre de fabrication, J. Déchelette signale deux épées d'origine hongroise retrouvées l'une à Martigny, l'autre à Beynost, dans le département de l'Ain. « Or Martigny est

---

[1] *Manuel...*, t. II, pp. 393-394.

le débouché, sur la vallée du Rhône, de la voie du Grand Saint-Bernard, sûrement fréquentée par les caravanes de trafiquants dès les temps préhistoriques. D'autre part, Beynost est situé près du même fleuve, entre Genève et Lyon, c'est-à-dire sur une des plus importantes voies naturelles de la Gaule, prolongement de la route terrestre du Saint-Bernard [1]. » Genève se trouvait ainsi sur un des grands itinéraires de l'échange européen.

Malgré son développement, le trafic ne disposait que de moyens de transports rares, incommodes, donc dispendieux. Bien sûr, la mer — grâce à une navigation qui en était à ses débuts et qui ne perdait pas les côtes de vue —, les lacs et les rivières navigables restaient les meilleures voies de l'échange [2].

On a retrouvé à Morges, en 1877, une pirogue de l'âge du Bronze dont une moitié est conservée au Musée de Genève. L'autre partie, restée sur le rivage, à Morges, s'est décomposée. Une seconde, retirée de l'eau près de la même localité, a disparu. Ce sont les deux seules embarcations livrées par le Léman. En revanche, on en a recueilli beaucoup d'autres dans la vase des lacs suisses : une dizaine à Bienne [3], cinq à Neuchâtel, quatre à Pfäffikon, quelques autres encore. Il s'agit toujours de pirogues monoxyles — creusées dans un tronc [4].

Le trafic terrestre, qui utilisait des pistes et des sentes — là où elles existaient — s'est fait longtemps à dos d'homme, procédé onéreux et de médiocre rendement. Cependant, la domestication des chevaux a apporté de réels avantages. Il est possible que, faute d'un harnachement convenable, on ne s'en soit servi que comme bêtes de somme. Mais le Bronze a connu la roue. Des charrois ont pu être organisés grâce à des bœufs pourvus de joug [5].

En définitive, les principales marchandises circulant à l'âge du Bronze ont été les matières premières et alimentaires dont la production était strictement localisée, ainsi le cuivre, l'étain, le sel ; ou encore quelques produits fabriqués de qualité, susceptibles de supporter des transports coûteux.

Si l'on fait abstraction de la guerre et du pillage qui ont été des moyens d'acquisition utilisés sans doute dans les temps protohistoriques comme ils

---

[1] *Manuel...*, t. II, pp. 396-397.

[2] Sur la navigation maritime à l'âge du bronze, cf. A. W. Brögger, *Opdagelsenes Nye Arhundre*, dans *Norsk Geografisk Tidsskrift*, VI, 1936, cité par Geoffrey Bibby, *Des cavernes à l'Europe des Vikings. La vie en Europe du Nord de 15.000 ans avant Jésus-Christ à l'époque des Vikings*, Paris, 1958, pp. 277-291.

[3] L'une d'entre elles, provenant de l'île de Saint-Pierre, mesure environ dix mètres de long. Elle se trouve au Musée national à Zurich.

[4] W. Deonna, *Quelques monuments antiques du Musée d'art et d'histoire*, dans *Genava*, XII, 1934, pp. 76-78.

[5] W.-U. Guyan, *Occupation du sol, économie et circulation à l'âge du Bronze*, dans *L'âge du Bronze en Suisse, Répertoire...*, cahier 2, p. 32. — H.-G. Bandi, *La civilisation de l'âge du Bronze, ibid.*, p. 35.

l'ont été dans la haute antiquité, un courant d'échanges normal exige des contre-prestations de la part de ceux qui reçoivent des marchandises venues du dehors. Le troc a été certainement utilisé. L'industrie du bronze, si développée à Genève à en juger par le nombre et la diversité des moules retrouvés à Plonjon, fournissait-elle cette contre-partie ? Nous l'avons dit, la technique et la complexité de l'outillage excluent l'existence de fonderies et d'ateliers ne travaillant que pour une petite bourgade. Ceux de Genève, de Morges, d'Auvernier, du lac du Bourget ne se conçoivent qu'en fonction d'un marché étendu.

A côté de l'échange entre régions, un commerce existe sans doute à l'intérieur des agglomérations car la civilisation a fait sauter non seulement les cadres des autarcies régionales, mais aussi, dans une certaine mesure, ceux des autarcies locales. C'était la conséquence inéluctable de la division du travail, si rudimentaire fût-elle.

Genève a dû être un centre important de production et d'échanges. On a parfois fait preuve d'une audace résolue, d'une imagination féconde, pour recréer la vie de Genève au temps du Bronze en partant d'éléments fort ténus. En réalité, dans bien des cas, il faut se résigner à ne formuler que des hypothèses. Cependant, quelques certitudes existent, fournies par des matériaux ou des objets qui appellent nécessairement un apport extérieur. On peut même ébaucher, sans de trop grands risques d'erreurs, les courants approximatifs du commerce interrégional.

La Méditerranée était le vaste collecteur de pays dont la civilisation était plus développée que celle des palafitteurs du Léman. Le trafic s'établissait avec Genève et le Plateau suisse par la vallée du Rhône, celle des Usses et le seuil du Mont-de-Sion. D'autres voies naturelles, provenant de l'Europe septentrionale et orientale, convergeaient vers ce même Plateau, se continuant vers Genève. Les cheminements de la Gaule occidentale et centrale, en rapport avec les Cornouailles et les îles Scilly, contournant le Massif central, pénétraient en Suisse par les cols du Jura. Ceux des Alpes étaient utilisés, plus particulièrement celui du Grand Saint-Bernard. La chance de Genève a été d'être un des lieux où aboutissaient plusieurs courants de l'échange.

Mais à côté de ces points qu'il n'est pas trop imprudent de considérer comme acquis, il en est beaucoup d'autres qui donnent lieu à de simples conjectures [1].

Lorsque l'on nous dit que les voies du commerce étaient parcourues par des marchands qui auraient fait d'immenses voyages, nous n'en sommes pas

---

[1] On a voulu décrire certaines formes du commerce local et interrégional avec trop de précision ; c'est le cas, semble-t-il, de R. MONTANDON dans *Genève, des origines...*, ouvrage déjà cité.

sûr. Il ne faut pas oublier qu'au moyen âge encore, les rapports entre l'Europe, l'Océan Indien et l'Extrême-Orient s'établissaient par une longue chaîne d'intermédiaires. Y a-t-il eu, dans des cadres plus exigus, des marchands ambulants, des colporteurs, comme on l'a affirmé pour Genève? Nous n'en savons rien. L'étendue et le chiffre de la population de la bourgade s'expliquent-ils surtout par le négoce? C'est possible, mais non certain.

R. Montandon, à qui l'on doit pourtant bien des études importantes, notamment sur la préhistoire genevoise, a écrit à propos de la Genève des palafittes : « Dans les échoppes, ou sur les places publiques, trafiquants et commerçants troquaient, par voie d'échange et moyennant monnaie courante, les produits du sol contre les matières premières et les objets manufacturés de provenance lointaine : ambre, jade, étain, sel, perles de verre, armes, bijoux d'or, etc. [1] »

Nous n'oserions pas adopter tous ces points de vue. D'abord, si une monnaie intervient, il n'y a pas troc [2]. Des boutiques ont-elles existé? Des marchés sur les places publiques? Au moyen âge encore, les artisans travaillaient pour leur clientèle presque exclusivement sur commande. Ils ne constituaient pas de stocks. Ils ne possédaient en général pas de magasins au sens exact du terme.

Toutes ces réserves quant aux précisions qu'on a voulu donner ne doivent pas cependant minimiser le rôle de Genève dans l'échange. Mais le commerce ne saurait à lui seul expliquer son importance.

On possède sur la technique des transactions commerciales quelques données. La vase des palafittes a livré des objets qui, sans aucun doute, étaient de véritables poids, ce qui implique l'existence de balances. D'ailleurs, on en a trouvé dans l'Orient méditerranéen et dans quelques parties de l'Europe centrale et occidentale. On ne semble pas en avoir découvert dans notre région. En revanche, les lacs suisses ont restitué de nombreux poids. Ils sont en général hémisphériques ou en tronc de cône, leur base plate permettant de les placer sur un plateau. D'autres sont munis d'un anneau avec lequel on peut les suspendre : ils ressemblent à ceux que l'on utilisera plus tard pour les balances romaines. J.-G.-D. Clark remarque que « la question des poids employés en Europe préhistorique est des plus compliquées et que l'on dispose, pour la résoudre, de peu d'études sérieuses. Il paraît toutefois assez assuré qu'un certain type de poids et d'appareils de pesée durent exister pour le bronze standard et pour le trafic des métaux précieux comme l'or et l'étain [3]. »

---

[1] *Op. cit.*, pp. 67-68.

[2] Que signifie le terme de « monnaie courante » ? Si par là Montandon entendait des pièces de monnaie, il aurait anticipé imprudemment.

[3] *Op. cit.*, p. 412.

Les poids sont d'étain ou de plomb, ce dernier métal étant déjà utilisé à l'époque du Bronze. Plusieurs d'entre eux, provenant d'Auvernier et de Wollishofen [1], oscillent entre 727 et 735 grammes ; un autre, d'Onnens [2], est de 618 grammes ; deux autres, d'Estavayer et de Colombier, pèsent 550 et 390 grammes [3]. Ces étalons de mesure dénotent des formes de commerce assez évoluées.

Mais ce commerce avait-il dépassé le stade du troc, de l'échange d'une marchandise contre une autre marchandise ? On sait les complications qu'il entraîne. Le troc doit mettre en présence deux coéchangistes ayant, à un moment déterminé, des besoins correspondants. Il faut en outre que les objets qu'ils ont à troquer aient une valeur sensiblement égale. Il n'est pas étonnant que la civilisation en progressant ait décomposé le troc primitif en deux opérations successives, la vente et l'achat, grâce à l'intervention d'une tierce marchandise, la monnaie. Il est évidemment difficile de suivre les étapes d'une telle substitution. Elle s'est faite sans doute lentement, les deux formes du troc et de la vente et de l'achat restant longtemps superposées.

Clark pose la question : « Dans quelle mesure et à quel moment l'emploi d'un article particulier de troc devint-il régulier au point de se transformer en moyen d'échange », autrement dit en monnaie ? Question à laquelle « il est difficile d'apporter une réponse satisfaisante ». On peut imaginer, à défaut de preuve, qu'à l'âge de la Pierre déjà « les fourrures ont pu constituer un étalon d'échange » [4].

La période homérique commence entre le XIIe et le Xe siècle pour se terminer au VIIIe ou au VIIe siècle. La monnaie y joue un rôle déjà grand dans les échanges. Or cette phase correspond en gros, au point de vue chronologique, à notre Bronze récent et à notre Bronze final. Bien sûr, nos régions ne sont-elles pas arrivées à un degré de civilisation comparable à celui de la Grèce.

Les monnaies utilisées dans notre protohistoire n'étaient pas des pièces mais des objets très divers. Le bétail, les bœufs en particulier, ont pu faire fonction de monnaie. On en retrouve le souvenir dans ces lingots de cuivre de l'époque mycénienne qui affectaient la forme d'une peau de bœuf grossièrement moulée [5]. Des ustensiles et des outils, trépieds, chaudrons de cuivre ou de

---

[1] Commune qui a été englobée en 1892 dans la ville de Zurich.

[2] Au nord-est de Grandson, sur le lac de Neuchâtel (Vaud).

[3] J. Déchelette, *Manuel...*, t. II, pp. 400-403.

[4] *Op. cit.*, p. 411. — Cf. aussi P. Einzig, *Primitive Money in its Ethnological, Historical and Economic Aspects*, Londres, 1949, p. 353 et ss.

[5] Voir la vignette publiée par Clark, p. 384, d'après une peinture d'une tombe thébaine. Un homme tient un vase dans la main et porte sur son épaule un lingot de métal en forme de peau de bœuf. Il s'agit d'un moment de l'échange marchandise-monnaie.

bronze, ont été utilisés comme monnaie. Mais aussi des haches bipennes ou des plaques, des barres, des disques. Plus tard le fer sera également employé. Souvent ces haches ou ces lingots de formes diverses affectent une certaine régularité dans leur aspect, voire dans leur poids. Cependant, Clark estime qu'il faut être prudent dans les jugements que l'on porte sur les formes primitives de la monnaie.« Les quantités importantes et les dimensions parfois uniformes qui caractérisent parfois les trouvailles de lingots de cuivre et de barres de fer s'accorderaient avec leur emploi en guise de monnaie ou de réserves, mais elles ne prouvent pas la réalité effective de cet usage. Il est possible également — mais pas davantage — que l'anneau-monnaie ait été employé dans l'Europe de l'âge du Bronze [1]. »

Quels que soient les avantages des monnaies-instruments — dans la mesure où elles ont été effectivement employées —, elles sont loin de rendre les mêmes services que les pièces de monnaie, ces lingots d'un poids et d'un titre déterminés, garantis par l'intégrité des empreintes qui les revêtent. Il suffit de les compter dans les échanges alors que les monnaies-instruments ou lingots doivent être pesées et, éventuellement, lorsqu'il s'agit d'alliages, essayées [2].

Les indications que nous venons de donner sont d'un ordre très général. Qu'en est-il de nos régions, moins évoluées que la Grèce et que l'Orient méditerranéen, à l'âge du Bronze ?

La complexité des échanges de cette époque semble présupposer l'emploi de monnaies. Mais quelles étaient-elles ? Leur usage éventuel était-il restreint aux transactions locales ou s'étendait-il à l'échelon interrégional ? Déchelette a émis l'hypothèse de la fonction monétaire de haches bipennes de bronze dans l'Europe centrale et occidentale. On en a trouvé beaucoup en particulier en Bretagne et en Normandie. Elles sont souvent « vraiment trop minces pour avoir pu servir d'armes ou d'instruments ». D'autres sont minuscules. On a mis au jour en Ille-et-Vilaine « 4000 haches réunies par des fils métalliques ». Une certaine fixité dans leur poids milite en faveur de leur emploi comme monnaie [3]. On a découvert des haches bipennes, en France, à Cîteaux près de Dijon et en Indre, de même que dans plusieurs régions de l'Allemagne centrale et dans la vallée du Rhin moyen [4].

---

[1] Pp. 411-412.

[2] On pense — mais la chose n'est pas certaine — que la frappe de véritables pièces de monnaie aurait débuté en Lydie, en Asie Mineure, au cours du VIIe siècle avant J.-C. Certains historiens reportent même cette naissance à une époque plus proche de la nôtre. — Ernest BABELON, *Les Monnaies grecques*, Paris, 1921, pp. 4-13. — Alfred POSE, *La monnaie et ses institutions*, 2 vol., Paris, 1942, t. Ier, pp. 12-14.

[3] *Manuel...*, t. II, pp. 254-255. — Cf. aussi CLARK, *op. cit.*, pp. 385-386 et carte p. 385.

[4] DÉCHELETTE, *Manuel...*, t. II, pp. 403-404. — CLARK, carte p. 385.

En Suisse, une hache de ce type a été recueillie dans le lac de Bienne à la station de Locras (Lüscherz) [1], une autre dans le canton de Thurgovie [2]. En revanche, on n'en a pas trouvé dans la région genevoise. Il est intéressant de constater que des haches, provenant de contrées fort éloignées les unes des autres, paraissent être les multiples d'une unité de base correspondant à un des poids découverts dans la station d'Onnens, à l'est de Grandson, sur le lac de Neuchâtel [3]. L'aire de dispersion de ces haches-monnaies semble montrer que les échanges à travers l'Europe étaient d'une certaine importance. Genève, du fait de sa position géographique, devait y jouer un rôle non négligeable [4].

[1] Déchelette, *loc. cit.*

[2] Wilhelm Angeli, *Eine kupferne Doppelaxt aus dem Thurgau*, dans *Annuaire Soc. suisse de Préhist.*, XLIII, 1953, pp. 134-141.

[3] Déchelette, t. II, pp. 403-406.

[4] Outre les ouvrages cités, cf. A. Cartier, *Un cimetière de l'âge du bronze...*, loc. cit., p. 81. — R. Montandon, *Genève, des origines...*, pp. 57-60, 67-68. — E. Pittard, *La Préhistoire*, dans *Hist. de Genève*, t. Ier, pp. 20-21. — D. Viollier, *Moules de fondeurs...*, loc. cit., p. 90.

CHAPITRE V

LA PARURE. LES ARTS

Nous n'avons pas à parler longuement des arts de l'âge du Bronze. Une remarque que nous avons déjà faite à propos du Néolithique doit être répétée. Rien dans cette période protohistorique ne rappelle les belles réalisations de l'art magdalénien, peintures pariétales, gravures, sculptures. L'art de l'animalier, qui a su représenter d'une façon si vivante les bêtes que l'on chassait, semble avoir disparu.

Les préoccupations artistiques ont pris une autre direction. On se tourne vers les arts décoratifs, en liaison avec le beau développement des métiers. On s'applique à donner aux ustensiles, aux outils, aux armes de bronze, de belles formes. Leur métal est habilement buriné. Certaines poteries ont reçu, à défaut de peinture, ces ornementations géométriques dont nous avons parlé et des décorations en creux et en relief.

L'effort artistique apparaît aussi dans la parure. Il est possible parce que les forces vives du peuple ne sont plus exclusivement tendues vers la satisfaction de besoins élémentaires. Une part du travail des hommes est appliquée à ce que l'on peut considérer comme une des formes du luxe. Sans doute était-il l'apanage de certaines catégories privilégiées.

L'airain entre dans la composition de la plupart des bijoux et des ornements : anneaux, bracelets, colliers, pendeloques, boucles d'oreille. Des fibules aussi, dont le rôle a été si grand — en particulier à l'âge du Fer — parce qu'elles remplissaient un peu la fonction de nos boutons ; elles permettaient de fermer un vêtement, d'en ajuster les diverses parties. Ces objets étaient ciselés au burin après la fonte ; certains étaient repoussés. La plupart ont été, à Genève, l'œuvre d'artisans locaux dont on a retrouvé l'outillage. Leur clientèle devait s'étendre au-delà des limites de la bourgade.

On a aussi recueilli des bijoux d'or. Comme la vase du lac a restitué de petits lingots de ce métal, on peut en inférer que certains d'entre eux étaient les produits d'une industrie locale. Il est possible que d'autres soient venus du dehors : plusieurs régions de l'Orient méditerranéen ont été des centres remarquables de l'orfèvrerie et de la bijouterie. Les boules d'ambre arrivaient, nous l'avons vu, du sud de l'Italie plutôt que de la Baltique. Quant aux perles de verre — le verre était une matière rare et précieuse —, elles étaient sans doute fabriquées dans le Levant, en Egypte ou en Phénicie [1].

---

[1] J. Déchelette, *Manuel*..., t. II, chap. IX et XIV. — W. Deonna, *Les arts à Genève*..., pp. 61-64. — R. Montandon, *Genève, des origines*..., pp. 64-66. — E. Pittard, *La Préhistoire*, dans *Hist. de Genève*, t. Ier, p. 21.

CHAPITRE VI

LES STRUCTURES SOCIALES

Nous l'avons déjà dit : parler longuement du problème religieux serait sortir de notre sujet. Les formes du culte des morts de la période précédente se poursuivent et s'affirment. Tantôt on donne aux défunts des sépultures formées de dalles de pierre ou disposées dans des grottes, accompagnées de certains objets familiers. Tantôt on les incinère. Dans les deux cas, il semble bien que l'on admette une vie future. Mais comment expliquer la différence des rites pratiqués parfois dans les mêmes lieux, ainsi à Douvaine ? Y a-t-il eu succession dans le temps [1] ?

L'immense ensemble mégalithique qui allait de Bossey à Evordes, de Collonges à Troinex, — il a été étudié par Louis Blondel — prend toute sa signification à la fin du Bronze et au début du Fer. Il possédait des tumuli qui étaient des tombeaux. D'autres parties de ce complexe ont été sans doute, selon Blondel qui s'est livré à de nombreuses mensurations et à de savants calculs, liées au culte solaire dont le rôle a été considérable pendant cette période.

Dans l'ensemble, nous sommes mal renseignés sur les croyances religieuses et les rites de ces temps. Sans doute les hommes du Bronze ont-ils adoré, à côté du soleil, d'autres forces de la nature qu'ils ont divinisées. Contrairement à ce qui s'est produit pour des époques plus anciennes, l'âge du Bronze ne nous a pas laissé de divinités anthropomorphes. On a trouvé au pied des Pierres du Niton, dans la rade genevoise, plusieurs objets de bronze qui auraient pu être des restes d'un dépôt rituel. B. Reber, dont les interprétations n'inspirent pas toujours une très grande confiance, pourrait avoir cependant raison lorsqu'il arrive à cette conclusion [2].

---

[1] Sur la crémation et l'inhumation, cf. E.-O. JAMES, *La religion préhistorique...*, chap. IV et V.

[2] Pour plus de détails, cf. H.-G. BANDI, *loc. cit.*, pp. 38-39. — L. BLONDEL, *L'ensemble mégalithique...*, dans *Genava*, XXI, 1943, pp. 57-79. — A. CARTIER, *Un cimetière de l'âge du bronze...*, dans *Arch. suisses d'Anthr. gén.*, I, 1914-1915, pp. 63-88. — J. DÉCHELETTE, *Manuel...*, t. II, chap. XIII. — W. DEONNA, *Le transfert de la « Pierre-aux-Dames »*,

En ce qui concerne les structures sociales, on ne peut se livrer qu'à de simples hypothèses dictées par l'examen des faits. Les hommes du Bronze, comme les Néolithiques, se sont livrés à ces énormes travaux de construction que nous avons signalés. Ils ont donc dû se soumettre à une discipline de groupe pour les mener à chef. Était-elle imposée ou volontaire ? La division du travail implique une stratification de la société. La localisation périphérique de certaines activités professionnelles dans la rade de Genève — la fonderie de bronze, la « boucherie » — dénote une organisation urbaine intelligente.

Sans doute une véritable vie sociale a-t-elle remplacé — c'était déjà le cas au Néolithique — les formes tribales primitives. Il est difficile de dire beaucoup plus. La hiérarchie des classes, les formes de l'autorité — collective ou individuelle, dictatoriale ou patriarcale — ne peuvent pas être élucidées. La présence d'objets de luxe, qui ne pouvaient pas être l'apanage de tous, laisse croire à l'existence d'une caste privilégiée. Etait-elle le fait de chefs militaires ? La guerre en tout cas a bien été une réalité. Même si l'on n'accorde aucune signification de défense à la cité palafittique et aux plateaux fortifiés des flancs du Salève, elle est attestée par l'organisation de l'*oppidum* de la colline de Saint-Pierre et par les nombreux poignards, épées, arcs, lances, pointes de flèches que l'on a retrouvés. Sans compter les armes défensives de la fin de la période, boucliers et casques. Les cors et les trompes de bronze ne semblent pas non plus avoir été destinés à des réjouissances pacifiques.

A propos du Néolithique, nous avons déjà évoqué le problème de la propriété et les difficultés qu'il soulève. Les mêmes mystères subsistent au temps du Bronze. Des forêts, des pâturages seraient-ils restés d'usage collectif alors que des terres arables auraient été appropriées ? Les maisons sont-elles des propriétés privées ? Nous l'ignorons. Peut-être les meubles, les vêtements, les biens de consommation étaient-ils l'objet d'un droit de propriété individuelle.

On pourrait évidemment faire des rapprochements entre l'âge du Bronze et l'époque homérique. Les héros de l'*Iliade* et de l'*Odyssée* se vantent volontiers de leurs richesses, énumèrent leurs maisons, leurs terres, leurs troupeaux. Mais nous avons déjà signalé le décalage qui se produit dans les stades de l'évolution des diverses régions, ce qui donne à la Grèce et à l'Orient méditerranéen une grande avance sur notre contrée.

Le trafic local et interrégional pose les mêmes problèmes. Les formes de la production et de l'échange étaient-elles de caractère individuel ou collectif ? La question reste ouverte.

---

dans *Genava*, XXI, 1943, pp. 55-56. — R. MONTANDON, *Genève, des origines...*, pp. 69-71. — Burkhard REBER, *Quelques remarques à propos des Pierres à Nyton, à Genève, et des objets en bronze trouvés sur leur emplacement*, dans *Bull. Soc. préhist. française*, XII, 1915, pp. 318-319 et *passim*. — J. SPECK, *loc. cit.*, pp. 20-22. — E. VOGT, *loc. cit.*, pp. 11-12.

L'âge du Bronze, et particulièrement sa dernière phase, a été, semble-t-il, une période de grand essor pour la cité « lacustre » genevoise et pour ses prolongements sur terre ferme. Et pourtant, fait remarquer le professeur Marc-R. Sauter, on ne la trouve que rarement mentionnée dans les études générales concernant l'Europe et même la Suisse à l'époque du Bronze. Cela résulte du fait qu'il est presque impossible de procéder à des fouilles systématiques en eau profonde dans la rade et que les nombreux objets que l'on a trouvés au cours des années, dès le milieu du XIXe siècle, l'ont été plus souvent grâce à des circonstances occasionnelles — les travaux effectués dans la rade ou dans le sol des quartiers qui la bordent — qu'à des recherches conduites selon des méthodes scientifiques.

M.-R. Sauter, dans des notes qu'il a bien voulu nous communiquer, évoque quelques problèmes du Bronze. La plupart des protohistoriens attachent une grande importance au Bronze récent et final, à la civilisation dite des « Champs d'urnes » [1], caractérisée par des sépultures où l'on recueillait les cendres de corps incinérés. Cette phase correspondrait à la première expansion celtique ou protoceltique, agissant à partir de l'Europe centrale. Mais le professeur Emil Vogt, sans nier certains mouvements migratoires restreints, estime que la civilisation du Bronze s'est développée sur place [2].

En revanche, Jean-Jacques Hatt pense qu'une première invasion, qui se situerait entre 1200 et 1000, « a répandu en France d'abondants essaims de colonisateurs celtiques. Ces derniers ont également poussé, dès cette époque, une pointe à travers les cols des Alpes jusqu'en Italie du Nord » [3]. Dans ce cas, il serait difficile d'admettre que Genève n'ait pas été touchée par ces mouvements migratoires. Le professeur Sauter pense toutefois qu'il ne faut pas en exagérer la puissance. Il est probable qu'ils sont restés numériquement faibles, ce qui ne les a pas empêchés, d'ailleurs, d'entraîner d'importantes conséquences. Cependant, on n'a pas retrouvé jusqu'ici de champs d'urnes dans la région genevoise.

Le passage du Bronze au Fer semble s'étirer, dans nos contrées, entre 1000 et 700. M.-R. Sauter pense que ces trois siècles appartiennent plutôt au premier qu'au second âge, bien qu'il y ait eu une manière de « télescopage » entre eux.

---

[1] Sur les « Champs d'urnes », cf. E.-O. JAMES, *La religion préhistorique*..., chap. IV, notamment p. 110 et ss.

[2] *Synthèse sur l'âge du Bronze*, déjà cité, dans *Répertoire*..., cahier 2, pp. 1-4.

[3] *Chronique de Protohistoire*, II, *La question des migrations des Champs d'Urnes*..., dans *Bull. Soc. préhist. française*, LII, 1955, p. 400.

Le bronze est relativement facile à produire et à travailler, mais il a le grave défaut d'être cassant. Combien des héros d'Homère n'ont-ils pas vu leurs armes, offensives ou défensives, se briser au cours des combats ? La métallurgie du fer, qui s'instaurera lentement, est compliquée et difficile. Mais elle livrera un métal qui pourra rendre des services plus nombreux et plus précieux que le bronze. C'est le début d'une nouvelle étape sur le chemin de la civilisation.

———————

DEUXIÈME PARTIE

L'ÂGE DU FER

LES ALLOBROGES. LES HELVÈTES. LA PÉRIODE DE HALLSTATT

INTRODUCTION

Fixer le moment où s'opère le passage de la préhistoire à l'histoire serait une œuvre vaine. A travers les phases successives, une continuité est sensible, coupée certes d'arrêts, de stagnations et même de reculs. La rapidité de cette évolution varie selon les contrées, même parfois lorsqu'elles sont voisines. Nos régions ont accédé à l'âge du Fer alors que d'autres, dans le monde méditerranéen, étaient engagées depuis longtemps dans l'histoire.

Le fer n'a pas fait disparaître le bronze. Il s'est superposé lentement à lui, multipliant ses usages, à un moment où l'outillage lithique n'avait d'ailleurs pas complètement disparu.

En ce qui concerne Genève, l'âge du Fer ne nous est connu que par des trouvailles dues au hasard ou résultant de fouilles systématiques. Tout au plus quelques témoignages écrits ultérieurs viennent-ils corroborer leurs résultats : les *Commentaires* de César, la *Géographie* de Strabon — qui avait

recueilli les données de l'écrivain grec Posidonius (Ier siècle avant J.-C.) —,
le passage d'Aristote qui concerne peut-être la perte du Rhône à Bellegarde [1].

David Viollier pense qu'en partant en particulier des sépultures, « il est
possible de tracer un tableau vraisemblable et sans de trop grandes lacunes
de l'histoire de la Suisse pendant les cinq cents ans qui précédèrent la conquête
de notre pays par les Romains » et que ce tableau coïncide avec les rares
indications fournies par les anciens [2]. Nous devons en somme beaucoup plus
à l'archéologie qu'à l'histoire dans la fixation des traits de l'âge du Fer de nos
régions.

Comme le fait remarquer Henri Berr, il existe une « Europe protohistorique
que bordait une Europe méditerranéenne déjà riche d'histoire » [3]. Des contacts
se sont établis entre des régions encore barbares et des pays dont la civilisation
était déjà brillante. Non seulement certains courants d'échange se sont noués
entre ces mondes juxtaposés, mais les connaissances, les techniques, les arts
méditerranéens ne laissèrent pas d'exercer une influence profonde, parfois
décisive, sur la civilisation de l'Europe centrale, sur son évolution économique
en particulier.

---

[1] *Meteorologica*, I, 13 (dernières lignes du chapitre, p. 71 dans la traduction de
J. Tricot, Paris, 1941). — Hérodote, Polybe, Pline le Naturaliste apportent aussi
quelques précisions. — Cf. à ce sujet Rudolf Fellmann, *L'âge du Fer en Suisse d'après
les témoignages antiques*, dans *L'âge du Fer en Suisse, Répertoire...*, cahier 3, Bâle, 1960.
pp. 45-46.

[2] *Les sépultures du second âge du Fer sur le Plateau suisse*, déjà cité, p. 96.

[3] Avant-propos de l'ouvrage de Henri Hubert, *Les Celtes et l'expansion celtique
jusqu'à l'époque de la Tène*, Paris, 1932, pp. ix-x.

CHAPITRE PREMIER

CHRONOLOGIE DE L'ÂGE DU FER
LES CELTES

La chronologie de l'âge du Fer et ses subdivisions ont donné lieu à des appréciations assez diverses. Au fur et à mesure que l'on pénètre plus avant dans la connaissance de la protohistoire, on leur apporte des corrections et des précisions.

Nous nous bornons à mettre en regard la chronologie générale établie par J. Déchelette et celle de J.-J. Hatt [1].

Déchelette	Hatt	Chronologie
Bronze IV	Protohallstatt I (ou Bronze final I)	1000 - 800
	Protohallstatt II (ou Bronze final II)	800 - 700
Hallstatt I	Hallstatt I	700 - 550
Hallstatt II	Hallstatt II	550 - 450
La Tène I	La Tène ancien I . . .	500 - 400
La Tène II	La Tène ancien II . . .	400 - 250
	La Tène moyen	250 - 120
La Tène III	La Tène récent	120 - 30
	La Tène final (ou Gallo-romain précoce) . . .	30 av. J.-C. - 15 ap. J.-C.

[1] J. DÉCHELETTE, *Manuel...*, t. II, p. 6 ; t. III, pp. 513, 617-624 ; t. IV, pp. 911-912 et *passim*. — J.-J. HATT, *Pour une nouvelle chronologie de la Protohistoire française*, dans *Bull. Soc. préhist. française*, LI, 7, 1954, pp. 379-384. — Voir aussi Henri HUBERT, *Les Celtes et l'expansion celtique jusqu'à l'époque de la Tène*, p. 155.

L'époque de Hallstatt tire son nom d'une station autrichienne du Salz-kammergut et celle de La Tène du fameux site qui se trouve à l'est du lac de Neuchâtel, près de la Thièle.

En ce qui concerne la Suisse, Marc-R. Sauter, en se fondant notamment sur les éléments fournis par *L'âge du Fer en Suisse* [1], en particulier sur l'étude de Emil Vogt [2], a bien voulu établir une chronologie dans laquelle il indique les correspondances avec celle qu'avait dressée David Viollier [3].

Hallstatt		750 - 450 env.
La Tène		
ancien	A (Viollier Ia 450-400)	450 - 200 env.
	B$_1$ (Viollier Ib 400-325)	
	B$_2$ (Viollier Ic 325-250)	
moyen C	(Viollier II 250- 50)	200 - 120
récent D		D$_1$ 120 - 58
		D$_2$ 58 - 0 env.

La fin de La Tène D ou II varie selon les régions, en fonction de la date de leur occupation par Rome et de l'intensité de la colonisation qui leur a été imposée [4].

Nous n'insistons pas davantage sur ces questions de chronologie. Le début de la période de La Tène est à peu près contemporain de la brillante civilisation grecque, du Ve siècle athénien. On constate une fois de plus combien le rythme du développement historique varie selon les régions, même lorsqu'elles sont relativement rapprochées.

L'âge du Fer coïncide avec l'expansion des Celtes en Europe. A ce sujet aussi des obscurités et des divergences d'interprétation subsistent. Les Celtes,

---

[1] *Répertoire...*, cahier 3, Bâle, 1960.

[2] *Synthèse sur l'âge du Fer en Suisse*, dans *Répertoire...*, cahier 3, pp. 1-5.

[3] *Etude sur les fibules de l'âge du Fer trouvées en Suisse. Essai de typologie et de chrono-logie*, dans *Indic. d'Antiqu. suisses*, IX, 1907. — Mais surtout *Les sépultures du second âge du Fer sur le Plateau suisse*, ouvrage déjà cité, pp. 5-15.

[4] M.-R. Sauter estime qu'en Valais la survivance d'éléments indigènes se poursuit en tout cas jusque vers 50 après J.-C. et peut-être même jusqu'à la fin du Ier siècle.

dit Henri Berr [1], sont « des Barbares que les Grecs, les Romains ont connus, sans doute, mais très mal au début, et sur lesquels les Anciens, dans leurs textes, ne nous donnent d'abord que des renseignements très vagues ou contestables ». Leurs origines restent assez mystérieuses. Jacques de Morgan émet l'hypothèse qu'ils auraient tiré leurs connaissances, dans le domaine de la métallurgie, de la région caucasienne. On les trouve installés, après plusieurs déplacements, en Allemagne, d'où ils se seraient répandus, aux environs de l'an 900, notamment en Gaule et en Suisse, à partir du début de l'âge de Hallstatt [2].

« Entre la mer du Nord et la Suisse, la Meuse et l'Oder, a écrit Henri Berr, il y a eu une population, pas très dense, et très mobile, en partie pastorale, en partie agricole,... mêlée de tribus guerrières, de chasseurs, de pêcheurs, de brigands. » Les premiers étaient attirés par les bonnes terres, les seconds par les forêts, les hauteurs et les rivières [3].

L'Allemagne occidentale constitue « un véritable pot-pourri ethnographique ». C'est là « que sont nées les sociétés celtiques autour desquelles s'est cristallisée toute la population et que s'est bâtie une civilisation une et autonome. Mais ce n'est pas avant l'âge du Bronze que les Celtes ont été assez nombreux, assez homogènes pour s'en aller fonder au loin de vastes établissements ». Cependant, à côté d'exodes en masse, conditionnés par la recherche de terres fertiles, de nombreux raids de petites bandes d'aventuriers se sont abattus sur l'Europe. « Le vagabondage des Celtes a donc revêtu des formes multiples ; et les petits essaims ont précédé et suivi souvent les fortes masses, unités sociales, groupes — plus ou moins composites — d'unités sociales. »

Une série de vagues celtiques ont ainsi déferlé sur l'Europe, chacune d'entre elles tendant à dépasser la précédente [4].

Au cours de leurs premières expansions, les Celtes ont rencontré, dans nos régions, les Ligures de l'âge du Bronze. Il faut d'ailleurs constater combien est vague la notion de Ligure. On n'oserait plus actuellement avancer à leur sujet les précisions que l'on croyait pouvoir donner naguère. Les Hallstattiens semblent s'être fixés sur la terre ferme, laissant les palafittes aux anciens occupants. Il y a eu une juxtaposition — ou une fusion — des deux éléments plutôt qu'une soumission imposée par la violence. Camille Jullian, après avoir constaté combien nous sommes mal renseignés sur les déplacements des

---

[1] Dans l'avant-propos de l'ouvrage de H. HUBERT, *Les Celtes et l'expansion celtique jusqu'à l'époque de la Tène*, déjà cité, p. IX.

[2] *L'humanité préhistorique*, déjà cité, pp. 235-236.

[3] *Loc. cit.*, p. XV.

[4] H. BERR, *loc. cit.*, pp. XV-XVI. — H. HUBERT, *Les Celtes...*, pp. 192, 220, 222, 227, 245, 266, 281, 295 et *passim*.

Celtes, marque le peu de différence qu'il y avait entre eux et les Ligures, ce qui explique leur fusion. Les dieux, les mœurs, les langues des vaincus et des vainqueurs se sont rapidement amalgamés. Les hommes aussi. De telle sorte que les Celtes ont été en réalité un mélange des conquérants et des peuples qu'ils avaient soumis [1].

Au début de l'époque de La Tène, vers l'an 500, déferlent de nouveaux flots de Celtes. La population s'accroît en même temps que la civilisation s'affine et que la vie économique se développe. Ce phénomène affecte notre région comme une partie importante de l'Europe, de la vallée inférieure du Danube à l'Angleterre, à l'Espagne, à la plaine du Pô. Une certaine stabilité s'affirme, ce qui n'élimine pas d'ailleurs certains remous provoqués par la turbulence native des Celtes.

De leurs apports et de leurs emprunts aux peuples méditerranéens sort une civilisation nouvelle. Il ne faut pas, dans sa création, sous-estimer la part des Celtes. Une partie importante de leur culture et de leur économie est aborigène. Ce qu'ils ont tiré des peuples qui les avaient précédés dans la voie de la civilisation et qui étaient déjà entrés dans l'histoire a été assimilé par eux et non pas copié servilement ; ils l'ont marqué de leur vigoureuse empreinte.

A partir de 500 et pendant plusieurs siècles, les nouvelles migrations ont complété et enrichi les couches celtiques primitives mélangées aux anciens Ligures.

Les Gaulois constituent une branche des Celtes. « La fusion s'était opérée entre nouveaux venus et anciens occupants. Les Gaulois sont issus de ce mélange [2]. » Mais le rôle des Celtes a été prépondérant. Ce sont eux qui ont donné à la Gaule « sa langue, sa pensée, son art et surtout son existence politique. La Gaule que nous connaissons apparaît essentiellement celtique. Nous appelons Gaulois, disait César, ceux qui, dans leur langue, se nomment Celtes »[3].

Des modes de vie assez uniformes se sont institués. Une civilisation homogène s'étend, déjà à l'époque de Hallstatt, de l'Autriche à l'Espagne, de l'Italie du Nord à la Grande-Bretagne. Elle se développera dans la phase de La Tène.

La civilisation hallstattienne, dans l'aire immense qu'elle occupait, avait été en contact indirect avec les peuples méditerranéens. Ces rapports s'étaient établis notamment, grâce aux courants commerciaux, par la Vénétie et la Bavière [4]. Ils se sont précisés et multipliés par la suite.

---

[1] C. Jullian, *Histoire de la Gaule*, t. Ier, Paris, édit. de 1920, pp. 241-250.

[2] Albert Grenier, *Les Gaulois*, Paris, 2e éd. 1945, p. 413.

[3] Grenier, *op. cit.*, p. 412.

[4] H. Hubert, *op. cit.*, p. 156.

Les Gaulois devaient beaucoup à l'Italie. Cependant, lorsque les Phocéens, se substituant aux Phéniciens, se furent implantés sur les rivages de la Méditerranée pour fonder, vers l'an 600, Massilia ou Marseille, les influences grecques ont été à leur tour très agissantes. Les Gaulois ont aussi fait plus d'un emprunt à la Grande Grèce. Il ne faut pas oublier que certains peuples celtiques ou celtisés, dont les Helvètes, emploieront l'écriture grecque [1]. Les rapports des Gaulois et des Etrusques au point de vue économique et sur le plan de la civilisation ont été également actifs [2].

C'est ainsi qu'est née la civilisation de La Tène, originale, brillante, qui se retrouve, avec quelques variantes, dans l'ensemble du monde celtique. Monde dont le contour a été longtemps hésitant : qu'on songe à la pression des Gaulois sur Rome en attendant l'occupation de la Cisalpine, puis de la Narbonnaise par les légions romaines. Du côté des Germains, il y eut, pour reprendre les expressions de Henri Hubert, « deux processus contraires : processus d'assimilation de la Germanie d'une part, mais de l'autre, en raison même de cette assimilation, processus de pénétration des Germains en Celtique » [3]. Plusieurs des peuplades germaniques, les Cimbres, les Suèves, les Teutons, étaient fortement marqués de l'empreinte celtique. Marcellin Boule et H. Vallois pensent que les Celtes, de leur côté, englobaient une proportion appréciable de Nordiques [4].

Certaines des migrations celtiques avaient été préparées avec soin. Elles ont accru d'une façon sensible le chiffre de la population des régions où elles se sont produites tout en donnant une impulsion nouvelle à la civilisation de l'âge du Fer. Les tribus hallstattiennes avaient été relativement peu nom-

---

[1] CÉSAR, *Commentaires*, I, 29. — Georges CUENDET, *César et la langue gauloise*, dans *Mélanges... offerts à M. Charles Gilliard*, Lausanne, 1944, pp. 17-23.

[2] Paul JACOBSTHAL, *Early Celtic Art*, 2 vol., Oxford, 1944. — JACOBSTHAL et Alex. LANGSDORFF, *Die Bronzeschnabelkannen. Ein Beitrag zur Geschichte des vorrömischen Imports nördlich der Alpen*, Berlin, 1929. — JACOBSTHAL et J. NEUFFER, *Gallia Graeca, recherches sur l'hellénisation de la Provence*, dans *Préhistoire*, II, 1933, pp. 1-64. — Otto KLEEMANN et Jean-Jacques HATT, *Notices sur le commerce grec dans le domaine celtique*, dans *Revue archéol. de l'Est et du Centre-Est*, VI, 2, 1955, pp. 146-152. — En ce qui concerne la Suisse, cf. Emil VOGT, *Synthèse sur l'âge du Fer en Suisse*, dans *L'âge du Fer en Suisse, Répertoire...*, cahier 3, Bâle, 1960, pp. 1-5. — Walter DRACK, *L'époque de Hallstatt sur le Plateau et dans le Jura, loc. cit.*, p. 7. — Doris TRÜMPLER, *L'époque de la Tène ancienne sur le Plateau et dans le Jura, loc. cit.*, p. 15. — René WYSS, *La Tène moyenne et finale sur le Plateau et dans le Jura, loc. cit.*, p. 21.

[3] H. HUBERT, *Les Celtes depuis l'époque de la Tène et la civilisation celtique*, Paris, 1932, p. 123.

[4] M. BOULE et H.-V. VALLOIS, *Les hommes fossiles...*, p. 382. — Voir aussi Raymond RIQUET, *Anthropologie raciale des Gaulois*, dans *Ogam, Tradition celtique*, Rennes, VIII, 1956, pp. 137-154.

breuses ; elles avaient même connu un certain nomadisme. Les Gaulois de
La Tène sont plus nombreux et ils sont sédentaires. En revanche, malgré
quelques incursions d'allure triomphante, les Celtes n'ont pas pu mordre d'une
façon durable sur les pays de la Méditerranée centrale et orientale.

La civilisation de La Tène, selon J. Déchelette, serait arrivée à son apogée
au IVe siècle. Sa décadence s'amorcerait au milieu du IIIe siècle ; elle s'accen-
tuerait surtout au début du Ier siècle avant notre ère, ce qui ne serait pas
étranger à la conquête romaine [1].

L'âge du Fer n'a pas laissé de nombreux vestiges dans la région genevoise.
Mais l'homogénéité de sa civilisation dans toute l'aire celtique d'une part
— Henri Hubert marque le peu d'importance qu'offrent « les trop nombreuses
lacunes de nos cartes archéologiques » [2] —, les trouvailles remarquables faites
sur les bords du lac de Neuchâtel et également dans le Jura, en Suisse et en
Savoie, d'autre part, nous permettent d'avoir une idée assez exacte de la vie
économique de notre région. A défaut d'indications établies strictement sur
ce que notre sol a fourni, il nous arrivera de faire appel à des données générales.
Nous ne manquerons pas d'ailleurs d'insister sur l'apport du bassin genevois
qui n'est malgré tout pas négligeable [3].

Si les Celtes ne forment pas une race homogène, ils ne constituent pas non
plus une nation au sens exact du terme et, à plus forte raison, un état. Malgré
leur communauté de civilisation et de langue, ils vivent en groupes juxtaposés.

---

[1] J. DÉCHELETTE, *Manuel...*, t. IV, pp. 915-918.

[2] *Les Celtes depuis l'époque de la Tène...* p. 157.

[3] Sur l'ensemble de la question, outre les ouvrages déjà indiqués, cf. L. BLONDEL,
La civilisation romaine dans le bassin du Léman, dans *Revue historique vaudoise*, 1927,
pp. 273-275 et *passim*. — *La salle du Vieux-Genève au Musée d'art et d'histoire*, dans
Genava, XIII, 1935, p. 322. — M. BOULE et H.-V. VALOIS, *Les hommes fossiles...*, *passim*.
— J. DÉCHELETTE, *Manuel...*, t. II, Paris 1910, p. 4 et ss. ; t. III, 1913, pp. 513, 534,
617-624 ; t. IV, 1914, pp. 911-912, 915-918, 928 et ss. — W. DEONNA, *La persistance des
caractères indigènes dans l'art de la Suisse romande*, dans *Genava*, XII, 1934, p. 95. — *Les
arts à Genève...*, pp. 65-67. — *L'âge du Fer en Suisse*, dans *Répertoire...*, cahier 3, Bâle,
1960. — Les études de Emil Vogt, Walter Drack, Doris Trümpler, René Wyss, Benedikt
Frei, Walter-Ulrich Guyan, Rudolf Fellmann sont accompagnées d'une abondante
bibliographie. — H. HUBERT, *Les Celtes et l'expansion celtique jusqu'à l'époque de la Tène*,
Paris, 1932, avant-propos de H. BERR, et pp. 155 et ss., 192 et ss., 220 et ss., 245, 266,
281, 295 et *passim*. — H. HUBERT, *Les Celtes depuis l'époque de la Tène et la civilisation
celtique*, Paris, 1932, pp. 108-123 et *passim*. — C. JULLIAN, *Histoire de la Gaule*, t. Ier,
pp. 227-250 et *passim*. — R. MONTANDON, *Genève, des origines...*, pp. 73-79, 86-89. —
D. VIOLLIER, *Etude sur les fibules de l'âge du Fer...*, dans *Indic. d'Antiqu. suisses*, IX,
1907, pp. 287-292. — *Les sépultures du second âge du Fer sur le Plateau suisse*, Genève,
1916, pp. 2-15, p. 85 et ss., p. 94 et ss. — Albert VOSS, *Recherches d'anthropologie historique sur la population de Genève au moyen âge et celle de l'ensemble de la Suisse romande
à l'âge du Fer et à l'époque romaine*. Thèse, Genève, 1950, pp. 9-12.

Ils n'ont même pas tenté de créer une confédération durable. D'ailleurs la Grèce antique et l'Italie primitive ont offert longtemps le même spectacle.

La dispersion des Gaulois s'explique en partie par leur individualisme et une certaine indiscipline. Ce qui semble les avoir surtout rapprochés, c'est la religion. « Le sacerdoce des druides est une institution panceltique, ciment de la société celtique [1]. » Le rôle des druides a largement débordé le cadre religieux pour s'étendre au plan de la politique et de l'exercice de la justice.

Nous n'avons pas à énumérer ici les nombreuses peuplades de la Gaule. On en compte environ quatre-vingts, chacune étant formée d'un certain nombre de tribus. Jouissant de son indépendance, chaque peuplade avait son organisation propre, ses magistrats, ses frontières, ses villes. Beaucoup de localités françaises et très souvent les limites des provinces de l'ancien régime remontent à cette époque.

Mais il arrivait que ces nations gauloises fussent en proie à des dissensions intestines, parfois à une véritable anarchie. Sans doute certaines formes monarchiques avaient-elles existé. Cependant, en général, le pouvoir avait passé à une aristocratie, détentrice de la fortune. Elle constituait une assemblée qui choisissait un chef dont le pouvoir pouvait être à terme ou à vie. Souvent cette aristocratie se trouvait aux prises avec les classes populaires qui arrivaient à lui imposer leur volonté.

Ces peuplades ou nations s'étaient organisées en « cités », forme caractéristique de la structure de la Gaule dans les derniers temps de son indépendance. « J'entends par ce mot de *cité*, écrit Camille Jullian, des tribus associées par un lien permanent pour former un seul peuple : au-dessus d'elles, des lois communes et des magistrats suprêmes ; au centre et comme au cœur de ce peuple, une ville maîtresse, résidence préférée de ses chefs et de ses dieux, lieu des rendez-vous de tous ses hommes, pour la résistance en temps de guerre, pour les foires en temps de paix, pour le culte d'alliance en temps de fête [2]. » Ainsi Bibracte était la capitale de la *cité* des Eduens, Gergovie de celle des Arvernes, Vienne de celle des Allobroges.

Le choix de ces capitales était en général imposé par les conditions géographiques, la convergence des voies de communication, les besoins militaires. Mais les autres bourgades des *cités*, jalouses de leurs prérogatives, s'opposaient à toute absorption centralisatrice. Les activités économiques en particulier restaient décentralisées. Des agglomérations comme Genève et Grenoble tenaient leur rang à côté de Vienne, capitale des Allobroges.

---

[1] H. HUBERT, *Les Celtes depuis l'époque de la Tène...*, p. 273.
[2] *Hist. de la Gaule*, t. IV, Paris, 4e éd., 1929, pp. 316-317.

Les Romains se sont volontiers moqués des Gaulois, de leurs superstitions surtout. Caton l'Ancien relevait deux de leurs passions dominantes, l'amour de la guerre et l'habileté de la parole. Mais leurs activités économiques étaient, à bien des égards, remarquables [1].

Parmi les nombreuses peuplades celtiques ou celtisées, deux intéressent particulièrement la Suisse et Genève : les Helvètes et les Allobroges.

_____

[1] H. HUBERT, *Les Celtes depuis l'époque de la Tène...*, 3ᵐᵉ partie, chap. II. — C. JULLIAN, *Gallia*, Paris, 2ᵉ éd., 1902, chap. Iᵉʳ. — *Histoire de la Gaule*, t. II, chap. I et II.

CHAPITRE II

LES ALLOBROGES. LES HELVÈTES

Le domaine des Allobroges et celui des Helvètes sont séparés par le lac de Genève et le Rhône. Plus au sud cependant, les Allobroges ont en plusieurs endroits dépassé le cours du fleuve. Des raisons importantes — valables pour beaucoup de cours d'eau tout au long de l'histoire — les y poussaient. Le cas a été fréquent en Gaule. « La prise de possession d'une route fluviale, constate C. Jullian, n'est complète qu'à la condition d'en tenir et d'en surveiller les deux bords : c'est le moyen de n'y courir aucun danger et d'y lever sans encombre les droits de péage [1]. » Les Allobroges semblent avoir détenu, sur la rive droite du Rhône, le Bugey et les Dombes.

Mais, à l'extrémité du lac, ils restaient sur la rive gauche où se trouvait l'*oppidum* genevois. Le pont cependant, dont le rôle a été si grand dans l'histoire et dans l'économie, était entre leurs mains. Nous reviendrons sur la position des Séquanes et des Helvètes fixés de l'autre côté du lac et du fleuve. Genève était ainsi, dans la *cité* des Allobroges, un point de contact et une articulation entre deux grandes peuplades.

On est mal renseigné sur les origines lointaines des Allobroges, sur leurs déplacements à travers l'Europe et les conditions dans lesquelles ils se sont fixés dans leur habitat définitif. Ils étaient groupés en tribus plus ou moins fortement fédérées.

La vallée du Rhône, entre la Méditerranée et le lac de Genève, a été occupée par trois peuples. Les Salyens, du fait de leur voisinage de Marseille, subissaient fortement l'influence grecque ; Arles était leur ville principale. Les Cavares, avec Avignon, Cavaillon, Orange, occupaient le Comtat et les contrées voisines. La région des Allobroges était très vaste : elle partait des environs de Valence, longeait le Rhône qu'elle occupait souvent sur ses deux rives,

---

[1] *Hist. de la Gaule*, t. II, p. 28.

englobait le Dauphiné, la Savoie, pénétrait en Maurienne et en Tarentaise et aboutissait à Genève. Vienne en était la capitale [1].

Strabon, dans sa *Géographie*, donne quelques indications sur les Allobroges [2]. Il rappelle leurs vieilles traditions guerrières mais constate qu'au moment où il écrit ils cultivent leurs terres. Vienne, longtemps simple bourgade bien qu'elle fût une capitale, est devenue une ville. Quant au Rhône, il « descend des Alpes avec des eaux abondantes et impétueuses », traverse le Léman pour recueillir plus loin les eaux de la Saône [3].

Nous reviendrons sur la position de la Genève allobroge avant la conquête, à l'âge de La Tène [4].

Le caractère des Allobroges est connu en particulier du fait de la campagne d'Annibal, puis de celle des Romains en l'an 120. C. Jullian en a relevé les aspects essentiels. Ils forment « un peuple de batailleurs ». Ils ont été façonnés par leurs terres et leurs montagnes. Ils possèdent « le courage, l'audace et l'amour de l'indépendance ». Plus que tout autre peuple, ils ont opposé aux Romains une résistance acharnée. Ils ont la passion de la liberté. Loyaux, « ils se soulevaient, ils ne trahissaient pas ». Ils avaient le privilège d'être sur le passage de plusieurs voies de commerce et de posséder deux ports importants, Vienne et Genève. Leur population, dense pour l'époque, occupait des territoires riches qu'ils avaient contribué à défricher et dont l'agriculture et l'industrie étaient prospères. Ils purent, en 218, approvisionner Annibal d'armes et de vêtements et, sur l'ordre de César, fournir des grains aux Helvètes, après qu'ils eurent regagné leurs terres en 58 av. J.-C. [5]

Telle était cette *cité* allobroge dans laquelle Genève jouait, après Vienne et avec Grenoble, un rôle qui n'était pas négligeable.

Elle avait été bouleversée en 218 lors de la campagne d'Annibal. Non seulement elle ravitailla les Carthaginois mais elle fournit les hommes qui les conduisirent à travers les Alpes vers la plaine du Pô. Les Romains arrivèrent à leur tour, appelés par leurs alliés, les Grecs de Marseille. Ils avaient pénétré

---

[1] Les hautes vallées alpestres étaient détenues par une autre peuplade, moins riche que les Allobroges, les Voconces, qui avaient cependant l'avantage de contrôler certains passages des Alpes et de posséder quelques excellentes terres arables. — C. JULLIAN, *Hist. de la Gaule*, t. II, pp. 509-519.

[2] Il écrit en l'an 10 av. J.-C. et il parle d'un peuple déjà fortement romanisé puisqu'il a été soumis en 120.

[3] *Géographie*, IV, ch. 1, § 11 (traduction nouvelle par Amédée Tardieu ; Paris, 1890-1909, 4 vol.). — Paul LULLIN et Charles LE FORT, *Régeste genevois*, Genève, 1866, n° 19, p. 7. — Voir la description du Rhône et des peuples de la région dans PLINE. *Histoire naturelle*, liv. III, ch. 4.

[4] Cf. *infra*, Deuxième section, chap. Ier.

[5] C. JULLIAN, *op. cit.*, t. II, pp. 515-519.

déjà en Gaule vers 155 et vers 125. Entre 122 et 120, ils firent campagne contre les Allobroges qui furent battus à deux reprises, ainsi que leurs alliés les Arvernes, et durent se soumettre.

La *cité* des Allobroges devint partie intégrante de cette grande et admirable province que Rome organisa de Toulouse et des Cévennes aux Alpes et de la Méditerranée à Genève, la Gaule transalpine, dont Narbonne fut le centre [1].

Mais les Allobroges furent difficiles à assimiler. Turbulents, épris d'indépendance, ils créèrent à plusieurs reprises des difficultés à Rome. Leur révolte de 62 a été particulièrement grave. Leur soumission était plus formelle que réelle et leur civilisation restait fidèle à celle de la Gaule : lorsque César arriva en 58 av. J.-C. à Genève, ce n'est pas devant une bourgade romaine qu'il se trouva, mais bien devant un oppide allobroge. Ce n'est qu'après la campagne de 58 et la soumission des Helvètes que l'assimilation se fit. Elle fut alors rapide. Les Allobroges s'intégrèrent réellement à l'Empire romain dont ils tireront finalement d'immenses avantages [2].

L'origine et les migrations primitives des Helvètes restent également assez obscures. Elles ne sont attestées que par l'interprétation de sources écrites sans que l'on puisse se fonder sur des données ethniques [3]. Fixés dans l'angle sud-ouest de l'Allemagne, entre le Main, le Rhin jusqu'à son coude de Bâle, et le Danube supérieur, ils ont franchi le Rhin, pressés sans doute par les Germains et, en vagues successives, dès le début du IIIe siècle avant J.-C., se sont établis d'abord sur la rive gauche du fleuve, puis sur une partie du Plateau suisse.

Ce n'est qu'au début du Ier siècle avant notre ère qu'ils occupèrent la partie occidentale de ce plateau après en avoir chassé les Séquanes. Restant sur la rive droite du lac et du Rhône, ils ont peut-être atteint le défilé du Rhône au Fort de l'Ecluse. Cependant E. Pelichet pense que l'Aubonne, limite archéologique naturelle pendant la protohistoire, puis, plus tard, frontière entre les diocèses de Lausanne et de Genève, a dû séparer les Helvètes des Séquanes qui, si l'on admet cette thèse, auraient été les voisins immédiats des Allobroges, en face de Genève [4].

---

[1] Seule une bande délimitée par le Rhône, la Durance et les Alpes, le long de la Méditerranée, fut laissée à Marseille.

[2] Paul COLLART, *Les peuples historiques: Helvètes et Allobroges. Genève à l'époque gauloise*, dans *Hist. de Genève*, t. Ier, pp. 23-25. — H. HUBERT, *Les Celtes depuis l'époque de la Tène...*, pp. 98, 173, 178 et *passim*. — C. JULLIAN, *Gallia*, pp. 28-29. — *Hist. de la Gaule*, t. II, p. 509 et ss. ; t. III, chap. Ier.

[3] J. TOUTAIN, *Helvètes et Eduens à travers les âges*, dans *Annuaire Soc. suisse de Préhist.*, XXVII, 1935, pp. 90-95.

[4] Edgar PELICHET, *Problème de la frontière ouest des Helvètes, au début du Ier s. av. J.-C.*, dans *Atti del primo Convegno preistorico italo-svizzero*, 1947, pp. 96-103.

Nous n'avons pas à reprendre ici les événements dramatiques de l'an 58 av. J.-C., l'émigration des Helvètes, l'arrivée de César à Genève, la destruction du pont du Rhône, la campagne du consul romain, Bibracte, le retour enfin des Helvètes dans le pays qu'ils avaient eux-mêmes dévasté avant de le quitter. L'Helvétie, dorénavant soumise, a été traitée finalement avec bienveillance par Rome qui l'encadra de deux colonies peuplées de citoyens : au sud Nyon, la *Colonia Iulia Equestris*, au nord Augst, la *Colonia Raurica* [1].

Ces événements sont gros de conséquences pour Genève. Jusque là, elle avait été l'oppidum allobroge le plus avancé vers le nord, puis, après sa soumission à Rome, une bourgade frontière face aux Helvètes. Dorénavant, elle est au cœur même du monde romain. Elle n'est plus une limite, mais un passage à l'intérieur de l'Empire. Du coup, sa fonction militaire perd toute importance. Mais son rôle économique va s'affirmer, conditionné en partie par le pont reconstruit. C'est vraiment en 58 et non pas en 120 av. J.-C. que commence la vocation romaine de Genève [2].

---

[1] Pour le détail de ces événements, cf. notamment P. COLLART, *loc. cit.*, pp. 25-31. — C. JULLIAN, *Hist. de la Gaule*, t. III, chap. VI. — R. FELLMANN, *L'âge du Fer en Suisse d'après les témoignages antiques*, dans *Répertoire...*, cahier 3, pp. 45-48. — R. WYSS, *La Tène moyenne et finale...*, *Répertoire...*, cahier 3, p. 21 et *passim*.

[2] P. COLLART, *loc. cit.*, p. 30. — Voir pp. 30-31 la bibliographie établie par Collart au sujet des Helvètes et des Allobroges.

CHAPITRE III

LA PÉRIODE DE HALLSTATT

Nous ne revenons pas sur la chronologie et les aspects généraux de cette phase. Nous nous bornons à retenir ce qui peut éclairer l'histoire économique de Genève et de la région qui l'entoure. Après les périodes du Néolithique et du Bronze genevois dont les témoignages sont de quelque importance, nous sommes réduits à fort peu de chose en ce qui concerne celle de Hallstatt.

Tout laisse supposer qu'elle est marquée dans notre région par un net recul. Les raisons en sont difficiles à discerner. Est-ce le fait d'une résistance des vieilles populations aux innovations? Ou encore un déplacement des courants de l'échange à travers l'Europe centrale?

D'ailleurs, les habitants semblent avoir été très clairsemés dans le secteur compris entre les Alpes et le Jura, le lac de Constance et celui de Genève. « Les tribus hallstattiennes de Suisse n'étaient pas très nombreuses, écrit Henri Hubert. Les tumulus se comptent non pas par milliers, mais par centaines, et il ne s'agit que de peu de centaines. » Ensuite, dans la seconde partie de la période, la population a progressé, en Suisse comme dans le Jura français, si l'on en juge par l'augmentation du nombre des tumulus [1]. H. Hubert constate d'ailleurs que ces Celtes hallstattiens, dont il étudie les origines et les itinéraires en direction de la Suisse, « sont tout à fait sortis de la période d'incohérence » [2]. Cependant ces tribus hallstattiennes sont d'abord nomades [3].

En Suisse, comme ailleurs, elles se sont déplacées à la poursuite du gibier mais surtout en poussant devant elles leurs troupeaux, à la recherche de pâturages. On les retrouve dans les forêts et le long des cours d'eaux et des lacs où elles ont abandonné leurs morts et construit leurs tumulus. Elles pratiquent aussi l'incinération. Ces populations paraissent avoir été pacifiques :

---

[1] *Les Celtes et l'expansion celtique...*, pp. 319-320.
[2] P. 321.
[3] P. 322.

rares sont les armes qui marquent leur passage. Et encore semblent-elles être destinées à la chasse plutôt qu'à la guerre [1].

L'aire hallstattienne, nous l'avons vu, est immense : elle s'étale de la Hongrie à la péninsule ibérique. Elle englobe le Plateau suisse et les vallées des Alpes, y compris le Valais et le Tessin. La civilisation de la plaine et celle des zones montagneuses offrent d'ailleurs bien des différences. Les tumulus du Plateau s'échelonnent du lac de Constance à celui de Genève, particulièrement dans la vallée de l'Aar. Ils se multiplient dans la Franche-Comté et le Jura français. Sans doute l'exploitation des salines, à un moment où le sel est une marchandise précieuse, y attire-t-elle une forte population. Des tumulus existent aussi en Haute-Savoie, en Savoie et dans le Dauphiné. Tout le pays genevois en est entouré. On est étonné d'en retrouver aussi peu dans le canton : à Troinex, peut-être sur la route de Drize, près de Corsier, aux Tranchées [2].

Un problème se pose : y a-t-il eu en Suisse, à Genève en particulier, continuité entre l'âge du Bronze et la première époque du Fer ? D. Viollier s'est prononcé pour « une rupture brusque entre les deux époques », un hiatus d'un siècle. Il a émis l'hypothèse que les lacustres auraient abandonné et incendié leurs habitations. « Les bandes hallstattiennes, pénétrant dans nos contrées, les auraient trouvées désertes. » Ce serait la préfiguration de l'acte accompli par les Helvètes en 58 av. J.-C. [3] Mais cette interprétation n'a pas été retenue.

Les protohistoriens suisses d'aujourd'hui, ainsi Emil Vogt et Walter Drack, admettent qu'il y a eu continuité entre les deux âges [4]. « La disparition de la civilisation du Bronze final, écrit W. Drack, n'amène pas un départ total des habitants — même s'il a pu y en avoir un partiel —, car beaucoup de choses témoignent indubitablement d'une continuité dans le peuplement, du Bronze final au premier âge du Fer : le fer, le style typique des objets en bronze (côtes), la peinture de la céramique, le rite funéraire (tombe individuelle sous tumulus) [5]. » Il y a eu en définitive chevauchement entre le Bronze final et le Hallstatt ancien ou Protohallstatt.

Mais cela ne signifie pas que les Hallstattiens, porteurs de la civilisation

---

[1] H. HUBERT, *Les Celtes et l'expansion celtique*, pp. 320-321. — R. MONTANDON, *Genève, des origines...*, pp. 73-75, 78-79 et *passim*. — A. VOSS, *op. cit.*, pp. 10-11.

[2] J. DÉCHELETTE, *Manuel...*, t. III, pp. 588 et ss., 613, 650-653, 658 et *passim*. — D. VIOLLIER, *Essai sur les rites funéraires en Suisse, des origines à la conquête romaine*, dans *Bibl. de l'Ecole des Hautes Etudes; Sciences religieuses*, XXIV, 1, Paris, 1911.

[3] *Etude sur les fibules de l'âge du Fer...*, dans *Indic. d'Antiqu. suisses*, IX, 1907, pp. 288-289.

[4] Etudes déjà citées. Cf. *L'âge du Fer en Suisse*, dans *Répertoire...*, cahier 3.

[5] *L'époque de Hallstatt sur le Plateau et dans le Jura*, dans *Répertoire...*, cahier 3, p. 7.

du Fer, se soient installés sur les plates-formes palafittiques. Louis Blondel émet des doutes sur la présence d'une station lacustre de l'âge du Fer vis-à-vis de Plonjon, à proximité de la fameuse fonderie de bronze et de la « boucherie » [1]. Il pense plutôt que les Hallstattiens ont préféré les rives du lac [2]. D'ailleurs, avant leur arrivée, certaines populations s'étaient déjà fixées sur terre ferme. L'abandon des plates-formes lacustres serait imputable à des changements de climat. « Il est probable qu'à une période de basses eaux a succédé à l'époque du fer une époque très humide, de fort ruissellement, qui a obligé les hommes à quitter les bas-fonds et à se réfugier sur les coteaux voisins [3]. »

Marc-R. Sauter pense que cette dégradation du climat, dont la durée exacte est difficile à déterminer, s'est produite au IXe siècle. Elle aurait provoqué un relèvement du niveau des lacs [4]. Il constate que si, pendant le Bronze récent, la cité « lacustre » s'est perpétuée, les restes hallstattiens en revanche sont assez rares à Genève. Quoi qu'il en soit, le fer ne s'est pas opposé au bronze ; il s'est superposé à lui. Finalement, les deux métaux ont été utilisés ensemble [5].

A l'époque de Hallstatt, la tête de la colline de Saint-Pierre, que la nature rend si facile à défendre, a été aménagée en réduit fortifié. Elle était un refuge plus qu'une zone d'habitation. Peut-être, cependant, quelques cabanes y étaient-elles édifiées, de même que sur le rivage de Longemalle. En revanche, le plateau des Tranchées a été habité en permanence, à partir de l'âge du Bronze déjà. Il se développe à l'époque de Hallstatt et plus encore pendant celle de La Tène en attendant le brillant essor qu'il connaîtra après la conquête de Rome. Il avait l'avantage d'être ravitaillé en eau potable par plusieurs sources — elles ont été utilisées jusqu'au XVIIIe et au XIXe siècle — ; celle de Saint-Laurent se trouvait à l'angle des rues Ferdinand-Hodler et Jaques-Dalcroze ; une seconde coulait à la rue Adrien-Lachenal ; la troisième était près de l'Ecole de Chimie.

---

[1] *Relevé des stations lacustres...*, dans *Genava*, I, 1923, p. 112.

[2] *La civilisation romaine...* dans *Revue hist. vaudoise*, 1927, p. 273.

[3] L. BLONDEL, *Le sol et l'habitation*, dans *Genava*, V, 1927, p. 243. — Cf. aussi *Notes d'archéologie genevoise 1914-1932*, p. 47.

[4] Ce phénomène climatique expliquerait aussi la faible occupation des Alpes à ce moment. — Walter-U. GUYAN, *Mensch und Urlandschaft der Schweiz*, déjà cité, p. 147.

[5] On a découvert d'admirables cuirasses de bronze datant de l'époque hallstattienne à Fillinges, en Haute-Savoie, non loin de Genève. Mais il ne s'agit pas de pièces fabriquées sur place. Elles se trouvaient sans doute dans un dépôt, dans un « trésor », organisé à cet endroit. — Cf. W. DEONNA, *Les cuirasses hallstattiennes de Fillinges au Musée d'Art et d'Histoire*, dans *Préhistoire*, III, 1934, pp. 93-143. — *Les cuirasses hal[l]stattiennes de Fillinges (note additionnelle)*, dans *Genava*, XIII, 1935, pp. 202-204. — *Cuirasses hallstattiennes au musée de Genève*, dans *Ur-Schweiz (La Suisse primitive)*, X, 2, 1946, pp. 30-36.

C'est sur ce plateau que se sont établis les Hallstattiens. C'est là qu'ils se sont mêlés aux habitants venant de la plate-forme palafittique lorsqu'ils ont dû l'abandonner. A côté de très modestes cabanes, quelques monuments mégalithiques ont été érigés et aussi des tombeaux.

La fusion entre les deux civilisations du Bronze et du Fer semble d'ailleurs s'être opérée plus rapidement encore entre les nouveaux venus et les populations terriennes qui avaient continué à vivre, au temps de la cité « lacustre », dans les grottes et les abris sous roche du Salève et au pied des Voirons.

Il subsiste beaucoup d'obscurité dans l'histoire de la période hallstattienne genevoise. Mais, comme l'écrit Louis Blondel, « toujours est-il qu'après la disparition de la ville lacustre, ...l'agglomération genevoise sur terre est née de la fusion de ces diverses populations » auxquelles s'ajoutait d'ailleurs encore un autre élément, les pêcheurs du delta de l'Arve [1].

A l'époque de Hallstatt, le pont sur le Rhône a joué son rôle. Protégé par la colline fortifiée, il mettait en communication non seulement les contrées proches du fleuve, mais aussi de vastes régions de l'Europe centrale. Au fur et à mesure que l'on avance dans l'histoire, son importance grandit [2].

---

[1] L. Blondel, *Le plateau des Tranchées à Genève...*, dans *Genava*, XXVI, 1948, pp. 45-46. — *Notes d'archéologie genevoise..., passim.* — *Origines de Genève...*, dans *Genava*, XXII, 1944, p. 61 et ss.

[2] Nous étudierons la question de la métallurgie et des autres industries à propos de l'époque de La Tène. Il nous paraît difficile d'opérer une césure dans une évolution qui, avec des hauts et des bas, des arrêts, des reprises et des accélérations, a été, somme toute, continue.

LA PÉRIODE DE LA TÈNE

INTRODUCTION

La civilisation de La Tène est donc sortie graduellement de celle de Hallstatt. Si elle a subi l'emprise du monde méditerranéen, avec lequel ses contacts sont devenus toujours plus fréquents et intimes, elle n'a pas perdu toutefois ses caractères aborigènes. A des groupes souvent mobiles, en partie même encore nomades, ont succédé des populations sédentaires, accrochées au sol.

Notre archéologie locale est pauvre en témoignages de l'époque de La Tène. Plus rares encore sont les renseignements des historiens — et ils datent tous de la fin de la période quand ils ne lui sont pas postérieurs. Cette constatation, nous l'avons déjà faite à propos des Allobroges.

Mais cela ne signifie pas que l'on soit dans l'impossibilité de tracer quelques-uns des traits de notre histoire économique locale. D'abord, les recherches patiemment poursuivies par Louis Blondel éclairent beaucoup de ses aspects. Il ne se passe guère d'année sans qu'on le voie ajouter quelque touche à l'histoire de la Genève allobroge. Nous pouvons aussi nous fonder sur les trouvailles des régions voisines. Notre chance en particulier est grande d'avoir, proche de nous, cette étonnante station du bord du lac de Neuchâtel qui a donné son nom au second âge du Fer. La Tène nous fournit des éléments qui sont valables pour notre contrée: nous avons marqué que la période, malgré certaines diversités locales, possédait une grande homogénéité. Enfin, une continuité évidente apparaît entre la civilisation de La Tène et celle qui suit la conquête de Rome au sujet de laquelle nous sommes assez bien renseignés.

On peut donc, avec toute la prudence voulue, ébaucher un tableau de cette vie économique, en relevant les éléments étrangers à Genève qu'on y a

incorporés. On se souvient que, d'une façon générale, la deuxième phase de
La Tène semble avoir marqué l'apogée de la civilisation autonome des Celtes.

Nous n'avons pas à décrire ici la station de La Tène qui a donné lieu à
de très nombreuses publications [1]. Elle s'étendait sur les berges de la Thièle
lorsqu'elle sort du lac de Neuchâtel, à son extrémité orientale. Les fouilles
de ses très riches dépôts ont été facilitées par la correction des eaux du pied
du Jura, entre 1874 et 1881. L'abaissement du plan d'eau qui en est résulté
a mis à découvert la station, déjà connue. Elle a été explorée par Emile Vouga,
le père de celui qui en a été ensuite l'historien, et les recherches se sont poursuivies jusqu'au XXe siècle. Innombrables sont les objets qu'elle a livrés.
La station — il faut insister sur ce point — n'était pas une bourgade lacustre :
elle était proche du lac, en partie construite sur pilotis, dans une zone que les
eaux, en montant au cours des siècles, ont ensuite recouverte. Les habitations
s'échelonnaient le long du lit primitif de la Thièle qui, canalisée, suit aujourd'hui un cours différent.

---

[1] Cf. les bibliographies de *L'âge du Fer en Suisse*, dans *Répertoire...*, cahier 3. —
Voir J. Déchelette, *Manuel...*, t. IV, pp. 935-941, et surtout Paul Vouga, *La Tène.
Monographie de la station*, publiée au nom de la commission des fouilles de La Tène
(avec la collaboration de R. Forrer, C. Keller, E. Pittard, A. Dubois), Leipzig, 1923.

CHAPITRE PREMIER

LES LIEUX HABITÉS. LES CONSTRUCTIONS

La population de l'époque de La Tène, devenue sédentaire, habitait la bourgade genevoise mais aussi la bordure montagneuse de notre région naturelle, le Salève, le Vuache et le Jura. Quelques agglomérations, des maisons dispersées, des « villas » ponctuaient également les campagnes.

1. LA BOURGADE DE GENÈVE. L'OPPIDUM

La bourgade est formée de plusieurs éléments. L'oppidum, au sommet de la colline, s'entoure de groupes d'habitations.

Les oppidum étaient nombreux dans toute la Gaule, en général construits sur des éminences escarpées, faciles à défendre, et au point de convergence de voies naturelles. C'était le cas de Bibracte, Gergovie, Alésia et de tant d'autres cités. Pour l'ensemble de la Gaule, il en aurait existé environ douze cents. Les Helvètes, en quittant leur pays, incendièrent leurs villages et une douzaine d'oppidum. Les plus importants étaient en Suisse ceux d'Altenbourg-Rheinau, de Berne, dans la péninsule de l'Enge, de Lausanne et de Genève [1].

Le type de ces fortifications nous est connu, notamment par les *Commentaires* de Jules César. Elles utilisent habilement les formes du terrain. Les murailles sont de terre soutenue et renforcée par des poutres et des parements de pierre [2]. Si les Gaulois n'ont pas l'habileté des constructeurs romains,

---

[1] W.-U. GUYAN, *Occupation du sol, économie et circulation à l'âge du Fer celtique*, dans *L'âge du Fer en Suisse, Répertoire...*, cahier 3, p. 38.

[2] En ce qui concerne l'oppidum de Berne, cf. Hansjürgen MÜLLER-BECK, *Grabungen auf der Engehalbinsel bei Bern 1956*, dans *Jahrbuch des Bernischen Historischen Museums in Bern*, XXXV-XXXVI, 1955-1956, pp. 277-314. Voir aussi un résumé illustré dans *Annuaire Soc. suisse de Préhist.*, XLVI, 1957, pp. 109-113. — Sur l'oppidum de Lausanne, L. BLONDEL, *Les origines de Lausanne et les édifices qui ont précédé la cathédrale actuelle*, dans *Collection des Études de Lettres*, 3, Lausanne, 1943.

César constate cependant combien il est difficile d'entamer leurs défenses à coup de bélier.

Certains oppidum remontaient à l'époque de Hallstatt, voire jusqu'au Bronze et au Néolithique. Mais ils avaient été longtemps des lieux de refuge, des réduits fortifiés occupés en cas de danger. Peu à peu, en Gaule, la population tendit à habiter à l'intérieur de ces enceintes, en particulier dans la période de La Tène. La noblesse arverne prit l'habitude de résider à Gergovie. Souvent, les oppidum s'entourèrent de banlieues. Si beaucoup d'entre eux étaient des capitales de « cités », d'autres étaient moins importants. Genève allobroge, modeste bourgade subordonnée à Vienne, avait son appareil fortifié, d'ailleurs fort ancien. La présence d'un pont et la signification exceptionnelle du passage du Rhône, le croisement de plusieurs voies de commerce, une position frontière, face aux Helvètes — ou peut-être aux Séquanes [1] —, expliquent l'importance de l'oppide genevois [2].

A l'origine, lieu de refuge assez rudimentaire, il devient donc une véritable ville fortifiée. « L'*oppidum* de Genève, écrit Louis Blondel, s'est constitué pendant la deuxième période de La Tène, probablement sur les ruines d'un village fortifié de l'époque néolithique, soit vers l'an 200 av. l'ère chrétienne [3]. »

D'une superficie un peu supérieure à cinq hectares, il abrite des maisons et des ateliers. Mais certains espaces ne sont pas encore construits, notamment le long du chemin de ronde, à l'intérieur de l'enceinte [4].

La configuration du sol a dicté le tracé de ses défenses qui sera d'ailleurs celui qui subsistera très avant dans la période romaine. Son dessin est simple, sans saillie et sans tour. Les pentes rapides de la colline de Saint-Pierre, au nord, à l'ouest et au sud, le Rhône, l'Arve — qui coule encore immédiatement à ses pieds — ont facilité le travail des hommes. Le point le plus difficile à défendre est le seuil du Bourg-de-Four : mais son relief était beaucoup plus accusé qu'actuellement car le travail humain l'a atténué au cours de l'histoire.

Les murs de l'oppidum primitif coiffaient simplement le sommet de l'éminence. Louis Blondel en a restitué le tracé. Ils « suivaient le haut des crêts de la Treille, une ligne parallèle à la Taconnerie, la terrasse de l'Evêché,

---

[1] Cf. *supra*, Première section, chap. II.

[2] L. BLONDEL, *Le développement urbain de Genève à travers les siècles*, déjà cité, p. 16 et ss. — J. DÉCHELETTE, *Manuel...*, t. IV, chap. II. — H. HUBERT, *Les Celtes depuis l'époque de La Tène...*, pp. 303-304. — J. WERNER, *Die Bedeutung des Städtewesens für die Kulturentwicklung des frühen Keltentums*, dans *Die Welt als Geschichte*, V, 1939, p. 380 et ss.

[3] *Notes d'archéol. genevoise*, VI, *L'oppidum de Genève*, dans *B.H.G.*, IV, 1914-1923, p. 349. — *Le développement urbain...*, p. 16 et ss.

[4] R. MONTANDON, *Genève, des origines...*, p. 100, n. 6.

le haut du Perron, la rue Calvin, la Tour de Boël, la Tertasse ». Blondel a décrit une habitation gauloise découverte derrière les immeubles de la Rôtisserie, au-dessous de l'hôtel des Résidents de France, lorsque l'on a reconstruit les murs qui soutiennent la terrasse [1].

Ainsi l'oppidum s'allongeait dans le sens de la colline, traversé par une rue qui en suivait l'épine dorsale, du Bourg-de-Four vers le Rhône par la rue de l'Hôtel-de-Ville et la Grand'Rue, selon un tracé immuable qui s'est perpétué jusqu'à nous. Elle était fermée par des portes à ses deux extrémités : l'une se trouvait au bas de la Cité, vers le fleuve, l'autre au Bourg-de-Four. Cette dernière donnait accès à un réduit fortifié, à l'intérieur de la bourgade, entre le bord sud de la colline et la Taconnerie. Le Bourg-de-Four, point faible de la défense, avait dû être organisé avec un soin particulier. De cette première citadelle ou *arx*, on passait dans la ville proprement dite par deux autres portes, la première formant barbacane. Ces trois portes étaient précédées de fossés d'une largeur de 3,50 mètres et d'une profondeur de 1,50 mètre, de palissades et de chicanes habilement disposées. Le mur « était formé d'un assemblage de poutres horizontales et verticales rempli de terre et de cailloux », conformément à la technique gauloise. Louis Blondel a décrit minutieusement, dans une série de publications, cet ingénieux dispositif dont la date exacte de construction est difficile à fixer. L'ensemble de la bourgade genevoise répondait au type classique dit de l'éperon barré. « En fait, écrit Blondel, l'*arx* était le château et l'oppidum la ville réservée aux habitations [2]. »

Le ravitaillement de la bourgade dépendant en partie du lac, un appareil fortifié reliait l'oppide à la rive, mettant à l'abri le port de Longemalle. Deux murs, doublés de fossés, se détachaient de l'enceinte vers le lac, en suivant à peu près le tracé des rues de la Fontaine et de la Pélisserie. Une rue, perpendiculaire à l'axe Bourg-de-Four - Pont du Rhône, suivait le petit ravin naturel du Perron pour aboutir à l'eau. Du côté opposé, deux autres rues correspondaient à peu près à celles de la Boulangerie et du Cheval-Blanc.

Ainsi certains traits permanents du visage de Genève remontent, contrairement à ce que l'on a souvent admis, bien au-delà des Romains. Louis Blondel a apporté maintes preuves que les Allobroges, utilisant d'ailleurs l'œuvre de leurs devanciers et obéissant aux impératifs de la topographie, les avaient déjà fixés [3].

---

[1] *Habitation gauloise de l'oppidum de Genève*, dans *Genava*, IV, 1926, pp. 97-110.

[2] *De la citadelle gauloise au forum romain*, dans *Genava*, XIX, 1941, p. 105.

[3] Sur l'oppidum, consulter les nombreuses études de L. BLONDEL : *Origine et développement des lieux habités, Genève et environs*, Genève 1915. — *L'enceinte romaine de Genève*, dans *Genava*, II, 1924, pp. 109 et ss. — *Notes d'archéol. genevoise, VI. L'oppidum de Genève*, dans *B.H.G.*, IV, 1914-1923, pp. 341-362. — *Habitation gauloise de l'oppidum*

2. LES QUARTIERS EXTÉRIEURS

A côté de l'oppidum, le quartier extérieur des Tranchées — il existait déjà à l'âge du Bronze et à l'époque de Hallstatt — ne semble pas avoir été fortifié. Il bénéficiait à vrai dire, de deux côtés, de la défense naturelle que lui offraient des pentes qui étaient beaucoup plus abruptes qu'elles ne le sont aujourd'hui. Il avait été, dans les phases de la préhistoire, le principal centre terrien d'habitation au moment où l'oppide n'était qu'un simple refuge. Plus tard, après la conquête, au temps de la *pax romana*, les Tranchées constitueront un important centre urbain.

D'autres secteurs étaient également peuplés en dehors de l'enceinte, ou encore entre celle-ci et le lac, à l'abri des fortifications accessoires qui garantissaient à Genève la sûreté de son ravitaillement par eau.

L'extension du quartier des Tranchées s'est poursuivie pendant l'époque de La Tène ; il bénéficiait de la proximité des sources dont nous avons parlé et de la traversée de plusieurs cheminements convergeant vers le Bourg-de-Four et vers le pont du Rhône. On peut vraiment parler d'un faubourg de la ville allobroge. Les objets de La Tène qu'il a livrés, épingles, fibules, bracelets, poteries, pour n'être pas très nombreux, attestent cependant son importance. La voie de Malagnou au Bourg-de-Four constituait l'axe principal du quartier et en même temps le collecteur de plusieurs chemins de la région. En face du Musée, des moules ont révélé la présence d'un fondeur. « Pendant toute La Tène III, écrit Louis Blondel, ce faubourg prospérera ; il restera essentiellement gaulois malgré l'occupation romaine, jusqu'au moment où il sera remplacé par un quartier nouveau dans le courant du Ier siècle après J.-C. [1]. »

D'autres ateliers ont existé à la rue du Vieux-Collège, à la Rôtisserie. Quant au marché au bétail, il était en dehors de l'oppidum, au Bourg-de-Four.

---

de Genève, dans *Genava*, IV, 1926, pp. 97-110, et les renseignements complémentaires de P. REVILLIOD, *Les animaux domestiques*, pp. 111-118, et de L. REVERDIN, *Etude du squelette*, pp. 119-120. — *La civilisation romaine...*, dans *Revue hist. vaudoise*, 1927, pp. 301 et ss., 350 et *passim*. — *Notes d'archéol. genevoise 1914-1932*, p. 40 et ss. — *Maisons gauloises et édifice public romain (basilique ?)*, dans *Genava*, X, 1932, p. 55 et ss. — *Fortifications préhistoriques... au Bourg-de-Four*, dans *Genava*, XII, 1934, p. 39 et ss. — *Les fortifications de l'oppidum gaulois de Genève*, dans *Genava*, XIV, 1936, p. 46 et ss. — *De la citadelle gauloise au forum romain*, dans *Genava*, XIX, 1941, p. 98 et ss. — *Origines de Genève...*, dans *Genava*, XXII, 1944, p. 61 et ss. — *Le développement urbain de Genève...*, p. 16 et ss. — *Chronique archéol. pour 1946*, dans *Genava*, XXV, 1947, p. 18 et ss. — *Le plateau des Tranchées à Genève...*, dans *Genava*, XXVI, 1948, p. 42 et ss. — Cf. aussi R. MONTANDON, *Genève, des origines aux invasions barbares*, p. 99 et ss. et *passim*. — Felix STAEHELIN, *Die Schweiz in römischer Zeit*, 3e édit., Bâle, 1948, pp. 38-41.

[1] *Le plateau des Tranchées à Genève...*, dans *Genava*, XXVI, 1948, p. 46.

La navigation sur le lac, mais aussi sur le Rhône, a joué à l'époque de La Tène un rôle que nous préciserons. Sur les berges du lac, là où le fleuve reprend son indépendance, des emplacements étaient aménagés pour la batellerie. Le principal port, selon les précisions apportées par L. Blondel, était à Longemalle, au-dessous de la Madeleine, à un moment où les eaux s'étalaient jusqu'au pied de la colline. Des habitations étaient construites à proximité.

Le pont sur le Rhône est lié aux destinées mêmes de Genève. A l'extrémité de la longue rue qui traverse la cité d'une porte à l'autre, il se trouvait un peu en aval du pont actuel. La présence d'une île au milieu du fleuve et l'étalement de ses eaux, dans deux bras qui étaient beaucoup plus larges et moins profonds qu'aujourd'hui, ont facilité le travail des hommes. Le pont, plus long que l'actuel, était en ligne droite alors que celui qui a été réédifié à l'époque romaine formait un coude.

Il était en bois. Les pieux et les poutres retrouvés sur la rive droite lors de la création du quai Turrettini en attestent l'importance. Comme toute construction de bois, il était naturellement vulnérable : César n'aura pas de peine à le rompre, en 58 av. J.-C., à l'arrivée des Helvètes [1].

3. Les autres lieux habités de la région genevoise

Il est probable qu'ils sont loin d'être tous connus. La part est grande du hasard dans la découverte des habitations de la préhistoire et de la protohistoire. Sans doute la liste, assez modeste, que l'on en peut actuellement dresser ne donne-t-elle qu'une image incomplète du peuplement de notre pays à l'époque de La Tène. Elle s'est d'ailleurs quelque peu allongée au cours de ces dernières années.

Non loin de la frontière des cantons de Vaud et de Genève, Nyon, *Noviodunum*, a été sans doute une forteresse helvète ou séquane avant d'être promue à la dignité de colonie romaine [2].

Plus à l'est, sur les rives du lac, le cimetière gaulois de Saint-Sulpice atteste l'existence d'une importante bourgade. Il compte 87 tombes à inhumation et 13 à incinération ; sur ce total, 63 sont de l'âge de La Tène. Elles

---

[1] Voir le plan de la Genève gauloise dans L. BLONDEL, *Le développement urbain...*, p. 17. — Cf. aussi, du même auteur, *L'emplacement du pont de César sur le Rhône, à Genève*, dans *Genava*, XVI, 1938, pp. 104-115.

[2] Edgar PELICHET, *Une sculpture gauloise à Nyon ?*, dans *Ur-Schweiz (La Suisse primitive)*, XIII, 3, 1949, pp. 39-42. — *Contribution à l'étude de l'occupation du sol de la Colonia Julia Equestris*, dans *Beiträge zur Kulturgeschichte, Festschrift Reinhold Bosch*, Aarau, 1947, p. 118.

possèdent un mobilier funéraire important : fibules, torques, bracelets, bagues, épingles, masques de verre, colliers, perles de verre et d'ambre, armes, etc. [1]

En ce qui concerne le territoire genevois, des fouilles ont révélé la présence d'une petite agglomération fortifiée, sur la Versoix, à Mariamont, non loin de la frontière française. Ses origines remonteraient plus haut que l'époque de La Tène. Nous aurons l'occasion d'en reparler [2]. A l'est de la route de Saint-Loup, près de Richelien, des fonds de cabane ressemblent à ceux de Mariamont, avec leurs parois de terre battue et de branchages et leurs soubassements de cailloux. Richelien semble dater du début de La Tène et s'être prolongé jusque dans la Tène III [3].

A Cointrin, près de Feuillasse, la pelle mécanique a mis à jour, lors des travaux de l'aéroport, le cimetière du Renard dont les plus anciennes tombes datent de la fin de La Tène [4].

Une tombe de La Tène I a été trouvée à Meyrin entre la route de Genève à Saint-Genis et la voie ferrée [5]. Des restes de cabanes ont été décelés dans le vallon de l'Allondon, aux Feuilletières, dans la commune de Russin [6].

Sur la rive gauche du lac et du Rhône, dans le bassin genevois, l'époque de La Tène a laissé des vestiges d'habitations notamment à Douvaine [7] et à Chens (Haute-Savoie), au nord-ouest du village de Corsier, à Landecy, à Passeiry [8], à Chêne-Bourg [9].

Sans doute beaucoup d'autres maisons étaient-elles dispersées dans la campagne genevoise et dans les régions savoyarde et gessienne, tantôt demeures de personnages de quelque importance qui se sont inspirés de l'exemple des

---

[1] D. VIOLLIER, *Le cimetière gaulois de Saint-Sulpice (Vaud)*, dans *Indic. d'Antiqu. suisses*, N.S., XVII, 1915, pp. 1-18. — Un autre cimetière, moins important, a été retrouvé à Vevey. Parmi ceux de la Suisse alémanique, le plus considérable est celui de Münsingen (Berne), avec 217 tombes. P. 1.

[2] Cf. *infra*, § 4.

[3] L. BLONDEL et Adrien JAYET, *Les stations préhistoriques de Richelien et de Corsier*, dans *Genava*, XXV, 1947, pp. 38-42.

[4] L. BLONDEL, *Chronique des découvertes archéol... en 1943*, dans *Genava*, XXII, 1944, p. 40.

[5] W. DEONNA, *Une nouvelle sépulture de l'âge du Fer dans le canton de Genève*, dans *Indic. d'Antiqu. suisses*, N.S., XXIV, 1922, pp. 118-120. — *In fine*, liste des trouvailles de l'âge du Fer dans le canton de Genève. — E. PITTARD, *Sépulture de l'âge du Fer trouvée à Meyrin*, dans *Arch. suisses d'Anthr. gén.*, IV, 1920-1922, pp. 331-332.

[6] BLONDEL et JAYET, *loc. cit.*, p. 45.

[7] E. VUARNET, *Historique des découvertes faites à Douvaine...*, dans *Genava*, III, 1925, pp. 82-84.

[8] BLONDEL et JAYET, *loc. cit.*, pp. 42-45. — A. VOSS, *op. cit.*, p. 131.

[9] Burkhard REBER, *Tombeaux de l'époque de La Tène trouvés près de Genève*, dans *Indic. d'Antiqu. suisses*, N.S., XIX, 1917, pp. 225-229. — D. VIOLLIER, *Les sépultures du second âge du Fer...*, p. 123 et planches 1, 2, 3, 5, 15, 17, 21, 22, 28, 31, 32.

riches villas romaines, tantôt modestes cabanes de paysans cultivant leur sol et élevant leur bétail dans des enclos cernés de haies. L. Blondel constate — c'est ce qui s'est produit un peu partout en Gaule — que les grands domaines gallo-romains ont continué ceux qui existaient avant la conquête. C'est le cas dans la région de Vandœuvres notamment, dont les maisons dénotent la « prédominance de la culture de La Tène III. Leur période d'exploitation débuterait déjà à la fin du Ier siècle av. J.-C. pour se continuer à l'époque d'Auguste et plus tard encore. Il n'est pas sans intérêt de remarquer que Vandœuvres (*Vindobriga*) est un nom purement gaulois, que le *Caunius* de Chougny est aussi un Gaulois (*Caunus*) romanisé. Les trouvailles faites montrent que cette colonisation est donc déjà établie avant le début du Ier siècle ap. J.-C. » [1]. Le nom de la rivière Seimaz, aujourd'hui canalisée, et plusieurs lieux-dits de la commune ont une origine celtique [2].

La villa de Vandœuvres, à l'époque gallo-romaine, se trouvait sur l'emplacement du village actuel ; elle possédait, selon Blondel, des dépendances groupées en quatre agglomérations le long de la route de Chêne-Bourg à Crête, sous Crête et au bord de la Seimaz. Déjà s'affirme la volonté de disperser les bâtiments d'une façon rationnelle pour répondre aux exigences d'une bonne exploitation.

Mais les bâtiments ruraux de La Tène étaient de très modestes dimensions. « La ferme, dit Henri Hubert, était plutôt un groupe de cabanes qu'une grande maison. » Les paysans amassaient leurs récoltes dans de rudimentaires silos [3].

Les montagnes qui ferment notre horizon familier n'ont pas été abandonnées. La zone fortifiée — refuge en cas de danger — des flancs du Salève, notamment au Chavardon et sur le Plateau de l'Ours, a été sans doute utilisée à l'âge du Fer puisque plus tard les Romains l'ont encore occupée au moment des invasions [4]. Plus au nord, sous la voûte du Séré, près de la grotte du Seillon, on a retrouvé plusieurs objets de fer. Louis Gay et Raoul Montandon pensent que cette voûte devait servir d'abri provisoire plutôt que d'habitation permanente [5].

Montandon estime qu'au moment où l'on exploitait le minerai de fer au Salève — nous y reviendrons [6] —, des enceintes et des camps fortifiés existaient

---

[1] BLONDEL, *Chronique des découvertes archéologiques... en 1941 et 1942*, dans *Genava*, XXI, 1943, p. 39.

[2] Gustave VAUCHER et Edmond BARDE, *Histoire de Vandœuvres*, Genève, 1956, pp. 12-14.

[3] *Les Celtes depuis l'époque de la Tène...*, p. 304.

[4] L. BLONDEL, *L'ensemble mégalithique...*, dans *Genava*, XXI, 1943, p. 78.

[5] *Fouilles aux grottes du Salève*, B.H.G., IV, 1914-1923, pp. 88-89.

[6] Cf. *infra*, chap. III, h.

non seulement au Grand, mais également au sommet du Petit Salève. On en trouvait aussi sur le coteau de Boisy, à l'est de Douvaine [1].

A l'extrémité occidentale du Vuache, près du petit oratoire de Sainte-Victoire, Louis Blondel a relevé l'emplacement d'un mur mesurant 163 mètres de longueur, 4,30 m de largeur à sa base et 2,70 m de hauteur. Construit en pierres sèches, s'adaptant à la topographie du lieu, il était doublé à l'intérieur d'un chemin de 4 à 5 mètres de largeur. Il pense que ce retranchement a été édifié déjà à l'époque de Hallstatt, bien que certains doutes subsistent encore à ce sujet [2].

Enfin, le niveau supérieur de la grotte de Génissiat (département de l'Ain), dans la gorge du Rhône, au sud de Bellegarde — nous en avons déjà parlé à propos d'autres périodes —, est de La Tène III [3].

4. LES HABITATIONS

Les matériaux sont assez rares qui permettent de se représenter les types des diverses maisons gauloises. On est parvenu cependant à en reconstituer une image suffisante. Dans les deux premiers âges de La Tène, elles étaient de simples cabanes de bois et de branchages, en général rondes, à toiture conique de chaume, de roseaux ou de bardeaux. Elles étaient d'un type assez constant dans l'ensemble de la Gaule. Des détritus, des ossements d'animaux, des tessons de poterie, quelques objets de fer en marquent la présence. Les plus importantes d'entre elles étaient parfois quadrangulaires. Dans la troisième phase de La Tène, quelques rares maisons de pierre, construites à la romaine, ont fait leur timide apparition dans l'un ou l'autre des oppidum gaulois et même dans quelques campagnes. Au Ier siècle av. J.-C., certaines charpentes étaient clouées et les parois de branchages entrelacés revêtues d'argile [4].

Les bourgades gauloises, même les plus fameuses, conservaient un aspect médiocre. Elles faisaient piètre figure à côté des cités méditerranéennes, grecques en particulier, alors dans toute leur splendeur. Camille Jullian rappelle le mot

---

[1] *Genève, des origines...*, p. 81.

[2] *Le retranchement préhistorique de Sainte-Victoire sur le Vuache*, dans *Genava*, XI, 1933, pp. 39-40.

[3] O. REVERDIN, *Une nouvelle station néolithique près de Génissiat (Département de l'Ain)*, dans *Genava*, X, 1932, p. 35. — M.-R. SAUTER et A. GALLAY, *op. cit.*, dans *Genava*, N.S., VIII, 1960, pp. 102-104.

[4] J. DÉCHELETTE, *Manuel...*, t. IV, pp. 942-943. — H. HUBERT, *Les Celtes depuis l'époque de la Tène...*, p. 304.

de Cicéron : « Rien n'était plus vilain qu'une bourgade gauloise. » Quelques villes cependant paraissent avoir été moins laides, Bourges, Orléans, Paris et surtout les cités du Midi [1]. Peut-être la rusticité, l'inconfort de ces maisons — c'est la question que pose Jullian — expliquent-ils l'instabilité de peuples toujours prêts, tels les Helvètes en 58 av. J.-C., à se remettre en marche. « C'était peut-être pour ne point conclure avec le sol un engagement éternel [2]. »

Les vestiges qui ont été étudiés à Genève et dans ses environs, spécialement par Louis Blondel, correspondent en général à ce que l'on a retrouvé dans l'ensemble de la Gaule. Les fouilles faites à l'angle de la Taconnerie et de la rue du Soleil-Levant donnent une idée assez nette des maisons de l'oppidum genevois. L'une est un quadrilatère de 5,25 m sur 4,75 m, d'une seule pièce. Les parois sont de terre battue, d'environ 0,35 m d'épaisseur, maintenue par des piliers verticaux distants en moyenne de 0,90 m. Des poutres longitudinales devaient supporter un plancher. Contre un des murs, le foyer est creusé dans le sol ; il est rempli de cendres mêlées à des ossements d'animaux et à des restes de poterie de la troisième phase de La Tène. Du même côté que le foyer « devait se trouver une galerie ou un auvent en saillie ». La maison s'ouvrait sur une ruelle revêtue de petits cailloux roulés mélangés à de l'argile.

Une seconde habitation, également munie d'un foyer, lui était accolée. Enfin la base d'une troisième cabane, dont la largeur devait être de 4,75 m, a été en partie dégagée, en particulier les poteaux formant l'armature de la paroi. Telles sont, écrit Blondel, les « maisons familiales, très modestes, de La Tène III, contemporaine de César... C'est un type très primitif, qui n'est guère plus évolué que les pauvres chaumières de la campagne ». A la rue Calvin prolongée, des fouilles plus anciennes avaient révélé des parois de terre soutenues par un fondement de pierres sèches [3].

Toutes ces demeures étaient typiquement gauloises, indépendantes de toute influence romaine. D'ailleurs, leur rusticité ne doit pas faire sous-estimer la qualité de la civilisation des Gaulois — donc des Allobroges — et en particulier leur habileté d'artisans et de métallurgistes.

Dans le secteur compris entre les rues du Vieux-Collège, Verdaine et de la Vallée, des démolitions d'immeubles ont permis à Louis Blondel d'explorer l'emplacement d'autres maisons. Le sol comportait plusieurs niveaux. Au plus

---

[1] C. JULLIAN, *Hist. de la Gaule*, t. II, p. 258.

[2] C. JULLIAN, t. II, p. 323. — En ce qui concerne la Suisse et la région bâloise en particulier, cf. Walter-U. GUYAN, *Mensch und Urlandschaft der Schweiz*, pp. 158-167. — GUYAN, *Occupation du sol, économie et circulation...*, déjà cité, *Répertoire...*, cahier 3, p. 37 et ss. — Emil MAJOR, *Gallische Ansiedelung mit Gräberfeld bei Basel*, Bâle, 1940.

[3] L. BLONDEL, *De la citadelle gauloise au forum romain*, dans *Genava*, XIX, 1941, pp. 98-100.

profond, on a retrouvé des restes de clayonnage dont on a pu fixer la date, grâce à des fragments de poterie, à la première ou au début de la deuxième phase de La Tène, ce qui est rare dans nos régions. Il s'agit d'une maison très simple, atelier, hangar ou abri.

Au niveau de La Tène II — des poteries assez remarquables et des ossements d'animaux permettent de préciser l'époque —, on décèle la présence de sept huttes circulaires rapprochées, parallèles à la rive du lac tout voisin. Leur diamètre est d'environ 3,30 m.

Un autre niveau, celui de La Tène III, a livré une urne de terre avec des ossements humains calcinés — l'incinération a été pratiquée par les Gaulois —, quelques objets de parure, une scorie de fer, des débris de ce métal, un rivet, un gond. Une maison de grandes dimensions comprend une pièce de 10 m sur 9 m et deux autres salles dont les fouilles n'ont pas permis de fixer les dimensions exactes. Malgré son importance, elle est construite de clayonnages, sans maçonnerie ; elle est couverte de chaume. Elle est adossée à la face extérieure du mur qui unissait l'oppidum au lac, sur le tracé de la rue Verdaine, à proximité du port [1].

En dehors de la bourgade genevoise, un autre exemple caractéristique nous est fourni par le retranchement de Mariamont, sur la Versoix, que nous avons déjà signalé et qui a été décrit par L. Blondel. Il s'agit d'une modeste position fortifiée qui est loin d'être un véritable oppidum. La date de sa construction est difficile à préciser. Elle doit remonter à l'époque de Hallstatt et se poursuivre jusque dans la troisième phase de La Tène [2].

Cette bourgade forte comptait quinze cabanes et devait abriter une cinquantaine de personnes. Les maisons, de petite dimension, mesuraient environ 3 m sur 4 m. On y a retrouvé six ou sept foyers. Certaines cases ont peut-être servi à loger le petit bétail.

Adossée au retranchement, une cabane, celle du chef sans doute, est plus vaste, 8,25 m sur 4,50 m, comportant une grande et deux petites salles. Ses murs sont de cailloux et de terre ; quelques blocs de molasse taillée, provenant d'une carrière du voisinage, ont appartenu à une chaîne d'angle [3].

Les maisons des Feuilletières, dans la vallée de l'Allondon, et des environs de Corsier — nous en avons parlé — corroborent, mais avec des vestiges beaucoup moins importants, les données fournies par Mariamont.

Les fouilles de la région de Vandœuvres permettent de constater, écrit

---

[1] L. Blondel, *Maisons gauloises...*, dans *Genava*, X, 1932, pp. 55-65.

[2] Blondel, *Le retranchement de Mariamont sur Versoix*, dans *Genava*, XXI, 1943, pp. 89-90 ; XXII, 1944, p. 26.

[3] Blondel, *Genava*, XXI, 1943, pp. 80-90.

L. Blondel, « qu'à côté de la maison ou villa principale on rencontrait plusieurs types pour les centres secondaires, depuis la ferme avec une habitation bien construite et des communs, jusqu'au simple rural en pans de bois, avec une seule salle d'habitation, au sol en terre battue, un minimum de confort et des simples avant-toits pour protéger les récoltes, le bétail et les instruments aratoires » [1].

Les quelques objets retrouvés dans la région nous permettent difficilement de reconstituer ce qu'a été le mobilier de ces maisons. Sommaire sans doute, rudimentaire même. Les indications que C. Jullian fournit pour la Gaule avant la conquête romaine sont-elles applicables par analogie au bassin genevois ? Il nous montre ces habitations meublées de tables basses devant lesquelles on s'asseyait sur des peaux de bêtes ou sur de la paille. Le luxe apparaissait chez les plus puissants sous forme de tapis aux couleurs vives, de couches pourvues de matelas de laine. Sans compter ces coffres dans lesquels les Gaulois « enfermaient les têtes des vaincus illustres, soigneusement embaumées dans de l'huile de cèdre », alors que d'autres, fixées aux parois comme trophées et ornements, donnaient à ces maisons «l'aspect d'une horrible hutte de sauvage » [2].

Mais, encore une fois, rien de ce qui a été trouvé dans la région genevoise n'autorise à lui étendre formellement les indications d'un historien porté à généraliser à l'excès. A vrai dire, rien non plus ne permet de supposer que la maison et le mobilier des Allobroges — et même des Helvètes — aient été fort différents de ceux des autres Gaulois.

Les mœurs de ces Gaulois nous sont surtout connues par l'historien grec — il était d'Apamée en Asie Mineure — Posidonius qui, vers l'an 80 av. J.-C., a visité Rome et la Gaule. Son œuvre ne nous est pas parvenue, mais les renseignements que nous fournissent Diodore et Strabon, et même, probablement, certains passages des *Commentaires* de César, lui ont été empruntés.

[1] *Chronique des découvertes archéol.* ... *en 1941 et 1942*, dans *Genava*, XXI, 1943, pp. 39-40.
[2] C. JULLIAN, *Hist. de la Gaule*, t. II, pp. 324-325. — Il faut faire la part de l'exagération romantique de Jullian.

CHAPITRE II

L'AGRICULTURE

I. LA CHASSE ET LA PÊCHE

Les témoignages sont unanimes : les Gaulois sont de grands chasseurs. Mais les ressources en gibier ne sont plus ce qu'elles ont été dans les âges précédents. Cependant, la chasse n'est pas exclusivement le passe-temps de guerriers en période de paix : elle a encore une valeur économique. Oiseaux de toute espèce, renards, lièvres, marmottes, chevreuils ; dans les Alpes, « la bête chère aux Allobroges », le chamois ; dans les Vosges et les Ardennes, des « bêtes rares et monstrueuses », les élans, les aurochs, constituent un apport important dans leur alimentation [1]. Les armes des chasseurs sont les javelots, les arcs, les lances, les épées, les épieux.

Paul Vouga fournit des précisions qui, du fait de la proximité de la station de La Tène, ne sont pas sans intérêt pour Genève. Alors que l'on a retrouvé beaucoup d'os d'animaux sauvages dans le Néolithique neuchâtelois, ce sont ceux des animaux domestiques qui constituent l'énorme part des restes livrés par La Tène. Il n'empêche d'ailleurs, constate C. Keller, que le gibier était encore abondant dans la région [2].

La pêche apporte des ressources non négligeables. Genève, grâce au lac, au Rhône et à l'Arve, dispose de poissons abondants et variés. Les filets, les hameçons, les tridents constituaient des engins de pêche déjà perfectionnés.

Mais, dans l'ensemble, la transformation des mœurs et une vie sédentaire concourent à diminuer l'importance de la chasse au profit de l'élève du bétail et de la culture du sol, ce qui implique un travail toujours plus assidu [3].

----

[1] C. JULLIAN, *Hist. de la Gaule*, t. II, p. 285.

[2] Dans P. VOUGA, *La Tène...*, pp. 131-132.

[3] Sur la chasse à l'âge du Fer en Europe, cf. K. LINDNER, *La chasse préhistorique*, déjà cité, IIe partie, chap. IX.

2. La valeur agricole du pays des Allobroges

Les Gaulois ont eu un goût très vif pour l'agriculture. Leur territoire leur offrait d'importantes possibilités. Peu de régions en Europe pouvaient lui être comparées. Parlant de la Narbonnaise — le pays des Allobroges en fait partie depuis 120 av. J.-C. —, Pline l'Ancien, qui écrivait il est vrai dans la seconde moitié du Ier siècle de notre ère, mais dont les remarques, au moins à ce sujet, sont valables pour les temps qui ont précédé les campagnes de César, a pu dire : « On ne saurait lui préférer aucune autre Province, ni pour la cultivation des terres, ni pour ses habitants, ni pour les mœurs, ni pour la richesse ; car à tous ces égards c'est moins une Province qu'une véritable Italie [1]. »

Quant aux Allobroges, ils disposaient de terres d'une grande diversité et dont beaucoup étaient très fertiles : vastes plaines, mais aussi vallées et pentes des Alpes, avec toutes leurs possibilités d'utilisation.

Si les Celtes en général, et les Allobroges en particulier, étaient nettement orientés vers une économie agricole, cela ne les empêchait pas d'être d'habiles artisans et de remarquables métallurgistes. Ils ont heureusement rompu avec les vieilles traditions autarciques. Ayant renoncé à vivre repliés sur eux-mêmes, ils pratiquaient déjà une économie de marché et une politique d'échanges. La Gaule, au temps de son indépendance, grâce à la fertilité de son sol, à l'excellence de son climat et au travail de ses habitants, produisait au-delà de ce qu'elle consommait. Si, grands buveurs, les Gaulois importaient des vins — ils ne possédaient pas encore de vignobles —, ils exportaient en revanche notamment des blés, de la laine et des chevaux.

De leur côté, les Helvètes, bien que moins fortement enracinés dans leur sol, ont été de très bons agriculteurs [2].

3. Les formes de la propriété foncière

Comme pour toutes les sociétés primitives, la question de la propriété du sol se pose. A-t-elle été individuelle, familiale, collective ? Loin de nous l'idée de reprendre ici les longs débats qui se sont déroulés à ce sujet, en parti-

---

[1] *Histoire naturelle*, liv. III, chap. 4. Trad. française, t. II, Paris, 1771, pp. 61-63.
[2] Louis Bonnard, *La navigation intérieure de la Gaule à l'époque gallo-romaine*, Paris, 1913, p. 22. — H. Hubert, *Les Celtes depuis l'époque de la Tène...*, p. 311. — C. Jullian, *Hist. de la Gaule*, t. II, pp. 515-516.

culier les jugements qui, en ce qui concerne la Gaule, ont opposé Fustel de Coulanges et H. d'Arbois de Jubainville. Quant à Emile de Laveleye [1] et à Friedrich Engels [2], ils ont simplifié le problème à l'excès, en affirmant que, dans toutes les sociétés primitives, le régime de la communauté des terres a été la règle.

On a parfois admis que le sol a appartenu à la tribu, ou à la « cité », l'usage en étant collectif ou, pour les terres arables, des lots étant répartis périodiquement entre les individus ou les familles. David Viollier, étudiant le déferlement, vers le milieu du VIe siècle avant notre ère, des vagues celtiques sur le Plateau suisse — ces vagues qui ont préparé le passage à la période de La Tène —, a pu écrire : « Les gens du premier âge du fer ne firent pas un mauvais accueil aux nouveaux venus. Peu nombreux eux-mêmes, ne possédant sans doute pas en propre les terres sur lesquelles paissaient, au jour le jour, leurs troupeaux, et qu'ils abandonnaient ensuite, ils devaient voir avec indifférence d'autres hommes s'installer au milieu d'eux [3]. » Ainsi, selon Viollier, la terre aurait été encore d'usage collectif en tout cas à l'époque de Hallstatt.

On a cru aussi trouver dans le brusque départ des Helvètes, en 58 av. J.-C., une preuve de la communauté des terres. Comment des hommes attachés à une propriété individuelle auraient-ils pu l'abandonner subitement ? On peut cependant constater que, dans les cités grecques — pour prendre un exemple entre beaucoup d'autres —, où le droit de propriété était fortement constitué, des groupes s'en allaient fonder ailleurs des colonies. Il est vrai que la question se pose de savoir si ces émigrants étaient des propriétaires.

Si on ne possède aucune preuve formelle de la propriété privée en Gaule avant la conquête romaine, plusieurs indices portent à croire qu'elle existait au moins pour une partie des terres. Des procès instruits par des druides se sont déroulés à propos de bornage de parcelles. Bien sûr, ils auraient pu aussi se produire au sujet de terres d'usage collectif. Des comptes concernant des récoltes de propriétaires ont été établis.

Jules César oppose les Gaulois et les Germains chez qui la propriété aurait été collective. Après avoir constaté dans ses *Commentaires* que les mœurs des Germains sont très différentes de celles des Gaulois, il écrit au sujet des premiers : « Personne ne possède en propre une étendue fixe de terrain, un domaine ; mais les magistrats et les chefs de cantons attribuent pour une année aux clans et aux groupes de parents vivant ensemble une terre dont

---

[1] *De la propriété et de ses formes primitives*, Paris, 1874.

[2] *Origine de la famille, de la propriété privée et de l'Etat*. La première édition allemande *(Der Ursprung der Familie, des Privateigenthums und des Staats)* est de 1884.

[3] *Les sépultures du second âge du Fer sur le Plateau suisse*, Genève, 1916, p. 94.

ils fixent à leur gré l'étendue et l'emplacement ; l'année suivante, ils les forcent d'aller ailleurs. Ils donnent plusieurs raisons de cet usage ; crainte qu'ils ne prennent goût à la vie sédentaire, et ne négligent la guerre pour l'agriculture ; qu'ils ne veuillent étendre leurs possessions, et qu'on en voie les plus forts chasser de leurs champs les plus faibles... »[1]. D'ailleurs, l'existence chez les Germains d'un régime généralisé de communauté englobant la totalité du sol est actuellement contestée par beaucoup d'historiens.

D'autres éléments encore militent en faveur de l'existence de certaines formes au moins de la propriété privée. Des réquisitions de grains ont été faites auprès de particuliers. Des héritages ont été mentionnés. D'autre part, comment pourrait-on, sans le système de la propriété individuelle, expliquer le rôle de puissants personnages au sein des « cités » gauloises? Leur pouvoir était sans doute lié à la possession de richesses dont l'origine devait être foncière, à moins qu'il ait résulté d'exploits militaires et du butin conquis à la guerre. Avec quoi, sous un régime collectiviste absolu, les détenteurs de l'autorité auraient-ils — nous reviendrons sur ce point — entretenu leur clientèle ?

D'ailleurs, le passage de l'élève du bétail selon des formes nomades ou semi-nomades à la stabulation et à la culture du sol pousse à l'appropriation au moins de certaines terres.

Quant à l'usage de la monnaie dont nous reparlerons, il est incompatible avec un régime communautaire intégral.

Il semble donc que l'on puisse admettre, sans trop d'imprudence, que les Gaulois, avant la conquête romaine, ont connu plusieurs formes de la propriété privée, portant non seulement sur les métaux précieux, les bijoux et les parures, les biens mobiliers, les bestiaux et les récoltes, mais encore sur les maisons et au moins sur certaines catégories de terres. Mais fixer le moment de la naissance de ce droit de propriété et les formes de son évolution est impossible en l'état actuel de nos connaissances.

On peut bien supposer d'ailleurs que le droit de propriété avait des limites assez étroites. Beaucoup de terres devaient rester d'usage collectif, ainsi les pâturages et les forêts. Rome n'a-t-elle pas connu, à côté d'un droit de propriété solidement établi, les vastes étendues de l'*ager publicus*? L'*Allmend* ne s'est-il pas perpétué jusqu'à nous dans certaines régions des Alpes?

Sans doute, comme dans tant d'autres sociétés antiques, des formes intermédiaires entre la propriété strictement individualisée et l'usage collectif

---

[1] *Guerre des Gaules*, VI, 21, 1 ; 22, 2-3. Traduction de L.-A. Constans, t. II, Paris, 1926, p. 191.

des terres ont-elles existé, en particulier celle du groupe familial étendu, répondant aux vieilles traditions de l'organisation patriarcale qui s'est ensuite disloquée pour faire place à des économies individuelles.

Ces divers modes ne s'échelonnent d'ailleurs pas selon une rigoureuse succession chronologique : ils se sont souvent superposés. La rapidité de leur évolution a pu varier selon les parties de la Gaule [1].

Albert Grenier donne au sujet du problème de la propriété des conclusions assez nuancées. « Les faits que nous apercevons en Gaule à la veille de la conquête romaine et le régime aristocratique que nous décrit César, montrent... que la terre et la richesse qu'elle procure se trouvaient entre des mains individuelles. C'est à cette possession que les *equites* devaient leur puissance. Rien d'autre part n'interdit de penser qu'à côté des domaines des grands seigneurs, d'autres terres, des pâturages et des bois notamment, ne demeurassent, comme d'ailleurs à l'époque romaine, objet de possession collective. Et, de plus, toute une gradation pouvait conduire du grand domaine à la moyenne et à la petite propriété. La Gaule, lorsque parut César, s'acheminait vers un état économique analogue à celui que nous voyons en Italie vers le même temps et qui restera celui de la Gaule romaine. C'est pourquoi l'état social et économique de l'époque indépendante rejoignit sans heurt appréciable l'organisation romaine. La terre, en majeure partie, appartient en propre aux membres des grandes familles mais la propriété privée est accessible à tous et la possession collective n'est pas inconnue [2]. »

Il n'y a aucune raison que ce régime qui s'est étendu à toute la Gaule n'ait pas été celui de la région genevoise. Les grands enclos de haies attachés aux maisons, que signale Louis Blondel, ne seraient guère conciliables avec un système généralisé de propriété collective. Tout au plus pourraient-ils convenir à l'exploitation d'un clan familial. D'autre part, les fouilles qu'il a effectuées dans la région de Vandœuvres et de Choulex — nous en avons parlé — montrent l'existence d'importants domaines qui, avec leurs bâtiments dispersés selon les besoins de l'élevage et de la culture, correspondent beaucoup mieux à une appropriation privée des terres qu'à une exploitation collective.

L'organisation de la propriété, à l'époque romaine dans la région genevoise, ne fera que perpétuer ce qui avait existé avant la conquête [3].

[1] A. GRENIER, *Les Gaulois*, pp. 215-218. — H. HUBERT, *Les Celtes depuis l'époque de la Tène...*, p. 256 et ss. — C. JULLIAN, *Hist. de la Gaule*, t. II, pp. 71-74.

[2] *Les Gaulois*, p. 218.

[3] L. BLONDEL, *Origine et développement des lieux habités. Genève et environs*, Genève, 1915, p. 7. — *Chronique des découvertes archéol...*, dans *Genava*, XXI, 1943, p. 38 et ss.

4. LA FORÊT

L'Europe, à l'époque de La Tène, conservait encore des parties de la sylve primitive, peuplée de chênes, d'ormes, d'érables, de bouleaux. Les conifères revêtaient les pentes des montagnes, Les marécages, encore très étendus, étaient ponctués de saules.

Mais on tend à abandonner l'idée, qui a longtemps prévalu, de la grande forêt occupant la quasi totalité du territoire de la Gaule. Jacques Harmand, se fondant à la fois sur certains témoignages antiques et sur les indices fournis par l'archéologie et la géographie, émet l'opinion que le climat, plutôt sec et chaud, n'a pas été favorable à la poussée de puissantes forêts. « L'aspect de la Gaule pré-romaine pourrait avoir été celui d'un *paysage de parc*, avec de grosses taches forestières, surtout importantes au Nord de la Loire, mais jamais continues [1]. »

Il n'empêche que les hommes ont tiré de ces forêts, même diminuées, bien des richesses : bois d'œuvre et de feu, feuilles vertes pour la nourriture du bétail ou sèches pour sa litière, baies, glands, etc. Les Allobroges se sont attaqués à certaines zones boisées, sans doute les plus médiocres, pour étendre leurs pâturages et leurs cultures. Après d'autres, ils ont joué un rôle considérable dans ces défrichements. Bien des parties du bassin genevois étaient déjà mises en valeur lorsque les Romains, en 120 av. J.-C., ont soumis l'Allobrogie. Il en était de même chez les Helvètes au moment des événements de 58 avant notre ère.

5. LA TECHNIQUE ET L'OUTILLAGE AGRICOLES

Une fois de plus, étant donné la rareté des objets que notre sol nous a restitués, nous devons procéder par analogie. Heureusement, la station de La Tène, si proche de nous, nous a fourni un riche échantillonnage en ce qui concerne les outils aratoires. Beaucoup de nos connaissances sont dues aussi aux descriptions des écrivains romains, postérieurs à la conquête, qui ont comparé l'Italie et la Gaule. Et cette comparaison est souvent à l'avantage du peuple vaincu à qui le vainqueur a fait plus d'un emprunt. Le petit nombre de vestiges de l'époque de La Tène est en partie imputable à la destruction du fer par la rouille alors que le bronze et, à plus forte raison, la pierre résistent au temps.

Les Allobroges, comme tous les autres Gaulois, ont fait de rapides progrès

---

[1] *Les forêts de La Tène*, dans *Bull. Soc. préhist. française*, XLVI, 1-2, 1949, pp. 36-46. — La citation est de la page 44. — Cette opinion rejoint celle d'Albert GRENIER, *Manuel d'archéologie gallo-romaine*, t. Ier, Paris, 1931, p. 110.

dans la technique agricole. Ils ont déjà procédé à l'amendement de certaines terres, perfectionné l'assolement, réduit l'étendue des jachères.

Quant à l'outillage, il s'est beaucoup amélioré grâce à l'emploi du fer qui a rendu de tout autres services que le bronze et la pierre. Des haches, des serpes recourbées pour émonder les arbres — on en a retrouvé à La Tène —, des faucilles de formes diverses sont d'un usage courant. Les faux gauloises sont remarquables, beaucoup plus longues que celles de Rome : La Tène en a livré une de 0,75 m. Elles sont fixées à leur manche par une virole. On les affûte à l'aide d'une pierre spéciale. Pline l'Ancien a comparé celles de la Gaule et de Rome. « Il y en a de deux façons, celles d'Italie qui sont courtes et aisées à manier, même parmi les buissons, et celles de la Gaule, avec lesquelles on a bientôt fait l'ouvrage dans les grandes prairies de ce pays-là ; car on n'y fauche qu'à mi-herbe, et on laisse celle qui est courte. Les faucheurs d'Italie ne travaillent que de la main droite. » Les Gaulois, eux, manient leur faux à deux mains [1].

Pour les labours, on avait longtemps utilisé la vieille araire, la charrue primitive sans roue. Ce n'est que dans la troisième phase de La Tène que le soc de bois a été remplacé par une lame de métal. On admet d'ailleurs que les charrues à roue sont une invention celtique. Certaines, à deux et même à quatre roues, ont été utilisées dans les parties septentrionales de la Gaule [2]. Des jougs pour les bœufs, des mors et des pièces de harnachement de chevaux — certains proviennent de la station neuchâteloise de La Tène — attestent la participation des animaux domestiques aux labours. Des herses permettent de briser les mottes de terre retournées.

Faucilles et faux étaient utilisées pour les moissons. Pline l'Ancien a décrit une bien curieuse machine, inconnue dans la Péninsule et utilisée par les Gaulois. Il s'agit d'une véritable moissonneuse : « Dans les Gaules, où il y a de vastes campagnes de blé, on se sert d'un grand van, porté sur deux petites roues et dont le bord est garni de dents. » Il est poussé par un bœuf à travers les blés. « Les épis, étant enlevés par les dents qui les saisissent, tombent dans le van et la paille reste [3]. » En général, dans les autres contrées, on coupe le blé à mi-chaume, à la faucille ou à la faux.

---

[1] *Histoire naturelle*, liv. XVIII, chap. 28 ; *Des prés...; des pierres à aiguiser; des faulx...*, t. VI, Paris, 1773, p. 499.

[2] André-G. Haudricourt et Mariel Jean-Brunhes Delamarre, *L'homme et la charrue à travers le monde*, déjà cité.

[3] *Hist. naturelle*, liv. XVIII, chap. 30, *De la moisson...*, t. VI, p. 525. — Un bas-relief romain trouvé récemment dans le Luxembourg belge à Buzenol, datant à vrai dire de la seconde moitié du IIe siècle de notre ère, rapproché d'autres fragments de bas-reliefs, donne une idée assez exacte de cette moissonneuse. Cf. Joseph Mertens, *Römische Skulpturen von Buzenol, Provinz Luxemburg*, dans *Germania*, XXXVI, 3-4, 1958, pp. 386-

Les moulins ont subi bien des perfectionnements pendant le second âge du Fer. En Gaule, à l'époque de Hallstatt, on utilisait encore le vieux broyeur néolithique dont nous avons parlé. Mais, un peu avant la conquête romaine, dans la troisième phase de La Tène, les Gaulois ont adopté, sous l'influence des techniques méditerranéennes, la meule rotative de pierre tournant autour d'un axe dans une espèce d'auge, également de pierre ; elle est poussée par des hommes au moyen de leviers. C'est un remarquable progrès en attendant le moulin hydraulique que Rome empruntera à l'Orient méditerranéen. Si l'on n'a pas retrouvé de vestiges de moulins dans la région genevoise, la station neuchâteloise de La Tène en possède. C'est dire qu'ils étaient en usage dans nos contrées [1]. Un autre a été découvert près de Bâle, dans le voisinage de l'usine à gaz [2].

6. L'ÉLEVAGE DU BÉTAIL

A l'époque de La Tène, l'élève du bétail conserve toute son importance, mais elle est pratiquée selon les méthodes d'un peuple devenu complètement sédentaire. La stabulation a remplacé le nomadisme des chasseurs et pasteurs de la période de Hallstatt.

Nous avons signalé les enclos de haies de la région de Vandœuvres. Les pâturages, dans le bassin genevois, s'étaient étendus au détriment des bois, les meilleures terres étant naturellement réservées aux labours.

Nous sommes bien renseignés sur les espèces de bestiaux élevés dans nos régions grâce aux fouilles de La Tène qui ont livré de nombreux ossements d'animaux domestiques bien conservés. En revanche, ceux d'animaux sauvages sont beaucoup moins fréquents : la part de la chasse dans l'alimentation des hommes de La Tène, sans être négligeable, devait être relativement modeste.

La faune domestique est représentée par des chiens et des chèvres qui étaient assez rares. En revanche — et nous suivons l'ordre ascendant d'importance que la station de La Tène permet d'établir —, l'élève des moutons,

---

392. — J. MERTENS, *La moissonneuse de Buzenol*, dans *Ur-Schweiz (La Suisse primitive)*, XXII, 4, 1958, pp. 49-59. — Voir aussi *La moissonneuse gallo-romaine*, dans *Revue archéol. de l'Est et du Centre-Est*, Dijon, X, 1, 1959, pp. 70-74. — Cette note — elle est anonyme — fait état d'une sculpture de la Porte de Mars à Reims qui reproduit diverses scènes agricoles de la vie quotidienne, et en déduit que l'usage de cette moissonneuse devait être courant. *Loc. cit.*, p. 74.

[1] J.-G.-D. CLARK, *L'Europe préhistorique. Les fondements de son économie*, pp. 176-178. — J. DÉCHELETTE, *Manuel...*, t. IV, pp. 1378-1390. — C. JULLIAN, *Hist. de la Gaule*, t. II, p. 276 et ss.

[2] W.-U. GUYAN, *Occupation du sol, économie et circulation à l'âge du Fer celtique*, dans *L'âge du Fer en Suisse, Répertoire...*, cahier 3, p. 41.

des porcs, des bovins semble avoir joué un rôle considérable [1]. Les chevaux sont de petite taille. On a retrouvé un nombre considérable de leurs os à La Tène. On a fourni une explication de ce fait qui peut paraître anormal. La Tène aurait été un lieu de sacrifice et l'on aurait jeté à l'eau des chevaux immolés — leur crâne est brisé — en même temps que des armes [2]. En revanche, les ossements de chevaux livrés par la couche de La Tène dans la région genevoise sont rares. On totalise 149 os de bœuf, 148 de porc, 69 de mouton, 26 de chien, 5 de chèvre, 5 de cheval. A Berne, dans la péninsule de l'Enge, le cheval, la chèvre et le mouton sont également peu fréquents alors que le bœuf et le porc prédominent [3].

Selon C. Jullian, les porcs « pullulaient » en Gaule, rassemblés en grands troupeaux qui vivaient en liberté [4]. Les chênes leur fournissaient en abondance les glands qui constituaient une part appréciable de leur nourriture.

Les populations allobroges tiraient de leurs troupeaux des peaux et des cuirs, la laine dont ils tissaient leurs draps, des viandes et des salaisons, des laitages, des fromages — ceux d'Allobrogie étaient réputés —; ils utilisaient des mulets et des chevaux de trait ou de bât.

Les oiseaux de basse-cour étaient, estime C. Jullian, peu nombreux tandis que l'élève des abeilles était très répandue. Le miel n'entrait-il pas dans la composition de l'hydromel, une des boissons chères aux Gaulois [5] ?

7. Les cultures

Les Gaulois passaient, même aux yeux des Italiotes, pour d'excellents cultivateurs. Il n'est, pour s'en convaincre, que de se référer aux jugements qu'en chaque occasion Pline l'Ancien porte sur eux dans son *Histoire naturelle* qui, bien qu'écrite au Ier siècle de notre ère, est riche en renseignements valables aussi pour la période précédant la conquête. Cette réputation intéresse également les Allobroges. Leur pays, si divers au point de vue géographique avec ses plaines, ses larges vallées et les flancs de ses montagnes, offrait des conditions excellentes et variées à l'agriculture.

---

[1] C. Keller, dans P. Vouga, *La Tène...*, pp. 132-134. — Pour la Suisse, cf. W.-U. Guyan, *Occupation du sol...*, déjà cité, dans *Répertoire...*, cahier 3, pp. 40-41.

[2] Klaus Raddatz, *Zur Deutung der Funde von La Tène*, dans *Offa*, Neumünster in Holstein, XI, 1952, pp. 24-28.

[3] K. Hescheler et E. Kuhn, *Die Tierwelt*, dans *Urgeschichte der Schweiz*, déjà cité, I, pp. 121-368, plus spécialement pp. 335-336.

[4] *Hist. de la Gaule*, t. II, p. 281.

[5] *Ibid.*, t. II, p. 283.

Dans toute la Gaule, les céréales, blé, épeautre, millet, occupaient de vastes territoires. Le seigle était rare [1]. Les Gaulois passaient pour de grands mangeurs de pain. Quant aux Allobroges, nous avons déjà signalé leurs fournitures en grain à Annibal, lors de sa campagne de 218 av. J.-C., et, sur l'ordre de César, aux Helvètes, lorsqu'ils eurent, après leur défaite de Bibracte, regagné le Plateau suisse en 58 av. J.-C. De telles livraisons, même si elles ne sont pas volontaires, impliquent des réserves en céréales d'une certaine importance.

On cultivait aussi l'avoine, pour la nourriture des chevaux, et l'orge pour la fabrication de la bière dont les Gaulois faisaient une large consommation. Le lin et diverses plantes tinctoriales fournissaient aux industries textiles une partie de leurs matières premières. Il ne semble pas que le chanvre ait été été connu des Gaulois. On n'en a pas retrouvé en Suisse [2].

On est mal renseigné sur l'importance des vergers et des jardins potagers : cependant — nous l'avons déjà indiqué —, bien avant l'âge de La Tène, plusieurs espèces d'arbres avaient été acclimatées en Europe.

La question a été posée. La vigne a-t-elle été cultivée, déjà à l'époque des Allobroges, dans nos régions ? Tout prouve que ce n'est pas le cas. C. Jullian a précisé que la vigne, au second âge du Fer — elle avait été introduite par les Grecs, d'abord en Italie —, n'a été plantée en Gaule que dans la région de Marseille, dans une zone très étroite, entre le littoral, le Rhône et la Durance. Les vins qu'elle fournissait, fortement fumés, ne jouissaient que d'une médiocre réputation. Il est très caractéristique de constater que César, dans son *De bello gallico*, n'a jamais fait la moindre mention de la vigne. Les Gaulois des classes riches devaient importer du vin de Grèce ou d'Italie lorsque la bière — la cervoise — et l'hydromel ne leur suffisaient pas. Ils passaient pour de solides buveurs. « Quelle que fût la nature de leur boisson, les Gaulois trouvaient toujours le secret de l'ivresse [3]. »

Raoul Montandon a étudié le problème de l'introduction de la vigne dans nos régions. Non seulement elle n'existait pas à l'arrivée de César mais, au début de l'Empire, Rome en a interdit la culture, comme celle de l'olivier, notamment par un décret de Domitien, vers 92 ap. J.-C. On ne voulait pas que des vignobles et des olivettes gaulois fissent concurrence à ceux de l'Italie. Nous reverrons d'ailleurs comment, à l'époque romaine, les premiers vignobles ont été créés dans notre pays [4].

---

[1] CLARK, *op. cit.*, p. 172.

[2] W. RYTZ, *Die Pflanzenwelt*, dans *Urgeschichte der Schweiz*, I, p. 94.

[3] C. JULLIAN, *Hist. de la Gaule*, t. II, p. 295.

[4] R. MONTANDON, *Mélanges d'archéologie et d'histoire genevoise, I. Le commerce des vins dans la Genève gallo-romaine et l'origine de notre vignoble*, déjà cité, p. 8 et ss.

L'agriculture genevoise, outre les ressources qu'elle apportait aux paysans qui s'y adonnaient, alimentait l'oppidum et ses faubourgs, véritable centre vers lequel convergeaient les chemins d'une vaste région. Les paysans venaient y vendre leurs denrées et procéder à l'achat des produits de l'industrie urbaine. Le Bourg-de-Four, situé en dehors de l'enceinte fortifiée, accolé à une des deux portes d'entrée, constituait un important marché de bétail [1].

---

[1] L. Blondel, *Le Bourg-de-Four. Son passé. Son histoire*, Genève, 1929, p. 10.

CHAPITRE III

L'INDUSTRIE

1. Caractères généraux

Les trouvailles concernant l'âge du Fer sont beaucoup plus rares que celles du Bronze ou du Néolithique. Les tumulus qui ont abrité si souvent de véritables trésors offerts à l'archéologue — ustensiles, armes, bijoux — ont été bouleversés, détruits même, en des temps où l'on se souciait fort peu de recherches préhistoriques. Le fer ne résiste pas à la rouille : il disparaît, au contraire du bronze et de la pierre. Ce qui était dans la terre n'a pas bénéficié des mêmes chances de conservation que ce qui a été enseveli dans la vase des lacs ou des marécages. Beaucoup d'objets devenus inutilisables ont été envoyés, à l'âge du Fer, à la fonte.

Les derniers vestiges des tumulus de Troinex, les lieux habités du bassin genevois que nous avons déjà énumérés, l'oppidum et ses faubourgs nous ont bien fourni un certain nombre d'objets de l'âge du Fer, mais la moisson est assez modeste [1]. On sera donc de nouveau obligé de procéder souvent par comparaison avec le reste de la Gaule et surtout avec la station de La Tène. Les objets qu'elle a livrés permettent de reconstituer en ses éléments essentiels une industrie qui a été aussi la nôtre. Paul Vouga et ses collaborateurs ont décrit les richesses qu'ils ont recueillies et ont reproduit les plus caractéristiques d'entre elles dans de fort belles planches [2].

Il faut insister une fois de plus sur le caractère autochtone des industries gauloises. La conquête romaine, remarque W. Deonna, n'a pas réussi à « étouffer, en Suisse pas plus qu'ailleurs, le vieil esprit national, celui des Celtes, qui s'était manifesté avec originalité dans les produits industriels de la période de la Tène, et qui, avec ses apports nouveaux, avait lui-même

---

[1] R. Montandon, *Genève, des origines...*, p. 78. — D. Viollier, *Les sépultures du second âge du Fer...*, p. 123.

[2] *La Tène...*, déjà cité.

hérité des tendances antérieures, celles des âges de Hallstatt, du bronze, néolithique »[1].

Cependant, la civilisation et les techniques gauloises ne laissent pas de subir certaines influences méditerranéennes. De nombreux modèles grecs et italiens ont été retrouvés, en particulier dans la première phase de La Tène, en Gaule orientale, dans les pays rhénans et sur le Plateau suisse[2].

Après l'occupation romaine, une fusion s'est naturellement opérée entre l'antique civilisation gauloise et celle des conquérants. Mais certains caractères aborigènes ont toujours survécu. Dans plusieurs domaines industriels, Rome a même fait plus d'un emprunt à la Gaule.

L'industrie s'est développée surtout dans de petits ateliers, tels ceux qui ont été trouvés, au pied de l'oppidum genevois, à la rue du Vieux-Collège. Selon d'antiques traditions — celles par exemple des démiurges itinérants de l'époque homérique —, à côté des artisans sédentaires, d'autres, nomades, passaient d'une localité à une autre, avec leur modeste outillage, à la recherche de travail[3].

Une localisation géographique, encore timide, existe déjà à l'époque du Fer, en particulier dans la céramique et la métallurgie. Elle a pu résulter du hasard ou de l'habileté technique de certaines peuplades. Mais la présence de matières premières, argile plastique, minerai de fer, etc., a dû jouer un rôle déterminant.

La période de La Tène a été marquée de hauts et de bas. A la prospérité de la première et d'une partie de la seconde phase a succédé une période de dépression en attendant le nouveau départ qu'a provoqué la conquête romaine. Mais la civilisation gauloise a possédé une certaine uniformité. « Une des plus intéressantes constatations de l'archéologie comparée pour le second âge du fer, écrit J. Déchelette, est la mise en lumière de l'unité de la culture celtique sur toute l'étendue de son vaste domaine[4]. »

---

[1] *L'art national de la Suisse romaine*, dans *Genava*, XIX, 1941, p. 119.

[2] J. Déchelette veut y voir la preuve que la pénétration méditerranéenne, contrairement à certaines opinions, ne s'est pas faite à partir de Marseille par la vallée du Rhône. *Manuel...*, t. IV, pp. 914-915.

[3] C. Jullian estime que, dans les agglomérations d'une certaine importance, il existait de « véritables manufactures, organisées sous la direction d'un chef habile et intelligent : comment comprendre, sans cela, les progrès techniques faits par la métallurgie »? *Hist. de la Gaule*, t. II, p. 327. — Certes, la Gaule a possédé plus tard, au temps de l'Empire romain, de florissantes manufactures, propriétés de l'Etat ou de l'Empereur. Mais peut-on vraiment, sans anachronisme, les faire remonter si haut? Les progrès étaient-ils liés à l'existence de grands ateliers? Il ne faut pas oublier que la Grèce a eu longtemps des industries florissantes organisées sous le régime du petit atelier.

[4] *Manuel...*, t. IV, p. 918.

Il ne faut pas surestimer le rôle de Genève — et de la région qui l'entoure — dans le développement des industries de la Gaule. Elle n'est qu'une modeste bourgade que prolonge un faubourg. Peut-être R. Montandon a-t-il cédé à la tentation de la faire plus grande et plus vivante que nature. On n'est pas sûr que l'animation dans ses « sanctuaires, places publiques et lieux de marché » a été aussi grande qu'il le dit, ni qu'une foule bigarrée de guerriers, de bateliers, d'artisans, de bergers, de paysans, de trafiquants se soit pressée dans ses rues [1].

En réalité, rien, dans les vestiges retrouvés, ne prouve que Genève ait eu une vocation industrielle particulière à l'époque de La Tène. Constatons simplement que sa position au cœur de campagnes prospères, au point de rencontre de plusieurs routes, à la tête d'un pont sur le Rhône, à la charnière du pays des Allobroges et de celui des Helvètes, dans le voisinage des gisements de fer du Salève, lui a conféré une certaine importance pendant le second âge du Fer.

2. LA MÉTALLURGIE

Une fois de plus, il nous paraît impossible d'isoler nos activités locales — travail des artisans genevois, industrie sidérurgique du Salève — du développement économique de la Gaule dans lequel elles s'insèrent tout naturellement.

a) *Les origines de la sidérurgie*

Ces origines restent obscures. Si, au début, on ne produisait que de très petits lingots de fer utilisés à des parures, rapidement la sidérurgie se perfectionna et permit l'utilisation industrielle du métal, notamment pour la fabrication des armes. Comme le relève J. Déchelette, l'emploi du fer « constituait pour les peuples de l'Europe centrale une véritable révolution économique, dont ils comprirent de bonne heure l'importance au point de vue militaire » [2].

La métallurgie du fer semble être née chez les Hittites au XVe siècle avant J.-C., ce qui n'exclut pas la possibilité de la fabrication d'objets de fer ailleurs, en Egypte par exemple. En Europe, la sidérurgie prit pied d'abord en Grèce aux environs de 900 av. J.-C. Elle a été introduite en Toscane par les Etrusques vers 800 et dans l'Italie du sud par les colons grecs [3]. « En Europe tempérée, dans les Alpes orientales et leurs parages, le travail du fer fit sa première

---

[1] R. MONTANDON, *Genève, des origines...*, pp. 99-101.
[2] *Manuel...*, t. III, p. 549.
[3] CLARK, *op. cit.*, pp. 297-298.

apparition vers 640 avant notre ère ; il se répandit de là sur une grande partie de l'Europe centrale et occidentale au cours de la migration hallstattienne [1]. » Un de ses grands centres a été, entre le Danube et les Alpes carniques, la Norique, la « Sheffield de l'antiquité » [2].

Les Celtes ont révélé une très grande habileté dans le travail du fer, en particulier les Bituriges, qui habitaient la région du Berry, et les Allobroges. Les forgerons celtes « témoignent d'une technique très avancée qui paraît à peine avoir été égalée chez les peuples classiques... Les anciens, et notamment César, ont été frappés de l'habileté des forgerons gaulois [3]. »

Cette virtuosité éclate dans la fabrication des grandes épées, en particulier de celles qui, provenant de La Tène, se trouvent au Musée national à Zurich. Déchelette les qualifie de « magnifiques » [4]. Un autre progrès important est peut-être aussi imputable aux Celtes. « Il semble, écrit Edouard Salin, ... que, dès le IIIe-IIe siècle avant notre ère, certains artisans gaulois savaient, sur notre sol, aciérer tant bien que mal et sans doute très imparfaitement le fer dont ils disposaient [5]. »

Il est probable cependant que l'importation au nord des Alpes de nombreux et beaux objets de fer italiques ou grecs a fourni aux Gaulois des modèles dont ils ont su très habilement s'inspirer.

b) *Les minerais de la Gaule*

La Gaule avait l'avantage de posséder des ressources assez abondantes en métaux. L'or se trouvait en filons notamment dans les Pyrénées, mais aussi, près de ses frontières, en Valais et dans les Grisons. On broyait et on traitait au four les roches aurifères pour en tirer le précieux métal.

Mais beaucoup de rivières charriaient dans leurs sables d'infimes parcelles ou des pépites d'or. C'était le cas du Rhône en Valais, du Rhin, de l'Aar,

---

[1] CLARK, p. 298.

[2] Ch. SINGER et consorts, *A History of technology*, vol. Ier, déjà cité, p. 596. — Cf. aussi DÉCHELETTE, *Manuel...*, t. III, pp. 541-545.

[3] DÉCHELETTE, t. III, p. 550.

[4] P. 551.

[5] *La civilisation mérovingienne d'après les sépultures, les textes et le laboratoire*, Paris, 4 vol., 1950-1959, t. III, *Les techniques*, 1957, p. 79. — Ed. SALIN montre les affinités de la métallurgie mérovingienne avec celle de la protohistoire « dont elle est l'héritière directe » ; les techniques de ce temps sont « celtiques d'origine ». La part de Rome et des Germains est peu importante. « La vieille supériorité reconnue aux Gaulois en matière de fabrication d'armes se confirme. » P. 112. — Sur l'ensemble de la question, pp. 73-115.

de l'Emme. Les Helvètes les exploitaient. Les cours d'eau du massif du Napf semblent avoir été particulièrement privilégiés [1].

Nous avons déjà signalé que l'Arve, et le Rhône en aval de la Jonction, ont été riches en paillettes arrachées aux Alpes de la Haute-Savoie. Les orpailleurs y ont poursuivi leur quête jusque très avant dans l'histoire.

L'argent était rare en Europe. Cependant, on en trouve dans plusieurs régions des Alpes, en Valais en particulier. Mais D. Viollier estime qu'on ne l'exploitait pas encore à l'âge du Fer [2]. La Bosnie était une importante zone de production du métal blanc. La Gaule restait en définitive tributaire de l'étranger en ce qui concerne ses besoins en or et en argent [3].

La grande richesse du pays était le fer que l'on trouvait dans de nombreuses régions, en particulier dans le Berry, le Périgord et l'Aquitaine [4]. Nous reviendrons sur les gisements de fer du Salève et leur mise en valeur [5].

c) *Les techniques métallurgiques*

Diverses installations, en particulier celles de la région de Bibracte, nous renseignent sur la sidérurgie gauloise. Le Jura bernois en possède, dont on a cru longtemps qu'elles dataient de la fin de La Tène, du Ier siècle avant notre ère [6]. Mais, actuellement, on a abandonné ce point de vue. Elles sont très difficiles à situer dans le temps. On suppose qu'elles seraient plutôt médiévales. Il n'y aurait pas, dans toute la Suisse, de véritable forge du second âge du Fer. L'époque romaine n'en aurait laissé qu'une, celle de Schleitheim, près de Schaffhouse [7].

---

[1] Athenaios, environ 200 ap. J.-C., se fondant sur Posidonios — ou Posidonius —, historien et philosophe qui a vécu au IIe et au Ier siècle avant notre ère, fait allusion à l'exploitation de l'or dans les rivières du pays des Helvètes. Cf. Ernst HOWALD et Ernst MEYER, *Die römische Schweiz, Texte und Inschriften mit Übersetzung*, Zurich, s.d. [1940], pp. 60-63. — Cf. aussi W.-U. GUYAN, *Occupation du sol, économie et circulation...*, déjà cité, dans *Répertoire...*, cahier 3, p. 39. — D. VIOLLIER, *Les sépultures du second âge du Fer...*, p. 58.

[2] *Op. cit.*, p. 60.

[3] DÉCHELETTE, *Manuel...*, t. IV, p. 1350.

[4] C. JULLIAN, *Hist. de la Gaule*, t. II, pp. 302-305.

[5] Cf. *infra*, pp. 162-164.

[6] Elles ont été décrites par J. DÉCHELETTE, *Manuel...*, t. IV, p. 1541 et ss., qui se fonde sur les données d'un érudit du Jura, A. QUIQUEREZ, auteur d'une étude, *De l'âge du fer. Recherches sur les anciennes forges du Jura bernois*, Société jurassienne d'émulation, 1866.

[7] W.-U. GUYAN, *Mensch und Urlandschaft der Schweiz*, pp. 167-168. — Parmi les fourneaux de l'époque de La Tène, en dehors de la Suisse, on peut signaler ceux d'Engsbachtal, près de Siegen, en Westphalie. A. STIEREN, *Vorgeschichtliche Eisenhütting in*

Les fourneaux dans lesquels on préparait le métal étaient creusés en général, à flanc de coteau, dans le sol, enveloppés de pierres et doublés de terre réfractaire. Le minerai concassé y alternait en couches horizontales avec le charbon de bois. Le tirage pour la combustion s'opérait grâce à un appel d'air naturel provoqué par un trou ménagé à la base du fourneau, dans la pente du coteau, ou par des souffleries. Les soufflets ont été déjà utilisés à l'époque du Bronze [1] ; ils sont parfois disposés en batteries. On martelait le métal retiré du fourneau pour en expulser les scories [2]. On a même avancé l'hypothèse que les soufflets du mont Beuvray, près de Bibracte, en Saône-et-Loire, ont été actionnés par une force hydraulique. Les tuyères étaient semblables à celles du Bronze [3]. Les fours du mont Beuvray étaient réunis par groupes dans de véritables ateliers. L'un d'entre eux, de dix mètres de longueur, en contenait cinq. Au Salève, au contraire, ils étaient dispersés.

Mais les Gaulois ne connaissaient pas la fonte : elle exige une température de 1300 à 1400 degrés qu'ils étaient incapables d'obtenir. « Le métal qu'ils produisaient était un fer aciéreux, d'excellente qualité [4]. » Bien sûr, une forte déperdition de métal se produisait dans le traitement du minerai, mais, constate J.-G.-D. Clark, « il serait insensé de flétrir comme peu économique une technique parfaitement accordée à la forme d'économie alors en vigueur dans l'Europe tempérée... Une fois de plus, il faut rappeler que le fer n'était pas par lui-même une substance précieuse. » [5]

D'ailleurs, tout au long de l'époque de La Tène, la métallurgie gauloise ne laisse pas de faire de notables progrès [6].

d) *La parure, l'orfèvrerie, l'émaillerie*

Les artisans gaulois sont d'une grande habileté. L'art de l'orfèvre est déjà très poussé, même si ses produits sont d'une beauté un peu barbare. Il utilise le fer et souvent le bronze, l'or et l'argent qui restent rares, le verre et les perles

---

Südwestfalen, dans *Germania*, XIX, 1935, pp. 12-20. — CLARK, *op. cit.*, pp. 304-305. — Sur les forges du Salève, cf. *infra*, pp. 162-164.

[1] Cf. *supra*, livre II, Première partie, chap. III.
[2] J.-G.-D. CLARK, *op. cit.*, p. 305. — J. DÉCHELETTE, *Manuel...*, t. IV, p. 1542.
[3] J. de MORGAN, *L'humanité préhistorique*, déjà cité, p. 140.
[4] DÉCHELETTE, *Manuel...*, t. IV, p. 1543.
[5] *L'Europe préhistorique...*, p. 305.
[6] E. SALIN, *La civilisation mérovingienne...*, t. III, pp. 73-105, 112-115 et *passim*.

de verre parfois colorés, l'ambre, le corail et un étonnant émail rouge qui l'imite.

David Viollier, en se fondant sur les trouvailles faites dans les sépultures de l'époque de La Tène sur le Plateau suisse, a énuméré et parfois décrit nombre de ces parures et de ces bijoux.

Les fibules ont eu une importance si grande dans le costume gaulois que l'on s'en est servi, grâce aux modifications qu'elles ont subies au cours des âges sous l'influence de ce qu'il faut bien déjà appeler la mode, comme critère de délimitation des phases de La Tène. On en a retrouvé un très grand nombre en Suisse. Elles jouent dans le costume le même rôle que les boutons dans le vêtement moderne [1].

Les torques, colliers de métal avec fermeture — les premiers datent de l'âge du Bronze —, n'ont pas été l'apanage exclusif des femmes. Les guerriers celtes n'ont pas dédaigné de les porter. Leur variété est grande tout au long du second âge du Fer.

Les bracelets, les anneaux, les boucles de ceintures, rares dans la première phase de La Tène, deviennent ensuite beaucoup plus nombreux et plus riches : bracelets tubulaires de métaux usuels, bagues d'or et d'argent, plus rarement de fer, bracelets de verre incolore ou teinté, perles de terre cuite, de verre, d'ambre, que l'on porte suspendues à un fil. Des ceintures complètement métalliques, d'airain surtout, parfois remarquablement ouvrées, remplacent les simples boucles.

Beaucoup de ces bijoux sont de bronze, mais ils sont rehaussés de corail, de cabochons et d'incrustations colorés et de cet émail rouge, une des spécialités de la métallurgie celte, « dont le vif éclat pourpre se mêlait heureusement au jaune brillant du métal » [2].

Le corail, dont on faisait grand usage, arrivait à l'état brut du golfe de Naples et des îles d'Hyères, mais il était travaillé par les artisans gaulois [3].

Dans la fabrication des bracelets, la tendance s'affirme de remplacer les métaux vulgaires par le verre dans la seconde phase de La Tène : mais même alors de délicats enroulements de minces feuilles de bronze restent en honneur, destinés, par paires, à orner les chevilles. Des roses, des rouelles, d'autres ornements encore sont offerts aux élégantes — et aux élégants — de la Gaule, de l'Helvétie en particulier [4].

---

[1] D. VIOLLIER, *Les sépultures du second âge du Fer...*, p. 28.
[2] *Op. cit.*, p. 27.
[3] P. 27.
[4] P. 50 et *passim*.

Les bijoux d'or étaient encore rares. Viollier n'en a dénombré, dans les sépultures du second âge du Fer du Plateau suisse, que dix-huit, tous de petites dimensions. Douze proviennent du canton de Berne, notamment du voisinage de l'Aar, riche en paillettes comme son affluent l'Emme, trois du canton de Zurich et trois des bords du lac de Genève, mais en dehors de notre canton.

L'argent est d'un usage plus fréquent, bien qu'il soit importé. Viollier a compté soixante-deux objets d'argent, fabriqués, d'après lui, en Suisse. A part quatre trouvés à Vevey, un à Moudon et un à Ollon, ils proviennent tous de la Suisse alémanique [1].

Le verre utilisé dans les parures, surtout à partir de la seconde phase de La Tène, arrive probablement de la Méditerranée orientale, mais il est travaillé sur place par les Helvètes. Rien de positif ne nous renseigne sur une telle activité à Genève. On sait colorer ce verre au moyen d'oxydes métalliques : le bleu — de toutes les nuances — est le plus fréquemment utilisé. Le vert, le violet, le jaune, le brun, le noir opaque sont plus rares. Certains bracelets translucides sont revêtus à l'intérieur d'une couche jaune vif, du sulfure d'antimoine sans doute. Quelques colliers ne sont pas tubulaires, mais formés de perles de verre de couleurs variées [2].

Tous ces ornements sont très nombreux en Suisse, trop nombreux, pense D. Viollier, pour qu'ils ne soient pas les produits d'une industrie locale.

Ces parures n'étaient pas réservées aux femmes. Les Gaulois, les guerriers en particulier, ne les méprisaient pas : la poignée et le fourreau de leurs épées, leurs casques, leurs cuirasses, leurs boucliers étaient souvent incrustés. Ils portaient aussi volontiers au cou des torques de métal [3].

Nous le répétons : si la récolte d'ornements et de bijoux a été abondante, en Suisse comme dans beaucoup de régions de la Gaule, elle est plus modeste à Genève. Comment expliquer ce phénomène au moment où l'oppidum genevois, aux confins du pays des Helvètes, était déjà d'une réelle importance ?

On a cependant trouvé quelques objets de parure à Genève et dans ses environs. A Chens, en Haute-Savoie, près de notre frontière, des tombes — elles contenaient quatre squelettes, deux masculins et deux féminins ; les morts semblent avoir été enterrés par couples — ont livré, à côté d'armes, des bagues, des bracelets et des fibules de la seconde phase de La Tène. A Genève, on a découvert à la rue du Vieux-Collège des fibules, des anneaux, des fragments d'un bracelet de verre qui sont de la troisième époque de La Tène. Deonna

---

[1] Viollier, pp. 59-61.

[2] Sur le travail et l'utilisation du verre en Suisse, cf. *L'âge du Fer en Suisse, Répertoire...*, cahier 3, études de R. Wyss, p. 22 ; W.-U. Guyan, p. 40.

[3] Viollier, *op. cit.*, pp. 64-65. — Déchelette, *Manuel...*, t. IV, pp. 1349-1351.

signale encore des bagues, des colliers de perles de verre et d'ambre [1]. D. Viollier
a dressé en 1916 la liste des parures retrouvées dans la campagne genevoise :
à Passeiry, deux bracelets et trois perles de verre bleu ; à Chêne-Bourg, un
anneau de fer, un anneau creux, une fibule entière et des fragments, deux
bracelets, un bouton d'ambre, des perles de verre bleu ; à Corsier, deux grands
anneaux unis, deux bagues, un bracelet-méandre, trois autres bracelets, un
bracelet en fil de bronze, quatre fibules de La Tène I*b* et *c*, un collier de perles
d'ambre et de verre, le tout provenant de trois tombes [2].

Il est un domaine dans lequel les Gaulois étaient passés maîtres. Ils savaient,
selon Pline l'Ancien, étamer et argenter les objets de cuivre et de bronze,
fibules, pièces de harnachement et de chars de guerre [3]. Mais c'est dans l'émaillerie qu'ils ont triomphé. Un outillage complet a été retrouvé près de Bibracte.
Il s'agit d'un art aborigène, nécessitant des connaissances étendues à la fois
dans le domaine de la métallurgie et dans celui de la chimie — d'une chimie
certes tout empirique.

« L'émail est un verre plombifère coloré à l'aide d'oxydes métalliques.
Pendant l'époque gauloise, on n'employa que l'émail rouge obtenu à l'aide
d'oxyde de cuivre [4]. » Déchelette pense que si, pendant trois siècles, les Gaulois
s'en sont tenus à cet émail rouge, alors qu'ils savaient teinter le verre de
couleurs nombreuses en partant d'oxydes métalliques différents, c'est qu'ils
lui attribuaient les mêmes vertus bénéfiques qu'au corail dont il imitait la
couleur. Ce n'est qu'après l'ère chrétienne qu'ils ont fabriqué des émaux
polychromes [5].

Les Gaulois employaient l'émail soit coulé dans les parties en creux des
bijoux et des objets à décorer, soit sous forme de petits blocs, de cabochons,
fixés à l'aide de rivets [6].

La station neuchâteloise de La Tène a livré des clous à tête émaillée. Une
dizaine se trouvent aux musées de Bienne et de Zurich. Ils sont de fer, avec une
tête à bords relevés dans laquelle l'émail est coulé. L'adhérence se fait par un

---

[1] L. Blondel, *Maisons gauloises...*, dans *Genava*, X, 1932, p. 59. — W. Deonna,
Monuments antiques de Genève et des environs immédiats, dans *Genava*, VII, 1929, p. 114.
— Deonna, *Les arts à Genève...*, p. 73.
[2] D. Viollier, *Les sépultures du second âge du Fer...*, p. 123 et planches 1, 2, 3, 5,
15, 17, 21, 22, 28, 31, 32.
[3] Déchelette, *Manuel...*, t. IV, pp. 1350-1351.
[4] Viollier, *op. cit.*, p. 27.
[5] Déchelette, *Manuel...*, t. IV, pp. 1547-1548. — C. Jullian, *Hist. de la Gaule*,
t. II, pp. 314-315.
[6] Viollier, *op. cit.*, p. 28.

habile traitement au feu, sans recours à des rivets. Ces clous servaient notamment à la décoration de boucliers et de pièces de harnachement [1].

e) *Les armes*

Les Gaulois ont été d'ardents guerriers. Leur histoire est toute remplie du bruit des batailles, des campagnes défensives et offensives comme des luttes intestines. La sidérurgie a été pour eux, avant toute chose, le moyen de perfectionner leurs méthodes de guerre. Le fer est plus efficace, plus sûr que le bronze, toujours cassant : que l'on se rappelle les héros homériques dont les armes de bronze se brisent au cours des combats.

J. Déchelette a consacré deux longs chapitres à l'étude des armes offensives et défensives des Gaulois [2]. Il n'est pas question de les résumer ici. Une simple énumération suffira.

La fameuse épée de La Tène est « dérivée du court glaive hallstattien » [3]. Elle est représentée par des types très divers, au gré des régions et des époques. Des poignards, des lances, des haches d'arme, des javelots, des arcs, des flèches, des frondes constituent un impressionnant arsenal. Les cuirasses, les casques, les boucliers apparaissent en revanche plus rarement dans les fouilles : est-ce une preuve de l'ardeur des guerriers celtes au combat, d'une sorte de mépris de la mort ?

Quant aux chars, ils avaient fait leur apparition dans les tombes de la seconde phase de Hallstatt. Ce sont indiscutablement des engins de combat, montés sur deux roues. On en a retrouvé surtout en Champagne, dans la vallée de la Marne [4]. Plus près de nous, J. de Morgan en a découvert un dans la forêt de Moidons [5]. Il est aussi de l'époque de Hallstatt [6].

On a mis au jour un assez grand nombre de ces sépultures à char de l'époque de Hallstatt en Suisse. Elles sont en général riches en objets et en parures.

---

[1] Déchelette, t. IV, p. 1552. — Sur l'ensemble de la question de la parure, cf. Déchelette, *Manuel...*, t. IV, pp. 1205-1351. — Pour la Suisse, cf. dans *L'âge du Fer en Suisse, Répertoire...*, cahier 3, les études de W. Drack, pp. 8, 9-10, planches 3 et 4 ; D. Trümpler, pp. 16-18, planches 6-8 ; R. Wyss, pp. 21-22, planches 9, 11 et 12 ; B. Frei, planches 14-16 ; W.-U. Guyan, p. 40, planche 19.

[2] T. IV, pp. 1106-1204.

[3] P. 1106.

[4] Pp. 1180-1190.

[5] Département du Jura.

[6] *L'humanité préhistorique*, p. 138. — René Joffroy, *Les sépultures à char du premier âge du Fer en France*, dans *Revue archéol. de l'Est et du Centre-Est*, Dijon, VIII, 1-2, 1957, pp. 7-73 ; VIII, 3-4, 1957, pp. 193-263.

Cinq se trouvent à Anet, et cinq dans d'autres parties du canton de Berne, sept dans les cantons de Fribourg et de Vaud. Les plus occidentales sont à Payerne, Rances et peut-être Vuitebœuf. En revanche, l'âge de La Tène n'en a pas livré. Aucune sépulture à char n'a été décelée dans la région genevoise [1].

Dans bien des cas, les sépultures à char ont livré des mors, des pièces de harnachement, des éperons qui complètent les trophées de guerre.

L'apport de la station de La Tène dans le domaine de l'armement est de grande valeur. Quant aux Allobroges, ils fabriquaient des armes de bronze et de fer : c'est chez eux qu'Annibal, dont les troupes avaient été éprouvées dans la première partie de la campagne, trouva, en 218 av. J.-C., de quoi les rééquiper [2]. Mais quelle a été la part de Genève dans cette production ? D'où proviennent les armes — épées, lances, couteaux — dont on a retrouvé les débris [3] ?

f) *Outils, instruments, ustensiles*

Dans les arts de la paix, les métallurgistes gaulois étaient arrivés aussi à un étonnant degré d'habileté. Il paraît inutile de s'appesantir sur les innombrables objets, d'un usage courant, qui sont sortis des ateliers de toutes les parties de la Gaule. Joseph Déchelette les a étudiés minutieusement. C'est dans ce domaine surtout que les artisans locaux ont déployé leur activité, à Genève comme dans toutes les autres villes.

Nous dressons une liste sommaire de ces objets. Instruments agricoles tout d'abord : charrues, haches, serpes, faux, faucilles. Nous en avons parlé à propos de l'agriculture. Couteaux, ciseaux, tranchets, poinçons, gouges, scies, limes, marteaux, enclumes constituent l'outillage très perfectionné des métiers. Les Gaulois fabriquent aussi des clefs et des serrures en tout cas dans la troisième phase de La Tène, au dernier siècle de l'ère païenne. Les pêcheurs disposent d'hameçons et de tridents [4].

Dans les maisons, les foyers sont munis de chenets — tantôt de terre cuite, tantôt de fer —, de broches, de grandes fourchettes de fer. Mais les vases sont encore de bronze [5].

---

[1] W. Drack, *L'époque de Hallstatt sur le Plateau et dans le Jura*, dans *L'âge du Fer en Suisse, Répertoire...*, cahier 3, Bâle, 1960, p. 10 et planche 5. — *Die Ältere Eisenzeit der Schweiz. Kanton Bern.* 1. Teil, dans *Materialhefte zur Ur- und Frühgeschichte der Schweiz*, Heft 1, Bâle 1958. — *Wagengräber und Wagenbestandteile aus Hallstattgrabhügeln der Schweiz*, dans *Revue suisse d'Art et d'Archéologie*, XVIII, 1958, pp. 1-67.

[2] C. Jullian, *Hist. de la Gaule*, t. II, p. 305.

[3] Viollier, *Les sépultures du second âge du Fer...*, p. 123.

[4] Déchelette, t. IV, pp. 1352-1398.

[5] *Ibid.*, pp. 1399-1428.

En somme, parmi tous les outils, instruments et ustensiles usuels que nous employons, il en est bien peu que la métallurgie gauloise ait été incapable de fabriquer [1].

g) *Les ateliers genevois*

Si le sol genevois a livré un certain nombre de bijoux et de parures [2] et beaucoup de poteries, il a été plus avare en ce qui concerne les objets et les armes. Cependant, quelques-uns des bijoux étaient fabriqués en fer : une fibule, des anneaux, des bracelets. A cela on peut ajouter des fragments d'une épée, d'une lance, d'un couteau du même métal [3].

Cependant, la Genève allobroge a possédé des ateliers de forgerons, de métallurgistes. Nous les avons indiqués à propos des habitations de l'oppidum et de ses abords. Dans l'axe Malagnou - Bourg-de-Four, on a retrouvé, en face du Musée d'art et d'histoire, un atelier de fondeur gaulois avec des creusets. Dans les cabanes de la rue du Vieux-Collège, un moule, des débris métalliques, des restes de foyers attestent la présence d'un autre atelier qui, d'après ses dimensions, devait être important [4].

Mais on ignore tout des lieux où ont été fabriqués les objets retrouvés dans le bassin genevois, par exemple les épées, les fourreaux, les pointes de lances de fer découverts à Chens et dans la région de Douvaine [5]. Rien ne permet d'affirmer qu'ils ont été les produits des industries locales. En effet, la fabrication des armes, des outils, des instruments, des ustensiles, des parures, répondait à une certaine localisation géographique. Les échanges étaient très actifs à travers la Gaule. La présence d'objets en certains lieux ne signifie pas nécessairement qu'ils y aient été produits.

h) *Le Salève, centre sidérurgique*

Le Salève a possédé des minerais de fer dont certaines traces restent apparentes dans quelques-unes de ses parois teintées de rouge. Edouard Paréjas en a expliqué l'origine : « A la fin du *Crétacé*, l'ensemble de notre région émerge et, pendant des millions d'années, les calcaires jurassiques et crétacés exondés sont attaqués par l'érosion. Ces roches sont dissoutes sur des centaines de

---

[1] Cf. pour la Suisse, dans *L'âge du Fer en Suisse, Répertoire...*, cahier 3, les études de W. DRACK, pp. 8 et 9 ; R. WYSS, pp. 21-23, planches 9-12 ; B. FREI, planches 14-16 ; W.-U. GUYAN, p. 39, planche 19.

[2] Cf. *supra*, d.

[3] D. VIOLLIER, *Les sépultures du second âge du Fer...*, p. 123.

[4] L. BLONDEL, *Maisons gauloises...*, dans *Genava*, X, 1932, pp. 55 et ss., 62. — *Le plateau des Tranchées à Genève...*, dans *Genava*, XXVI, 1948, pp. 42-44.

[5] W. DEONNA, *Monuments antiques de Genève...*, dans *Genava*, VII, 1929, pp. 110-114.

mètres d'épaisseur et le résidu insoluble, riche en oxydes de fer, en sable et
en argile, se concentre sur le sol... On rencontre les sables blancs ou teintés
par les oxydes de fer de ce *Sidérolithique* au pied du Salève et du Jura et en
particulier aux Rochers de Faverge qui en sont formés [1]. »

Ce sont ces gisements à fleur du sol qui ont été exploités à l'âge du Fer.
Louis Blondel, se fondant sur divers objets trouvés par Adrien Jayet près des
Rochers de Faverge [2], a pu fixer au début de la seconde phase de La Tène le
commencement de l'utilisation de ces minerais. Sur la crête du Salève et sur
son flanc sud-est, dix-sept exploitations ont été repérées grâce aux scories et
aux laitiers de fer qu'elles ont laissés. Elles commencent aux Treize-Arbres,
sont particulièrement nombreuses dans la zone des Rochers de Faverge, de
Grange-Gaby et de la Croisette, se poursuivent le long de la crête par les Pitons
jusqu'à l'Abergement au-dessus de Cruseilles. D'après E. Thury, certaines
forges auraient existé à Annecy jusqu'à une époque rapprochée [3].

La méthode catalane, selon Louis Blondel, aurait été employée pour
l'extraction du fer. Encore rudimentaire, elle ne permettait pas de tirer du
minerai tout le métal qu'il contenait. Naturellement, on utilisait le charbon
de bois comme combustible — ce ne sera qu'au XVIIIe siècle que l'Angleterre
mettra au point le traitement du minerai au coke. Les forêts du Salève offraient
alors en abondance le combustible dont on avait besoin.

Les fourneaux étaient des excavations en forme d'entonnoir de deux à
cinq mètres de profondeur. On distingue facilement les emplacements de ces
forges des affaissements naturels, si nombreux au Salève, grâce à leurs scories,
mais aussi au bourrelet qui les entoure, formé de la terre rejetée par leurs
constructeurs.

Le minerai à traiter était concassé et étendu en couches alternant avec
du charbon de bois. Dans l'ensemble, la méthode catalane correspond à celle
dont nous avons déjà parlé [4]. Cependant, Blondel a constaté que l'on n'a pas
retrouvé sur les emplacements des foyers du Salève des briques et de la terre
réfractaire, si ce n'est près de Vouvray, au pied oriental des Pitons. Il est
probable que ces foyers ont été utilisés jusqu'à l'époque romaine. Selon
Blondel et Thury, le nom de Faverge dérive de *fabrica* et perpétue le souvenir
de la forge primitive.

---

[1] *Le Pays de Genève*, dans *Hist. de Genève*, t. Ier, Genève, 1951, p. 5. — Etienne
JOUKOWSKY et Jules FAVRE, *Monographie géologique et paléontologique du Salève*, dans
Mém. Soc. de Phys. et d'Hist. nat. de Genève, XXXVII, 4, 1913, pp. 295-523.

[2] Ou Faverges.

[3] E. THURY, *Le Salève préhistorique*, dans *Le Salève*, publié par la Section genevoise
du Club alpin suisse, Genève, 1899, pp.. 330-331.

[4] Cf. *supra*, c.

Où était utilisé le métal produit au Salève ? Blondel est catégorique à ce sujet : « Il n'est pas douteux qu'à l'époque du fer beaucoup des objets que nous retrouvons dans tout le bassin de Genève proviennent de ces forges du Salève, car ces gisements sidérolithiques sont presque les seuls connus dans nos environs. La célèbre « Vi d'Etraz » qui parcourt tout le sommet du Salève est bien antérieure à l'époque romaine, elle a déjà été utilisée pendant toute l'époque du fer pour les transports de bois et de minerai [1]. »

3. La céramique

La céramique gauloise s'est sensiblement transformée à l'époque de La Tène : elle s'inspirait largement de celle des pays méditerranéens qui étaient arrivés à une incomparable maîtrise. Ce progrès s'est manifesté autant dans la qualité de la pâte que dans les formes et la décoration. Mais les potiers celtes travaillaient en général pour une région restreinte. Il était rare qu'ils exportassent vers de lointains marchés : d'où la grande diversité des types locaux. En revanche, les vases grecs et étrusques circulaient à travers toute la Gaule, pourvoyant en pièces de qualité les plus riches de ses habitants. Ce sont ces modèles que les artisans cherchaient parfois à imiter sans réussir jamais à les égaler.

Alors que le tour du potier, depuis longtemps en usage dans la Méditerranée orientale — les poèmes homériques le mentionnent déjà —, n'était pas encore connu des Hallstattiens, il fait une timide apparition en Gaule dans la première phase de La Tène pour triompher au cours de sa troisième période. Les vases sont nombreux, répondant à tous les usages qu'on pouvait leur demander, en somme presque aussi divers que ceux de notre époque. Leurs formes sont donc infiniment variées et aussi leurs décors qui sont exécutés au pinceau.

Déchelette a donné de copieux renseignements sur la céramique gauloise, ses produits, les motifs décoratifs qu'elle affectionne, son évolution au cours du second âge du Fer [2].

Il faut cependant relever que Camille Jullian ne partage pas l'avis de Déchelette quant à la qualité de cette poterie. Il estime que les pièces de

---

[1] *Genava*, XXII, 1944, p. 26. — Sur l'ensemble de la question, consulter L. Blondel, *Chronique des découvertes archéologiques... en 1943*, dans *Genava*, XXII, 1944, pp. 24-26. — Albert Naville, *Recherches sur les anciennes exploitations de fer au Mont-Salève*, *M.D.G.*, XVI, 1867, pp. 349-381. — E. Thury, *loc. cit.*, chap. VIII, pp. 329-331.

[2] Déchelette, *Manuel...*, t. IV, pp. 1458-1506. — Cf. aussi H. Hubert, *Les Celtes et l'expansion celtique jusqu'à l'époque de la Tène*, déjà cité, pp. 132-140. — J. de Morgan, *op. cit.*, p. 238 et ss.

l'art indigène sont épaisses, grossières, « d'une vulgarité d'aspect qui eût fait honte à un potier d'Etrurie ». En contradiction avec Déchelette, il croit que ce qu'il y a « d'hésitant et de primitif » dans ces céramiques provient du fait qu'elles ont été en général façonnées à la main. « On s'est même demandé si le tour a été connu en Gaule avant l'arrivée des Romains. L'anse, le couvercle sont rares. Trop souvent, la terre a été mal choisie, et la pâte mal cuite. Il paraît bien que l'industrie céramique était à demi sacrifiée[1]. » Comment concilier les appréciations de Déchelette et de Jullian?

Peut-être Jullian juge-t-il avec l'optique d'un historien formé à l'école classique, subjugué par les produits méditerranéens, et en particulier par ceux des Grecs et des Etrusques? Si la céramique celtique ne peut pas soutenir la comparaison avec de tels modèles, elle n'en est pas moins belle dans son attrayante simplicité.

Les trouvailles de poterie en Suisse intéressant les deux premières parties de La Tène ne sont pas extrêmement abondantes; elles se multiplient en revanche à la fin de cette période. Ainsi à Bâle, à la station de l'Usine à gaz[2], à Berne, dans la presqu'île de l'Enge[3], à Yverdon[4].

Parmi les Gaulois, les Allobroges semblent avoir été particulièrement habiles dans le travail de la terre cuite. Selon Montandon, leurs poteries « étaient réputées par leur légèreté et leur solidité » et étaient très recherchées de leurs voisins[5].

La céramique a-t-elle été pratiquée à Genève? Il est difficile de répondre à cette question. On y a retrouvé de nombreux fragments et quelques vases entiers de l'époque de La Tène. Certains proviennent incontestablement de lointaines régions. Mais les autres, en particulier ceux qui sont de modeste qualité, sont-ils de fabrication locale? Déchelette a insisté sur l'importance de la céramique des Eduens, des Ségusiaves et des Arvernes. Il pense qu'une partie des vases peints découverts en Suisse ont été fournis par ces peuplades.

Ce même auteur insiste aussi sur l'intérêt de deux beaux vases du Musée

[1] *Hist. de la Gaule*, t. II, pp. 317, 319.

[2] E. MAJOR, *Gallische Ansiedelung mit Gräberfeld bei Basel*, déjà cité.

[3] C. TSCHUMI, *Massenfund bemalter Latène-III-Ware aus Kellergrube 13 in Bern-Enge 1927*, dans *Annuaire Soc. suisse de Préhist.*, XL, 1949/1950, pp. 257-270.

[4] René KASSER, *Yverdon à l'époque de La Tène. Nouvelles découvertes*, dans *Ur-Schweiz (La Suisse primitive)*, XVIII, 4, 1954, pp. 59-62. — Sur l'ensemble de la question cf. aussi R. WYSS, *Funde der jüngeren Eisenzeit*, dans *Aus dem schweizerischen Landesmuseum*, VIII, Berne, 1957, pl. 13 à 15. — Dans *L'âge du Fer en Suisse, Répertoire...*, cahier 3, Bâle, 1960, voir les études déjà citées de W. DRACK, pp. 8 et 9, planche 1; R. WYSS, p. 22, planche 12; B. FREI, planches 14 à 16; W.-U. GUYAN, pp. 39-40. — D. VIOLLIER, *Les sépultures du second âge du Fer...*, pp. 11-12, 73-74.

[5] *Genève, des origines...*, p. 103, n. 2.

d'art et d'histoire de Genève, trouvés sur le plateau des Tranchées, ornés de silhouettes d'oiseaux encadrées de décors géométriques. Ils constitueraient, pense Déchelette, avec un vase du même genre provenant des Fins d'Annecy, les seuls exemplaires de figurations zoomorphes. Mais quelle en est l'origine [1] ?

Louis Blondel a signalé encore d'autres poteries gauloises découvertes dans le sol genevois, ainsi au sommet de la Treille — l'actuelle rue Henri-Fazy — et à la rue de l'Hôtel-de-Ville, ou encore, peu nombreuses, dans ce secteur de la rue du Vieux-Collège qui a été si riche en révélations sur l'âge de La Tène. L'une d'entre elles porte une frise de chevaux habilement peinte au pinceau. Encore un spécimen zoomorphe à ajouter aux trois — de Genève et des Fins d'Annecy — dont Déchelette a signalé l'importance [2].

4. Les industries textiles. Le cuir. Le costume

A partir du milieu du second âge du Fer, on peut reconstituer assez exactement le costume gaulois, grâce à quelques auteurs de l'antiquité et à des bas-reliefs romains. Mais aucune pièce de vêtement n'est parvenue jusqu'à nous : le temps a accompli son œuvre de destruction.

Les Celtes aimaient les teintes variées et très vives, les étoffes rayées et quadrillées qui, chez les plus riches, se rehaussaient de fils d'or. Les deux pièces principales du vêtement étaient les braies — ces pantalons qui étonnaient les Romains dont les vaincus ont d'ailleurs, après la conquête, adopté les costumes drapés — et des tuniques courtes, munies de manches. Un manteau, de laine en hiver, d'étoffe légère en été, était agrafé sur l'épaule. On sait déjà le rôle que les fibules, tenant lieu de boutons, jouaient dans l'ajustement des costumes, et aussi le goût des Gaulois pour les bijoux, l'infinie variété des ornements dont ils aimaient — hommes et femmes — à se parer. Naturellement, la plèbe ne portait que des costumes très simples [3].

Pour répondre à leur amour du bariolage, les Celtes avaient inventé plusieurs teintures végétales. Il semble qu'on leur doive un violet extrait des airelles, une variété de pourpre qu'ils tiraient de la jacinthe — elle remplaçait la fameuse couleur que, dans la Méditerranée orientale, le murex fournissait —,

---

[1] Déchelette, t. IV, p. 1491. — Pour plus de détails, cf. A. Cartier, *Vases peints gaulois du Musée archéologique de Genève*, dans *Revue des Etudes anciennes*, X, Paris, 1908, pp. 257-261. — Cf. aussi L. Blondel, *Le plateau des Tranchées à Genève...*, dans *Genava*, XXVI, 1948, pp. 43-44. — Henri Fazy, *Note sur les antiquités romaines découvertes sur les Tranchées*, M.D.G., XI, 1859, pp. 525-546.

[2] Blondel, *Notes d'archéologie genevoise 1914-1932*, p. 41. — *Maisons gauloises...*, dans *Genava*, X, 1932, pp. 56-65.

[3] Déchelette, *Manuel...*, t. IV, p. 1205 et ss.

un bleu-noir correspondant à l'indigo. Ils « possédaient le secret, disaient les Anciens, d'imiter avec le suc de leurs herbes les couleurs que l'Orient demandait à ses coquillages » [1].

Il est assez piquant de signaler l'importance que les Gaulois — au moins ceux des hautes classes — attachaient à certains soins corporels. On a retrouvé dans plusieurs régions — mais Genève n'a rien fourni dans ce domaine — des instruments qui étaient d'ailleurs déjà en usage à l'époque de Hallstatt : des trousses de toilette contenaient des objets de bronze, puis de fer, pincettes à épiler, « cuillers à fard », grattoirs parfois délicatement ornés. On a recueilli ces trousses aussi bien dans des sépultures masculines que féminines. Nombreux sont aussi les rasoirs, de formes très diverses, beaucoup plus souvent en bronze qu'en fer : l'action destructrice de la rouille explique cette apparente anomalie. Presque toujours rasoir et épée se retrouvent dans les mêmes tombeaux, ce qui laisse supposer que l'habitude de se raser les joues devait être l'apanage des hautes classes. Naturellement, les guerriers gardaient leurs longues moustaches — les moustaches à la gauloise [2].

Le drap était tissé avec la laine des moutons, les toiles avec le lin qui abondait en Gaule. Le cuir était habilement travaillé, en particulier par les Allobroges qui, écrit Jullian, confectionnaient de « solides chaussures d'hiver et de montagne qu'Hannibal fit prendre à ses troupes avant de gravir les Alpes » [3]. Mais les Gaulois étaient ordinairement chaussés de sandales fixées par des cordons.

Harnachements et selles ; casques et boucliers — dans la fabrication desquels le cuir, comme d'ailleurs dans la Grèce homérique, jouait un grand rôle — ; fourreaux et ceinturons : tels étaient les produits de ces « corroyeurs émérites » qu'étaient les Gaulois [4].

En Suisse, on a découvert des fragments de harnachements de chevaux dans les sépultures à char hallstattiennes de la région d'Anet (Ins) dans le canton de Berne [5]. « Parmi les intéressantes trouvailles faites à La Tène NE,

---

[1] C. JULLIAN, *Hist. de la Gaule*, t. II, p. 300.

[2] DÉCHELETTE, t. IV, pp. 1271-1280.

[3] *Hist. de la Gaule*, t. II, p. 301.

[4] *Ibid.*, p. 301. — Cf. aussi D. VIOLLIER, *Les sépultures du second âge du Fer...*, pp. 75-76.

[5] August GANSSER-BURCKHARDT, *Das Leder aus dem « Fürstengraber » von Ins*, en annexe (pp. 53-58) à Otto TSCHUMI, *Die sog. Fürstengräber von Ins...*, dans *Jahrbuch des Bernischen Historischen Museums in Bern*, XXVII, 1947 (1948), pp. 40-58. — GANSSER-BURCKHARDT, *Quelques données sur l'archéologie du cuir (Méthodes de préparation et résultats)*, dans *Arch. suisses d'Anthr. gén.*, XIX, 1954, pp. 19-36. — Sur les travaux de Gansser-Burckhardt concernant le cuir, voir l'article nécrologique qui lui est consacré dans *Ur-Schweiz (La Suisse primitive)*, XXIV, 2, 1960, pp. 25-27. — Cf. aussi J.-G.-D. CLARK, *op. cit.*, pp. 324-330.

écrit W.-U. Guyan, il y a des outils de sellier qui témoignent du niveau élevé du travail du cuir à cette époque ; il est déjà attesté pour l'époque de Hallstatt par les objets de cuir trouvés à Anet-Ins BE [1]. »

La filature de la laine et du lin, le tissage des draps et des toiles, s'opéraient dans les foyers gaulois. Ce sont par excellence des types d'industries domestiques.

L'outillage : fuseaux, quenouilles, métiers à tisser, était en bois. Il n'est pas étonnant qu'il ne se soit pas conservé. Seules, des fusaïoles de terre cuite ont été retrouvées, notamment en Gaule cisalpine où on avait coutume d'en placer dans les tombeaux [2]. On a découvert au Burgenrain sur Sissach (Bâle-Campagne) une fusaïole décorée et un poids de métier à tisser, tous deux en argile [3].

Ces données générales concernant l'ensemble de la Gaule sont valables aussi pour Genève, même si, comme d'ailleurs dans beaucoup d'autres régions de l'Europe centrale, rien n'y a été trouvé permettant d'en apporter la preuve matérielle.

5. Le travail de la pierre et du bois

Tout ce que nous avons dit au sujet des habitations et des forteresses des Gaulois montre bien qu'ils étaient de très médiocres maçons. Les trouvailles faites à Genève ne font que le confirmer. Ils savaient mal tailler et appareiller la pierre ; ils s'en servaient peu, de même que de la chaux. La terre battue remplaçait les solides matériaux. Les Celtes sont très loin de ces maîtres à construire qu'ont été les Romains.

En revanche, ils excellent dans le travail du bois. Charpentiers habiles, ils sont capables d'ajuster solidement poutres et madriers pour en faire l'armature des enceintes de leurs oppidum qu'ils complètent de grandes épaisseurs de terre et de cailloux, parfois revêtues de pierres plus ou moins bien appareillées. Le bois encore forme le colombage de leurs maisons qu'ils remplissent d'entrelacs de branchages et d'argile battue. Certaines parois sont aussi de bois ; des chevrons supportent le chaume, les roseaux ou les bardeaux des toits. Le mobilier des cabanes gauloises reste très modeste. Nous en avons vu la composition.

---

[1] W.-U. Guyan, *Occupation du sol, économie et circulation...*, dans *Répertoire...*, cahier 3, p. 39 et planche 19.

[2] Déchelette, *Manuel...*, t. IV, p. 1398.

[3] W.-U. Guyan, *Occupation du sol, économie et circulation...*, *loc. cit.*, p. 43 et planche 19.

Il est un domaine dans lequel les Gaulois ont été des maîtres : le charronnage. Qu'on songe à leurs charrues à roues, aux chars de guerre que l'on a retrouvés dans leurs sépultures, à leurs chariots et à leurs voitures, et aussi à ces étonnantes moissonneuses décrites par Pline l'Ancien dans un passage que nous avons cité à propos de l'agriculture.

C'est sans doute à eux que l'on doit la fabrication des premiers tonneaux. Les Grecs et en général les peuples méditerranéens avaient utilisé pour les vins et les huiles des amphores de terre cuite ou des outres de peau. Les Grecs, ceux de l'Attique en particulier, vendaient à la fois leurs amphores et le produit de leurs vignes et de leurs olivettes. Les Gaulois, non producteurs, mais grands amateurs de vin, ont-ils été mécontents de sa mauvaise conservation et du goût qu'il prenait dans les amphores enduites de poix, et à plus forte raison dans des outres un peu puantes ? Leurs tonneaux de douves de bois assemblées et maintenues par des cercles ont singulièrement facilité non seulement le transport des vins et des autres liquides, mais aussi leur conservation.

D'ailleurs, les amphores, malgré leur fragilité et leurs autres inconvénients, ont été encore largement employées, dans notre pays comme partout ailleurs, pendant toute la période romaine. Les nombreuses trouvailles faites à Genève — nous y reviendrons — le prouvent à l'évidence [1].

6. Les industries alimentaires

C'était également un domaine dans lequel les Gaulois étaient très habiles : il s'agissait essentiellement d'activités domestiques. Du miel, ils tiraient l'hydromel, fermenté ou non. La cervoise était leur boisson nationale, bière fabriquée avec de l'orge, mais parfois aussi avec du blé. On en variait le goût : celle dans la composition de laquelle entrait le cumin était particulièrement appréciée. Le vin, dont on faisait un large usage, a été, jusqu'à la conquête romaine, toujours importé.

Très carnivores, les Gaulois savaient conserver les viandes. Ils excellaient dans la préparation des jambons, des salaisons, des confits, des foies d'oies et d'autres volailles qui étaient appréciés bien au-delà de leurs frontières. Parmi leurs fromages, ceux d'Allobrogie jouissaient d'un particulier prestige. On fabriquait aussi la cire et le suif [2].

---

[1] L. BONNARD, *La navigation intérieure de la Gaule à l'époque gallo-romaine*, p. 24 et *passim*. — C. JULLIAN, *Hist. de la Gaule*, t. II, p. 296. — R. MONTANDON, *Mélanges d'archéologie...*, pp. 12-14.

[2] L. BONNARD, *op. cit.*, p. 23. — H. HUBERT, *Les Celtes depuis l'époque de la Tène...*, p. 330. — C. JULLIAN, *Hist. de la Gaule*, t. II, pp. 293-294. — R. MONTANDON, *Mélanges d'archéologie...*, p. 8.

Liées étroitement à l'agriculture, ces diverses activités, est-il nécessaire de le dire, étaient répandues dans toutes les parties de la Gaule, avec les diversités locales qu'implique la variété des sols et des climats. Genève, centre d'une région rurale fertile, en bénéficiait largement.

———

CHAPITRE IV

LES VOIES DE COMMUNICATION

I. LES ROUTES. LES SENTIERS. LES COLS

On sait combien ont été remarquables les routes de Rome dans toutes les parties de son vaste empire, leur rôle militaire, économique et civilisateur.

Or, en Gaule, où leur réseau a été particulièrement dense, elles n'ont été en règle générale qu'un perfectionnement des chemins de La Tène, eux-mêmes héritiers de ceux de Hallstatt et même d'époques plus anciennes.

Cette continuité répond d'ailleurs aux exigences de la géographie, avec cependant toutes les exceptions découlant parfois de luttes entre peuplades voisines mais, souvent aussi, de raisons qui restent obscures. On ne peut pas, par exemple, expliquer pourquoi, au début de l'époque de Hallstatt, Genève s'est trouvée momentanément à l'écart des courants de l'échange pour reconquérir ensuite sa position privilégiée. Car, en effet, elle a joué, grâce à sa situation, un rôle important dans la circulation de l'Europe centrale au cours de la préhistoire et à l'époque gallo-romaine [1].

Parlant de la continuité de certaines voies de communication, Déchelette a pu écrire : « Rome, au lendemain de sa victoire, établira sur le sol de la Gaule conquise un vaste réseau routier. Il lui suffira, dans bien des cas, de construire une chaussée solide sur les anciens sentiers reliant, d'un peuple à l'autre, les grands centres de l'industrie et du commerce celtique [2]. »

La position de la Gaule, un des grands carrefours de l'Europe, était privilégiée. Ses routes, pour reprendre une expression peut-être un peu forcée de C. Jullian, n'étaient « en dernière analyse que les prolongements ou les lignes de jonction de tous les chemins de l'Europe » [3]. C'est le même historien qui

---

[1] C. JULLIAN, *Hist. de la Gaule*, t. V, p. 100, n. 1. — R. MONTANDON, *Genève, des origines...*, p. 78.

[2] *Manuel...*, t. IV, p. 1579.

[3] *Hist. de la Gaule*, t. I, p. 64.

a intitulé un chapitre de son monumental ouvrage : « La Gaule, intermédiaire entre le Nord et le Sud » [1].

Il n'est pas question d'énumérer ici toutes les voies de communication de la Gaule avant la conquête. Nous nous bornons à rappeler les principales d'entre elles, celles en particulier auxquelles le sort de Genève est lié. L'une unit l'Italie et la Gaule en suivant le littoral, jusqu'à Marseille et à la vallée du Rhône. Nous reviendrons sur celles qui franchissent les Alpes. La vallée du Rhin était un vaste collecteur des chemins de l'Europe centrale en direction de la Mer du Nord, mais aussi de toute une partie de la Gaule. Les routes de la vallée du Danube y aboutissaient ainsi que celles des forêts hercyniennes — les vallées du Neckar, du Main et de la Lahn.

Les routes de la Gaule conduisaient aussi à la Manche et, au-delà, vers la Bretagne, en particulier vers les Cornouailles et les îles Scilly, productrices de l'étain ; elles aboutissaient également à l'Atlantique et à la Péninsule ibérique.

La vallée du Rhône, avec son prolongement de la Saône, était un des itinéraires classiques de la Méditerranée en direction du nord ; elle attirait au passage le trafic de la plaine du Pô à travers les Alpes. Il est probable d'ailleurs que la circulation s'y établissait, d'oppidum en oppidum, non pas à proximité immédiate du fleuve, mais sur les premiers contreforts des montagnes qui le bordent [2].

Quant au Jura, sa barrière était loin d'être infranchissable ; une série de dépressions permettaient de le traverser. Mais on le contournait aussi, au nord par Bâle et la trouée de Belfort, au sud par Genève, porte de sortie du Plateau suisse. L'importance de la région jurassienne est attestée par la station de La Tène, sur le lac de Neuchâtel, par ses entrepôts de marchandises, son poste de péages. Le trafic était aussi en partie fonction des salines qui se trouvaient au-delà du Jura, en Franche-Comté. Le sel était une denrée précieuse, un des objets essentiels du commerce à grande distance dans la préhistoire et dans l'antiquité [3].

Le rôle des Alpes est particulièrement intéressant. Elles paraissaient aux

---

[1] *Hist. de la Gaule*, t. I, p. 66 et ss.

[2] Cf. A. BLANC, *Le commerce de Marseille dans le bassin du Rhône d'après les trouvailles de céramiques*, dans *Revue archéol. de l'Est et du Centre-Est*, Dijon, t. IX, 1-2, 1958, pp. 113-121. — Voir en particulier la carte p. 119, en lui apportant cependant une correction : elle situe Pierre-Châtel (Ain) exactement à la place de Genève. — Jean-Jacques HATT approuve, sous réserve de nouvelles recherches, ces conclusions. *Encore le problème des relations entre Grecs et Celtes*, dans *Rev. archéol. de l'Est et du Centre-Est*, IX, 1-2, 1958, pp. 152-155, notamment 155.

[3] Jacques-P. MILLOTTE, *Le peuplement du Haut Jura aux âges des Métaux*, dans *Revue archéol. de l'Est et du Centre-Est*, Dijon, VI, 2, 1955, pp. 105-123.

anciens à la fois redoutables et fascinantes. De fait, plusieurs de leurs cols connaissaient un trafic intense, ainsi le Mont-Genèvre et le Mont-Cenis. Le Petit Saint-Bernard est décrit par Strabon — et C. Jullian admet l'exactitude du renseignement — comme une voie large, bien ouverte et accessible à un fort charroi.

Le Grand Saint-Bernard, déjà utilisé au Néolithique, avait l'avantage de représenter le plus court des itinéraires reliant la plaine du Pô à la Gaule, mais aussi l'inconvénient d'en être le plus élevé (2472 mètres) et le plus difficile d'accès. On lui accordait souvent la préférence ainsi qu'au Petit Saint-Bernard. Jullian attribue ce fait à l'agrément des régions — le Valais, la Tarentaise — dans lesquelles ils aboutissaient. Les marchands et les hommes chargés des transports auraient-ils vraiment cédé à de telles séductions ? De fait, pour le Grand Saint-Bernard, la brièveté du parcours, ses raccords avec le Plateau suisse, la Germanie, la vallée du Rhin, la Gaule, ont une tout autre signification.

Pierre Bouffard a décrit l'itinéraire du Grand Saint-Bernard. Des trouvailles faites à Martigny-Croix, Sembrancher, Liddes, Bourg-Saint-Pierre prouvent son rôle déjà grand à l'âge du Bronze. A l'époque du Fer, il est d'une telle importance que les Gaulois déjà, bien avant les Romains, avaient élevé un sanctuaire au sommet du col. On y a retrouvé près de six cents pièces de monnaie provenant de la plupart des peuplades de la Gaule, ce qui atteste l'intensité de son trafic avant l'emprise de Rome. Et pourtant il était d'une utilisation très difficile, n'offrant qu'un sentier étroit à forte déclivité, sans cesse livré aux pillages des habitants voisins. Les Salasses de la vallée d'Aoste étaient particulièrement redoutables. Tout changera avec Rome. Auguste a réussi à libérer les parages du Grand Saint-Bernard des brigands qui les infestaient et à y construire une voie dont nous reparlerons dans un prochain chapitre [1].

D'ailleurs, constate Marc-R. Sauter, l'itinéraire du Grand Saint-Bernard, entre Sembrancher et Martigny, était très différent de l'actuel. Il évitait le défilé des Trappistes, où la vallée de la Dranse se resserre à l'extrême, et passait probablement de Sembrancher par Le Levron, les cols du Pas de Lin ou Lein, du Tronc et des Planches, pour redescendre soit par Chemin sur Martigny, soit sur Saxon [2].

---

[1] Pierre BOUFFARD, *La route romaine du Grand Saint-Bernard*, dans *Ur-Schweiz (La Suisse primitive)*, X, 3, 1946, pp. 49-52. — André DONNET, *Saint Bernard et les origines de l'hospice du Mont-Joux (Grand St-Bernard)*, Saint-Maurice, 1942, p. 28. — *Le Grand Saint-Bernard*, Neuchâtel, 1950, pp. 7-8.

[2] Clément BÉRARD, *Les pierres à écuelles du col du Lein et le folklore lapidaire de Vollèges*, dans *Cahiers valaisans de Folklore*, XIII, 1930. — M.-R. SAUTER, *Préhistoire du Valais, des origines aux temps mérovingiens*, dans *Vallesia*, V, Sion, 1950, pp. 27,

Quant au Simplon, plus bas et beaucoup plus commode, il ne connaissait, à cause de sa situation un peu excentrique, qu'un trafic assez modeste. Il remplaçait le cas échéant le Grand Saint-Bernard [1].

Beaucoup d'autres voies parcouraient l'Europe, ainsi celle qui conduisait de l'Adriatique à la Scandinavie par la Norique et les vallées de la Moldau et de l'Elbe ; elle coupait le cours du Danube et se raccordait à l'est à la Mer Noire et, en direction de l'ouest, au Rhin. Quelle que fût leur importance, elles n'intéressaient que très indirectement Genève [2].

La position de Genève dans le cadre de ces grandes voies européennes ne laissait pas d'être favorable. Tout d'abord par rapport aux cols des Alpes. A première vue, on pourrait mettre en doute leur importance en songeant que le trafic y était pratiquement interrompu pendant de longs mois d'hiver — dans certains cas pendant la moitié de l'année — et que leur débit, au cours de la belle saison, était limité par l'emploi d'animaux de bât. Mais d'autres époques historiques attestent l'intensité des rapports commerciaux à travers les Alpes entre l'Italie, la Suisse, l'Allemagne et la France, malgré des conditions géographiques difficiles.

Or Genève a été dans plusieurs périodes — et c'est le cas au second âge du Fer — un des points de convergence, une des têtes d'étape, de ces cheminements alpins. Grands étaient les avantages qu'elle en tirait. « De ces routes alpestres, écrit C. Jullian, c'étaient les Allobroges qui tenaient les principaux débouchés, avec Genève, Grenoble et le confluent de l'Isère. Ils occupaient la moitié, ou davantage, du lit du Rhône : un large sentier naturel traversait leur empire d'une extrémité à l'autre, de Valence à Genève, ou du Rhône à l'Isère par le détroit de Chambéry [3]. »

Mais Genève était également le point d'arrivée de plusieurs des chemins qui traversaient le Jura ; de ceux du Plateau suisse aussi qui prolongeaient

---

48-49. — Doris TRÜMPLER, Clément BÉRARD et Marc-R. SAUTER, *Tombes de La Tène C trouvées dans le village du Levron (commune de Vollèges, Valais)*, dans *Arch. suisses d'Anthr. gén.*, XXII, 1957, pp. 55-75. — Le mobilier funéraire de ces tombes montre les relations économiques qui existaient entre la Haute Italie et le Plateau suisse.

[1] Plinio FRACCARO, *Il Valico del Sempione nell'Antichità*, dans *Atti del Convegno di Studi per i rapporti scientifici e culturali italo-svizzeri*, 4-6 maggio 1956 (Istituto lombardo di Scienze e Lettere), Milan, 1956, pp. 43-46. — Luca de REGIBUS, *L'itinerario romano del Sempione, loc. cit.*, pp. 47-53. — Gerold WALSER, *Zur Geschichte der Alpenübergänge in römischer Zeit, loc. cit.*, pp. 54-59. — Sur l'ensemble du problème des cols valaisans, cf. Denis van BERCHEM, *Du portage au péage. Le rôle des cols dans l'histoire du Valais celtique*, dans *Museum Helveticum*, XIII, 4, 1956, pp. 199-208. — Il a noté la levée de certains droits de circulation par les peuplades celtes du Valais. Pp. 203-207.

[2] DÉCHELETTE, *Manuel...*, t. III, pp. 562 et ss., 580 et ss. et *passim* ; t. IV, p. 1576 et ss. — C. JULLIAN, *Hist. de la Gaule*, t. I, pp. 42-66.

[3] *Hist. de la Gaule*, t. II, p. 519.

les itinéraires de la vallée du Rhin, de la Germanie et des pays danubiens. Elle constituait une étape dans les échanges entre l'est et l'ouest de l'Europe.

Elle était aussi un des aboutissements du trafic de la vallée du Rhône, de Massalia et d'une partie de cette Méditerranée dont le bassin central et oriental était arrivé à un degré de civilisation et de vie économique qui dépassait de beaucoup celui qu'avait atteint la Gaule, malgré les grands progrès qu'elle avait déjà accomplis.

Le pont sur le Rhône, à l'extrémité du lac, alors que les points de franchissement de ce fleuve étaient rares, contribuait à infléchir les courants du trafic vers Genève.

Il n'est pas sans intérêt de confronter la situation de l'oppidum genevois de La Tène et celle de la Genève du moyen âge : elle était, à ce moment encore, le point d'arrivée de ces mêmes routes, de ces mêmes cols alpestres. La réputation de ses foires et la richesse de la ville résultaient de sa position par rapport à quelques courants essentiels du trafic européen médiéval.

A côté des voies intéressant les rapports de Genève avec une grande partie du continent, de nombreux sentiers, des pistes, des chemins unissaient les lieux habités de notre région entre eux et avec l'oppidum. Ceux du Genevois, du Faucigny et du Chablais, c'est-à-dire d'une partie du pays des Allobroges, convergeaient vers le Bourg-de-Four et la porte orientale de la ville ; les uns arrivaient par le plateau des Tranchées ; les autres, après avoir traversé le pont de l'Arve, par la dépression de Saint-Léger. Quant aux cheminements locaux de la rive droite du lac et du Rhône, leur point de ralliement était le pont de l'Ile et la porte occidentale de l'oppidum gaulois. Le trafic local, facilité par ces chemins, complétait les échanges que l'on peut déjà qualifier, sans trop d'anachronisme, d'internationaux.

Le pied et les contreforts du Salève, qui ont continué à l'époque de La Tène à être une zone de peuplement et aussi de refuge en cas de danger, ont été parcourus, à mi-hauteur, par un sentier qui aurait été marqué, si l'on en croit B. Reber et E. Thury, par des pierres repères [1]. Il était doublé, nous l'avons déjà vu, par un chemin suivant les crêtes et desservant les nombreuses installations sidérurgiques qui s'y trouvaient.

Les routes de l'Allobrogie — et de la Gaule en général — n'avaient évidemment pas la qualité des voies romaines. Certaines n'étaient que des pistes ou, à travers les Alpes et dans les forêts, des sentiers muletiers. Mais d'autres ont dû être assez bonnes. On ne pourrait guère expliquer autrement les rapides déplacements de César et de ses armées à travers la Gaule.

A côté des cavaliers et des lents convois d'animaux de bât — chevaux,

---

[1] Thury, *loc. cit.*, dans *Le Salève*, p. 340.

mulets, ânes —, des véhicules de types variés ont circulé sur les routes. Nous avons déjà signalé l'habileté des Gaulois comme métallurgistes et comme charrons. Les Romains, après la conquête, leur ont fait beaucoup d'emprunts. « Les Gaulois, écrit H. Hubert, ne furent pas seulement de remarquables cavaliers, fort attentifs à l'équipement de leurs montures, ils ont également contribué, plus que tout autre peuple en Europe, à l'utilisation du cheval attelé. Ils ont inventé un char de guerre, l'*essedum* ; leurs types de voitures, le *carpentum*, le lourd chariot de voyage, la *theda*, le *cissum*, le cabriolet à deux roues ont été adoptés par les Latins qui ont également gardé leurs noms. De tous ces véhicules, il ne nous reste que des figures et des quantités considérables de pièces de fer dont la complication même témoigne de mille et une inventions [1]. »

Les principales routes étaient marquées de bornes au passage des frontières ; elles étaient jalonnées de lieux de marché et d'autels consacrés aux dieux. Jullian estime que, selon la qualité des chemins, le type des voitures, leurs attelages et leurs chargements, la vitesse commerciale des charrois devait varier entre quarante et soixante-dix kilomètres par jour.

Des ponts de bois, bâtis sur de solides pilotis, permettaient le franchissement des fleuves et des grandes rivières. Il en existait plusieurs sur le Rhône entre le Léman et la Méditerranée. Nous avons décrit celui de l'Ile, à Genève, « dont les origines se confondent avec celles de l'agglomération lacustre » [2]. Il a largement contribué au développement économique de la bourgade.

Souvent le passage des fleuves — du Rhône notamment — et de certaines rivières moins importantes s'effectuait à l'aide de bacs ou de gués entretenus [3].

2. La navigation fluviale et lacustre

La Gaule bénéficiait d'un remarquable réseau fluvial utilisé longtemps avant la conquête romaine. Les fleuves, à défaut de raccords par des canaux, étaient en rapports suivis et commodes, malgré les ruptures de charge, grâce aux chemins de portage franchissant les seuils qui les séparaient.

La navigation du Rhône, de la Saône et du Doubs aboutissait à celui de

---

[1] *Les Celtes depuis l'époque de la Tène...*, p. 316.

[2] L. Blondel, *Notes d'archéologie genevoise, XI. Le pont romain de Genève*, B.H.G., V, 1923-1933, p. 130. — Cf. aussi, de Blondel, *Le château de l'Ile et son quartier*, dans *Nos Anciens et leurs œuvres*, 2e série, VI, Genève, 1916, p. 3 et ss. — *Chronique des découvertes archéol... en 1932*, dans *Genava*, XI, 1933, pp. 29-33. — *L'emplacement du pont de César sur le Rhône, à Genève*, dans *Genava*, XVI, 1938, pp. 104-115.

[3] C. Jullian, *Hist. de la Gaule*, t. II, pp. 228-235.

Montbéliard par lequel on rejoignait le Rhin à Augst, au coude de Bâle. De la Saône, par un autre portage, on atteignait la Moselle et le Rhin. Il en allait de même en ce qui concerne le raccord du Rhône avec la Loire d'une part et, de l'autre, avec la Seine par la Saône et le plateau de Langres, ou par la Bourgogne jusqu'à Troyes, ou encore par l'Yonne [1].

Pline, dans son *Histoire naturelle*, appelle le Rhône « le plus riche fleuve des Gaules ». Il le montre qui « se précipite des Alpes par le lac Léman, emportant dans sa course le lent Araris [2] ainsi que l'Isère et la Durance, dont la rapidité ne le cède guère à la sienne même » [3].

De son côté, Strabon a noté dans sa *Géographie* [4] les avantages des cours d'eau de la Gaule. « En général, ces fleuves coulent dans des plaines ou le long de collines dont la pente douce ne gêne en rien la navigation. Ils sont de plus si heureusement distribués entre eux qu'on peut faire passer aisément les marchandises d'une mer à l'autre : à la vérité, il faut user de charrois dans une partie du trajet, mais c'est sur un espace peu étendu et d'ailleurs tout en plaine, ... et la plus grande partie du trajet se fait bien par la voie des fleuves... »

Les services rendus par le Rhône qui peut être « remonté très haut... par des embarcations pesamment chargées », et par la Saône et le Doubs, ont été notés par Strabon [5]. Il marque aussi les inconvénients qu'entraîne le cours rapide du fleuve. Qu'importe : le Rhône restait le véritable lien au point de vue économique entre la Méditerranée, la Gaule et une partie de l'Europe centrale. Les bateaux de mer venus de Phénicie, de Grèce, d'Italie, pouvaient le remonter jusqu'à Arles dont le rôle à la fois de port de mer et de port fluvial explique la grandeur et la richesse [6].

Genève a tiré du Rhône de grands avantages qui complétaient ceux que lui valaient les cheminements terrestres. Ce que nous venons de dire concernant les seuils de portage entre les bassins fluviaux explique que la gorge de Génissiat, la Perte du Rhône et le défilé du Fort de l'Ecluse n'ont pas été des obstacles insurmontables dans le trafic de la Méditerranée au lac de Genève. Le seuil à franchir de Seyssel au bassin genevois était plus court que beaucoup d'autres en Gaule dont le trafic s'accommodait parfaitement. Quant au Léman, il offrait un moyen de transport incomparable.

---

[1] L. BONNARD, *La navigation intérieure de la Gaule...*, pp. 27-28.
[2] La Saône.
[3] Liv. III, chap. 4. — Trad. française, t. II, Paris, 1771, p. 65.
[4] Liv. IV, chap. Ier, § 2 (traduction nouvelle par Amédée Tardieu ; Paris, 4 vol., 1890-1909). — Il écrit au Ier siècle de notre ère, mais ses remarques sont valables pour la période antérieure. T. Ier, p. 292.
[5] Liv. IV, chap. Ier, § 14 (trad. Tardieu). T. Ier, p. 311.
[6] L. BONNARD, *op. cit.*, pp. 3-4.

Les fleuves et les rivières navigables ont été d'actifs agents de civilisation et de développement économique. Les lieux où les voies terrestres les coupaient, quel que fût le moyen de franchissement : gué, bac ou pont, étaient voués à un sort exceptionnel. Des villages sont devenus des villes, avec leurs relais, leurs marchés, leurs péages. Comme l'écrit Jullian, « un gué a fondé Limoges ; un bac ou un passage, Cavaillon, Chalon, Beaucaire et Tarascon ; un pont, Amiens ; un port, Boulogne, Genève et Orléans »[1]. Cependant, en ce qui concerne Genève, on peut admettre que le pont a joué un rôle au moins aussi important que le port.

Les bateaux des fleuves et des lacs avaient dépassé depuis longtemps le stade de la pirogue monoxyle creusée au feu ou par enlèvement d'éclats dans un tronc d'arbre. Les radeaux, grossiers assemblages de pièces de bois, étaient encore utilisés dans certains cas, notamment lorsqu'on avait à lutter contre un courant violent, et aussi sur certaines rivières peu profondes. Mais les Gaulois, comme les peuples méditerranéens, construisaient de véritables embarcations de planches. Leurs formes et leurs dimensions s'adaptaient à l'usage que l'on en faisait comme au caractère des rivières : bateaux à fond plat pour les cours d'eau peu profonds, barques plus robustes et d'une grande capacité de transport — mais elles avaient un faible tirant d'eau — pour les fleuves et leurs principaux affluents. Certaines embarcations, rudimentaires, étaient formées de quelques planches posées sur des outres gonflées d'air. On s'est servi de pagaies, de gaffes puis de rames ; sans doute le halage sur les sentiers des berges a-t-il été pratiqué. On ne peut préciser à quel moment les mâts et les voiles ont fait leur apparition sur les fleuves et les lacs de la Gaule.

Les ports fluviaux et lacustres possédaient des quais de débarquement assez sommaires. Dans ce domaine, Rome a apporté plus tard bien des perfectionnements[2].

Genève a possédé à l'époque romaine des installations portuaires très complètes dont nous reparlerons. Mais certains vestiges prouvent, estime Louis Blondel, que le port de Longemalle existait déjà en tout cas à la fin de l'époque de La Tène. Des ateliers et des cabanes avaient été édifiés — nous l'avons vu — dans son voisinage immédiat[3].

Le lac constituait une admirable voie de communication. Les marchandises qui arrivaient par la vallée valaisanne du Rhône, point d'aboutissement du Grand Saint-Bernard et du Simplon, ou par le Plateau suisse vers lequel convergeaient plusieurs grands courants de l'échange européen, étaient embarquées à

---

[1] *Op. cit.*, t. II, p. 243.
[2] L. Bonnard, *op. cit.*, p. 132 et ss. — C. Jullian, *op. cit.*, t. II, pp. 235-236.
[3] L. Blondel, *Le port gallo-romain de Genève*, dans *Genava*, III, 1925, pp. 90-91.

Villeneuve ou à Morges à destination du port genevois. Utilisant ensuite les routes terrestres, elles reprenaient la voie fluviale au-delà des gorges que le Rhône franchit au sud de Genève. Il redevient navigable dans la région de Seyssel.

Nous aurons l'occasion de revoir ce qu'a été, plus tard, l'organisation corporative des bateliers romains et en particulier celle du collège des nautes et des ratiaires genevois [1]. Une question a été posée : ces collèges, ces corporations, ont-ils été introduits en Gaule par les conquérants ? Ou bien existaient-ils déjà avant l'arrivée de César ? Pour Genève, aucun indice ne permet de répondre à cette question. En ce qui concerne l'ensemble de la Gaule, Louis Bonnard, dont le livre, bien qu'ancien, fait autorité, penche pour la seconde hypothèse. A ses yeux, les transport fluviaux de la Gaule indépendante étaient d'une telle importance que des « groupements plus ou moins bien organisés » devaient déjà y exister. On en aurait la quasi-certitude pour les nautes de la Seine dont Lutèce était le centre [2].

---

[1] Livre III, section VI, chap. IV.

[2] *Op. cit.*, pp. 173-174. — Sur l'ensemble de la question pour l'Europe, voir CLARK, *op. cit.*, chap. X, « Voyages et moyens de transport ».

CHAPITRE V

LES ÉCHANGES. LES PÉAGES. LA MONNAIE

1. LES ÉCHANGES ENTRE RÉGIONS

Tout au long de cet exposé, nous avons eu l'occasion de voir que la Gaule était, à l'époque de La Tène, déjà fortement incorporée à une économie d'échange, ce qui ne signifie pas d'ailleurs que le système autarcique ait complètement disparu de tous les secteurs, en particulier dans les contrées rurales isolées et dans les montagnes.

Les circonstances nous ont amené à indiquer, à plus d'une reprise, quels étaient les principaux pays participant à cet échange et les marchandises qui en étaient l'objet. L'usage de la monnaie le facilitait singulièrement.

Quelle qu'ait été la valeur du réseau routier et fluvial, les moyens de transport restaient encore relativement lents et coûteux ; aussi les marchandises qui les utilisaient étaient-elles de types bien définis. Des produits de luxe naturellement, possédant une grande valeur sous un petit volume. D'autres manufacturés aussi, moins chers, mais dont la production, pour des raisons diverses — habileté de la main-d'œuvre, localisation des matières premières — était limitée à certaines régions. Cependant, quelques-unes de ces matières, premières circulaient à travers l'Europe, ainsi les métaux, le verre brut, l'ivoire, l'ambre, le corail : elles étaient travaillées par les artisans gaulois. Il en allait de même des produits alimentaires dont la production était conditionnée par des exigences climatologiques.

Si l'étain arrivait toujours des Cornouailles et des îles Scilly, le fer des parties de la Gaule que nous avons signalées, l'ambre de l'Italie méridionale, la plupart des autres produits provenaient du monde méditerranéen. La Grèce et le Levant, plusieurs régions de l'Italie — l'Etrurie, la Grande-Grèce — fournissaient, outre le corail, l'ivoire et les métaux précieux, des vases et des ornements de bronze, de l'orfèvrerie, des bijoux, de la verrerie.

La poterie, ordinaire ou de qualité, donnait lieu aussi à d'importants échanges. La céramique campanienne y a joué un rôle en vue. Marc-R. Sauter en a trouvé des restes, dans la haute vallée du Rhône, à Saint-Léonard et à

Saint-Triphon. Deux pièces fort remarquables ont été découvertes dans une tombe à Ollon (Vaud) et à Augst près de Bâle [1].

Le commerce du vin était très actif. Les Gaulois ne cultivaient pas encore la vigne ; or ils étaient de grands amateurs de vin. Les Grecs, on s'en souvient, avaient l'habitude de vendre le leur, comme leur huile d'ailleurs, dans des amphores. C'est ainsi que les vignes et les olivettes de l'Attique étaient étroitement associées à la céramique athénienne, si active, dans le commerce méditerranéen.

A ces importations correspondaient des exportations gauloises, allobroges en particulier : des grains, de la laine, des salaisons, des fromages, des chevaux ; des esclaves aussi.

Le sel était un important objet de commerce. A côté des marais salants, les salines étaient exploitées selon des procédés très habiles. Celles de Lorraine et de Franche-Comté, dès l'époque de Hallstatt, alimentaient, avec le fer produit par les mêmes régions, le trafic des routes du Jura [2].

Déjà d'une certaine activité à l'époque de Hallstatt, les rapports d'échange se sont multipliés au début du second âge du Fer, utilisant les cheminements, ponctués de têtes d'étapes, qui traversaient la Suisse et dont certains aboutissaient à Genève. L'intensité du trafic a varié selon les moments. Il se faisait souvent « par voie indirecte et à l'aide de nombreux intermédiaires » [3]. Les mouvements de population qui se sont produits en Suisse au dernier siècle de l'ère païenne ne lui ont pas été favorables. « La période de la Tène III fut... pour le territoire helvétique une phase extrêmement troublée : le commerce international ressentit nécessairement les effets de ces vicissitudes politiques [4]. »

Comme toujours, le mouvement des échanges a été un puissant agent de diffusion de la civilisation. Les contrées situées au nord et à l'ouest des Alpes en ont largement profité [5].

Les méthodes de ce commerce sont difficiles à préciser. Sans doute les marchandises ont-elles passé d'étape en étape par les soins de nombreux intermédiaires. Cependant, si l'on en croit Jules César, des marchands romains étaient fixés à demeure dans les villes gauloises, pour la commodité de leur négoce, bien avant la conquête [6].

---

[1] Elisabeth ETTLINGER, *Céramique campanienne en Suisse*, dans *Ur-Schweiz (La Suisse primitive)*, XXIII, 1, 1959, pp. 11-12.

[2] L. BONNARD, *op. cit.*, pp. 21-22. — J. DÉCHELETTE, *Manuel...*, t. III, pp. 714 et ss., 755 et ss., 892 et ss. — C. JULLIAN, *Hist. de la Gaule*, t. II, pp. 330-333.

[3] DÉCHELETTE, *Manuel...*, t. IV, p. 914.

[4] *Ibid.*, t. IV, p. 941.

[5] *Ibid.*, t. IV, p. 1574.

[6] Sur l'ensemble de la question, cf. CLARK, *op. cit.*, chap. X.

Quel a été le rôle de Genève dans ce trafic à longue distance ? Sa position par rapport à d'importantes voies de communication, lacustres, fluviales, terrestres, alpines, le pont du Rhône, le port de Longemalle sont des indices qui laissent supposer qu'il a été actif.

2. Les échanges locaux

Outre ce commerce, que l'on serait tenté de qualifier d'international, un échange interne, d'intensité variable, se développe dans les limites du territoire de chacune des peuplades de la Gaule. Des marchés réguliers ont lieu aussi bien dans la capitale des nations que dans la bourgade principale de chaque tribu. Chez les Allobroges, à côté de Vienne, Grenoble et Genève jouent un rôle important.

Les Gaulois semblent avoir eu un goût particulier pour les foires. Les transactions commerciales étaient loin d'en être la seule raison : elles étaient aussi l'occasion de palabres et de festivités qui plaisaient à un peuple très sociable de nature.

A l'intérieur de l'oppidum genevois, nous l'avons vu, les vastes espaces ne manquaient pas qui permettaient l'organisation de tels marchés. Les foires destinées aux bestiaux se tenaient au Bourg-de-Four, au pied d'une des portes et du réduit fortifié de Genève. C'est ainsi que s'articulait l'échange entre la ville et ses modestes métiers, et la région rurale prospère qui l'entoure.

Comme à beaucoup d'autres bourgades gauloises, une double fonction était donc dévolue à Genève qui était — et César l'a bien noté dans ses *Commentaires* — à la fois une forteresse et un marché des Allobroges, *oppidum* et *emporium*.

3. Les péages

La circulation des marchandises à travers la Gaule était assez intense et régulière pour être l'objet de redevances qui avaient, suivant les cas, le caractère de péages ou de droits de douane.

Sur les rivières navigables, des « perceptions de ce genre fonctionnaient régulièrement en Gaule bien avant la conquête romaine ». D'autres taxes étaient acquittées dans le trafic de cité à cité. Au dire de César, « il fallait payer des droits considérables pour franchir les passages des Alpes vers le Rhône, et le lac Léman »[1].

---

[1] L. Bonnard, *op. cit.*, p. 30 et n. 2.

Les Allobroges en ont levé aussi sur le Rhône entre Vienne et Genève. C'est la raison pour laquelle, sur plusieurs parties de son cours, ils s'étaient établis solidement sur les deux bords du fleuve : c'était le moyen pour eux d'éviter toute contestation avec les riverains et d'éviter le partage des taxes perçues. En effet, ces levées, source d'importants revenus, ont été parfois âprement disputées par les peuplades voisines. Elles ont été à l'origine de plusieurs guerres intestines de la Gaule, témoin celle des Séquanes et des Eduens aux prises au sujet des péages de la Saône [1].

Un problème s'est posé à propos de la station de La Tène. On y a retrouvé une masse considérable d'objets de fer, une centaine d'épées, plus de deux cents fers de lance, des fibules, quantité d'outils divers et d'instruments agricoles, des lingots de métal, sans compter les monnaies d'or dont nous aurons l'occasion de reparler [2].

On a beaucoup discuté la signification de ces trouvailles. Déchelette a donné une explication qui a été tout d'abord acceptée. Comparant les trouvailles de La Tène et celles de *Cabillonum* ou Chalon-sur-Saône, il estimait, par analogie, que la station neuchâteloise avait été un de ces postes de péages gaulois « affermés à de puissants personnages qui, à l'exemple des chevaliers romains, en tiraient de gros profits » [3]. Le système de perception aurait donc été le même que celui des publicains, fermiers de l'impôt à Rome.

Déchelette a admis que *Cabillonum*, sur la Saône, aux confins des Séquanes et des Eduens, était un péage et que les objets qu'on y a retrouvés provenaient du trafic, très intense, de la rivière. « Là s'emmagasinaient les marchandises prélevées sur les cargaisons des trafiquants, à titre de droits perçus en nature [4]. »

Selon l'historien français, La Tène aurait été aussi une station de péage sur une importante route de transit. Les épées, qui sont de la même facture que celles de Chalon-sur-Saône — on ignore où elles étaient fabriquées — le prouveraient. Ce poste de La Tène aurait été particulièrement important dans la seconde phase de l'époque de La Tène alors que les troubles qui en marquent la troisième période l'auraient atteint d'une façon sensible [5].

Cette thèse est celle aussi — avec une nuance — de D. Viollier. A son avis, les Helvètes ont créé « sur leur territoire, un poste de douane à la frontière helvéto-rauraque : le poste de La Tène, sur le lac de Neuchâtel, sur la grande route du Saint-Bernard à Bâle, par les défilés de la Birse. Un poste

---

[1] BONNARD, *op. cit.*, p. 30. — C. JULLIAN, *Hist. de la Gaule*, t. II, p. 224.

[2] W. WAVRE et P. VOUGA, *La Tène. Reprise des fouilles*, dans *Musée neuchâtelois*, mars-avril 1906, p. 6.

[3] *Manuel...*, t. IV, p. 939.

[4] *Ibid.*, p. 939.

[5] *Ibid.*, pp. 935-941.

semblable fut élevé sur la Limmat, non loin de Zurich, sur la grande route orientale d'Italie à Bâle, par le San-Bernardino et le Boetzberg. Tant que les Helvètes avaient occupé les deux rives du Rhin, ces stations avaient été sans objet. Une fois les Helvètes cantonnés en Suisse, ils éprouvèrent le besoin de défendre leur frontière commerciale par l'établissement de postes de péage [1]. » Ainsi, aux yeux de Viollier, il s'agirait de taxes de douane ayant un caractère protectionniste. De tels droits, à vrai dire assez légers, existaient à la frontière des états de la Grèce.

R. Montandon ajoute aux péages signalés par Viollier ceux de Tiefenau sur l'Aar, de Wipkingen sur la Limmat et de Port sur la Thièle [2].

En ce qui concerne La Tène, l'interprétation de Déchelette et de Viollier a été controuvée par P. Vouga, qui pourtant, au début de ses recherches, l'avait admise. Nous ne le suivons pas dans sa démonstration. Tout au plus pouvons-nous retenir quelques-uns de ses arguments. Les épées retrouvées sont identiques, de fabrication gauloise. S'il s'était agi d'un poste de péage, les armes prélevées à titre de redevances auraient été de types divers. Beaucoup de ces pièces paraissent neuves ; certaines même sont emballées dans une toile grossière. Aucun objet d'usage féminin n'a été recueilli. Le poste possédait un appareil de défense militaire. Vouga aboutit finalement à la conclusion que La Tène était un « entrepôt fortifié occupé militairement » [3].

R. Forrer constate que les monnaies trouvées à La Tène sont toutes de fabrication helvète alors que celles du Grand Saint-Bernard étaient d'une extraordinaire diversité, témoignant du caractère international du trafic franchissant le col. Il arrive à la conclusion que « La Tène servait donc surtout au trafic régional » [4].

A toutes ces interprétations, on en a opposé récemment une autre. K. Raddatz écarte l'idée d'un poste douanier. A quoi correspondrait-il puisque La Tène n'est pas à la frontière de deux peuples ? Faisant des comparaisons avec des trouvailles faites au Danemark, il pense que l'on y a appliqué une coutume celtique, reprise d'ailleurs par les Germains, celle des sacrifices consentis aux divinités tutélaires sous forme d'objets et surtout d'armes [5]. Cette interprétation a été soutenue par René Wyss [6].

---

[1] *Les sépultures du second âge du Fer...*, p. 93.
[2] *Genève, des origines...*, p. 96.
[3] *La Tène...*, pp. 146-150.
[4] Forrer, dans P. Vouga, *La Tène...*, p. 128.
[5] *Zur Deutung der Funde von La Tène*, déjà cité, *Offa*, XI, 1952, pp. 24-28.
[6] *Das Schwert des Korisios*, dans *Ur-Schweiz (La Suisse primitive)*, XVIII, 4, 1954, pp. 53-58. — *Funde aus der alten Zihl und ihre Deutung*, dans *Germania*, XXXIII, 1955, pp. 349-354.

Quant à Marc-R. Sauter, il se demande si l'on ne peut pas attribuer à la station de La Tène une double signification. Elle aurait été à la fois un poste de douane et un lieu de sacrifice. Un point reste obscur. Quel sens faut-il donner à la présence de crânes portant les traces de blessures mortelles ? Résultent-elles de sacrifices humains ou de combats ? Le professeur Sauter pense que tout le problème doit être encore étudié [1]. En même temps, il en pose un autre : que signifient les armes et les autres objets, datant notamment du Bronze final, retrouvés dans le Rhône à Genève, en aval du pont de l'Ile ?

Peu importe le cas particulier de la station de La Tène. La certitude subsiste de la perception un peu partout en Gaule et en Helvétie de droits de circulation et de douane, le départ entre les deux étant d'ailleurs difficile à faire.

Denis van Berchem a relevé que, dans le Valais celtique, des taxes étaient déjà perçues sur le trafic des marchandises. « On ne se trompera guère en admettant qu'il existait autant de *portoria* que de petits peuples établis sur l'itinéraire des marchands. Le péage d'Agaune, mentionné par plusieurs inscriptions d'époque impériale, remonte à coup sûr au temps de l'indépendance [2]. » Parmi les redevances imposées figurent aussi des droits d'escorte, contrepartie de la sécurité que l'on garantissait [3]. Les peuplades valaisannes, les Nantuates, les Véragres, les Sédunois et les Ubères, qui s'échelonnaient le long du Rhône, ont tiré un large profit de leur situation géographique.

Une fois de plus la question se pose : qu'en était-il de Genève ?

Sa situation à la tête de la navigation du Rhône [4], à l'extrémité d'un lac au trafic animé, à l'articulation du pays des Allobroges et de celui des Helvètes, au point d'aboutissement de plusieurs cols des Alpes et du Jura, et aussi le contrôle qu'elle exerçait sur un des rares ponts du Rhône, tout appelait la création d'un poste de péage et même de douane. Mais aucune trouvaille archéologique n'en atteste l'existence. Il en ira autrement à l'époque romaine [5].

4. LES MONNAIES

Les transactions locales et, à plus forte raison, européennes et méditerranéennes, n'auraient pas pu atteindre le développement qu'elles ont connu

---

[1] Le protohistorien américain de Navarro — il a professé en Angleterre, à Cambridge —, qui prépare une monographie exhaustive de la station de La Tène, a confié à M.-R. Sauter qu'il était partisan de l'interprétation sacrificielle des trouvailles qu'on y a faites.

[2] D. van BERCHEM, *Du portage au péage, loc. cit.*, pp. 203-204.

[3] D. van BERCHEM, pp. 203-207.

[4] Compte tenu du seuil de portage de Seyssel au Léman.

[5] Cf. *infra*, livre III, section VIII, chap. Ier.

sans l'usage d'une monnaie. Nous avons rappelé déjà comment une troisième marchandise, la monnaie, intervenant dans l'échange, avait décomposé le troc, mode rudimentaire et fort incommode, en deux opérations successives, la vente et l'achat. Mais les ustensiles et instruments, les lingots, les barres, les plaques, qui avaient été d'abord utilisés comme monnaie, ont fait place à de véritables pièces [1]. L'usage des types primitifs n'a d'ailleurs pas disparu d'un coup. Les deux formes ont été au début employées concurremment [2].

En tout cas à partir du IVe siècle avant J.-C., des pièces aborigènes, lingots dont le poids et le titre sont garantis par l'intégrité des empreintes qui les revêtent, sont en usage. Mais avant les frappes authentiquement gauloises, longtemps des monnaies étrangères avaient circulé en Gaule. Le phénomène est général dans le monde méditerranéen. On sait quelle a été la réputation de la drachme athénienne, la fameuses chouette d'argent frappée à l'effigie d'Athéné. Elle avait fini, à cause de la scrupuleuse honnêteté du monnayage de l'Attique, par être utilisée partout, se superposant aux monnaies moins sûres. Elle servait en somme d'instrument international d'échange. Plus tard, au moment de la toute-puissance de Philippe et d'Alexandre, ce rôle a été joué par de très belles pièces d'or, les fameux statères macédoniens. On les retrouve souvent dans les fouilles gauloises, avec des drachmes d'argent de Marseille et, plus tard, avec des monnaies romaines.

Longtemps les Gaulois, pour répondre aux exigences du trafic, ont copié ces prototypes étrangers en conservant leurs effigies primitives. Déchelette a marqué l'importance de ce phénomène [3]. Ils ont reproduit au début les modèles étrangers avec une certaine précision. Mais on assiste bientôt à une véritable dégradation. Au fur et à mesure que l'on avance dans la période de La Tène, les pièces deviennent plus informes, plus barbares. On a souvent de la peine à reconnaître l'effigie primitive dans les grossières imitations que l'on en fait [4].

---

[1] Cf. *supra*, livre II, première partie, chap. IV.

[2] La monnaie-instrument a survécu plus longtemps dans l'île de Bretagne que sur le continent. Il est possible qu'une petite rouelle de métal, amulette à laquelle s'attachait une idée religieuse, y ait été utilisée encore longtemps comme monnaie. — J. DÉCHELETTE, *Manuel...*, t. IV, pp. 1557-1559.

[3] « Une précieuse acquisition vient... favoriser ces progrès économiques et en faciliter le développement : les Celtes empruntent aux peuples classiques l'usage de la monnaie. A partir de l'an 300 environ, des espèces d'or et d'argent sont frappées chez un grand nombre de peuples au nord des Alpes. Le numéraire se substitue dans les transactions du négoce aux primitifs instruments d'échange, au simple troc des marchandises. » — T. IV, p. 913.

[4] J.-G.-D. CLARK a reproduit deux séries de cinq pièces parties de prototypes grecs qui montrent d'une façon saisissante cette dégradation. *L'Europe préhistorique. Les fondements de son économie*, p. 410. — René WYSS parle d'une *Barbarisierung* de la monnaie

Dans le second âge du Fer, innombrables ont été les types monétaires, grecs et d'autres provenances, qui ont circulé parallèlement aux pièces frappées en Gaule [1]. Qu'on se rappelle l'extraordinaire diversité des pièces retrouvées au Grand Saint-Bernard.

Naturellement, l'échange « international » s'opérait à l'aide de pièces de bon aloi et d'une sécurité totale. C'est ce qui explique le rôle de quelques bonnes monnaies. Alors que les « chouettes » athéniennes, puis des statères macédoniens, servaient aux transactions dans tout le monde méditerranéen, les frappes gauloises, douteuses, finissaient par n'être utilisées que dans le trafic local. « La mauvaise monnaie chasse la bonne », constate la loi dite de Gresham. C'est la raison pour laquelle les pièces de bas aloi circulaient dans un espace restreint alors que celles qui étaient frappées en Grèce étaient absorbées par l'échange « international » ou étaient enfouies par les thésauriseurs [2].

C. Jullian pense que le droit de battre monnaie, en ce qui concerne l'or et l'argent, appartenait à chacune des « cités » gauloises. Peut-être les tribus qui les constituaient avaient-elles la possibilité de frapper des pièces de bronze ou de bas alliage [3] dont l'usage était très développé dans le trafic local. Mais dans les cachettes, dans les « trésors », que l'on a si souvent mis au jour, ce sont avant tout des métaux précieux que l'on découvre.

Parmi les trouvailles que l'on a faites sur le Plateau suisse figurent notamment des statères d'or imitant le monnayage macédonien, et des drachmes d'argent massaliotes [4]. Les monnaies livrées par la station de La Tène ont été étudiées par R. Forrer. Ce sont des statères et des quarts de statère d'or macédoniens copiés avec plus ou moins d'habileté par les ateliers gaulois et helvètes en particulier. Sur huit pièces recueillies, sept proviennent certainement du monnayage helvète [5].

---

de La Tène. Dans l'éd. allemande, *Die mittlere und späte La Tènezeit im Mittelland und Jura; Repertorium...*, Heft 3, p. 23.

[1] DÉCHELETTE, t. IV, pp. 1557-1573. — Albert GRENIER, *Les Gaulois*, pp. 254-266.

[2] H. HUBERT, *Les Celtes depuis l'époque de la Tène...*, pp. 309-310.

[3] *Hist. de la Gaule*, t. II, pp. 343-344. — M.-R. SAUTER a retrouvé à Saint-Léonard deux monnaies « attribuables à l'une des tribus celtiques des Alpes occidentales ». *Fouilles dans la station néolith. et protohist. de Saint-Léonard*, loc. cit., pp. 82-83.

[4] D. VIOLLIER, *Les sépultures du second âge du Fer...*, p. 62.

[5] R. FORRER, dans P. VOUGA, *La Tène...*, pp. 123-128. — Les statères retrouvés en Suisse pesaient de 7 à 8 gr., les demi-statères de 3,6 à 4 gr., les quarts de statères de 1,2 à 1,7 gr. R. WYSS, *La Tène moyenne et finale...*, dans *L'âge du Fer en Suisse, Répertoire...*, cahier 3, Bâle, 1960, p. 23. — Au passage du IIe au Ier siècle, on a imité aussi des deniers romains en argent et quelquefois en bronze et des drachmes massaliotes en argent, avec le lion et la nymphe. Des pièces de bronze portent un taureau stylisé. WYSS, p. 23. — Sur l'ensemble de la question, en ce qui concerne la Suisse, E. VOGT, *Zur gallischen Numismatik der Schweiz*, dans *Jahresbericht des Schweizerischen Landesmuseums*, XLI, Winterthur, 1932, (1933), pp. 91-101.

D. Viollier, résumant les résultats de ses recherches concernant le Plateau suisse, a écrit : « Les Helvètes connurent de bonne heure l'usage de la monnaie, et la fréquence des découvertes faites dans leur pays témoigne d'une circulation monétaire très active. » Mais il ajoute : « Les monnaies trouvées jusqu'à ce jour dans leurs sépultures sont rares : il est évident que le rite qui consistait à placer dans la tombe une pièce de monnaie n'est pas indigène [1]. »

Les fouilles de la région genevoise intéressant le second âge du Fer ont été exceptionnellement avares dans le domaine monétaire. A quelles circonstances cela tient-il ? Il est bien évident que l'usage du numéraire attesté par tant d'indices, de preuves même, dans toutes les régions de la Gaule et jusque sur le plus haut col des Alpes alors utilisé, le Grand Saint-Bernard, sur tout le Plateau suisse aussi, au pays des Helvètes, a dû être courant dans une cité qualifiée d'*emporium* des Allobroges.

Les monnaies n'ont pas toujours suffi aux besoins du trafic gaulois. Leur rareté a pu être parfois gênante. D'autre part, comme dans tant de pays tout au long de l'histoire, les altérations de monnaies ont souvent perturbé les échanges. Lorsque l'on n'est pas sûr du poids et du titre d'une pièce, il faut recourir à la pesée et à l'essai du métal, avec toutes les complications que cela comporte [2].

Ces inconvénients n'ont pas été négligeables. Il n'empêche qu'un système fondé sur un régime monétaire, même imparfait, représentait un progrès considérable.

---

[1] *Les sépultures du second âge du Fer...*, p. 62.

[2] H. HUBERT, *Les Celtes depuis l'époque de la Tène...*, pp. 307-310.

CHAPITRE VI

LES STRUCTURES SOCIALES

Nous ne revenons pas sur l'organisation politique des peuplades et des tribus de la Gaule que nous avons déjà sommairement esquissée. Nous n'avons pas non plus à exposer les conceptions religieuses des Gaulois, leurs divinités — sur lesquelles nous sommes d'ailleurs mal renseignés —, leur croyance en l'immortalité de l'âme.

La société gauloise était solidement hiérarchisée. Les renseignements fournis par l'archéologie et par quelques auteurs latins, dont César, le prouvent. Le village fortifié de Mariamont, sur la Versoix [1], possédait une cabane plus grande que les autres : c'était de toute évidence la maison du chef [2]. R. Montandon parle de « demeures de chefs » à l'intérieur de l'oppidum genevois. De fait, il s'agit d'une simple hypothèse qui, à défaut de preuves, a pour elle la logique [3].

Les habitudes sédentaires de l'âge de La Tène ont contribué à modifier la stratification sociale des populations celtes, encore en partie nomades à l'époque de Hallstatt, stratification conditionnée sans doute par le droit de propriété.

Au bas de la hiérarchie se trouvaient les esclaves. Si nous ne disposions que des indices livrés par les fouilles, nous aurions de la peine à nous représenter avec exactitude ce qu'a été leur existence. Mais certaines indications fournies par des auteurs latins, contemporains de la conquête ou un peu postérieurs à elle, suppléent aux insuffisances de l'archéologie.

Tout laisse supposer que leur sort était assez proche de celui de leurs congénères grecs et romains. Ils devaient être de véritables objets de propriété ; leurs maîtres pouvaient même ordonner qu'on les brûlât sur leur tombe avec des meubles familiers. Leurs fonctions étaient très diverses ; ils étaient surtout

---

[1] Cf. *supra*, livre II, deuxième partie, deuxième section, chap. Ier, 3 et 4.

[2] L. Blondel, *Le retranchement de Mariamont...*, dans *Genava*, XXI, 1943, p. 80 et ss.

[3] *Genève, des origines...*, p. 100.

affectés au travail de la terre et des métiers. La relative simplicité de vie des Gaulois ne permettait pas la multiplication des emplois, notamment dans le service domestique, qu'entraînait le luxe des peuples méditerranéens.

Comment se recrutaient ces esclaves? Par la guerre, naturellement. Cependant, la coutume celtique d'immoler les vaincus tarissait en partie cette source de l'esclavage qui fut la principale où puisèrent les Grecs et les Romains, comme d'ailleurs d'autres peuples méditerranéens. Par achat aussi. Mais nous ne savons rien de l'organisation du commerce des esclaves dans la Gaule, si ce n'est que certains de ses habitants étaient réduits à la condition servile à Rome, avant comme après la conquête. Plus tard, beaucoup seront gladiateurs.

Les esclaves paraissent avoir été assez peu nombreux en Gaule. A part la culture des grands domaines, ils ne trouvaient guère de place dans son économie. Diodore de Sicile — mais il est du siècle d'Auguste — signale, à propos des Gaulois, l'échange d'un esclave contre une mesure de vin. Cela signifie-t-il que les esclaves sont bon marché? Ou bien, dans un pays de grands buveurs qui ne possède pas encore de vignobles, que le vin est très cher [1]?

La Gaule, comme Rome, a connu une plèbe, formée d'hommes libres. Quelle en est l'origine? La notion d'une classe issue de la population primitive soumise aux nouveaux arrivants, les Celtes vainqueurs, est trop simple ou en tout cas trop peu nuancée. Car cette plèbe a fini par compter une forte proportion d'authentiques Gaulois à côté d'étrangers mal assimilés et d'affranchis — car l'affranchissement existait en Gaule. Le passage d'une classe à une autre restait possible: on pouvait s'échapper de la plèbe comme on pouvait y tomber [2].

Les ouvriers libres des métiers ont eu sans doute une existence assez difficile. Même s'ils se sont distingués quelque peu de la plèbe, il leur est arrivé parfois de faire cause commune et de se confondre avec elle. C'est l'explication sans doute de certains troubles sociaux dans les villes gauloises. Jullian, généralisant peut-être quelques données éparses, parlant de cette plèbe, a écrit: « En tout cas, il suffisait qu'elle fût nombreuse et groupée pour qu'elle pût devenir redoutable [3]. » Il décrit les « loges » étroites, minuscules ateliers dans lesquels travaillaient les forgerons de Bibracte qui, à leur mort, auraient été ensevelis sur place, sous leur enclume. Et Jullian de conclure: « La dureté était la loi dans ces ruches humaines, et leurs débris informes révèlent encore

---

[1] H. HUBERT, *Les Celtes depuis l'époque de la Tène...*, p. 312. — C. JULLIAN, *Hist. de la Gaule*, t. II, pp. 64-66.

[2] JULLIAN, t. II, pp. 66-69.

[3] *Ibid.*, p. 328.

l'exploitation du travail de beaucoup pour le profit de quelques-uns. » Il pense cependant que ce labeur était relevé par « une pensée divine » [1].

Au-dessus de cette plèbe, une classe moyenne s'est développée, une manière de bourgeoisie si l'on ose avancer cet anachronisme. Elle comprend des artisans, employant parfois un ou deux ouvriers, libres ou esclaves. Ils fabriquent des outils, des instruments, des ustensiles, des armes, et, dans certaines régions, de la céramique. Ils peuvent être charpentiers, collaborer à la construction des modestes maisons gauloises. Les plus favorisés possèdent un atelier ; d'autres, comme dans toutes les civilisations primitives, sont nomades, offrant leurs services de bourgade en bourgade.

Plusieurs autres professions indépendantes existent encore. Qu'on se reporte aux transports et aux échanges dont nous avons parlé. Selon Jullian, la Gaule « possède déjà... ses voyageurs en marchandises, ses entrepreneurs de transports par terre et par eau, et sans doute d'actives corporations de mariniers ou de trafiquants, puissance nouvelle qui grandissait en dehors de la noblesse d'épée » [2].

Mais, nous l'avons déjà dit, nous ne sommes pas sûr que Jullian ait raison lorsqu'il parle de « véritables manufactures ». La production en masse et en série, si tant est qu'elle ait existé en Gaule, est parfaitement compatible avec l'organisation de nombreux petits ateliers exécutant les commandes d'un marchand qui les rassemble pour les vendre parfois sur des marchés éloignés. C'est la forme typique de l'industrie dispersée, pratiquée chez les Phéniciens et les Grecs — la céramique d'Athènes en est un exemple — et qui existera jusqu'à la révolution industrielle du XVIIIe siècle et même bien au-delà.

A moins que l'on veuille qualifier de manufactures des ateliers de l'importance de ceux qui existaient à la rue du Vieux-Collège, près du port de Longemalle, décrits par Louis Blondel [3].

Une noblesse couronnait l'édifice social. Nous avons rappelé ses fonctions politiques. Le pouvoir s'exerçait par droit d'hérédité, mais cependant la caste dirigeante n'était pas fermée. Une certaine ascension semble avoir été possible dont bénéficiaient en particulier ceux qui avaient su acquérir la richesse. C'est un élément très favorable à l'essor de la vie économique et au progrès de la civilisation. « Des ferments de tout genre, écrit C. Jullian, stimulaient l'activité et l'ambition des hommes. Ce régime aristocratique les invitait à une constante émulation [4]. »

---

[1] JULLIAN, p. 329.

[2] P. 327.

[3] Cf. *supra*, livre II, deuxième partie, deuxième section, chap. III, g.

[4] *Hist. de la Gaule*, t. II, p. 71.

Le principal fondement de cette noblesse a dû être malgré tout la terre. Nous ne revenons pas sur le problème du droit de propriété, ni sur l'organisation des grands domaines [1].

A la richesse terrienne, les plus puissants Gaulois ajoutent leurs maisons et leurs fermes, leurs biens mobiliers, notamment leurs armes et leurs bijoux, quelques esclaves et peut-être un trésor contenant des monnaies d'or et d'argent.

Sans doute la guerre n'a-t-elle pas été étrangère à la stratification sociale. Si les vaincus étaient réduits à l'esclavage, les plus valeureux des chefs, et peut-être de simples guerriers, devaient tirer parti de la victoire.

Tout laisse supposer qu'autour de cette noblesse gravitait une véritable clientèle, plus ou moins comparable à celle de Rome. César en a marqué l'importance. La plupart des clients étaient de situation modeste, ils se recrutaient parmi les serviteurs et les paysans. Quelques privilégiés étaient unis au maître par des liens forgés à la guerre [2].

Telle était cette hiérarchie sociale — ou plus exactement, telle est l'image que l'on peut tenter d'en reconstituer.

Cette structure a été sans doute celle des Allobroges et de Genève en particulier. Les ateliers et les maisons décrits par Louis Blondel, les grands domaines ruraux avec leurs fermes, notamment dans la région de Vandœuvres, ne sont pas en contradiction avec ces données générales.

---

[1] Nous en avons parlé à propos de l'agriculture, cf. *supra*, chap. II, 3.
[2] C. JULLIAN, *Hist. de la Gaule*, t. II, pp. 69-79. — A. GRENIER, *Les Gaulois*, pp. 218-220.

CHAPITRE VII

DE LA PROTOHISTOIRE A L'HISTOIRE

Ainsi se présente le second âge du Fer, avec toutes ses lacunes et ses obscurités, avec les hypothèses qu'il comporte et les interprétations non exemptes de contradictions qu'il a suscitées.

Si la Gaule est très loin d'atteindre le niveau des civilisations grecque et romaine de la même époque, si ses habitants s'intéressent parfois davantage aux combats qu'au travail industriel et agricole, il n'en reste pas moins vrai qu'elle est tout de même arrivée à un développement économique fort remarquable où les éléments aborigènes jouent, à côté des emprunts faits aux pays méditerranéens, un rôle qui n'est pas négligeable.

La Gaule du second âge du Fer ne possède pas encore d'annales écrites, mais certains renseignements la concernant sont parvenus jusqu'à nous grâce aux auteurs grecs et romains, les uns antérieurs, les autres — le plus grand nombre — légèrement postérieurs à la conquête.

Cependant, l'alphabet grec a pénétré dans la Gaule indépendante — sans doute par le canal de Marseille — dès le IIᵉ siècle avant J.-C. Son usage serait devenu courant. « Les Gaulois commencèrent à avoir de véritables archives, privées et publiques. » Ainsi, les Helvètes et leurs associés, lorsqu'ils eurent décidé d'abandonner leur territoire, ont dressé une liste écrite de ceux qui émigraient, les classant par catégories, guerriers, femmes, enfants, vieillards [1].

Mais l'alphabet grec — il a été remplacé par l'écriture romaine après la conquête — n'a pas laissé d'annales relatant la geste gauloise.

Il faut attendre l'arrivée de César en Gaule, à la tête de ses légions, et les *Commentaires* dans lesquels il fera le récit de ses campagnes, pour que Genève, dont l'existence pourtant remontait à plusieurs siècles — à des millénaires même si on veut la rattacher aux premières populations de Veyrier —, fasse, en 58 av. J.-C., son entrée dans l'histoire.

---

[1] C. Jullian, *Hist. de la Gaule*, t. II, p. 376. — Le chiffre fourni, 368.000 émigrants, est, de toute évidence, fortement exagéré.

LIVRE III

L'ÉPOQUE ROMAINE

PREMIÈRE SECTION

LE CADRE HISTORIQUE

CHAPITRE UNIQUE

LE CADRE HISTORIQUE

La conquête romaine a-t-elle été pour la Gaule un bien ou un mal ? Aurait-il été préférable qu'elle pût continuer à se développer selon son génie propre au lieu d'être, malgré le maintien de beaucoup de ses traditions, assez fortement romanisée ? Camille Jullian semble avoir répondu affirmativement à cette question. D'autres pensent que la civilisation romaine, elle-même tout imprégnée de celle de la Grèce, a apporté aux Gaulois des éléments féconds de renouvellement et de progrès.

Peu importe la réponse que l'on donne à de telles interrogations. Le fait de la conquête est là : elle a transformé rapidement le visage d'une région privilégiée à tant de points de vue déjà, et elle en a fait une des plus belles provinces de l'Empire romain. Malgré le maintien de beaucoup de traits originaux de son caractère, l'assimilation de la Gaule aurait été rapide si l'on en croit tout au moins Marc-Antoine faisant le panégyrique de César : « Voyez cette Gaule... qui nous envoya de si redoutables ennemis : elle est aujourd'hui cultivée comme l'Italie. Des communications nombreuses et sûres sont ouvertes d'une frontière à l'autre : la navigation est libre et animée jusque sur l'Océan[1]. »

Il est de fait que, jusqu'aux bouleversements apportés par les invasions du IIIe siècle qui ont été si graves pour Genève comme pour tant d'autres

---

[1] Cité par Camille JULLIAN, *Gallia*, Paris, 2e éd., 1902, p. 40.

parties de l'Empire, la Gaule — et notre région avec elle — a particulièrement bénéficié de la *pax romana*, surtout sous le règne des Flaviens et des Antonins. Toute la Gaule a littéralement changé de visage. C'est à ce moment que la Genève antique a connu sa plus grande extension, son plus haut chiffre de population, sa plus brillante prospérité.

En effet, contrairement à ce qui s'est passé lors des premiers contacts avec les Allobroges, la politique de Rome, à partir de César, a été fort habile. La conquête terminée, elle ne s'est livrée à aucune violence. Elle n'a pas imposé ses institutions, ses mœurs, sa langue, sa religion. Les Gaulois ont pu garder de leur passé ce qui leur convenait et c'est en toute liberté qu'ils se sont pliés à une graduelle romanisation. L'Empire n'a même pas modifié, dans les temps qui ont suivi la conquête, les limites des « cités » et des tribus, limites qui s'étaient dessinées au cours des siècles dans des conditions obscures. Genève restera une ville allobroge de la Viennoise alors que l'autre rive du lac et du Rhône était partie intégrante de l'Helvétie.

C'est presque sans heurts que la civilisation gallo-romaine, avec ses caractères aborigènes et ses emprunts, s'est constituée.

Ce n'est pas à dire que cette période de tranquillité, qui dura presque trois siècles, a été totalement exempte de remous : à l'intérieur de la Gaule et à ses frontières, des troubles ont parfois éclaté, mais sans l'atteindre dans ses œuvres vives.

On ne doit d'ailleurs pas exagérer, au moment où on l'isole pour une étude particulière, l'importance de Genève à l'époque romaine. Elle est une petite ville comme il en existe un très grand nombre dans l'Empire. Son nom, après les *Commentaires* de César, n'apparaît guère dans les annales. En revanche le Léman et le Rhône sont souvent mentionnés.

Nous n'avons pas à refaire ici l'histoire politique de la Genève romaine. André Oltramare et Louis Blondel en ont marqué récemment les traits essentiels [1]. Nous nous bornons à esquisser le cadre dans lequel la vie économique et sociale de notre cité s'est développée.

Bien avant l'arrivée de César en 58 avant J.-C., Genève était déjà soumise, avec tout le pays des Allobroges, à la domination romaine. Nous avons vu dans quelles conditions la conquête s'était effectuée. Vaincus en 121, devenus sujets de Rome, les Allobroges — donc les habitants de Genève — ont été incorporés à la Narbonnaise en 118. Cette première phase de leur intégration n'a pas été heureuse. Dévasté par les Cimbres et les Teutons, le pays a été aussi livré au pillage des magistrats, des fonctionnaires et des publicains romains.

---

[1] *Genève romaine*, dans *Hist. de Genève*, t. Ier, p. 33 et ss.

L'action d'un des gouverneurs, Fonteius, nous est bien connue par la plaidoirie *Pro Fonteio* que Cicéron a prononcée pour le défendre. L'orateur montre que c'est à juste titre que, pour punir les Allobroges si souvent en révolte, on a exterminé certaines tribus et imposé à d'autres « de grandes sommes d'argent et d'énormes fournitures de blé afin de les mettre hors d'état de nuire au peuple romain ». On a évidemment de la peine à concilier la position de Cicéron défenseur de Fonteius et celle de Cicéron prononçant ses réquisitoires contre Verrès !

Les Allobroges semblent avoir été soumis à de terribles exactions : lorsqu'ils étaient incapables de payer leurs impôts, on confisquait leurs biens fonciers et on les réduisait, eux et leurs familles, à l'esclavage. Les députations qu'ils ont envoyées à Rome, comme leurs soulèvements, sont restés sans résultat. Ils avaient conçu à l'égard de Rome une véritable haine.

Mais la situation a changé avec une étonnante rapidité à partir de César. Pratiquant une politique tout à fait nouvelle, il a su se concilier les Allobroges et faire de leur pays un point d'appui dans ses campagnes. Auguste a poursuivi avec éclat cette politique de bienveillance qui a permis aux Allobroges comme aux autres Gaulois d'accepter une romanisation dépourvue de contrainte. Pendant les campagnes de 58 à 45, les Allobroges, dont les Romains avaient reconnu le caractère indomptable, ont été les fidèles alliés de César, lui fournissant des soldats et montant la garde sur le Rhône pendant sa lutte avec Vercingétorix.

La soumission à Rome des peuplades gauloises des Alpes a normalisé la situation des Allobroges et a été très favorable au développement de Genève. Les cols, dont nous avons marqué l'importance déjà à l'époque de La Tène, le Grand et le Petit Saint-Bernard en particulier, ont canalisé vers Genève un important trafic.

Les vieilles « cités » gauloises, celles des Eduens, des Arvernes, des Allobroges subsistent sous le régime romain. Mais, de plus en plus, le nom du peuple, de la « cité », tend à disparaître : il est remplacé par celui de sa capitale. « Du jour, écrit C. Jullian, où le vieux mot de Vienne ne fut plus seulement l'appellation d'une bourgade gauloise, mais le vocable d'une grande ville neuve, bâtie à l'image de Rome, il relégua celui des Allobroges dans l'ombre d'abord et ensuite dans l'oubli[1]. »

Vienne avait été promue par César, en 50 ou en 46, au rang de colonie latine, grand privilège qui conférait bien des avantages à ses habitants. Les magistrats de la ville étaient considérés comme des citoyens romains ; les *vici*, comme Genève, devaient lui payer certaines redevances.

---

[1] *Histoire de la Gaule*, t. IV, p. 324.

Lorsque Octave se fut assuré la maîtrise incontestée de l'Occident, il confia à Agrippa le soin de parachever la romanisation des Allobroges, tâche dans laquelle il réussit admirablement. Octave, devenu l'empereur Auguste, réorganisa la Gaule et conféra à Vienne, qui faisait partie de la Narbonnaise, le titre de colonie romaine en 14 après J.-C. Caligula, en 40 après J.-C., précisa ses droits, accordant aux habitants de la Viennoise, donc à ceux de Genève, les privilèges des citoyens romains.

Comme le remarque André Oltramare, toutes ces étapes avaient été rapidement franchies. Vienne, en quatre-vingt-dix ans, avait passé « avec tout le pays avoisinant, Genève comprise, par les étapes suivantes : colonie latine de 50 à 14 avant J.-C. ; colonie romaine imparfaite de 14 avant J.-C. à 40 après J.-C. ; colonie romaine complète et bénéficiant du droit italien depuis 40 »[1].

Les territoires des « cités » sont restés à peu près immuables alors qu'au contraire les frontières des provinces ont été remaniées à plus d'une reprise. La « cité » est subdivisée en circonscriptions, les *pagi*. Le *pagus* est, comme la *civitas*, un assemblage d'hommes et de territoires, héritier de la vieille structure gauloise, à la fois organisme politique et centre économique. Mais, après les bouleversements du IIIe siècle, une certaine centralisation se produit, au détriment des *pagi* et des *vici* qui sont à leur centre, au profit des capitales des « cités ». Il a fallu les invasions du Ve siècle et leurs terribles conséquences, abandon des villes, refuge dans les campagnes, pour que le *pagus* reprenne un peu de son ancienne importance[2].

A l'intérieur de la Viennoise, Genève n'était qu'un modeste *vicus* partageant ce titre, dans l'ancien pays des Allobroges, avec Annecy, Albens, Aix-les-Bains, Belley, Aoste (ou peut-être Saint-Genix d'Aoste), Grenoble.

La magistrature de Vienne, avec ses fonctions bien définies, n'exerçait qu'un contrôle assez lâche sur le ménage du *vicus* genevois, ne se préoccupant que de quelques problèmes essentiels. D'ailleurs, la même autonomie caractérisait les rapports de la Viennoise avec la Narbonnaise, la province dont elle dépendait.

Genève, comme les autres *vici*, a ses propres édiles — un édile assisté d'un curateur ou d'un intendant — qui connaissent de toutes les questions d'administration locale et bénéficient d'une large liberté d'action. Le pouvoir législatif local appartient à une commission, de dix à vingt membres, choisis de préférence entre les propriétaires fonciers. Parmi les fonctions de cette magistrature du *vicus* figurent la police, la justice de paix et les travaux

---

[1] *Quand les Genevois devinrent-ils citoyens romains ?* dans *Genava*, X, 1932, pp. 102-103.

[2] Albert GRENIER, *Manuel d'Archéologie gallo-romaine*, t. V, Paris, 1931, pp. 142-146. — Le *Manuel* de Grenier est la suite du *Manuel...* de J. Déchelette.

publics. Mais elle reste sous le contrôle d'un *duumvir*, magistrat suprême de toute la « cité » de Vienne [1].

Camille Jullian a précisé les caractères des *pagi* et des *vici*. «Il faut, à l'intérieur d'une grande cité, se représenter chacun de ces cantons comme un petit peuple, vivant de sa vie particulière, ayant son chef-lieu, son nom plusieurs fois séculaire, ses assemblées, ses biens propres, ses dieux, ses prêtres, ses patrons et ses traditions... Les habitants d'un *pays* donnaient des jeux et des fêtes dans leur bourgade principale. Ils pouvaient y tenir des réunions, prendre des résolutions, députer directement à l'empereur, à l'insu ou à l'écart des chefs de la cité [2].» Telle était la position de Genève par rapport à Vienne.

Cette décentralisation, cette autonomie, qui correspondaient non seulement à des traditions historiques, mais aussi à des nécessités géographiques, étaient tout à l'avantage des *vici*, ces modestes bourgades dont l'importance et la prospérité tendaient à s'affirmer. «En face de Vienne, la maîtresse des Allobroges, écrit Jullian, Grenoble et Genève croissaient sur le sol de ce peuple [3].» Cette situation dura pendant toute la période de la *pax romana*, jusqu'au IIIe siècle.

Genève a perdu tout caractère militaire [4]. Pourquoi l'aurait-elle conservé ? Elle n'est plus un poste frontière mais une bourgade à l'intérieur du territoire romain. De ses deux fonctions primitives d'*oppidum* et d'*emporium*, c'est la seconde qui a triomphé. Elle a pu de ce fait s'étaler au dehors de son enceinte fortifiée et connaître un essor économique réjouissant. La période qui va de César aux invasions du IIIe siècle est celle de l'apogée de la Genève romaine.

Félix Staehelin, parlant de la position de Genève dans la Viennoise, a écrit : «Die zahlreichen stattlichen Ehren- und Grabdenkmäler hoher Beamter der Kolonie, worunter sich eigentliche Familienmonumente befinden, beweisen im Verein mit den ansehnlichen Resten grosser Gebäude und komfortabel eingerichteter Villen in der Umgebung, dass der *vicus* von den Würdeträgern

---

[1] Hans Bögli note au sujet de Genève : «Bis 40 n. Chr. besass die ganze civitas den Rechtsstatus des latinischen Rechts, von da an das römische Bürgerrecht. Genfer Bürger als Beamte im Vorort der civitas : ein quattuorvir iure dicundo..., ein duovir iure dicundo..., duoviri aerarii..., triumviri locorum publicorum persequendorum..., ferner Inhaber verschiedener Priesterämter. Unter dem aedilis... werden wir uns einen Dorfvorsteher von Genf vorstellen müssen.» *Zeugnisse des öffentlichen Lebens und der geistigen Kultur*, dans *Die Römer in der Schweiz, Repertorium der Ur- und Frühgeschichte der Schweiz*, Heft 4, Bâle, 1958, p. 29.

[2] *Hist. de la Gaule*, t. IV, p. 354.

[3] *Ibid.*, p. 355.

[4] Rudolf Fellmann admet cependant l'existence d'un poste militaire à Genève. Cf. *Geschichte und Militär*, dans *Die Römer in der Schweiz, Repertorium...*, Heft 4, p. 5.

von Vienna mit Vorliebe als Wohnort auserkoren wurde und städtischen Glanzes nicht entbehrte [1]. »

Genève, dépendant de la Viennoise, avait le privilège de relever d'une province sénatoriale, la Narbonnaise, gouvernée par un ancien préteur portant le titre de proconsul. « Alle römischen Bürger dieser Provinz, also auch diejenigen, die in Genf wohnten, waren der Tribus Voltinia zugeteilt [2]. »

Quant à la Gaule, prise dans son ensemble, elle paraît à certains points de vue plus riche que l'Italie. Tibère le constate déjà dans un discours aux sénateurs en 21 après J.-C. : « Je m'étonne que personne ne songe à nous rappeler à quel point l'Italie a besoin de l'aide extérieure : si les ressources des provinces ne subvenaient à nos besoins, à ceux des maîtres, des esclaves et des terres, seraient-ce nos forêts et nos villas de luxe qui nous sauveraient ? » Quelques années plus tard, en 48, l'empereur Claude demande au Sénat l'entrée à la Curie romaine des membres de la haute aristocratie gauloise. « Qu'ils viennent chez nous dépenser leur or au lieu de le garder pour eux [3]. »

Cependant, bien avant les invasions du IIIe siècle, même sous le règne de bons empereurs, tels Trajan, Adrien, Antonin le Pieux, Marc-Aurèle, des signes avant-coureurs annonçaient déjà un changement dans la prospérité de la Gaule. L'arrivée des Barbares, dans la seconde moitié du siècle, allait accuser et accélérer ces manifestations de décadence. Genève, comme tant d'autres villes de l'Empire, devait durement en pâtir.[4]

La seconde moitié du IIIe siècle a été le temps des invasions germaniques, en particulier de celles des Alemans. En 259, Avenches et l'Helvétie en furent les premières victimes. Puis ce fut le tour de Vienne. En 277, la région genevoise a été atteinte à son tour. Les importants quartiers qui se trouvaient à l'extérieur de l'enceinte furent saccagés, incendiés, alors que l'*oppidum*, dont on avait en grande hâte relevé les murailles et où les gens du voisinage s'étaient réfugiés, put résister aux Barbares. De nouvelles attaques eurent lieu en 298.

L'ordre fut finalement rétabli sur la rive gauche du lac et du Rhône

---

[1] *Die Schweiz in römischer Zeit*, 3e éd., Bâle, 1948, pp. 152-153.

[2] Félix STAEHELIN, *op. cit.*, p. 153.

[3] Albert GRENIER, *Les siècles heureux et la déchéance de la Gaule romaine*, dans *Revue des cours et conférences*, 1936-1937, pp. 212-213.

[4] C. JULLIAN, *Hist. de la Gaule*, t. IV, pp. 324-359. — Charles MOREL, *Genève et la Colonie de Vienne sous les Romains*, dans *M.D.G.*, XX, 1879-1888, pp. 1-97, pp. 489-498. — André OLTRAMARE, *Quand les Genevois devinrent-ils citoyens romains ?* dans *Genava*, X, 1932, pp. 29-103. — A. OLTRAMARE et L. BLONDEL, *Genève romaine*, dans *Hist. de Genève*, t. Ier, pp. 33-41. — F. STAEHELIN, *op. cit., passim*.

alors que sur la rive droite le pillage et l'insécurité subsistaient. La coupure du Léman et du fleuve restait marquée.

Lorsque Dioclétien, à la fin du IIIe siècle, changea la structure de l'Empire, il sépara complètement la Viennoise de la Narbonnaise, en l'agrandissant et en la constituant en province autonome. Vienne ne tarda pas à éclipser Narbonne.

De l'autre côté du Léman, Nyon, l'ancienne colonie équestre, dépendait de l'Helvétie et fut rattachée finalement, avec elle, lors du remaniement apporté par Dioclétien, à la Province séquanaise dont Besançon — *Vesontio* — était la capitale.

A la fin de ces invasions, à l'aube du IVe siècle, la Gaule tout entière était épuisée. Albert Grenier estime que sa population avait subi une effroyable diminution : elle n'aurait plus été que le cinquième ou le sixième de ce qu'elle était un siècle plus tôt [1].

La vie économique était en pleine régression. L'insécurité et le mauvais entretien des routes paralysaient les échanges. Les enfouissements de trésors, monnaies, bijoux, pièces d'orfèvrerie, dont on a retrouvé un si grand nombre aux environs de Genève et en Savoie, montrent bien l'état de terreur dans lequel vivaient les habitants de la ville et des régions qui l'entourent. Les millésimes des monnaies enterrées permettent de dater exactement ces cachettes. Celles de Saint-Genis (Ain), des Fins d'Annecy, de Sillingy, de Landecy, de Vésenaz, de la ville — aux Tranchées et à la rue Traversière — sont toutes du dernier tiers du IIIe siècle [2].

Cette insécurité avait rendu à l'*oppidum* genevois son ancienne signification militaire. Ses défenses furent renforcées. Le cours du Rhône fut fortifié en ses principaux points de passage. Saint-Gervais devint une tête de pont. Sur la rive gauche, le *castrum* de Chancy était un solide point d'appui pour la défense du fleuve.

Camille Jullian, dans un article de la *Revue des Etudes anciennes* [3], a insisté sur la valeur militaire de Genève pour la surveillance des itinéraires conduisant des Alpes vers le Jura et de l'Helvétie vers Vienne. De son côté, dans le même numéro de cette *Revue*, le colonel Ch. Biais pense que la « création d'un commandement militaire ayant son centre dans la région de Genève, et s'étendant du lac de Neuchâtel à Grenoble, dénote un sens stratégique très

---

[1] *Les siècles heureux...*, loc. cit., pp. 431-432.

[2] MOREL, *loc. cit.*, p. 559. — Raoul MONTANDON, *Genève, des origines aux invasions barbares*, Genève, 1922, p. III.

[3] T. XXII, 1920, p. 273.

sûr ». Le Jura et les Alpes étaient étroitement solidaires dans l'organisation de cette défense [1].

Nous aurons d'ailleurs l'occasion de revenir sur l'extension de Genève entre le Ier et le IIIe siècle, puis sur la destruction du quartier des Tranchées, sur son repliement dans l'enceinte fortifiée. Si, du fait des circonstances, la ville se dépeupla, son rôle dans la défense d'une vaste région valut à l'ancien *vicus* d'être promu, vers l'an 379, au rang de *civitas*. Genève partageait d'ailleurs, à la fin du IVe siècle, cette dignité avec treize autres villes de la Viennoise agrandie. Quelques-unes, Vienne, Grenoble, Vaison, Valence, Orange, Carpentras, Cavaillon, Avignon, Arles, Marseille étaient des localités importantes ; d'autres de ces *civitates*, en revanche, restaient assez modestes, ainsi Apt, Die ou Saint-Paul-Trois-Châteaux [2].

Avec la sécurité renaissante, les régions rurales qui entouraient Genève — elles avaient beaucoup souffert dans la seconde moitié du IIIe siècle — se repeuplèrent. De nouvelles villas — exploitations rurales ou résidences — remplacèrent celles qui avaient été détruites. Mais la ville, à l'étroit dans le corset de force de son *castrum*, n'a pas retrouvé son ancienne population.

Cependant, Charles Morel, dans l'importante étude qu'il a consacrée à *Genève et la Colonie de Vienne sous les Romains*, estime que Genève devenue *civitas* a dû reprendre, dans la seconde moitié du IVe siècle, « une certaine importance, qui est d'ailleurs bien expliquée par sa position à l'extrême frontière de la province, au carrefour de trois ou quatre grandes voies de communication, sur les bords d'un lac dont les rives étaient, dès l'époque romaine, couvertes de riches villas ». Beaucoup de leurs propriétaires, les inscriptions retrouvées le prouvent, ont contribué à l'embellissement de la ville [3]. La *civitas Genevensium* avait sous son autorité des bourgades importantes comme Annecy et Albens. En outre, Genève, devenue chrétienne, était au IVe siècle le siège d'un évêché.

Dans l'organisation de la défense de l'Empire, une vaste région militaire, au sud de Genève, constituait la *Sapaudia*, la Savoie, dont Grenoble, ou peut-être *Cularo*, constituait le centre.

Mais, au Ve siècle, de nouvelles invasions se déclenchèrent : elles furent fatales à Rome. Les Burgondes, battus par les armées impériales, furent cependant gratifiés du titre d'alliés et installés comme tels dans la *Sapaudia*. Ils étaient chargés de surveiller la région comprise entre le Rhône et les Alpes

---

[1] T. XXII, 1920, pp. 279-280. — Sur l'ensemble de la question, cf. R. MONTANDON, *Genève, des origines...*, pp. 111-112.

[2] C. JULLIAN, *Gallia*, p. 79.

[3] *M.D.G.*, t. XX, 1879-88, p. 535.

et en particulier des passsages alpestres dont la signification continuait à s'affirmer dans cette phase où se jouaient les destinées de Rome. Genève en devint la capitale. La *civitas* romaine s'acheminait vers de nouvelles destinées .[1]

---

[1] Mgr Marius BESSON, *Nos origines chrétiennes, étude sur les commencements du christianisme en Suisse romande*, Fribourg, 1921, pp. 12-17. — R. FELLMANN, *Geschichte und Militär, loc. cit.*, pp. 1-3. — C. JULLIAN, *Gallia*, p. 79. — Paul-E. MARTIN, *Le Christianisme*, dans *Hist. de Genève*, t. Ier, pp. 47-50. — R. MONTANDON, *Genève, des origines...*, pp. 111-112 et *passim.* — Ch. MOREL, *loc. cit.*, pp. 533, 557-571. — A. OLTRAMARE et L. BLONDEL, *loc. cit.*, pp. 41-44.

LA VILLE

CHAPITRE PREMIER

L'ASPECT DE LA VILLE

La Genève romaine, *vicus* d'abord, puis *civitas*, mais modeste bourgade toujours, a subi à plusieurs reprises dans son aspect de profondes transformations, liées à l'histoire générale de l'Empire. Les invasions de la seconde moitié du IIIe siècle marquent pour elle un moment décisif. La fin du Ier et le début du IIe siècle, les règnes de Trajan (98-117) et d'Adrien (117-138) voient l'apogée de la puissance et de la splendeur impériales. La Gaule bénéficie largement de cette prospérité qui continue encore assez longtemps. Mais bien avant les invasions du IIIe siècle, un malaise, une inquiétude se manifestent déjà. Les incursions des Barbares précipiteront cette crise latente. Dès lors, avec des périodes cependant d'un certain éclat, Rome devra lutter pour défendre sa puissance et finalement son existence. Le sort des villes de l'Empire, grandes ou petites, en sera affecté.

Les agglomérations gauloises, après la campagne de César, se sont développées et embellies. Même les bourgades modestes s'inspirent des règles de l'urbanisme romain. Des maisons de maçonnerie, des édifices publics souvent très beaux remplacent les cabanes de pisé et de bois ; les tuiles se substituent au chaume, aux roseaux, aux bardeaux. Parlant des Allobroges, Strabon a pu dire : « Le peuple habite les campagnes, mais les nobles sont venus établir leur domicile à Vienne ; ce n'était autrefois qu'une bourgade, quoiqu'elle portât déjà le titre de capitale ; ils en ont fait une grande ville [1]. »

_____

[1] Cité par A. GRENIER, *Les siècles heureux...*, p. 104.

Les modestes *vici* des Allobroges, ainsi Genève, s'ils n'ont pas partagé le sort brillant de la capitale de la Viennoise, ont vu leur visage se modifier profondément.

A Rome, les familles aisées habitaient avec leurs serviteurs, libres ou esclaves, les *domus* de la ville ou les villas de la campagne. Mais les classes modestes, et à plus forte raison la plèbe, devaient se contenter de logements exigus dans des *insulae*, bâtiments locatifs où s'entassaient de nombreux ménages. Certaines de ces bâtisses étaient de petites dimensions; d'autres — le plus petit nombre — étaient d'énormes édifices pouvant atteindre sept ou huit étages. Rome et Ostie n'étaient pas les seules à posséder de telles *insulae*. Mais, naturellement, elles étaient moins nombreuses et moins importantes dans les grandes villes de province. Quant aux petites bourgades, aux *vici*, ils devaient aussi, dans la modeste limite de leurs besoins, posséder des maisons locatives.

Il ne semble pas que les découvertes archéologiques faites à Genève permettent d'apporter des précisions à ce sujet. Mais il est bien évident que toutes les familles du *vicus* ne pouvaient être propriétaires de leur demeure. La différence était grande entre les villas confortables, voire luxueuses, des plus riches Romains et les bâtiments locatifs. Ceux qui étaient destinés aux classes moyennes pouvaient être encore décents, mais ceux qui étaient habités par la plèbe étaient souvent sordides, sans la moindre préoccupation de confort et même de la plus élémentaire hygiène. Certains appartements ne comportaient qu'une pièce unique où se pressait une famille tout entière. Les caves elles-mêmes étaient occupées. Les villes dans lesquelles, à la fin du XVIIIe ou au début du XIXe siècle, s'est opérée la révolution industrielle n'ont peut-être pas fait pire.

Il n'est pas question, dans ces bâtisses, de chauffage à air chaud, de circulation d'eau, d'installations sanitaires, de toutes ces commodités qui caractérisent les habitations somptueuses dont l'image classique fait oublier les conditions de vie des classes populaires. Dans le quartier des Tranchées, dans toute la campagne genevoise, ce sont des villas — nous en reparlerons — qui nous ont laissé leurs fondations. Il est probable qu'ailleurs, et en particulier dans certaines parties de l'ancien *oppidum* gaulois, des maisons plus modestes ont disparu sans que leur substruction, trop souvent bouleversée à travers les âges, ait laissé de trace.

On sait combien la spéculation immobilière a été intense et dépourvue de scrupules non seulement à Rome, mais aussi dans les grandes villes de l'Empire. Elle devait être, par la force des choses, très atténuée dans les *vici* comme Genève.

Pendant les premiers siècles de l'Empire, Rome a été une énorme agglomération. Les évaluations concernant sa population varient beaucoup, allant d'un quart de million d'habitants à un million ou un million et demi selon Léon Homo, ou à un chiffre oscillant entre 1.165.000 et 1.677.000 à l'époque des Antonins d'après les calculs faits par Jérôme Carcopino qui se fonde sur le nombre des *domus* et des *insulae* recensés par les autorités romaines [1].

La Gaule comptait un certain nombre de villes très importantes : Bordeaux, Toulouse, Béziers, Narbonne, Arles, Orange, Vienne, Fréjus, Autun, d'autres encore. Certaines semblent avoir dépassé 50.000 habitants. Les nécessités militaires et leur position géographique ont permis à des localités de la Moselle et du Rhin (Trèves, Cologne, Mayence) de compter de 80.000 à 100.000 habitants. Mais toutes étaient distancées par Lyon, centre militaire et de commerce, nœud de voies de communication terrestres et fluviales, dont on a estimé la population, au moment de l'apogée de l'Empire, à près de 200.000 habitants. Le *vicus* genevois faisait bien modeste figure à côté de ces grandes villes [2].

D'ailleurs, la Gaule tout entière, à côté de ses grandes agglomérations, était parsemée d'une infinité de bourgades plus petites, ces *vici*, centres de *pagi*, dont nous avons parlé. Mais, comme le constate C. Jullian, « ces chefs-lieux, eux aussi, grandirent très vite : Genève et Grenoble chez les Allobroges », et beaucoup d'autres dans toute la Gaule [3].

Quel a pu être le chiffre de la population de Genève au temps de sa grande prospérité, pendant les deux premiers siècles de l'Empire ? On sait combien il est difficile d'établir des calculs exacts en ce qui concerne les villes de l'antiquité : les différences d'appréciations que nous venons de signaler pour Rome le prouvent bien. Louis Blondel a évalué le débit probable de l'aqueduc de Genève, et il a estimé qu'il aurait pu alimenter une ville de 14.400 habitants. Mais il pense que ce chiffre n'a jamais été atteint : il a proposé tout d'abord de le ramener à 10.000 au IIe siècle [4]. Ultérieurement, il a revisé ses calculs et il arrive à cette conclusion que l'aqueduc aurait pu satisfaire aux besoins d'environ 10.000 habitants, mais que — d'autres indices conduisant à ce chiffre — la population genevoise a été de 2000 à 2500 habitants ; elle n'aurait

---

[1] Léon Homo, *Rome impériale et l'urbanisme dans l'Antiquité*, Paris, 1951, p. 529. — Jérôme Carcopino, *La vie quotidienne à Rome à l'apogée de l'Empire*, Paris, 1939, pp. 33-36. — D'autres appréciations sont beaucoup plus modestes : 200.000, 250 ou 260.000. Cf. Adolphe J.-C.-A. Dureau de la Malle, *Économie politique des Romains*, Paris, 2 vol., 1840, t. I, pp. 340-408. — Ferdinand Lot, *La fin du monde antique et le début du moyen âge*, Paris, 1927, pp. 79-80.

[2] C. Jullian, *Hist. de la Gaule*, t. V, pp. 34-38.

[3] *Ibid.*, t. IV, p. 38.

[4] L. Blondel, *L'aqueduc antique de Genève*, dans *Genava*, VI, 1928, pp. 33-55, notamment 55.

en tout cas pas dépassé 3000 [1]. Si l'on s'en tient à ces indications, on peut constater une fois de plus combien le *vicus* genevois a été modeste. Plus d'une commune suburbaine dépasse très largement à l'heure actuelle la population de la Genève des deux premiers siècles de notre ère, donc de l'époque de sa plus grande richesse. A fin août 1962, d'après les données du Bureau cantonal de statistique de Genève, Vernier compte 11.117, Lancy 8.513, Meyrin 5.958, Chêne-Bourg 5.755, Chêne-Bougeries 5.272, Grand-Saconnex 3.804, Thônex 3.436, Onex 3.395 habitants. Quant à Carouge, elle atteint 14.988 habitants.

Certaines des bourgades gauloises sont encore fortifiées ; mais la plupart, pendant la belle période de la *pax romana*, ont abandonné leur appareil de défense, ou encore ont construit en dehors de leur enceinte de vastes quartiers nouveaux répondant aux règles de la circulation et de l'urbanisme. Ce sera — nous allons le revoir — le cas de Genève.

En Helvétie, les agglomérations étaient nombreuses aussi. Les fouilles d'Avenches ont révélé son importance. Les autres villes étaient Windisch (*Vindonissa*), Augst (*Augusta Raurica*), Baden (*Aquae Helveticae*), Yverdon (*Eburodunum*), Martigny (*Octodurus*), Lausanne — *vicus* dépendant d'Avenches — avec son port de Vidy, Vevey (*Vibiscum*), Villeneuve et, tout près de Genève, Nyon que Jules César avait érigé pour ses vétérans, en 45 av. J.-C., en *Colonia Julia Equestris*, élevée ensuite par Auguste au rang de colonie romaine ; elle était sans doute plus importante que la localité du XXe siècle [2]. Toutes ces villes helvètes s'étaient développées en fonction des routes, des cols et des fleuves, des nécessités militaires et économiques.

Sur la rive gauche du lac, voisine de Genève, Thonon était déjà une bourgade de quelque importance [3].

Quelle a été l'extension de Genève pendant la période brillante du début de l'Empire, avant les invasions du IIIe siècle ? Une fois de plus, Louis Blondel nous apporte à ce sujet de nombreuses et précieuses indications.

On connaît déjà la signification de l'*oppidum* gaulois de Genève. Après la soumission des Allobroges aux Romains, il semble avoir subsisté. C'est sous

---

[1] *Le développement urbain de Genève à travers les siècles, Cahiers de Préhistoire et d'Archéologie*, III, Genève et Nyon, 1946, p. 22. — Pierre BERTRAND, de son côté, a articulé le chiffre de 15.000. *Les origines de Genève*, Genève, s.d. [1942], p. 41.

[2] Au sujet de Nyon, cf. Rudolf LAUR-BELART, *Städte und stadtähnliche Siedlungen*, dans *Die Römer in der Schweiz, Repertorium...*, Heft 4, pp. 8, 12 et Tafel 7.

[3] L. BLONDEL, *La civilisation romaine dans le bassin du Léman*, dans *Revue historique vaudoise*, 35e année, 1927, pp. 303-307, 343-345. — Pierre BOUFFARD, *L'Helvétie romaine*, Genève, s.d. [1944], cahier n° 17 de *Pages suisses*, pp. 7-18. — F. STAEHELIN, *op. cit., passim.* — Cf. aussi J. CARCOPINO, *op. cit.*, pp. 33-36. — A. GRENIER, *Les siècles heureux..., loc. cit.*, pp. 104 et 213. — GRENIER, *Manuel...*, t. VI, 2, pp. 665-726. — L. HOMO, *op. cit.*, pp. 529-589, 638-639. — C. JULLIAN, *Hist. de la Gaule*, t. V, pp. 34-62.

cet aspect que Genève s'est présentée à César en 58 av. J.-C., sans que cependant sa valeur comme *emporium* ait échappé au conquérant. L'un protège l'autre [1].

Mais la situation va changer très rapidement. Nous l'avons déjà indiqué, la place forte à la frontière devient un *vicus* à l'intérieur des terres de l'Empire. A quoi son enceinte aurait-elle servi au temps de la *pax romana* ? De fait, Genève est alors une ville ouverte avec tous les avantages que cela comporte. Il sera assez tôt d'en relever les murailles et de s'y réfugier lorsque les invasions du IIIᵉ siècle l'exigeront.

Ainsi, l'*oppidum* allobroge peut faire sauter son carcan, respirer, s'étendre sur un emplacement plus commode que le sommet allongé d'une étroite colline.

Au-delà de l'étranglement du Bourg-de-Four, le plateau des Tranchées était particulièrement favorable à cette expansion. On se souvient que, déjà à l'époque de La Tène, il avait vu s'édifier un certain nombre de maisons. Mais le modeste faubourg de l'âge du Fer va s'étaler jusqu'à Malagnou et Florissant : il sera plus vaste finalement que le vieil *oppidum*. Au sud, il dévale la pente du côté de l'Ecole de Chimie, de la place des Philosophes, de la rue Prevost-Martin ; vers le nord, il rejoint le lac et le port de Longemalle. C'est un véritable déplacement de la ville qui se fait en direction du sud et de l'est. A l'époque allobroge, le Bourg-de-Four avait été un actif marché de bétail, au pied de la porte principale, en dehors de l'enceinte, à l'arrivée de plusieurs routes. Dorénavant, il sera le cœur de l'agglomération, un véritable *forum* marchand, intermédiaire entre le vieux quartier et la ville nouvelle. Il possédait un centre commercial important, vaste halle entourée de boutiques qui s'étendait jusqu'à la rue Chausse-Coq.

On a retrouvé aux Tranchées de nombreux vestiges datant des premiers siècles de l'Empire romain ; et pourtant cette zone a été sans cesse remaniée, bouleversée, tout au long de l'histoire, lors des invasions du IIIᵉ siècle, au moyen âge, du fait du faubourg Saint-Victor, puis au temps de la construction des fortifications à la Vauban. Même au XIXᵉ siècle, lorsque le quartier moderne s'est construit après la démolition de l'enceinte, aucune précaution n'a été prise pour recueillir les restes des vieilles civilisations, pour dresser un plan systématique de ce qu'on avait retrouvé. Les épisodes contés par Henri Fazy au sujet de la destruction par les ouvriers d'incomparables richesses archéologiques — ils ont brisé notamment de très nombreuses amphores — sont tout à fait édifiants.

Mais, depuis lors, une fois de plus, la sagacité, la patience, l'érudition de

---

[1] L. BLONDEL, *Les fortifications de l'oppidum gaulois de Genève*, dans *Genava*, XIV, 1936, pp. 62-63. — *Notes d'archéologie genevoise*, VI, *L'oppidum de Genève*, B.H.G., IV, 1914-1923, pp. 340-361.

Louis Blondel ont fait merveille. Utilisant les moindres indices, il a pu reconstituer dans ses grandes lignes le plan d'ensemble du quartier romain.

Le plateau des Tranchées semble avoir été couvert surtout de maisons sans étage, confortables, séparées par des jardins. Il a dû être une zone résidentielle habitée par des familles aisées. Les préoccupations d'urbanisme ont été particulièrement marquées à Rome et dans toutes les localités de l'Empire, petites et grandes, au cours du Ier et du IIe siècle, c'est-à-dire à une époque qui a été dans l'ensemble prospère. Les familles de la haute société romaine, dans la capitale et dans les provinces, habitaient de préférence — outre leurs villas construites dans leurs domaines ruraux — des maisons et des palais dans les faubourgs. La région rhodanienne en offre plusieurs exemples. Le faubourg aristocratique de Vienne se trouve sur la rive droite du Rhône, celui d'Arles, à Trinquetaille, de l'autre côté du fleuve [1]. Genève a préféré, plutôt que franchir le Rhône, s'étaler sur le plateau aéré des Tranchées. De nombreuses caves y ont été mises à jour, avec leurs rangées d'amphores. Dans l'une d'elles, on en a dénombré plus de vingt. Elles contenaient non seulement du vin et de l'huile, mais aussi des grains, des olives, divers aliments encore. D'autres poteries, des urnes en verre, des fragments d'ornements de stuc et de marbre, des monnaies ont été retrouvés. Les principales découvertes ont été faites, à des dates très variables s'échelonnant du XVIe siècle à nos jours, à la promenade Saint-Antoine, aux rues des Belles Filles, Beauregard, Saint-Victor, Charles-Bonnet, d'Ivernois, Massot, Charles-Galland, aux Casemates, sur la colline de l'Observatoire, à la promenade du Pin, au sommet de la rue Adrien-Lachenal, à l'entrée de Malagnou — et nous n'avons pas épuisé la liste.

Cette partie de la ville, dont tout laisse supposer qu'elle fut très prospère pendant les premiers siècles de l'Empire, s'ordonnait selon les canons de l'urbanisme romain, avec ses voies en damier dont le dessin ne correspond pas d'ailleurs à celui des rues — elles se coupent elles aussi à angle droit — du quartier construit au XIXe siècle après la démolition des fortifications. Louis Blondel a dressé un plan ingénieux et clair sur lequel il a superposé le tracé des voies romaines, des fortifications du XVIIe puis du XVIIIe siècle, enfin de l'actuel quartier.

Le faubourg romain, du fait de ses maisons isolées et de ses jardins, possédait beaucoup moins de rues que les Tranchées du XXe siècle. Deux voies de base partaient du Bourg-de-Four, la première en direction de la place des Philosophes, amorce de la route du sud dont nous reparlerons, la seconde

---

[1] Robert LATOUCHE, *Les grandes invasions et la crise de l'Occident au Ve siècle*, Paris, 1946, p. 264.

aboutissant au boulevard de la Tour. Deux axes principaux s'en détachaient perpendiculairement, orientés vers Florissant et vers Malagnou. Des voies secondaires complétaient le damier [1].

Débordant les Tranchées, un mince faubourg s'étirait le long de la route qui, suivant le parcours des actuelles rues Saint-Léger et Prévost-Martin, franchissait l'Arve par un pont et aboutissait à Carouge, *Quadruvium*, carrefour vers lequel convergeaient les routes dont nous reparlerons plus tard. Des vestiges de ce quartier extérieur ont été trouvés en particulier à la place et au boulevard des Philosophes, à la rue du Petit-Salève, à l'entrée de la rue Prevost-Martin et à son croisement avec la rue du Pré-Jérôme. On avait déjà exhumé en 1877 des monnaies de l'Empire romain sur l'emplacement de l'Ecole de Chimie. L'activité de ce faubourg était liée au trafic très intense de la voie du sud. Sa chaussée était formée, selon L. Blondel, de deux couches de gros cailloux de l'Arve reposant sur du gravier et des tuiles concassées. Large de quatre mètres, elle épousait exactement les formes du terrain, de telle sorte qu'elle avait des déclivités assez accusées.

Faisant pendant à ce faubourg, un autre quartier s'était développé vers le nord-est : il se superposait à celui qui avait existé au temps des Allobroges, mais en débordant largement ses anciennes limites. Il s'étendait autour du port de Longemalle et le long du lac et du Rhône. Du fait de sa liaison avec les voies navigables, il était devenu une zone industrielle et commerçante. Près des quais de débarquement de Longemalle, derrière la basilique, de grands entrepôts abritaient les vins, les huiles, les grains, d'autres marchandises encore. La basilique était une bourse de commerce, vaste édifice de maçonnerie dont on a découvert le dallage, le foyer et les canalisations de son puissant chauffage. Elle comportait une très grande salle, sans colonnes ni séparations ; elle possédait des pilastres et des ornements de stuc et de marbre. En face de cette basilique, construite vraisemblablement au Ier siècle après J.-C., se dressait une colossale statue de bois dont nous reverrons la signification lorsque nous reparlerons avec plus de détails du port.

Le quartier industriel groupant des moulins, des ateliers de tisserands et de fondeurs, s'allongeait sur la rive du lac et du Rhône naissant, parallèlement à la colline : il ne faut pas oublier que le rivage se trouvait directement à son pied et que les Rues Basses et la rue du Rhône ont été conquises plus tard sur les eaux. Un bon chemin pavé qui suivait le tracé des rues de la Madeleine et de la Rôtisserie jusqu'à la place des Trois-Perdrix desservait cette zone industrielle, reliant les deux ports de Longemalle et de la Fusterie.

---

[1] Cf. la carte dressée par L. BLONDEL, *Les Faubourgs de Genève au XVe siècle*, dans *M.D.G.*, série in-4°, V, Genève, 1919, pl. I, p. 64. — Pour l'ensemble de la Genève romaine. voir BLONDEL, *Le développement urbain...*, carte p. 21.

Quant à l'*oppidum*, il avait conservé dans une large mesure l'ancien tracé de ses rues. Mais les cabanes gauloises de bois et de pisé avaient été remplacées par des bâtisses à la romaine, plus solides, construites en pierre. Malgré les bouleversements qui se sont succédé à travers les âges au sommet et sur les flancs de la colline, nombreux sont les fragments de colonnes, de chapiteaux, de vestiges architecturaux ayant appartenu à des édifices publics, à des arcs, à des monuments funéraires ou à des temples, qui ont pu être recueillis.

La principale voie restait, comme par le passé, celle qui collectait au Bourg-de-Four les routes qui y aboutissaient ; elle suivait l'itinéraire de la rue de l'Hôtel-de-Ville, de la Grand'Rue et de la Cité pour atteindre le pont du Rhône. La vieille acropole et le quartier des ports semblent avoir abrité certains édifices publics et aussi les temples des dieux qui se trouvaient sur l'emplacement de Saint-Pierre et près de l'église de la Madeleine.

Au sommet du Perron, Louis Blondel a retrouvé les fondements de maisons romaines construites sur des terrasses et dans des jardins, face à l'admirable paysage du lac et des montagnes.

L'agglomération genevoise, avec ses quartiers situés à des niveaux différents, avait besoin d'eau ; on sait l'importance que les Romains attachaient à son adduction. Nous reverrons les sources qui ont été captées au loin pour alimenter la cité en eau potable, grâce à un long aqueduc.

On admet en général que la ville romaine ne s'étendait pas sur la rive droite du Rhône. Bien que la pelle mécanique, l'ennemie des archéologues, ait littéralement bouleversé le terrain, une poterie romaine y a été cependant retrouvée. Aussi Louis Blondel pense-t-il qu'il y a eu à Saint-Gervais « un établissement antique », peut-être une villa romaine, qui aurait précédé la villa carolingienne dont nous reparlerons plus tard [1].

La période de prospérité et d'essor du début de l'Empire allait être chèrement payée. Les terribles invasions alemanes du IIIe siècle se sont abattues

---

[1] P. BERTRAND, *Les origines de Genève*, pp. 36-46. — L. BLONDEL, *Origine et développement des lieux habités. Genève et environs*, Genève, 1915, pp. 22-26. — *Les Faubourgs de Genève au XVe siècle*, déjà cité, pp. 64-65 et planche I. — *Le sol et l'habitation*, dans *Genava*, V, 1927, p. 245 et ss. — *L'aqueduc antique de Genève*, dans *Genava*, VI, 1928, pp. 33-35. — *Une cave romaine sur les Tranchées*, dans *Genava*, IX, 1931, pp. 116-119. — *Maisons gauloises et édifice romain (basilique ?)*, dans *Genava*, X, 1932, pp. 55-76. — *Chronique des découvertes archéologiques dans le Canton de Genève en 1933*, dans *Genava*, XII, 1934, p. 32. — *Fortifications préhistoriques et marché romain au Bourg-de-Four (Genève)*, dans *Genava*, XII, 1934, pp. 39-63. — *Les fortifications de l'oppidum gaulois de Genève*, dans *Genava*, XIV, 1936, pp. 63-64. — *Chronique des découvertes... en 1940*, dans *Genava*, XIX, 1941, pp. 86-87. — *Le développement urbain...*, p. 22. — *Le plateau des Tranchées à Genève*, dans *Genava*, XXVI, 1948, pp. 40-44. — *Chronique... 1948*, dans *Genava*, XXVII, 1949, pp. 19-20. — *Chronique... 1949*, dans *Genava*, XXVIII, 1950, pp. 18-27. — *Chronique... 1950*, dans *Genava*, XXIX, 1951, pp. 23-24. — Paul COLLART, *César et Genève*, dans *Des Commentaires aux Enfants de Tell*, par P. COLLART,

sur le pays, semant les ruines sur leur passage. Genève en a été cruellement affectée, comme tant d'autres villes gauloises. C'était le temps de la pénitence qui succédait à la *pax romana*. Tout laisse supposer — notamment les restes calcinés mis à jour au cours des fouilles — que le riche quartier des Tranchées et la zone industrielle et commerçante des ports ont été incendiés au cours des incursions alemanes qui se sont succédé à partir de 259.

Dès lors, Genève se replie sur elle-même. Comme au temps où elle était une bourgade frontière aux confins des Allobroges, soumis à Rome, et des Helvètes encore libres, elle doit, bien que située au cœur des territoires de l'Empire, reprendre sa vocation de ville forte. Les murailles de l'ancien *oppidum* gaulois, hâtivement remises en état au cours des invasions des Alemans, avaient permis de sauver au moins une partie de la cité et d'accueillir les réfugiés des campagnes.

Cette contraction des villes est d'ailleurs un phénomène assez général dans cette phase de l'histoire. Bien plus, beaucoup de bourgades gauloises ont été effacées de la carte à la fin du IIIe siècle. Où était la prospérité des temps qui avaient suivi la conquête ?

Albert Grenier estime que certaines des grandes cités gauloises qui avaient compté au IIe siècle de notre ère de 30 à 60.000 habitants, retombées au rang de modestes forteresses prêtes à faire face à de nouvelles invasions de Germains, réduites à une étroite surface du fait même de leur enceinte — surface dont une partie était occupée par la garnison et ses entrepôts, par les logements des fonctionnaires romains et par un *forum* — ne pouvaient plus guère abriter que 5 ou 6000 habitants [1].

Quant à Genève, Oltramare et Blondel pensent que sa population, après les invasions du IIIe siècle, tomba de 2500 ou 3000 à 1200 habitants [2].

Félix Staehelin a comparé Bâle et Genève. La cité du Rhin, elle aussi, avait été réduite à un étroit espace fortifié, au sommet du quartier de la cathédrale [3].

A Genève, l'enceinte romaine a utilisé l'*oppidum* gaulois, couronnant les

---

P.-E. MARTIN, P.-F. GEISENDORF et J.-P. FERRIER, Genève, 1942, p. 41 et ss. — Waldemar DEONNA, *Les arts à Genève...*, pp. 75-84. — Henri FAZY, *Notes sur les antiquités romaines découvertes sur les Tranchées*, dans *M.D.G.*, XI, 1859, pp. 525-546. — R. MONTANDON, *Mélanges d'archéologie et d'histoire genevoise: I. Le commerce des vins dans la Genève gallo-romaine et l'origine de notre vignoble*, Genève, 1921, pp. 13-14. — *Genève, des origines...* pp. 108-110. — Ch. MOREL, *loc. cit.*, pp. 543-544. — A. OLTRAMARE et L. BLONDEL, *loc. cit.*, pp. 39-40. — F. STAEHELIN, *op. cit.*, pp. 150-151.

[1] *Les siècles heureux...*, *loc. cit.*, p. 432.

[2] *Genève romaine*, dans *Hist. de Genève*, t. Ier, pp. 42-43. — Blondel a même avancé le chiffre de 1100. *Le développement urbain...*, tableau synoptique, p. 117.

[3] *Op. cit.*, pp. 284-286.

pentes abruptes, si utiles à la défense de la colline de Saint-Pierre. Louis Blondel en a dressé le plan et décrit le tracé : « De la porte du Bourg-de-Four..., l'enceinte passait derrière la Taconnerie, sous le chœur de l'Auditoire, puis derrière le chevet de Saint-Pierre, l'Evêché, les Barrières, le passage de Monnetier, les maisons de la rue Calvin, de la Grand'Rue, pour aboutir à la Tour-de-Boël, où il y avait une porte en haut de la Cité. Puis les murs passaient sous les maisons du Grand-Mézel, le long de la Treille, sous l'Hôtel de Ville, où il y avait une poterne, pour revenir à la porte du Bourg-de-Four. Des portes secondaires sur les Barrières et le Perron permettaient d'accéder au lac. Les œuvres d'art ont été sacrifiées au profit de la sécurité des habitants, tout ce qui était en dehors des murs fut abandonné. Genève redevenait une tête de pont fortifiée, comme à l'époque gauloise... L'enceinte romaine de basse époque avait une longueur de mille cinq cents mètres avec une surface de cinq hectares, 66 ares [1]. »

On avait utilisé pour reconstruire les remparts les matériaux des maisons détruites dans les faubourgs, voire des édifices publics, des tombeaux et des temples. Naturellement, comme au temps de l'*oppidum* gaulois, le point le plus faible de la défense restait le seuil du Bourg-de-Four qui avait été fortifié avec un soin tout particulier. La muraille massive avait de 2 m 50 à 3 m d'épaisseur et 6 m de hauteur. Elle était couronnée d'un appareil en maçonnerie plus mince. Elle ne comportait qu'un très petit nombre de tours. Il est probable que sa construction date du règne de Probus (276-282), mais, sur quelques-uns de ses points, elle a été renforcée vers la fin du IVe siècle.

La forteresse genevoise appartenait à la seconde ligne de défense de l'Empire, la première étant naturellement celle du Rhin. Toutes les deux devaient endiguer le flot des Barbares.

Que toute la région genevoise ait été peu sûre pendant la période des invasions, Louis Blondel en trouve la preuve dans le fait que les habitants du *castrum* ont été parfois obligés d'enterrer leurs morts directement au pied de l'enceinte, au milieu des maisons détruites, en particulier au Bourg-de-Four, l'ancien forum, dans des tombes qui, contrairement aux traditions, sont dépourvues de mobilier funéraire. C'est le signe de la misère des temps [2].

---

[1] *Le développement urbain...*, p. 26.

[2] L. BLONDEL, *L'enceinte romaine de Genève*, dans *Genava*, II, 1924, pp. 109-129. — *Maisons gauloises et édifice public romain...*, *loc. cit.*, p. 76. — *Chronique... 1940*, dans *Genava*, XIX, 1941, pp. 88-89. — *De la citadelle gauloise au forum romain*, dans *Genava*, XIX, 1941, pp. 98-118. — *Le développement urbain...*, pp. 26-28. — W. DEONNA, *Les arts à Genève...*, p. 84. — R. MONTANDON, *Genève, des origines...*, pp. 111-112. — A. OLTRAMARE et L. BLONDEL, *loc. cit.*, pp. 42-43. — F. STAEHELIN, *op. cit.*, pp. 286-288. — Sur les rites funéraires, cf. Victorine von GONZENBACH, *Religion und Grabbrauch*, dans *Die Römer in der Schweiz, Repertorium...*, Heft 4., p. 45.

Nous avons dit le rôle joué par le Bourg-de-Four, cœur de la ville, intermédiaire entre l'ancien *oppidum* et les quartiers neufs, centre des affaires, au temps de la *pax romana*. La contraction de la ville au sommet de la colline lui a ravi cette place. Le forum est ravalé au rang d'un simple marché du bétail, comme au temps des Allobroges.

Mais à l'intérieur de l'enceinte, un autre forum, de caractère plus administratif, a été édifié. Il était d'autant plus nécessaire que Genève, dans les conditions que nous avons vues, était devenue, un peu avant 379, une *civitas*. Le forum du IVe siècle, à l'angle de la Taconnerie et de la rue du Soleil-Levant et sur l'emplacement de la cathédrale et de la Cour Saint-Pierre, comprenait deux édifices quadrangulaires dont un au moins était un temple. Une autre maison, le *praetorium*, était la résidence du gouverneur. Une halle ou boucherie — le *macellum* — était reliée par des portiques à un petit sanctuaire. En 375, Genève, devenue chrétienne, édifia la Basilique de Saint-Pierre ès liens. L'ensemble du forum devait mesurer environ 116 mètres de longueur sur 45 mètres de largeur. Louis Blondel en a dressé un plan détaillé [1].

Le prétoire est devenu, après 443, une résidence des rois burgondes. Quant au forum, il semble avoir été détruit en 500, lors de la prise de la ville par Gondebaud après sa victoire sur son frère Godegisèle. Un nouveau quartier fut édifié sur son emplacement [2].

Certes, Genève, dans les meilleurs moments du IVe et du Ve siècle, a pu exécuter des rétablissements momentanés, mais jamais elle ne retrouva sa prospérité et sa grandeur du début de l'Empire. Il ne faut pas cependant minimiser son rôle. Sa promotion à la dignité de *civitas*, ses fonctions militaires, la création en sa faveur d'un évêché, la densité de la population de la région rurale dont elle est le centre, les voies de communication qui convergent vers elle sont autant d'éléments qui lui confèrent malgré tout une certaine importance.

---

[1] *Le développement urbain...*, p. 29.
[2] L. BLONDEL, *De la citadelle gauloise au forum romain, loc. cit.*, pp. 98-118. — *Chronique... 1944*, dans *Genava*, XXIII, 1945, pp. 23-24. — W. DEONNA, *Les arts à Genève...*, pp. 85-86. — R. MONTANDON, *Genève, des origines...*, p. 111. — A. OLTRAMARE et L. BLONDEL, *loc. cit.*, p. 39.

CHAPITRE II

L'AQUEDUC

On sait l'importance que les Romains ont attachée à l'alimentation de leurs villes en eau potable. Ils étaient prêts, pour l'assurer, à entreprendre de gigantesques travaux. Ils ont construit des aqueducs d'une longueur démesurée — que l'on songe à tous les vestiges de la campagne romaine — qui franchissaient les rivières par des ponts, tel celui du Gard ; ils ont creusé des tunnels, édifié des réservoirs et distribué l'eau aux fontaines publiques, aux thermes et aux maisons privées, à celles tout au moins qu'occupaient les familles aisées. On écartait les solutions faciles, en particulier l'utilisation des rivières et des lacs dont on redoutait la pollution. On captait toujours des sources vives. Ces règles s'appliquaient aussi aux villes de province, même aux plus modestes *vici* de la Gaule.

L'antique *oppidum* gaulois de Genève ne possédait que des puits. L'un d'entre eux remonte certainement à la fin de l'époque de La Tène ; il se trouvait dans le secteur de la rue Calvin prolongée. A proximité, un second, de construction romaine, datant du IIe ou du IIIe siècle, était beaucoup plus important. Le Bourg-de-Four en possédait également un. Sans aucun doute, la ville gallo-romaine a été desservie encore par d'autres puits, forés jusqu'à une nappe d'eau légèrement supérieure au niveau du lac. Les sources de la région de St-Léger ou de Rive étaient trop éloignées pour être utiles en cas de siège.

Tous ces puits subsistèrent jusqu'au moment où la ville romaine put conduire dans ses murs des eaux abondantes [1].

Les sources qui alimentaient Genève se trouvaient au lieu-dit « aux Fontaines », à Cranves, en Haute-Savoie, au pied des Voirons. Leur débit était très régulier. Leurs eaux étaient amenées en ville par un aqueduc de 11 kilomètres de longueur. La différence d'altitude était d'environ 135 mètres. Louis Blondel, qui en a étudié en détail le tracé, pense que, plein aux deux tiers, il avait un débit de 6000 litres par minute. Nous ne revenons pas sur

---

[1] L. BLONDEL, *Les anciens puits de Genève*, B.H.G., VII, 1939-1942, pp. 149-151.

les déductions qu'il en a tirées au sujet du chiffre de la population genevoise. Il suppose que les constructeurs de l'aqueduc, avec prévoyance, l'avaient calculé pour une population beaucoup plus forte que celle que Genève a possédée à n'importe quel moment de son histoire à l'époque romaine.

L'édification de l'aqueduc doit remonter, selon Blondel, au milieu du Ier siècle de notre ère. Il était dû à la générosité de Lucius Brocchus Valerius. Il avait été soigneusement établi, avec une voûte de tuf. Il a été probablement abandonné après les invasions des Alemans, dans la seconde moitié du IIIe siècle, ses ponts ayant été coupés et son canal obstrué. Louis Blondel a réussi à en établir le tracé qu'il a retouché au cours des années, au gré des découvertes archéologiques.

Il franchissait le Foron par un pont, un peu en amont de la douane de Moillesulaz, arrivait près de la place de Chêne-Bourg, enjambait la Seymaz également par un pont. Blondel croit qu'il passait ensuite en tunnel sous le plateau de Chêne-Bougeries pour aboutir à un château d'eau vers la Grande Boissière ou à la promenade du Pin. Des embranchements desservaient les Tranchées, la colline de Saint-Pierre, les bas quartiers des ports. L'eau était répartie entre les thermes, les fontaines et les maisons les plus cossues de la ville comme entre les villas de la périphérie, ainsi celle de la Grange. Le réseau secondaire de distribution était constitué par des tuyaux de terre cuite ; il est probable — bien que l'on n'en ait pas retrouvé de restes à Genève — que l'eau circulait dans les maisons, selon la technique romaine, grâce à des conduites de plomb.

La découverte d'un aqueduc de pierre voûté, faite en 1960 et 1961 à la rue Etienne-Dumont au moment de la reconstruction d'une maison, a permis d'élucider le problème de l'alimentation de la ville haute. Elle se faisait grâce à un siphon qui partait de la promenade du Pin et aboutissait à la Taconnerie. Louis Blondel pense que les tuyaux étaient placés dans la galerie de l'aqueduc jusqu'au seuil du Bourg-de-Four. A partir de là, ils étaient noyés dans le sol. De tels siphons n'étaient pas rares. Il en existait une dizaine à Lyon à l'époque romaine [1].

Quant aux sources locales dont nous avons parlé à propos de la préhistoire, celles de la rue Ferdinand-Hodler en particulier, elles ont dû reprendre toute leur importance, comme certains puits, au moment où les invasions des Alemans ont mis l'aqueduc hors d'usage. Il fut bien réparé dans la suite, mais sommairement, semble-t-il. Son entretien a été médiocre au cours du IVe et du Ve siècle.

---

[1] L. BLONDEL, *Chronique... 1960-1961*, dans *Genava*, N.S., IX, 1961, pp. 3-9. — Sur les fouilles de la rue Etienne-Dumont, cf. aussi Marc-R. SAUTER et Christiane DUNANT, *Un sondage dans la Genève romaine*, dans *Musées de Genève*, 15, mai 1961, pp. 9-12.

Il cessa probablement de fonctionner au siècle suivant. Dès lors, durant une période qui durera jusqu'au XVIe siècle, Genève devra se contenter de l'apport de ses sources, de ses puits et de ses citernes. Nous aurons l'occasion de revenir sur cette question [1].

Dans la région genevoise, d'autres adductions d'eau ont été retrouvées, d'une importance locale. Ainsi les eaux des sources de Divonne étaient-elles conduites à Nyon et celles d'Ecogia à Versoix. Naturellement, de nombreuses sources et des puits alimentaient les villas, les maisons rustiques et les bourgades de tout le bassin de Genève [2].

---

[1] L. BLONDEL, *Les anciens puits de Genève, loc. cit.*, p. 151.

[2] L. BLONDEL, *L'aqueduc romain de Cranves à Genève*, dans *B.H.G.*, IV, 1914-1923, p. 387. — *La civilisation romaine..., loc. cit.*, p. 302. — *L'aqueduc antique de Genève, loc. cit.*, pp. 33-55. — *Chronique... 1935*, dans *Genava*, XIV, 1936, pp. 32-33. — *Chronique... 1941 et 1942*, dans *Genava*, XXI, 1943, pp. 41-44. — *Chronique... 1945*, dans *Genava*, XXIV, 1946, pp. 17-20. — W. DEONNA, *Les arts à Genève...*, pp. 79-80. — R. MONTANDON, *Genève, des origines...*, p. 109. — A. OLTRAMARE et L. BLONDEL, *loc. cit.*, pp. 39-40.

LA PROPRIÉTÉ FONCIÈRE. LES VILLAS.
LES HABITATIONS RURALES. L'AGRICULTURE

CHAPITRE PREMIER

LES DOMAINES. LES VILLAS.
LES MAISONS RURALES

La Genève romaine, entre les montagnes qui forment notre horizon familier, était le centre d'une importante région rurale dépendant de l'Helvétie et de la Viennoise que séparaient le lac et le Rhône. A voir le nombre et la dispersion des vestiges archéologiques que l'on y a retrouvés, on peut supposer qu'elle était déjà assez peuplée. Les noms mêmes de la majorité de nos villages, de racine gauloise ou latine, montrent qu'ils remontent à un domaine ou à une villa antique. Ceux, très nombreux, qui se terminent par la syllabe -ier, -iey, -ey, -ay, -y, dérivent en général du nom d'un propriétaire romain ou gallo-romain complété du suffixe *-acum* qui signifie « propriété de ». Il est vrai que les notaires médiévaux ont parfois latinisé des noms d'origine germanique.

Cependant, la situation géographique a déterminé l'appellation de certaines localités, ainsi, selon Ch. Morel, « Compeys et Compesières, de *compagus*, limite de deux *pagi*, Confignon, de *confinium*, limite commune. Quant aux Collonges et Cologny, assez fréquents dans nos environs, ils datent probablement de l'époque où des colons barbares vinrent partager les terres avec les indigènes décimés par les guerres des derniers siècles de l'empire [1]. »

Les villas dispersées dans notre région étaient d'importance très diverse, allant de la somptueuse résidence d'un riche personnage à de fort modestes exploitations. Dans toute la Gaule — et cette remarque vaut aussi pour le bassin genevois —, il y a souvent continuité du domaine gaulois à la villa romaine.

L'extension des villes, l'enrichissement de certains de leurs habitants par le commerce, les métiers ou les fonctions publiques, multipliaient les constructions à la campagne, qu'elles fussent des « villas urbaines », des résidences de plaisance, d'un luxe plus ou moins éclatant, qu'entourait naturellement le domaine rural avec toutes ses dépendances, ou de modestes maisons à caractère purement agricole. Ces dernières, les « villas rustiques », étaient nombreuses autour des villes. Elles constituaient pour leurs propriétaires citadins, qui faisaient travailler leurs terres par des tenanciers ou des esclaves, un placement assez sûr tout en leur permettant d'y résider occasionnellement.

Dans nos contrées, les propriétés foncières, les *fundi*, furent cadastrés sous Auguste. Selon Marteaux et Le Roux, dans la région d'Annecy, « les limites ou *fines* en étaient soigneusement repérées par des pierres à inscriptions ou des murs, *muri privati*, quand ils bordaient un chemin » [2].

Nous n'avons pas à refaire ici la description des belles villas romaines. On connaît leur plan classique dont le schéma pouvait d'ailleurs beaucoup varier mais où l'on retrouvait en règle générale le vestibule, l'*atrium*, le *tablinum*, le péristyle où s'ouvraient les *triclinia* ou salles à manger et les appartements privés, et enfin toutes les dépendances nécessaires [3]. Nous n'insistons pas non plus sur la décoration luxueuse des plus riches d'entre elles avec leurs colonnes, leurs marbres, leurs mosaïques, leurs statues et bas-reliefs, leurs stucs et leurs peintures. Ces ensembles architecturaux s'intégraient à des terrasses et à des jardins. On venait s'y reposer, y vivre d'une brillante vie de société tout en consommant sur place les produits de sa terre.

Qu'elles soient modestes ou somptueuses, les villas sont en général construites en pierre. Naturellement, d'innombrables cabanes allobroges de bois et de pisé ont survécu. On les retrouve encore au temps des Mérovingiens et des Carolingiens et même au moyen âge. D'ailleurs, la maison à colombage

---

[1] Ch. Morel, *loc. cit.*, p. 557. — L. Blondel, *La civilisation romaine...*, *loc. cit.*, p. 346.

[2] Charles Marteaux et Marc Le Roux, *Boutae (Les Fins d'Annecy)...*, Annecy, 1913, p. 380.

[3] Sur les différents types de villas romaines en Suisse, voir Rudolf Degen, *Gutshöfe und Denkmäler des Bau- und Wohnwesens*, dans *Die Römer in der Schweiz, Repertorium...*, Heft 4., pp. 14-15.

et en terre battue, si elle a complètement disparu de notre région, se retrouve encore parfois dans la France du XXe siècle.

C'est dans ces cabanes qu'ont continué à vivre les *pagani* gallo-romains. Mais, nous l'avons déjà dit, les riches Gaulois, les chevaliers, possédaient, déjà avant la conquête, des édifices assez vastes au centre de leurs grands domaines. Ils sont désignés par César dans ses *Commentaires* du nom d'*aedificium* qu'il oppose à celui de *vicus* désignant une localité. Le nom de *villa* semble avoir été réservé par César aux grands domaines de l'Italie. Mais l'unification, née de la conquête, a fait disparaître rapidement cette distinction.

Albert Grenier, à propos de la Gaule — et ses remarques s'appliquent à la région genevoise — a précisé un certain nombre de points au sujet des villas. « Isolée dans la campagne, la villa est le centre de l'exploitation d'un domaine. Elle est l'*aedificium* d'un *fundus*. Ses dimensions dépendent de l'étendue de la terre dont elle assure la culture, sa richesse, du rendement de cette terre. Il y a donc des villas de proportions et de caractères fort divers, formant une série continue, des plus petites et des plus modestes jusqu'aux plus grandes. Une convention commode, mais qui n'est qu'une convention, les répartit généralement en deux groupes : *villas rustiques*, qui se rapprochent des simples fermes d'aujourd'hui, et *villas urbaines*, plus ou moins semblables à des châteaux campagnards, cette qualification d'« urbaines » étant attribuée à des édifices sis à la campagne parce que les dispositions en reproduisent celles des riches maisons des villes. Acceptons ces termes comme désignant les types extrêmes de la série... Il est certain que les villas témoignent de la diffusion dans les provinces des habitudes de l'agriculture et de la civilisation romaine[1]. »

La région genevoise a possédé en définitive de nombreuses villas, les unes résultant des transformations et des embellissements de demeures gauloises, les autres étant des créations romaines. Toutes sans doute ne nous sont pas connues mais les trouvailles des archéologues ont permis d'indiquer l'emplacement de beaucoup d'entre elles, luxueuses ou modestes, sur les deux rives du lac et du Rhône, du Jura au Salève, aux Voirons et aux montagnes du Chablais.

La beauté du pays genevois attirait les plus riches habitants de Vienne, les aborigènes qui avaient fait fortune dans les affaires et qui revêtaient des charges publiques comme les hauts fonctionnaires et les magistrats romains de la Viennoise. Ils y passaient la belle saison, contribuant à la prospérité d'une ville que les plus généreux d'entre eux ont embellie, comme semblent l'attester plusieurs inscriptions qu'on y a retrouvées[2].

---

[1] A. GRENIER, *Manuel...*, t. VI, 2, pp. 782-783. Sur l'ensemble de la question, cf. pp. 782-883.
[2] L. BLONDEL, *La civilisation romaine...*, loc. cit., p. 348. — R. MONTANDON, *Genève des origines...*, p. 110. — Ch. MOREL, loc. cit., p. 535 et ss.

Les plus importantes villas, au centre de vastes *fundi*, groupaient à une certaine distance de la maison du maître les logements du personnel — où dominaient les esclaves — et les dépendances agricoles, caves, celliers, granges, fenils, établis et écuries, ruchers et basses-cours. Mais dans bien des cas, conformément à la tradition autarcique restée si vivante dans les plus riches familles romaines dont l'idéal était de se passer dans la mesure du possible des services du dehors, des locaux industriels complétaient les installations agricoles, ainsi des forges, des ateliers de charpente et de menuiserie, de filage et de tissage, voire des briqueteries et des tuileries. On en trouve des exemples dans la région genevoise.

Il n'est pas toujours facile de déterminer l'importance réelle des villas de notre pays car nos connaissances sont conditionnées par les vestiges qui sont parvenus jusqu'à nous. Or, ils ne correspondent pas nécessairement à la grandeur de l'édifice dont ils attestent l'existence. Le hasard joue un grand rôle dans le domaine des découvertes.

Il n'est pas question d'en dresser l'inventaire et d'en faire l'historique. Nous nous bornons à établir une liste très incomplète de ces villas en relevant au passage quelques détails intéressant les plus remarquables d'entre elles.

On en trouve un certain nombre sur la rive droite du lac et du Rhône. Près de la route de Satigny à Russin, au pont du Châtelet, des débris romains ont été mis à jour. A Peissy, une villa orientée vers l'Allondon devait posséder un certain confort si l'on en juge par les tuyaux de chauffage desservant les locaux d'habitation et les bains. Ses dépendances sont à la taille d'une vaste exploitation agricole. Elle a duré probablement du Ier au IIIe siècle [1].

En face de Genève, au bout du pont de l'Ile, nous avons déjà signalé l'existence d'une maison romaine qui a précédé la villa carolingienne de Saint-Gervais. Ses jardins, qui descendaient jusqu'au fleuve, étaient protégés par une digue [2].

Nous reparlerons plus loin de la villa de Sécheron. Au pied du Jura, dans le département de l'Ain, celle de Saint-Genis a été une des plus considérables de la région, tandis que, près du lac, celle de Chambésy semble assez modeste. Versoix a possédé plusieurs édifices alimentés en eau par un aqueduc qui captait les sources d'Ecogia [3].

Plus loin, s'échelonnant le long du lac ou sur les plateaux qui le dominent,

---

[1] Blondel, *Chronique... 1946*, dans *Genava*, XXV, 1947, pp. 22-23. — *Chronique... 1953*, dans *Genava*, N.S., II, 1954, pp. 209-210.

[2] Blondel, *Chronique... 1937*, dans *Genava*, XVI, 1938, pp. 116-120.

[3] Blondel, *Chronique... 1924*, dans *Genava*, III, 1925, pp. 64-65. — *Chronique... 1928*, dans *Genava*, VII, 1929, pp. 35-37. — *Chronique... 1947*, dans *Genava*, XXVI, 1948, p. 26. — *Chronique... 1954 et 1955*, dans *Genava*, N.S., III, 1955, p. 122.

de nombreux vestiges ont été retrouvés, notamment à Commugny, Céligny, Clementi près de Nyon, Prangins, Bénex. Les villas sont nombreuses dans la région lémanique jusqu'à Villeneuve [1].

Sur la rive allobroge du lac et du Rhône, nous avons déjà indiqué l'origine gauloise des maisons et des domaines de la région de Vandœuvres, sous Crête, sous Chevrier, et du vallon de la Seymaz. Elles existaient toujours à l'époque romaine. Il est probable que la villa du propriétaire se trouvait sur l'emplacement du village de Vandœuvres, les bâtiments d'exploitation se disséminant dans la zone environnante [2].

Entre les montagnes du Chablais et le lac, les trouvailles archéologiques attestent l'existence de nombreuses maisons et exploitations rurales, notamment dans la région de Thonon et à Allinges, au Liaud, à Margencel, Anthy, Sciez, Massongy, Loisin, Nernier, Messery, Chens. Plus près de Genève se trouvaient celles de La Grange [3], d'Annemasse, de Bonvard, de Collonge-Bellerive. A Corsier, une belle villa possédait des thermes en rotonde. Les fouilles ont livré des placages de marbre et des statuettes de bronze. L'église et une partie du village actuel ont utilisé les substructions romaines. On a retrouvé encore des vestiges de maisons romaines à Veyrier, Troinex, Carouge, Landecy, Bernex, etc.[4]

La villa de Perly, dont on avait repéré des vestiges en 1856 et que des fouilles de 1924 ont permis de mieux connaître, était située sur l'importante route qui reliait Genève à Seyssel et à Lyon. Un peu plus au sud, à Saint-Julien, on a retrouvé également des restes d'établissements romains [5].

Au sud-ouest du canton, le domaine de *Cancius* a donné son nom au village

---

[1] BLONDEL, *La civilisation romaine...*, *loc. cit.*, pp. 348-349. — Concernant les vestiges de Commugny, cf. Hans JUCKER, *Die bildende Kunst*, dans *Die Römer in der Schweiz, Repertorium...*, Heft 4., pp. 40, 42 et Tafel 21.

[2] BLONDEL, *Chronique... 1941 et 1942*, dans *Genava*, XXI, 1943, pp. 38-40.

[3] A propos de la villa de La Grange, R. DEGEN note : « Der Wohnpalast am Seeufer im Parc de la Grange bei Genf... ist das bisher vollständigste Peristyl-Landhaus der Schweiz mit einem vierseitigen Wohnperistyl, wozu es die besten Parallelen in Südfrankreich und Pompeji gibt. » *Gutshöfe und Denkmäler des Bau- und Wohnwesens*, dans *Die Römer in der Schweiz, Repertorium...*, Heft 4., p. 15 ; voir aussi p. 18 et Tafel 10.

[4] L. BLONDEL, *La civilisation romaine...*, *loc. cit.*, pp. 348-349. — *Chronique... 1937*, dans *Genava*, XVI, 1938, p. 122. — *Chronique... 1941 et 1942*, dans *Genava*, XXI, 1943, p. 38. — *Chronique... 1946*, dans *Genava*, XXV, 1947, pp. 22-23. — W. DEONNA, *Notes d'archéologie suisse. Décoration murale de Corsier*, dans *Indicateur d'Antiquités suisses*, XXI, 1919, pp. 85-87. — Ch. MARTEAUX, *Etude sur les villas gallo-romaines du Chablais:* I. *Thonon et ses environs*, dans *Revue savoisienne*, 1918. — II. *Les villas à l'est de la Dranse*, *ibid.*, 1918, 1919. — III. *Origine de la commune de Massongy, ibid.*, 1921. — IV. *Anthy, Margencel, Allinge, Sciez, ibid.*, 1921.

[5] BLONDEL, *Chronique... 1924*, dans *Genava*, III, 1925, pp. 62-64. — *Chronique... 1934*, dans *Genava*, XIII, 1935, pp. 49-51.

de Chancy, construit sur son emplacement. Mais, à l'extrême pointe de la commune, la villa de Montagny, nous allons le voir, a dû jouer un rôle en vue [1].

Quelques-uns des domaines et des villas de la région genevoise méritent une mention spéciale, soit qu'ils aient été exceptionnellement importants, soit que les circonstances nous aient permis de les bien connaître.

La villa de Sécheron s'élevait sur le magnifique promontoire qui domine le lac. Elle était un peu conçue comme celle de La Grange. Elle possédait un bâtiment réservé aux bains, dont Louis Blondel dit qu'il était « très richement décoré de stucs avec sujets à médaillons, fleurs, feuilles, vases, dessins géométriques, personnages ». Des pavillons se trouvaient près du lac alors que la maison principale occupait l'emplacement de l'actuelle villa Bartholoni. Construite vers le milieu du Ier siècle de notre ère, elle a dû être détruite au cours des invasions du IIIe siècle. Puis elle a été reconstruite sur un plan un peu différent. Abandonnée vers la fin du IVe siècle, ses matériaux ont été ensuite utilisés à d'autres constructions [2].

Faisant face à Sécheron, de l'autre côté du lac, dans une position non moins belle, se dressait la villa de Frontenex ou de La Grange dont le corps principal se trouvait entre les bâtiments actuels de La Grange et la route de Frontenex. On en avait découvert les vestiges en 1888, mais les fouilles en ont été reprises systématiquement par Louis Blondel et Gaston Darier à la fin de la première guerre mondiale. Ils en ont exposé les résultats.

La résidence du propriétaire, étalée sur un plateau abrité des vents du nord, mesurait 40 mètres sur 30,5 mètres. Elle était conçue selon le schéma traditionnel. Les matériaux utilisés à sa construction sont en partie d'origine locale : molasse du lac, granit extrait des blocs erratiques qui ont été si nombreux dans notre région, cailloux roulés, tuf, briques et tuiles indigènes. D'autres, comme le marbre, sont tirés du dehors. Des remaniements ont été apportés à cette villa au cours des temps. Elle a été édifiée entre 50 et 80 après J.-C. ; on lui a ajouté deux thermes dans le premier tiers du IIe siècle. Pendant les invasions du IIIe siècle, pillée, vidée, elle a été probablement la proie des flammes. Dans la suite, elle a été restaurée un peu sommairement. Il semble que son propriétaire a cessé de l'habiter à la fin du IVe siècle, sans doute à cause de l'insécurité qui caractérise cette époque. Elle a dû ensuite servir de carrière comme cela a été si souvent le cas pour les édifices antiques qui ont été utilisés à la construction de nouvelles maisons. La villa de La

---

[1] BLONDEL, *La villa romaine et le castrum de Montagny-Chancy*, dans *Genava*, VII, 1929, pp. 138-166.

[2] BLONDEL, *La civilisation romaine...*, loc. cit., p. 348. — *La villa romaine de Sécheron (Genève)*, dans *Genava*, V, 1927, pp. 34-47.

Grange s'est effacée du sol jusqu'au moment où les découvreurs du XIXe et du XXe siècle en ont remis les substructions à jour.

Avec ses colonnes, ses beaux stucs polychromes, ses mosaïques, ses marbres, ses canaux de chauffage reliant les hypocaustes aux bains, elle appartenait à la catégorie des villas de luxe. Des terrasses et des jardins la reliaient aux berges du lac. On n'a pas retrouvé de vestiges de dépendances agricoles, ce qui ne signifie pas d'ailleurs qu'elles n'aient pas existé puisque le *fundus*, qui s'est maintenu à peu près dans ses limites jusqu'au XVIIIe siècle, comptait environ 141 hectares compris entre le lac, le nant de Trainant et la route de Grange-Canal.

La villa devait être une résidence d'été. En effet, si l'on a retrouvé les canaux de chauffage des bains, les appartements ne semblent pas avoir été chauffés alors que les belles maisons du nord des Alpes occupées toute l'année l'étaient généralement.

La Grange ou Frontenex — au moyen âge Frontonay — a appartenu probablement à un Frontus, sans doute à Titus Riccius Fronto, *duumvir* du trésor de la Viennoise à la fin du Ier siècle de notre ère. Il vivait à Vienne et passait la saison chaude dans sa belle demeure du bord du lac [1].

C'est encore à Louis Blondel que l'on doit l'exploration systématique de la villa de Montagny, à la pointe méridionale de notre canton, sur la route de Chancy à Valleiry, à son tournant au-dessus de la douane. Un *castrum* très important a été construit sur ses ruines. D'une forme irrégulière, il mesurait 202 mètres dans sa plus grande longueur et avait environ 12.000 m² de superficie. Il date probablement du règne de Dioclétien, à la fin du IIIe siècle, et il a été remanié au moins à deux reprises. On avait utilisé pour l'édifier les matériaux de l'ancienne villa. Il constituait probablement une des pièces maîtresses de la seconde ligne de défense à l'intérieur de l'Empire, de ce *limes* dressé contre les Barbares au cours de leurs invasions, et que jalonnaient, le long du Rhône, des fortifications de maçonnerie dont, selon Louis Blondel, les substructions ont été ensuite intégrées à des châteaux-forts féodaux, tels ceux de la Bâtie-Meillé, Peney, Cartigny, Epeisses, la Corbière, Pougny et Villars [2].

Mais le *castrum* surveillait aussi d'importantes voies de communication et en particulier un bac — peut-être même, pense Louis Blondel, un pont —

---

[1] L. BLONDEL, *La civilisation romaine...*, loc. cit., p. 347. — Louis BLONDEL et Gasto DARIER, *La villa romaine de la Grange, Genève*, dans *Indic. d'Antiqu. suisses*, XXIV 1922, pp. 72-88. — R. DEGEN, *Gutshöfe und Denkmäler des Bau- und Wohnwesens*, dans *Die Römer in der Schweiz, Repertorium...*, Heft 4., pp. 15, 18 et Tafel 10.

[2] L. BLONDEL, *Le retranchement de César sur le Rhône*, dans *Genava*, XXIII, 1945, p. 65.

sur le Rhône. La position fortifiée a été encore occupée par les Burgondes, puis, abandonnée, elle est devenue la carrière dans laquelle les paysans du voisinage ont pris les pierres de leurs maisons.

C'est donc sous ce *castrum* que se trouvait la villa primitive de Montagny dont le nom dérive du gentilice *Montanius*, très répandu en Gaule et particulièrement en Suisse romande[1]. On a retrouvé, au niveau de la demeure romaine, des os d'animaux calcinés, des poteries, des lingots de fer, des monnaies et une importante substruction. Le sol était formé de tuiles et de béton. Des restes de décorations de stucs de couleur, des plaques de marbre, un bâtiment indépendant réservé aux thermes, des terrasses et des jardins dont les allées dallées rappellent celles de La Grange, attestent le luxe d'une villa résidentielle bâtie sur le plan classique. D'autres édifices servaient au logement du personnel et à l'exploitation agricole. Montagny était donc — le cas est très fréquent — une belle résidence au cœur d'un vaste domaine rural. D'après les monnaies qu'il y a retrouvées et qui sont des règnes d'Auguste et de Caligula, Louis Blondel pense qu'elle a été construite pendant la première moitié du Ier siècle de notre ère. Brûlée pendant les invasions du IIIe siècle, ses matériaux ont donc servi à l'édification du *castrum*[2].

Grande était l'importance de Carouge, *Quadruvium*, carrefour où se rejoignaient plusieurs routes dont nous aurons à reparler. Rien d'étonnant que l'on ait retrouvé dans ce lieu privilégié, à la rue des Moraines, au pied de la colline de Pinchat, les vestiges d'une très grande villa. Elle possédait son propre sanctuaire et ses ateliers, ce qui est fréquent dans les vastes domaines romains qui tendent toujours à une certaine autarcie. Elle semble avoir traversé sans trop de mal le temps des invasions puisqu'on la retrouve debout à l'époque burgonde. C'est même probablement là que Sigismond, fils de Gondebaud, a été couronné. Le goût des Burgondes pour la vie à la campagne peut expliquer le choix du lieu de cette cérémonie. La villa burgonde — nous la retrouverons plus loin — occupait alors une vaste superficie et possédait un appareil fortifié[3].

Un dernier domaine doit encore être mentionné. Situé dans l'orbite de Genève, en Haute-Savoie, tout près de notre frontière, il fournit des éléments assez précis qui sont certainement valables pour les résidences des abords immédiats de la ville. Il a été étudié minutieusement par un érudit annecien, Ch. Marteaux, dont nous avons déjà signalé les intéressantes études sur les *Villas gallo-romaines du Chablais*. Il s'agit de Massongy.

---

[1] Cf. Henri JACCARD, *Essai de toponymie, M.D.R.*, 2e série, VII, Lausanne, 1906, p. 284.

[2] BLONDEL, *La villa romaine et le castrum de Montagny-Chancy, loc. cit.*, pp. 138-166.

[3] BLONDEL, *Carouge, villa romaine et burgonde*, dans *Genava*, XVIII, 1940, pp. 54-68.

Marteaux constate que la plupart des communes du Chablais ont une origine gallo-romaine ; on les retrouve dans le cadre des anciens domaines. Celle de Massongy est traversée par la route nationale de Douvaine à Thonon, à quelques kilomètres de Douvaine, route dont le tracé est assez proche de celui de l'ancienne voie romaine dont subsistent quelques parties pavées. Elle devait séparer deux *fundi* dont la réunion a formé l'actuelle commune.

L'un s'étendait autour de la villa *Maximiaca*, située près de l'église de Massongy, à la convergence des chemins de la région. Elle comprenait la résidence du propriétaire, avec des décorations polychromes, et, à proximité, les bâtiments de l'exploitation rurale, logements du personnel et dépendances. Ce *fundus Maximiacus* mesurait environ 350 hectares. Son étendue avait nécessité l'édification, à quelque distance, d'une seconde villa possédant les installations agricoles nécessaires.

L'autre domaine se trouve de l'autre côté de la route, en direction du lac, à Sous-Estraz. C'est le *fundus Lapiacus* dont la superficie aurait dépassé 600 hectares, mais dont l'exploitation a dû être morcelée. A côté de la résidence du propriétaire, d'autres villas et des mas étaient dispersés à sa périphérie, participant à sa mise en valeur. On a retrouvé les vestiges de plusieurs d'entre eux : mais d'autres ont sans doute disparu sous les bois qui, en quelques endroits, ont reconquis les cultures de l'époque gallo-romaine.

Des routes réunissaient ces habitations, les ordonnant en un tout organique. Le tracé de plusieurs d'entre elles se retrouve dans les chemins vicinaux actuels.

Quelle a été, dans les régions proches de Genève, la superficie des propriétés gallo-romaines ? Ch. Marteaux constate donc que la commune de Massongy — 981 hectares — a été formée de deux grands domaines. Mais ils étaient subdivisés en plusieurs exploitations. Il en était de même, nous l'avons vu, dans la région de Vandœuvres, déjà au temps des Allobroges. Marteaux, se fondant sur l'étude d'autres communes — nous ne pouvons pas reprendre celles dont il a fait la monographie et dont nous avons déjà mentionné le nom — pense qu'en Haute-Savoie, à part quelques exceptions, les *fundi* ne devaient pas excéder une centaine d'hectares, ce qui serait le minimum nécessaire à l'entretien d'une villa. Celle de La Grange, on s'en souvient, comptait 141 ha. Mais leur superficie a pu beaucoup varier au gré des conditions géographiques, topographiques même, et en fonction de la qualité du sol et des cultures qu'elle permettait [1].

---

[1] Ch. MARTEAUX, *Etude sur les villas gallo-romaines du Chablais*. III. *Origine de la Commune de Massongy*, dans *Revue savoisienne*, 1920, pp. 75-83. — A. GRENIER, *Manuel...*, t. VI, 2, pp. 923-941.

Dans l'ensemble, la Gaule n'a pas souffert autant que d'autres parties de l'Empire et que l'Italie elle-même des méfaits des *latifundia* dont Pline disait — et il ne s'est pas trompé — qu'ils perdraient l'Italie et les provinces. Les chiffres que nous venons d'indiquer pour la Haute-Savoie ou pour La Grange restent assez modestes. On est loin de ces innombrables *latifundia* italiens, siciliens, africains dont certains atteignaient et dépassaient la superficie du canton de Genève, soit 282 km². Crassus, membre du premier triumvirat, possédait 25.000 hectares donc 250 km², 20.000 esclaves et des quartiers entiers de Rome. Agrippa, gendre d'Auguste, occupait toute la péninsule de Chersonèse de Thrace, soit 2500 km² — neuf fois la superficie du canton de Genève.

Cependant, il ne faut jamais perdre de vue que, dans beaucoup de cas, les terres démesurées que possèdent les chevaliers romains sont réparties en plusieurs domaines dispersés dans les diverses provinces. Il n'en reste pas moins vrai que les *latifundia*, par les effroyables conséquences économiques, sociales, morales, voire militaires, qu'ils ont entraînées, ont largement contribué à la décadence et à la chute de l'Empire.

C'est une chance pour Genève, comme pour la Gaule en général, d'avoir échappé à leur emprise. Les villas que nous avons signalées dans nos régions — et jamais elles ne correspondent réellement à la notion de *latifundium* — ne doivent pas faire oublier d'autres phénomènes. Elles sont beaucoup mieux connues que les autres maisons. Construites en pierre et en briques, malgré les destructions, les incendies, les injures du temps, elles n'ont pas été, dans la plupart des cas, effacées complètement du sol. Et cela risque de fausser notre vision. A côté des riches détenteurs des grands domaines, de leurs tenanciers — les colons partiaires dont nous reparlerons — et de leurs esclaves, des paysans libres, propriétaires de leur sol, subsistaient. Ces *possessores* ou *aratores* formaient une classe fort honorable qui pouvait même participer à la vie politique des entités locales. Mais ils habitaient des maisons parfois peu solides, ainsi les traditionnelles cabanes de colombage et de pisé héritées des Allobroges. A part certaines exceptions, elles n'ont pas laissé de trace. Ces paysans-propriétaires dont Pline le Jeune parle souvent dans ses lettres — il les connaissait bien car ils étaient nombreux dans la région de Côme — semblent avoir constitué une fraction importante de la population de la Gaule et sans doute, comme beaucoup d'indices le laissent supposer, du bassin genevois.

A côté du *vicus*, des villas et des villages qui s'esquissaient déjà autour d'elles, il est probable que l'on a continué à occuper, épisodiquement, quand l'insécurité d'une époque troublée l'exigeait, des grottes et des abris sous roche. Certes, le Salève n'a pas joué au temps de Rome le rôle qui lui avait été dévolu pendant la préhistoire. Mais, si l'on n'a pas décelé d'établissements romains sur ses crêtes, les grottes de l'Ours, du Sablon, du Serpent, des Bourdons, du Chavardon — si chargées de souvenirs des âges de la Pierre, du Bronze et du Fer — ont servi de refuges puisqu'on y a retrouvé des poteries romaines et même des monnaies de bronze de l'époque de Trajan, donc de la fin du Ier et du début du IIe siècle de notre ère. Cependant, la rareté même de ces trouvailles montre bien que leur occupation n'a pas été permanente.

La station de Génissiat, dans la gorge du Rhône, au sud de Bellegarde, explorée par Olivier Reverdin, possédait, elle aussi, à son niveau supérieur, des restes gallo-romains recouvrant les couches plus anciennes dont nous avons déjà parlé [1].

Nous avons eu l'occasion de voir les répercussions catastrophiques des invasions du IIIe siècle pour Genève, la destruction des riches quartiers extérieurs, le repliement à l'intérieur de l'enceinte hâtivement relevée. Elles ont eu aussi de terribles effets dans les campagnes. Les villas établies à l'âge d'or de la *pax romana* ont été pillées, incendiées, détruites. Ce fut le cas de La Grange, de Sécheron, de Montagny. Certaines, mettant à profit une sécurité reconquise au moins pour un temps, ont été reconstruites vaille que vaille. Celle de Montagny a été remplacée par un *castrum*.

La terreur qui a régné pendant les invasions du IIIe siècle se mesure par les enfouissements de trésors — on peut les dater grâce aux effigies des monnaies —, enfouissements qui se sont multipliés alors, non seulement en ville, aux Tranchées notamment, mais aussi dans les campagnes, à Saint-Genis, Landecy, Vésenaz, ailleurs encore.

A l'époque de désagrégation de l'Empire, les guerres, dans lesquelles Rome n'attaque plus mais se défend, posent le problème de la main-d'œuvre sur lequel nous reviendrons. Les sources de l'esclavage tendent à se tarir. Il faut substituer à la famille servile que dirigeait un *subvillicus*, esclave promu au rang d'intendant par son maître, des travailleurs libres. Ce sont les colons partiaires, tenanciers dont nous verrons l'indépendance diminuer jusqu'au moment où, à la veille de l'effondrement de l'Empire, ils tendront à se confondre avec les esclaves.

Or la multiplication de ces colons et la menace perpétuelle d'une invasion modifient les conditions de l'habitat rural. La dispersion des villas et des mas

---

[1] Olivier REVERDIN, *Une nouvelle station néolithique près de Génissiat*, dans *Genava*, X, 1932, pp. 33-42. — Marc-R. SAUTER et Alain GALLAY, *op. cit.*, dans *Genava*, N.S., VIII, 1960, p. 106. — E. THURY, *Le Salève préhistorique*, dans *Le Salève*, publié par la Section genevoise du Club alpin suisse, Genève, 1899, pp. 340-345. — Outre les indications bibliographiques déjà fournies, consulter sur l'ensemble de la question des habitations rurales P. BOUFFARD, *L'Helvétie romaine*, pp. 20-22. — W. DEONNA, *Les arts à Genève...*, pp. 76-78. — A. OLTRAMARE et L. BLONDEL, *Genève romaine*, dans *Hist. de Genève*, t. Ier, p. 40. — F. STAEHELIN, *op. cit.*, pp. 152-153.

constituait un danger. Aussi, dès le IVᵉ siècle, voit-on la population des campagnes s'agglomérer en hameaux et en villages qui pouvaient assurer à leurs habitants un minimum de sécurité. Certaines villas importantes — nous l'avons indiqué pour Vandœuvres et c'est aussi le cas pour Massongy — ont été les centres de cristallisation des agglomérations nouvelles. Comme le remarque Albert Grenier, la géographie n'a pas été la seule à déterminer la formation des villages ; l'histoire y a aussi collaboré largement [1].

Cependant, les dernières invasions et la chute de l'Empire n'ont pas dépossédé tous les grands propriétaires de leurs domaines. Il arrive même que leur caste, à partir du IVᵉ siècle, affermisse sa situation, constituant une des armatures d'une société en déliquescence.

La décadence des villes, leur resserrement dans leurs murailles par l'abandon de leurs quartiers extérieurs — tel celui des Tranchées à Genève —, avec tout l'inconfort que cela entraîne, la ruine du commerce et des métiers, caractéristiques de la fin de l'Empire, avaient restitué à la terre tout son prestige. Un exode urbain se dessinait, au profit des campagnes. La terre redevenait, comme au temps de la Gaule, la principale richesse, la richesse-refuge. La classe des propriétaires fonciers préludait ainsi, longtemps à l'avance, à l'organisation de la féodalité qui unira la détention du sol à l'exercice de l'autorité.

Albert Grenier estime que la nouvelle aristocratie qui se crée à la fin de l'Empire en Gaule a bâti « ses châteaux, beaucoup plus grands et infiniment plus riches que les villas urbaines du Haut Empire » [2]. A vrai dire, cette remarque ne cadre pas avec les observations que Louis Blondel a faites dans la région genevoise où, nous l'avons vu, les villas restaurées après les invasions des Alemans sont moins belles que celles du temps de la *pax romana*.

---

[1] *Manuel...*, t. VI, 2, p. 937.
[2] *Ibid.*, pp. 936-937.

CHAPITRE II

L'AGRICULTURE

Une fois de plus, il faut répéter cette remarque : il n'y a pas solution de continuité entre la Gaule indépendante et la Gaule romaine. On se rappelle la qualité de l'agriculture des Celtes avant la conquête ; les Romains eux-mêmes ont pu s'inspirer de certaines de leurs méthodes et copier leur outillage agricole. Certes, l'évolution s'est poursuivie au cours de l'Empire, commandée souvent par les circonstances politiques et militaires. A l'éclatante prospérité de la *pax romana* succèdent les terribles crises agricoles entraînées par les invasions.

Le IIIe siècle, dans le secteur rural comme dans tous les autres, marque un tournant. Mais la fin de l'Empire, pour les raisons que l'on sait, a revalorisé la terre et les classes rurales au moment où les villes tendaient à se vider de leurs habitants.

Déjà dans les siècles qui ont suivi la conquête, la prospérité des agglomérations de la Gaule, y compris les modestes *vici*, comme Genève, avait poussé les citadins enrichis à acheter des terres. Peut-être est-ce cette forte demande qui explique le morcellement du sol et les dimensions restreintes des domaines de notre région. L'intérêt voué à la propriété foncière par les possesseurs de la fortune mobilière, capables de faire les avances nécessaires à la terre, aboutit à des améliorations dans la technique agricole.

Mais un phénomène se produit en sens inverse. Les riches Gaulois, détenteurs des grandes propriétés — elles n'atteignent pas les dimensions des *latifundia* — cèdent à l'appel des villes auxquelles Rome a apporté une vie nouvelle, des agréments et un confort que les bourgades allobroges n'avaient pas connus. L'absentéisme — l'abandon prolongé des demeures aux champs — semble s'être développé. Il est possible que l'extension du quartier résidentiel des Tranchées en soit la conséquence.

Cependant, les petits et moyens propriétaires, ceux qui cultivent eux-mêmes leur sol, les *possessores* ou *aratores* dont nous avons déjà parlé, semblent avoir été nombreux dans le bassin genevois. Les plus modestes de ces paysans vivaient dans des maisons de pisé, à peine améliorées depuis la conquête. Ils ont trouvé, dans la ville prospère et qui s'étend, des débouchés commodes pour leurs produits. Les progrès agricoles ont été leur œuvre autant et plus que celle des détenteurs de grands domaines. Ils maintenaient l'heureuse tradition du travail de l'homme libre, dont l'intérêt est de tirer de sa terre tout ce qu'elle peut donner, en face de la culture servile avec toutes les négligences, tout le laisser-aller qu'elle entraîne. D'ailleurs, l'agriculture, quelles qu'en fussent les modalités, restait la source principale de la richesse de la Gaule.

Le régime impérial lui a été favorable à plus d'un point de vue : le droit romain donnait à la propriété privée une incomparable sécurité ; la paix romaine assurait une stabilité que l'ancienne Gaule, si souvent déchirée, n'avait pas connue ; la main-d'œuvre servile était encore abondante ; les routes se multipliaient et se perfectionnaient à la fois ; un marché immense s'ouvrait aux denrées agricoles, à celles tout au moins dont la production restait localisée, par exemple aux fromages des Allobroges ; le raffinement de la civilisation, la multiplication des besoins poussaient à la culture de variétés nouvelles et à l'essor des anciennes. Les surfaces consacrées au blé et au lin s'étendaient alors que les vergers, les jardins et les vignobles faisaient la conquête de notre territoire. Rien d'étonnant que, chez nous comme dans le reste de la Gaule, la population ait sensiblement augmenté.

Tels sont quelques-uns des résultats que le maintien de la paix a assurés jusqu'au milieu du IIIe siècle. N'est-ce pas là aussi l'explication de la facilité avec laquelle les Gaulois ont accepté la conquête ? Même les Allobroges, au début si insoumis, se sont rapidement assimilés après les campagnes de César.

Quels que fussent les progrès accomplis, il s'en fallait de beaucoup que les terrains du bassin genevois fussent entièrement mis en valeur. De nombreux marécages interdisaient toute culture. Quoi d'étonnant ? Il y a quelques décennies, certains d'entre eux existaient encore : les grandes opérations de drainage viennent à peine de s'achever. A l'époque gallo-romaine, aux portes de la ville, l'Arve divaguait dans toute la région de Plainpalais et de la Praille ; les vallons de l'Aire, de l'Eau-Morte, les alentours de la Petite-Grave, la dépression qui s'étend de Veyrier à Troinex, tout le bassin de la Seymaz, la vaste zone de Cointrin, Mategnin et Meyrin, les terres de Valavran, les parties du département de l'Ain proches de notre frontière, toutes les cuvettes, tous les bas-fonds de la Haute-Savoie — et nous n'avons pas épuisé la liste — étaient incultes ou ne produisaient que de maigres litières. Il est juste d'ajouter que la technique de l'assainissement des marais, si elle n'était pas ignorée — les résultats qui avaient été obtenus dans la campagne romaine sont là pour le prouver —, était encore d'un emploi coûteux.

Bien avant la conquête de Rome, les défrichements avaient été nombreux dans notre pays. Ils vont se poursuivre, ce qui est la rançon de tout progrès agricole. Le sommet du Salève était déjà en grande partie déboisé : ses arbres avaient été engloutis dans les rudimentaires hauts-fourneaux de l'âge du Fer.

Cependant, de vastes zones sylvestres subsistaient dans le bassin genevois, notamment sur les moins bonnes terres. Les grands domaines en possédaient également, nécessaires aux chasses du propriétaire mais aussi à la fourniture de bois d'œuvre et de feu. Les chênes y trouvaient des conditions excellentes. Nous le savons bien, nous qui voyons disparaître les uns après les autres les derniers grands arbres de la forêt primitive. Les glands constituaient un des éléments essentiels de la nourriture des nombreux troupeaux de porcs [1].

L'élevage n'avait pas beaucoup évolué depuis la conquête. Le bétail bovin et ovin fournissait la viande et le lait, les peaux et la laine. Les porcs vivaient en liberté une partie de l'année, bénéficiant de la glandée. Les chevaux étaient nombreux, répondant aux besoins du luxe, des armées et des transports. Les montagnes de la Savoie, de la Tarentaise et du Dauphiné étaient vouées à l'élève des mulets. Ces mêmes régions produisaient des fromages dont la réputation, si l'on en croit Pline le Naturaliste, s'étendait au loin. Dans les régions de plaine, les étables et les écuries étaient construites à une petite distance des villas rustiques [2].

Le blé et les autres céréales trouvaient dans notre région des conditions climatologiques favorables : aussi en constituaient-ils une des productions essentielles. Ne servaient-ils pas de base à la nourriture populaire ? Le lin et le chanvre occupaient de vastes superficies.

En progressant, la civilisation romaine avait introduit, notamment aux abords des villes, des cultures nouvelles qui remplaçaient parfois les céréales et les pâturages. Le phénomène a été assez général. Apparu d'abord dans le Latium, puis dans la péninsule, il s'est étendu aux plus riches provinces. Les vergers se multipliaient et aussi les variétés que l'on y cultivait. Pommes, poires, pêches, cerises, noisettes, châtaignes étaient les fruits que produisait surtout notre région.

Aux traditionnels oignons et aulx, si fort prisés des Gaulois, s'étaient ajoutés de nouveaux légumes : les courges, les choux, les fèves, d'autres encore. Les fleurs étaient cultivées aux environs des villes.

L'introduction de la vigne dans les environs de Genève offre un assez grand intérêt. On se rappelle que les Gaulois, grands amateurs de bière — la

---

[1] L. BLONDEL, *Le sol et l'habitation, loc. cit.*, pp. 248-250. — R. MONTANDON, *Genève, des origines...*, pp. 110-111.

[2] C. JULLIAN, *Hist. de la Gaule*, t. V, pp. 195-196. — Ch. MOREL, *loc. cit.*, p. 509.

cervoise — et d'hydromel, avaient aussi une propension très marquée pour le vin. Mais ils n'en produisaient pas. Aussi restait-il un produit de luxe, accessible seulement aux classes les plus aisées. La vigne a été d'abord introduite dans la région de Marseille où elle est restée longtemps confinée entre la Méditerranée, le Rhône inférieur et la Durance.

Avec Rome, elle conquiert peu à peu la Narbonnaise où elle trouve d'excellentes conditions ; elle remonte la vallée du Rhône, sur les deux rives du fleuve ; elle s'étend au Vivarais, au Dauphiné. Puis c'est le tour de la Bourgogne : mais on pense que la vigne y a pénétré venant de l'ouest et non pas par la vallée de la Saône. En effet, la région de la Garonne était devenue une région de vignobles, comme l'Ile-de-France, les vallées de la Moselle et du Rhin.

Toutes ces conquêtes — Marseille mise à part — ont été faites pendant l'Empire. César, dans ses *Commentaires*, n'a jamais fait la moindre allusion à la vigne. Ce n'est vraisemblablement que dans la seconde moitié du Ier et au IIe siècle de notre ère que les vignobles se sont constitués dans la majeure partie de la Gaule. Et encore a-t-il fallu vaincre l'hostilité des vignerons italiens qui demandaient au Sénat l'interdiction de la culture de la vigne au-delà des Alpes. Un édit de Domitien, vers 92 après J.-C., a même tenté d'ordonner la destruction des vignobles déjà plantés.

C'est surtout au IIIe et au IVe siècle que la vigne s'est propagée, répondant à la demande grandissante des Gaulois qui, de plus en plus, préféraient le vin à la bière. D'autre part, sa culture laisse de plus grands bénéfices que le bétail ou les céréales à ceux, grands propriétaires fonciers ou petits paysans, qui s'y adonnent.

Quand la culture de la vigne a-t-elle été introduite dans la région genevoise ? Genève — nous y reviendrons — a été un centre actif du commerce des vins. Il arrive sans doute un moment où les produits indigènes s'ajoutent à ceux qui proviennent des autres régions de la Gaule. R. Montandon a consacré une étude à ce problème. En ce qui concerne la Suisse, il pense que la vigne s'est d'abord implantée en Valais où elle a trouvé de bonnes conditions climatologiques.

Est-elle arrivée à Genève de cette contrée ou de la Franche-Comté ? Il est difficile de répondre à cette question, mais Montandon estime qu'en 77 de notre ère des vignobles existaient déjà en Valais. Il se fonde sur une anecdote rappelée par Pline le Naturaliste concernant l'Helvète Hélicon qui, dit-il, « rapporta de Rome un raisin d'où sortirent les vignobles vaudois et valaisans »[1]. L'*Histoire naturelle* datant de l'an 77 de notre ère, ce serait, d'après Montandon, avant cette date que la vigne aurait été naturalisée en Suisse. Il pense

_____

[1] *Mélanges d'arch. et d'hist. genev.: I. Le commerce des vins...*, pp. 17-18.

qu'il n'est « pas trop hasardé de prétendre que c'est autour de l'an 50 de notre ère qu'apparurent, sur les coteaux du Rhône et de l'Arve, les premières grappes si chères à Bacchus, et que se mirent à fonctionner les pressoirs »[1].

Mais, si l'on se réfère au texte de Pline, on a de la peine à admettre cette interprétation. Le Naturaliste, au livre XII, dit exactement ceci : « On raconte que ce qui engagea la première fois les Gaulois à se jeter sur l'Italie, dont ils étaient séparés par les Alpes qui avaient formé jusqu'alors entre eux et nous un retranchement insurmontable, ce fut un Helvétien nommé Hélicon qui, après avoir exercé quelque temps un métier à Rome, retourna ensuite dans sa patrie et y apporta d'Italie des figues sèches, des grappes de raisins, avec du vin et de l'huile d'élite ; toutes choses si exquises que, s'il y a jamais eu une guerre pardonnable, c'est celle que les Gaulois ont entreprise pour s'assurer la conquête du pays où elles croissent[2]. »

Montandon ajoute que souvent Pline rapporte des faits peu vraisemblables, mais que dans ce cas il n'y a pas de raison de mettre en doute ce qu'il écrit.

Encore une fois, la démonstration de R. Montandon n'emporte pas la conviction. Si la culture de la vigne dans le bassin genevois à l'époque romaine est chose certaine, le problème de la date de son introduction ne nous paraît pas résolu[3].

On peut lier la chasse et la pêche à l'agriculture. La première ne joue plus qu'un rôle économique fort limité à l'époque romaine. En revanche, le lac, le Rhône, l'Arve et les nombreuses rivières de notre région fournissaient à la consommation locale des mets abondants et de qualité. On sait la place que le poisson occupait dans l'alimentation des Romains.

Nous avons déjà rappelé les répercussions que les invasions du IIIᵉ siècle, puis celles de la fin de l'Empire, ont entraînées pour les villas urbaines et rustiques, la structure des domaines, les changements de propriétaires et la formation des villages. Il nous reste à indiquer comment ces puissantes migrations de peuples ont agi sur l'agriculture.

Toutes les fois que des incursions se produisaient, ou même que leur menace se profilait à l'horizon, la production fléchissait. D'autre part, la main-d'œuvre servile se raréfiait. Certes, l'esclavage avait eu de multiples sources, mais la principale avait été la guerre, pourvoyeuse des marchés. Or, le temps des campagnes victorieuses est passé et Rome, contrainte à sa propre défense, n'a plus de population à asservir. Les grands propriétaires ne trouvent plus

---

[1] *Mélanges d'arch. et d'hist. genev.: I. Le commerce des vins...*, p. 19.

[2] *Histoire naturelle*, trad. fr., t. IV, Paris, 1772, p. 489.

[3] L. BLONDEL, *Le sol et l'habitation...*, loc. cit., p. 252. — C. JULLIAN, *Hist. de la Gaule*, t. V, pp. 183-191. — R. MONTANDON, loc. cit., — *Genève, des origines...*, p. 110. — Ch. MOREL, loc. cit., p. 509. — PLINE, *Histoire naturelle*, loc. cit.

de bras pour la culture de leur sol. Comment remplacer les « familles serviles » qui s'anémient de plus en plus ? Il faut bien recourir à la main-d'œuvre libre.

Le système du colonat partiaire avait toujours existé. Le colon, le *politor*, était un homme libre auquel le grand propriétaire concédait une portion de son sol moyennant la remise d'une partie des récoltes qu'il en tirait. Le système n'est pas sans analogie avec celui du métayage car, en règle générale, le propriétaire accorde, avec la terre, les bâtiments et le cheptel nécessaires à l'exploitation. Mais les redevances qu'il exige, en nature, sont énormes. Caton, qui écrivait au IIe siècle avant J.-C., indique dans son *De re rustica*, que le *politor* conserve une portion de sa récolte qui varie, selon la fertilité des terres, de la sixième à la neuvième corbeille. On sait qu'en France le métayage est encore beaucoup pratiqué : traditionnellement, il se faisait à mi-fruit ; mais on tend aujourd'hui à augmenter la part qui reste au métayer. C'est dire que la situation du colon partiaire romain n'avait rien d'enviable ; souvent même elle était misérable. Aucune indication ne nous permet de fixer les conditions du colonat dans la région genevoise après la conquête.

Mais ce que l'on sait, c'est que le système a été largement pratiqué dans beaucoup de provinces et notamment en Gaule. Il a pris dans les derniers siècles de l'Empire toute sa signification en même temps qu'il changeait de caractère. Les colons, même lorsqu'ils étaient dans une situation matérielle difficile, avaient été des hommes libres. Or, pour qu'ils rendent aux grands propriétaires le maximum de services, mais aussi pour qu'ils assurent le ravitaillement de l'Empire, l'Etat va peu à peu les lier, les river à la terre. En pratique, ils se rapprochent toujours plus des esclaves, tendant même à se confondre avec eux. L'obligation de cultiver leur terre va devenir héréditaire. Non seulement le jeune *politor* devra rester sur sa tenure, mais il ne pourra prendre femme que dans le domaine de son maître. Tel est le résultat du manque de main-d'œuvre.

De plus en plus des terres, même fertiles, ne sont plus cultivées [1]. Dans cette période au cours de laquelle l'Empire lutte si souvent pour son existence, il suffit d'une campagne victorieuse, telle celle de Constantin aux prises avec les Francs, pour améliorer la situation. Elle se traduit par un apport de main-

---

[1] « Sous les Romains, la Gaule fut un des grands pays agricoles de l'Empire. Mais on voyait encore, autour des lieux habités et de leurs cultures, de vastes étendues de friches. Ces espaces vacants grandirent vers la fin de l'époque impériale, alors que, dans la *Romania* troublée et dépeuplée, de toutes parts se multipliaient les *agri deserti*. Plus d'une fois, dans des coins de terre qui au moyen âge durent être de nouveau arrachés à la brousse ou à la forêt, dans d'autres qui, aujourd'hui encore, sont vides de champs ou du moins de maisons, les fouilles ont révélé la présence de ruines antiques. » Marc Bloch, *Les caractères originaux de l'histoire rurale française*, nouvelle édition, t. Ier, Paris, 1955, p. 1.

d'œuvre servile, un relèvement — peu durable, hélas ! — de la production et une baisse du prix du blé.

Mais le colonat comporte une autre forme. Les Barbares, dans bien des cas, ont exigé de Rome qu'elle les accueille sur des terres peu peuplées. On leur a concédé parfois la moitié ou les deux tiers d'une région, ce qui n'a peut-être pas été toujours très difficile étant donné l'étendue des friches. La région genevoise n'a pas échappé à cette occupation : c'est ainsi, nous l'avons vu, que les Burgondes sont venus s'y fixer comme dans toute la *Sapaudia*.

Ch. Morel constate que ces faits sont attestés par certains noms de lieux. Les Collonges, les Cologny, que l'on retrouve si souvent entre le Jura, le Salève et les Voirons, remontent sans doute au temps où les colons barbares se sont mêlés aux indigènes, dans les derniers siècles de l'Empire [1].

Cette intrusion des Barbares sur les terres gallo-romaines a pu signifier une certaine régression dans la civilisation de notre région. Mais elle ne comporte pas que des inconvénients. Peut-être était-elle nécessaire au maintien d'une agriculture suffisante. Et elle a préparé chez nous la fondation du royaume des Burgondes [2].

L'agriculture ne laisse pas de se transformer du fait des modifications apportées dans le peuplement de nos régions. Vraisemblablement les produits de luxe ont été négligés au profit des biens de première nécessité. R. Montandon pense que les vignobles de la région genevoise ont diminué sensiblement au temps des invasions. Sans doute a-t-il raison car la culture de la vigne, comme celle des arbres fruitiers, est liée à une certaine sécurité ; elle a besoin de la durée. Se fondant sur des remarques faites par Hugo de Claparède à propos de la loi Gombette — nous en reparlerons —, il estime que les Burgondes ont fait un grand effort pour reconstituer les vignobles de notre pays [3].

Une question se pose — d'ailleurs en des termes qui ont varié — pour toutes les époques et toutes les régions de l'Empire. Que deviennent les produits de notre sol ? Une partie est évidemment consommée par les grands propriétaires comme par les modestes *possessores* et leurs serviteurs, libres ou esclaves, ou par les colons et leurs familles.

Les fouilles nous renseignent sur les méthodes de conservation des denrées solides et liquides, dans les domaines ruraux comme dans les maisons urbaines. Le plateau des Tranchées en particulier nous a fourni bien des éléments à ce sujet. Les amphores de terre étaient parfois de grandes dimensions. Celles dans

---

[1] *Loc. cit.*, p. 557.

[2] A. GRENIER, *Manuel...*, t. VI, 2, pp. 1023-1024 et *passim*. — GRENIER, *Les siècles heureux...*, *loc. cit.*, pp. 433-434. — Ch. MOREL, *loc. cit.*, p. 557.

[3] R. MONTANDON, *Mélanges d'arch. et d'hist. genev.: I. Le commerce des vins...*, p. 22.

lesquelles on mettait le vin nouveau pouvaient atteindre plusieurs centaines de litres. Mais elles étaient en général de plus faible contenance, dix à vingt litres. Les unes étaient à fond plat, en général pour contenir des solides ; les autres, pour les liquides, étaient pointues et étaient enfoncées dans le sol des caves et des celliers, parfois sur plusieurs rangs, comme c'était le cas aux Tranchées. Elles possédaient des bouchons d'argile ou de liège. Un enduit de poix, à l'intérieur, en assurait l'étanchéité. Ce n'était pas fait pour améliorer la qualité du vin ! L'huile était conservée de la même façon.

Les amphores au col large servaient notamment aux grains, aux olives et aux dattes. Deux ont été retrouvées à Avenches ; les fruits qu'elles contenaient avaient été calcinés au cours d'un incendie. On inscrivait sur les parois des vases de terre cuite leur capacité et le nom des denrées qui s'y trouvaient.

Nous avons signalé déjà une innovation gauloise, antérieure à la conquête, la fabrication de fûts de bois, de tonneaux. Le procédé était trop commode pour que Rome l'abandonnât. On continua donc à s'en servir dans toute la Gaule romaine [1].

Dans les périodes normales tout au moins, les classes rurales produisaient au-delà de leurs besoins et vendaient leur surplus sur les marchés des villes. A Genève, jusqu'aux invasions du IIIe siècle, ils se tenaient au Bourg-de-Four, vrai centre de la bourgade. Après le repli de la ville dans son enceinte, le forum et son marché ont été transférés, dans les conditions que nous avons vues, à l'intérieur de la ville, le Bourg-de-Four étant ravalé au rôle d'un champ de foire pour les bestiaux.

Le produit de la vente de leurs récoltes servait aux ruraux à acquérir ce dont ils avaient besoin auprès des artisans urbains. Genève était le centre vivant d'une région prospère.

Cependant, même aux temps heureux de la *pax romana*, les propriétaires des grands domaines tenaient à honneur de tirer de leur propre fonds ce qui était nécessaire aux besoins de ceux qui dépendaient d'eux. La polyculture y tendait. De plus, quelle que fût la qualité des voies romaines, les transports restaient assez lents et coûteux. Dans bien des cas, les riches propriétaires préféraient se déplacer d'une villa à l'autre, au gré des saisons — La Grange était une résidence d'été —, plutôt que faire transporter les produits de leurs terres.

A côté du personnel occupé à la culture du sol et au service domestique, les grandes villas possédaient des esclaves voués à des métiers. Une division du travail trop poussée parmi eux comme parmi ceux qui travaillaient la terre

---

[1] P. BOUFFARD, *L'Helvétie romaine*, pp. 22-23. — R. MONTANDON, *Mélanges d'arch. et d'hist. genev.: I. Le commerce des vins...*, pp. 12-13.

aboutissait à un véritable gaspillage des forces qui, joint au médiocre rendement de la main-d'œuvre servile, explique que tant de bonnes terres soient retombées à l'état de friches. Dans bien des cas, mal exploitées, elles n'auraient même pas suffi à la nourriture des esclaves qui les auraient travaillées. La région genevoise, fort heureusement, n'a pas possédé de tels *latifundia*. Mais, même dans des domaines plus modestes, l'idéal d'une certaine autarcie subsistait, encore qu'il ne fût pas toujours accessible. Les ateliers trouvés dans certaines villas de notre région prouvent bien cette tendance.

L'insécurité, la décadence de la fin de l'Empire modifient sur plus d'un point les conditions d'existence. La ville perd de son importance ; les domaines, plus que jamais, se replient sur eux-mêmes et s'isolent. La crise monétaire de la fin de l'Empire agit dans le même sens. Les monnaies se raréfient, leurs altérations se multiplient. Les pièces qui circulent sont, de plus en plus, de simples jetons argentés et dorés, sans valeur intrinsèque. L'échange, quand il subsiste, tend à reprendre la forme primitive du troc. Dans bien des cas, la régression est encore plus accentuée. On revient à une économie naturelle, à une médiocre autarcie. L'agriculture — même déficiente — et la terre sont redevenues les sources de toute vie.

LES INDUSTRIES

CHAPITRE PREMIER

LES MATIÈRES PREMIÈRES

D'où provenaient les matières premières dont les industries locales étaient tributaires ? Beaucoup étaient fournies par l'agriculture et l'élève du bétail de notre région, ainsi celles qui servaient aux industries alimentaires et textiles, notamment les grains, les fruits, le raisin, les viandes, les laitages, les laines, le lin, le chanvre. La terre offrait encore les peaux, la cire, les bois d'œuvre et de feu. Nous avons vu comment l'agriculture était organisée en vue de ces fournitures.

Les autres matières premières provenaient du règne minéral. Or, dans ce domaine, la région genevoise est pauvre. Certes, on en a toujours tiré des matériaux de construction, en particulier les molasses des bancs lacustres et des carrières terrestres dont certaines sont restées en exploitation jusqu'à la fin du XIXe siècle. L'Arve a livré ses cailloux roulés : son cours torrentiel en a renouvelé sans cesse l'apport. Ce sont ces matériaux, molasses et cailloux, que l'on a utilisés dans nos maisons urbaines et rurales jusqu'à l'époque assez récente où la pierre de Meillerie et celle, moins belle, du Salève les ont remplacés.

Mais la période romaine a aussi employé dans les constructions les plus importantes les pierres de Seyssel et de Villebois, au bord du Rhône, que l'on pouvait tailler et où l'on a gravé bien des inscriptions. La première était d'un grain très fin mais la seconde était plus solide.

Les sables, les graviers, l'argile plastique se trouvent en maints endroits du bassin genevois. Ch. Marteaux et M. Le Roux, dans l'importante monographie qu'ils ont consacrée à l'histoire d'Annecy dans l'antiquité, énumèrent les ressources minérales exploitées par les Gallo-Romains en particulier en Haute-Savoie et en Savoie. Des carrières de pierre jaune se trouvaient à Vovray, derrière le Salève — au pied des Pitons — et à Archamps ; d'autres, de pierre blanche, au Semnoz. Le tuf était extrait de la vallée des Usses, près du Pont de la Caille surtout, et, dans le Faucigny, des riches gisements de St-Jeoire. Des marbres de teintes diverses se trouvaient notamment à Thônes, à Yenne, à Franclens. Les mosaïstes pouvaient choisir dans les ressources régionales les éléments de leurs œuvres. Beaumont et Cruseilles, et, dans le Val de Fier, Saint-André, livraient des sables propres à la fabrication du verre. Il est possible que des verreries aient existé à Boutae. Des fours à chaux se trouvaient à Faverges et à Thônes. Des eaux minérales avaient fait la réputation d'Aix-les-Bains ; celles de Marclaz et de Maxilly en Chablais étaient moins célèbres [1].

En revanche, notre région était dépourvue de cet élément de première nécessité qu'est le sel. Il fallait franchir les chaînes du Jura pour en trouver dans la Franche-Comté qui a possédé des salines d'une grande richesse. Celles de Bourg-St-Maurice, en Savoie, étaient déjà exploitées.

Restent les métaux. Rome a été grandement déçue de ne pas trouver en Gaule tout ce qu'elle avait espéré. La région conquise ne possédait que peu d'étain, d'argent et de cuivre. L'orpaillage tendait à s'appauvrir, les fleuves gaulois roulant toujours moins de pépites d'or. Cependant, l'Arve a continué à charrier des parcelles du précieux métal. Les orpailleurs poursuivront leur quête dans ses graviers et ses sables pendant de longs siècles encore. Le Chéran lui aussi roulait des paillettes d'or. On trouvait de l'argent en Tarentaise et du cuivre dans la haute vallée de l'Arve, près des Houches. En revanche, l'existence d'une mine d'or aux Pitons, sur le Grand-Salève, signalée par Albert Naville, doit être reléguée au rang des légendes.

La Gaule possédait une richesse incomparable, ses gisements de fer, répartis dans plusieurs parties de son territoire. Nous n'avons pas à les énumérer ici, ni à parler du régime de concessions des mines et de leur exploitation. La technique métallurgique, avec quelques timides perfectionnements, continuait à appliquer les procédés que nous avons vus à propos de l'âge de La Tène.

Tout cela n'intéresse guère la région genevoise. Il semble que les gisements du Salève, dont nous avons signalé l'importance et les modes d'exploitation à l'époque du Fer, ont été assez rapidement épuisés après la conquête romaine

---

[1] Marteaux et Le Roux, *op. cit.*, pp. 380-396, 402-408, et *passim*.

alors qu'au contraire ceux du Jura bernois restaient à la base d'une intense activité métallurgique.

Au total, la région genevoise était tributaire du dehors en ce qui concerne la fourniture des métaux, peut-être à l'exception de l'or [1].

---

[1] L. BLONDEL, *Chronique... 1943*, dans *Genava*, XXII, 1944, pp. 24-26. — A. GRENIER, *Manuel...*, t. VI, 2, pp. 961-1017. — C. JULLIAN, *Hist. de la Gaule*, t. V, pp. 203-215. — Albert NAVILLE, *Recherches sur les anciennes exploitations de fer du Mont-Salève*, dans *M.D.G.*, XVI, 1867, pp. 349-381. — E. THURY, *Le Salève préhistorique*, dans *Le Salève*, déjà cité, pp. 329-331.

ASPECTS GÉNÉRAUX

1. Continuité des industries

A plusieurs reprises, nous avons rappelé la continuité des industries et, en général, de certaines formes économiques à travers les périodes de l'histoire. W. Deonna a insisté sur la pérennité du travail artisanal et aussi des arts populaires dans notre région. La conquête n'a apporté aucune rupture avec les traditions celtiques : « Rome a pu conquérir les pays qui formeront plus tard la Suisse, leur imposer une autre civilisation, un autre art... Elle n'a pu cependant étouffer, en Suisse pas plus qu'ailleurs, le vieil esprit national, celui des Celtes, qui s'était manifesté avec originalité dans les produits industriels de la période de la Tène, et qui, avec ses apports nouveaux, avait lui-même hérité des tendances antérieures, celles des âges de Hallstatt, du Bronze, néolithique [1]. »

Deonna, en ce qui concerne les arts décoratifs, montre que si certaines œuvres s'inspirent de la Grèce et de Rome, d'autres au contraire sont aborigènes. Parfois, les diverses influences se combinent. « Les érudits qui ont étudié l'art gallo-romain de notre pays ont trop souvent méconnu cette complexité [2]. »

Cette opinion de Deonna s'oppose à celle qu'avait soutenue C. Jullian pour la Gaule en général. Pour lui, l'industrie, après la conquête, a perdu ses caractères primitifs, visant à la quantité et non plus à l'originalité, répétant indéfiniment les mêmes modèles, fabriquant en série des objets de bas prix pour des marchés lointains. Les industries gauloises sont devenues « à la fois très riches de produits et très pauvres d'idées. Leur production fut énorme : car elles purent, sans scrupule et sans gêne, imiter et contrefaire tous les

---

[1] *L'art national de la Suisse romaine*, dans *Genava*, XIX, 1941, p. 119.
[2] *Loc. cit.*, p. 120. — Cf. aussi Deonna, *Les arts à Genève...*, pp. 97-98.

modèles des fabriques gréco-romaines ». Jullian pense que l'Italie et l'Orient méditerranéen fournissaient des marchandises plus originales. « La Gaule, elle, sacrifiait l'effort à la mode, l'initiative de chacun aux commodités de tous, l'art à la camelote : du jour où elle échangea sa vie nationale pour entrer dans un grand empire, son industrie fut emportée par des ambitions mondiales vers les marchés accueillants où l'on s'enrichit, loin des sentiers difficiles qui mènent à la découverte ou à la beauté. » Elle oublia ses traditions « pour suivre en imitatrice docile, adroite et intéressée, les voies les plus banales du monde gréco-romain [1] ».

Genève et l'Helvétie ont-elles échappé à cette banalité ? Deonna le croit. Le « vieux passé indigène, qui n'est ni grec, ni romain », a agi jusqu'à l'heure actuelle « dans notre art rustique et montagnard » [2].

2. LES STRUCTURES INDUSTRIELLES

Dans la Gaule romaine, conformément d'ailleurs aux traditions celtiques, une partie de la production industrielle s'opérait à domicile. Cette part était d'autant plus grande que les familles étaient plus haut placées dans la hiérarchie sociale et tendaient à cet idéal d'autarcie dont nous avons déjà parlé. Les riches villas gallo-romaines, comme celles de la péninsule italienne et de la Sicile, possédaient des ateliers, parfois d'une très grande diversité, allant des industries alimentaires aux textiles, en passant par la charpente, la menuiserie, l'ébénisterie, la métallurgie et le travail de la terre cuite. La production de ces ateliers était parfois si considérable qu'elle dépassait les besoins de la *familia urbana* et de la *familia rustica*, si nombreuses fussent-elles ; elle devait être écoulée sur le marché public. Telle était une des exigences, dans les temps de la splendeur de Rome, de l'abondance des esclaves. C'est un des cas — ils sont nombreux — où la concurrence servile est redoutable pour la main-d'œuvre libre.

Dans les familles modestes et pauvres, le travail domestique ne pouvait pas occuper une telle place. Bien souvent, il était même inexistant. Comment les gens de la plèbe auraient-ils pu acheter des esclaves ? Où auraient-ils trouvé, dans des appartements dont on connaît l'exiguïté, la place nécessaire à une telle besogne ?

C'était donc surtout la classe populaire qui utilisait les services des artisans libres, travaillant dans des ateliers d'une importance variable mais

---

[1] C. JULLIAN, *Hist. de la Gaule*, t. V, p. 317.
[2] *L'art national...*, loc. cit., p. 120.

qui étaient en général fort modestes. Ceux de Genève étaient groupés surtout dans les quartiers extérieurs, près du lac et du Rhône, à proximité des ports.

Les artisans, qui constituaient une des couches de la classe moyenne, utilisaient les services d'un très petit nombre d'esclaves. Mais certains d'entre eux travaillaient seuls et appartenaient à la plèbe. Nous étudierons dans un chapitre spécial l'organisation des corps de métiers ou collèges d'artisans, de marchands et spécialement de bateliers.

La concurrence servile restreignait la place du travail libre, mais elle était moins accusée dans les modestes *vici* du type de Genève que dans les grandes villes et, à plus forte raison, qu'à Rome.

Parmi les artisans indépendants de la Gaule romaine figuraient ceux qui fournissaient aux classes populaires leur nourriture, boulangers, bouchers et charcutiers, rôtisseurs ; ceux qui tissaient les étoffes et confectionnaient en série des vêtements ordinaires ; les forgerons, les fabricants d'outils et d'ustensiles, les orfèvres et les bijoutiers ; les maçons, charpentiers, menuisiers et ébénistes ; les potiers ; les coiffeurs, quelques autres encore.

Dans la plupart des cas, comme dans beaucoup d'autres périodes d'ailleurs, ils travaillaient sur commande. Il existait cependant, à Rome et dans les grandes villes de province, des espèces de bazars dans lesquels on trouvait en stock des marchandises assez hétéroclites : mais il est probable que les petites villes, les *vici* de l'importance de Genève, n'en possédaient pas.

Quant aux grands ateliers, la question même de leur existence peut se poser. La puissance des économies familiales des riches Gallo-Romains, la faible capacité d'achat des consommateurs appartenant à la plèbe, le petit rendement des capitaux investis dans l'industrie en face des copieux bénéfices de la spéculation financière et de l'usure, la médiocrité de l'outillage et des techniques, les déficiences du travail servile sont autant de facteurs qui empêchent le développement de la grande industrie.

On a affirmé parfois que les énormes travaux de génie civil, par quoi Rome a affirmé sa présence dans tout son Empire, présupposaient l'existence de grandes entreprises. Il n'en est rien. Les autorités, centrales ou locales, mettaient en adjudication ces constructions, ponts ou aqueducs. Les financiers, les publicains romains, se faisaient attribuer ces travaux. Mais ils ne songeaient pas à les exécuter eux-mêmes : ils les répartissaient ensuite entre de nombreux sous-entrepreneurs, modestes tâcherons, dont chacun n'assumait qu'une très petite partie de l'ouvrage. Ainsi, l'aqueduc Marcius à Rome a été édifié par 3000 maîtres-maçons, sous-adjudicataires de petits tronçons.

Il n'y a aucune raison que les importants ouvrages de notre région — l'aqueduc de Cranves à Genève par exemple — aient été construits autrement.

Cependant, C. Jullian admet l'existence en Gaule de grandes manufactures — certaines avec des succursales peut-être — occupant plusieurs centaines d'ouvriers. Les unes appartenaient à un seul propriétaire, les autres à plusieurs associés [1].

De fait, contrairement à ce que pense Jullian, on peut se demander si ces puissantes affaires ne relèvent pas plutôt de l'industrie dispersée dont la Phénicie et la Grèce ont offert déjà plus d'un exemple et qui jouera un si grand rôle tout au long de l'histoire jusqu'à des époques bien proches de nous.

Il s'agit d'activités financées, animées et contrôlées par des personnages certes puissants mais dont le rôle industriel est réduit à bien peu de chose. On en est encore au stade d'un capitalisme commercial. Un financier passe de nombreuses commandes à de petits ateliers, leur fait des avances, rassemble les produits fabriqués et en organise la vente sur de vastes et lointains marchés. Il n'a guère de fonctions techniques ; son rôle est bien plutôt celui d'un marchand. C'est ainsi que la production en masse se concilie avec l'existence de centaines, de milliers parfois, de petits artisans. La céramique d'Athènes, qui a inondé le monde méditerranéen de ses produits, n'a pas procédé autrement. Cette structure industrielle est largement répandue en Gaule. A vrai dire, aucun élément positif ne nous autorise à affirmer qu'elle ait été représentée à Genève. Mais rien non plus ne permet d'en nier *a priori* l'existence.

Camille Jullian pense aussi que les détenteurs de vastes domaines ont pu jouer le rôle de grands industriels. Mais il est difficile de le suivre jusqu'au bout de son raisonnement. « Un riche propriétaire était aussi patron d'usine, il avait ses équipes de potiers comme ses troupes de vendangeurs, il vendait ses faux arrétins ou sa chaudronnerie comme ses laines ou ses blés aux grands brasseurs d'affaires qui circulaient dans l'Empire [2]. » Peut-on vraiment parler d'usines dans un cas semblable ? Ne serait-il pas plus juste de penser que cette production industrielle, quelque grande qu'elle ait pu être, ressortissait en réalité aux activités domestiques ? Les plus riches Romains ou Gallo-Romains possédaient en général plusieurs villas qui toutes collaboraient, grâce à la masse des esclaves constituant la *familia rustica*, à la fabrication de certains produits. Ils ont souvent dépassé les besoins de la famille : il a fallu organiser la vente des excédents. Cela ne signifie pas qu'il a existé de très grands ateliers domestiques dans les exploitations rurales, et à plus forte raison des « usines ».

Dans un cas cependant, on peut admettre l'organisation de véritables manufactures, avec le sens exact qu'il faut donner à ce terme : la réunion

---

[1] C. JULLIAN, *Hist. de la Gaule*, t. V, pp. 311-312.
[2] *Ibid.*, t. V, pp. 311-312.

d'un personnel d'une certaine importance dans un même local, soumis à une discipline, mais travaillant naturellement à la main avec l'outillage traditionnel.

La Gaule romaine en effet a eu plusieurs ateliers possédés par l'Etat ou par l'Empereur. Ce sont les *fabricae*. On en a recensé une douzaine en Gaule sous le Bas-Empire : filatures, teintureries, tissages, gynécées où l'on taille les uniformes ; fabriques d'armes offensives et défensives ou de machines de guerre ; ateliers de la monnaie. Leur rôle, semble-t-il, était de faire la relève d'une industrie privée déficiente, de permettre à la vie de l'Etat de se poursuivre. La discipline de ces ateliers était très stricte. La ligne de démarcation entre les travailleurs libres et les esclaves — c'est un point sur lequel nous reviendrons — tendait à s'effacer de plus en plus.

Il s'agit bien là d'une forme de grande industrie utilisant une main-d'œuvre nombreuse. Mais elle reste exceptionnelle. Elle constitue, en faveur de l'Empereur, un cas particulier et un exemple puissant de l'économie familiale dont nous avons parlé.

On connaît assez bien le siège et l'organisation de ces grands ateliers impériaux. Ils sont toujours dans des localités très importantes : Lyon, Vienne, Arles, Toulon, Narbonne, Reims, Metz, Trèves, etc. Des bourgades comme Genève ne figurent pas dans ces listes. C'est une forme d'activité que notre cité a ignorée : on ne doit jamais oublier qu'elle n'était alors qu'une assez modeste localité comme il y en a eu des centaines en Gaule.

Peut-être cependant l'importante tuilerie que L. Blondel a découverte sur les chantiers du Centre européen de recherches nucléaires (CERN), à Meyrin, près de la frontière française — elle était aussi une fabrique de poterie ordinaire et de lampes —, a-t-elle été, étant donné son étendue, un établissement utilisant un assez grand nombre d'ouvriers [1].

Au total, Genève et la région qui l'entoure ont connu à l'époque gallo-romaine deux formes de production industrielle, des activités domestiques, vivantes surtout dans les domaines ruraux, et des ateliers indépendants occupant un très petit nombre d'ouvriers, libres ou esclaves. A Rome et dans les grandes villes, les esclaves l'emportaient largement sur la main-d'œuvre libre. En était-il de même à Genève ? Il est impossible de répondre à cette question.

3. La localisation des industries à Genève

Des ateliers devaient être disséminés un peu partout dans la ville, le quartier des Tranchées conservant cependant son caractère résidentiel, ce qui

---

[1] L. BLONDEL, *Chronique...*, *1954 et 1955*, dans *Genava*, N.S., III, 1955, pp. 117-122. — Cf. *infra*, chap. III, 7.

n'exclut pas d'ailleurs la présence de certaines activités économiques. Mais les industries semblent s'être fixées surtout dans le bas quartier, au bord du lac et du fleuve, plus particulièrement à la Madeleine, à proximité du port principal, celui de Longemalle. Les eaux atteignaient le pied de la colline. Louis Blondel a relevé la présence de plusieurs ateliers affectés au tissage, à la métallurgie, etc. : « Tout près des installations du port, non loin de portiques et d'un sanctuaire, se groupaient des industries diverses : meuniers, tisserands, forgerons se mêlaient aux bateliers, aux marchands et aux fonctionnaires de la douane [1]. » Quant au travail de l'argile plastique, il se faisait naturellement à proximité des gisements de matière première.

---

[1] *Le port gallo-romain de Genève*, dans *Genava*, III, 1925, p. 96.

CHAPITRE III

LES PROFESSIONS

1. LES CARRIÈRES LIBÉRALES

Situées au-dessus des artisans indépendants dans la hiérarchie sociale, les carrières libérales jouaient à Rome un rôle important. Et pourtant, elles étaient encombrées d'esclaves et d'affranchis, sujets parfois brillants, dont beaucoup étaient d'origine grecque. Secrétaires, pédagogues, architectes, comédiens, artistes de tous genres, comptables, financiers, médecins : on les retrouve dans les secteurs les plus divers. Il ne faut cependant pas transposer ce phénomène sur le plan des petites villes comme Genève. Tout au plus peut-on penser que de tels serviteurs ont joué un rôle dans les villas les plus riches de Vienne ou de Lyon.

Vienne, grande capitale administrative peuplée de magistrats et de hauts fonctionnaires romains, pôle d'attraction de toute l'aristocratie d'une vaste région, a été — plusieurs témoignages l'attestent — un centre brillant de la vie intellectuelle. Cette vie a-t-elle largement rayonné dans les *vici* de la Viennoise et même dans une *civitas* comme Genève lorsqu'elle a été promue à cette dignité ? Cela paraît peu probable. En effet, si les inscriptions retrouvées à Genève mentionnent le nom de grands personnages rattachés à l'administration de la Viennoise, de ceux en particulier qui ont résidé en été dans les villas des environs et rendu, grâce à leur influence ou à leur fortune, des services à la cité, il ne semble pas qu'elles se réfèrent à des habitants de la ville ayant appartenu à des carrières libérales. Cette anomalie s'explique-t-elle par le fait que beaucoup d'entre ces derniers étaient des affranchis ? Mais une telle explication se fonderait, par analogie, sur ce qui se passait à Rome et dans les grandes villes de l'Empire. Est-elle valable pour le *vicus* genevois ?

2. LES INDUSTRIES ALIMENTAIRES

Malgré le rôle joué par le travail domestique, les classes populaires restaient, quant à leur alimentation, tributaires d'activités indépendantes. Des meuniers faisaient leur farine, des boulangers leur pain. D'autres artisans fabriquaient l'huile, traitaient le vin en le mélangeant avec des herbages ou d'autres ingrédients, brassaient la bière, préparaient des salaisons. Ces activités ont laissé des traces dans notre ville, notamment de très nombreuses amphores. En vérité, elles sont davantage liées à la conservation et au transport des vins et des huiles qu'à leur fabrication : c'est pourquoi nous en parlerons plus longuement à propos du commerce.

Des vestiges de moulins à farine et à huile ont été découverts aux Tranchées et à la Madeleine. Il s'agit naturellement de meules à bras, poussées par des hommes qui, à Rome, appartenaient en règle générale aux plus basses catégories de la classe servile. L'une d'entre elles, trouvée près du port de Longemalle, a un diamètre d'environ un mètre. D'autres, plus petites, mesurent de trente-cinq à quarante centimètres. Toutes sont faites avec des pierres de notre pays. Les villas de la région devaient posséder aussi les installations nécessaires à la préparation des aliments [1].

3. La construction

Encore que les Celtes n'eussent pas rompu avec leurs traditions, les méthodes de construction avaient fait de grands progrès, au moins dans les villes, depuis la conquête. Rome n'était-elle pas exemplaire dans ce domaine ? En Gaule, à côté des maçons du terroir, on faisait appel à des spécialistes du dehors, venus surtout d'Italie. Beaucoup sans doute étaient des esclaves. Ils apportaient dans l'art de construire, lorsqu'il s'agissait d'importants édifices urbains, publics ou privés, ou des belles villas de la campagne genevoise, des éléments de qualité. Des sculpteurs ont orné les maisons ou les cippes funéraires de frises, de chapiteaux, de moulures, de bas-reliefs représentant des hommes ou des dieux. Mais ces étrangers ont formé des disciples sur place. W. Deonna en voit la preuve dans le fait que « l'artisan indigène se souvient encore de la répugnance de son ancêtre à représenter le corps humain, surtout en volume » ; aussi préfère-t-il travailler en relief et en ronde bosse plutôt que de faire des statues [2].

Des stucs, blancs ou de couleurs, ont été retrouvés, nous l'avons signalé, dans plusieurs villas. Des mosaïques aussi : « Le sol de certaines pièces, écrit Deonna, est pavé de mosaïques ; les unes sont très simples, unies et blanches,

---

[1] L. BLONDEL, *Le port gallo-romain...*, *loc. cit.*, p. 96. — H. FAZY, *Note sur les antiquités romaines...*, *loc. cit.*, p. 526. — A. OLTRAMARE et L. BLONDEL, *Genève romaine*, dans *Histoire de Genève*, t. Ier, p. 39.

[2] *Les arts à Genève...*, p. 89.

ou à dessins géométriques noirs ; d'autres sont plus riches, faites de cubes polychromes [1]. » Evidemment celles d'Orbe sont incontestablement plus belles que celles des villas genevoises.

4. LE TRAVAIL DU BOIS

Les Gaulois étaient très habiles dans l'art de la charpente. Même dans les villes gallo-romaines, bien des maisons, et parfois même d'importants édifices publics, théâtres et amphithéâtres notamment, étaient construits en bois. Charpentiers, menuisiers, ébénistes se trouvaient partout, même dans les *vici*. Des chantiers navals existaient à Lyon et à Arles. Ceux de Genève et de Voludnia sur l'Isère construisaient en particulier des radeaux. Nous en reverrons l'usage comme celui des types de bateaux qui s'adaptaient aux conditions si diverses du lac, du Rhône et de ses affluents [2].

5. LES INDUSTRIES MÉTALLURGIQUES

Nous avons déjà signalé que les gisements de minerai de fer du Salève n'ont probablement plus été exploités à l'époque romaine du fait de leur épuisement. Si peut-être une activité s'est poursuivie après la conquête, elle n'était en rien comparable à celle de l'époque de La Tène. La production du fer était localisée puisqu'elle dépendait de la présence de mines : mais, en revanche, la transformation du métal était très décentralisée. Chaque bourgade possédait sa forge ; les ateliers fabriquant les outils, les ustensiles, les armes, étaient nombreux.

Les Gaulois excellaient dans la métallurgie du fer, mais ils étaient aussi d'habiles chaudronniers, bronziers, orfèvres, même s'ils étaient tentés de céder à une certaine standardisation de leurs produits.

Louis Blondel a retrouvé divers éléments de l'outillage des ateliers voués au travail du métal dans la région du port de Longemalle : des creusets, un amas de gros clous, des *dolia*, grands vases de poterie vulgaire qui servaient aux forgerons. Il pense que la pauvreté de ces trouvailles s'explique par le fait que les objets de fer restés dans un sol humide finissent par disparaître complètement.

---

[1] *Les arts à Genève...*, p. 90.

[2] Louis BONNARD, *La navigation intérieure de la Gaule à l'époque gallo-romaine*, Paris, 1913, p. 56.

Une curieuse découverte a été faite aux Tranchées, celle d'un atelier de faux-monnayeurs avec ses creusets et un grand nombre de pièces fabriquées. Ch. Morel suppose qu'elles s'écoulaient en Germanie [1].

6. La poterie. La céramique

Innombrables sont les restes de poterie et de céramique que l'on a retrouvés dans les fouilles de Genève et des villas voisines : fragments de vases, d'amphores, de vaisselle, mais aussi objets bien conservés. Il faut d'ailleurs déplorer que le manque de connaissance et aussi de respect ait conduit à une destruction stupide et volontaire de très nombreux témoins que le temps avait respectés. Ce fut le cas en particulier aux Tranchées, dans le troisième quart du XIXe siècle, lorsque l'on a construit ce quartier sur l'emplacement des anciennes fortifications. H. Fazy a raconté comment des rangées entières d'amphores, en parfait état, ont été brisées par des ouvriers qui s'imaginaient sans doute y trouver des trésors cachés. Malgré ces destructions impardonnables, notre musée possède de nombreuses séries de terre cuite.

Mais, naturellement, un problème se pose pour chaque trouvaille. Quelle en est l'origine ? Les objets découverts proviennent-ils d'ateliers locaux ? Ont-ils été importés des grands centres de la céramique gauloise et italienne ?

Leur détermination est relativement aisée, surtout lorsqu'il s'agit de vases ou de vaisselles sigillés, c'est-à-dire portant le sceau, la marque de l'atelier dont ils sortent. Or, le cas est très fréquent. A défaut de cette preuve décisive, les décors, les vernis, les formes, les pâtes permettent sans grand risque d'erreur de fixer les origines de ces pièces. Or, il faut bien constater que les poteries et les céramiques de qualité sont des produits importés. Le chapitre de la terre cuite, à Genève, relève du commerce et non pas de l'industrie.

Les grandes amphores, si nombreuses à la Madeleine et aux Tranchées, provenaient, d'après les marques de leurs fabricants, d'Espagne, de la Gaule et d'Italie alors que les grandes jattes étaient livrées par la Narbonnaise. Les beaux vases décorés, à glaçure noire ou rouge, ont été importés d'Italie. Peu nombreux au lendemain de la conquête du fait des éléments de nouveauté qu'ils présentaient face à la vieille tradition celtique, ils se sont lentement imposés. Arezzo, en Toscane, était un des grands centres de la belle céramique italienne. Mais la Gaule a possédé aussi des ateliers fameux, plus particulièrement ceux de Lezoux, en Auvergne, et de la Graufesenque, près de Millau.

---

[1] L. BLONDEL, *Le port gallo-romain...*, *loc. cit.*, pp. 96, 102-104. — H. FAZY, *Note sur les antiquités romaines...*, *loc. cit.*, p. 530. — Ch. MOREL, *loc. cit.*, p. 553.

Tout en s'inspirant de modèles italiens, ils n'abandonnaient pas complètement les vieilles traditions celtiques. Non contents de fournir les marchés gaulois, ils exportaient aussi leurs produits en Germanie et, phénomène paradoxal, dans toute la péninsule italique. La Gaule a possédé des milliers d'ateliers, notamment dans la région de Lyon, de Vienne et de Valence. Ils étaient d'importance locale et livraient des objets de qualité courante. Ch. Morel pense même que la vaisselle rouge du type italien pouvait être « fabriquée par des potiers ambulants qui se servaient de moules préparés en Italie ». Si l'on admet cette hypothèse, cela laisserait supposer que ces artisans forains auraient utilisé les fours des ateliers locaux. Certains fragments, mais peu nombreux, attestent une origine helvète — il existait quelques ateliers en Helvétie — ou germanique.

La technique de la terre cuite a été frappée, à partir du IIIe siècle, d'une véritable décadence qui apparaît à la fois dans les glaçures, les vernis, les décors et les formes comme dans les pâtes utilisées.

Il semble qu'il ait existé à proximité de Genève, sur l'emplacement du CERN, une importante fabrique de poterie ordinaire dont le sort était lié à celui d'une tuilerie. Nous en redirons deux mots dans le paragraphe suivant [1].

7. Les tuileries et les briqueteries

La fabrication des tuiles et des briques ne demande pas une technique aussi complexe et une main-d'œuvre aussi habile que la céramique et la poterie. Elle se contente d'une argile d'une qualité courante que l'on trouve un peu partout. La localisation d'une telle industrie est normale : d'une part, elle répond à des besoins locaux, de l'autre, le transport des tuiles et des briques, marchandises très lourdes, est coûteux. D'ailleurs, beaucoup de ces briqueteries fabriquaient aussi, au moule et en série, des objets décoratifs courants, vases pour les jardins, médaillons, bas-reliefs, figurines. Elles livraient aussi les tuyaux nécessaires à l'adduction des eaux.

Il est bien évident que le remplacement des maisons de pisé coiffées de chaume par des constructions de maçonnerie et de briques couvertes de tuiles

---

[1] L. Blondel, *Maisons gauloises...*, dans *Genava*, X, 1932, pp. 69-71. — *Chronique... 1960-1961*, dans *Genava*, N.S., IX, 1961, p. 3. — Marc-R. Sauter et Christiane Dunant, *loc. cit.*, pp. 9-12. — P. Bouffard, *L'Helvétie romaine*, pp. 27-30. — W. Deonna, *Les arts à Genève...*, pp. 90-94 et 97-98. — Elisabeth Ettlinger, *Handel und Gewerbe*, dans *Die Römer in der Schweiz, Repertorium...*, Heft 4., p. 25 et Tafel 13 ; p. 26 et Tafel 14 (reproductions de poteries conservées au Musée d'Art et d'Histoire de Genève). — H. Fazy, *Note sur les antiquités romaines...*, *loc. cit.*, p. 527. — C. Jullian, *Hist. de la Gaule*, t. V, pp. 264-290. — Ch. Morel, *loc. cit.*, p. 514. — F. Staehelin, *op. cit.*, pp. 443-446.

— nous avons vu d'ailleurs que cette substitution était loin d'être générale — a contribué à donner un grand essor à l'industrie de la terre cuite.

La région genevoise a le privilège de posséder au bois de Fayes ou de Feys, au lieu dit la Tuilière, entre le nant de Longet et le Rhône, au sud de la commune de Chancy, d'importants vestiges d'une tuilerie romaine. Elle avait été déjà signalée par B. Reber en 1901, mais son exploration a été systématiquement reprise par P. Cailler et H. Bachofen peu après la première guerre. On a d'ailleurs retrouvé plusieurs autres tuileries dans diverses régions de l'Helvétie.

Nous avons déjà signalé l'importance de la région de Chancy qui a possédé des édifices romains sur l'emplacement actuel du village et, plus au sud, la villa de Montagny, remplacée ensuite par un *castrum*. D'autres restes romains ont été encore retrouvés dans la contrée, en particulier à Cannelet et, de l'autre côté du Rhône, à Pougny où l'on a découvert plusieurs kilogrammes de monnaies de bronze et d'argent. On peut en inférer que cette zone a été très peuplée. Le passage du fleuve par un bac, peut-être même par un pont, n'y est pas étranger.

Le four de Chancy est fort bien conservé. Il s'agit d'un bâtiment rectangulaire de 5,40 m sur 6,10 m. P. Cailler et H. Bachofen en ont donné une minutieuse description accompagnée de plans, de coupes et de photos. Ils en expliquent aussi le fonctionnement.

Ce four n'a pas servi à la cuisson de poteries, mais exclusivement de tuiles, courbes ou plates, et de briques, d'une pâte rougeâtre ou blanc-jaune. Sa capacité dépassait largement les besoins de la région voisine, si peuplée fût-elle. A-t-il livré ses produits jusqu'à *Boutae* (les Fins d'Annecy) ? La distance paraît bien grande pour les transports de matériaux pondéreux. En revanche, on est certain que la tuilerie du bois de Fayes a approvisionné Genève. Les briques et les tuiles retrouvées à la Grange, à la place Sturm, dans certaines parties de l'enceinte, sont identiques à celles qui abondent près de l'ancien four.

La tuilerie daterait — mais Cailler et Bachofen donnent cette indication à titre de simple hypothèse — du Ier siècle de notre ère et aurait duré jusqu'à la fin de l'Empire.

Beaucoup d'autres gisements d'argile plastique existent dans la région genevoise. Mais il semble qu'ils n'ont été exploités que plus tard [1].

---

[1] P. CAILLER et H. BACHOFEN, *Fouilles d'un four à tuiles, de l'époque romaine, à Chancy (Canton de Genève)*, dans *Indic. d'Antiqu. suisses*, XXIV, 1922, pp. 23-32. — W. DEONNA, *Les collections lapidaires au Musée d'Art et d'Histoire*, dans *Genava*, IV, 1926, pp. 269-270. — C. JULLIAN, *Hist. de la Gaule*, t. V, pp. 280-290. — Ch. MOREL, *loc. cit.*, p. 514. — F. STAEHELIN, *op. cit.*, pp. 443-444.

Cependant, en 1955, Louis Blondel a retrouvé sur les chantiers du CERN, « exactement dans l'angle formé par la frontière et les limites entre les communes de Meyrin, Satigny et Saint-Genis », les restes d'une importante tuilerie longeant un vieux chemin désaffecté, l'Etraz ou l'Etroz, qui conduisait de Genève, par Châtelaine, le Vieux-Bureau, la limite entre les territoires de Meyrin et de Satigny, à Saint-Genis et Sergy. Cette route est sans doute antérieure à la conquête romaine.

Le terrain, bouleversé par la pelle mécanique, a livré d'innombrables fragments de tuiles mêlés à des cendres, des scories, des pierres calcinées. On a même retrouvé un ringard de fer. Tout cela atteste la présence de fours.

Des poteaux de chêne disposés en lignes sont sans doute les restes des hangars de séchage. Une colonne moulurée marque l'emplacement d'une maison d'habitation, « peut-être la villa du maître ».

La présence, à côté des tuiles, d'un très grand nombre de débris de poterie conduit Louis Blondel à admettre qu'il s'agissait d'un établissement important qui produisait aussi de la poterie courante et des lampes. Mais, aux vases « de tradition locale... qui ont dû être fabriqués sur place », se mêlent des pièces importées, notamment de Lezoux. Celles qui proviennent de Meyrin sont d'une terre assez grossière, mêlée de quelques grains siliceux, revêtue d'un enduit noir ou gris. Blondel a retrouvé des *ollae* surtout, mais aussi des débris de « lampes très primitives », possédant une oreillette et un trou pour la mèche. Les pièces d'origine étrangère étaient peut-être des modèles dont on s'inspirait dans la production locale.

D'autres fabriques de poterie se trouvaient dans la région voisine, et cela dès la période gauloise, ainsi à *Boutae* (Annecy) et à Aoste, dans l'Isère. La tradition de la poterie s'est poursuivie jusqu'à nos jours, à Ferney, tout près de Meyrin.

Quant aux tuiles, on peut déterminer dans les débris retrouvés « la grande *tegulata* à rebord, d'autres plus petites et minces en terre rouge, des plaques peu épaisses en terre blanche mais grossière, sans doute pour des pavages, et des briques ».

A juste titre, Louis Blondel regrette que le peu de temps dont il a disposé, du fait du rythme des travaux du CERN, et que l'activité dévastatrice des pelles mécaniques ne lui aient pas permis de faire une étude complète et systématique de cette tuilerie-poterie qui, sans doute, étant donné son étendue, a été d'une importance exceptionnelle. Peut-être a-t-elle livré une forte part des tuiles et des poteries ordinaires que l'on a retrouvées en si grande quantité dans les fouilles genevoises [1].

---

[1] L. BLONDEL, *Chronique... 1954 et 1955*, dans *Genava*, N.S., III, 1955, pp. 117-122.

8. Les industries textiles

Pendant toute l'antiquité — comme dans beaucoup d'autres phases de l'histoire d'ailleurs —, les industries textiles ont été par excellence des activités domestiques. La filature du lin, du chanvre, de la laine, le tissage des toiles et des draps restent l'apanage des familles aisées : c'était parfois pour elles une question d'amour-propre. Mais nous savons déjà que les classes populaires étaient souvent tributaires de petits ateliers indépendants : il en existait un peu partout dans l'Empire romain, répondant aux besoins des marchés locaux.

C'était le cas de Genève. Dans le quartier de la Madeleine, les ouvriers qui construisaient en 1906 la Salle Centrale « ont rempli plus de deux sacs de poids en terre cuite appelés aussi pierres à filet ». Ils servaient, explique Louis Blondel, « aux tisserands pour tendre les fils de chaîne de leurs métiers ». Ils attestent l'existence d'un atelier de tissage près du port [1].

---

[1] *Le port gallo-romain..., loc. cit.*, p. 96.

CHAPITRE IV

LE FOYER INDUSTRIEL GENEVOIS
ET SA DÉCADENCE

1. Importance industrielle de Genève

Nous avons terminé la revue des activités industrielles de Genève. Il serait exagéré de dire qu'elles sont d'une exceptionnelle importance. Vouées à la satisfaction d'un marché local, celui d'un *vicus* et de la région rurale qui l'entoure, elles ne paraissent pas avoir eu de lointains débouchés. Les économies domestiques à tendance autarcique en limitaient encore le développement.

De fait, Genève a été, grâce à une heureuse situation géographique, beaucoup plus une échelle de commerce qu'un centre d'industrie.

2. La période de décadence (IIIe-Ve siècles)

Le moment le plus brillant de ce modeste centre se situe entre la conquête romaine et les invasions du IIIe siècle. A partir des incursions des Barbares la vie économique genevoise a été atteinte dans ses œuvres vives : la disparition du quartier des Tranchées et la diminution du nombre des habitants ne l'attestent que trop.

Certes, cette période de décadence n'est pas homogène. Elle a connu des phases de redressement. Mais la courbe générale est descendante. Il n'en pouvait être autrement au cours de cette longue crise politique qui a vu l'Empire se dissoudre lentement.

La perte graduelle de la liberté individuelle que nous avons signalée à propos des colons partiaires lorsque nous avons traité l'agriculture se retrouve dans le secteur industriel : sa main-d'œuvre se raréfie du fait du tarissement des sources de l'esclavage.

Un des phénomènes les plus étranges de cette époque a été l'asservissement au métier, non seulement à Rome, mais aussi dans la Gaule dont le rôle pourtant grandissait sans cesse dans l'Empire. Centre agricole et industriel important, elle était en même temps une zone très sensible au point de vue militaire. Elle subissait fortement la pression des Barbares. Aussi y avait-on accumulé les forces de défense qu'il s'agissait d'équiper et d'entretenir sur place. Cet asservissement à des fonctions économiques est plus accentué dans les grands centres industriels que dans des *vici* ou des *civitates* du type de Genève. Mais ils n'ont pas été cependant épargnés.

Comme dans les classes rurales, les hommes libres et les esclaves sont confondus de plus en plus dans une même masse. Qu'importent les principes lorsque le sort même de Rome est en jeu?

Le phénomène est général — nous le retrouverons à propos des collèges d'artisans — mais il est surtout frappant dans les ateliers de l'Etat et de l'Empereur, particulièrement importants en Gaule puisqu'ils fournissent aux armées ce dont elles ont besoin. Les ouvriers sont des serfs attachés à leur profession comme ceux du moyen âge le seront à la glèbe. On leur interdit d'abandonner leur travail, on les marque au fer rouge. Leurs fonctions sont héréditaires et se transmettent aussi du beau-père au gendre ; on a même tenté de rendre le mariage obligatoire pour les filles des ouvriers. Les fuites sont nombreuses ; aussi ceux qui donnent asile aux fugitifs doivent-ils les remplacer à tout jamais dans leurs fonctions. Les tribunaux ont reçu la consigne de substituer à l'emprisonnement et à la peine de mort la condamnation au travail dans les mines ou les boulangeries. Au moment où l'Empire s'effondre sous le poids des Barbares, l'asservissement aux métiers, avec des modalités multiples, est devenu quasi général.

Parlant de cette époque, Ferdinand Lot a pu écrire : « L'armée se recrute mal ; le décurion fuit la curie, le paysan la terre, l'artisan son *collegium*. L'Etat ne voit qu'une voie de salut : attacher obligatoirement chacun à sa profession, le river lui et ses descendants au même poste. » Il remarque que l'on a trop souvent vu dans cet effort exclusivement « le côté mesquin, chicanier, despotique, chimérique » et qu'on en a négligé l'aspect « tragique et grandiose » [1].

Certes, beaucoup d'autres facteurs contribuent à la chute de Rome. Nous n'avons pas à les exposer ici. Dans cette crise finale, on tend à revenir à des formes d'économie naturelle. On assiste à un véritable exode urbain. Les citadins cherchent dans la terre un refuge et une mère nourricière.

Les phénomènes que nous venons de rappeler très sommairement ne se fondent pas sur des renseignements que nous auraient fournis les fouilles et les trouvailles archéologiques de la région genevoise. Mais, avec des nuances, ils se retrouvent partout en Gaule et même dans tout l'Empire. Il n'est aucune raison que Genève y ait échappé.

---

[1] F. Lot, *La fin du monde antique...*, pp. 96-97.

LES VOIES DE COMMUNICATION

CHAPITRE PREMIER

LES ROUTES

I. LE RÔLE DES VOIES ROMAINES

On sait l'importance que Rome a attribuée à ses routes : elles ont été un incomparable instrument de conquête, de pénétration, de surveillance, d'administration. Elles avançaient presque au même rythme que les armées conquérantes. En vérité, l'empire territorial de Rome est dû autant à son génie civil — avec lequel les légions ont d'ailleurs largement collaboré — qu'à ses armées.

Ces voies romaines obéissaient aux impératifs de la géographie et de la topographie. Aussi sont-elles devenues un puissant élément de la vie économique comme de la diffusion de la civilisation latine. Leur réseau, très dense, ne se bornait pas à relier les provinces à la capitale, Rome, mais aussi les régions et les villes entre elles. Une série de nœuds routiers — Lyon, Langres par exemple — s'étaient ainsi constitués en Gaule.

Il ne faut pas oublier cependant que ce système de communications, si remarquable fût-il, n'était pas l'œuvre des seuls Romains. L'exemple de la Gaule est à ce sujet particulièrement caractéristique. Nous avons esquissé la description de son réseau au temps de l'indépendance : routes, chemins, sentiers, passages alpestres étaient déjà nombreux et très fréquentés. Dans beaucoup de cas, Rome n'a eu qu'à les reprendre et à les perfectionner. Une fois de plus, il faut bien marquer la continuité qui existe de la Gaule indépendante à la Gaule romaine. Une partie de ce que nous avons dit au sujet des voies de communication de l'âge du Fer reste valable pour l'époque gallo-romaine.

D'autre part, il ne faut pas exagérer comme on l'a fait trop souvent la qualité des voies romaines. Lefebvre des Noëttes s'en est pris à ce qu'il appelle « un des plus vénérables préjugés de nos études ». Le réseau routier maçonné des Romains manquait de plasticité, ce qui rendait les réparations très difficiles et a éliminé dans la suite bien des tronçons. Beaucoup de chemins aussi ont été très étroits [1].

2. LE RÉSEAU RÉGIONAL

Plus que jamais, Genève restait le pôle d'attraction du bassin dont les montagnes ont tracé le cadre. Elle n'était plus à la limite des Allobroges, soumis à Rome, et des Helvètes indépendants ; elle se trouvait au cœur de territoires romains.

Une série de routes d'intérêt régional réunissaient les localités des deux rives du lac et du Rhône entre elles mais aussi avec Genève. Les unes étaient carrossables, d'autres n'étaient que des chemins et des pistes accessibles seulement aux animaux de bât. Leur construction et leur entretien incombaient aux habitants des villages par le moyen notamment de prestations en travail. Sans aucun doute, un grand nombre de nos routes, de nos chemins vicinaux et de dévestiture, dans la mesure où ils n'ont pas été bouleversés par des remaniements parcellaires et des drainages récents, continuent-ils, avec toutes leurs fantaisies, le réseau gallo-romain. Beaucoup de ces voies secondaires débouchaient sur les routes de grande communication qui convergeaient vers Genève, aboutissant les unes au Bourg-de-Four, les autres au pont du Rhône.

Louis Blondel a restitué le tracé de beaucoup de ces chemins d'intérêt local. L'un d'entre eux, lié d'ailleurs aussi au grand trafic du sud, partait de Seyssel par la rive droite du Rhône, franchissait le défilé de l'Ecluse, puis le Rhône entre Pougny et Chancy par un bac — ou peut-être un pont —, passait par Bernex et le Grand-Lancy pour arriver à Carouge.

Les routes du Faucigny venaient de la vallée de l'Arve, par Sallanches et La Roche, et de celle du Giffre, par Bonne-sur-Menoge. Elles se réunissaient

---

[1] Cf. à ce sujet Marc BLOCH, *Les caractères originaux de l'histoire rurale française*, t. II, supplément établi par R. Dauvergne, Paris, 1956, p. 27.

à Annemasse après avoir drainé le trafic des nombreuses vallées des Préalpes savoyardes et celui du plateau des Bornes. Leur point d'aboutissement était les Tranchées et le Bourg-de-Four. Sallanches était aussi liée à la Tarentaise par Flumet.

Sur la rive gauche du lac, une route collectait le trafic du Chablais, le pays des Nantuates. Elle passait par Evian, Thonon, Douvaine, Corsier, les hauteurs de Vandœuvres et Frontenex. Elle n'avait, à l'origine, qu'une importance régionale, mais elle joua peu à peu un rôle dans le commerce de l'Empire car on y achemina, à partir de St-Maurice, une partie des transports provenant du Mont-Joux — le Grand St-Bernard —, le reste continuant à utiliser la route traditionnelle de la rive droite par Lausanne.

A partir de Sciez, elle était doublée d'un chemin moins important, longeant le lac en desservant Yvoire, Hermance, Vésenaz.

Ch. Marteaux a établi également l'existence d'un raccord unissant Douvaine à Annemasse en évitant Genève. Annecy — *Boutae* — était aussi relié à Genève par une voie de grande communication dont nous allons reparler. Le *vicus* annécien était le centre d'un important réseau régional [1].

Au-delà du Rhône et du lac, dans le pays des Helvètes, existait également un réseau de chemins de valeur régionale. L'un provenait du pas de l'Ecluse, touchait Challex, Dardagny, Russin, Peney, Vernier, pour aboutir au pont de l'Ile, avec des embranchements arrivant de Bourdigny, de Satigny, de Thoiry, de Saint-Genis et de Meyrin. Le col de la Faucille semble avoir été utilisé, se raccordant par Gex et Ferney à Genève. Naturellement, la voie romaine de la rive droite du lac dépassait le caractère local.

Une route secondaire suivait le pied du Jura, en évitant Genève. On en retrouve un peu partout la trace et le nom — Etroz, Etraz, c'est-à-dire *via strata*. Du pas de l'Ecluse, elle passait par Collonges, Divonne, Chéserex, Gingins, Aubonne, Cossonay, Orbe, en direction du Plateau suisse.

Les quelques chemins d'intérêt régional que nous avons retenus dans cette sèche énumération constituaient en quelque sorte les lignes de base d'un complexe de voies de communication qui ne laissait aucun village, aucun hameau isolé [2].

---

[1] Ch. Marteaux et M. Le Roux, *Boutae...*, déjà cité, p. 380 et ss.

[2] L. Blondel, *Le sol et l'habitation*, loc. cit., pp. 245-248. — *La civilisation romaine...*, pp. 276-277. — *La route romaine de la rive gauche du lac: de Genève à Veigy*, dans *Genava*, XVII, 1939, pp. 63-73. — Ch. Marteaux et M. Le Roux, *Boutae...*, pp. 380-396. — Ch. Marteaux, *Notes sur les voies romaines de la Haute-Savoie*, dans *Revue savoisienne*, 1928, pp. 120-135 ; 1929, pp. 76-91. — R. Montandon, *Genève, des origines...*, pp. 106-107. — Ch. Morel, loc. cit., p. 556.

3. Les routes de grande communication

Comme par le passé, la position de Genève par rapport aux grandes voies de l'Europe centrale et occidentale restait excellente. Elle s'était même améliorée du fait de la conquête. Depuis la soumission des Allobroges aux Romains, les Alpes avaient cessé d'être une frontière et étaient devenues une articulation. Leurs passages, déjà fort importants, ont vu leur rôle grandir. Le trafic de Rome et de l'Italie avec la Gaule, l'Helvétie et les confins de la Germanie se faisait essentiellement par les cols alpins, malgré leur fermeture à peu près complète par les neiges pendant les longs hivers.

Les routes de la Méditerranée, de la France du sud-ouest et même de l'Espagne remontaient la vallée du Rhône vers Vienne et Lyon où arrivaient aussi les itinéraires de l'ouest, du centre et du nord de la France. Lyon était un nœud routier d'où partaient en étoile des chemins dans toutes les directions.

L'un des plus fréquentés était celui qui unissait Lyon et Vienne à Genève par Seyssel ou *Condate*, les collines dominant la vallée des Usses, Frangy, Chaumont, Viry, Perly et Carouge [1]. Un autre, sur la rive droite du fleuve, le doublait à partir de Seyssel par Bellegarde et le pas de l'Ecluse. « De nombreuses routes, écrit C. Jullian, menaient de Lyon à Genève : les itinéraires indiquent de préférence la voie détournée par le bas pays, le long de la rive gauche du Rhône, par Vienne et Aoste (*Augustum*), en connexion avec la route du Petit Saint-Bernard, qui s'en détachait à Aoste... Mais la route directe et primitive était au nord, à travers la montagne, par Nantua et le pas de l'Ecluse... Au pas de l'Ecluse elle emprunte l'ancien sentier des Helvètes, qu'elle suit d'ailleurs depuis Nantua [2]. »

Genève bénéficiait aussi de l'apport du Petit Saint-Bernard, ce col auquel aboutissait une partie du trafic de la plaine du Pô et même de la péninsule. La route, après avoir franchi le col et touché Bourg-St-Maurice et Moutiers, arrivait à Conflans-Albertville, passait à Annecy ou *Boutae*, Cruseilles, Jussy, le Mont-de-Sion, Neydens, Landecy et Carouge [3].

---

[1] Cependant, Marteaux et Le Roux font passer la fin de cet itinéraire par Thairy, Lully, Lancy et Carouge. *Op. cit.*, p. 388. — Un autel dédié à Mercure, retrouvé entre Saint-Julien et Chabloux, laisse supposer que la route de Lyon à Genève traversait plutôt cette région. Cf. L. Blondel, *Chronique... 1934*, dans *Genava*, XIII, 1935, pp. 49-51.

[2] T. V, p. 86, n. 4.

[3] Dans une communication à la Société d'Histoire et d'Archéologie de Genève, le 12 janvier 1961, Louis Blondel s'est attaché à décrire le tracé exact de cette route. Après avoir suivi la rive gauche du lac d'Annecy et franchi le Fier près de l'actuel pont de Brogny, elle passait à l'est des Diaquenots, à Villaret, traversait les Usses quelques

Plusieurs raccords, d'ailleurs, unissaient les deux routes de *Condate* et de *Boutae* dont le point d'aboutissement commun était Carouge, *Quadruvium*, ce carrefour vers lequel convergeaient aussi tant de chemins d'intérêt local. De Carouge, après avoir franchi l'Arve par un pont, la route suivait l'itinéraire des rues Prevost-Martin et St-Léger pour déboucher au Bourg-de-Four où arrivaient aussi, nous l'avons vu, les chemins de la vallée de l'Arve, du Faucigny et du Chablais.

Le *vicus* genevois était aussi dans une heureuse position par rapport au Grand Saint-Bernard. Strabon, dans sa *Géographie*, fait une comparaison entre les deux voies du Petit et du Grand Saint-Bernard. La première, en partie carrossable, mais plus longue, passe par le pays des Centrons ; l'autre, plus raide et plus médiocre, qui traverse les Alpes pennines, a l'avantage d'être plus courte [1]. Toutes les deux partaient du Piémont, d'Aoste — *Augusta Praetoria* —, où aboutissaient plusieurs des grands itinéraires péninsulaires. Le chemin du Grand Saint-Bernard, du Mont-Joux, après avoir passé Martigny et St-Maurice, longeait le lac par le nord, établissait à partir de Vevey un raccord avec Avenches et Bâle, touchait Lausanne, Nyon et aboutissait à Genève. Cependant, nous l'avons vu, la route de la rive gauche, celle du Chablais, plus courte, a joué dans le trafic entre le Mont-Joux et Genève un rôle qui n'est pas négligeable.

Rome avait fait du Grand Saint-Bernard, longtemps sentier difficile et peu sûr, un passage de grande valeur [2]. Un temple, où le culte d'un ancien dieu local, *Penninus*, avait été remplacé par celui de Jupiter, en marquait le sommet. Le chemin était plus court que la route actuelle ; il suivait assez souvent le tracé que les piétons utilisent encore aujourd'hui. S'il était parfois très raide, il était cependant fort bien établi : même là où il était taillé dans

---

centaines de mètres en aval du pont de la Caille, côtoyait Cruseilles, Malbuisson, Jussy ; passé le col du Mont-de-Sion, elle descendait en ligne droite vers le Petit Châble, Neydens, Chosal, Landecy et, par Grange-Collomb, atteignait Carouge vers le Rondeau, où elle opérait sa liaison avec la route de Seyssel et de Vienne. Cf. *Journal de Genève*, 13 janv. 1961.

[1] « On peut donc, quand on vient d'Italie et qu'on veut franchir les Alpes, prendre la route qui se bifurque ; l'une des branches se dirige sur le mont Poeninus, mais devient impraticable aux chariots vers le point culminant du passage ; quant à l'autre branche, qui est la plus occidentale des deux, elle traverse le pays des Centrons. » *Géographie*, IV, 6, 7, traduction d'Amédée Tardieu, 4 vol., 1890-1909, t. Ier, p. 339. — « Des différents chemins de montagne qui font communiquer l'Italie avec la Gaule transalpine et septentrionale, c'est celui du pays des Salasses qui mène à Ludgunum. Ce chemin, avons-nous dit, a deux branches, l'une qui peut être parcourue en chariot, mais qui est de beaucoup la plus longue (c'est celle qui traverse le territoire des Centrons), l'autre qui franchit le mont Poeninus et raccourcit ainsi la distance, mais qui n'offre partout qu'un sentier étroit et à pic. » *Ibid.*, IV, 6, 11, t. Ier, p. 344.

[2] Cf. R. FELLMANN, *Geschichte und Militär*, dans *Die Römer in der Schweiz, Repertorium...*, Heft. 4, p. 1 ; voir aussi p. 4 et Tafel 1.

le rocher, il avait deux ou trois mètres de largeur. Dans les parties humides, il était pavé. Il a été étudié en détail par Pierre Bouffard qui en a donné plusieurs photographies.

A côté des passages franchissant les Alpes, Rome avait construit, parallèlement à la chaîne, des chemins de rocade. L'un d'entre eux partait de Genève. « De longs chemins de montagnes, écrit C. Jullian, coupaient du nord au sud toutes les Alpes françaises, en bordure de la chaîne principale,... et ne reculant devant aucun effort afin de tracer une ligne droite et continue, le long de la frontière de la Gaule, depuis le lac de Genève jusqu'aux rives de la Méditerranée. — La plus basse et la plus large de ces routes, accessible même à de grandes armées, partait de Genève pour Grenoble le long du lac d'Annecy, de l'Isère et du Grésivaudan. » Passant ensuite le col de la Croix-Haute et Sisteron, elle aboutissait à Fréjus. D'autres itinéraires, plus près des lignes de faîte, étaient de simples sentiers muletiers [1].

Jullian affirme que même les cols les plus élevés des Alpes étaient utilisés en hiver, y compris le Grand Saint-Bernard. « Il est vrai que tout était préparé, dans le voisinage des sommets, pour aider les voyageurs : temples qui servaient d'abris, guides du pays, attelages de renfort, et, le long des chemins, de hauts poteaux qui, émergeant de la neige, marquaient la direction à suivre [2]. »

A l'heure actuelle encore, le Grand Saint-Bernard est fermé complètement à la circulation pendant de longs mois, de l'automne au printemps. Pour qui a fréquenté ces lieux en hiver, la question se pose d'un usage constant de ce col à l'époque romaine. Jullian ne confond-il pas des performances épisodiques, ou encore le franchissement du col par une armée qui a préparé soigneusement le terrain, avec un trafic hivernal régulier ?

Ch. Marteaux et M. Le Roux ont établi avec beaucoup de minutie tous les tracés de routes, d'intérêt local ou général, de la région comprise entre Vienne, le Rhône, les Alpes et le lac. Nous renvoyons à cette source importante pour le détail des voies de communication intéressant Genève [3].

---

[1] *Hist. de la Gaule*, t. V, pp. 100-101.

[2] T. V, pp. 159-160.

[3] *Boutae...*, pp. 380-396. — Sur l'ensemble de la question, cf. L. BLONDEL, *Le sol et l'habitation*, *loc. cit.*, pp. 245-248. — *La civilisation romaine...*, *loc. cit.*, pp. 275-277. — P. BOUFFARD, *L'Helvétie romaine*, pp. 5-7. — *La route romaine du Grand St-Bernard*, dans *Ur-Schweiz (La Suisse primitive)*, X, 3, 1946, pp. 49-52. — M.P. CHARLESWORTH, *Les routes et le trafic commercial dans l'empire romain*, Paris, 1938, pp. 175-176 ; chap. XI. — André DONNET, *Le Grand Saint-Bernard*, Neuchâtel, 1950, p. 7-9. — A. GRENIER, *Manuel...*, t. VI, 1, pp. 39-42. — C. JULLIAN, *Hist. de la Gaule*, t. V, pp. 85-88, 100-104, 159-160. — T. VI, pp. 514-515. — Marquis de LANNOY de BISSY, *L'histoire des routes* de *Savoie*, Chambéry, 1930, pp. 11-15. — Ch. MARTEAUX, *Notes sur les voies romaines de la Haute-Savoie: V. Voie impériale de Condate à Genava, section de Frangy à Saint-Julien*, dans *Revue savoisienne*, 1929, pp. 76-91. — Ch. MOREL, *loc. cit.*, pp. 485-488, 555-556.

Les liaisons de la Gaule méridionale — elle-même en rapport avec l'Italie et l'Espagne — avec l'Helvétie, la vallée du Rhin, la Germanie et les pays danubiens, s'établissaient des deux côtés du Jura dont la chaîne était d'ailleurs échancrée par plusieurs cols d'importance inégale : ceux de la Faucille, de St-Cergue, de Jougne, de Ste-Croix notamment. La voie qui suivait le pied sud-est du Jura intéressait Genève. Nous ne revenons pas sur les divers tracés qui, du sud, conduisaient à notre ville. La route longeait ensuite la rive droite du lac : c'est celle dont nous avons déjà parlé à propos du Grand Saint-Bernard. Plusieurs itinéraires s'en détachaient vers le nord et l'est.

La route, partant du pont du Rhône, passait par Coutance, Cornavin, la rue de Lausanne, Sécheron, Versoix, Nyon, Lausanne, Moudon, Avenches. Par plusieurs tracés, elle rejoignait Augst, Bâle et la vallée du Rhin dont on sait l'importance, militaire et économique à la fois. La route du Plateau suisse était doublée, de l'autre côté du Jura, par celle de Besançon vers Belfort et Mulhouse [1].

De toute façon, il ne faut pas se laisser tromper par les itinéraires qui, de nos jours, sont les plus rationnels : ils peuvent être fort différents de ceux qui ont été pratiqués dans l'antiquité. Ainsi, d'après l'Itinéraire dit d'Antonin — il est du début du IIIe siècle —, le voyage de Milan à Strasbourg touche Genève. Il s'établit en effet ainsi : Milan, Aoste, le Petit Saint-Bernard, Bourg-St-Maurice, Moutiers, Annecy, Genève, Nyon, Orbe, Pontarlier, Besançon, Vieux-Brisach, Strasbourg [2].

Les réseaux routiers des deux rives du lac et du Rhône se soudaient tout naturellement à Genève, leur trait d'union, du Bourg-de-Four au pont du Rhône, s'établissant à travers la bourgade par la rue de l'Hôtel-de-Ville, la Grand'Rue et la Cité.

4. LE PONT

Le pont avait déjà joué un grand rôle avant la conquête par Rome. Détruit par César en 58 avant J.-C. au moment de l'émigration des Helvètes, il avait été rétabli sur son ancien emplacement, sans grande modification.

Mais, vers la fin du IIe siècle, on lui a substitué une construction plus solide. Alors que le pont gaulois était en ligne droite, celui qui le remplaçait formait un angle très ouvert, face au courant, dont le sommet s'appuyait sur l'Ile. Le lit du Rhône était large et assez peu profond. Le pont était très long.

---

[1] A. GRENIER, *Manuel...*, t. VI, 1, pp. 41-42. — C. JULLIAN, *Hist. de la Gaule*, t. V, pp. 86-88.

[2] A. GRENIER, *Manuel...*, t. VI, 1, pp. 133-138. — Paul LULLIN et Charles LE FORT, *Régeste genevois*, Genève, 1866, n° 24, pp. 8-9. — Sur les routes de la Gaule romaine, cf. Paul-Marie DUVAL, *Les voies gallo-romaines*, dans Colloques. Cahiers de civilisation, *Les routes de France depuis les origines jusqu'à nos jours*, Paris [1959], pp. 9-24.

D'après les estimations de Louis Blondel, il devait compter environ dix-neuf travées et mesurer 220 mètres. Les culées et les piles étaient de maçonnerie, le tablier de bois. Cette forme mixte a été très utilisée parce qu'elle était plus économique que le type classique, avec ses arches de pierres. Un tel pont pouvait aussi être coupé plus facilement en cas de danger militaire. C'est ce qui semble s'être passé à Genève plusieurs fois au cours des dernières invasions des Barbares.

Au bas de la Cité, sous le bâtiment actuel de la Société de Banque Suisse, on a retrouvé une puissante dalle de béton posée « sur des madriers horizontaux, disposés en grille et fort bien conservés ». Louis Blondel pense que ce bloc supportait une « fortification de basse époque impériale, destinée à défendre l'issue du pont ». C'était là une des conséquences des invasions du IIIe siècle et de l'insécurité des temps de la fin de l'Empire romain [1]. Ce pont du IIe siècle, dans ses parties de maçonnerie tout au moins, a subsisté pendant tout le moyen âge et jusqu'au milieu du XVIe siècle [2].

5. La construction et l'entretien des routes

Il est inutile d'insister sur la qualité des voies romaines au sujet desquelles on ne pourrait guère faire qu'une seule réserve, leur manque de largeur. Souvent, elles n'atteignaient pas cinq mètres, ce qui rendait les croisements difficiles. Cependant, les grandes routes qui rayonnaient autour de Rome dans toutes les directions de la péninsule et de l'Empire étaient beaucoup plus larges. Même en Gaule, les principales d'entre elles atteignaient sept mètres.

Les routes auxquelles les nécessités militaires et économiques conféraient une particulière importance étaient faites de dalles de pierre qui reposaient sur des substructions extraordinairement solides. Leur entretien en était facilité. Dans les régions marécageuses, on édifiait les chaussées sur des levées de terre. Des accotements bordaient la route dont ils étaient séparés par des bouteroues. Des fossés les protégeaient de toute infiltration. Des pierres milliaires marquaient les distances et en même temps servaient de poteaux indicateurs. Elles étaient parfois surchargées d'inscriptions à la gloire des grands personnages qui avaient construit ou amélioré les chaussées. Après la

---

[1] L. Blondel, *Notes d'archéologie genevoise*, XI. *Le pont romain de Genève*, dans *B.H.G.*, V, 1925-1934, pp. 128-140. Les deux citations sont des pp. 139 et 140.

[2] L. Blondel, *Le pont romain...*, *loc. cit.*, pp. 128-130. Voir aussi du même auteur *Notes d'archéologie genevoise 1914-1932*, pp. 102-104. — *Chronique... 1932*, dans *Genava*, XI, 1933, pp. 29-33. — *L'emplacement du pont de César sur le Rhône à Genève*, dans *Genava*, XVI, 1938, pp. 105-115. — *Chronique... 1953*, dans *Genava*, N.S., II, 1954, pp. 205-209.

conquête, on les a placées de mille en mille — le mille romain vaut 1,480 km — mais plus tard, en Gaule, on en revint à la lieue gauloise qui représente 0,7 mille romain.

Ces voies sont rectilignes toutes les fois que la topographie le permet, même si les pentes qu'elles doivent affronter sont très raides. On attelait mal les chevaux qui, de ce fait, ne pouvaient traîner que d'assez faibles charges, de telle sorte que la pente des routes ne gênait pas trop le trafic.

Les Romains ont été d'admirables constructeurs d'aqueducs, de ponts-aqueducs comme celui du Gard où passait le canal qui alimentait Nîmes, de ponts-routes enfin. Il n'empêche qu'ils évitaient le plus possible d'édifier ces ponts. Ils préféraient, pour des raisons d'économie sans doute, passer les rivières sur de solides gués dallés ou, lorsque la profondeur d'un cours d'eau l'interdisait, au moyen de barques ou de bacs sur lesquels on chargeait attelages et chariots. C. Jullian s'est même demandé si les autorités romaines, en renonçant à construire certains ponts, même dans des villes très peuplées, n'obéissaient pas aux revendications des collèges de bateliers, puissamment organisés. Nous aurons l'occasion de revenir sur leur rôle à Genève. Nous avons signalé déjà que, reliant Chancy à Pougny, un bac — ou peut-être même un pont — franchissait le Rhône.

Les voies romaines étaient jalonnées de relais où l'on pouvait changer sa monture ou son attelage, d'hôtels qui, au moins aux grandes têtes d'étapes, étaient d'un certain confort mais qui, ailleurs, étaient des caravansérails plus rudimentaires. Certains sont devenus le noyau de villes nouvelles. Des postes de gendarmerie, des stations de péages et d'octrois, des lieux ménagés pour des marchés complétaient l'équipement des plus grandes de ces routes, le long desquelles se trouvaient souvent des temples et les statues des dieux romains qui s'étaient substitués aux anciennes divinités gauloises.

Les autorités provinciales vouaient tous leurs soins à l'entretien et à la sécurité des voies principales comme des routes secondaires. Elles tâchaient d'y intéresser les magistratures locales et les populations qui en assumaient la dépense.

Même les cols et les chemins alpins étaient balisés de hauts poteaux et possédaient des abris et des postes de guides. C'était le cas du Petit et du Grand Saint-Bernard. Le franchissement de ce dernier passage et du Mont-Genèvre par Vitellius et son armée en plein hiver doit être considéré comme une performance exceptionnelle. Nous avons déjà dit que nous n'oserions pas en inférer, comme le fait Jullian, que les plus hauts de ces cols ont connu un trafic hivernal régulier [1].

---

[1] Victor CHAPOT, *Le Monde romain*, 2e éd., Paris, 1951, pp. 103-105. — A. GRENIER, *Manuel...*, t. VI, 1, pp. 1-23 et *passim*. — C. JULLIAN, *Hist. de la Gaule*, t. V, pp. 108-129.

Innombrables étaient les routes romaines. Seules naturellement les plus importantes d'entre elles répondaient au type classique de la voie dallée. Les autres — le plus grand nombre — étaient simplement empierrées, ce qui ne les empêchait pas d'ailleurs d'être fort bien établies. Elles étaient faites souvent, rappelle C. Jullian, d'un « béton de cailloux et de ciment aussi dur que la pierre même ». [1]

Les routes de la région genevoise ne semblent pas avoir été dallées, sauf dans les parties très humides ou au passage — à gué — des ruisseaux et des rivières. Cependant, Marteaux et Le Roux signalent plusieurs routes de la région comprise entre Annecy et Genève qui, d'après eux, auraient été pavées [2]. Louis Blondel a pu étudier la route qui longe le lac sur la rive droite. Elle est solidement empierrée, les dalles étant réservées au passage des ruisseaux de Mon-Repos et du Vengeron et de la Versoix. Tantôt elle suit à peu près le tracé actuel, tantôt elle épouse les courbes du rivage. Elle franchit en biais les ravins des ruisseaux et des rivières. La route est jalonnée de pierres milliaires dont plusieurs se sont conservées jusqu'à nous. La numérotation de ces bornes se faisait de Nyon, colonie équestre, vers Genève, longtemps simple *vicus*. Le trajet de Genève à Nyon mesurait 16 milles romains. Sur deux secteurs, l'un au départ de Cornavin, l'autre allant de Bellevue à Versoix, la route était rectiligne.

Sur la rive gauche, la grande voie qui réunissait Genève à Seyssel — *Condate* —, à Lyon et à Vienne, suivait au départ du Rondeau de Carouge le tracé de la route de Saint-Julien. Elle franchissait la Drize à l'endroit où celle-ci disparaît dans le conduit souterrain construit au moment de l'aménagement de la gare de la Praille. Là aussi, Louis Blondel a repéré un gué dallé, soigneusement établi [3].

A l'intérieur de la ville, il a découvert, près de la Madeleine, un court secteur d'une voie romaine. Sur un lit de 50 à 80 centimètres de sable remué reposait un empierrement d'un mètre d'épaisseur formé « d'énormes blocs, mesurant jusqu'à 60 centimètres de longueur, mélangés à de la marne grise avec quelques débris de poterie romaine ». La surface de la rue était constituée par une couche de trente centimètres de gravier et de petits cailloux [4].

---

[1] T. V, p. 108.

[2] *Boutae...*, pp. 380-396.

[3] L. BLONDEL, *La route romaine de Genève à Nyon*, dans *Genava*, XV, 1937, pp. 64-74. — *Chronique... 1937*, dans *Genava*, XVI, 1938, pp. 121-122. — *Chronique... 1940*, dans *Genava*, XIX, 1941, p. 88. — Ch. MARTEAUX, *Notes sur les voies romaines de la Haute-Savoie*, dans *Revue savoisienne*, 1928, p. 120 et ss. ; 1929, p. 76 et ss.

[4] *Chronique... 1925*, dans *Genava*, IV, 1926, p. 70.

6. Le trafic routier

Le charroi était très actif sur plusieurs des routes convergeant vers Genève, en particulier sur celles qui la reliaient par les cols des Alpes à l'Italie, sur celles de Lyon, Vienne et du Midi, sur celles enfin qui, à travers l'Helvétie, se dirigeaient vers le Rhin et les pays danubiens. Denrées alimentaires, produits fabriqués, matériaux de construction étaient transportés au moyen de véhicules adaptés aux types de marchandises et à l'état des routes.

A côté de grands chariots, des voitures de voyage à deux ou quatre roues et de légers et rapides cabriolets à deux roues servaient aux voyageurs dont beaucoup aussi circulaient à cheval. Naturellement, des ânes, des mulets et des chevaux de bât étaient utilisés sur les chemins non carrossables, les sentiers et les pistes convergeant vers les voies principales. Les relais permettaient de changer de montures ou d'attelages et fournissaient des renforts au bas des pentes les plus raides. Leur bonne organisation permettait des voyages relativement rapides.

CHAPITRE II

LES TRANSPORTS PAR EAU

1. Genève et le réseau fluvial de la Gaule. Le lac

Si Rome a possédé un admirable réseau routier grâce auquel elle manifesta longtemps sa présence et sa puissance jusqu'aux extrémités de l'Empire, elle semble avoir prêté beaucoup moins d'intérêt à l'utilisation des fleuves et des rivières. Est-ce peut-être parce que la péninsule italienne était à ce point de vue assez mal partagée ? Mais il n'en allait pas de même de la Gaule où, déjà au temps de l'indépendance, les transports fluviaux ont connu une remarquable activité. Il est vrai que ce pays a été généreusement doté par la nature : ses fleuves et leurs affluents pénétraient presque partout ; ils pouvaient être réunis par des transports terrestres que les Celtes avaient déjà fort bien organisés.

A l'époque romaine, l'activité des autorités locales, des sociétés de navigation fluviale, des particuliers même, suppléait à la carence des pouvoirs impériaux dans l'entretien des installations portuaires et des chemins de halage. A part les travaux accomplis à l'embouchure du Rhône dans la Méditerranée et, à Lyon, au confluent de la Saône et du Rhône, on n'a pas tenté de creuser des canaux ou d'aménager le chenal des rivières. Et pourtant la technique romaine, dans les travaux de génie civil, était déjà très perfectionnée. Cependant il ne semble pas qu'on ait connu le principe des écluses.

Une constatation liminaire doit encore être faite : bien des fleuves et des rivières qui pratiquement ne sont plus utilisés à l'heure actuelle par la batellerie l'ont été à l'époque romaine. Le Haut-Rhône, entre Lyon et Genève, nous le reverrons, en a été un exemple caractéristique. Il est vrai que, malgré la qualité des voies romaines, les transports fluviaux, même sur des cours d'eau médiocres, étaient infiniment moins coûteux que ceux que l'on opérait par terre. Les ruptures de charges — ainsi entre Seyssel et Genève — n'y faisaient pas renoncer. Ces portages d'un bassin à un autre par des seuils plus ou moins longs étaient chose courante. Strabon en cite plus d'un exemple, notamment entre le Rhône et la Loire.

Dans la Gaule romaine, si privilégiée, la partie orientale occupait une place de choix. Les rivières « qui passaient par Lyon, écrit C. Jullian, la Saône et le Rhône, détenaient peut-être à elles seules la moitié du trafic fluvial de la Gaule entière » [1]. Et il ajoute encore, parlant du Rhône et de ses affluents : « Sans doute, dans le monde entier, n'y avait-il rien qui lui fût alors comparable, sauf le Nil au-dessous des cataractes [2]. »

Lyon jouait, dans les transports par eau, le même rôle privilégié que dans la circulation routière. Genève, malgré la rupture de charge imposée par le cañon de Génissiat, la Perte du Rhône et le défilé de l'Ecluse, ne pouvait que bénéficier de ce voisinage.

La question de la navigation fluviale en Gaule a été étudiée par Louis Bonnard dans un livre qui, pour être déjà ancien, n'en reste pas moins utile : *La navigation intérieure de la Gaule à l'époque gallo-romaine* [3]. Il a noté lui aussi l'excellence du réseau rhodanien. « A l'est, le profond sillon du Rhône, ouvert entre les contreforts orientaux du Massif Central et les premiers plissements alpins, est prolongé, par la Saône et le Doubs, jusqu'à des points peu distants de la Moselle et du Rhin, joignant ainsi par une route fluviale, à peine interrompue par de courts portages, les rives ensoleillées de la Méditerranée aux côtes brumeuses de la Mer du Nord [4]. » Strabon, dans sa *Géographie*, avait déjà noté les avantages offerts par les cours d'eau de la Gaule, « principal élément de la prospérité du pays ». Parlant du Rhône, Strabon écrit encore ceci : « Le Rhône... l'emporte sur tous les autres fleuves ; car, indépendamment du grand nombre d'affluents qui... viennent de tous côtés grossir son cours, il a le double avantage et de se jeter dans notre mer, laquelle offre de bien autres débouchés que la mer Extérieure, et de traverser la partie la plus riche de la contrée [5]. »

Les navires de mer, même naviguant à la voile, remontaient le fleuve jusqu'à Arles où se faisait le passage à la batellerie de rivière : c'est une des causes de la prospérité de cette ville à l'époque gallo-romaine. Tarascon, Beaucaire, Avignon, Vienne étaient aussi des ports importants. Quant à Lyon, au confluent du Rhône et de la Saône, point de départ par cette rivière et par le Doubs du trafic vers la Germanie, son rôle était incomparable.

---

[1] C. JULLIAN, *Hist. de la Gaule*, t. V, p. 161.
[2] *Ibid.*, p. 163.
[3] Paris, 1913.
[4] L. BONNARD, *op. cit.*, pp. 1-2.
[5] STRABON, liv. IV, chap. I, 2. Trad. A. Tardieu, t. I, p. 292.

Pourtant, le Rhône, même dans les meilleures parties de son cours, avait l'inconvénient d'un courant rapide. Mais d'aucuns admettent que son régime était plus favorable dans l'antiquité qu'à l'heure actuelle, grâce à un climat assez différent du nôtre et surtout au rôle régulateur des immenses forêts qui couvraient le pays. Le fait, s'il est exact, contribuerait à expliquer l'importance de la navigation rhodanienne pour Genève [1].

Cependant, certains l'attribuent à d'autres causes. Elle ne résulterait pas de conditions naturelles meilleures, mais plutôt du coût très élevé des transports routiers. Pour Lefebvre des Noëttes, « l'activité de la batellerie et des transports fluviaux dans l'antiquité, attestée par des textes nombreux, ne provenait nullement de ce que le régime des cours d'eau offrait des facilités plus grandes que de nos jours, mais résultait de la pénurie des transports par terre » [2]. Pour des marchandises fragiles, en particulier pour les poteries, les amphores emplies de vin ou d'huile, la voie d'eau était plus sûre, les risques de dégâts moins grands.

Certains bateaux étaient de petites dimensions, de peu de largeur, d'un faible tirant d'eau. De robustes radeaux étaient capables de s'adapter aux pires conditions naturelles. Quelles qu'en soient les raisons, Bonnard estime que le réseau fluvial navigable de la Gaule était plus étendu que celui de la France actuelle [3]. Nous avons déjà indiqué, à propos de la Gaule indépendante,

---

[1] Cette thèse a été défendue notamment par Charles Lenthéric : « Il est certain que, dans les temps anciens, le régime du fleuve était moins torrentiel, qu'il y avait un peu plus de profondeur sur les bancs de gravier, et que, par suite, les conditions générales de navigabilité étaient sensiblement meilleures. On ne peut avoir à ce sujet des indications bien précises. On sait cependant que non seulement la vallée du Rhône, mais surtout toutes les vallées latérales, aujourd'hui si tristement déboisées, étaient à peu près couvertes d'un immense manteau de végétation forestière que César appelait si bien *magnitudo silvarum* ; que l'écoulement des eaux dans toutes les gorges, dans tous les affluents du fleuve, aujourd'hui torrentiels comme lui, avait lieu d'une manière beaucoup plus régulière ; que le niveau général des eaux moyennes, et surtout des basses eaux, était un peu plus relevé ; ...qu'il existait une batellerie très bien organisée sur les rivières de l'Ardèche, de l'Ouvèze et surtout de la Durance, qui sont aujourd'hui absolument innavigables. Par suite de l'influence des forêts, les périodes de basses eaux devaient avoir une moindre durée que de nos jours, et on peut croire que, même dans les plus mauvais passages et en temps de sécheresse, on devait trouver presque partout un mouillage de près d'un mètre. » Charles LENTHÉRIC, *Le Rhône, histoire d'un fleuve*, nouvelle édition, Paris, 1905, p. 341. — De son côté, Louis Bonnard pense que « les conditions de navigabilité de la plupart de nos cours d'eau devaient être alors plus favorables que de nos jours ». En partie grâce aux forêts, « le régime fluvial était plus régulier, les profondeurs plus considérables ». *Op. cit.*, p. 7.

[2] Compte rendu dans la *Chronique gallo-romaine de* C. JULLIAN, *Revue des Etudes anciennes*, XXVI, 1924, p. 255. Cité par L. BLONDEL, *Le port gallo-romain de Genève*, dans *Genava*, III, 1925, p. 100. — Voir aussi LEFEBVRE des NOËTTES, *L'attelage, le cheval de selle à travers les âges, contribution à l'histoire de l'esclavage*, Paris, 1 vol. et 1 album, 1931.

[3] *Op. cit.*, p. 9.

le rôle non seulement économique, mais aussi civilisateur, des fleuves et des rivières. Ces remarques sont encore plus pertinentes en ce qui concerne la Gaule romaine.

Un aspect particulier de la navigation fluviale doit être encore retenu. Nous avons signalé déjà que Rome, malgré les admirables moyens techniques dont elle disposait, ne construisait de ponts qu'en cas d'absolue nécessité. Ils étaient assez peu nombreux en Gaule. Or, beaucoup de rivières et de fleuves ne sont pas guéables. Pour les franchir, les chariots avaient recours à de larges barques à fond plat, des radeaux ou bacs, manœuvrés tantôt à la rame, tantôt à la traille. Ce sont les *pontones* ou *rates*. Ceux du Haut-Rhône étaient construits notamment dans les chantiers navals de Voludnia, sur l'Isère, et de Genève.[1] Ceux qui les desservaient étaient les *ratiarii* : nous reverrons leur rôle à Genève où ils constituent une corporation ou collège. Un de ces bacs fonctionnait entre Chancy et Pougny. Peut-être a-t-il été remplacé à un moment donné par un pont. Un autre permettait le passage du Rhône un peu plus en aval à Villars, au-dessous de Collonges-Fort de l'Ecluse. C'est là que s'achevait la navigation rhodanienne partie de Genève et du lac. Le port de Villars semble avoir été utilisé jusqu'au XVIe siècle. Certes, le trafic de cette partie du fleuve n'était en rien comparable à celui de Lyon à la mer ou à celui de la Saône.

Un témoignage de César confirme la navigation du Haut-Rhône dans l'antiquité. Dans ses *Commentaires*, il décrit — avec une certaine exagération — le retranchement long de dix-neuf mille pas et haut de seize pieds, muni de corps de garde et de forts, qu'il édifia entre Genève et le Jura sur la rive gauche. Ces précautions prises, il refusa le passage du fleuve aux Helvètes. Alors, ils « essayèrent de passer le Rhône, les uns sur des radeaux ou sur des bateaux liés ensemble, d'autres à gué, tantôt de jour, plus souvent de nuit ; mais repoussés partout, tant par les troupes que par les forts, ils abandonnèrent ce dessein »[2]. Aucun doute n'est possible : ces épisodes se passent entre Genève et le début des rapides de la gorge du Fort de l'Ecluse.

Il est bien évident que ce défilé, avec ses étranglements et son cours violent, était impraticable. Puis c'était la Perte du Rhône et enfin le cañon de Génissiat. Mais, à partir de *Condate* — Seyssel —, le fleuve redevient navigable. Quoi d'étonnant que le trafic entre cette localité et Lyon ait été très actif ? Au XVIIIe siècle, le port de Seyssel était encore utilisé ; il le sera même dans la première partie du XIXe siècle : c'est la construction du chemin de fer de Lyon à Genève qui lui a porté le coup de mort.

Au sud de Seyssel, près de l'embouchure du Guiers dans le Rhône, un

---

[1] L. Bonnard, *op. cit.*, p. 56.
[2] I, 8. — Dans la *Bibl. hist. et militaire*, t. III, Paris, 1853, p. 15.

autre port tirait son importance du fait qu'il était un des points de jonction de la route du Petit Saint-Bernard et du Rhône. C'est *Augustum*, Aoste, qu'il ne faut pas confondre avec son homonyme du Piémont.

Ainsi, le Rhône, avec son seuil de portage de Villars à Seyssel, mettait Genève en rapport avec la Méditerranée. Sans doute, la plupart des charrois se faisaient-ils complètement par la route de Genève à *Condate*.

Le fleuve possédait des affluents navigables — plus facilement qu'aujourd'hui — qui étendaient son aire économique. Sur la rive gauche, l'Isère, l'Ouvèze qui est la rivière de Vaison-la-Romaine, la Durance et, sur la rive droite, l'Ardèche étaient accessibles à la petite batellerie et aux radeaux. Mais le rôle de la Saône — l'*Arar* — était incomparable. Prolongeant vers le nord, en direction du Rhin et de la Germanie, le sillon du Rhône, elle était, de toutes les rivières de la Gaule, une des plus utilisées. Peut-être même détenait-elle le trafic le plus important, comme cela avait été déjà le cas au temps de la Gaule indépendante. Les ports de Chalon et de Mâcon s'étaient encore développés. Son affluent, le Doubs — *Dubis* —, avec ses ports de Dôle et de Besançon, drainait le trafic de la Séquanie.

Le bassin du Rhône et de la Saône était en rapports faciles, par des portages, avec les autres réseaux fluviaux gaulois : la Loire, par trois seuils différents ; la Seine, par le plateau de Langres ou par la Bourgogne ; la Meuse ; le Rhin par Genève et le Plateau suisse, mais surtout par la trouée de Belfort. Un projet de canal entre la Saône et la Moselle avait été ébauché. Il ne fut pas exécuté : comment d'ailleurs, sans écluses, aurait-on pu compenser les différences de niveaux ?

Genève avait des rapports directs avec le Rhin. Par le Léman, puis par les seuils de Morges — ou de Lausanne — à Yverdon, son trafic atteignait le lac de Neuchâtel. On oublie trop, en se fondant exclusivement sur l'état actuel, que la navigation fluviale suisse a connu des périodes de grande activité, et cela jusque très avant dans l'histoire. Au XVe siècle encore, Fribourg — il s'agit bien de Fribourg en Suisse — possédait des bateliers qui naviguaient non pas seulement sur la Sarine mais aussi sur les lacs du Jura, sur l'Aar et sur ses affluents, la Reuss et la Limmat. Les marchandises parties du lac de Genève atteignaient ainsi le Rhin. La navigation, malgré quelques portages, celui de Laufenbourg en aval et celui de la chute du Rhin en amont, se poursuivait sur le grand fleuve.

Sans aucun doute, la position de Genève, une des échelles entre le Rhône et le Rhin, malgré les ruptures de charges que la nature imposait, a été très favorable. Elle explique l'importance de ses ports et de ses collèges ou corporations de bateliers. D'ailleurs, une inscription retrouvée à Avenches, la capitale helvète, mentionne également les *nautae Aruranci et Aramici*. Les premiers sont évidemment les nautonniers de l'Aar. En revanche, on est mal fixé sur l'*Aramus*. Est-ce l'Emme, la Reuss, la Limmat? Ou encore un des lacs du Plateau? Nous reviendrons d'ailleurs sur l'organisation des collèges de nautes dont le rôle a été si important [1].

Les marchandises provenant des différentes parties de la Gaule et de tout le monde méditerranéen arrivaient à Genève après plusieurs transbordements imposés par le régime du Rhône et les divers types de batellerie qu'il entraînait. C'était un inconvénient auquel on était habitué dans l'antiquité comme à celui des seuils de portage. Une véritable synchronisation existait d'ailleurs entre les transports fluviaux et terrestres. Ils semblent avoir été réunis dans la main des mêmes personnages puissants, ceux qui composaient les collèges de nautes.

Le point d'aboutissement du trafic était les deux ports de Genève. Mais, pour beaucoup de marchandises, le transport se prolongeait par l'admirable voie du lac vers l'Helvétie d'une part, et, de l'autre, par le Mont-Joux — le Grand Saint-Bernard —, vers l'Italie. Le lac possédait de nombreux ports : Nyon ; Morges et Lausanne d'où partaient les chemins de terre vers Yverdon, les lacs du Jura et le Rhin, domaines des *nautae Aruranci* ; ou vers Vevey et Villeneuve. Ils étaient plus rares sur la rive gauche du Léman : le plus important était celui de Thonon, construit dans une anse commode, point de convergence des vallées des Dranses.

2. LES PORTS GENEVOIS

Ainsi, Genève affirmait sa position dans le trafic de l'Empire romain, grâce au Rhône et au lac. Mais elle était aussi une charnière entre les transports fluviaux et terrestres. Son réseau de routes, dont nous avons ébauché l'esquisse, avait un centre qui était le pont du Rhône. La conjugaison entre les charrois et la navigation nécessitait des installations portuaires suffisantes.

Genève possédait deux ports, celui de la Fusterie, axé sur le trafic du fleuve, celui de Longemalle, destiné au service de la cité et à la batellerie du lac.

Au gré des travaux d'urbanisme qui se sont multipliés au XXe siècle, bien des précisions ont été apportées au sujet de ces deux ports. Louis Blondel

---

[1] L. BLONDEL, *Le port gallo-romain...*, loc. cit., p. 100. — L. BONNARD, *op. cit.*, pp. 7-8, 27-29, 47-77, 129-131, 176-197 et *passim*. — CÉSAR, *Commentaires*, I, 8. — A. GRENIER, *Manuel...*, t. VI, 2, Paris, 1931, pp. 473-509. — C. JULLIAN, *Hist. de la Gaule*, t. V, pp. 129-131, 163-164 et *passim*. — Ch. LENTHÉRIC, *Le Rhône...*, p. 341 et *passim*.

les a étudiés avec un soin méticuleux. Il a pu en donner des descriptions détaillées et en dresser des plans précis.

Les eaux, encore à l'époque romaine, continuaient à atteindre le pied de la colline : la rade et le Rhône étaient sensiblement plus larges qu'aujourd'hui.

Le port de Longemalle possédait trois bassins. Le premier, en amont, était le plus petit. Il semble avoir servi au radoub. On a retrouvé à proximité les vestiges d'une forge et deux creusets de fondeur. Le second, beaucoup plus grand, mesurait 21 mètres et son goulet d'accès était de 15,50 mètres. Situé à la hauteur de l'actuelle rue de la Fontaine, il était équipé de pontons établis sur pilotis, destinés au chargement et au déchargement des marchandises. Mais il ne possédait pas de quai d'embarquement : une grève de sable le remplaçait. Un peu partout, dans les ports fluviaux de la Gaule, on avait l'habitude de tirer les petits bateaux sur le rivage. Un troisième bassin, en aval mais contigu, devait avoir à peu près les mêmes dimensions et possédait, lui aussi, un ponton à défaut de quai.

Tout un système de môles et de brise-lames protégeait ces installations portuaires contre les vagues du large. On connaît la position de l'un d'entre eux, à l'angle de Longemalle et de la rue de la Croix-d'Or. Il était formé d'une trentaine de gros blocs erratiques. Entre Longemalle et la rue d'Italie, une digue formée de pilotis et d'enrochements défendait les berges contre le gros temps. Ce port était réuni à la ville, et en particulier au marché du Bourg-de-Four, par un chemin, au fond de la dépression qui se trouve dans l'axe de la rue de la Fontaine.

Les poteries, les objets de fer et les autres vestiges retrouvés inclinent Louis Blondel à penser que le port de Longemalle, utilisé déjà, nous l'avons vu, à l'époque de La Tène, a connu sa plus grande activité entre la conquête et les invasions du IIIe siècle. Après ce moment, il a « dû perdre de son importance ou s'ensabler ».

Blondel a relevé aussi l'effort entrepris en vue de gagner par des remblais des territoires sur le lac. C'est le début de cette conquête de l'homme sur l'eau qui, de proche en proche, portera le rivage du pied de la Madeleine au Jardin anglais.

On a découvert en 1898 à Longemalle, sous l'ancien grenier à blé, une statue de bois de grandes dimensions : elle mesure avec sa base un peu plus de trois mètres. On a cru tout d'abord qu'elle datait du moyen âge, mais on a la certitude, à l'heure actuelle, qu'elle est d'origine romaine. Puissante, sculptée dans le chêne, le visage usé par le temps, elle se trouvait dans l'alignement des pilotis du rivage. Louis Blondel, se référant à des statues identiques dressées à l'entrée de certains ports de l'Italie romaine, Pouzzoles, Stabies, d'autres encore, admet que c'était « une divinité tutélaire, un *genius loci*.

Qu'elle soit la représentation d'un Silvain, d'un Jupiter ou d'un Neptune, protectrice des bateliers ou des éléments, elle devrait en tout cas être rattachée à une divinité allobroge, de tradition gauloise [1]. »

D'autres lignes de pilotis, en aval, suivaient la berge vers la Fusterie, le bas de la Cité et la tête du pont du Rhône.

Nous avons eu l'occasion de dire déjà l'importance industrielle et commerciale du quartier de la Madeleine qui s'était développé en fonction du port. Dans son voisinage immédiat, sur l'emplacement de l'église de la Madeleine, on a retrouvé quelques vestiges d'un temple, des fragments de colonnes et des chapiteaux. Une inscription du IIe siècle le consacre à Maia : « A Maia, Quintus Servilius Severus a dédié aussi le temple et les portiques. » Il semble avoir été très petit : simple autel consacré à la mère de Mercure. Le culte de Maia et celui de Mercure ont été souvent associés dans toute la Narbonnaise et dans les environs de Genève. Ainsi, près d'Annecy, à Groisy et à Villaz [2].

Si la baie de Longemalle constituait le port du lac, celui du Rhône était situé à la Fusterie, non loin du pont. On a trouvé près de là, à proximité de l'Ile, une partie d'un autel avec une inscription concernant les bateliers du Haut-Rhône — dont nous reparlerons —, un second autel, dédié à Neptune, et quelques autres fragments. Louis Blondel a réussi à déterminer la place exacte de ce port grâce à des pilotis et à des parties de digues mis à jour pendant les travaux de démolition et de reconstruction des maisons de la rue du Rhône. Il a subsisté d'ailleurs très longtemps : nous aurons l'occasion d'en reparler pour d'autres périodes de l'histoire. Au moyen âge, il était affecté au trafic du bois ; à proximité se dressaient les ateliers des charpentiers et des tonneliers. Quant au port du Molard, bien que mentionné déjà en 1271, il n'a été vraiment organisé qu'au début du XIVe siècle, lorsque l'évêque Aymon du Quart y fit établir une halle. Cependant, Blondel signale des restes d'une digue romaine, en blocs erratiques, en amont du port médiéval.

Une certaine division du travail semble s'être établie entre les deux ports. Louis Blondel propose une hypothèse qui paraît fort plausible : « Nous devons nous représenter la répartition des marchandises et des denrées de la façon suivante : tout le commerce de transit, principalement celui du bois, ainsi que les vins, venait aborder au port près de l'Ile, à la Fusterie, les bateliers

---

[1] *Le port gallo-romain...*, *loc. cit.*, p. 93.

[2] Alfred CARTIER, *Inscription latine à la déesse Maia trouvée à Genève*, dans *B.H.G.*, III, 1906-1913, pp. 216-218. — B. REBER, *Fouilles dans le quartier de la Madeleine, à Genève (1910)*, *ibid.*, III, pp. 220-221. — L. BLONDEL, *Le port gallo-romain...*, *loc. cit.*, p. 95. — *Chronique... 1925*, dans *Genava*, IV, 1926, p. 73. — MARTEAUX et LE ROUX, *Boutae...*, pp. 97-98, 375-376.

du Rhône le transbordaient sur leurs radeaux ou leurs bateaux plats pour le descendre au gré des eaux du fleuve ; par contre, le commerce local ou à destination de la région voisine, les grains, les produits de toutes sortes se déchargeaient au port de Longemalle. [1] »

Nous reverrons [2] comment étaient organisés, conformément aux traditions romaines, les collèges de bateliers du Rhône et du lac, de même que les marchandises qui ont été l'objet du trafic par eau [3].

3. La batellerie

La Gaule utilisait un grand nombre de types de bateaux. Comment aurait-il pu en être autrement étant donné la diversité du régime des fleuves, des rivières et des lacs ?

Les bois que les Alpes, le Jura et les vastes forêts des plaines livraient en grande masse étaient sans doute assemblés, toutes les fois qu'on le pouvait, en trains, en radeaux, le flottage des troncs isolés restant l'apanage des torrents et des rivières les plus rapides. Ces deux formes permettaient une économie de frais de transport considérable, même si parfois, par exemple à la Perte du Rhône, il fallait faire des transferts aux routes de terre. Les trains de bois, convoyés le long des rivières, étaient évidemment une forme perfectionnée du flottage. D'ailleurs ce système, utilisé tout au long de l'histoire, est loin d'avoir disparu aujourd'hui dans de vastes zones forestières.

Le bois jouait un rôle énorme dans l'économie romaine. A côté de ses emplois dans la charpente, la menuiserie, la construction navale, il était pratiquement le seul combustible, ménager et industriel. Qu'on songe aussi à son rôle dans le chauffage. Les hypocaustes et les thermes en faisaient une énorme consommation. Or, l'Italie, si l'on en excepte les parties montagneuses de la Cisalpine, était déjà fortement déboisée. Il est probable que les Alpes, le Jura, le Plateau suisse expédiaient des bois à Rome. Le port de la Fusterie à Genève a joué son rôle dans ce trafic. « La Gaule, écrit Albert Grenier, pays de forêts et de rivières, a dû connaître un flottage intense, aboutissant

[1] *Le port gallo-romain...*, *loc. cit.*, pp. 101-102.
[2] Section VI, chap. IV ; Section VII, chap. Ier.
[3] Sur les ports genevois : L. Blondel, *Chronique... 1922* dans *Genava*, I, 1923, pp. 78-79. — *Le port gallo-romain de Genève*, dans *Genava*, III, 1925, pp. 85-104. — *Chronique... 1925*, dans *Genava*, IV, 1926, pp. 68-77. — *Chronique... 1930*, dans *Genava*, IX, 1931, pp. 60-61. — A. Grenier, *Manuel...*, t. VI, 2, pp. 565-572. — B. Reber, *Les fouilles sur l'emplacement de la Madeleine-Longemalle à Genève*, dans *B.I.G.*, XLI, 1913, pp. 331-335. — F. Staehelin, *op. cit.*, pp. 150-151.

à toutes les grandes villes du pays et aussi à ses ports maritimes d'où ses bois devaient être transportés à Rome [1] .»

Grenier estime même que le collège des *ratiarii Voludnienses* mentionné dans une inscription du début du Ier siècle de notre ère trouvée à Saint-Jean-de-la-Porte, à l'endroit où l'Isère devient navigable — c'est l'antique *Voludnia* —, et celui des *ratiarii superiores*, connu par une inscription genevoise dont nous aurons à reparler, groupaient « des conducteurs de radeaux de flottage » [2]. Cependant, il semble — nous y reviendrons [3] — que les fonctions des *ratiarii* aient été beaucoup plus variées.

On n'a malheureusement pas retrouvé de restes, ni même de figurations, des bateaux de la région lémanique à l'époque romaine. Cependant, les données de l'archéologie, en particulier certaines mosaïques provenant d'autres contrées de l'Empire, permettent de restituer ces bateaux du lac. On est déjà loin, bien sûr, des embarcations monoxyles — ces troncs plus ou moins adroitement creusés — de l'âge du Fer.

Nous ne voulons pas relever les données qui ont été fournies par F.-A. Forel dans son ouvrage monumental sur *Le Léman* [4]. Elles ont été discutées. W. Deonna pense que les barques du lac de Genève devaient ressembler aux *ratis* ou *ratiaria* des mosaïques romaines [5]. Il s'agirait d'un « chaland plat, non ponté, plus large à l'arrière qu'à l'avant, avec arrière carré, sans gouvernail, à proue relevée, manœuvré à la rame » [6].

Un tel bateau est encore rudimentaire : c'est une sorte de ponton ou de chaland. Mais il a pour lui sa robustesse, sa capacité de transport qui lui permet de charger les marchandises les plus lourdes, les plus encombrantes. N'a-t-on pas retrouvé à Colovray, près de Nyon, des colonnes milliaires ébauchées — une inscription montre que le travail a été effectué en 246 — qui étaient prêtes à être embarquées ? Pourquoi sont-elles restées sur le rivage ? On l'ignore [7].

On peut émettre l'hypothèse que les bois des Alpes et de l'Helvétie étaient transportés par ces barques, puisque le flottage est impossible sur un lac, jusqu'au port de la Fusterie avant de continuer leur course vers la Méditerranée.

---

[1] *Manuel...*, t. VI, 2, p. 543.

[2] *Op. cit.*, pp. 543-544.

[3] Cf. *infra*, Section VI, notamment chap. IV.

[4] T. III, Lausanne, 1904, pp. 538-543.

[5] *Récentes découvertes romaines à Genève*, dans *Indic. d'Antiqu. suisses*, t. XXVII, 1925, pp. 136-153.

[6] P. 146.

[7] FOREL, *op. cit.*, t. III, pp. 521-522.

Ce type de bateau était d'ailleurs aussi utilisé sur les rivières et les fleuves, toutes les fois que leur profondeur et leur cours lent le permettaient.

Les ponts étaient rares sur les cours d'eau de la Gaule. Or, beaucoup d'entre eux n'étaient pas guéables. Des bacs, manœuvrés à la rame ou à la traille, chargeaient les attelages et les chariots pour leur permettre la traversée, ainsi probablement, près de Genève, ceux de Chancy à Pougny et de Villars, au-dessous de Collonges-Fort de l'Ecluse. Les tarifs de passage étaient fixés par un barème qui était peint ou gravé sur des tabelles dressées sur le rivage [1].

D'autres radeaux ou des barques fluviales étaient en usage sur les rivières ayant une certaine profondeur. Ils servaient au transport de toutes les espèces de marchandises, en particulier des poteries et des vins dont le trafic était intense. Les chantiers navals de *Voludnia*, sur l'Isère, et de Genève construisaient ceux qui étaient utilisés sur le Haut-Rhône [2]. Leur grandeur et leur tirant d'eau variaient avec la profondeur des rivières. Ceux qui circulaient d'Arles à Lyon étaient d'un fort tonnage tandis que ceux qui naviguaient sur le Haut-Rhône étaient de plus petites dimensions. Le cours paisible de la Saône permettait l'usage de bateaux d'un type différent. Quant aux galères de haute mer, avec leurs rameurs et leur voilure, elles remontaient jusqu'à Arles. Le Rhône, près de son embouchure, semble avoir été aménagé par Marius : d'où le nom de Fosses mariennes ou *Fossae Marianae*.

Cette diversité de bateaux exigeait des ruptures de charges avec toutes les installations portuaires qu'elles nécessitent. Arles, Vienne, Lyon, Seyssel — *Condate* —, Villars-sous-Collonges, Genève, Nyon, Morges, Lausanne, Vevey, Villeneuve étaient quelques-uns des ports, les uns importants, les autres modestes, constituant les étapes de la navigation rhodanienne et lémanique. Les quais et les installations de chargement et de déchargement étaient peu nombreux et les appontements de bois plus fréquents que ceux de pierres et de briques.

Sur les affluents du Rhône dont le débit était faible circulaient des bateaux à fond plat et de petite capacité. Certaines embarcations étaient même de simples assemblages de planches posées sur des outres gonflées d'air. On improvisait parfois, pour la descente de petits cours d'eau, un rudimentaire radeau que l'on démolissait à son arrivée.

Certains bateaux du lac et du Rhône semblent avoir été organisés pour le transport des voyageurs. Ils étaient peu confortables, munis de bancs grossiers. Cependant de riches personnages ont possédé des embarcations

---

[1] L. Bonnard, *op. cit.*, p. 18.
[2] *Ibid.*, p. 56 et n. 1.

aménagées avec confort, voire avec un véritable luxe. Celles qu'employaient les officiers et les hauts fonctionnaires romains devaient être particulièrement rapides.

Les bateliers manient tantôt une seule, tantôt une paire de rames. A la poupe, le patron marque la cadence. Les plus petites embarcations ne possèdent qu'une seule rame, à l'arrière. Sur les rivières peu profondes, le bateau est poussé à la perche. Les cours d'eau dont le trafic est suffisamment intense possèdent leurs chemins de halage sur lesquels les chevaux, les mulets, les bœufs tirent les barques. Les berges sont la propriété de leurs riverains, mais l'accès doit en rester libre car la navigation et la pêche ne sont soumises à aucune restriction. La voile est naturellement utilisée sur les lacs, notamment le Léman, comme sur le cours inférieur du Rhône, d'Arles à la mer.

Il est probable — c'est l'opinion d'Albert Grenier — que les types de bateaux, si divers, qui naviguaient sur les fleuves et les lacs de la Gaule, remontaient en général aux âges antérieurs à la conquête car l'habileté des Celtes dans l'art de la charpente avait fait merveille dans les chantiers de construction navale [1].

4. LES FLOTTILLES MILITAIRES

La navigation sur les lacs, les fleuves et les rivières nécessitait une certaine police. D'autre part, plus on avance dans l'histoire de l'Empire et plus pressante se fait la menace des Barbares. Il n'est donc pas étonnant que Rome ait possédé des flottilles de guerre jouant dans le réseau fluvial le même rôle que les grandes flottes sur la Méditerranée. Il en existait sur la Somme, la Seine, le Rhône notamment, mais surtout sur le Rhin dont le rôle militaire n'a fait que grandir au cours des âges.

Qu'en était-il du lac de Genève? Au moment où l'Empire vivait sous la perpétuelle menace des Barbares, la Suisse constituait une seconde ligne de défense. Des bateaux de guerre sur les lacs du Plateau et en particulier sur le Léman en étaient un élément important. Selon Louis Bonnard, les flottilles fluviales et lacustres comprenaient des « vedettes chargées de patrouiller sur les fleuves et d'en assurer la surveillance », des unités plus puissantes affectées aux transports, enfin des embarcations légères et rapides qu'utilisaient les officiers dans leurs déplacements [2].

Le rôle de ces flottilles, au temps de la *pax romana*, a été surtout de police

---

[1] L. BONNARD, *op. cit.*, pp. 43-46, 56, 62 et ss., 138-159. — W. DEONNA, *loc. cit.* — FOREL, *loc. cit.* — A. GRENIER, *Manuel...*, t. VI, 2, p. 542 et ss., pp. 585-600. — C. JULLIAN, *Hist. de la Gaule*, t. V, pp. 162-163.

[2] *Op. cit.*, p. 224.

et de sécurité. Elles réglaient en particulier les transports dont le ravitaillement de Rome dépendait. Mais la situation changea à partir du IIIe siècle. Dès les premières invasions, leur rôle militaire s'affirma. Elles s'appuyaient d'ailleurs sur des fortifications terrestres, ainsi, dans le bassin du Rhône, celles de Lyon, de Vienne et d'Arles. Sans doute le *castrum* de Montagny-Chancy, dont nous avons parlé, appartenait-il à ce système de défense.

Une de ces flottilles du Bas-Empire intéresse notre région. La *Noticia dignitatum* de l'an 400 après J.-C. énumère les troupes résidant en Gaule. Elle mentionne un *praefectus classis barcariorum Ebroduni Sapaudiae*. Bonnard pense qu'il s'agit d'Yverdon sur le lac de Neuchâtel. C'est aussi le point de vue admis par Forel et par Denis van Berchem. D'autres, au contraire, fixent le siège de ce commandement naval à Villeneuve sur le lac de Genève. C'est le sentiment en particulier de Louis Blondel. Selon lui, logiquement, au IVe siècle, « le *praefectus classis barcariorum*, soit le commandant de la flottille du corps de mariniers et de soldats », devait résider à *Ebrodunum Sapaudiae* qui serait situé près de Villeneuve. « Il nous semble que le Léman et le Rhône offraient au point de vue militaire une meilleure position que le lac de Neuchâtel. » Cependant, Paul-E. Martin rejette les hypothèses d'Yverdon, de Villeneuve, du pied du Grammont et fixe le stationnement de la flottille militaire de la *Sapaudia* à Yvoire. Ferdinand Lot confirme ce point de vue [1].

D'autres flottilles militaires existaient sur le Rhône — *classis Rhodani* —, sur la Saône — *classis Ararica* —, sur le Rhin — *classis germanica* [2].

[1] Denis van BERCHEM, *Ebrudunum-Yverdon, station d'une flottille militaire au Bas-Empire*, B.H.G. VI, 1933-38, pp. 194-195. — L. BLONDEL, *La civilisation romaine...*, p. 344. — L. BONNARD, *op. cit.*, p. 222. — F.-A. FOREL, *op. cit.*, t. III, pp. 521-522. — Ferdinand LOT, *Les limites de la Sapaudia*, dans *Revue savoisienne*, 76e année, 1935, notamment pp. 149-151. — Paul-E. MARTIN, *Le problème de la Sapaudia*, dans *Revue hist. suisse*, XIII, 1933, notamment pp. 193-201.

[2] BONNARD, *op. cit.*, pp. 220-221.

GENÈVE ET LES COLLÈGES DE NAUTES

La navigation commerciale sur les fleuves et les lacs nécessitait la collaboration d'un grand nombre de personnes, propriétaires de bateaux, armateurs, mariniers, haleurs, personnel des ports, qui étaient groupés en collèges ou corporations dont le rôle est d'importance. Genève a fourni quelques éléments de leur histoire.

CHAPITRE PREMIER

LE RÔLE DES COLLÈGES A ROME

Les professions romaines étaient organisées en corporations ou collèges — *collegia* — qui par certains côtés ne laissent pas de préfigurer les maîtrises ou jurandes médiévales. Particulièrement importants à Rome, ils étaient répandus aussi dans les provinces. Ils ont joué en Gaule un rôle très actif. Genève en a possédé. Si les indications concernant les collèges d'artisans font défaut, les vestiges qu'on y a trouvés nous renseignent en revanche au sujet des groupements de *nautae* et de *ratiarii* voués à la navigation sur le Léman et sur le Haut-Rhône.

Les collèges romains ont une origine obscure. Plutarque, dans sa *Vie de Numa*, les fait remonter à ce roi. Ce point de vue a été retenu par Mommsen alors qu'il a été rejeté par d'autres [1].

Quoi qu'il en soit de leurs origines, les collèges ont été nombreux au temps de la République : les uns groupaient les artisans d'une profession déterminée,

---

[1] Theodor MOMMSEN, *Histoire romaine*, liv. Ier, chap. XIII, trad. française, Paris, [1913-1914], t. Ier, pp. 240-242.

d'autres au contraire avaient un caractère religieux ou politique, ou encore rassemblaient les habitants d'un quartier, organisant des fêtes ou célébrant le culte des divinités tutélaires. Souvent mêlés à des désordres, ils ont fini par inquiéter les autorités. Aussi la *lex Julia* — elle est de 67 ou 64 avant J.-C. — les a-t-elle supprimés à l'exception des collèges d'artisans qui furent dès lors étroitement surveillés et réglementés. Auguste compléta cette législation.

Malgré leur mise sous tutelle, le nombre des collèges augmenta rapidement pendant l'Empire. Une distinction s'est établie entre eux. Les collèges publics jouissaient de privilèges ; leurs membres étaient dispensés de certaines charges. Mais ils payaient ces avantages d'une limitation de leur liberté car ils devaient assumer des obligations professionnelles rigoureuses qui tendaient même à devenir héréditaires. Ces collèges publics intéressaient surtout les professions dont la vie de Rome dépendait ; ainsi, les naviculaires qui transportaient au port d'Ostie les grains et les autres tributs en nature que les provinces devaient fournir pour assurer le ravitaillement de Rome et les distributions publiques ; les charcutiers qui prenaient livraison de porcs, en particulier dans le Samnium, en Lucanie et en Campanie, et en répartissaient la chair entre les membres de la plèbe ; les boulangers ; d'autres encore.

Les collèges privés, qui étaient beaucoup plus nombreux, ont fini par grouper sous l'Empire à peu près tous les métiers. Ils ne possédaient pas de privilèges, mais leurs membres, à l'origine du moins, jouissaient d'un bien précieux, la liberté. A vrai dire, l'évolution de ces collèges privés fut très rapide, liée au phénomène, dont nous avons déjà parlé, de la raréfaction de la main-d'œuvre, due au tarissement des sources de l'esclavage. Le résultat en fut l'asservissement au métier. De telle sorte que la perte de la liberté tendait à confondre, dans les derniers temps de l'Empire, les membres des collèges publics et des collèges privés.

Les uns et les autres avaient une organisation interne qui n'est pas sans analogie avec celle des corporations du moyen âge. Ils possédaient une magistrature du métier, des règlements, certaines institutions d'assistance mutuelle. Cependant, ils ne poussaient pas aussi loin que les jurandes médiévales le souci de la qualité du travail ni la défense des intérêts professionnels [1].

---

[1] L. Bonnard, *op. cit.*, pp. 161-165, 173 et *passim*. — A. Grenier, *Manuel...*, t. VI, 2, p. 530 et ss. — J. Lacour-Gayet, *Histoire du commerce*, t. II, Paris, 1950, pp. 163-164. — E. Levasseur, *L'organisation des métiers dans l'Empire romain*, Paris, 1899, pp. 3 et ss., 8 et ss. et *passim*. — Etienne Martin Saint-Léon, *Histoire des corporations de métiers depuis leurs origines jusqu'à leur suppresion en 1791*, 4e édit., Paris, 1941, pp. 1-30. — J.-P. Waltzing, *Etude historique sur les corporations professionnelles chez les Romains depuis les origines jusqu'à la chute de l'Empire d'occident*, 4 vol., Louvain, 1895-1900, t. Ier, pp. 48-58, 181 et ss. et *passim*.

LES COLLÈGES EN GAULE

Ces collèges se sont répandus dans les provinces. Ils ont occupé dans une partie de la Gaule une place particulièrement en vue. Ils y ont trouvé un terrain favorable car les Gaulois, avant la conquête, possédaient déjà des organisations professionnelles très développées qui se sont adaptées sans trop de peine aux exigences nouvelles.

Innombrables sont les inscriptions qui attestent leur existence à l'époque gallo-romaine. Beaucoup intéressent les collèges des nautes des fleuves et des rivières, ainsi celles de Nîmes, St-Gilles, Arles, Vienne, Lyon, Genève, Avenches, pour ne retenir que quelques exemples intéressant la région rhodanienne. Waltzing a dressé le répertoire de toutes les inscriptions concernant les associations professionnelles romaines dans les tomes III et IV de son *Etude*. La Gaule y est très largement représentée, surtout grâce à ses parties méridionale et orientale. Levasseur a complété ce répertoire dans son *Organisation des métiers dans l'Empire romain*. Une vingtaine de villes de la Narbonnaise ont fourni des inscriptions attestant la présence de corporations. Ce pullulement de collèges correspond à la fois aux goûts des Celtes et aux exigences romaines.

D'ailleurs, selon des prescriptions inflexibles, leurs activités ne devaient pas dépasser un cadre local. Rome interdisait tout essai d'extension ou de fédération provinciales qui aurait risqué de compromettre un équilibre dont la précarité grandissait au fur et à mesure que l'on avançait sur le chemin de la décadence. Toutes ces associations n'étaient d'ailleurs pas orientées vers des fins professionnelles. Mais seules ces dernières doivent nous intéresser ici.

A peu près tous les corps de métiers sont représentés parmi les collèges gaulois : boulangers, bouchers, charcutiers, charpentiers, constructeurs de bateaux, maçons, stucateurs, tisserands, cordonniers, beaucoup d'autres encore. Les marchands des diverses catégories, ceux qui sont chargés des transports sur mer, sur les fleuves, sur terre ont aussi leurs corporations. Les inscriptions montrent que fréquemment en Gaule des personnages appartien-

nent en même temps à plusieurs collèges : ainsi beaucoup de nautes ont été
mêlés au commerce des grains, des vins ou d'autres marchandises. A Lyon,
une inscription intéresse un personnage qui est « naute du Rhône, naviguant
sur la Saône, membre de la corporation des charpentiers de Lyon et marchand
de saumure ». Ce sont là des activités fort hétéroclites [1].

D'une façon générale, les collèges d'artisans ont été fortement organisés
dans la Gaule méridionale et orientale alors qu'il n'est pas sûr qu'ils aient
existé dans le nord et l'ouest [2].

---

[1] L. Bonnard, *op. cit.*, p. 192. — Sur les collèges en Gaule, cf. E. Martin Saint-Léon, *op. cit.*, pp. 27-31.

[2] Emile Coornaert, *Les corporations en France avant 1789*, Paris, 5ᵉ éd., 1941, pp. 44-45. Coornaert pense que la filiation des *nautae parisiaci* aux marchands de l'eau parisiens, dont on trouve les premières mentions au IXᵉ siècle seulement, est une simple hypothèse.

CHAPITRE III

LES COLLÈGES ET LES TRANSPORTS PAR EAU

Les collèges dont les membres sont voués essentiellement aux transports par eau sont d'un très grand intérêt. Nous n'avons pas à nous occuper ici de la puissante organisation des naviculaires, car leur activité se déployait sur mer — et aussi sur le Bas-Rhône puisque leurs bateaux remontaient jusqu'à Arles. Ils constituaient, nous l'avons vu, un collège public chargé notamment de conduire à Rome les tributs en nature payés par certaines provinces en vue de ravitailler la ville et de pourvoir aux distributions gratuites à la plèbe. Il s'agissait de personnages opulents : mais nous avons déjà indiqué qu'ils ont fini par payer chèrement les quelques privilèges qui leur avaient été concédés.

En revanche, les collèges de nautes — *nautae* — et de ratiaires — *ratiarii* — qui ont joué un rôle considérable sur tout le cours du Rhône jusqu'au Léman doivent retenir notre attention. Ils groupaient ceux qui étaient voués au service du fleuve et de ses affluents, l'Ouvèze — la rivière de Vaison —, la Durance, l'Ardèche, l'Isère, mais surtout la Saône et son tributaire le Doubs. De tels collèges se trouvaient aussi en Helvétie, sur l'Aar et ses affluents, sur les lacs du pied du Jura et du Plateau. On a retrouvé à Avenches une inscription concernant les *nautae Aruranci et Aramici* intéressant donc la navigation sur l'Aar et un de ses affluents difficile à déterminer — l'Emme, la Reuss, la Limmat ? — ou encore un lac. Nous ne parlons pas des *nautae* du Rhin, de ses affluents, et de tous les fleuves de la Gaule.

Il est fort possible que les nautes et les ratiaires aient été chargés, dans la navigation fluviale, un peu des mêmes besognes que les naviculaires dans le trafic maritime. Sans doute ont-ils été au service de l'*annone* et ont-ils contribué au transport des grains et autres produits du sol que les préfets frumentaires distribuaient ensuite à la plèbe romaine.

Les nautes, comme les naviculaires, ont été des personnages puissants, opulents, dont les libéralités sont attestées par plus d'une inscription.

Lyon, grand centre de la navigation du Rhône et de la Saône, semble avoir possédé trois collèges de *nautae*. En effet, des inscriptions mentionnent les nautes du Rhône, ceux de la Saône et ceux du Rhône et de la Saône. Louis Bonnard, dont l'étude sur la navigation fluviale en Gaule fait autorité, estime qu'il n'y a pas de confusion possible : il s'agit de trois corporations distinctes, l'une intéressant le Rhône, l'autre la Saône, la troisième les deux cours d'eau à la fois [1]. En revanche, Albert Grenier pense qu'il y a eu à l'origine un seul collège qui se serait ensuite scindé en deux, sans que d'ailleurs un monopole se soit institué en ce qui concerne le droit de naviguer sur le Rhône et la Saône [2].

Les ratiaires — *ratiarii* — sont distincts des nautes. On les retrouve sur les rivières peu profondes, ou à cours très rapide, exigeant des bateaux d'un type spécial ou encore des radeaux. Sans doute ont-ils assumé aussi le flottage des bois et ont-ils convoyé les trains de troncs d'arbres des forêts des Alpes et du Jura vers la Méditerranée dans des conditions que nous avons déjà indiquées. Ils semblent avoir également desservi les bacs, importants à cause de la rareté des ponts. Ainsi, près de Genève, ceux de Chancy à Pougny et de Villars-sous-Collonges. Bonnard est certain que le terme de *ratis* désigne à la fois certains types de barques et les bacs. Peut-être même le terme de *ratiarii* s'applique-t-il non seulement à ceux qui les conduisent mais aussi à ceux qui les construisent, ainsi à Voludnia, sur l'Isère, et à Genève.

D'autres collèges encore sont liés à la navigation fluviale et lacustre. On a beaucoup discuté de l'activité des utriculaires ou utriclaires — *utricularii, utriclarii* — que l'on retrouve dans certaines inscriptions rhodaniennes, à Nîmes, à Arles, à Vienne, à Lyon. Sont-ce des joueurs ou des fabricants de cornemuses ? Ou, comme l'admet Levasseur, des artisans faisant des outres ? Bonnard croit qu'en réalité ce sont des bateliers qui, sur les rivières, les lacs et les étangs peu profonds, manœuvrent des radeaux d'un type spécial qui sont soutenus par des outres gonflées d'air. Grenier partage ce point de vue, mais il pense que ces embarcations servaient aussi dans les ports au débarquement et au transbordement des marchandises. Il fait remarquer que les fabricants d'outres sont des *utrarii* [3].

Quelques professions accessoires complètent ces activités. Elles sont aussi organisées en collèges, mais qui possèdent d'autres caractères, semble-t-il ; ils groupent des travailleurs modestes dont le sort n'a rien de comparable

---

[1] *Op. cit.*, pp. 194-195.
[2] *Manuel...*, t. VI, 2, pp. 552-553.
[3] L. Bonnard, *op. cit.*, pp. 205-208. — A. Grenier, *op. cit.*, pp. 536-542. — E. Levasseur, *op. cit.*, p. 27.

à celui des nautes ou des naviculaires. Les haleurs — *helciarii* — tirent les bateaux sur les chemins des berges. Des manœuvres opèrent la manutention des marchandises dans les ports : les *exoneratores*, les *levamentarii*, qui sont des débardeurs ; les *phalangarii* ou portefaix ; les *saccarii* qui manipulent les marchandises en sacs. Des employés sont préposés au mesurage et au pesage des cargaisons, aux écritures et aux comptes. Sans doute beaucoup d'esclaves collaborent-ils, dans ces modestes fonctions, avec les hommes libres, seuls membres des collèges.

Ainsi, un nombreux personnel, situé à des degrés très divers de la hiérarchie sociale, participe au trafic fluvial et en vit, groupant, comme l'écrit Louis Bonnard, « armateurs, patrons de barques, bateliers, mariniers, passeurs, haleurs, conducteurs de bêtes de halage, charpentiers de bateaux, débardeurs, portefaix, ouvriers des ports, etc., répartis, pour la plupart, dans des *collegia*, ces associations si répandues dans l'empire romain » [1].

---

[1] *Op. cit.*, p. 161. — Sur l'ensemble de la question, consulter L. BONNARD, *op. cit.*, pp. 160-216. — A. GRENIER, *op. cit.*, t. VI, 2, pp. 530-560. — E. LEVASSEUR, *op. cit.*, pp. 26-31. — Ch. MOREL, *loc. cit.*, pp. 510-517.

CHAPITRE IV

LES COLLÈGES GENEVOIS

Toutes ces données concernent la Gaule et particulièrement la région rhodanienne. En quoi intéressent-elles Genève ?

On n'a pas découvert, nous l'avons dit, d'inscriptions relatives à des collèges d'artisans ou de marchands dans notre ville. Le *vicus* — devenu plus tard une *civitas* — du Haut-Rhône n'avait-il pas une population assez nombreuse pour créer de telles corporations ? La chose est possible bien que certaines professions s'adressant à de larges cercles de consommateurs, non seulement de la ville, mais aussi de la vaste région rurale qui en dépend, aient sans doute groupé un assez grand nombre d'artisans. Ou bien le sort n'a-t-il pas permis que de telles inscriptions fussent retrouvées dans un sol qui a été si souvent bouleversé ? Il se peut. D'ailleurs, il ne faut pas oublier que d'autres professions étaient parfois liées aux collèges de nautes ou de ratiaires. Nous avons cité un exemple concernant Lyon. Il est possible que le phénomène soit valable aussi pour Genève. Et, certainement, les charpentiers des chantiers navals de cette ville — comme ceux de Voludnia sur l'Isère — appartenaient à la corporation des ratiaires.

On a en effet la preuve de l'existence à Genève, sur le Haut-Rhône et le lac, de deux collèges voués au trafic par eau [1]. En 1678 déjà, on a découvert dans le bras gauche du Rhône, non loin de la tour de l'Ile, une partie d'un autel qui portait l'inscription : « *Deo Silvano pro salute ratiaror. superior. amicor. suor. posit. L. Sanct. Marcus civis hel. V.S.L. M.D.D.* » soit « Au dieu Silvain, pour le salut de ses amis, les bateliers [*ratiarii*] du cours supérieur [du Rhône], Lucius Sanctius Marcus, citoyen helvète, a érigé ce monument et l'a dédié en accomplissement d'un vœu. Il en a fait les frais » [2].

---

[1] Il s'agit des « ratiaires supérieurs », affectés à la navigation rhodanienne entre Lyon et Genève, et des « nautes du lac de Genève », dont le siège était à Genève et à Lausanne. H. BÖGLI, *Zeugnisse des öffentlichen Lebens und der geistigen Kultur*, dans *Die Römer in der Schweiz, Repertorium...*, Heft 4., p. 31.

[2] Th. MOMMSEN, *Inscriptiones confœderationis helveticae*, Zurich, 1854, n° 75. — J.-P. WALTZING, *op. cit.*, t. III, p. 540. — Texte français dans L. BLONDEL, *Le port gallo-romain...*, *loc. cit.*, p. 97.

D'autres corporations de bateliers ont existé entre Lyon et Genève, en particulier à la Balme et à Yenne [1].

Ces ratiaires du Haut-Rhône — *ratiarii superiores* —, nous l'avons vu, assurent les fonctions les plus diverses : propriétaires de barques, de radeaux, de bacs, ils organisent aussi le transport des bois par flottage ou par trains de troncs assemblés. Leur centre d'activité est le port de la Fusterie. Ils utilisent sans doute aussi bien le lac que le cours du Rhône jusqu'à Lyon avec les ruptures de charges qu'imposent, entre Villars et Seyssel, les caprices du fleuve. Ils sont aussi vraisemblablement les propriétaires des chantiers navals de Genève.

Le nom de Silvain qui figure dans le texte que nous avons relevé pose un problème. Pourquoi cette dédicace à un dieu des forêts dans une inscription concernant des mariniers ? Le fait n'est pas unique. En effet, selon Mowat, les attributions du dieu Silvain « ne sont pas limitées aux forêts ; elles s'étendent au bois pris dans son acception la plus large, bois sur pied et bois de construction... ; on comprend à quel titre il se trouve invoqué pour les *ratiarii*, conducteurs de radeaux et de trains de bois flottés ». [2]

En 1925, la mise à jour par Louis Blondel d'une inscription, lors de la démolition des vieilles maisons de la Tour-de-Boël, a permis de prouver l'existence d'un second collège, celui des nautes du lac de Genève : « *Q. Decio Alpino IIII vir Nautae Lacus Lemanni* ». Il s'agit de *Quintus Decius Alpinus* qui était *quattuorvir* de la Viennoise dans la seconde moitié du Ier siècle de notre ère. L'activité de ce collège devait s'étendre au lac tout entier. Deux autres inscriptions le concernant ont été découvertes à Lausanne. André Oltramare pense que la porte romaine de la Pélisserie, dont les vestiges ont été retrouvés en 1923, avait été élevée par ces nautes à la gloire de Septime Sévère lors du voyage qu'il fit dans la région lémanique en 197 après J.-C. Ils lui témoignaient leur gratitude car il avait allégé les impôts qui pesaient sur les naviculaires et du même coup, pense-t-on, sur les nautes [3].

L'activité des nautes et des ratiaires, nous l'avons vu, a largement dépassé celle d'armateurs ou de propriétaires de bateaux. Comme l'écrit Louis Bonnard,

---

[1] Pierre Duparc, *Le Comté de Genève*, M.D.G., XXXIX, 1955, pp. 538-539.
[2] *Bulletin épigr. Gaule*, I, 1881, pp. 62-63. Cité par A. Grenier, *Manuel...*, t. VI, 2, p. 544.
[3] L. Blondel, *Le port gallo-romain...*, loc. cit., pp. 101-102 et *passim*. — L. Bonnard, op. cit., p. 196. — W. Deonna, *Récentes découvertes romaines à Genève*, dans *Indic. d'Antiqu. suisses*, XXVII, 1925, pp. 136-142. — A. Grenier, *Manuel...*, t. VI, 2, pp. 544, 568, 571. — E. Levasseur, op. cit., pp. 29-31. — Th. Mommsen, loc. cit. — A. Oltramare, *La porte romaine de la Pélisserie*, dans *Genava*, XXIII, 1945, pp. 66-69. — A. Oltramare et L. Blondel, *Genève romaine*, dans *Hist. de Genève*, t. Ier, pp. 38-39. — J.-P. Waltzing, op. cit., t. III, p. 540. — W. Deonna, *Collections lapidaires, époque romaine*, dans *Genava*, IV, 1926, p. 33.

« les libéralités offertes par des Nautes, les honneurs qui leur sont décernés, nous les font entrevoir comme des personnages opulents et considérables, tandis que l'importance des fonctions exercées par quelques-uns d'entre eux et par certains patrons de leurs corporations est la preuve de l'estime et de la considération dont leur profession était entourée » [1].

Les nautes font aussi, à l'occasion, des transports sur les voies terrestres. Comment l'auraient-ils évité ? Les ruptures de charges, telles celles de Genève — ou de Villars — à Seyssel, ou du bassin du Rhône à ceux de la Loire, de la Seine et du Rhin, leur imposaient cette activité complémentaire. Ils sont également des trafiquants en gros, expédiant leurs propres marchandises vers de lointains marchés. Ceux de Genève ont exploité, transporté et vendu des bois ; ils ont été négociants en vin et en huile et, du même coup, en amphores et autres poteries. Ils semblent avoir été les grands animateurs de toute la vie économique. Une inscription de Lyon qualifie un collège de nautes de cette ville de *splendidissimum corpus* [2].

Sans doute les nombreux hommes libres qu'ils employaient n'appartenaient-ils pas aux mêmes collèges qu'eux. Quant à leurs esclaves, ils n'avaient accès, cela va de soi, à aucune corporation [3].

---

[1] L. Bonnard, *op. cit.*, pp. 172-173.

[2] *Ibid.*, p. 193.

[3] *Ibid.*, pp. 172-173. — A. Grenier, *Manuel...*, t. VI, 2, pp. 546-548. — E. Levasseur, *op. cit.*, p. 29.

LE COMMERCE

LE COMMERCE LOCAL

Au cours de notre exposé, nous avons été amené à parler de plusieurs des aspects du commerce. Nous pourrons donc être bref à son sujet. On est assez bien renseigné sur l'organisation du négoce urbain, régional et général, de l'Empire. Les vestiges de notre passé local correspondent aux grands traits de l'histoire économique gallo-romaine. Aussi, lorsqu'ils offrent des lacunes, peut-on, par analogie, sans de trop grands risques d'erreur, tenter d'esquisser, en partant de données plus générales, une vue d'ensemble de ce secteur de l'histoire économique genevoise.

Dans ce domaine comme dans les autres, il faut nettement distinguer les époques.

Le temps de la *pax romana* a été éminemment favorable au commerce. Jusqu'aux invasions du IIIe siècle, toutes les parties de l'Empire en ont bénéficié. C'est cette période surtout qui retiendra notre attention.

La paix assez régulièrement assurée, une administration qui, en Gaule, a été en règle générale satisfaisante, l'étendue de l'immense marché impérial, la sécurité et la commodité des transports routiers et fluviaux, les garanties que le droit romain offrait aux transactions et aux affaires, un système uniforme — malgré certaines survivances locales — de poids, de mesures et de monnaies, une fiscalité tolérable, une agriculture prospère : ce sont là autant d'éléments dont le commerce a bénéficié. La Gaule a joué un rôle souvent brillant dans la vie économique de Rome. Elle exportait davantage de produits — naturels ou manufacturés — vers le reste de l'Empire qu'elle n'en importait. Ses grandes villes ont été très prospères. Pour ne pas sortir de la région administrative à laquelle Genève appartenait, Vienne, avec sa nombreuse population, ses hauts fonctionnaires, sa bourgeoisie aisée, a eu une vie brillante dont le commerce a largement profité.

Naturellement, les bourgades modestes de la Viennoise, les *vici* comme Genève, ont eu une situation différente. Cependant, le marché genevois n'était pas négligeable. La région naturelle qui alimentait le commerce local était vaste, bien peuplée, soigneusement cultivée et, à cause de la beauté de ses sites, semée de villas qu'habitaient, au moins pendant la belle saison, d'opulents personnages. Les transactions entre la ville et la campagne devaient être importantes. Cependant, il ne faut pas perdre de vue que les activités domestiques d'ordre industriel étaient très développées, au moins dans les villas et dans les exploitations rurales les plus importantes, ce qui ne laissait pas de réduire la clientèle du commerce urbain. D'autre part, dans bien des cas, on commandait directement la marchandise que l'on désirait à un atelier sans passer par l'intermédiaire d'un marchand. Il était beaucoup plus rare dans l'antiquité qu'aujourd'hui que l'on fabriquât des produits à l'avance en vue de créer des stocks dans lesquels les clients pouvaient ensuite choisir.

Certaines cités, du fait de leur position, étaient des têtes d'étape toutes désignées dans le grand trafic international. C'était le cas de Genève, bénéficiant de certains courants de l'échange à travers les Alpes ou unissant le Danube et le Rhin avec la Gaule méridionale et la Méditerranée. Sa situation à l'extrémité sud-occidentale du plateau de l'Helvétie et du Léman, la possession d'un pont franchissant le Rhône jouaient en sa faveur. Les grands marchands — ou, le plus souvent, leurs agents — qui circulaient à travers l'Empire, sans parler des colporteurs qui passaient d'une localité à une autre et dont le rôle était loin d'être dépourvu de signification, affluaient dans ses murs. Quelques hôtelleries pouvaient les accueillir.

Dans la période d'expansion du début de l'Empire, le centre du commerce local était le Bourg-de-Four, entre l'ancien *oppidum*, le vaste quartier des Tranchées et le port de Longemalle. Il possédait un bâtiment destiné aux marchés, entre la place actuelle et la rue Chausse-Coq. Louis Blondel le décrit comme « une galerie ouverte, un portique, probablement supporté par des colonnes ». Des vestiges de moulures en terre cuite ont été retrouvés. Des restes calcinés semblent prouver que le marché a été détruit par un incendie, vraisemblablement pendant les invasions du IIIe siècle. On a découvert tout autour de l'édifice des ossements d'animaux, bœufs, moutons, porcs, mais aussi diverses poteries et des poids. On en peut inférer la présence de boucheries et de divers magasins. Le bâtiment mesurait environ 18 mètres sur 9 mètres. D'autres boutiques s'ordonnaient autour de lui.

L'ensemble de la place du Bourg-de-Four était considérable. C'était, selon Louis Blondel, le type d'un forum-marché, sans rapport avec la vie administrative.

Son rôle va changer après le passage dévastateur des Barbares dans la seconde moitié du IIIᵉ siècle, à partir de 277 après J.-C. Le quartier des Tranchées détruit, la vie se retire dans l'enceinte fortifiée. Le vieux forum cesse d'être le cœur de l'agglomération. Aux portes — mais en dehors — de l'enceinte, il reste le point d'arrivée de la plupart des routes. Il n'empêche que, sur le plan commercial, il est ravalé au rang d'un simple marché réservé au bétail.

Un autre forum, essentiellement administratif, a été édifié à l'intérieur des murailles, dans le secteur de Saint-Pierre. Son rôle grandira lorsque Genève, aux environs de 379, aura été élevée au rang de *civitas*. Il mesurait environ 45 mètres sur 116 mètres.

Un marché complète ce forum administratif, près de la porte du Bourg-de-Four, mais dans l'enceinte. Louis Blondel en a retrouvé les fondations — nous l'avons signalé — à l'angle de la Taconnerie et de la rue du Soleil-Levant. Il en a dressé les plans. Un portique conduit à une cour centrale couverte, avec un *impluvium*. Les quatre faces de cette cour sont munies de galeries sur lesquelles s'ouvrent des boutiques. « C'est, écrit Blondel, la disposition classique d'un marché ou *marcellum* à plan central. » A l'extérieur, le bâtiment est décoré de colonnes qui sont du IIIᵉ ou du IVᵉ siècle. Une partie, dont le sol est dallé, est réservée à une boucherie, le reste étant affecté à des négoces divers [1].

Naturellement, d'autres boutiques existaient dans les rues de la ville. On sait que les magasins romains étaient en général de petites dimensions, ouverts largement tantôt sur la rue, tantôt sous des portiques. Une arrière-boutique et parfois un modeste appartement à l'étage les complétaient.

---

[1] L. BLONDEL, *Fortifications préhistoriques et marché romain au Bourg-de-Four (Genève)*, dans *Genava*, XII, 1934, pp. 50-63. — *De la citadelle gauloise au forum romain* dans *Genava*, XIX, 1941, pp. 107-112.

LE COMMERCE EXTÉRIEUR

Genève était naturellement en rapport avec l'ensemble du monde romain, soit pour son approvisionnement en denrées, en matières premières, et en objets qu'elle ne pouvait pas produire, soit comme échelle de commerce, comme étape sur les voies du trafic terrestre et fluvial. Bien sûr, son rôle était modeste comparé à celui de certaines grandes villes gauloises et en particulier de Lyon, centre par excellence du trafic des Gaules.

Le commerce qui se déroulait à travers l'Empire était aux mains de puissants personnages dont beaucoup résidaient à Rome. Si les détaillants répondant aux besoins du marché local occupaient un rang très médiocre dans la hiérarchie sociale — ils étaient souvent méprisés des hautes classes du fait que beaucoup d'entre eux étaient des affranchis ou des descendants d'affranchis —, il n'en allait pas de même des grands marchands dont les affaires s'étendaient à de vastes régions et parfois à l'Empire tout entier et offraient une extrême diversité, car les limites entre les finances et le négoce n'étaient pas nettement fixées. Dans bien des cas, les mêmes personnages étaient à la fois banquiers, publicains — fermiers de l'impôt —, fournisseurs aux armées, adjudicataires de travaux publics, transporteurs, trafiquants en gros. Ils avaient fini par monopoliser toutes les grandes affaires, quel qu'en fût le caractère. Ils se recrutaient en général dans l'ordre équestre dont l'influence sur la politique, la guerre et la paix, bref sur toute la vie publique, a été toujours considérable et très souvent mauvaise.

Ces affairistes ne résidaient guère dans les villes de province et à plus forte raison dans des bourgades de l'importance de Genève. Mais ils avaient à leur service d'habiles agents qui se répandaient dans le monde, cherchant à accaparer les denrées que réclamait la consommation romaine et à placer les produits venus d'autres régions. Certains de ces agents étaient des affranchis, voire des esclaves de confiance. Sans doute ont-ils contribué au développement des affaires qui se traitaient à Genève, centre de production agricole, de consommation et plus encore de transit.

La Gaule n'avait pas tardé à jouer un rôle exceptionnel dans la vie économique de l'Empire romain. Les industries celtiques qui, avant la conquête, avaient travaillé surtout en vue de satisfaire les besoins locaux, s'étaient incorporées au marché méditerranéen, lui fournissant de nombreuses marchandises qui parfois faisaient concurrence victorieusement aux anciens centres de production, ainsi dans le domaine de la métallurgie et de la terre cuite. Sans compter que la fertilité du sol de la Gaule, la diversité de ses climats, l'habileté de ses paysans lui permettaient d'exporter beaucoup de produits agricoles. Mais, en même temps, elle s'était largement ouverte à l'importation des denrées alimentaires et des manufacturés provenant de toutes les parties du monde romain.

Aussi les échanges étaient-ils très actifs entre la Gaule et les autres provinces et en particulier l'Italie. Une partie de ce trafic s'effectuait à travers les Alpes ou par la vallée du Rhône. Genève y jouait un rôle qui n'était pas négligeable. Nous ne revenons pas sur le réseau serré des routes qui convergeaient vers Genève, ni sur la navigation rhodanienne et lémanique. Nous avons signalé aussi les fonctions très spécialisées des ports de Longemalle et de la Fusterie, servant à la fois aux besoins locaux et internationaux. Nous avons dit également ce que représentaient la basilique, véritable bourse de commerce, qui se trouvait à la Madeleine, et les entrepôts de marchandises voisins des deux ports.

Ce sont là autant d'éléments précis qui montrent l'importance de Genève comme échelle de commerce dans l'Empire.

Longue est la liste des marchandises qui circulaient entre la Gaule et l'Italie et dont beaucoup sans doute passaient par Genève [1]. La Gaule importait des vins de qualité — ainsi les célèbres crus de Falerne —, des fruits, des huiles, des épices, des plantes médicinales, des marbres, certains ustensiles de ménage, des poteries, des bronzes, de l'orfèvrerie et des bijoux, du verre, enfin, provenant de l'Orient méditerranéen, des tissus précieux — soieries, broderies d'or et d'argent — et des parfums. Mais elle exportait de son côté des vins ordinaires, des grains, des légumes, des jambons et des salaisons, des foies d'oie, des poissons, des huîtres, des fromages, des chevaux et des mulets, des bois d'œuvre et de feu, du lin, du chanvre, de la résine, du suif, de la cire, du sel et, comme manufacturés, les produits de sa métallurgie qui était réputée, des étoffes courantes, des vêtements confectionnés, des toiles à voile, des cuirs. Une petite partie de ces marchandises satisfaisait les besoins locaux ; le reste ne faisait que transiter par Genève.

---

[1] E. ETTLINGER, *Handel und Gewerbe*, dans *Die Römer in der Schweiz, Repertorium...*, Heft 4., p. 21.

Le transport de tous ces produits, avec ses ruptures de charges, ses passages fréquents des routes de terre aux voies d'eau, des chariots aux bateaux, exigeait des emballages solides. Les bas-reliefs et les mosaïques donnent à ce sujet de précieux renseignements. Certains produits étaient enveloppés de bâches maintenues elles-mêmes par un réseau serré de cordes. Une des mosaïques d'Orbe, celle du *Cortège rustique*, à Bossaye sous Boscéaz, est tout à fait précise à ce sujet [1].

Certaines marchandises étaient placées dans des caisses de bois ou des sacs. Les amphores servaient au transport des huiles, des vins, des grains et d'autres produits alimentaires. Mais les Gaulois, habiles boisseliers et tonneliers, avaient inventé le tonneau de bois cerclé que Rome, jusqu'à la conquête, avait ignoré. Un monument funéraire romain du IIIe siècle après J.-C., à Neumagen sur la Moselle, représente une galère qui transporte du vin mosellan dans quatre grands fûts placés perpendiculairement au fil de l'eau et occupant toute la nef.

L'intégrité des expéditions était attestée par des plombs marqués d'un sceau. On en a retrouvé une grande quantité — plus de quatre mille — à Lyon sur l'emplacement des ports de la Saône. Les uns étaient apposés par les administrations impériales, d'autres — tout comme aujourd'hui —, au contrôle de la douane ; mais la plupart étaient placés par les particuliers, marchands ou transporteurs. Un tel système simplifiait les contrôles au cours des voyages et conférait une certaine sécurité aux transports [2].

La technique de ce commerce est bien connue. Des marchands en gros répartissaient leurs produits entre les détaillants, boutiquiers ou colporteurs. Mais, en même temps, ils rassemblaient les marchandises indigènes pour les acheminer vers d'autres régions. Ils étaient à la fois importateurs et exportateurs. Souvent, ils restaient propriétaires des assortiments selon la méthode de l'*aestimatum*. Le marchand et le détaillant convenaient du prix de la marchandise consignée. Les boutiquiers ou les colporteurs cherchaient à la placer aux meilleures conditions possibles, leur bénéfice étant constitué par la différence entre le prix d'estimation et celui accepté par le client. Si elle ne trouvait pas preneur, elle était reprise par le grossiste.

On se souvient que, très souvent, dans l'Empire romain et en particulier en Gaule, les armateurs des diverses catégories — naviculaires, nautes, ratiaires — cumulaient leurs fonctions avec celles d'entrepreneur de transports par terre et de marchand en gros. Les ratiaires du Haut-Rhône et les nautes du Léman

---

[1] P. SCHAZMANN, *Sur la mosaïque du cortège rustique à Bossaye près d'Orbe*, dans *Revue hist. vaudoise*, t. XL, 1932, p. 323 et reproduction p. 321.

[2] A. GRENIER, *Manuel...*, t. VI, 2, pp. 643-663. — P. SCHAZMANN, *loc. cit.*, p. 321 et ss.

étaient aussi les marchands de vin, d'huile, de bois et de produits manufacturés.

Le grand négoce était d'ailleurs soumis à des règles strictes et parfois gênantes. Comme le fait remarquer C. Jullian, les papiers d'affaires étaient nombreux et compliqués, « bordereaux, quittances, lettres de voiture, connaissements en douane, chèques, mandats et lettres de crédit, contrats d'emprunts sur marchandises, effets de commerce à courte et longue échéance, protêts et actes de saisie. Il n'est aucune de ces pièces qui ne donnât au détenteur le droit d'intenter une action publique, suivant le cas devant le juge municipal ou au tribunal du gouverneur de province [1]. »

Telles sont les méthodes qui ont dû être utilisées à Genève comme dans les autres villes gallo-romaines [2].

Sans doute la basilique dont nous avons parlé et dont Louis Blondel a précisé l'emplacement à l'angle des rues Verdaine et du Vieux-Collège, à la Madeleine, servait-elle aux transactions entre grossistes et détaillants locaux et à celles affectant les opérations entre régions lointaines. Elle s'ouvrait sur le port de Longemalle, car le lac arrivait alors jusqu'au pied de la colline de Saint-Pierre. Les entrepôts qui la complétaient facilitaient singulièrement le jeu du grand négoce.

Les trouvailles faites un peu partout dans la cité attestent, elles aussi, l'activité des échanges dont une autre preuve est fournie par l'extension de la ville sur le plateau des Tranchées. Dans la zone des ports, en de multiples endroits des Tranchées, à Saint-Antoine, sous la terrasse de l'Evêché, à la rue de l'Hôtel-de-Ville, à la Treille, en d'autres lieux encore, on a mis à jour de nombreuses poteries de diverses époques et des provenances les plus variées. Les types de fabrication, la composition des pâtes et des vernis, les décors et, pour les poteries sigillées, les marques des ateliers, permettent d'en fixer assez exactement l'origine.

Certaines de ces poteries viennent d'Italie et en particulier d'Arezzo, d'autres de la Gaule, notamment des ateliers du centre de la France, ceux de la Graufesenque, de Montans, de Banassac, de Lezoux. Les potiers gaulois ont eu une activité intense. Non seulement ils ont défendu âprement leur propre marché, mais encore ils ont concurrencé, parfois victorieusement, les fabricants italiens chez eux. N'a-t-on pas retrouvé à Pompéi une caisse contenant 30 lampes et 90 bols provenant de la Graufesenque, caisse que l'on n'avait pas encore ouverte lorsque se produisit l'éruption du Vésuve en 79 av. J.-C. ?

---

[1] C. JULLIAN, *Hist. de la Gaule*, t. V, p. 347.
[2] *Ibid.*, t. V, pp. 318-341, 347 et *passim*. — J. LACOUR-GAYET, *Histoire du commerce*, t. II, pp. 151-161.

A côté de vases et de poteries d'une certaine qualité, on a retrouvé à Genève un grand nombre d'amphores. Elles servaient à la conservation des huiles, des vins, de la farine, des grains, de diverses denrées, des condiments. Beaucoup sans doute étaient utilisées par les plus opulents des habitants du *vicus* pour leurs besoins personnels. Mais d'autres ont servi — leur nombre même le prouve — au commerce. Elles peuvent atteindre une énorme capacité. Elles sont fermées par des bouchons de terre cuite, de liège ou de poix. Les unes, pointues, sont fichées dans le sol des caves et des entrepôts ; les autres sont à fond plat. Tantôt leur col est large, tantôt étroit. Parfois des inscriptions indiquent leur contenance et les produits qu'elles renferment. Sur leurs anses on retrouve souvent la marque de l'atelier qui les a fabriquées [1].

En 1767 déjà, on a découvert entre Saint-Antoine et la rue des Belles-Filles plusieurs amphores, les unes rondes, les autres oblongues, rangées en file. En 1852, aux Tranchées, lors de travaux d'aménagement du nouveau quartier, on a mis à jour cinq grandes amphores rondes, contre le mur du fond d'une cave, puis une ligne de neuf vases de terre rouge et des débris d'urnes de verre et de poterie sigillée. Longtemps, on n'a pris aucune précaution en vue de conserver tous ces objets ; il est arrivé même qu'on les cassât pour les jeter aux déblais — après s'être assuré sans doute qu'ils ne contenaient pas de trésors. Depuis lors, fort heureusement, toutes les mesures de conservation ont été assurées. H. Fazy, R. Montandon et L. Blondel ont fourni de nombreux renseignements au sujet des trouvailles des Tranchées. Un cellier contenait une trentaine d'amphores et beaucoup de débris. D'autres en ont livré 24, 22, 15, sans compter les découvertes moins importantes [2].

Louis Blondel, grâce aux observations qu'il a faites au cours de travaux effectués au pied de la terrasse de l'Evêché, sur l'emplacement de l'ancienne rue Toutes-Ames, a pu apporter plus d'une précision au sujet d'un commerce de vins. Le magasin était formé de quatre cases d'inégale grandeur mesurant au total 10 mètres de longueur sur 4,10 de largeur. Il datait du Ier ou du IIe siècle de notre ère. A côté de nombreux fragments, il contenait cinq amphores vinaires, en bon état, couchées dans le sable. L'une d'entre elles porte une inscription que Blondel restitue sous la forme *Sapa Euboiedis vini*, vin cuit d'Eubée.

Nous pensons d'ailleurs que la présence de récipients munis d'une telle mention n'est pas une preuve absolue que des vins d'Eubée sont arrivés réellement à Genève. Les Hellènes vendaient leurs vins et leurs huiles dans

---

[1] Sur l'ensemble de la question des amphores, de leur provenance, en particulier des ateliers de la Gaule, cf. A. Grenier, *Manuel...*, t. VI, 2, pp. 601-642.

[2] H. Fazy, *Note sur les antiquités romaines...*, pp. 525-546. — R. Montandon, *Mélanges d'archéologie et d'histoire genevoise. I. Le commerce des vins*, p. 13.

des amphores. On achetait le contenu et le contenant. La viticulture et les olivettes soutenaient la céramique qui était de ce fait une des grandes industries d'exportation, ainsi à Athènes. De telles amphores, portant leurs inscriptions d'origine, ont sans doute continué à circuler à travers l'Empire, contenant d'autres produits, jusqu'à leur destruction.

Dans le magasin du pied de la terrasse de l'Evêché, on a trouvé, à côté des grands récipients vinaires, des poteries décorées, des vases à boire, des cratères. Une partie du sol était bétonnée. Louis Blondel en tire la conclusion que cet établissement avait des activités multiples, vendant à la fois de la poterie et des vins, alliant le commerce de gros et celui de détail, recevant les produits des vignobles grecs, italiens, français, espagnols peut-être. Il revendait une partie de ces vins en gros, les réexpédiant par le lac en direction de Lausanne et de l'Helvétie. Mais il débitait le reste aux consommateurs locaux qui s'installaient dans la partie dont le sol était bétonné. Ce magasin a été détruit au moment des invasions du IIIe siècle.

A juste titre, Blondel estime que cet entrepôt et la présence de plusieurs autres grandes caves prouvent que Genève constituait le centre du commerce des vins en direction de l'Helvétie. Dans ce domaine comme dans d'autres, sa position géographique jouait en sa faveur. D'ailleurs, le trafic se faisait dans les deux sens : alors que les vins méditerranéens et italiens remontaient du sud vers le nord, ceux de certaines régions de la Gaule pouvaient prendre la direction inverse.

Les vins de la Narbonnaise à destination de Genève arrivaient jusqu'à *Condate* — Seyssel — par des bateaux chargés d'amphores, de tonneaux et d'outres de cuir. R. Montandon pense que les chalands pouvaient contenir environ 3000 amphores vinaires. Le transport se terminait par voie de terre.

Quant au territoire proche, celui des Allobroges, il mettait dans le commerce un vin enfumé et poissé, le *vinum picatum*.

Dans certains vins, on faisait macérer des plantes, absinthe, racines de gentiane, laurier, myrrhe. On obtenait ainsi des boissons qui devaient ressembler à nos amers ou à nos vermouths [1].

[1] L. BLONDEL, *Le port gallo-romain...*, loc. cit., pp. 101-103. — *Une cave romaine sur les Tranchées*, dans *Genava*, IX, 1931, pp. 116-119. — *Notes d'archéologie genevoise, 1914-1932*, pp. 48-50. — *Chronique... 1938*, dans *Genava*, XVII, 1939, pp. 39-41. — *Chronique... 1939*, dans *Genava*, XVIII, 1940, pp. 35-46. — *Chronique... 1940*, dans *Genava*, XIX, 1941, pp. 86-87. — W. DEONNA, *Vases gallo-romains à glaçure rouge et à décor moulé, trouvés à Genève*, dans *Indic. d'Antiqu. suisses*, XXVII, 1925, pp. 205-214; XXVIII, 1926, pp. 14-26, 87-97, 154-169, 254-259. — H. FAZY, *Note sur les antiquités romaines*, pp. 525-546. — R. MONTANDON, *Mélanges d'arch. et d'hist. genev.: I. Le commerce des vins...*, pp. 9-16. — A. OLTRAMARE et L. BLONDEL, *Genève romaine*, dans *Hist. de Genève*, t. Ier, pp. 39-40.

Nous avons signalé déjà, à propos de la navigation fluviale et des ports genevois, l'importance du commerce des bois entre les Alpes, le Jura, l'Helvétie, d'une part, et Lyon, le sud de la Gaule et même l'Italie, d'autre part. On se souvient des procédés techniques utilisés pour leur transport : radeaux, trains de bois, flottage et, là où il le fallait, voiturage par la route. Dans ce trafic, le rôle du port de la Fusterie a été très important.

On ne saurait négliger, dans l'histoire du commerce antique, le trafic des esclaves qui en a constitué une des branches les plus actives et les plus rémunératrices. Aucun vestige ne permet d'indiquer quelle a été la place de Genève dans ce secteur. Certes, le *vicus* était trop petit pour posséder son marché permanent d'esclaves : il devait être tributaire de centres plus importants.

On sait en revanche assez exactement ce que ce trafic a représenté pour la Gaule. Déjà avant la conquête, il était intense entre ce pays et Rome. Il s'opérait d'ailleurs dans les deux sens, les marchands romains livrant et achetant aux Celtes. Au cours des campagnes militaires, des milliers de prisonniers gaulois ont été offerts sur les marchés italiotes. Plus tard, au moment de son brillant essor économique, la Gaule acquerra beaucoup plus d'esclaves qu'elle n'en vendra. Cependant, dans ses livraisons, elle a conservé une place très particulière : on sait le rôle que les esclaves d'origine gauloise ont joué dans les jeux du cirque ; ils ont été de remarquables gladiateurs que la plèbe romaine admirait à cause de leur habileté et de leur courage.

On peut supposer que les villas de la région genevoise ont possédé leur contingent d'esclaves — leur *familia rustica* —, modeste, bien sûr, en regard des armées serviles qu'entretenaient sur leurs *latifundia* les patriciens et les chevaliers romains dans d'autres parties de l'Empire. Sans doute aussi les métiers, le commerce, les transports terrestres et fluviaux, le service domestique en utilisaient-ils un certain nombre. Mais aucun élément positif, à notre connaissance, ne permet d'apporter des précisions numériques à ce sujet.

La question du recrutement des esclaves a dû se poser, à Genève comme partout ailleurs, avec une acuité croissante au fur et à mesure que s'accentue la crise qui marque les derniers siècles de l'Empire, au moment du tarissement des sources de l'esclavage et de l'asservissement des hommes libres à leur métier.

La prospérité du commerce genevois a été conditionnée par la situation générale de Rome. Elle a été grande dans les beaux siècles du début de l'Empire, au temps de la *pax romana*, alors que la ville, sortant de son enceinte primitive, s'étalait sur le plateau des Tranchées et le long des rives du lac et du Rhône. Mais elle a été brusquement arrêtée par les invasions du IIIe siècle. C'est la longue crise qui commence, coupée de rares périodes de redressement et d'essor. Les formes du commerce en ont été profondément altérées [1].

A Genève, l'abandon de vastes faubourgs — l'un, celui des Tranchées, opulent ; l'autre, celui de Longemalle, industrieux et commerçant — et le repliement à l'intérieur de l'étroite enceinte de l'ancien *oppidum*, même s'ils répondent aussi à des nécessités militaires, donnent une image frappante de cette déchéance.

Mais ce spectacle n'est-il pas celui qu'offrent la plupart des villes, petites et grandes, non seulement de la Gaule mais de tout l'Empire, au moment du déclin de Rome ?

---

[1] Le fameux édit de Dioclétien, de 301, qui fixe le prix maximum de la plupart des marchandises et aussi des salaires, montre l'acuité de la crise. Il permet d'établir une comparaison avec les prix pratiqués à l'époque florissante de Vespasien dans la seconde moitié du Ier siècle : on peut constater des hausses énormes qui sont hors de proportion avec la diminution du pouvoir d'achat de la monnaie. Les salaires n'ont pas suivi l'ascension des prix. L'édit de Dioclétien montre qu'une chemise très ordinaire représente le gain de quarante-huit jours d'un ouvrier agricole.

L'effort de réforme de Dioclétien, étant donné la gravité du mal, ne pouvait avoir d'effets durables. Sous l'influence des faits que nous avons déjà exposés, de plus en plus on tend à revenir à un système rudimentaire d'économie naturelle dont les villes, d'ailleurs, souffrent beaucoup plus que les campagnes.

SECTION VIII

LE RÉGIME FISCAL

CHAPITRE PREMIER

LES DOUANES

Rome percevait sur les marchandises qui circulaient à travers l'Empire certains droits, les *portoria*. Nous n'avons pas à en relater les origines et l'évolution mais seulement les modalités à partir de la conquête de la Gaule.

Il s'agissait d'impôts indirects faciles à percevoir, relativement peu sensibles pour les contribuables — sauf, bien sûr, pour les plus modestes d'entre eux —, et qui permettaient de couvrir une partie des dépenses publiques.

Les *portoria* englobaient en réalité trois catégories de taxes assez différentes. Les unes étaient de véritables droits de douane : ce sont celles qui retiendront notre attention.

Les autres étaient des manières de péages, de pontonages, perçus pour l'utilisation des routes, des rivières et des ponts. Certaines villes enfin possédaient des octrois. Tantôt il s'agissait d'un privilège concédé par l'Etat en récompense d'un service rendu, tantôt de la survivance de traditions antérieures à la conquête, ainsi pour certaines cités gauloises. Il ne semble pas que le *vicus* genevois ait été au bénéfice d'un tel avantage.

En ce qui concerne l'organisation du *portorium*, l'Empire était divisé en une dizaine de régions, d'étendue très variable, mais qui, en règle générale, englobaient plusieurs provinces. Les droits n'étaient pas perçus seulement aux frontières impériales, mais aussi, à l'intérieur, à la limite des circonscriptions douanières. Les taux variaient selon les régions : ils oscillaient presque toujours entre 2 et 5%, *ad valorem*, mais, dans certains cas, ils étaient sensiblement plus élevés, ainsi dans l'Orient méditerranéen.

La perception de ces taxes, comme d'ailleurs celle d'autres impôts, était concédée à des publicains, fermiers généraux de l'impôt, dont les exactions ont si souvent défrayé la chronique romaine. Ces publicains, ces *conductores portorii*, étaient groupés en puissantes associations encore au début de l'Empire. C'était un des moyens que les chevaliers préféraient pour faire valoir leurs capitaux. Leurs sociétés leur permettaient — ce fut aussi le procédé utilisé par les fermiers généraux en France sous l'ancien régime — d'éviter de faire monter les prix par des surenchères au moment de la mise en adjudication des impôts. L'affermage se faisait pour une région et une période déterminées.

Les méfaits des publicains, exploitant à la fois les particuliers et l'Etat, ont conduit l'Empire à procéder à une série de réformes qui, au cours du IIᵉ et du début du IIIᵉ siècle, substituèrent aux publicains des fonctionnaires impériaux révocables en tout temps et touchant un pourcentage sur le produit des taxes. Finalement, un seul personnage, le *procurator*, fut responsable de la perception des droits de douane. Il est probable qu'en Gaule la transformation s'est achevée pendant le règne d'Alexandre Sévère (222-235).

Ces impôts frappaient toutes les marchandises, à l'exception de celles qui étaient transportées par les voyageurs pour leurs besoins propres et celles destinées aux administrations publiques et à l'armée. Ils étaient purement fiscaux, sans arrière-pensée de protection, ce qui explique l'uniformité du taux pour toutes les catégories de produits. Jusqu'au IIIᵉ siècle, les seules interventions étatiques dans la circulation des marchandises ont concerné les produits nécessaires à l'armée — les grains, le fer — dont on contrôlait ou interdisait l'exportation, ou des marchandises de haut luxe, dont on gênait l'importation parce qu'elles contribuaient à provoquer, du fait qu'elles venaient d'au-delà des frontières de l'Empire, une hémorragie d'or. Naturellement, au temps de la décadence, le dirigisme a pris des formes plus accusées. Nous en avons cité plusieurs exemples.

Mis à part les excès des publicains, ces *portoria* ne semblent pas avoir suscité trop de mécontentement. Leur taux, presque toujours, était modéré et les contribuables se rendaient compte que les provinces, comme contrepartie, en tiraient de nombreux avantages. Des travaux d'urbanisme ou de génie civil pouvaient être entrepris, des routes construites et entretenues, et, au moins au temps de la *pax romana*, une grande sécurité assurée.

La perception des droits de douane était attestée par l'apposition de plombs, munis du sceau officiel, qui constituaient une des catégories de ces marques dont nous avons parlé à propos du commerce.

Les Gaules formaient une circonscription douanière immense, la *Quadragesima Galliarum*. On a beaucoup discuté de son étendue. A côté des trois Gaules, elle englobait presque certainement la Narbonnaise. D'aucuns ont même inféré de la présence de postes douaniers de la *Quadragesima Galliarum* à Saint-Maurice — ou Massongex — en Valais, à Zurich, à Maienfeld, que l'Helvétie dépendait d'elle. Cependant, il est plus vraisemblable qu'il s'agissait de stations avancées de contrôle placées dans une autre circonscription douanière. C'est en particulier la thèse soutenue par Alfred Cartier avec des arguments convaincants.

Cette question est importante lorsqu'il s'agit d'exposer la fonction propre de Genève dans le régime douanier romain. Etait-elle une station de contrôle à l'intérieur d'un système ou au contraire un poste de perception à la frontière de deux circonscriptions? Il semble bien que la seconde hypothèse soit la bonne.

Le droit perçu aux frontières de cette vaste unité douanière que constituait la *Quadragesima Galliarum* était — son nom l'indique — d'un quarantième, soit de 2,5%. La Gaule était donc privilégiée puisque le minimum de cette taxe dans l'Empire a été de 2%.

Sa levée se faisait *ad valorem* sur les marchandises, non seulement à leur entrée, mais aussi à leur sortie, ce qui est une preuve de plus qu'il ne saurait être question de protection. En tout état de cause, ce droit restait très modéré : il suffit de le comparer, pour s'en convaincre, aux taxes parfois prohibitives perçues à l'époque du mercantilisme, au XVIIᵉ et au XVIIIᵉ siècle, et aussi à celles qui — à part une courte période où certaines concessions ont été faites au libéralisme économique dans le troisième quart du XIXᵉ siècle — ont été et sont encore pratiquées dans la période contemporaine [1]. Cependant, au moment où l'Empire s'est trouvé aux prises avec les pires difficultés, ses besoins financiers se sont accrus. La fiscalité s'est faite toujours plus oppressive. Les taxes frappant le trafic ont sans cesse monté pour atteindre parfois 12%.

Ces droits de douane étaient levés dans des postes disposés aux frontières des circonscriptions. Souvent, pour rendre la surveillance plus efficace, ils s'échelonnaient en profondeur.

La situation de Genève, qui était à la limite de deux systèmes douaniers et commandait le pont du Rhône, sur la route de la Narbonnaise vers l'Helvétie, la prédestinait à être une de ces *stationes* de la *Quadragesima Galliarum*.

---

[1] Compte tenu des aménagements importants qui sont en cours depuis peu en Europe.

Une découverte archéologique faite en 1917, dans les Rues Basses, près du Terraillet, a prouvé que c'était bien le cas. On a mis à jour un cippe funéraire, celui d'Aurelius Valens, « *praepositus stationis Genavensis Quadragesimae Galliarum* ». Il s'agit donc du personnage responsable du poste genevois de la douane des Gaules. La direction générale de cette vaste circonscription était à Lyon, c'est-à-dire au cœur même du réseau des communications terrestres et fluviales de cette partie de l'Empire. La *Statio Genavensis* en dépendait directement. Son préposé devait avoir sous ses ordres de nombreux commis et manutentionnaires dont une partie importante d'ailleurs se recrutait sans doute dans la classe servile. Louis Blondel pense que le bâtiment affecté aux services douaniers devait se trouver à proximité des deux ports et du pont du Rhône [1].

Alfred Cartier a admis que la présence de la douane à Genève explique que notre ville ait possédé des édifices et des monuments peu en rapport avec sa situation de modeste *vicus*. Il se peut. Mais il est plus difficile de le suivre lorsqu'il fait découler le mouvement d'affaires de la ville des activités mêmes de ce bureau de douane. N'est-il pas plus exact de penser que c'est au contraire l'existence — pour des raisons que nous avons exposées — d'un très important courant d'échanges qui explique la fixation à Genève d'organes douaniers, qui, certes, ont aussi contribué à sa prospérité ? On ne saurait non plus voir, comme le fait Cartier, une filiation entre « la présence des douaniers impériaux à Genève » et ses foires médiévales. N'est-il pas plus simple d'admettre — c'est un point sur lequel nous aurons à revenir — que notre cité a bénéficié encore au moyen âge d'une position excellente dans le réseau des voies de communication de l'Europe centrale, privilège qu'elle perdra d'ailleurs en partie après les grandes découvertes géographiques de la fin du XVe siècle ?

Il semble que la plus importante « station » au sud de Genève dans le système douanier des Gaules ait été Grenoble. Mais il existait entre ces deux localités plus d'un poste de contrôle, ainsi ceux d'Aoste (Isère) et de Conflans (Savoie).

Peut-être l'élévation de Genève, vers 379, au rang de *civitas*, précisément

---

[1] Au sujet des douanes romaines en Suisse, H. Bögli écrit : « Für die Zölle, die an den Grenzen der Zollprovinzen entrichtet werden mussten, bestanden Zollstationen. Solche Zollposten, an denen die quadragesima Galliarum (« der Vierzigstel der gallischen Provinzen » = 2½% des Warenwertes, der einheitliche Zollansatz für die Zollprovinz Gallien) bezahlt werden konnte, sind in Genf, Massongex bei St. Maurice und Zürich belegt. » *Zeugnisse des öffentlichen Lebens und der geistigen Kultur*, dans *Die Römer in der Schweiz, Repertorium...*, Heft 4., p. 31.

en même temps que Grenoble, s'explique-t-elle en partie par son importance douanière. Mais la décadence romaine, dont nous avons vu tant de manifestations, était déjà trop avancée pour que cet événement, qui lui a donné un certain lustre politique et administratif, permît à Genève d'en tirer de très grands avantages [1].

[1] R. Cagnat, *Portorium, portus*, dans Ch. Daremberg et Edmond Saglio, *Dictionnaire des antiquités grecques et romaines*, 10 vol., Paris, 1877-1919, t. VIII, pp. 586-594. — L. Blondel, *Le port gallo-romain...*, loc. cit., pp. 95-96. — L. Bonnard, op. cit., pp. 31-33. — A. Cartier, *Inscriptions romaines trouvées à Genève en 1917*, dans *Indic. d'Antiqu. suisses*, XX, 1918, pp. 141-143. — R. Cagnat, *Etude historique sur les impôts indirects chez les Romains jusqu'aux invasions des Barbares*, Paris, 1882. — A. Grenier, *Manuel...*, t. VI, 2, pp. 653-657. — J. Lacour-Gayet, op. cit., t. II, pp. 165-166, 174-178. — R. Montandon, *Genève, des origines...*, pp. 108, 110. — Ch. Morel, loc. cit., pp. 522-524.

LES AUTRES IMPÔTS

A côté des droits de douane et de circulation, d'autres impôts, directs et indirects, étaient encore perçus. Il ne semble pas que les éléments sur lesquels se fonde notre connaissance de l'histoire genevoise dans l'antiquité apportent sur ce point des données positives. On ne peut donc procéder dans ce domaine que par analogie. Et encore ne faut-il pas oublier que les exigences du fisc romain ont beaucoup varié selon les provinces — et même les régions et les localités — et qu'elles ont aussi changé au cours des âges.

A plus d'une reprise, lorsque des rébellions ont éclaté dans les provinces, des contributions extraordinaires à caractère pénal ont été infligées aux coupables en même temps qu'une partie de la population était réduite à la servitude, ce qui était un des moyens utilisés pour alimenter les marchés d'esclaves. Rien dans les annales de Genève ne permet de supposer qu'elle ait connu de telles mésaventures.

Il ne semble pas non plus qu'elle ait été affectée par des impôts exceptionnels de certains empereurs aux abois, tel celui édicté par Caligula (37-41) sur les courtisanes. Il s'agissait en réalité d'un véritable prélèvement sur la fortune qui frappait les riches Romains. De même, Genève n'a pas dû être gênée par la taxe de 4% qui grevait les ventes d'esclaves puisqu'elle n'a vraisemblablement pas possédé de marché où se soient opérées ces transactions. Tout au plus subissait-elle le renchérissement qui atteignait de ce fait une des marchandises les plus importantes du commerce de l'antiquité.

Il serait intéressant de savoir en quoi la région genevoise a été touchée par la politique annonaire de Rome, politique qui a été en s'aggravant au fur et à mesure qu'augmentait la masse des ayants droit aux distributions publiques. On sait à quelle énorme machinerie administrative l'annone a donné lieu : levée d'impôts en nature — en grains surtout — dans certaines provinces, transports effectués par des collèges de naviculaires devenus de véritables rouages de l'Etat, distributions toujours plus étendues à la plèbe oisive.

Notre histoire locale ne fournit aucun renseignement direct permettant de voir la répercussion de ces levées sur l'agriculture genevoise. En revanche, on connaît dans ses grandes lignes la répartition par province des prestations en nature. Ainsi, le Brutium, le Samnium, la Campanie, la Lucanie avaient l'obligation de fournir, au titre de l'impôt, de la viande de porc et de bœuf et des vins. Parmi les provinces qui devaient livrer des grains, figuraient l'Egypte, l'Afrique, la Sardaigne, l'Espagne. Ce n'est qu'en cas d'insuffisance de leurs fournitures que Rome se retournait vers la Germanie et la Gaule qui constituaient une manière de réserve. Ce n'était donc qu'occasionnellement que la région genevoise pouvait être touchée par des réquisitions de grains. Les contribuables n'avaient pas le droit de remplacer les levées en produits du sol par de l'argent. En revanche, toutes les fois que l'Etat y trouvait son avantage, il pouvait l'exiger. La Gaule ne figurait pas non plus au rang des provinces devant fournir en temps normal des viandes, de l'huile ou du vin.

Naturellement, des *vici* comme Genève ne participaient pas aux distributions publiques. Quant aux jeux du cirque offerts au peuple, ils ont été organisés dans beaucoup de villes, en Gaule en particulier, comme l'attestent plusieurs arènes romaines. Mais des bourgades de l'importance de Genève n'en ont pas généralement bénéficié. Aucune trace d'arène, d'amphithéâtre et même de théâtre n'a été retrouvée dans la région genevoise. On n'en a exhumé, en Suisse, qu'à Windisch, Augst, Berne, Avenches et Martigny.

Les citoyens romains résidant en Gaule étaient soumis à l'impôt du vingtième sur les affranchissements d'esclaves, le *vicesima libertatis*, qu'ils pouvaient d'ailleurs prélever sur le pécule des serviteurs qu'ils libéraient. Les successions de plus de 100.000 sesterces, lorsqu'elles n'étaient pas en ligne directe, étaient frappées d'un droit également d'un vingtième, le *vicesima hereditatium*.

Rome a soumis la Gaule conquise à des impôts directs. Le *stipendium* ou *tributum* représentait en théorie la contrepartie du privilège qu'elle avait concédé aux vaincus en leur laissant la libre disposition de leurs personnes et de leurs biens. Mais certaines villes, admises au rang de «cités», bénéficiaient d'avantageuses immunités fiscales.

L'impôt foncier grevait les grands propriétaires sur la base d'un cadastre qui était tenu à jour avec beaucoup de soin. La plèbe des villes était soumise à une capitation. Quant aux financiers, marchands, artisans, ils étaient frappés d'une taxe particulière, le *chrysargyrum* ou *aurum negotiorum*, fondée sur les différentes sources de revenus.

A tout cela s'ajoutaient les corvées pour l'entretien des routes militaires et de leurs relais, certaines fournitures aux armées, le logement des soldats de passage et quelques autres obligations en services et en nature.

Il ne semble pourtant pas qu'au beau temps de l'Empire ces charges fiscales aient paru extraordinairement lourdes aux Gaulois. Car, dans bien des cas, ils voyaient le gouvernement impérial faire de grandes dépenses en faveur d'œuvres dont ils bénéficiaient eux-mêmes. C'était plus, comme le remarque C. Jullian, aux méthodes vexatoires — voire aux concussions — des publicains ou des fonctionnaires du fisc, qu'ils en avaient qu'au principe du payement de l'impôt.

D'ailleurs, dès 40 après J.-C., l'empereur Caligula, après le voyage qu'il fit dans la Viennoise, augmenta les privilèges de cette région, à laquelle Genève appartenait. Ils semblent avoir été d'importance sur le plan fiscal. Comme le constatent A. Oltramare et L. Blondel, « désormais tous les habitants de l'immense territoire viennois eurent les privilèges des citoyens ; ils firent partie de la tribu Voltinia et jouirent de la même immunité fiscale que les Italiens ; ils n'avaient aucun autre impôt à payer que ceux qui fournissaient les ressources indispensables à la colonie » [1]. C'était pour Genève et tout le bassin qui l'entoure un privilège dont on ne saurait nier la valeur.

Bien sûr, les circonstances ont changé dans les derniers siècles de l'Empire. La fiscalité s'est faite, pour tous, de plus en plus lourde, injuste, oppressive. Ainsi le *chrysargyrum* qui pesait sur les marchands devint-il écrasant. En outre, à une époque où les métaux précieux étaient très rares parce qu'ils servaient à solder le déficit de la balance du commerce avec l'Orient méditerranéen, fournisseur des produits de luxe dont Rome ne savait plus se passer, et aussi à payer les mercenaires barbares, il devait être versé en or. Tel était le moyen imaginé par l'Etat en vue d'obtenir le métal précieux au moment où les pièces de monnaie n'étaient plus guère que des jetons argentés ou dorés.

En même temps, on a multiplié les impôts en nature, avec toute la confusion, tout l'arbitraire qu'ils comportent [2]. Ils servaient à Rome à payer les salaires et les traitements de ses ouvriers, de ses fonctionnaires, voire de ses prêtres, et les soldes de ses officiers. Ils permettaient aussi de poursuivre les distributions publiques, seul moyen de maintenir en repos une plèbe oisive

---

[1] *Genève romaine*, dans *Hist. de Genève*, t. Ier, p. 34.

[2] « Un pareil système est dommageable au contribuable, dont il prend le temps et les forces. Il est dommageable aussi à l'Etat, à cause des pertes inévitables que subissent les denrées dans les magasins, des vols et gabegies de tous genres. On a estimé que dans le système d'impôt en nature les deux tiers du revenu se perdent en route. » Ferdinand LOT, *La fin du monde antique...*, p. 65.

et parfois menaçante. Ce sont là autant d'aspects du retour à l'économie naturelle, si caractéristique de la fin de l'histoire romaine.

Toutes ces données concernant les impôts sont valables pour l'Empire romain, pour la Gaule en particulier. Encore une fois, si Genève ne fournit pas d'indices à ce sujet, il n'en reste pas moins vrai que, dans ses grandes lignes, elle a connu le régime fiscal dont nous avons ébauché l'esquisse [1].

---

[1] R. Cagnat, *op. cit.*, *passim*. — L. Homo, *Rome impériale et l'urbanisme dans l'Antiquité*, ouvrage déjà cité, pp. 228-229. — C. Jullian, *Hist. de la Gaule*, t. IV, pp. 302-314. — J. Lacour-Gayet, *op. cit.*, t. II, pp. 165-168, 176-178. — F. Lot, *op. cit.*, pp. 64-65. — Ch. Morel, *loc. cit.*, pp. 522-525. — A. Oltramare et L. Blondel, *loc. cit.*, p. 34.

LA MONNAIE. LES FINANCES PRIVÉES

CHAPITRE PREMIER

LA MONNAIE

Il ne saurait être question de refaire ici toute l'histoire monétaire de Rome. Nous nous bornons à rappeler très sommairement son évolution après la conquête de la Gaule avant de rappeler les quelques éléments positifs que Genève peut fournir à ce sujet. Ce qui caractérise cette histoire, c'est la rapide dépréciation de la monnaie : elle découle d'ailleurs de certains vices de la politique et de l'économie romaines. Rome a aspiré une partie des richesses des provinces qu'elle a conquises. Mais elle les a trop souvent utilisées d'une façon improductive, pour satisfaire au luxe insolent non seulement des hautes classes, patriciat et chevaliers, mais aussi des riches parvenus, et pour entretenir et distraire une plèbe oisive. Elle devait en particulier payer les marchandises de haute qualité qui provenaient des pays situés en dehors des frontières de l'Empire, de l'Orient notamment. Elle détruisait ainsi une partie des richesses qu'elle tirait de ses conquêtes plus que de son effort productif. A cela s'ajoutèrent ensuite les versements aux Barbares, dont on voulait assurer la tranquillité, et aux mercenaires étrangers.

Ainsi, Rome a connu une véritable hémorragie d'or. Fournisseurs méditerranéens, Barbares, mercenaires, tous exigeaient des payements en monnaie de bon aloi. La loi de Gresham jouait : la mauvaise monnaie chassait la bonne qui passait à l'étranger.

Car il y avait de mauvaises monnaies à Rome ; il y en a eu toujours plus au fur et à mesure que l'on avance dans son histoire. Malgré les quelques rétablissements tentés par certains souverains — leurs effets n'ont jamais été de longue durée —, elles se sont sans cesse avilies. Elles l'ont été souvent par la volonté du prince, mais aussi par l'évolution même de l'économie romaine. Les nombreux enfouissements de trésors ne s'expliquent pas tous par la menace des Barbares ; certains sont dus au désir de mettre en sûreté des pièces de bon aloi que l'on voulait sauver du fisc qui les réclamait au titre de ce chrysargyre dont nous avons parlé à propos des impôts. Là aussi, la loi de Gresham faisait sentir ses effets et la mauvaise monnaie circulait, alors qu'on thésaurisait la bonne.

Cette dépréciation presque continue de la monnaie, de la fin de la République à la chute de l'Empire, contribue à expliquer la hausse des prix. Elle fut parfois vertigineuse. Le préambule de l'Edit de 301 de Dioclétien, tarifant les marchandises et les salaires, est éloquent à ce sujet. Comment cette détérioration de la monnaie aurait-elle été évitée? Tout concourait à diminuer la masse métallique dont la frappe aurait eu besoin : l'écoulement de l'or vers l'Orient, l'épuisement des mines, l'immobilisation des métaux précieux dans les pièces d'orfèvrerie, la thésaurisation.

Mais une des causes principales du désordre monétaire a été souvent imputable au prince lui-même. Comme dans tant d'autres époques de l'histoire, certains empereurs ont retiré les pièces de la circulation pour les fondre et les ont relancées dans le circuit des échanges avec la même valeur nominale tout en abaissant leur valeur intrinsèque. Il n'est pas question de suivre ici toutes les altérations de monnaies qui jalonnent l'histoire de l'Empire.

Rome était restée fidèle au monométallisme cuivre jusqu'en 269 av. J.-C. Mais elle avait alors utilisé pour les besoins de son commerce les pièces de métaux précieux des Etrusques et de la Grande Grèce. A partir de cette date, elle frappa, outre les as de cuivre, leurs subdivisions et leurs multiples dont on se servait dans les transactions courantes, des pièces d'argent, puis, à partir de César, d'or. Sous l'influence des phénomènes que nous venons de rappeler, elles se sont rapidement dépréciées [1].

La pièce d'argent, le *denarius*, pesait à la fin de la République (dès 217 avant J.-C.) 3,9 gr. ; sous Néron (à partir de 68 après J.-C.) 3,4 gr. seulement. Sous Septime Sévère (193-211), le denier avait perdu encore 42% de sa valeur. A la fin du IVe siècle, il n'était plus guère qu'un jeton de cuivre ou d'étain recouvert d'une pellicule d'argent. Pratiquement, il n'avait plus aucune valeur intrinsèque ; il ne circulait que parce que les empereurs lui avaient conféré le cours forcé et que sa non-acceptation pouvait être punie de la peine de mort.

---

[1] Nous avons bénéficié, au sujet des monnaies de Rome, des précieux conseils de Colin Martin, docteur en droit, conservateur du Cabinet des médailles du Canton de Vaud, à Lausanne.

Quant à la pièce d'or, l'*aureus*, elle pesait 7,95 gr. à la mort de César (44 avant J.-C.) ; 7,72 gr. au début de l'ère chrétienne, sous Auguste ; 7,25 gr. sous Marc-Aurèle (161-180) ; 7,20 gr. sous Caracalla (211-217) ; sous Dioclétien (284-305), elle avait perdu encore 15%. Constantin (306-337) fit frapper une autre pièce, le *solidus*, valant à peu près la moitié de l'*aureus* de la République.

Il arrive donc que des pièces en circulation aient la même valeur nominale, mais des valeurs intrinsèques très différentes. On conçoit les perturbations que cela devait entraîner dans la vie économique.

Bien des expédients ont été tentés pour permettre la frappe et le maintien de monnaies droites : envoi aux ateliers des statues des dieux et des trésors des temples, sans crainte de commettre un sacrilège, interdiction de fondre les pièces pour les besoins de l'orfèvrerie et de la bijouterie, ordre donné aux juges de prononcer des peines d'amendes — payées en monnaie de bon aloi — plutôt que de condamner les délinquants à la réclusion. Mais ce ne sont que des palliatifs sans portée.

Une des conséquences de la dépréciation continue des monnaies a été la hausse de tous les prix, donc la floraison de l'accaparement et de la spéculation. Les mercantis qui pullulaient partout dans le monde romain accumulaient des réserves de marchandises qu'ils mettaient en vente lorsque leur prix avait monté, ce qui entraînait des désordres et des disettes. L'Edit de 301 de Dioclétien est un épisode de la lutte, presque toujours vaine, conduite par quelques bons empereurs contre de tels méfaits. C'est presque un millier de postes, denrées alimentaires, matières premières, manufacturés, salaires que le souverain inclut dans ce tarif.

Le fait d'une valeur nominale identique couvrant des valeurs intrinsèques très diverses a conduit à la fin de l'Empire parfois à la pesée et à l'essai des monnaies. On tenait compte de leur teneur en métal fin dans l'échange. On en revenait à la pratique des époques primitives où la monnaie était représentée par des ustensiles, des lingots, des barres et des disques.

Nous l'avons déjà signalé, l'aboutissement fatal de cette évolution a été, dans les derniers temps de Rome — d'autres phénomènes agissant dans le même sens —, le retour à une économie naturelle. Le troc, avec tous ses inconvénients, toutes ses difficultés, se substitue souvent à l'échange normal que permet l'emploi d'une monnaie. Ce phénomène, nous l'avons dit, touchait les villes beaucoup plus douloureusement que les campagnes.

Ce sont là quelques aspects, sommairement rappelés, de l'évolution monétaire de Rome et de la Gaule. Cette dernière a subi, cela va de soi, les mêmes vicissitudes que le reste de l'Empire.

La Gaule indépendante avait eu ses ateliers de la monnaie. Rome les utilisa pendant un certain temps, ainsi, chez les Allobroges, ceux de Vienne.

Ce privilège a disparu, semble-t-il, à partir de Tibère. Mais, sans doute pour alimenter plus commodément les Gaules en monnaies et pour utiliser leur excellente main-d'œuvre, on créa un atelier à Lyon qui frappa surtout des as de bronze. A la fin de l'Empire, trois fabriques de monnaie existaient dans les Gaules, à Lyon, à Arles et à Trèves.

L'histoire genevoise n'a pas apporté grand-chose à la connaissance des problèmes monétaires romains. A Genève et dans toutes les campagnes, loin à la ronde, des trésors enfouis ont été retrouvés. Nous avons déjà indiqué plusieurs d'entre eux. Comme partout, ils sont une manifestation à la fois de la crainte des invasions et de la défense contre le fisc, contre le chrysargyre en particulier. Les pièces découvertes aux Tranchées s'échelonnent, quant à la date de leur frappe, du règne d'Auguste à celui de Magnence († 353). En face de Chancy, de l'autre côté du Rhône, à Pougny, on a exhumé plusieurs kilos de monnaies de bronze et d'argent.

Récemment, dans une carrière de sable de Peney-Dessous située près du Rhône, on a trouvé un trésor monétaire du Bas-Empire comptant environ 3.000 pièces de médiocre valeur. Quelques-unes sont du IIIe siècle ; la plupart sont postérieures et portent les effigies d'Honorius et de Théodose II [1].

Mais la plus curieuse trouvaille est celle qui a été faite au Bastion du Pin en 1858. Au milieu de fragments de briques et de creusets figurait une masse de fausses pièces d'argent dont beaucoup étaient agglomérées. Ces monnaies étaient du Ier siècle avant notre ère, les plus récentes portant l'effigie d'Auguste. Genève n'a jamais possédé d'atelier officiel de la monnaie. On se trouve donc, comme l'a constaté Henri Fazy, en présence des installations d'un faux-monnayeur. Il se fonde sur Tacite qui rapporte que l'on fabriquait beaucoup de fausses pièces vers les frontières de l'Empire en vue de tromper les peuples voisins avec lesquels on commerçait. L'interprétation de Fazy a été reprise par Charles Morel qui pense que les produits de l'officine genevoise étaient destinés aux Germains [2].

---

[1] L. BLONDEL, *Chronique... 1960-1961*, dans *Genava*, N.S., IX, 1961, p. 12. Blondel pense que ces pièces représentent le prix de la traversée du Rhône et qu'elles auraient été enfouies par le passeur du bac de Peney à Aire-la-Ville. — Nicolas DÜRR émet l'hypothèse que ces monnaies auraient été cachées à un moment de troubles par un marchand ou un douanier dont elles auraient constitué la recette d'un jour. Elles portent la marque de l'atelier monétaire d'Arles, mais leur style barbare laisse supposer qu'elles sont « des imitations locales », Arles ne pouvant suffire aux besoins de la circulation. Les plus récentes des pièces retrouvées sont des environs de 420 ap. J.-C. Cf. N. DÜRR, *Des fouilles à Peney ?* dans *Musées de Genève*, N.S., 2e année, n° 13, mars 1961, pp. 2-4.

[2] Sur l'ensemble de la question, cf. Ernest BABELON, *Les origines de la monnaie, considérées au point de vue économique et historique*, Paris, 1897, pp. 195-196, 355-364, 372-383 et 407-413. — *Traité des monnaies grecques et romaines. Ire partie: Théorie et doctrine*, t. Ier, Paris, 1901, pp. 521-618. — L. BLONDEL, *Chronique... 1933*, dans *Genava*,

XII, 1934, p. 32. — P. Cailler et H. Bachofen, *Fouilles d'un four à tuiles, de l'époque romaine, à Chancy...*, dans *Indic. d'Antiqu. suisses*, t. XXIV, 1922, p. 25. — A. Cartier, *Le cimetière gallo-romain de Chevrens*, dans *Indic. d'Antiqu. suisses*, XXVII, 1925, pp. 16-18. — H. Fazy, *Note sur les antiquités romaines...*, *loc. cit.*, pp. 530, 540-546. — *Genève sous la domination romaine, notice archéologique*, Genève et Bâle, 1868, pp. 67-70. — C. Jullian, *Hist. de la Gaule*, t. IV, pp. 284-286 ; t. V, p. 345. — J. Lacour-Gayet, *op. cit.*, t. II, pp. 174-177. — E. Levasseur, *op. cit.*, p. 49. — Robert Latouche, *Les origines de l'économie occidentale, IVe-XIe siècle*, Paris, 1956, p. 21. — F. Lot, *La fin du monde antique...*, pp. 20-21, 62-64. — Ch. Morel, *loc. cit.*, p. 553. — Alfred Pose, *La monnaie et ses institutions*, Paris, 2 vol., 1942, t. Ier, pp. 14-18. — Fréd. Soret, *Lettre aux membres de la Société d'histoire et d'archéologie sur les enfouissemen[t]s monétaires de Genève et de ses environs*, dans *M.D.G.*, I, 1841, notamment pp. 230-244. — R. Fellmann, *Geschichte und Militär*, dans *Die Römer in der Schweiz, Repertorium...*, Heft 4., Bâle, 1958, p. 5 et Tafel 2.

LA BANQUE

On a souvent parlé, en se fondant en particulier sur Th. Mommsen et G. Ferrero, du capitalisme romain. Le terme nous paraît impropre si on veut lui conserver son sens exact, c'est-à-dire la mise en valeur de richesses en vue de la production de nouveaux biens. Car, à Rome, ce ne fut guère le cas. Comme nous l'avons déjà fait remarquer, Rome, par les multiples moyens que l'histoire a enregistrés, a dépouillé ses provinces, non pas seulement en faveur du trésor public, mais aussi au profit des particuliers, proconsuls, propréteurs, fonctionnaires de tous rangs, publicains, marchands d'esclaves, mercantis qui s'abattaient sur elles. Mais — et c'est là que le mot capitalisme semble ne pas convenir — ces richesses ont été presque toujours consommées improductivement, sous les multiples formes dont nous avons rappelé les plus importantes, découlant du luxe de certaines classes et de l'oisiveté des autres. L'Angleterre, au XVIIe et au XVIIIe siècle, elle aussi, a exploité ses colonies : mais — différence essentielle — elle a utilisé ce qu'elle en avait tiré au financement de sa révolution industrielle.

G. Salvioli — qui a envisagé les phénomènes économiques de l'antiquité dans l'optique du marxisme — a pu parler de la « mode » qui s'est répandue d'étudier l'histoire financière de l'antiquité en l'assimilant au capitalisme contemporain [1]. Il s'est élevé avec vigueur contre ces conceptions. « Le trait caractéristique de l'économie antique c'est... l'absence ou la faiblesse du capital employé dans la production industrielle, c'est l'absence ou le petit nombre de prêts à la production, qui sont la condition fondamentale de la production capitaliste [2]. » Les richesses qui ont afflué à Rome provenaient du butin, des pillages, de l'exploitation systématique des peuples vaincus. Elles ont pu fructifier par l'affermage des impôts, l'usure ou l'exploitation par les publicains des terres de l'*ager publicus*. Mais elles se sont détruites par le gaspillage, le

---

[1] *Le capitalisme dans le monde antique, études sur l'histoire de l'économie romaine,* trad. française, Paris, 1906, p. 199.

[2] P. 205.

luxe, les constructions somptuaires, l'importation des produits de choix et des esclaves de l'Orient, l'oisiveté, les distributions publiques et aussi par les méfaits de l'exploitation servile [1]. « C'est dans toutes ces circonstances, écrit G. Salvioli, que nous trouvons la cause de la faiblesse du capitalisme antique, au point que peut-être ne devrait-on même pas employer ce mot [2]. »

De fait, il arriva un moment où l'économie romaine a été destructrice de richesses. Comme le remarque Ferdinand Lot, « Rome a mis la main sur les richesses accumulées depuis Alexandre. Elle les a gaspillées, elle ne sait pas les renouveler par le travail. Son capitalisme, si toutefois on peut l'appeler ainsi, n'est qu'une usure stérilisante [3]. »

Certes, quelques provinces ont eu, aux plus beaux moments de l'Empire, une vie économique féconde. La Gaule est du nombre. Comme les autres territoires conquis par Rome, elle a été au début exploitée par le vainqueur. Les usuriers romains ont ruiné plus d'un Gaulois. Mais les choses s'arrangèrent ensuite et, surtout au temps de la *pax romana*, elle put bénéficier de ses richesses naturelles et du travail de ses habitants.

Nous avons déjà constaté combien les limites entre le commerce, les transports et les affaires étaient imprécises. Dans le domaine financier, on distinguait, au moins en théorie, deux activités, celle des *publicani*, mêlés à toutes les affaires publiques, et celle des *negotiatores* orientés vers les opérations privées. Cependant, en pratique, le même personnage était à la fois fermier général de l'impôt, adjudicataire des grands travaux de l'Etat, munitionnaire, mais aussi banquier prêtant à intérêt. Il s'occupait de courtage, du prêt à la grosse aventure qui a joué un si grand rôle dans les transports maritimes, du change des monnaies.

---

[1] Cf. G. SALVIOLI, *op. cit.*, chap. VII et VIII.
« La fonction du capital dans l'économie romaine peut être ainsi résumée : par suite du caractère domestique et du régime du métier que conserve la production, et par suite du manque d'industries, le capital est utilisé à des emplois improductifs, à l'exploitation des paysans, à des prêts usuraires aux propriétaires, à la ferme des douanes, des impôts, au change des monnaies, aux opérations financières avec les rois tributaires. L'activité des capitalistes romains est étrangère à la création des valeurs. » Pp. 240-241. — « Certaines manifestations de l'économie antique ont l'apparence extérieure du capitalisme, mais elles ont essentiellement une autre nature. » P. 272.

[2] *Op. cit.*, p. 242.

[3] *La fin du monde antique...*, p. 258. — Cf. aussi sur ces questions pp. 72, 89, 90 et *passim*. — Dans le même sens, cf. Joseph CALMETTE : « L'Occident des Césars consomme plus qu'il ne produit. » A cause du luxe des uns et de l'oisiveté des autres, ceux que l'état entretient — *panem et circenses* —, « Rome absorbe sans contre-partie ». L'or fuit vers l'Orient, du fait d'une « balance constamment déficitaire ». *Charlemagne, sa vie et son œuvre*, Paris, 1945, p. 224. — Voir aussi Albert de BROGLIE, *L'Eglise et l'Empire romain au IVe siècle*, 6 vol., Paris, 1856-1866, t. II, p. 228.

Au contraire de ce qui s'est passé en Grèce et en Egypte, la banque à Rome — et en cela aussi le système romain n'est pas capitaliste — s'est donc orientée avec une visible prédilection vers le prêt de consommation, vers l'usure. Prêter à intérêt, c'est, dans bien des cas, faciliter les industries et le commerce. Mais les financiers romains ont été surtout mêlés à des prêts consentis à des particuliers dans le besoin, à des villes, à des princes de l'Orient. Ils n'avaient que fort peu d'action sur la production elle-même. Or, les prêts de consommation comportent des risques exceptionnels : d'où les taux usuraires parfois extravagants, scandaleux, qu'a enregistrés l'histoire romaine. Bien sûr, certains banquiers ont été honnêtes. Ainsi, le père de Vespasien, qui était de la Sabine, après avoir fait fortune comme publicain dans la province d'Asie, s'installa en Helvétie comme banquier. Tout en faisant bien ses affaires, il semble avoir été en bons rapports avec les habitants du pays [1].

On a souvent comparé les techniques financières des *argentarii* romains à celles de la banque contemporaine. Dans ce domaine aussi le désir de trouver à tout prix des similitudes a poussé à des exagérations. Ferdinand Lot, après avoir étudié les tâches de la finance romaine, constate qu'elle ne pratiquait ni l'escompte, ni les formes supérieures du crédit moderne. « Il y a un abîme

---

[1] Les financiers se recrutent parmi les chevaliers romains qui constituent la seconde classe de Rome, l'ordre équestre, dont les rangs se complètent, dans l'action économique, de tous les parvenus, parfois légers de scrupules, souvent étrangers ou affranchis, à qui la fortune avait souri. Dans les derniers temps de la République, leur action a été grande sur la politique. Les sénateurs n'avaient pas le droit de se mêler aux affaires financières en rapport avec l'Etat sous peine d'être accusés de concussion. On sait ce qui s'est passé. Ce sont les chevaliers qui ont fait valoir les biens des sénateurs, les enrichissant en même temps qu'eux-mêmes. Quoi d'étonnant qu'ils aient réussi à imprimer à la politique de Rome le cours qu'ils désiraient, celui qui leur était le plus profitable ainsi qu'à leurs mandants ? Combien de guerres n'ont-ils pas imposées qui aboutissaient à la conquête de nouvelles provinces, sources d'affaires fructueuses pour tous ? Et leur influence sur la politique, la guerre et la paix, ne diminua pas après l'avènement de l'Empire.

Souvent, les banquiers constituaient de puissantes associations qui leur permettaient, d'une part, d'éliminer la concurrence qu'ils auraient été amenés à se faire, de l'autre, de traiter de très grandes opérations qui auraient dépassé les possibilités d'un seul individu, ainsi les prêts à des municipes ou à des princes de l'Orient. C'était aussi un moyen de répartir les risques que comporte toujours le prêt à la consommation.

Au point de vue de la technique bancaire, les financiers connaissaient de multiples procédés qu'ils avaient d'ailleurs empruntés aux Grecs. Ils recevaient des dépôts d'argent, à vue ou à terme, consentaient des prêts sur gages et sur hypothèques, utilisaient les chèques, les lettres de crédit, les traites. Ils étaient courtiers en marchandises et en immeubles, opérant pour leurs clients les ventes et les achats les plus divers ; ils les représentaient dans toutes les adjudications publiques et souvent, rédigeant certains contrats, fonctionnaient comme des manières de notaires. Ils prêtaient à la grosse aventure, c'est-à-dire sur des navires et leurs cargaisons ; ils se livraient aux opérations de change, tantôt modestement par l'intermédiaire d'agents opérant sur les marchés ou dans les foires de tout l'Empire, tantôt par des opérations de grande envergure.

entre l'*argentarius* romain, qui n'est qu'un changeur ou un bijoutier, et le banquier moderne d'affaires dont le crédit vivifie l'industrie et le commerce modernes [1]. » Sans aucun doute la technique bancaire de Rome a été très inférieure à celle des Grecs [2].

Quoi qu'il en soit, grâce à ces banquiers, au moins dans les époques prospères et sûres, une circulation fiduciaire très étendue — nantissements, hypothèques, créances ; bref, tous les titres de crédit — doublait la circulation monétaire, facilitant les échanges et les transactions. Les *argentarii*, du fond de leurs bureaux romains —, souvent modestes boutiques du quartier du forum —, dirigeaient les affaires de tout l'Empire. Certes, il leur arrivait de voyager. D'autre part, ils possédaient des agents ou des correspondants dans toutes les villes de quelque importance.

Les banquiers des Gaules, qu'ils fussent indépendants ou subordonnés à un financier romain, paraissent avoir été surtout des orientaux — des Syriens en particulier — ou des Italiens. Les Celtes ne semblent pas avoir eu un goût très vif pour les affaires ; ils étaient plutôt attirés par l'agriculture et les métiers. Le grand centre de la finance gauloise a été Lyon.

Genève a trouvé certainement sa place dans cet immense réseau d'affaires. Le commerce international, dont elle a été une échelle de quelque importance du fait de sa situation géographique, exigeait la présence d'agents financiers. Etaient-ils indépendants ? Etaient-ils aux ordres des financiers de Rome ou de Lyon ? On ne saurait répondre à ces questions. Peut-être les nautes, les ratiaires, les marchands de gros — dont nous avons vu les fonctions — participaient-ils également au commerce de l'argent. Sans doute aussi l'existence dans les environs de la ville de grands domaines et de villas qu'habitaient d'opulents personnages ou de hauts fonctionnaires de Vienne nécessitait-elle les services de banquiers.

Mais si, logiquement, tout laisse supposer leur présence à Genève, rien ne la prouve matériellement. La ville n'était qu'un *vicus* au moment de sa plus grande prospérité. Lorsqu'elle est devenue *civitas*, sa fonction politique

---

[1] *La fin du monde antique...*, pp. 89-90.
[2] Yves RENOUARD, *Les hommes d'affaires italiens du moyen âge*, Paris, 1949, pp. 4-6. — En revanche, Rome a discipliné, grâce à son appareil juridique, certaines des pratiques bancaires qui avaient eu en Grèce un peu le caractère d'expédients. G. SALVIOLI, *op. cit.*, pp. 265-266. — Sur les traits de la banque romaine, voir aussi tout le chapitre VIII de l'ouvrage de SALVIOLI, notamment pp. 241, 265-269. — Sur ses insuffisances, cf. pp. 266-267. — « Si nous étudions les opérations des argentarii. ... nous devons dire qu'on exagère en les comparant aux banquiers modernes, ... et leurs *mansae* à ces grands établissements de nos jours, où d'immenses capitaux dirigent les industries, le commerce, tout le mouvement économique d'un pays. » Pp. 267-268.

s'étant affirmée, des institutions bancaires auraient pu, en principe, lui être nécessaires. Mais c'était le temps de la décadence de l'Empire, de sa déchéance économique, du désordre monétaire, d'un retour à une certaine économie naturelle. La banque manquait de disponibilités. Une telle situation ne pouvait qu'exacerber la tendance latente de la finance romaine à l'usure [1].

---

[1] Sur l'ensemble de la question, voir aussi : Gustav BILLETER, *Geschichte des Zinsfusses im griechisch-römischen Altertum bis auf Justinian*, Leipzig, 1898. — J. CARCOPINO, *La vie quotidienne à Rome à l'apogée de l'Empire*, ouvrage déjà cité, p. 86 et ss. — A. DELORME, *Les manieurs d'argent à Rome*, Paris, 1890. — C. JULLIAN, *Hist. de la Gaule*, t. V, p. 347 et ss. — J. LACOUR-GAYET, *op. cit.*, t. II, p. 161 et ss.

SECTION X

LA FIN DU MONDE ROMAIN

CHAPITRE PREMIER

LES STRUCTURES SOCIALES

Dans ce domaine comme dans tant d'autres, notre histoire locale est avare de renseignements. Mais l'ensemble de la question, pour la ville de Rome comme pour les provinces et en particulier pour la Gaule, a été l'objet de recherches très complètes qui permettent de se faire une idée sans doute assez exacte de la hiérarchie des classes sociales dans un *vicus* comme Genève. D'ailleurs, il faut bien le dire, cette hiérarchie n'est pas foncièrement différente de celle de la Gaule avant la conquête. Il s'agit plus d'une adaptation que d'un bouleversement, compte tenu de l'évolution sociale au temps de la décadence de l'Empire.

Au sommet de cette hiérarchie se trouvent un certain nombre de magistrats. Après que Caligula eût accordé à la Viennoise, en 40 après J.-C., tous les avantages d'une colonie romaine, ses magistrats purent être choisis parmi tous ses habitants. « Un certain nombre de Genevois, écrivent A. Oltramare et L. Blondel, furent élus, en raison de leur richesse et de leurs mérites, à ces diverses fonctions. » Naturellement, les activités publiques locales, édilitaires en particulier, étaient dévolues à des habitants de la ville car les *vici* jouissaient, à l'intérieur de la Viennoise, d'une assez large autonomie. « Nous connaissons, écrivent encore Oltramare et Blondel, le nom de deux de ces « magistrats genevois », celui de *Titus Nonnius Ianuarius aedilis bisellarius*, de la fin du Ier siècle, et celui de *Gaius Arsius Marcianus*, du IIIe siècle, qui, lisons-nous sur un monument funéraire, fut édile *inter convicanos*, c'est-à-dire dans le domaine intéressant ses compatriotes du *vicus*. Les Genevois avaient conscience de former un corps civique particulier, celui des *vicani genavenses*, auquel *L. Iulius Brocchus*, qui gravit toute l'échelle des honneurs municipaux, donna des réservoirs d'eau potable [1]. »

En revanche, jusqu'aux invasions des Barbares, Genève, qui avait cessé d'être une place forte, n'hébergea des officiers qu'à titre occasionnel.

Les propriétaires des villas constituent une autre catégorie privilégiée, si l'on en juge par les trouvailles faites en bien des endroits autour de Genève et dans tout le bassin du Léman. « Leurs habitants, précisent Oltramare et Blondel, sont les privilégiés d'une société très hiérarchisée par la fortune ; seuls ils peuvent prétendre aux honneurs, mais seuls aussi ils ont à supporter les dépenses de la communauté, en partie pour les cultes. Certains sont des commerçants enrichis, d'autres sont des affranchis qui, grâce à leur opulence, cherchent à faire oublier leur origine servile et font partie du collège honorifique des *severi augustales*, chargés d'organiser le culte de la famille impériale [2]. »

Beaucoup de grands propriétaires fonciers de la Gaule ont reçu le titre de sénateur, simple honneur héréditaire qui ne donnait nullement le droit de siéger au Sénat, mais qui conférait beaucoup de prestige et d'influence.

La vie de ces riches personnages, dans leurs villas, était partagée entre la surveillance de l'exploitation agricole — les plus opulents des Romains la laissaient à des intendants, mais ce n'est pas toujours le cas en Gaule où la grande propriété n'atteint jamais les dimensions des *latifundia* —, la chasse et la vie de société. Cette dernière était très active et agréable : les villas de La Grange et de Sécheron fournissent à ce sujet des éléments précis.

Sans doute — la disposition des terres et des bâtiments de Vandœuvres et de Massongy le laisse supposer — une partie des propriétés était-elle remise à des colons partiaires, ces espèces de métayers dont nous avons parlé à propos de l'agriculture, hommes libres qui, moyennant le payement de redevances au grand propriétaire, cultivaient à leur gré la terre qui leur était dévolue.

A deux exceptions près, celles d'un scribe et d'un avocat, on ne retrouve pas à Genève de trace de membres des carrières libérales. Etaient-ils peu nombreux ? Ou bien le hasard veut-il que les inscriptions les concernant aient disparu ? Dans les agglomérations, en Gaule comme ailleurs, ces professions étaient assez hétéroclites, groupant les avocats, les ingénieurs, les architectes, les médecins, les peintres, les sculpteurs, sans compter les philosophes, les pédagogues et les scribes.

---

[1] A. Oltramare et L. Blondel, *Genève romaine*, dans *Hist. de Genève*, t. Ier, p. 35.
[2] *Loc. cit.*, p. 35.

Les villes gauloises possédaient une classe moyenne formée d'hommes libres voués aux activités économiques. Les marchands — *negotiatores* — et les artisans — *artifices* — constituaient une manière de bourgeoisie dont une partie connaissait une véritable aisance. Ils occupaient en province une situation bien meilleure qu'à Rome où ils étaient souvent méprisés, en particulier à cause de leur origine, beaucoup d'entre eux étant des étrangers ou des affranchis. Camille Jullian est persuadé qu'en Gaule il n'en allait pas de même et qu'ils « jouissaient de la considération publique » du fait qu'ils contribuaient à la prospérité générale.

Sans doute, à Genève, les plus opulents d'entre eux étaient-ils les nautes et les ratiaires, dont nous avons vu le rôle, et peut-être aussi les financiers mêlés au commerce de l'argent en même temps parfois qu'à celui des marchandises.

Ceux d'entre ces personnages qui ont conquis une solide aisance ont investi leurs biens, un peu partout en Gaule, dans les terres des environs des villes, contribuant à un certain morcellement de la propriété foncière. Ils devaient résider pendant une partie de l'année à la campagne.

Une lutte d'influence semble d'ailleurs avoir existé entre les traditionnels propriétaires fonciers et les personnages opulents dont la fortune, parfois récente, était due au commerce et aux affaires.

Au bas de la hiérarchie de la population urbaine libre se trouvait une plèbe dont on connaît mal, pour les *vici*, la situation matérielle et morale [1].

Une chose reste frappante, à Rome comme dans les plus modestes villes de province : c'est la mobilité des individus, les possibilités de passage d'une classe à l'autre. Il n'est pour s'en convaincre que de voir le rôle joué par les affranchis et leurs descendants dans l'histoire romaine. Quant aux hommes libres, les barrières sont suffisamment abaissées entre les citoyens romains et les membres des peuples qu'ils ont soumis pour que certains d'entre eux aient pu accéder à la dignité impériale.

Au-dessous des hommes libres de tous rangs, les esclaves jouent un rôle

---

[1] Parlant des habitants des villes dans les derniers siècles de l'histoire romaine, R. Latouche a fait ces pertinentes remarques : « Les débouchés qui s'offraient à leur activité étaient l'éloquence judiciaire, l'enseignement et surtout l'exercice d'une magistrature. S'ils voulaient gagner de l'argent, ils pratiquaient la banque, c'est-à-dire l'usure, ou se faisaient publicains, c'est-à-dire fermiers des impôts publics. » D'autres exerçaient le négoce et expédiaient dans les grands centres et à Rome le blé, le vin, l'huile. « Mais la plupart vivaient... des ressources de leurs domaines et occupaient leurs loisirs aussi agréablement que possible. » Aucun blâme n'était attaché à cette oisiveté. « Au contraire, on se serait déshonoré par l'exercice d'un métier ou d'une industrie. De telles besognes étaient abandonnées aux esclaves ou à de petites gens. » *Les origines de l'économie occidentale...*, pp. 13-14.

que nous n'avons pas à rappeler ici. On connaît leurs fonctions dans la vie économique des villes et des campagnes, dans les métiers, le service domestique et l'agriculture, dans la vie intellectuelle et artistique comme dans le luxe et les vices de Rome. On sait aussi quelle influence désastreuse ils exercent sur la politique, l'économie, la morale privée et publique de l'Empire. Nous avons eu l'occasion de dire les difficultés avec lesquelles Rome et les provinces sont aux prises lorsque le recrutement des esclaves n'est plus assuré. La main-d'œuvre agricole et industrielle se raréfie dangereusement. L'existence de l'Empire est en jeu, malgré les mesures prises en vue de substituer des ouvriers libres à la classe servile. L'aboutissement en a été l'asservissement de beaucoup à leurs métiers, une des manifestations les plus odieuses de la décadence romaine.

La Gaule, dont les activités économiques ont toujours été très développées, a été une grande consommatrice d'esclaves. Elle en a acheté sur les marchés romains plus qu'elle n'en a livré.

Les vestiges de notre passé ne nous renseignent guère sur le rôle local de l'esclavage. Une chose est certaine, c'est que la vie est inconcevable sans lui. Certes, une ville de la taille de Genève n'a pas vu ces énormes concentrations d'esclaves que Rome et les grandes cités ont connues. Les riches Romains possédaient en ville une *familia urbana* et, dans les campagnes, une *familia rustica* qui en comptaient des centaines, voire des milliers. Rien de semblable dans nos régions : les plus grandes villas, celles de La Grange, de Sécheron, de Massongy, n'avaient rien de commun avec les gigantesques *latifundia* d'autres parties de l'Empire. Dans l'agglomération même, malgré l'aisance, qui semble avoir régné dans le quartier des Tranchées, il n'a certainement pas existé de ces cohortes d'esclaves oisifs et inutiles que les obligations sociales et l'orgueil imposaient aux patriciens, aux chevaliers et aux parvenus romains.

Malgré tout, les grands domaines du bassin genevois ont exigé la collaboration d'un nombre appréciable d'esclaves, ainsi ceux de Frontenex ou de Massongy dont l'étendue, comparée à celle des propriétés actuelles de notre région, était tout de même considérable. Les propriétaires plus modestes en possédaient quelques-uns. Il semble même que les petites exploitations rurales aient pu s'assurer la collaboration au moins de l'un d'entre eux.

En ville, les esclaves ont sans doute travaillé dans la plupart des ateliers, mêlés aux hommes libres. D'autres ont été utilisés dans le commerce, dans les transports par terre et par eau, et, naturellement, dans le service domestique.

Souvent, certaines fonctions importantes leur ont été dévolues. Dans bien des villas, le personnel de maison était dirigé par une esclave de confiance à laquelle la matrone déléguait ses pouvoirs. Les hommes qui cultivaient la terre étaient parfois aux ordres d'un d'entre eux, le *villicus*, qui jouait le rôle d'un intendant. A d'autres encore, on confiait de lourdes responsabilités dans la conduite des affaires.

Sans doute les affranchissements ont-ils été nombreux, à Genève comme ailleurs. Ils sont dus aux motifs les plus divers. Il s'agit parfois d'un caprice du maître à l'égard de ces esclaves auxquels le luxe et les vices romains font une place si grande ; très rarement, des sentiments moraux et religieux ont pu exercer leur influence. Mais, dans la plupart des cas, c'est l'intérêt du propriétaire qui le pousse à libérer son esclave qu'il s'attache dès lors par d'autres liens, solides, et dont il peut tirer de multiples avantages. Il n'empêche d'ailleurs que beaucoup de ces affranchis ont réussi un peu partout à jouer un rôle considérable et à conquérir d'énormes fortunes.

Quant à savoir quel a été le nombre des esclaves à Genève dans les différentes périodes de son histoire, ou même simplement leur proportion par rapport aux hommes libres, il n'en est évidemment pas question [1].

---

[1] P. Bouffard, *L'Helvétie romaine*, p. 20 et ss. — F. Cicotti, *Le déclin de l'esclavage antique*, trad. française, Paris, 1910, *passim*. — C. Jullian, *Hist. de la Gaule*, t. IV, pp. 366-378, 383 et ss. ; t. V, pp. 351-376. — *Gallia*, pp. 107-113, 118-128. — R. Latouche, *Les origines de l'économie occidentale...*, Ire partie, chap. I et II. — R. Montandon, *Genève, des origines...*, pp. 109-110. — Ch. Morel, *loc. cit.*, pp. 498-509. — A. Oltramare et L. Blondel, *Genève romaine*, dans *Hist. de Genève*, t. Ier, pp. 34-35. — H. Vallon, *Histoire de l'esclavage dans l'antiquité*, 3 vol., Paris, 1879, *passim*.

LA FIN DU MONDE ROMAIN
DÉCADENCE ET CONTINUITÉ

L'évolution de l'histoire économique de Genève, de la conquête du pays des Allobroges à l'effondrement de l'Empire, s'est faite en fonction de celle de Rome. A la période d'ascension et de prospérité qui marque le temps de la paix romaine succède, après les invasions du IIIe siècle, une longue décadence, jalonnée d'ailleurs de quelques efforts de redressement. Son terme inéluctable a été la chute de Rome.

Une certaine continuité apparaît à travers les années, heureuses ou tragiques, de cette période de près de cinq siècles. Certes, la Gaule a été fortement romanisée. Elle l'a été de son plein gré. Elle s'est disciplinée, dominant pour son plus grand bien le vieux tempérament celtique, assez rebelle à un ordre imposé. Mais elle a conservé cependant, visibles ou sous-jacents, bien des éléments de son passé.

C'est le cas en particulier de Genève. W. Deonna a fait justement remarquer que la religion gauloise n'a pas disparu. « On continue à vénérer Genava, déesse protectrice de la cité, en qui celle-ci s'incarne. » Des divinités gauloises subsistent, « dissimulées sous des noms et des apparences romains ». Les inscriptions locales mentionnent encore bien des noms de famille authentiquement celtiques « ou à peine romanisés ». Il en va de même des villages du bassin genevois. Si les noms de beaucoup d'entre eux sont romains, d'autres sont celtes. Même la structure des localités et la disposition de leurs maisons restent en partie gauloises [1].

Les techniques industrielles bien souvent ont associé la tradition celte et les apports romains : les fouilles genevoises ont livré, à côté des vases typiquement italiens, de nombreux produits de la poterie et de la céramique gauloises. W. Deonna relève encore que, dans le domaine des arts, bien des

---

[1] W. Deonna, *Les arts à Genève*, pp. 95-96.

objets trouvés à Genève et dans la région, par leur maladresse même, montrent la continuité des techniques anciennes à travers toute la période gallo-romaine et même jusque dans l'art chrétien [1].

Les invasions du Ve siècle n'ont pas réussi à détruire ces antiques traditions. Les Burgondes conquérants ont été conquis par elles. Longtemps encore, les villas romaines, dont nous reverrons la survivance dans les périodes suivantes, ont abrité des familles gallo-romaines qui ont perpétué les modes de vivre antérieurs. Louis Blondel [2] l'a fort justement signalé : il faudra en bien des lieux attendre les secondes invasions, celles des Hongrois, des Sarrasins, pour voir certaines formes de la civilisation romaine s'effacer. Mais, et nous retrouverons cette question, le christianisme, en assimilant les Barbares, a retenu dans une large mesure, dans nos régions comme ailleurs, les vieilles circonscriptions administratives romaines : les diocèses se sont coulés dans les limites des anciennes « cités » ; certaines villas sont devenues des paroisses.

Après les invasions du IIIe siècle, l'équilibre avait été rompu entre les villes et les campagnes. Un peu partout — et l'exemple de Genève est caractéristique à ce sujet —, la population urbaine s'est repliée dans l'enceinte de l'*oppidum*, du *castrum*. Mais une partie des habitants, au IVe, au Ve siècle, reflue vers la campagne. L'instabilité des temps, les menaces et les incursions des Barbares, la crise monétaire, le retour à l'économie naturelle, tout tend à dévaloriser la richesse mobilière. Plus que jamais, la propriété foncière est la valeur-refuge, le bien le plus sûr.

Les Gaulois, qui s'étaient d'abord si bien accommodés du régime issu de la conquête, semblent se détacher de Rome dans les derniers siècles de son histoire, au moment où elle fait peser sur tous ce dur asservissement dont nous avons parlé. On les voit s'orienter vers les Barbares et parfois prêts à se donner à eux. Albert Grenier a cité un texte du prêtre marseillais Salvien — il est mort en 484 — caractéristique à ce sujet. Il s'écrie, parlant des Gaulois : « Ils s'enfuient chez l'ennemi pour ne pas mourir sous les persécutions de l'Etat. Oui, ils vont chercher chez les Barbares une humanité romaine, puisque chez les Romains ils n'ont trouvé qu'une inhumaine barbarie, impossible à supporter... Ils préfèrent en effet vivre libres sous l'apparence de la captivité plutôt que, sous l'apparence de la liberté, vivre en captifs. »

La ruine, la misère généralisée, l'effroyable contrainte économique expliquent une telle attitude. Commentant le texte de Salvien, Grenier constate que la Gaule « a renié le nom romain. Elle n'a pas été conquise par les Barbares ;

---

[1] W. Deonna, *op. cit.*, pp. 97-98. — *La persistance des caractères indigènes dans l'art de la Suisse romaine*, dans *Genava*, XII, 1934, p. 140 et ss. — Cf. aussi A. Grenier, *Manuel...*, t. VI, 2, pp. 1020-1024.

[2] *La civilisation romaine...*, *loc. cit.*, pp. 351-352.

elle s'est abandonnée à eux. Au milieu du IIIe siècle, l'Empire Gaulois avait trouvé une armée pour chasser les Barbares. Au Ve siècle, il ne s'est plus trouvé personne pour résister. De la Gaule romaine, un seul élément subsistait : la force toute spirituelle de l'Eglise. C'est avec elle que les chefs barbares eurent à composer [1]. »

Cependant, à la chute de Rome, la classe des grands propriétaires fonciers a maintenu, en partie au moins, ses positions. Son enracinement dans des domaines traditionnels agit dans le sens d'une certaine continuité dans les formes de la propriété et de l'exploitation de la terre, avec toutes les conséquences que cela entraîne. C'est ainsi que les régimes celtique et gallo-romain fourniront plus tard certains éléments à la société féodale.

Au moment de la désagrégation de l'Empire romain, l'installation des Burgondes dans la *Sapaudia* allait décider du sort de Genève.

---

[1] A. GRENIER, *Les siècles heureux et la déchéance de la Gaule romaine*, déjà cité, pp. 440-441.

LIVRE IV

DU Ve AU XIe SIÈCLE

LE CADRE HISTORIQUE

LE PREMIER ROYAUME DE BOURGOGNE

La longue période qui va de la chute de Rome (476) à la réunion de Genève au Saint-Empire (1032) est, plus que l'époque romaine, pleine d'obscurité. Les éléments qui permettent d'en retracer le cours, en ce qui concerne Genève, sont rares. Une fois de plus, nous devrons faire appel parfois aux faits de l'histoire générale, elle-même caractérisée par beaucoup de lacunes et d'imprécisions.

Lorsque, en 476, Odoacre, roi des Hérules, chassa de Rome Romulus Augustule, dernier empereur d'Occident, il scellait une longue phase au cours de laquelle les Barbares germains avaient déjà provoqué dans le monde romain bien des perturbations. Au milieu des peuples germaniques en marche — Wisigoths, Francs, Alemans, Hérules, Ostrogoths —, les Burgondes intéressent particulièrement la région genevoise. Un des caractères essentiels de l'invasion a été l'amalgamation, aussi bien par des moyens pacifiques que par la violence, de la civilisation gréco-latine et des traditions du monde barbare [1].

---

[1] « L'invasion n'est pas nécessairement une guerre, une conquête. Le Barbare peut franchir la frontière de l'*Orbis Romanus* en suppliant ou en auxiliaire aussi bien qu'en agresseur. Tout compte fait, il a usé de la prière ou du service plus souvent que de la violence. » Rome a dû ouvrir les portes de son empire aux peuples barbares qui voulaient bénéficier de sa civilisation. Joseph CALMETTE, *Le Monde féodal*, Paris, nouvelle édition, 1946, p. 1.

Nous avons signalé la signification de la *Sapaudia* dans le dispositif de la défense militaire de Rome et rappelé l'installation des Burgondes — pourtant vaincus par les légions — du lac de Neuchâtel à Grenoble et du Rhône aux Alpes dont on les instituait, à cause de l'importance de leurs passages, un peu les gardiens [1]. Paul-E. Martin a établi dans leurs grandes lignes les étapes de la poussée des Burgondes et de leurs occupations territoriales : « La *Sapaudia* en 443 ; en 456 avance en Gaule, probablement dans la Ire Lyonnaise ; en 463 le sud de la Viennoise, Vienne et Lyon en 470 ; au nord, Langres est atteint peut-être vers 460, sûrement en 487 [2]. »

Genève, qui avait été promue à la dignité de *civitas* vers l'an 379, fit figure de capitale de ces Burgondes.

Ferdinand Lot a insisté sur le fait qu'ils ont conservé plus fortement et plus longtemps que les autres Germains le sens de leur dépendance de l'Empire. Gondebaud a été patrice romain avant d'être, de 480 à 516, roi de Bourgogne. Son fils Sigismond, qui a été couronné à Carouge et qui a régné de 516 à 523, a tenu à honneur, lors de son avènement, de rappeler à l'empereur d'Orient Anastase les liens qui l'unissaient à lui [3].

On a parfois affirmé que les envahisseurs avaient apporté à la civilisation

---

[1] Conrad PEYER écrit à ce sujet : « Nach 400 siedelte der römische Feldherr Aetius die Burgunder als Militärkolonisten in der Sapaudia an (Schwemmland der Arve hinter Genf, Gebiet bis zum Fort de l'Ecluse), nachdem sie zusammen mit den Hünnen bei einem Vorstoss vom Mittelrhein her nach Gallien vernichtend geschlagen worden waren. Im Gegensatz zum Einsickern der Alamannen handelte es sich bei den Burgundern um eine planmässige römische Militäransiedlung zum Schutze des Reiches gegen neue germanische Vorstösse. Die Burgunder wurden rasch völlig romanisiert, wurden von Ariarnern zu Katholiken und zu treuen Angehörigen des römischen Reiches. Damit wurde die Westschweiz zum einen Gebiet starker römischer Kontinuität in der Schweiz. » *Historischer Überblick*, dans *Repertorium der Ur- und Frühgeschichte der Schweiz, Die Schweiz im Frühmittelalter*, Heft 5., Bâle, 1959, p. 1. — Voir aussi Rudolf FELLMANN : « Die Burgunder übernehmen die Funktion der alten Colonia Equestris. Sie bilden eine militärische Sicherung der zweiten Linie auf der gefährlichen Einfallsasche Mittelland — Rhonetal. » *Die Romanen, ibid.*, Heft 5., p. 9.

[2] *Etudes critiques sur la Suisse à l'époque mérovingienne, 534-715*, Genève et Paris, 1910, p. 28. Cf. aussi p. 26 et ss. — Voir également C. PEYER, *loc. cit.*, pp. 1-3.

[3] « Mon peuple vous appartient. Je vous obéis en même temps que je lui commande et j'ai plus de plaisir à vous obéir qu'à lui commander... Par moi vous administrez les contrées les plus éloignées de votre résidence. J'attends les ordres que vous daignerez me donner. » Cité par Ferdinand LOT, *La fin du monde antique et le début du moyen âge*, Paris, 1927, p. 289. — Cette soumission, pour être plus formelle qu'effective, n'en est pas moins significative. La fiction d'une survivance de l'Empire dans l'Europe occidentale a duré longtemps. Mais, de fait, les rois burgondes se sont comportés comme des souverains indépendants, ce qu'ils étaient en réalité. Les peuples germains en marche ne représentaient d'ailleurs pas des masses très considérables. Henri PIRENNE estime que les Burgondes étaient au nombre de 25.000 dont 5000 guerriers. *Mahomet et Charlemagne*, Paris et Bruxelles, 3e éd., 1937, p. 20. — Marc-R. Sauter les évalue, vers le milieu du Ve siècle, à 50.000.

romaine corrompue des possibilités de régénération. Henri Pirenne estime que
ce n'est là que littérature et qu'en réalité on trouvait de part et d'autre les
mêmes vices, la même débauche, les mêmes violences et les mêmes trahisons.
Il suffit pour s'en convaincre de se pencher sur les annales des rois burgondes.

Les Barbares ne songeaient nullement à détruire la civilisation de Rome
qu'ils admiraient. A bien des points de vue, ils se sont mis à son école [1]. L'influence du droit romain sur les lois burgondes — et germaniques en général —
sera grande. L'ancienne organisation municipale s'est perpétuée à Lyon, à
Vienne et dans beaucoup d'autres villes dont Genève ne devait pas être exclue.
Les monnaies, le système fiscal, les obligations militaires, les formes du mariage
ne sont pas modifiés, en ce qui concerne les Gallo-Romains, sur le territoire
burgonde en tout cas.

Si de nombreuses altérations s'introduisent dans la suite, même alors les
survivances romaines sont nombreuses. Ainsi jamais les Burgondes, après leur
organisation en royaume, n'ont pratiqué le système germanique de l'assemblée
des hommes libres. L'Etat est fondé sur les règles de l'absolutisme et de la
laïcité. Les souverains disposent de ressources financières provenant de leurs
domaines, des mines et des vieux impôts romains qu'ils continuent à lever [2].

Evidemment, à l'ancienne unité impériale avait succédé en Occident une
pluralité de royaumes barbares tantôt repliés sur eux-mêmes, tantôt aux prises
les uns avec les autres. L'étiolement des villes, la précarité des voies de communication comportent des conséquences économiques graves. La vieille
notion de l'Etat, de la *res publica*, sur quoi longtemps la grandeur de Rome
avait été fondée, et qui n'avait pas complètement sombré au temps de sa
déchéance, a fait place à des formes nouvelles reposant sur le pouvoir d'un
souverain qui considère son royaume comme sa propriété personnelle, propriété qu'il peut transmettre et même diviser à son gré entre ses descendants.
Aucune distinction n'est faite entre les biens publics et ceux du monarque.
Les fonctionnaires sont ses serviteurs autant que ceux de l'Etat.

Mais toutes ces adaptations, tous ces ajustements ont été lents. Comme
le remarque fort judicieusement Robert Latouche [3] — après Alfons Dopsch,
Henri Pirenne, Ferdinand Lot et beaucoup d'autres historiens —, il faut
rejeter la conception d'un bouleversement brutal et rapide. L'exemple du

---

[1] Les Barbares installés en Gaule « avaient soif de prendre, de façon durable, leur
part de toutes les jouissances offertes par un pays riche et de vieille civilisation. Ils ne
voulaient pas détruire l'état de chose existant, ils étaient possédés du désir d'en profiter. »
Edouard SALIN, *La civilisation mérovingienne d'après les sépultures, les textes et le laboratoire*, t. Ier, *Les idées et les faits*, Paris, 1950, p. 54.

[2] Cf. *infra*, Section II, chap. XI.

[3] *Les grandes invasions et la crise de l'Occident au Ve siècle*, Paris, 1946, pp. 7-8.

royaume de Bourgogne qui fait figure d'organe de défense de l'Empire avant de vivre de son existence propre est — entre plusieurs autres — particulièrement frappant. « Cette tragédie, a écrit F. Lot, le Monde antique qui ne veut pas mourir, est un des spectacles les plus passionnants qui puissent s'offrir aux regards de l'historien et du sociologue [1]. »

Ce sont donc les Burgondes qui intéressent avant tout la région genevoise. D'humeur plutôt pacifique, ils étaient de très bons travailleurs. Mais ils paraissaient rudes et frustes aux Romains.

Nous avons indiqué déjà les premières régions dans lesquelles ils se sont installés. Ils ont ensuite occupé le Valais, puis, en 517, l'Helvétie jusqu'à la Limmat et au Rhin [2]. A leur apogée, ils ont donc occupé un vaste territoire.

Lorsque les Francs conquièrent la Gaule, Gondebaud, malgré la défaite que lui a infligée Clovis en 501, arrive à conserver son domaine. Mais ses fils Sigismond et Godomar sont attaqués par les fils de Clovis. Sigismond, fait prisonnier, est exécuté en 523. Godomar, cependant, maintient encore pour un temps l'indépendance du royaume. Courageusement, il en tente la restauration par des mesures dont certaines sont audacieuses et intelligentes. Au cours d'une assemblée tenue à Ambérieu — entre Genève et Lyon —, il ouvre les frontières de la Bourgogne à tous ceux qui voudront s'y établir. Il leur offre des terres comme aussi aux esclaves qu'il a affranchis. Il s'efforce de réconcilier ariens et catholiques. Mais tout cela devait être inutile : Godomar succombe en 534 [3].

---

[1] *La fin du monde antique...*, p. 275. — Cf. aussi E. SALIN, *op. cit.*, t. Ier, p. 68 et ss.

[2] Ils ont été plus tard refoulés par les Alemans sur la ligne de l'Aar.

[3] C. BAYET, C. PFISTER, A. KLEINCLAUSZ, *Le Christianisme, les Barbares mérovingiens et carolingiens*, Paris, 1903, p. 80. — Pierre BERTRAND, *Les origines de Genève*, Genève, s.d. [1942], pp. 59-85. — Louis BLONDEL, *Praetorium, palais burgonde et château comtal*, dans *Genava*, XVIII, 1940, pp. 84-86. — J. CALMETTE, *Le Monde féodal*, p. 1. — Hugo de CLAPARÈDE, *Les Burgondes jusqu'en 443. Contribution à l'histoire externe du droit germanique*, Genève, 1909, pp. 5 et ss., 29 et ss., 39 et ss., 43-63, carte p. 64 et *passim*. — Louis HALPHEN, *Charlemagne et l'Empire carolingien*, Paris, 1947, pp. 3-5. — *Les Barbares des grandes invasions aux conquêtes turques du XIe siècle*, Paris, 5e éd., 1948, pp. 42-43. — Robert LATOUCHE, *Les grandes invasions...*, pp. 8-13, 101-102, 158-160, 211-212 et *passim*. — F. LOT, *La fin du monde antique...*, pp. 267-270, 275, 287, 294, 365, 418-419, 465-470 et *passim*. — *Les limites de la Sapaudia*, dans *Revue savoisienne*, 76e année, 1935, pp. 146-156. — Ferdinand LOT, Christian PFISTER, François-L. GANSHOF, *Les destinées de l'Empire en Occident de 395 à 888*, Paris, 1928, pp. 58-60, 191-192, 200-204. — Paul-E. MARTIN, *Etudes critiques sur la Suisse à l'époque mérovingienne...*, pp. 4, 460 et ss. et *passim*. — *Le problème de la Sapaudia*, dans *Revue d'histoire suisse*, XIII, 1933, pp. 193-205. — *La fin de la domination romaine en Suisse et l'occupation germanique*, B.H.G., VI, 1933-38, pp. 3-30. — *Haut moyen âge. Burgondes et Alamans en Suisse...*, dans *Revue d'histoire suisse*, XXV, 1945, pp. 104-122. — Ernest MURET, *Les noms de*

Les Burgondes, peu nombreux en regard de la population des vastes contrées qu'ils avaient occupées, se sont rapidement confondus avec elle. Même au point de vue ethnique, ils ont laissé peu de traces ; le type brachycéphale des aborigènes n'a pas été sérieusement entamé par les nouveaux venus dolichocéphales [1]. Les Burgondes, à leur arrivée, étaient dans leur grande majorité ralliés à l'arianisme. Mais, dès la fin du Ve siècle, leur conversion au catholicisme fut assez rapide, en partie grâce à l'action de saint Avit, évêque de Vienne, mort en 518. Les derniers vestiges de l'arianisme disparurent après la conquête franque.

Gondebaud était lui-même arien : mais son esprit de tolérance était grand et il désirait une coexistence pacifique des deux croyances. Dans la loi Gombette, une clause exige que « les églises et les prêtres ne soient en rien méprisés ». Bien que ne s'étant pas converti, sa politique fut favorable au catholicisme auquel ses fils d'ailleurs se rallièrent.

Le christianisme avait pénétré à Genève dans des circonstances qui restent obscures, venant de Vienne et de Lyon où son existence est déjà attestée dès le IIe siècle [2]. L'édit de 313 de Constantin en a singulièrement facilité la diffusion. Il est probable que l'église de Genève s'est constituée vers 350 et que l'évêché a pris naissance à la fin du IVe siècle. Il comprenait, outre les territoires de la *civitas* de Genève, sur la rive gauche du lac et du Rhône, ceux de la *civitas Equestrium* sur la rive droite. En effet, contrairement à une règle assez générale, la cité de Nyon n'avait pas donné naissance à une circonscription religieuse particulière [3].

---

lieux germaniques... dans les pays de domination burgonde, dans *Revue de linguistique romane*, IV, 15-16, 1928, pp. 209-221. — H. PIRENNE, *Mahomet et Charlemagne*, pp. 20, 24-25, 35 et *passim*. — E. SALIN, *op. cit.*, t. Ier, *passim*. — Marc-R. SAUTER, *Le problème des Burgondes. Recherches d'anthropologie historique*, Genève, 1941, pp. 4-8 et *passim*. — *Les Burgondes, leurs migrations, leur influence raciale dans notre région*. Compte rendu d'une communication à la Société de Géographie de Genève, dans *Le Globe*, LXXXI, 1942, pp. 11-12. — Walther von WARTBURG, *Les origines des peuples romans*, Paris, 1941, pp. 102-105, 142-144 et *passim*.

[1] L'action des Francs et des Alemans a été beaucoup plus marquée dans les régions où ils se sont installés.

[2] Sur la pénétration du christianisme dans le territoire burgonde, C. PEYER observe : « 547 sind Genf, Nyon, Yverdon, Avenches, Windisch, Augst, Basel, Martigny, Bistümer oder Hilfsbistümer. In der Städten gab es Christengemeinden unter dem Vorsitz eines Bischofs. Auf dem Lande entstanden kirchliche Gemeinden erst im 6. Jh. Erst mit ihrer Entstehung dehnten sich die Bistümer allmählich auf das Land aus, entstand eine kirchliche Einteilung des Landes. » *Historischer Überblick*, dans *Repertorium...*, Heft 5., p. 1.

[3] BAYET, PFISTER, KLEINCLAUSZ, *op. cit.*, p. 90. — Mgr Marius BESSON, *Nos origines chrétiennes, étude sur les commencements du christianisme en Suisse romande*, Fribourg, 1921, pp. 12-17. — *Recherches sur les origines des évêchés de Genève, Lausanne, Sion et*

Genève devait jouer dans le royaume de Bourgogne un rôle important. Elle « en formait le centre naturel, et c'est là que s'installèrent les nouveaux rois bourguignons » [1]. Les Burgondes, alliés des Romains, s'étaient vu assigner au début la garde d'une ligne de défense interne, celle de la Viennoise, le long du lac et du Rhône. Genève les commandait en attendant que les Burgondes, ayant étendu leur occupation dans les limites que nous avons indiquées, déplacent leur capitale de Genève à Lyon, nouveau centre de gravité du royaume.

Chilpéric a résidé à Genève entre 457 et 470 en attendant d'aller se fixer à Lyon à la mort de son frère Gundioc avec lequel il avait partagé la royauté. Il laissait en mourant, vers 480, quatre fils. Deux étaient encore vivants en 494, Gondebaud qui résidait à Lyon et Godegisèle qui était à Genève. Gondebaud ayant vaincu son frère, tué à Vienne en 501, unifia le royaume. Il plaça son fils Sigismond comme roi secondaire à Genève et, peu avant sa mort survenue en 516, il le fit proclamer roi à Carouge, dans la villa dont nous avons eu l'occasion de voir l'importance à l'époque romaine. A partir de ce moment, Sigismond se fixa à Lyon [2].

Les efforts qu'il fit pour extirper l'arianisme de son royaume n'allèrent pas sans lui aliéner une partie de ses sujets et sans faciliter l'invasion de la Bourgogne par les Francs qui, sous Clovis, avaient conquis la Gaule. Nous venons de voir comment Sigismond vaincu fut massacré avec toute sa famille en 523 et comment son frère Godomar arriva à prolonger quelque peu la durée du royaume burgonde. Mais il s'effondra à son tour sous les coups des Francs. En 534, Childebert, Clotaire et Théodebert, fils de Clovis, se partagèrent le royaume de Bourgogne. Il avait eu moins d'un siècle d'existence. Le régime mérovingien allait commencer pour notre pays [3].

---

leurs premiers titulaires jusqu'au déclin du VIe siècle, Fribourg et Paris, 1906, *passim.* — P.-E. MARTIN, *Les origines de la civitas et de l'évêché de Genève*, dans *Mélanges... Charles Gilliard*, Lausanne, 1944, pp. 82-92. — M.-R. SAUTER, *Le problème des Burgondes...*, *passim.*

　[1] LOT, PFISTER, GANSHOF, *op. cit.*, p. 59.

　[2] Clovis, roi des Francs, avait épousé Clotilde, nièce de Gondebaud, princesse catholique. On sait les conséquences qu'a entraînées sa conversion.

　[3] P. BERTRAND, *op. cit.*, pp. 62-67, 73-79. — L. BLONDEL, *Le développement urbain de Genève à travers les siècles*, *Cahiers de Préhistoire et d'Archéologie*, III, Genève et Nyon, 1946, pp. 31-32. — F. LOT, *La fin du monde antique...*, IIIe partie, chap. VIII. — LOT, PFISTER, GANSHOF, *op. cit.*, p. 59. — P.-E. MARTIN, *Genève burgonde*, dans *Histoire de Genève*, t. Ier, pp. 51-55.

CHAPITRE II

L'ÉPOQUE MÉROVINGIENNE

Genève continue à jouer un rôle très effacé dans cette période obscure et tourmentée. Son sort se confond avec celui de la Bourgogne conquise par les Francs.

Clovis est mort en 511. Les Mérovingiens, ses successeurs, exercent tant bien que mal leur autorité jusqu'en 639. A partir de cette date et jusqu'à la fin de la dynastie, ils l'abandonnent aux maires du palais, préparant ainsi l'avènement des Carolingiens en 752.

Nous n'avons pas à suivre l'histoire des Mérovingiens, de leurs déchirements, de leurs luttes familiales pleines de cruauté et de sang. Le roi est propriétaire de son royaume dont les institutions sont informes. Il le régit selon les règles du droit privé. A sa mort, ses fils se partagent son héritage, sans tenir compte de l'histoire et de la géographie et, à plus forte raison, des populations et de leurs intérêts. Dans l'organisation de son pouvoir et pour atteindre ses fins, le roi emprunte des éléments indifféremment à Rome et au monde germanique [1]. Toute la structure de l'Etat tend à favoriser son exploitation au profit exclusif du souverain, au mépris du bien commun. Les fonctionnaires qui le servent, occupés à l'administration centrale ou détachés au loin, dépendent étroitement de lui [2].

Dans la plupart des cas, les anciennes « cités » romaines ont subsisté. Le Mérovingien place à leur tête un comte qui exerce tous les pouvoirs du monarque. Les *pagi* tendent à se confondre avec les *civitates*. A partir de la seconde moitié du VIe siècle, des ducs — peu nombreux — se superposent aux comtes,

---

[1] Les anciens chefs francs avaient une autorité conditionnée par les droits de la noblesse et par les assemblées des tribus. Les Mérovingiens ont écarté ces contraintes. Ils ont brisé les cadres d'une aristocratie héréditaire et supprimé les prérogatives populaires. Rien ne limite plus la puissance et l'arbitraire du roi.

[2] D'ailleurs les fonctions des connétables, des chambellans, des chambriers, des sénéchaux, des maréchaux, des gardiens du trésor, des référendaires, de tant d'autres personnages encore, sont mal délimitées.

assumant, dans les régions exposées, des fonctions militaires. Le roi nomme les hauts fonctionnaires et peut les révoquer selon son bon plaisir [1].

Beaucoup des prérogatives des anciennes *civitates* s'étaient effacées. Elles vivaient, au ralenti, d'une existence assez mesquine. Cependant, elles conservaient leurs organes locaux, leur ancienne curie. En outre, l'érection des évêchés dans les limites des « cités » et l'installation des comtes ont pu leur redonner un certain lustre. Or, Genève était un des quelque cent vingt évêchés entre lesquels se partageait l'ancienne Gaule ; elle possédait aussi un comte [2]. Elle n'était plus d'ailleurs une résidence royale mais une bourgade entre beaucoup d'autres, repliée sur sa colline, enserrée dans sa vieille muraille. On en a une preuve. En 563 se produisit l'écroulement du Tauredunum, près de Saint-Maurice d'Agaune. Il est probable qu'un effondrement dans le massif des Dents du Midi a créé un barrage qui a provoqué une retenue d'eau à la hauteur du Bois-Noir. En cédant brusquement, il a entraîné une gigantesque inondation sur les rives du Léman. Or, seules les rares maisons qui subsistaient encore au bord de l'eau, en dehors de l'enceinte, et naturellement les moulins du Rhône, ont été emportés.

Un unique roi de la Burgondie mérovingienne, Gondran (561-593) a laissé sa trace dans les annales de Genève en fondant une messe que l'on retrouve dans l'obituaire de St-Pierre, document qui a d'ailleurs été reconstitué au XIVe siècle.

Cependant, l'évêché de Genève subsiste. Il continue à englober le territoire de l'ancienne *civitas Equestrium* qui, ravalée au rang d'un *pagus*, est cependant gouvernée par un comte, comme aussi le *pagus Genavensis*. Au VIIe siècle, les *pagi* situés au sud du Jura, y compris ceux de Genève et de Nyon, forment une circonscription militaire, le *ducatus Ultrajoranus*, destiné à défendre la frontière contre les incursions des autres peuples germaniques [3].

---

[1] L'accès aux dignités n'est entravé par aucun préjugé. Les Francs, les Bourguignons, les Gallo-Romains, quelles que soient leur langue, leur position sociale, leur fortune, sont admis également au service du souverain.

[2] Clovis avait réussi à conquérir la plus grande partie de la Gaule. Mais après lui, conformément à la règle germanique qui considérait l'Etat comme une propriété privée que l'on partage entre ses héritiers, ses territoires ont été sans cesse divisés, ce qui ne laissa pas de multiplier les guerres intestines et d'affaiblir la puissance mérovingienne. Les limites de l'Austrasie, de la Neustrie, de l'Aquitaine ont été fluctuantes. Il en va de même de celles de la Burgondie à laquelle Genève et sa région restent rattachées. Le manque de fixité de ses limites, qui ne coïncident plus avec celles de l'ancien Royaume de Bourgogne, et le mélange des populations contribuent à l'affaiblissement du sentiment d'une nation burgonde.

[3] Cf. M. Besson, *Recherches sur les origines des évêchés de Genève, Lausanne, Sion...*, *passim*. — J. Calmette, *Le Monde féodal*, pp. 6-11. — L. Halphen, *Les Barbares...*, pp. 45-47, 56-59, 211-215 et *passim*. — F. Lot, *La fin du monde antique...*, pp. 359-388, 399-405. — Lot, Pfister, Ganshof, *op. cit.*, pp. 170-215, 303-316. — P.-E. Martin,

La décadence et l'anarchie guettaient la puissance mérovingienne. C'est en vain que Dagobert tente un redressement. Les maires du palais ont réussi à jouer un rôle prépondérant à la tête de l'administration mérovingienne tant en Austrasie qu'en Neustrie et en Bourgogne. Ils profitent de l'incapacité et de l'impéritie des monarques pour s'assurer l'exercice effectif du pouvoir. Leurs fonctions tendent à devenir héréditaires : à côté des familles royales, de véritables dynasties de maires du palais s'instituent, celle des Pippinides en Austrasie en particulier [1].

Les mécontentements accumulés contre les rois que la tradition a qualifiés de « fainéants » allaient emporter les Mérovingiens. Charles Martel, fils de Pépin d'Héristal, renforça son autorité et se couvrit de gloire en arrêtant la poussée islamique à Poitiers. Pépin le Bref n'eut plus qu'à cueillir les fruits de cette politique. En 751, il fit tonsurer le dernier Mérovingien et l'enferma dans un couvent. L'assemblée de Soissons le proclama roi. L'ère carolingienne s'ouvrait [2].

Genève à l'époque mérovingienne, dans *Hist. de Genève*, t. Ier, pp. 57-59. — Frédéric MONTANDON, *Les éboulements de la Dent du Midi et du Grammont*, dans *Le Globe (Mémoires)*, LXIV, 1925, pp. 35-91. — C. PEYER, *loc. cit.*, pp. 3-4, 8, Taf. 1 et 2.

[1] Aucun lien solide d'intérêt ou d'affection n'attache les sujets au monarque. Les maires du palais au contraire peuvent s'appuyer sur une aristocratie qui tire sa force de la propriété du sol, seule richesse de ce temps. Pépin d'Héristal — ou de Herstal —, maire d'Austrasie, devient aussi, à la suite de sa victoire de Tertry (687), maire de Neustrie et de Bourgogne. A sa mort, en 714, il était, en fait sinon en droit, le véritable chef de tout le royaume franc.

[2] J. CALMETTE, *Charlemagne, sa vie et son œuvre*, Paris, 1945, pp. 12-13. — *Le Monde féodal*, pp. 10-11. — L. HALPHEN, *Les Barbares...*, pp. 213-221. — F. LOT, *La fin du monde antique...*, pp. 375-398. — LOT, PFISTER, GANSHOF, *op. cit.*, p. 319. — P.-E. MARTIN, *Genève à l'époque carolingienne*, dans *Hist. de Genève*, t. Ier, p. 61.

CHAPITRE III

L'ÉPOQUE CAROLINGIENNE

Pépin ayant chassé les Arabes de la Septimanie — le Languedoc — et réduit l'Aquitaine à l'obéissance, renforça singulièrement la situation qu'il avait reprise du dernier Mérovingien. Mais à sa mort, en 768, en application de la vieille coutume germanique du partage des terres, le royaume fut divisé entre ses deux fils Carloman et Charles. La mort de Carloman en 771 réunit les deux moitiés dans la main de ce Charles que l'histoire a appelé Charlemagne. Un grand règne commençait. Certes, quelques-uns des historiographes du célèbre empereur l'ont fait plus grand que nature. Les études récentes permettent d'avoir une idée plus exacte de sa personnalité. Elle est assez puissante pour qu'il ne soit pas nécessaire de l'embellir de légendes.

Charlemagne, au cours de campagnes victorieuses dont nous n'avons pas à retracer les péripéties — elles eurent le caractère de guerres de conquêtes et non d'expéditions de pillage —, a vaincu les Lombards, les Saxons, les Arabes [1]. Le couronnement de Charlemagne comme empereur par le pape Léon III en l'an 800 à Rome a été la consécration de la puissance d'un homme qui semblait avoir reconstitué l'Empire romain d'Occident.

L'empereur possède un gouvernement central fort nombreux, le Palais, qui se déplace avec lui au cours de ses voyages [2]. Il légifère, édictant des capitulaires — plus de soixante — qui sont à la fois des lois et des règlements dans lesquels les affaires publiques et privées sont confondues. L'empire est divisé en comtés à la tête desquels se trouvent des comtes, formés au Palais [3].

---

[1] Elles lui ont permis de porter les frontières de ses états à l'Elbe, au cœur de l'Autriche et de l'Italie, et, au-delà des Pyrénées, jusqu'à l'Ebre.

[2] Les deux personnages principaux en sont le comte du Palais qui assiste l'empereur dans toutes ses fonctions, et l'archichapelain dont relèvent les affaires ecclésiastiques. Un connétable, un sénéchal, un chancelier, un camérier et beaucoup d'autres grands personnages complètent cette administration impériale.

[3] Ils sont assistés de vicomtes — leurs adjoints — et de vicaires chargés d'administrer les subdivisions des comtés.

L'évêque est un autre personnage important. Par les comtes et les évêques, l'autorité du souverain est toujours présente dans toutes les parties de l'Empire. Mais il fait exercer sur eux une surveillance active tout en cherchant à donner une plus grande cohésion aux territoires disparates qu'il a réunis sous son sceptre. De hauts personnages, soigneusement choisis, comtes, évêques, abbés, sont envoyés par lui, en général par groupes de deux — un laïque et un ecclésiastique —, en tournées d'inspection. Ce sont les *missi dominici*. Ils vérifient l'administration du comté, l'application des capitulaires et des règles canoniques, l'exercice de la justice ; ils fonctionnent le cas échéant comme redresseurs de torts, arbitres, juges de cassation ou d'appel.

Les régions frontières sont organisées en marches, gouvernées par des ducs, commandants d'armées qui détiennent aussi les pouvoirs civils. Charlemagne a voué tous ses soins à l'armée. En principe, tout homme libre doit répondre à la levée des troupes lorsqu'une campagne se prépare.

Toute cette organisation est à la fois souple et solide : elle assure à l'empereur une puissance absolue. Tout, en principe, part de lui et tout remonte à lui [1]. Longtemps, on a attribué à Charlemagne la totalité des réalisations de son temps : une vue plus exacte de la réalité permet de faire leur place à beaucoup de ses collaborateurs [2].

L'Empire carolingien se trouva bientôt aux prises avec de grandes difficultés dont beaucoup sont dues à sa structure interne et à la tradition germanique, tenace, de diviser le territoire entre les descendants du souverain défunt. Comment, avec un tel principe, assurer la pérennité d'un Etat ? L'étendue même de l'Empire, sa démesure, la bigarrure de ses peuples quant à la race, à la langue, à l'histoire, à l'économie, rendaient son existence précaire dès l'instant où disparaissait le puissant monarque qui l'avait façonné. Charlemagne avait été le symbole de l'Occident chrétien dont le seul caractère commun avait été l'unité religieuse.

---

[1] Mais encore faut-il faire une place — non négligeable — à ce que l'étendue des territoires, la précarité des communications, la diversité des peuples soumis, les nombreuses campagnes militaires peuvent apporter d'atténuations à l'application de ces principes.

[2] J. CALMETTE, *Charlemagne, sa vie et son œuvre*, pp. 7 et ss., 187-222 et *passim*. — *Le Monde féodal*, chap. III. — EGINHARD, *Vie de Charlemagne*, Paris, 2e éd., 1938, pp. 51-65 et *passim*. — L. HALPHEN, *Les Barbares...*, pp. 247-267. — *Charlemagne...*, pp. 57-99, 120-139, 140-173, 185-193, 207-213, 497-499 et *passim*. — A. KLEINCLAUSZ, *Charlemagne*, Paris, 1934, pp. II-VII, 72-78, 89-105, 219-224, 314 et ss., 355-397 et *passim*. — LOT, PFISTER, GANSHOF, *op. cit.*, chap. XVI, XVII, XVIII, XXII, XXIII. — P.-E. MARTIN, *Genève à l'époque carolingienne*, dans *Hist. de Genève*, t. Ier, pp. 61-62. — C. PEYER, *loc. cit.*, pp. 4-5 et Tafel 2.

En 814, Louis le Pieux, unique fils survivant de Charlemagne, recueillit la lourde succession de son père. L'unité de l'Empire parut être préservée. Mais les choses allaient rapidement changer. Nous n'avons pas à reprendre ici les luttes entre les fils de Louis le Pieux du vivant de leur père et après sa mort survenue en 840. Le point d'aboutissement en fut le traité de Verdun de 843 : le principe de la division de l'Europe triomphait. L'unité de l'Occident sombrait malgré la vague prééminence que l'on voulait reconnaître à l'empereur Lothaire.

La Lotharingie, à laquelle appartenait Genève, était un étroit couloir qui allait du cœur de l'Italie à la mer du Nord. Il était, à tous les points de vue, un modèle d'incohérence. Comment penser qu'un tel Etat, véritable gageure, était constitué pour durer? Au bout d'un demi-siècle, il s'était déjà disloqué.

Une fois de plus, il faut constater combien le rôle de Genève semble effacé au cours de cette période carolingienne. Cependant, la cité offre une importance suffisante pour que Charlemagne, au début de son règne, en 773, y concentre ses troupes avant sa campagne contre Didier, roi des Lombards [1]. Genève conservait une position privilégiée dans la circulation à travers les Alpes [2].

---

[1] Ses armées ayant passé les Alpes par le Grand Saint-Bernard et le Mont-Cenis vainquirent Didier dont il ceignit la couronne.
[2] J. CALMETTE, *Le Monde féodal*, chap. III. — L. HALPHEN, *Charlemagne...*, pp. 104-105, 225-303, 321-322. — *Les Barbares...*, p. 283 et ss. — LOT, PFISTER, GANSHOF, *op. cit.*, chap. XIX. — P.-E. MARTIN, *loc. cit.*, pp. 62-63.

CHAPITRE IV

LE SECOND ROYAUME DE BOURGOGNE

Nous n'avons pas à suivre l'histoire des royaumes de Charles le Chauve et de Louis le Germanique ni la décadence des derniers dynastes carolingiens de ces Etats. Seule, la décomposition de la Lotharingie, à laquelle Genève est intégrée, doit nous retenir.

Conformément au principe du morcellement du territoire entre les héritiers du souverain défunt, à la mort de Lothaire, en 855, ses Etats sont partagés entre ses trois fils. Louis II hérite à la fois du royaume lombard et du titre impérial, mais il reçoit en même temps, au-delà des Alpes, les cités de Sion, de Lausanne et de Genève. Il meurt en 875. Momentanément, son héritage passe à son oncle Charles le Chauve.

Mais, en 879, Boson, comte de Vienne, étranger à la dynastie carolingienne, par la volonté des dignitaires laïques et ecclésiastiques, est sacré roi du Royaume de Provence qui comprend la Savoie, c'est-à-dire aussi la partie sud du *pagus Genavensis*. Ce royaume est absorbé dans les Etats de Charles le Gros, à la fois roi et empereur, pour se reconstituer en 890 sous le sceptre de Louis, fils de Boson.

Quant à la Bourgogne transjurane, elle passe aux mains de la famille bavaroise des Welf. Conrad a obtenu la concession, probablement des mains de l'empereur Louis II, du duché de Transjurane, formé des trois évêchés de Sion, de Lausanne et de Genève, et de l'abbaye de Saint-Maurice d'Agaune où son fils, à la suite d'une décision des notables laïques et ecclésiastiques, fut sacré roi de Bourgogne en 888.

Rodolphe Ier possédait un territoire modeste dans la Suisse occidentale. Bientôt, il l'augmenta de l'évêché de Besançon. Puis Rodolphe II réunit à ses terres l'ancien Royaume de Provence qui comprenait, outre la Provence, les deux rives du Rhône. Finalement, le Royaume de Bourgogne s'étendit de la Méditerranée au coude du Rhin à Bâle et de l'Aar à la Saône. Ce qui fait son importance, c'est sa situation entre le Jura et les Alpes, « position capitale, puisqu'elle commandait quelques-uns des principaux passages intérieurs de l'Empire » [1].

Mais le fils de Rodolphe II, Conrad le Pacifique — il prit le pouvoir en 937 —, ne tarda pas à tomber sous la tutelle d'Otton de Germanie qui allait bientôt ceindre la couronne impériale. D'autre part, le Royaume de Bourgogne eut fort à souffrir des invasions des Sarrasins et des Hongrois.

Le roi Rodolphe III semble avoir séjourné avec prédilection en Transjurane où il se sentait plus en sûreté. Sa principale résidence a été Orbe mais il a fait d'autres séjours en Suisse romande, notamment à Vevey, Payerne, Cudrefin, Morat, Eysins et surtout Saint-Maurice d'Agaune.

Pendant ce règne (993-1032), la dépendance de la Bourgogne s'accuse encore. Sans héritier mâle, Rodolphe III reconnaît formellement comme son successeur l'empereur du Saint Empire romain germanique, Conrad II le Salique. Mais ce n'est pas sans peine que l'empereur, à la mort de Rodolphe, prit possession de ses nouveaux Etats qu'il dut en partie conquérir les armes à la main. Conrad concentra toutes ses troupes à Genève : finalement, ses vassaux vinrent faire acte de soumission. Parmi eux se trouvait Géraud — ou Gérold —, comte de Genève.

Le 1er août 1034, à Genève, Conrad obtient la confirmation de son titre. En 1038, il fait couronner son fils Henri III comme roi de Bourgogne et meurt en 1039 [2].

Pendant leur règne, les Rodolphiens n'avaient jamais bénéficié d'une souveraineté intégrale. Paul-E. Martin estime à juste titre qu'ils ont fait davantage figure de suzerains que de souverains [3].

Au terme de cette évolution historique, Genève était entrée dans le giron du Saint Empire. Siège d'un évêché et d'un comté, elle devenait ville impériale [4].

---

[1] Marc BLOCH, *La Société féodale*, t. II : *Les classes et le gouvernement des hommes*, Paris, 1940, p. 146.

[2] Henri III, après avoir rétabli la sécurité à ses frontières de l'Est, s'est rendu en 1042 dans le Royaume de Bourgogne auquel il a laissé sa personnalité, lui accordant une chancellerie spéciale.

[3] D'ailleurs, ce second Royaume de Bourgogne, comme le constate Paul FOURNIER, ne constitue pas une unité : « Les nombreuses populations qui y étaient disséminées n'étaient unies par aucun lien d'origine, par aucune tradition invétérée, par aucun intérêt économique. » *Le royaume d'Arles et de Vienne (1138-1378)*, Paris, 1891, p. VII.

[4] J. CALMETTE, *Le Monde féodal*, pp. 115-117. — Augustin FLICHE, *L'Europe occidentale de 888 à 1125*, Paris, 1930, pp. 2-5, 254-256, 260-264 et *passim*. — P. FOURNIER, *op. cit.*, p. VII et *passim*. — L. HALPHEN, *Les Barbares...*, pp. 295, 340-341, 356-358, 360-364 et *passim*. — LOT, PFISTER, GANSHOF, *op. cit.*, chap. XXI. — P.-E. MARTIN, *loc. cit.*, Hist. de Genève, t. Ier, pp. 62-64, 73-77. — René POUPARDIN, *Le Royaume de Bourgogne (888-1038). Etude sur les origines du Royaume d'Arles*, Bibliothèque de l'Ecole des Hautes Etudes ; Sciences historiques et philologiques, fasc. 163, Paris, 1907, pp. IX, 1-17, 61 et ss., 184-186, 265-271 et *passim*.

CHAPITRE V

LES ORIGINES DU COMTÉ DE GENÈVE

Il n'a été fait que très rarement mention de Genève dans les pages qui précèdent, son histoire se confondant avec celle des Etats dont elle a été partie intégrante. Elle a joué le rôle de beaucoup d'autres villes, sièges d'évêchés ou de comtés, rôle d'ailleurs non dépourvu d'importance si l'on tient compte de la décentralisation de la vie politique, religieuse et économique des âges que nous étudions dans ces chapitres. Mais il faut des circonstances spéciales, assez rares, pour que s'inscrive dans les annales le nom d'une cité.

Il n'est pas sans intérêt cependant de rappeler brièvement les origines du comté de Genève dont l'histoire a été écrite récemment par Pierre Duparc [1].

Les premières mentions du *pagus* ou *comitatus genevensis* apparaissent à propos des partages de territoires effectués sous le règne de Louis le Pieux et ses successeurs au IXe siècle. Le comté de Genève est attribué par l'empereur à son fils Charles dans le partage de 839 alors que Lothaire recevait le pays de Vaud jusqu'au lac. Au traité de Verdun, en 843, Genève au contraire fait partie de l'empire de Lothaire. Il passe en 855 à son fils Lothaire II qui, en 859, le cède à son frère, l'empereur Louis II, en même temps que les cités de Lausanne et de Sion, se réservant simplement un passage par le Grand Saint-Bernard vers l'Italie [2].

---

[1] *Le Comté de Genève, IXe-XVe siècle, M.D.G.*, XXXIX, Genève, 1955.

[2] Le problème se pose de l'antériorité du pouvoir du comte sur celui de l'évêque. Si Pierre Duparc aboutit à la conclusion que celui du comte est le plus ancien, Alain Dufour émet un doute à ce sujet et formule une hypothèse. Les derniers rois de Bourgogne auraient donné le comté de Genève aux évêques, qui auraient ensuite concédé des droits aux comtes de Genève. Alain DUFOUR, *Les comtes de Genève et leur historien*, dans *Revue suisse d'histoire*, 6e année, 1956, pp. 102-106.

Des textes des IXe, X[e] et XIe siècles énumèrent souvent les localités qui font partie du comté de Genève : Ambilly, Talloires, Doussard, Marlens, Seynod, Thusy, Héry-sur-Alby au IXe siècle ; Machilly, Lossy, Sciez, Filly, Vulbens, Saint-Blaise, Cusy au Xe et au début du XIe siècle. Mais il est difficile de circonscrire exactement le territoire du comté [1]. « Il convient de ne pas oublier, écrit P. Duparc, que le *comitatus* à cette époque n'était pas exactement et uniquement une circonscription territoriale ; c'était un ensemble de droits et de terres assez confus et divers [2]. »

P. Duparc a tenté cependant d'établir les frontières du *pagus genevensis* au XIe siècle. Partant de l'Aubonne, elles épousaient les crêtes du Jura pour les déborder ensuite ; elles comprenaient le bassin de la Valserine et de ses affluents, puis la vallée du Seran jusqu'au Rhône ; elles longeaient la rive occidentale du lac du Bourget jusque près de Hautecombe, traversaient le lac aux environs d'Aix, englobaient le massif des Bauges, coupaient la vallée de l'Arly près d'Ugine et atteignaient le Mont-Blanc ; puis, du col de Balme et de la Forclaz, elles épousaient la limite actuelle du Valais jusqu'au Pas de Morgins ; enfin, par la vallée de la Morge, elles rejoignaient le Léman à Saint-Gingolph. Territoire vaste et varié dont Genève constituait le centre.

Mais si cette immense région forme un seul évêché, le comté en revanche est subdivisé au point de vue administratif, en tout cas au XIe siècle et peut-être même un peu plus tôt.

Au début du Xe siècle, on trouve le nom du *pagus equestris* ou *equestricus* sans que l'on puisse fournir de renseignements précis sur son organisation. Il est souvent mentionné ensuite au cours des Xe et XIe siècles : on peut reconstituer la liste des localités qui s'y trouvent, entre le Rhône, le Jura, l'Aubonne et le lac [3].

A côté de ce *pagus equestris* rattaché assez tardivement à Genève, le *pagus genevensis* semble avoir possédé quelques subdivisions internes. L'une,

---

[1] P. Duparc, *op. cit.*, pp. 359-360. — P. Duparc donne encore une longue liste de localités du Genevois, du Chablais, de l'Albanais, du Pays de Vaud à l'ouest de l'Aubonne, du Valromey qui relèvent du *pagus genevensis*. Pp. 361-362.

[2] « Le comte qui siégeait dans la ville de Genève exerçait en principe son autorité au nom des souverains dans tout le *pagus* ou toute la cité ; avec cette réserve cependant qu'un *pagus* pouvait être divisé en deux ou plusieurs comtés. » P. 360.

[3] Il est probable, pense Pierre Duparc, qui apporte des éléments nouveaux aux études de Poupardin et de Gingins-la-Sarra, qu'il a fait partie, aux époques mérovingienne et carolingienne, de l'évêché de Lausanne. Ce ne serait qu'à la fin de la dynastie de Bourgogne qu'il aurait été rattaché au diocèse de Genève, en même temps que le Valromey et le décanat de Ceyzérieux. Il constituait le décanat d'Outre-Rhône qui devint ensuite le décanat d'Aubonne. Les comtes équestres tenaient régulièrement des assises publiques dans le *vicus* de Saint-Gervais, de l'autre côté du Rhône.

appelée *finis hercolana*, mentionnée à la fin du IXe siècle, intéresse le Chablais. Le *pagus albanensis*, cité plusieurs fois dans les actes du XIe siècle, est beaucoup plus vaste. Outre l'actuel Albanais, il comprend la région d'Annecy et celle des Bauges. Il s'agit d'un *pagus minor*, subdivision d'un *pagus major*, celui de Genève dont il dépend qui, lui, correspond à l'ancienne *civitas* gallo-romaine et au diocèse [1].

———

[1] P. Duparc, *Le Comté de Genève...*, pp. 358-373 et *passim*. — F. de Gingins-la-Sarra, *Histoire de la Cité et du Canton des Equestres*, M.D.R., XX, 1865, pp. 72-76. — René Poupardin, *Le royaume de Bourgogne (888-1038). Etude sur les origines du royaume d'Arles*, Paris, 1907 (Bibliothèque de l'Ecole des Hautes Etudes. Sciences hist. et philol., fasc. 163), pp. 266-278.

L'ÉCONOMIE

CHAPITRE PREMIER

LE PASSAGE DE L'ÉCONOMIE ANTIQUE
A L'ÉCONOMIE MÉDIÉVALE

Genève, au cours de l'époque que nous étudions, a partagé le sort de beaucoup d'autres contrées et cités qui restent anonymes, obscures, mais qui participent sans aucun doute aux transformations économiques et sociales de l'Etat auquel elles sont incorporées. Sans entrer dans beaucoup de détails, nous allons tenter d'en marquer les lignes maîtresses, nous référant à Genève et au pays dont elle est le centre géographique et historique toutes les fois que cela sera possible.

Encore faut-il constater que la connaissance de la structure économique de l'Occident européen reste fort précaire pour les siècles que nous envisageons. Les premières invasions, la régression intellectuelle qui les suit, les désordres, les guerres, l'instabilité politique, les fluctuations des frontières, puis, après la parenthèse du règne de Charlemagne, les dévastations des nouvelles invasions, celles des Sarrasins, des Tchèques, des Hongrois, des Normands, tout concourt à rendre nos connaissances rares et incertaines. Cependant, le Xe et le XIe siècle fournissent une documentation déjà plus sûre et plus abondante.

Il n'est donc pas étonnant que beaucoup d'obscurités subsistent dans le tableau de la vie économique du haut moyen âge. Une certitude cependant s'impose, celle de sa médiocrité [1].

---

[1] Yves RENOUARD, *Les hommes d'affaires italiens du moyen âge*, Paris, 1949, pp. 3-13.

Une question intéresse toute l'Europe centrale et occidentale. Comment s'est opéré le passage de l'économie romaine à celle du moyen âge ? Elle a été longuement débattue, donnant lieu à des interprétations parfois nettement divergentes. Cette discussion intéresse Genève au premier chef. Nous allons tenter d'en résumer les termes.

Il est bien évident que, du Ve au XIe siècle, l'Empire d'Orient possédait, malgré des phases de crise et de décadence, une vie économique autrement plus brillante que celle de l'Europe occidentale. Byzance exerçait un incomparable prestige. Elle avait conservé presque intacte l'armature romaine qui survécut à ses amputations territoriales. Ses villes possédaient un artisanat et un commerce très actifs. Les industries de luxe, mortes dans l'Europe centrale, y étaient florissantes [1].

Comment ont évolué, du Ve au XIe siècle, les rapports économiques entre l'Orient méditerranéen et l'Occident ?

Une thèse a été assez souvent admise : l'économie, à l'époque mérovingienne, aurait été extraordinairement languissante, voire en pleine régression. Elle aurait connu, en revanche, au temps de Charlemagne une véritable renaissance. C'est celle qu'ont soutenue en particulier K.-Th. von Inama-Sternegg [2] et A. Dopsch [3], ces deux auteurs étant d'ailleurs en opposition sur beaucoup de points, notamment en ce qui concerne la structure de la propriété foncière. Inama-Sternegg insiste en particulier sur la restauration de l'agriculture, sur le développement des industries, sur l'essor du commerce à l'époque carolingienne.

C'est contre cette opinion que s'est élevé avec beaucoup de vigueur et parfois de mordant Henri Pirenne [4].

---

[1] Les manufactures d'Etat rivalisaient avec les petits entrepreneurs libres groupés en corporations dont le Livre du Préfet, qui est du Xe siècle, a laissé une image fidèle. Les industries de Byzance travaillaient à la fois pour le marché intérieur et pour l'exportation. Tissus précieux — soieries, brocarts, damas, draps et toiles de haute qualité —, orfèvrerie, bijouterie, émaux, armes admirablement ouvrées, ivoires, verrerie, parfums, papyrus, tels sont quelques-uns de leurs produits.

[2] *Deutsche Wirtschaftsgeschichte*, t. Ier, *Deutsche Wirtschaftsgeschichte bis zum Schluss der Karolingerperiode*, 2e éd., Leipzig, 1909.

[3] *Die Wirtschaftsentwicklung der Karolingerzeit vornehmlich in Deutschland*, 2 vol., Weimar, 2e éd., 1921-1922.

[4] Il a pris position déjà en 1923 dans un article, *Un contraste économique: Mérovingiens et Carolingiens*, dans *Revue belge de philologie et d'histoire*, II, 1923, pp. 223-235. Cet article a été reproduit dans le volume *Histoire économique de l'Occident médiéval*,

« L'opinion courante, écrit-il, considère le règne de Charlemagne comme une époque de restauration économique. Pour un peu, on parlerait ici tout comme dans le domaine des lettres, de renaissance. Il y a là une erreur évidente qui tient, non seulement à la force du préjugé en faveur du grand empereur », mais aussi au fait que l'on compare au règne de Charlemagne, exclusivement, les derniers temps de l'époque mérovingienne, ce qui n'est pas sans fausser l'optique [1]. La coupure entre Rome et le monde nouveau ne s'est pas opérée au Ve siècle. L'économie antique se poursuit en réalité jusqu'au VIIe siècle, axée sur la Méditerranée [2].

Il pense même qu'il y a eu, « après les troubles du Ve siècle, une période de reconstruction, caractérisée par le très grand nombre de monuments nouveaux que l'on a édifiés : cela est inexplicable si l'on n'admet pas un degré assez important de prospérité économique » [3].

Genève en offre des exemples assez frappants. Dans la seconde moitié du Ve siècle, Sédeleube avait fondé, hors des murs, Saint-Victor [4]. Au début du VIe siècle, Sigismond a fait reconstruire la basilique de Saint-Pierre sur l'emplacement d'une basilique romaine et du forum de basse époque. La villa romaine de Carouge a été transformée en villa royale burgonde où Sigismond a été couronné. Les premiers rois burgondes ont installé leur palais dans le *praetorium* romain au sommet du Perron [5].

Mais, au cours du VIIe siècle déjà, les premières perturbations apparaissent. A partir de la mort de Mahomet (632), les conquêtes de l'Islam sont foudroyantes : elles sont très différentes des invasions des Germains qui tendaient à se romaniser et qui s'étaient rapidement convertis au christianisme. Les Arabes, tout en assimilant la civilisation des peuples qu'ils soumettaient, imposaient leur religion. Asie antérieure et Afrique du Nord sont ainsi subjuguées. Puis la

---

Bruges, 1951, pp. 71-82. L'historien belge a développé ses idées dans une œuvre qui a eu un grand retentissement, *Mahomet et Charlemagne,* que nous citons d'après la réédition de Paris et de Bruxelles, 1937.

[1] *Mahomet et Charlemagne,* p. 213.

[2] Tous les faits le prouvent : « prépondérance de la navigation orientale et importation de ses produits, organisation des ports, du tonlieu, de l'impôt, circulation et frappe de la monnaie, continuation du prêt à intérêt, ... persistance d'une activité commerciale constante dans les villes, entretenue par des marchands de profession. Il y a sans doute dans le domaine commercial comme dans les autres, un recul dû à la *barbarisation* des mœurs, mais il n'y a pas de coupure avec ce qu'avait été la vie économique de l'Empire. Le mouvement commercial méditerranéen se continue avec une singulière insistance. » *Ibid.,* pp. 98-99.

[3] P. 99, n. 1.

[4] L. BLONDEL, *Le prieuré Saint-Victor, les débuts du christianisme et la royauté burgonde à Genève,* B.H.G., XI, 1958, pp. 211-212 et *passim.*

[5] L. BLONDEL, *Le développement urbain...,* loc. cit., pp. 31-32.

vague de l'Islam submerge la péninsule ibérique, déferle sur la France pour finalement refluer de l'autre côté des Pyrénées après la victoire de Charles Martel à Poitiers en 732.

Si l'élan de la conquête arabe a été brisé, si une partie de la Méditerranée échappe au contrôle musulman — le sud de la France, l'Italie péninsulaire —, il n'en reste pas moins vrai que, dorénavant, cette mer sera coupée en deux. Le fait est gros de conséquences [1]. Il faudra attendre les Croisades pour que la vieille unité économique de la Méditerranée se reconstitue.

Dorénavant, l'Europe ne recevra plus de papyrus ni d'épices. La soie deviendra une marchandise rare. Circonstances qui ne sont pas étrangères à l'austérité de la cour de Charlemagne. Une autre conséquence de ces faits, pense Henri Pirenne, a été la raréfaction de l'or et l'obligation pour Charlemagne de frapper des monnaies d'argent [2]. Tout cela entraîne une terrible régression du commerce [3]. La côte méditerranéenne du Tibre aux Pyrénées — donc le Midi de la France — est paralysée. Ses ports meurent. Les incursions des pirates aggraveront encore la situation [4].

C'est à ce moment de l'histoire que la dynastie carolingienne conquiert le pouvoir.

Charlemagne, qui a eu le mérite de mettre fin à l'anarchie, a aussi tiré les conséquences de ces faits. Il a renoncé à imposer à la Méditerranée un rôle qu'elle ne pouvait plus jouer. En face de l'Empire byzantin qui était maritime, il a dressé un Empire d'occident qui était terrien, continental. Tel a été le changement. Mais, aux yeux de Pirenne, il n'impliquait pas un progrès. « Dans l'ordre économique en particulier, ... ce qui apparaît incontestablement depuis la fin du VIIIe siècle et aux jours même les plus glorieux du grand empereur, *c'est une décadence* [5]. »

Autre conséquence de cette poussée de l'Islam : certaines parties de

---

[1] « C'est là le fait le plus essentiel qui se soit passé dans l'histoire européenne depuis les guerres puniques. C'est la fin de la tradition antique. C'est le commencement du Moyen Age. » H. PIRENNE, *op. cit.*, p. 143.

[2] *Op. cit.*, p. 152.

[3] Le peu qui survit est aux mains des Juifs, « seul lien économique qui subsiste entre l'Islam et la Chrétienté ou, si l'on veut, entre l'Orient et l'Occident ». P. 153. — Venise qui, dès le VIIIe siècle, se spécialise dans ce qui reste du commerce avec le Levant, et quelques ports de l'Italie du Sud, font seuls exception à la règle. Pp. 155-158.

[4] P. 163.

[5] *Un contraste économique : Mérovingiens et Carolingiens, loc. cit.*, p. 78. — Cf. aussi *Mahomet et Charlemagne*, pp. 163, 218-219. — « On se trouve en présence d'une civilisation qui a rétrogradé à ce stade purement agricole qui n'a plus besoin de commerce, de crédit et d'échanges réguliers pour le maintien du corps social. » *Mahomet et Charlemagne*, p. 219.

l'Europe dont le rôle avait été jusqu'alors modeste au point de vue économique vont prendre une importance imprévue. « Pour la première fois dans l'histoire, l'axe de la civilisation occidentale a été repoussé vers le Nord [1]. »

Somme toute, comme le remarque Robert Latouche, H. Pirenne ne nie pas la césure qui sépare le monde ancien du moyen âge. Il la déplace. Elle ne résulte pas des invasions germaniques mais de la conquête de la Méditerranée par l'Islam. Elle n'est pas du Ve, mais des VIIe et VIIIe siècles [2]. Cependant Latouche ajoute, se distançant de Pirenne [3] : « Le moyen âge étant reculé de plus de deux siècles, les temps mérovingiens n'apparaissent plus comme une préface, mais comme le sinistre épilogue du monde antique qui se prolonge[4].»

Les jugements d'Henri Pirenne ont suscité bien des réserves, voire de nettes oppositions. Loin de nous la pensée de reprendre le détail de ces controverses. Un ou deux exemples permettront d'en saisir le sens.

Ainsi Lot, Pfister et Ganshof [5] pensent que si l'économie, après le Ve siècle, est restée liée à celle de Rome, il ne faut pas oublier qu'elle était « en régression depuis de longs siècles. L'ère mérovingienne continue une décadence. »

A. Kleinclausz a pris aussi position à ce sujet dans l'ouvrage qu'il a consacré à l'empereur [6]. Accepter la thèse de Henri Pirenne, « c'est non seulement faire abstraction de la décadence mérovingienne, ... mais oublier que l'Etat franc, surtout après les conquêtes de Charlemagne, avait d'autres

---

[1] Il se maintiendra plusieurs siècles durant entre la Seine et le Rhin. « Les peuples germaniques qui n'ont joué jusqu'ici que le rôle négatif de destructeurs vont être appelés à jouer maintenant un rôle positif dans la reconstruction de la civilisation européenne. » P. 163. — C'est le renversement de l'importance économique réciproque du Nord et du Sud de la Gaule. « L'Empire de Charlemagne est le point d'aboutissement de la rupture, par l'Islam, de l'équilibre européen. » P. 210. — L'historien belge a également exposé sa thèse dans : Henri PIRENNE, Gustave COHEN, Henri FOCILLON, *La civilisation occidentale au moyen âge du XIe au milieu du XVe siècle*, Paris, 1933, pp. 7-16 et *passim*.

[2] *Les grandes invasions et la crise de l'Occident au Ve siècle*, Paris, 1946, pp. 254-258.

[3] P. 256.

[4] Louis HALPHEN avait déjà ébauché quelques-unes des idées défendues brillamment par Pirenne. Dans ses *Etudes critiques sur l'histoire de Charlemagne*, Paris, 1921, il s'était élevé contre les affirmations de Dopsch et d'Inama-Sternegg. Il ne croyait pas qu'il fût possible de parler d'une renaissance économique carolingienne, ni que les défrichements, l'exploitation des mines et l'industrie eussent connu un très grand essor. Pp. 239, 242-245 et *passim*. L'empire franc, à ses yeux, n'avait pas réussi à devenir une grande puissance économique. Pp. 277-306.

[5] *Op. cit.*, p. 365.

[6] *Charlemagne*, ouvrage déjà cité.

ouvertures sur le monde extérieur que du côté de la Méditerranée, laquelle d'ailleurs ne lui était pas fermée » [1].

Quant à Joseph Calmette, il pense que la thèse de Pirenne est brillante et qu'elle contient une « part très certaine de vérités ». Mais, cette concession faite, il multiplie ses objections [2].

L'attitude d'Yves Renouard est partiellement critique. Après avoir reconnu « le talent de la démonstration » d'Henri Pirenne, il estime qu'elle « ne peut être retenue dans la forme sans nuance qu'il lui a donnée » [3]. Selon lui, la décadence économique serait incessante à l'époque mérovingienne — en cela il se sépare de Pirenne — ; elle se serait accélérée après l'expansion de l'Islam — sur ce point il se rapproche de l'historien belge — pour atteindre son point le plus bas au début de l'ère carolingienne [4].

Robert Latouche est revenu sur cette question dans *Les origines de l'économie occidentale (IVe-XIe siècle)* [5]. Son opinion, très nuancée, emporte l'adhésion. Il constate, en contradiction avec Henri Pirenne, que « le bilan de l'économie mérovingienne est singulièrement décevant ». Elle accuse un véritable « pourrissement » [6]. La conquête de l'Islam a été précédée d'une longue décadence. Les invasions germaniques ont été lourdes de conséquences

---

[1] P. 269, n. 2. Son œuvre économique, « quoique moins brillante que son œuvre politique, mérite cependant la plus grande considération ». Et Kleinclausz ajoute : « C'est ce qu'ont trop oublié, dans leur louable projet de réagir contre les exagérations d'Inama-Sternegg, Halphen et Pirenne. » P. 211 et n. 1.

[2] *Charlemagne, sa vie et son œuvre*, pp. 233-239. — Henri Pirenne « a singulièrement exagéré le contraste... entre l'époque mérovingienne et l'époque carolingienne. A la place de ce contraste, on aperçoit plutôt la continuité. » P. 236. — De son côté, Carlo-M. Cipolla, dans un article intitulé *Encore Mahomet et Charlemagne*, énumère toutes les raisons qui font que l'économie du haut moyen âge ne pouvait être que misérable. Il ne pense pas que l'on puisse attribuer à la conquête arabe une importance quelconque dans ce domaine. Cf. *Annales: Economies, Sociétés, Civilisations*, 1949, pp. 4-9.

[3] *Les hommes d'affaires italiens du moyen âge*, p. 8.

[4] Régine Pernoud, se fondant sur les activités commerciales de Marseille et du Midi en général, semble favorable à l'interprétation de Pirenne. *Le Moyen Age jusqu'en 1291*, dans *Histoire du Commerce de Marseille* publiée par la Chambre de Commerce de Marseille, t. Ier, Paris, 1949, pp. 124-126. — En revanche, Rudolf Buchner prend position contre la thèse de l'historien belge. *Die Provence in merowingischer Zeit, Verfassung, Wirtschaft, Kultur*, Stuttgart, 1933, p. 46 et *passim*. — Voir aussi les remarques de Marc Bloch à propos du livre de Buchner dans *Annales d'histoire économique et sociale*, VI, 1934, pp. 188-189.

[5] Paris, 1956.

[6] P. 163. — « L'époque mérovingienne donne l'impression du néant. Qu'on ne parle pas d'une économie méditerranéenne qui se prolonge, mais d'une économie à la dérive ! » P. 164.

et le commerce méditerranéen, dont H. Pirenne a collectionné les rares épisodes, reste en réalité sans importance [1]. En revanche, « le début de l'ère carolingienne marque une restauration, en tout cas une sérieuse tentative d'assainissement » [2]. Bien sûr, la poussée de l'Islam dans la Méditerranée opère une coupure, mais « c'est la profondeur du fossé qui a été exagérée » [3].

Quelles conclusions faut-il tirer — en particulier en ce qui concerne Genève — de ce débat dont nous n'avons retenu que quelques éléments essentiels ?

Tout d'abord, la décadence progressive, du fait de l'Islam, de la côte méditerranéenne entre la péninsule italienne — abstraction faite de Venise, d'Amalfi et de quelques autres villes du sud — et les Pyrénées, alors que le commerce méditerranéen, sous des formes que H. Pirenne semble cependant avoir fortement exagérées, avait survécu pendant l'époque mérovingienne.

La vallée du Rhône et les cols des Alpes, intermédiaires entre l'Italie et l'Europe centrale, auraient donc conservé sous les Mérovingiens une modeste importance économique qu'ils auraient perdue après l'expansion islamique.

Or, Genève était étroitement dépendante du trafic rhodanien et alpin. Elle aurait donc dû, logiquement, connaître une certaine activité jusqu'à la fin de l'ère mérovingienne. Mais quand on songe qu'à cette époque Marseille, principal port maritime de la zone rhodanienne, ne comptait que 8 ou 9000 habitants et que son trafic avec le Levant se réduisait à l'envoi annuel d'une flottille de quelques bateaux de faible tonnage, on doit bien se garder de toute exagération [4]. Cependant, la survivance d'un certain trafic antique au lendemain de la chute de Rome pourrait expliquer, nous l'avons vu, les constructions dont Genève a bénéficié au temps du Royaume des Burgondes.

En revanche, elle n'a pu que pâtir ensuite des conquêtes de l'Islam et du déplacement de l'axe économique de la Méditerranée vers les régions nordiques, entre la Seine et le Rhin. Elle ne retrouvera sa fonction traditionnelle d'échelle de commerce que plus tard, au moment où Gênes et Venise deviendront de grands centres du commerce du continent : elle conquerra alors son rôle d'étape dans le trafic européen. Nous reviendrons d'ailleurs sur la question du commerce de Genève entre le Ve et le XIe siècle [5].

---

[1] R. LATOUCHE, *Les origines de l'économie occidentale (IVe-XIe siècles)*, pp. 139-141.

[2] P. 146.

[3] P. 165. — Quant au déplacement de l'axe économique de la Méditerranée vers le Nord, il s'agit d'une « évolution inexorable que la conquête musulmane n'a que peu accélérée ». P. 174. — Cf. aussi pp. 356-357.

[4] LOT, PFISTER, GANSHOF, *op. cit.*, p. 365.

[5] Cf. *infra*, section II, chap. IX.

CHAPITRE II

LA CITÉ. LES VILLAS. LES VILLAGES

Malgré les perturbations apportées par la chute de Rome et par les incursions des Barbares, la plupart des villes anciennes ont subsisté. Rares sont celles qui ont été détruites brutalement, sauf dans quelques marches, telle la vallée du Rhin. Les villes barbares ne sont pas autre chose que les villes romaines [1].

Mais les cités de l'Occident restent, en général, jusqu'au XIe siècle, médiocres, ramassées dans leurs anciennes murailles. Orléans est un rectangle de 500 sur 600 mètres, Soissons de 300 sur 600 mètres ; le périmètre de Chalon-sur-Saône est de 1500 mètres, celui de Metz de 2500 et celui de Reims de 2200 mètres. Près de Genève, Grenoble, que Rome avait élevée comme elle au rang de *civitas*, a une superficie de 9 hectares [2].

Déjà au IIIe siècle, la destruction de ses vastes quartiers extérieurs avait affaibli Genève. La vieille enceinte romaine restera celle de Gondebaud et des siècles suivants. La muraille, d'après les calculs de Louis Blondel, mesurait 1500 mètres et enveloppait une superficie de 5 hectares 66 ares.

Les plus importantes cités gauloises ont rarement dépassé à l'époque franque 2 à 5000 habitants. Les grandes invasions n'avaient fait qu'accélérer la décadence urbaine déjà amorcée au IIIe siècle.

Les bourgades conquises ont été privées de leur prestige dans la mesure où elles ont cessé d'être des entités politiques et ont perdu leur organisation

---

[1] Alors que, plus tard, dans les pays conquis par l'Islam, de l'Asie antérieure à l'Espagne, des cités nouvelles, parfois très importantes, s'édifieront, aucune ne semble avoir été créée par les Germains dans les pays qu'ils ont occupés. Il faudra attendre le Xe siècle pour voir se fonder dans le Nord de l'Europe des agglomérations comme Hambourg ou Magdebourg.

[2] Cf. François-L. GANSHOF, *Etude sur le développement des villes entre Loire et Rhin au moyen âge*, Paris et Bruxelles, 1943. — F. LOT, *Recherches sur la population et la superficie des cités remontant à la période gallo-romaine*, Bibl. de l'Ecole des Hautes Etudes ; Sciences hist. et philol., fasc. 287, Paris, 1945. En ce qui concerne Genève, voir pp. 33-43.

municipale. Leur aspect médiocre leur a enlevé tout attrait. Les souverains et les grands propriétaires fonciers s'en évadent, leur préférant les demeures rurales. Les villes ne sont plus que la résidence des artisans et du menu peuple ; parfois, elles sont le siège de marchés dont l'importance, à quelques exceptions près, est purement locale.

Naturellement, le haut moyen âge ne constitue pas une période uniforme. Tout ce que nous en avons rappelé en retraçant les grandes lignes de son histoire le montre bien. En particulier, à la fin du régime carolingien, l'insécurité provoquée par les nouvelles invasions favorise les villes fortifiées, vraies cités de refuge. Celles qui sont le chef-lieu d'un comté, avec le modeste appareil administratif que cette fonction comporte, ou qui sont le siège d'un évêché — ce sont souvent les mêmes —, en tirent des avantages évidents. On y édifie la cathédrale, la demeure du comte, celle de l'évêque, ce qui leur confère, à défaut d'un regain immédiat de vie matérielle, un certain lustre, l'évêque dans bien des cas tendant à éclipser le comte.

L'adaptation des cités épiscopales à leurs fonctions religieuses ne sera pas à la longue sans agir sur l'économie et même sur l'urbanisme. La place faisant défaut, des monastères seront parfois fondés à l'extérieur de l'enceinte fortifiée ; ils pourront être les centres de cristallisation autour desquels s'ordonneront des faubourgs. L'exemple de Saint-Victor de Genève est caractéristique. Beaucoup de quartiers urbains et suburbains ont conservé le nom du saint patron d'un couvent [1].

Vers la fin de cette époque, une renaissance économique s'amorce qui triomphera au XIᵉ siècle : alors, des artisans et des marchands commenceront à affluer dans celles des villes qui sont les étapes du commerce international. Faute de place dans l'enceinte, ils s'aggloméreront autour des monastères. Les faubourgs qu'ils peupleront seront assez importants parfois pour imposer la création d'un modeste appareil fortifié.

Mais il a fallu attendre longtemps cette renaissance. Le centre de gravité de la vie économique du haut moyen âge a été la campagne et non la ville. Cette léthargie urbaine a entraîné un arrêt, pour ne pas dire un recul, de la civilisation. D'ailleurs, la population des cités, qui compte une assez forte proportion d'étrangers, notamment de Juifs, ne jouit pas d'une très grande considération.

Parmi les bourgades du haut moyen âge, certaines ont conservé un caractère semi-rural. A l'intérieur de leur enceinte, souvent d'origine romaine,

[1] Genève, outre Saint-Victor, offre l'exemple de Saint-Jean — vocable sous lequel était placé le prieuré bénédictin cédé en 1113 au monastère d'Ainay à Lyon. Une église — ou une simple chapelle — a pu donner son nom à un faubourg : Saint-Gervais, Saint-Léger.

la place, quelque mesurée qu'elle soit, est encore trop grande pour une population clairsemée. Genève, selon les appréciations de Louis Blondel, a dû compter de 1200 à 1500 habitants au cours de la période qui va de l'occupation burgonde à l'avènement de Conrad le Salique [1]. Dans beaucoup de villes, on trouve des cultures, des prés, des fenils, des basses-cours, des étables et des écuries. Les vaches, les chevaux, les porcs, la volaille y disputent la place aux hommes. On y paît le bétail et on y moissonne [2].

En partant de ces données générales, nous allons considérer le développement de Genève du Ve au XIe siècle.

On se souvient des destructions que Genève a subies au cours des invasions du IIIe siècle. La ville, au temps de la *pax romana*, avait largement débordé ses murailles et possédait, le long du Rhône et près des ports, des quartiers voués au trafic par eau et à l'industrie. Mais elle s'était surtout étalée sur le plateau des Tranchées devenu un vaste quartier résidentiel.

Brutalement, Genève a été ramenée à l'étroite enceinte de l'*oppidum* : toutes ses parties extérieures ont été effacées. Si, dans la suite, quelques maisons ont été reconstruites, le long du lac et du Rhône, pour le trafic par eau et l'entrepôt des marchandises, le beau faubourg des Tranchées ne s'est pas relevé de ses ruines. Telle était la situation au moment où les Burgondes se sont installés dans la *Sapaudia*. La vieille cité couronne strictement la colline.

Si c'est à tort que longtemps on a appelé sa muraille l'enceinte burgonde ou de Gondebaud, elle n'en joue pas moins un rôle évident dans l'histoire de la *Sapaudia* et du royaume de Bourgogne ; elle conserve toute sa valeur au temps des Mérovingiens et des Carolingiens. Lorsque les nouvelles invasions se produisent, elle confère à la vie genevoise une certaine sécurité.

Son appareil fortifié, sa position au cœur du continent, loin des atteintes des envahisseurs, qu'ils arrivent des mers du Nord comme les Normands, de la Méditerranée comme les Sarrasins ou de l'Est comme les Tchèques et les Hongrois, valent à Genève de n'avoir pas souffert de ces terribles incursions.

Combien de bourgades ont dû, au cours de cette époque tragique, improviser leur défense, construire en hâte des levées de terre et des fossés, dresser

---

[1] *Le développement urbain...*, p. 33.

[2] *Ibid.*, p. 26 et *passim*. — A. KLEINCLAUSZ, *Charlemagne*, p. 267 et *passim*. — R. LATOUCHE, *Les grandes invasions...*, pp. 267-272. — *Les origines...*, pp. 114-125, 353-354. — F. LOT, *La fin du monde antique...*, pp. 425-426. — LOT, PFISTER, GANSHOF, *op. cit.*, pp. 361-364, 669-670. — PIRENNE, COHEN, FOCILLON, *op. cit.*, pp. 39-43.

des palissades? Moyens souvent illusoires. Grand a été le privilège des villes qui, comme Genève, n'ont eu qu'à remettre en état leur enceinte. Nous n'en décrivons pas le tracé: c'est celui que nous avons indiqué en étudiant l'époque romaine [1]. Nous l'avons dit, la muraille mesurait 1500 mètres et encerclait une surface de plus de cinq hectares et demi.

Genève eut beaucoup à souffrir des luttes qui ont mis aux prises les dynastes burgondes. Lorsque Gondebaud, en 500, après un siège, se fut emparé de la ville que détenait son frère Godegisèle, il l'incendia. Mais ensuite il la restaura et son œuvre fut poursuivie par son fils Sigismond qui résida pendant un certain temps dans la cité.

La ville burgonde, puis franque, continuait à être traversée par une rue, épine dorsale de la colline, partant du Bourg-de-Four pour atteindre le pont du Rhône.

A l'angle de la Cour Saint-Pierre et de la rue du Soleil-Levant, un édifice romain de basse époque, le *praetorium*, avait été édifié, siège sans doute du gouvernement militaire. Peut-être a-t-il été remanié au IVᵉ siècle. Vers le début du Vᵉ siècle, il subit d'importantes modifications, un véritable palais remplaçant le prétoire dont il utilisait certains éléments [2]. « Assez luxueux pour l'époque, il comprend des bains alimentés par des canalisations, un chauffage à air chaud, une chapelle, une salle décorée d'une riche mosaïque murale, en cubes de verre rouges, bleus, verts, dorés [3]. » C'est là que les premiers rois burgondes installèrent leur résidence. Il passa ensuite à l'administration franque pour devenir finalement au cours du IXᵉ siècle le château des premiers comtes. Plus tard, probablement vers 1034, à l'extinction de la dynastie des Rodolphiens, le comte de Genève Géraud construisit un nouveau palais au Bourg-de-Four [4], sur l'emplacement de l'ouvrage romain qui avait assuré la défense de l'entrée principale de la ville.

D'une façon générale, les édifices légués par Rome ont été occupés par les Burgondes qui se sont bornés à les rénover, sans leur apporter

[1] Cf. *supra*, livre III, section II, chap. Iᵉʳ.

[2] L. BIRCHLER et Hans-Rudolf SENNHAUSER, *Die kirchlichen Bauten und die Reste profaner Gebäude*, dans *Repertorium...*, déjà cité, Heft 5., p. 36.

[3] Waldemar DEONNA, *Les arts à Genève, des origines à la fin du XVIIIᵉ siècle*, Genève, 1942, p. 105. — Louis BLONDEL, *Praetorium, palais burgonde et château royal*, dans *Genava*, XVIII, 1940, pp. 69-87.

[4] Sur les substructions duquel a été édifié l'immeuble n° 14 de la rue de l'Hôtel-de-Ville.

de modifications architecturales [1]. C'est ce qui s'est passé aussi à Vienne et à Lyon.

Aux temples païens avaient succédé souvent des églises chrétiennes. A Genève, au sommet de la colline, une tradition affirme l'existence d'un temple. D'aucuns ont même affirmé, sans aucune preuve à l'appui, qu'il avait été consacré à Apollon. En réalité, on peut simplement constater que les nombreuses inscriptions retrouvées dans le quartier de Saint-Pierre laissent supposer qu'il a été un lieu de culte romain [2].

Une église chrétienne, dédiée vraisemblablement à saint Pierre, a été édifiée encore à l'époque romaine, antérieurement à l'an 400 [3]. Elle semble avoir été détruite par l'incendie lors de la lutte entre Gondebaud et Godegisèle [4]. Elle a été reconstruite par Sigismond, roi de Bourgogne, fils de Gondebaud. Sa dédicace se situe entre 513 et 516. On est mal renseigné sur la disposition de cet édifice [5]. Il a été remplacé par une nouvelle cathédrale dont les parties les plus anciennes remontent au troisième quart du XIIe siècle [6].

---

[1] L. BLONDEL, *Le prieuré Saint-Victor...*, déjà cité, *B.H.G.*, XI, 1958, p. 244. — *Notes d'archéologie genevoise*, VIII. *Origines du territoire des Franchises genevoises*, *B.H.G.*, IV, 1914-1923, pp. 473-486. — *Origine et développement des lieux habités. Genève et environs*, Genève, 1915, pp. 26-27. — *La salle du Vieux-Genève au Musée d'Art et d'Histoire*, dans *Genava*, XIII, 1935, pp. 322-329. — *Chronique des découvertes archéologiques dans le Canton de Genève en 1938*, dans *Genava*, XVII, 1939, pp. 41-49. — *Praetorium, palais burgonde...*, déjà cité, pp. 69-87. — *De la citadelle gauloise au forum romain*, dans *Genava*, XIX, 1941, pp. 98-118. — *Le développement urbain...*, pp. 26-33. — W. DEONNA, *Les arts à Genève...*, pp. 105-107. — En ce qui concerne la villa de Carouge, cf. L. BIRCHLER et H.-R. SENNHAUSER, *loc. cit.*, p. 36.

[2] Camille MARTIN, *Saint-Pierre, ancienne cathédrale de Genève*, Genève, s.d. [1910], in-f°, pp. 7-12, 15.

[3] L. BIRCHLER et H.-R. SENNHAUSER citent parmi les plus anciens exemples de basilique dépourvue de transept (« Querschifflose Basiliken ») la première cathédrale de Genève et la petite basilique à colonnes de Saint-Germain. « Die ältesten sind die als erste Genfer Bischofskirche rekonstruierte Anlage des 4./5. Jh. und die kleine Säulenbasilika St-Germain in Genf mit Pastophorien und Vorraum im Westen (4. Jh.). » *Loc. cit.*, pp. 34-35, 37, Tafel 16.

[4] C. MARTIN, pp. 12-13.

[5] BIRCHLER et SENNHAUSER apportent cependant des précisions sur l'église réédifiée par Sigismond : « Der gleiche König erbaute die zweite Genfer Kathedrale mit Priesterbank ; zwei ovale Kammern seitliche der Apsis und grosse Ostrotunde. » Et plus loin : « Zum Sigismundbau der Genfer Kathedrale gehörten zwei Rotunden : Als Kopfbau die wohl als Mausoleum des Königs geplante mit innerem Stützenkranz und auf der Nordseite ein Baptisterium. » *Loc. cit.*, pp. 35, 37 et Tafel 16.

[6] C. MARTIN rejette l'idée, souvent soutenue au XIXe siècle, d'une nouvelle église reconstruite au Xe siècle. Il intitule un de ses chapitres « La prétendue église du Xe siècle ». Pp. 16-20. — L. BLONDEL en admet une « reconstruction partielle » à la fin du Xe siècle. *Le développement urbain de Genève...*, p. 124.

Les fouilles que la restauration récente de l'Auditoire de Calvin a permises ont inspiré à Louis Blondel certaines remarques. Dès l'époque romaine, une église a existé sur l'emplacement de l'Auditoire. Elle a dû appartenir, au début, au complexe que représentait — comme dans beaucoup d'autres villes — la cathédrale. Il comportait l'église des chanoines qui, en règle générale, est devenue la cathédrale au sens étroit du terme, un baptistère et l'église de l'évêché. C'est cette dernière qui prend rang d'église paroissiale en 1264 sous le vocable de Notre-Dame-la-Neuve et dont on retrouve les substructions sous l'Auditoire [1].

Après Saint-Pierre, Saint-Germain est la plus ancienne église genevoise. Quelques bases de colonnes et quelques sculptures attestent une origine romaine [2]. Réédifiée au moyen âge, détruite par un incendie en 1334, elle fut reconstruite pour faire place au XVe siècle à l'édifice actuel.

Sur l'emplacement de l'ancien temple de Maia, une église chrétienne, celle de la Madeleine, rudimentaire encore, a été élevée au VIIe ou au VIIIe siècle. Elle a été reconstruite au Xe pour être remaniée et agrandie au XIe siècle [3].

En dehors de la cité, de l'autre côté du Rhône, l'église de Saint-Gervais existe déjà au IXe et au Xe siècle. Un édifice roman l'a remplacée au XIe siècle.

Au-delà de l'enceinte de la ville, près de l'actuelle église russe, sur l'emplacement de l'ancien quartier romain des Tranchées, Sédeleube, fille de Chilpéric II, peu avant 480, a fait édifier l'église de Saint-Victor. Remise vers l'an 1000 aux moines de Cluny, elle a été agrandie au XIe siècle et complétée par un prieuré. Devenue le centre d'un faubourg, elle a été érigée en église paroissiale à la fin de ce siècle [4].

Dans la campagne genevoise, l'église de Satigny, située dans le décanat d'Aubonne, est déjà mentionnée au début du Xe siècle, mais elle est plus ancienne. Le prieuré de Satigny relevait de l'ordre de saint Augustin. En 912, la comtesse Eldegarde, veuve d'Ayrbert, comte du *pagus* équestre, donne au monastère de Saint-Pierre de Satigny des terres et des serfs prélevés sur

---

[1] *Journal de Genève*, n° 54 du 5 mars 1957. Compte rendu d'une communication à la Société d'histoire et d'archéologie de Genève. — L. BLONDEL, *Le prieuré Saint-Victor...*, déjà cité, pp. 241-244. — Cf. aussi BIRCHLER et SENNHAUSER, *loc. cit.*, p. 35.

[2] Cf. P. BERTRAND, *Les origines de Genève*, pp. 51-53. — Lors de la restauration du clocher faite en 1959, Louis Blondel a décelé deux sculptures qui datent très probablement du début du VIe siècle. Cf. *Journal de Genève*, n° 36 du 12 févr. 1960.

[3] BIRCHLER et SENNHAUSER, *loc. cit.*, pp. 35, 38, Tafel 19. — Les objets recueillis à la Madeleine inspirent à Marèse GIRARD l'observation suivante : « Das beginnende Christentum der Städte bewahrt noch etwas von römischer Tradition (z. B. Genf, St-Maurice, Chur...) ». *Kunst und Kunstgewerbe, ibid.*, p. 39 ; voir encore p. 44 et Tafel 21.

[4] L. BLONDEL, *Le prieuré Saint-Victor...*, *loc. cit.* — Cf. aussi BIRCHLER et SENNHAUSER, *loc. cit.*, p. 35.

l'héritage de son mari. D'autres donations l'ont encore enrichi aux Xe et XIe siècles et même plus tard. Ce prieuré représentait un domaine imposant qui eut souvent des démêlés avec ses voisins, les sires de Gex [1].

Nous avons déjà rappelé que l'axe de la ville, comme par le passé, tendait du Bourg-de-Four au pont de l'Ile. Il semble qu'après l'incendie ordonné par Gondebaud en 500, des remaniements ont été apportés au plan de la cité, mais en fonction de cet axe immuable. Beaucoup de ces modifications ont duré jusqu'à la fin du moyen âge.

Les maisons de l'époque burgonde, sans fondations solides, étaient construites en bois. Ne possédant qu'un étage, coiffées de tuiles courbes, leur façade sur rue était étroite. Mais elles s'étalaient en profondeur et débouchaient sur des jardins. Les granges et les étables étaient nombreuses.

Ce n'est qu'au XIIe siècle que les maisons des seigneurs et des grands bourgeois ont été édifiées en pierre. Puis, à la suite des fréquents incendies — ce fléau du moyen âge —, les demeures plus modestes ont été à leur tour construites en cailloux roulés tirés du lit de l'Arve ou en molasse livrée par les carrières du lac ou de la région genevoise.

Autant la technique de la construction avait été remarquable à l'époque romaine, en tout cas jusqu'aux destructions consécutives aux invasions du IIIe siècle, autant elle paraît médiocre dans les derniers temps de Rome et à plus forte raison aux époques burgonde et franque. Aux pierres, au ciment romain, se substituent de mauvais matériaux.

Les fouilles ont permis à Louis Blondel de constater que le *praetorium* romain, devenu palais burgonde et dont nous avons noté les modifications successives, bien qu'il fût le plus bel édifice civil de la cité, était construit sur de médiocres fondations. Les bases de l'édifice étaient formées de débris de tuiles et de petits cailloux mêlés à beaucoup de mortier de mauvaise qualité,

---

[1] M. BESSON, *Recherches sur les origines des évêchés de Genève, Lausanne, Sion...*, ouvrage déjà cité, p. 112 et ss. — J.-D. BLAVIGNAC, *Histoire de l'architecture sacrée du quatrième au dixième siècle dans les anciens évêchés de Genève, Lausanne et Sion*, 1 vol. et 1 atlas, Lausanne, 1853. Cf. en particulier, t. I, chap. premier, I, II, III, V ; chap. second V ; chap. troisième, XIII ; chap. quatrième, VIII. — L. BLONDEL, *Le Bourg-de-Four. Son passé, son histoire*, Genève, 1929, p. 18. — *Les Faubourgs de Genève au XVe siècle*, *M.D.G.*, série in-4º, V, 1919, pp. 73-78. — *Les premiers édifices chrétiens de Genève, de la fin de l'époque romaine à l'époque romane*, dans *Genava*, XI, 1933, pp. 77-101. — *De la citadelle gauloise au forum romain*, déjà cité, pp. 112-113. — *Le prieuré Saint-Victor...*, dans *B.H.G.*, XI, 1958, pp. 211-258. — Daniel BUSCARLET, *La cathédrale de Genève*, Neuchâtel et Paris, 1954. — W. DEONNA, *Les arts à Genève...*, pp. 106-112. — *Cathédrale Saint-Pierre de Genève. Les monuments funéraires*, dans *Genava*, XXIX, 1951, p. 105. — C. MARTIN, *Saint-Pierre, ancienne cathédrale de Genève, passim*. — Jaques MAYOR, *Fragments d'archéologie genevoise*, dans *B.H.G.*, I, 1892-1897, pp. 147-148.

d'un blanc jaunâtre. Seules, les chaînes d'angle étaient faites de blocs de pierre empruntés d'ailleurs aux édifices des époques antérieures. Blondel pense que sur ces bases étaient dressées des charpentes encadrant des cloisons de pisé et de mortier.

Le marché se tenait, semble-t-il, dans les parages de l'actuel hôtel de ville et celui du bétail au Bourg-de-Four.

Au bord du fleuve, là où le courant renaît, tournaient les moulins que le raz lacustre provoqué en 563 par l'éboulement du Tauredunum a emportés. Ils furent naturellement reconstruits.

On se souvient qu'à l'époque romaine la ville était abondamment ravitaillée par l'aqueduc qui captait les eaux de la région de Cranves-Sales. Mais dans les derniers temps de Rome, après les invasions du IIIe siècle, la fourniture en eau semble avoir été précaire. Il est probable que l'aqueduc ne fonctionnait plus dans la période burgonde. Le fait est en tout cas certain pour l'ère mérovingienne. La ville dépendait alors, pour ses besoins, de puits qu'il fallait forer jusqu'à un niveau voisin de celui du lac, et des anciennes sources de la région de Rive, de Saint-Laurent, de Saint-Léger dont nous avons eu l'occasion déjà de parler.

Telles étaient les conditions — bien modestes — de la bourgade. Il n'en reste pas moins vrai que les fonctions politiques et religieuses de Genève — siège de la cour épiscopale et de l'officialat, résidence de tous les hommes de loi et des notaires exigés par la vie du comté et du diocèse —, que sa position au centre d'une région géographique importante, au point de convergence de voies de communication — l'ancienneté en marquait bien la valeur —, que la sécurité assurée par ses murailles, étaient autant d'éléments qui lui permettaient d'esquisser un redressement économique. Sensible déjà au Xe siècle, il se précisera au siècle suivant. Le développement du faubourg de Saint-Victor et du quartier de la rive du lac et du Rhône en sera la conséquence [1].

Dans cette géographie urbaine, il faut faire sa place à l'agglomération de Saint-Gervais en voie de développement de l'autre côté du Rhône, tête de pont de Genève sur le territoire équestre. L'antique pont — c'est toujours celui de l'époque romaine —, duquel partent en éventail, de chaque côté du Rhône, deux réseaux de routes, conserve toute sa signification.

---

[1] L. Blondel, *Origine et développement des lieux habités...*, pp. 26-27. — *Praetorium, palais burgonde...*, loc. cit., pp. 74-79. — *De la citadelle gauloise...*, loc. cit., p. 113. — *Les anciens puits de Genève*, B.H.G., VII, Genève, 1939-1942, pp. 149-166. — *Le développement urbain...*, pp. 31-32, 36-37.

A la fin du Xe siècle, Saint-Gervais est représenté par quelques rues autour de l'église, non pas dans le prolongement du pont, mais un peu au sud-ouest. D'ailleurs, la paroisse de Saint-Gervais enjambe le fleuve et s'étend jusqu'au haut de l'actuelle rue de la Cité.

La petite agglomération affecte « la forme de quadrilatère régulier, disposé en carrefour, avec l'église au centre, ... type intéressant et qu'on ne rencontre pas fréquemment dans notre région ; ce pourrait bien être une création de l'époque carolingienne » [1].

Un des éléments de cristallisation de Saint-Gervais a été sans doute la villa qui a succédé à la maison romaine dont nous avons déjà parlé. Elle était ceinturée d'un fossé, de 5 mètres de largeur et d'un peu moins de 4 mètres de profondeur, doublé d'un parapet bas et d'un « mur en terre battue et pierres, retenu par des palissades liées par des branchages tressés » [2]. L'ouvrage formait un quadrilatère irrégulier de 90 sur 70 mètres environ dont la surface intérieure était d'à peu près 6440 mètres carrés [3]. Au centre de cet espace s'élevait l'église alors que la villa en occupait l'angle sud-est.

Louis Blondel rappelle qu'en Suisse occidentale, à l'époque rodolphienne, deux types de villas existent. Les unes sont le centre d'un domaine agricole ; elles sont dépourvues de fossés et d'enceinte. Les autres sont munies de défenses. A ce second type se rattachent plusieurs résidences royales, celles de Commugny et d'Orbe notamment. Elles sont en général divisées en deux parties, la cour de la résidence ou du palais, et celle des dépendances et des bâtiments d'exploitation agricole. Saint-Gervais appartient à cette catégorie.

La villa comporte une salle spéciale, le *mallus publicus*, où le juge résident rend la justice au nom du comte équestre dont dépend Saint-Gervais, le comte relevant du *pagus* genevois. A l'époque rodolphienne, il a tenu, en 926, à Saint-Gervais, une cour de justice.

Près de l'église, on a retrouvé les nombreuses tombes d'un cimetière. Quant aux dépendances de la villa, construites sans doute en matériaux légers, rien n'en a subsisté.

Une question encore se pose : quand la villa de Saint-Gervais a-t-elle été fortifiée ? Louis Blondel constate qu'elle l'est à coup sûr en 926, au moment de la cour de justice. Il estime que c'est l'œuvre de Rodolphe Ier, couronné en 888. La Transjurane a en effet subi, notamment en 894, de nombreuses dévastations, contre lesquelles on a cherché à se prémunir. La villa de Saint-

---

[1] BLONDEL, *Chronique... 1927*, dans *Genava*, VI, 1928, p. 32.

[2] BLONDEL, *Chronique... 1950*, dans *Genava*, XXIX, 1951, pp. 26-27.

[3] P. 27.

Gervais, du fait de l'arrivée de plusieurs routes importantes vers le pont du Rhône, valait qu'on la défendît [1].

A proximité de Genève, sur la rive gauche de l'Arve, la villa de Carouge subsistait. Nous avons parlé de sa création, de son étendue et de son importance à l'époque romaine. Elle possédait alors son sanctuaire et quelques ateliers [2]. Son rôle a été grand au temps du premier royaume de Bourgogne. Les Burgondes aimaient résider à la campagne : c'est à Carouge que Sigismond a été couronné.

La villa burgonde était entourée de fossés qui avaient une forme arrondie alors que ceux des Romains et des Carolingiens comportaient des lignes droites. Ils suivaient le bas de la colline de Pinchat jusqu'à l'Arve qui servait ensuite de défense.

Il semble qu'après la période burgonde la villa de Carouge se soit effacée. A-t-elle été abandonnée ? Ou détruite ? On l'ignore [3].

Nous sommes mal renseignés sur les agglomérations de la région genevoise, entre le Jura et les Alpes. Des *clusurae* défendent certains passages des montagnes. Mais ce sont des appareils fortifiés et non pas de véritables habitations.

Certaines villas romaines subsistent où la vie, depuis l'arrivée des Burgondes, a bien changé. Nous reverrons comment s'est opéré le partage des terres entre les aborigènes et les nouveaux venus. Les mas et les villages gallo-romains semblent s'être perpétués, leur existence étant attestée par les nombreux cimetières et par les tombes disséminées dans le pays genevois. Mais nous ignorons à peu près tout de l'existence qu'on y menait.

Nous venons de parler de la nécropole de Saint-Gervais. Elle possédait des tombes datant de plusieurs époques, notamment du VIIIe et du XIe siècle. A Cointrin, le cimetière du Renard, qui était déjà utilisé à l'âge de La Tène, l'est encore à l'époque burgonde. Sur la route de Vernier, aux Combes, les tombes sont postérieures au Ve siècle. Le long du chemin conduisant de Lancy

---

[1] L. BLONDEL, *Origine et développement des lieux habités...*, p. 28. — *Chronique... 1927*, dans *Genava*, VI, 1928, pp. 26-32. — *Chronique... 1938*, dans *Genava*, XVII, 1939, pp. 49-51. — *La villa carolingienne de Saint-Gervais*, dans *Genava*, XIX, 1941, pp. 187-189. — *Chronique... 1950*, dans *Genava*, XXIX, 1951, pp. 26-27. — *Chronique... 1953*, dans *Genava*, N.S., II, 1954, pp. 210-216. — J.-B.-G. GALIFFE, *Genève historique et archéologique*, Genève, 1869, p. 45 et ss.

[2] Cf. *supra*, livre III, section III, chap. Ier.

[3] L. BLONDEL, *Carouge, villa romaine et burgonde*, dans *Genava*, XVIII, 1940, pp. 54-68. — *Le prieuré Saint-Victor...*, loc. cit., pp. 245-246.

au Bachet de Pesay — l'actuelle avenue Eugène Lance —, une nécropole burgonde continuera à être utilisée dans les siècles suivants. Le Carre d'Aval possède des sépultures burgondes et du haut moyen âge.

Alfred Cartier a donné une longue énumération des tombes de dalles de molasse qu'il n'est pas toujours facile de dater, mais dont la plupart appartiennent aux époques burgonde et franque : Vandœuvres, Pressy, Lullier, Choulex, Chevrens, Veyrier, Landecy, Bernex, Chèvres, Aire-la-Ville, Soral, Cartigny, Passeiry, Athenaz, Chancy et, sur la rive droite du lac et du Rhône, Genthod, Grand-Saconnex, Meyrin, Satigny, Russin, à quoi il faut ajouter, près de nos frontières, en Haute-Savoie, Ville-la-Grand, Ambilly, Annemasse, Bossey, Archamps, Saint-Julien et, dans le Pays de Gex, Cessy. La liste est loin d'être épuisée ; la Haute-Savoie possède beaucoup de sépultures burgondes et franques. Elles ont été systématiquement étudiées par Le Roux et Marteaux. Leur nombre augmente sans cesse au gré des découvertes que permettent les travaux de construction et de génie civil, particulièrement nombreux à l'heure actuelle — quand la pelle mécanique laisse le temps de faire les observations nécessaires.

Ainsi, la multiplicité des lieux habités, dans la région proche de Genève et dans tout son diocèse, malgré la dureté des temps, est attestée, à défaut de ruines de bâtiments, par les cimetières [1].

L'origine de la plupart des villages genevois remonte à la période gallo-romaine et même celtique. A l'époque de la *pax romana*, les hameaux avaient eu tendance à s'agglomérer en villages. Cependant, certains d'entre eux existaient encore entre le Ve et le XIe siècle. Ils correspondaient souvent à la dispersion des tenures à la périphérie des réserves seigneuriales. Mais bien des maisons romaines avaient disparu, reconquises par la forêt envahissante, dans les temps de décadence. A Massongy, près de Douvaine, on a retrouvé plusieurs substructions romaines dans les bois. Le cas n'est pas unique. C'est un signe évident de régression économique.

Lorsque les maisons sont groupées en hameaux ou en villages, elles sont très souvent mitoyennes, comme à l'époque romaine. Leur type n'a pas beaucoup changé. Elles sont, en règle générale, construites en bois et recouvertes de chaume ou de bardeaux. Lorsque les cailloux roulés et les tuiles courbes remplaceront ces matériaux primitifs, la forme même des maisons n'en sera pas affectée : elles conserveront leurs avant-toits très saillants qui, tout en protégeant les façades, permettent d'abriter du bois ou de la paille.

---

[1] Albert GRENIER a remarqué fort judicieusement que « les établissements barbares, comme ceux du Moyen Age, construits sans doute très légèrement, n'ont pas laissé de traces. On ne trouve, des successeurs des Gallo-Romains, que leurs cimetières ». *Manuel*..., t. VI, 2, pp. 938-939.

La forme de ces agglomérations reste conditionnée par la topographie et par les chemins. Tantôt elles se massent à un carrefour, tantôt elles s'étirent le long d'une route. Laconnex représente le premier type, Plan-les-Ouates le second [1].

---

[1] L. BLONDEL, *Origine et développement des lieux habités...*, pp. 10-14. — *Chronique... 1922*, dans *Genava*, I, 1923, pp. 82-83. — *Chronique... 1926*, dans *Genava*, V, 1927, pp. 32-33. — *Le sol et l'habitation*, dans *Genava*, V, 1927, pp. 258-264. — *Chronique... 1929*, dans *Genava*, VIII, 1930, pp. 56-58. — *Chronique... 1938*, dans *Genava*, XVII, 1939, pp. 49-51. — *Praetorium...*, *loc. cit.*, p. 84. — *Chronique... 1943*, dans *Genava*, XXII, 1944, pp. 34-40. — *Chronique... 1949*, dans *Genava*, XXVIII, 1950, pp. 27-28. — *Chronique... 1951 et 1952*, dans *Genava*, N.S., I, 1953, pp. 74-75. — Alfred CARTIER, *Notice sur quelques sépultures découvertes à Cessy près Gex et sur les tombes à dalles dans le canton de Genève*, *B.H.G.*, III, 1906-1913, pp. 81-93. — A. GRENIER, *Manuel...*, t. VI, 2, pp. 938-939. — M. LE ROUX et Ch. MARTEAUX, *Sépultures burgondes. Stations et mobilier funéraire*, dans *Revue savoisienne*, 39e année, 1898, pp. 11-39, 130-140, 259-283. — Burkhard REBER, *Tombeaux burgondes à Veyrier*, dans *Indicateur d'Antiquités suisses*, XXI, 1919, pp. 204-209.

CHAPITRE III

LA LÉGISLATION ET SES ASPECTS ÉCONOMIQUES. LA LOI GOMBETTE. LES CAPITULAIRES CAROLINGIENS

La région genevoise a été soumise à une législation générale, parfois encore informe, mais dont cependant deux éléments sont importants, la loi Gombette et les capitulaires carolingiens. Il va de soi qu'il n'existe pas de trace locale des modalités de leur application.

Que les Barbares aient conservé une partie de la législation de l'Empire romain sur le sol duquel ils se fixaient, c'est l'évidence même. Mais leur apport, spécifiquement germanique, n'en est pas moins très important ; les transformations qu'ils opérèrent dans le droit firent sentir leurs effets pendant tout le moyen âge. La fusion entre les nouveaux venus et les aborigènes a été longue, lente et difficile. Longtemps, les groupes ont vécu juxtaposés.

Cette curieuse dualité dans le régime juridique provient du fait qu'à l'origine les Germains — ainsi les Burgondes dans la *Sapaudia* — n'étaient aux yeux de Rome que des fédérés appliquant leurs coutumes et leurs règles alors que le territoire restait régi par le droit romain. Après la chute de Rome, cette tradition se maintint, plus ou moins longtemps selon les Etats barbares. Ainsi les Burgondes, même après avoir été soumis par Clovis, continuèrent-ils à appliquer la loi Gombette. Tout cela, s'ajoutant à ce qu'il y avait de fluctuant dans les Etats et leurs frontières, contribuait à une certaine instabilité et prolongeait le temps nécessaire à la fusion des éléments humains en présence.

Comme l'écrit Joseph Calmette, « nul n'émet la moindre prétention d'imposer ses lois aux autres : chacun vit, après comme avant, selon la loi de ses ancêtres » [1].

---

[1] « Aucune difficulté ne surgit à ce sujet. Le problème de la coexistence des législations est résolu très simplement par la pratique de la personnalité des lois. La justice du roi est une justice toute germanique... mais elle prononce aussi bien selon le droit romain que selon le droit franc, goth ou burgonde... Autrement dit, la race détermine le code sur lequel chacun mesure ses droits et règle ses obligations. Quel que soit le roi auquel il ait prêté serment, le sujet revendique ou subit uniquement sa loi héréditaire. »

Cependant, peu à peu, une intégration s'esquissera, qui poussera certains peuples germains à atténuer la disparate de leur droit. Ce sera le cas des Burgondes.

La législation burgonde doit nous arrêter particulièrement puisqu'elle a été appliquée à Genève et qu'elle a contribué pour un temps à lui donner sa physionomie juridique et à régler son économie.

Le roi Sigismond, peu après la mort de son père Gondebaud, survenue en 516, a promulgué à Lyon, en 517, un véritable recueil des lois burgondes connu sous le nom de loi Gombette. Cette *Lex Gundobada* ou *Lex Burgundionum* mérite de porter le nom de Gondebaud qui en a constitué de son vivant les éléments essentiels [1]. Elle occupe une place éminente au milieu des autres *Leges barbarorum* édictées par les différents peuples germains après leur établissement sur les territoires romains [2]. Elle est une compilation d'édits rendus par les conseillers au fur et à mesure que se posaient les questions suscitées par la cohabitation des Germains et des Gallo-Romains [3].

Les Gallo-Romains n'ont pas été traités en vaincus par les Burgondes. Les conditions mêmes de leur installation dans la *Sapaudia* ne l'auraient pas permis. Cependant, on était loin d'une égalité absolue : bien des différences entre aborigènes et nouveaux venus se sont inscrites dans la loi Gombette comme dans les autres législations barbares.

Gondebaud avait prévu que les problèmes intéressant exclusivement les Gallo-Romains seraient réglés par les lois romaines. Aussi une *Lex romana*

Le Monde féodal, déjà cité, p. 155. — Sur le principe de la personnalité des lois, cf. P.-E. MARTIN, *Études critiques...*, pp. 311-313. — L. STOUFF, *Étude sur le principe de la personnalité des lois depuis les invasions barbares jusqu'au XIIᵉ siècle*, dans *Revue bourguignonne de l'enseignement supérieur*, IV, 1894. — C. PEYER, *Historischer Überblick*, dans *Repertorium...*, déjà cité, Heft. 5., p. 1.

[1] Elle porte le sceau du génie de ce souverain dont J. CALMETTE a pu dire qu'il dépassait par ses conceptions un Clovis et qu'il appartenait à « ces grands barbares qui auraient dominé leur siècle sans leur fidélité à leur foi, sans le handicap de l'arianisme ». *Le Monde féodal*, p. 9.

[2] Deux autres lois, remontant à la fin du Vᵉ ou au début du VIᵉ siècle, ont été conservées : celles des Wisigoths et des Francs Saliens.

[3] Gottfried PARTSCH, *Das Mitwirkungsrecht der Familiengemeinschaft im älteren Walliser Recht (Laudatio parentum et hospicium)*, Genève, 1955, pp. 87-89 et *passim*. — L. BLONDEL, *Praetorium...*, dans *Genava*, XVIII, 1940, pp. 84-85. — L. HALPHEN, *Les Barbares...*, pp. 52-54, 59 et ss. — F. LOT, *La fin du monde antique...*, p. 419. — *Régeste genevois*, nᵒ 55, pp. 19-21. — M.-R. SAUTER, *Le problème des Burgondes...*, pp. 7-8.

Burgundionum, complément de la loi Gombette, fut-elle mise en vigueur. Elle conservait beaucoup des stipulations du droit romain tout en cherchant à les synchroniser avec la loi Gombette. Visiblement, on a tenté de ménager les aborigènes dont on a partagé les terres [1].

Cependant la vieille tradition germanique qui autorise l'individu à se faire justice soi-même n'est pas totalement absente de la loi Gombette. Mais on en limite l'application [2].

Nous retenons de la loi Gombette les parties qui ont un rapport, direct ou indirect, avec la vie économique. Il ne faut pas y chercher un ordre logique : elle comporte des éléments du droit civil, du droit pénal et même de l'organisation judiciaire.

La volonté de rapprocher les anciens occupants et les nouveaux venus apparaît dans le fait que la même peine les frappe dans certains cas, ainsi lorsqu'ils se rendent coupables du meurtre d'un homme libre ou d'un vol. La hiérarchie sociale est stricte, mais à chaque degré on trouve côte à côte aborigènes et Burgondes. Les optimates groupent tous les grands propriétaires et les hauts fonctionnaires ; les *mediocres* ou *minores* sont les hommes libres, les uns aisés, les autres de position modeste ; les colons sont dans cette situation intermédiaire que nous avons qualifiée à propos de Rome. Les esclaves sont au bas de l'échelle. On sait combien longue a été la survivance de l'esclavage antique.

Plusieurs prescriptions intéressent le mariage, la famille, les successions

---

[1] En définitive, la loi burgonde a été appliquée dans les différends entre Burgondes, ou entre Burgondes et Romains, et la loi romaine des Burgondes dans les cas concernant les seuls Gallo-Romains. Mais, dans l'ensemble, l'influence du droit romain y est plus sensible que dans les autres codes barbares. Gondebaud était un homme habile, cultivé, d'un caractère assez conciliant ; son peuple, qui a su montrer lorsqu'il le fallait ses qualités guerrières, était de mœurs assez débonnaires, ce qui n'a pas été le cas de tous les Barbares ; il était porté au travail, habile dans l'agriculture comme dans les métiers. Le roi a cherché à utiliser ces penchants en vue de romaniser ses sujets. Il n'a pas complètement écarté l'aristocratie gallo-romaine de l'exercice du pouvoir. Mieux que d'autres dynastes germains, il a su rapprocher les deux fractions de son peuple et préparer leur amalgame.

[2] Cette législation est restée en vigueur, au moins partiellement, au-delà de la conquête franque. Il semble qu'elle soit devenue un élément de difficulté dans le complexe juridique du régime mérovingien, puis carolingien. BAYET, PFISTER, KLEINCLAUSZ, *Le Christianisme, les Barbares mérovingiens et carolingiens,* déjà cité, pp. 88-89. — P. BERTRAND, *Les origines de Genève,* pp. 67-68. — J. CALMETTE, *Le Monde féodal,* p. 155. — L. HALPHEN, *Les Barbares...,* p. 63. — R. LATOUCHE, *Les grandes invasions...,* p. 160.— F. LOT, *La fin du monde antique...,* p. 419. — LOT, PFISTER, GANSHOF, *Les destinées de l'Empire...,* p. 192.

et les héritages. La famille est fortement constituée ; dans ce domaine, l'opposition est assez marquée entre les droits burgonde et romain [1]. La question du divorce est particulièrement intéressante. Les Romains peuvent très facilement l'obtenir, même par simple consentement mutuel. Il est au contraire très difficile pour les Burgondes [2].

Les règles des successions et des héritages ne sont pas les mêmes pour les aborigènes et les occupants. La « loi romaine des Burgondes » reconnaît comme héritiers tous les descendants, sans acception de sexe. Au contraire, la loi burgonde prévoit que l'héritage passe aux descendants mâles. Ce n'est qu'à leur défaut que les femmes peuvent entrer en ligne de compte [3].

Comme tous les codes barbares, la loi Gombette prévoit de très nombreuses réparations et sanctions. La plupart d'entre elles sont d'ordre pécuniaire, fixées par un véritable tarif des compositions — ou compensations — d'une part, et des amendes de l'autre. Le prix d'un homme libre est fixé à 150, 200 ou 300 sous selon les cas. C'est avec une infinie précision dans le détail que les autres atteintes à la personne humaine sont prévues. Les compositions, qui sont la réparation de torts, sont toujours indépendantes des amendes qui représentent des sanctions pénales. Ces dernières sont de quatre ordres. Dans la plupart des cas de simples amendes en argent se superposent au *Wergeld*, à la composition. Le montant en est rigoureusement fixé dans chaque cas. Plus rarement, le coupable peut être réduit en esclavage [4]. Des mutilations sont aussi prévues, ainsi l'amputation d'une main. Enfin, la peine de mort est appliquée dans les cas d'homicides volontaires ou de vols graves.

La loi Gombette s'occupe aussi des esclaves. On est encore bien près de la tradition romaine qui les assimile à du bétail ou à des objets. Comme on ne peut les atteindre dans leurs biens, ce sont des sanctions corporelles qui les frappent, allant de la fustigation à la peine de mort.

---

[1] Chez les Burgondes, le mari achète la puissance qu'il exercera sur sa femme à ses parents. Le prix d'achat est le *Wittimon* dont le tiers devra être utilisé — par les parents — à l'achat du trousseau. Mais l'époux, à son tour, au lendemain du mariage, constitue à sa femme un douaire : c'est la *Morgengabe*, le don du matin — du matin qui suit la nuit nuptiale.

[2] Il sera cependant admis en cas d'adultère de la femme alors qu'il pourra être refusé en cas de faute du mari. Quant à l'épouse qui abandonne le domicile conjugal, elle sera étouffée dans la boue. Si le chef de famille veut quitter sa femme, il doit lui abandonner les enfants, sa maison, ses biens, et lui restituer le *Wittimon*. Un homme a-t-il séduit une jeune fille ? Il versera à son père une forte composition. Un Romain paie de sa vie le rapt d'une jeune fille. Le Burgonde, avantagé, s'en tire avec le versement d'une somme d'argent.

[3] Les filles n'héritent normalement que des vêtements et des parures de leur mère.

[4] C'est la sanction qui frappe la femme coupable d'inceste ou la jeune fille qui s'est unie à un esclave.

Certaines clauses du code burgonde sont particulièrement révélatrices des conditions économiques. Il punit durement le vol, non pas seulement d'un esclave, mais aussi d'un bœuf, d'une vache, d'un cheval, la sanction pouvant aller jusqu'à la peine capitale. Certes, les Burgondes sont devenus sédentaires. Mais ils restent encore conditionnés par leurs traditions ancestrales, celles d'un peuple longtemps nomade dont la grande richesse était le bétail que l'on poussait devant soi.

Mais la culture du sol, avec l'installation des Burgondes dans la *Sapaudia* et leur expansion dans les régions voisines, l'a finalement emporté sur les activités d'un peuple pasteur. Le partage des terres des Gallo-Romains dans des conditions que nous reverrons les a transformés en propriétaires fonciers. Le déplacement ou la destruction des bornes limitant les propriétés sont frappés d'une sanction terrible : l'amputation de la main.

Comme ceux concernant la famille et l'héritage, ces éléments du droit sont bien à l'image d'un peuple agriculteur et pasteur, penché vers la terre dont il tire l'essentiel de sa subsistance. Ils montrent les profondes transformations qui se sont opérées dans l'existence des envahisseurs. Ils se sont mis littéralement à l'école des Gallo-Romains. Leur droit est en même temps un reflet de la réalité économique.

En revanche, les autres secteurs de l'économie n'apparaissent que rarement, ce qui découle sans doute du faible développement de l'industrie et du commerce [1]. Cependant, la loi Gombette s'intéresse à la circulation des monnaies. Elle dispose notamment que l'on n'est pas tenu de recevoir certaines pièces d'or de Genève. S'agit-il de pièces de mauvais aloi ? Ou bien des frappes de Godegisèle, le frère ennemi de Gondebaud ? Diverses stipulations de la loi burgonde concernent les impôts et montrent la persistance de certaines institutions romaines. Nous reviendrons sur les questions monétaires et fiscales [2].

Telles sont quelques-unes des règles du droit burgonde qui a été appliqué à Genève et dans sa région [3].

---

[1] Une telle constatation pourrait infirmer la thèse d'Henri Pirenne concernant la survivance d'un trafic méditerranéen relativement actif. Le royaume de Bourgogne aurait dû en effet en bénéficier puisqu'il s'ouvrait par le Rhône sur les mers du Sud et qu'il était aussi, grâce à la vallée de la Saône et au Plateau suisse, un intermédiaire entre la Méditerranée et les pays du Nord et de l'Est du continent.

[2] Cf. *infra*, chap. VIII et XI.

[3] Les lois burgondes ont été publiées par Louis-Rodolphe von SALIS dans les *Monumenta Germaniae Historica*, série des *Leges nationum germanicarum*, t. II, Hanovre, 1892. — Cf. aussi BAYET, PFISTER, KLEINCLAUSZ, *op. cit.*, pp. 88-90. — P. BERTRAND, *op. cit.*, pp. 68-70. — L. HALPHEN, *Les Barbares...*, pp. 52-54, 59-70. — Julien HAVET, *Du partage des terres entre les Romains et les Barbares chez les Burgondes et les Wisigoths*, dans *Revue historique*, VI, 1878, pp. 87-99. — R. LATOUCHE, *Les grandes invasions...*, p. 160. — F. LOT, *La fin du monde antique...*, p. 419. — P.-E. MARTIN, *Etudes critiques...*, pp. 305-306. — *Rég. gen.*, pp. 19-21.

La loi Gombette, nous l'avons dit, a survécu au Royaume de Bourgogne et a été partiellement appliquée encore au IXe siècle car, même réunie à l'Etat franc, la Bourgogne a constitué une véritable entité.

La décadence mérovingienne a vu se dégrader les diverses législations barbares. Au milieu de cet immense désordre, seules quelques-unes de leurs prescriptions et certaines institutions romaines — dans le domaine fiscal et monétaire en particulier — constituent encore une armature de quelque solidité.

Mais l'Empire carolingien allait instaurer une nouvelle législation dont une partie intéresse naturellement aussi la région genevoise. Ce sont les capitulaires édictés par Charlemagne et par ses successeurs. Leurs stipulations, si elles ne constituent pas à proprement parler un code, ont un vaste champ d'application : les questions économiques y tiennent une place importante. Mais, nous le répétons, ces capitulaires n'abrogent pas les anciennes lois barbares des peuples réunis sous le sceptre carolingien ; les caractères ethniques des individus peuvent en conditionner l'usage. Toutefois, sous Charlemagne, le monarque, omniprésent par les comtes, les ducs, les *missi dominici*, cherche à enlever à cette diversité ce qu'elle pourrait avoir de trop gênant. Le régime carolingien a eu dans le domaine du droit beaucoup plus de cohérence que l'état mérovingien [1].

Les capitulaires touchent à une infinité de questions. Certains contiennent des règles impératives applicables à l'Etat tout entier. Dans d'autres, le souverain, agissant au titre de propriétaire, se borne à édicter des prescriptions concernant ses biens, par exemple l'exploitation de ses villas. Ainsi, l'économie publique et l'économie privée, voire domestique, sont sans cesse confondues.

D'ailleurs, des mesures intéressant la culture des terres de l'empereur peuvent avoir une portée générale, une valeur exemplaire. Le capitulaire *de Villis* ne s'applique qu'aux propriétés du souverain. Est-ce à dire que les grands serviteurs de l'empereur, par intérêt personnel et par désir de plaire à leur maître, ne s'en soient pas inspirés ?

Un certain dirigisme n'est pas absent — notamment sur le plan économique — de la législation carolingienne. Une volonté y apparaît aussi de moraliser la vie économique, d'y faire pénétrer les préceptes du christianisme. Après les effroyables désordres et les brutalités de la décadence mérovingienne, l'effort est méritoire.

---

[1] Le texte des capitulaires carolingiens a été publié par Alfred BORETIUS dans les *Monumenta Germaniae Historica*, Section II, *Capitularia Regum Francorum*, t. Ier, Hanovre, 1883, pp. 44-186. — Les capitulaires mérovingiens figurent dans ce même volume, pp. 1-23. — Voir aussi F.-L. GANSHOF, *Recherches sur les Capitulaires*, Paris, 1958, qui a dressé un tableau exhaustif des capitulaires et des documents qui peuvent leur être assimilés. Pp. 109-120.

Dans un Etat qui tire la plus grande partie de sa subsistance de son sol, les capitulaires devaient nécessairement faire une place de choix à l'exploitation des domaines et à l'agriculture. La volonté de défricher des terres, de procéder à une véritable colonisation intérieure, de perfectionner la technique agricole, anime ces textes carolingiens bien que l'on ait trop souvent, en partant du *de Villis*, exagéré cet aspect des choses [1].

---

[1] Dans son *Admonitio generalis* (BORETIUS, *Capitularia...*, t. Ier, pp. 52-62), qui est de 789, Charlemagne s'est déjà préoccupé, pour des raisons sans doute plus religieuses qu'économiques, du travail du dimanche. Une remarque s'impose à ce sujet : longue est la liste des besognes agricoles, domestiques et ménagères défendues le jour du Seigneur. Mais aucune mention n'est faite du travail artisanal urbain : preuve sans doute de son médiocre développement. Seuls, les gens de métier qui habitent les villas impériales retiennent l'attention du législateur. Ce n'est pas à dire cependant que Charlemagne et ses successeurs aient été indifférents au développement industriel et commercial de leurs états. Quoi qu'on pense des thèses d'Henri Pirenne, on doit constater un effort sensible, dans plus d'un texte carolingien, en vue de le favoriser. Création de foires et de marchés, ouverture de relations commerciales avec le monde extérieur, facilités accordées à la circulation des marchandises, sécurité et ordre intérieurs, assainissement monétaire, tendance à l'unification des poids et mesures : ce sont autant de préoccupations du législateur carolingien. Mais, dans l'ensemble, elles affectent plus le commerce qu'une industrie qui est encore dans une large mesure domestique. Le problème du prêt à intérêt est aussi posé. Sur l'ensemble de la question, cf. BORETIUS, *Capitularia Regum Francorum*, déjà cité. — Le capitulaire *de Villis* a été traduit en français et commenté par B. GUERARD, *Explication du capitulaire de Villis*, Bibliothèque de l'École des Chartes, Paris, 1953. — F.-L. GANSHOF, *La Belgique carolingienne*, Bruxelles, 1958, en particulier la bibliographie, p. 162. — A. GRENIER, *Manuel...*, t. VI, 2, Paris, 1934, p. 939 et *passim*. — L. HALPHEN, *Etudes critiques...*, pp. 240-243, 293-394 et *passim*. — *Charlemagne...*, pp. 145-146 et *passim*. — A. KLEINCLAUSZ, *Charlemagne*, pp. 211-215 et *passim*. — R. LATOUCHE, *Les origines...*, pp. 176-178, 190-191, 204-210 et *passim*.

CHAPITRE IV

LES ORIGINES DE LA FÉODALITÉ.
LA PROPRIÉTÉ FONCIÈRE. L'AGRICULTURE

1. — LE PARTAGE DES TERRES

Les Burgondes, comme les autres peuples germaniques au moment des invasions, se sont réservé dans la *Sapaudia* une partie des terres. Dans quelles conditions le partage s'est-il fait entre les aborigènes et les nouveaux venus ?

C'est beaucoup plus en hôtes qu'en conquérants abusant de leur force que les Burgondes se sont installés en territoire romain. Ils étaient considérés comme des fédérés bénéficiant du régime de l'hospitalité. Comme tels, ils s'installaient sur les biens fonciers des propriétaires gallo-romains, partageant avec eux les terres, les maisons, le cheptel, les esclaves. La part qui revenait à l'occupant a varié selon les peuples barbares [1]. Les Burgondes ont d'abord réclamé la moitié des biens, mais, finalement, ils se sont octroyé les deux tiers des terres arables, la moitié des jardins, des bois et des prairies et le tiers des esclaves [2].

L'installation des Burgondes dans la Suisse occidentale, estime Louis Blondel, n'a pas dû modifier profondément les formes de son agriculture. Les traditions celto-romaines se sont perpétuées. Tout au plus le partage a-t-il pu accentuer le morcellement des terres et favoriser la formation de

---

[1] Les Ostrogoths, en Italie, semblent s'être contentés d'un tiers, alors que les Wisigoths ont exigé les deux tiers. — L. HALPHEN, *Les Barbares...*, pp. 23-27. — J. HAVET, *Du partage des terres entre les Romains et les Barbares...*, loc. cit., pp. 87-99. — R. LATOUCHE, *Les grandes invasions...*, pp. 103-104, 272-275. — F. LOT, *La fin du monde antique...*, pp. 277-283, 287-289. — *Du régime de l'hospitalité*, dans *Revue belge de philologie et d'histoire*, VII, 1928, pp. 975-1012. — LOT, PFISTER, GANSHOF, *op. cit.*, pp. 58-59. — W. von WARTBURG, *Les origines des peuples romans*, Paris, 1941, pp. 102-105.

[2] C. PEYER, *Historischer Überblick*, dans *Repertorium...*, Heft 5,, p. 1.

villages [1]. Peut-être ces agglomérations résultent-elles de la fixation des nouveaux-venus autour d'un chef de bande burgonde, lui-même bénéficiaire d'une
cession de terrain faite par un grand propriétaire romain. Se fondant sur le
chroniqueur Marius d'Avenches (VIe siècle), R. Latouche pense que ce sont
les domaines des riches sénateurs de la Gaule qui ont été surtout touchés.
Mais la formation de villages répondait aussi aux nécessités de la défense militaire. La toponymie prouve « que ces fédérés n'étaient pas dispersés, mais
parqués en des lieux déterminés » [2].

Une hiérarchie nouvelle s'est instaurée dans le pays romand, ayant à
son sommet une classe dirigeante née des événements mais qui comprenait
des Gallo-Romains aussi bien que des Burgondes. Cependant, constate W. von
Wartburg, ces derniers étaient les plus nombreux. La barrière religieuse qui
les séparait s'abaissa et disparut par la conversion des Burgondes ariens au
catholicisme. « C'est ainsi que l'édification d'un Etat commun, d'un ordre
social commun, d'une église commune poussa à une rapide assimilation des
deux peuples dans le territoire de cet Etat burgonde [3]. » Wartburg estime que
la fusion des aborigènes et des occupants s'est accomplie avec une particulière
rapidité dans les régions de Genève, Grenoble et Lyon à cause du petit nombre
de ces derniers qui, au point de vue linguistique en particulier, se sont laissés
en quelque sorte absorber.

Ernest Muret, en partant de la philologie et de la toponymie, avait émis
l'idée que, dans nos régions, les Burgondes, trop peu nombreux pour tout
occuper, auraient opéré un choix. Les « âpres montagnes » de la Savoie, du
Valais, de l'Helvétie, auraient eu pour eux peu d'attrait. Autour du lac de
Genève, une population déjà dense et une propriété assez morcelée n'auraient
pas offert « beaucoup de terre à partager entre les anciens habitants et les
nouveaux-venus ». Ce serait donc la partie occidentale du Plateau suisse
— l'actuelle Suisse romande — qui les aurait surtout accueillis, ce qui expliquerait le grand nombre de localités dont les noms se terminent en *-ans* ou
-ens qu'on y trouve. Ils sont surtout répandus dans la partie orientale de la
Suisse romande, là où les Burgondes auraient été particulièrement nombreux
parce qu'ils devaient surveiller leurs *marches*, face aux Alamans [4].

Mais ces hypothèses de Muret sont en opposition avec d'autres interprétations, en particulier celles de Ferdinand Lot. Paul-E. Martin, de son côté,

---

[1] *Origine et développement des lieux habités...*, pp. 10-14.

[2] R. Latouche, *Les grandes invasions...*, p. 275.

[3] *Les origines des peuples romans*, p. 103.

[4] E. Muret, *Les noms de lieu germaniques..., loc. cit.*, pp. 209-221. — La citation
est de la p. 221.

écrit : « Ce qui peut étonner dans cette explication, c'est tout de même la rareté des noms en *-ens* ou *-ans* dans la *Sapaudia* de 443 [1]. »

2. LA FÉODALITÉ EN MARCHE

Au cours des temps mérovingiens et carolingiens, la société féodale se prépare en une difficile gestation qui présente plus d'une obscurité. Il n'est pas toujours facile de discerner la part qui revient dans cette transformation aux institutions romaines et aux envahisseurs barbares : d'où la diversité des interprétations proposées par les historiens [2].

Robert Latouche, dans une œuvre récente, constate qu'une « confusion inextricable... est le trait fondamental de la féodalité » [3]. Ses caractères sont malaisés à fixer. « En réalité l'histoire de la propriété rurale du IXe au XIe siècle est à refaire [4]. » Quoi d'étonnant qu'il soit si compliqué d'enserrer en une définition les aspects de ces complexes institutions féodales, malgré les nombreuses tentatives qui en ont été faites [5] ?

La propriété a été atteinte dans sa structure. La terre, qui constitue à peu près la seule richesse, est surtout dans les mains des grands propriétaires. La régression de l'esclavage — mais aussi les règles religieuses et morales qui,

---

[1] *Haut moyen âge. Burgondes et Alamans...*, *loc. cit.*, pp. 104-122. — Cf. aussi sur l'ensemble de la question H. de CLAPARÈDE, *Les Burgondes jusqu'en 443*, ouvrage déjà cité. — Bruno BOESCH, *Schichtung der Ortsnamen*, dans *Repertorium...*, déjà cité, Heft 5., pp. 27-30 et Taf. 14 et 15.

[2] On sait combien l'œuvre si importante de Fustel de Coulanges, même revue par Camille Jullian, a, au cours des années, subi de retouches, suscité de réserves, pour ne pas dire de revisions parfois fondamentales.

[3] *Les origines...*, p. 233.

[4] P. 235.

[5] Ces institutions « se ramènent à la formule suivante : une décomposition de la propriété conjuguée à une décomposition de la souveraineté... Les copartageants, seigneur et vassal (ou censitaire), roi et feudataire, vivent en symbiose, chacun des associés étant inconcevable sans l'autre. Il n'y a pas eu de désagrégation réelle, car, s'il en avait été ainsi, la société serait tombée en complète anarchie. D'ailleurs l'idéal de la société féodale est directement opposé : elle voudrait réaliser un accord harmonieux entre des personnes, des choses et des droits qu'elle imagine unis par nature. » LOT, PFISTER, GANSHOF, *op. cit.*, p. 642. — J. CALMETTE, de son côté, a insisté sur les transformations profondes qu'ont subies certaines structures romaines. « Deux notions fondamentales servaient de base à la société antique : l'État, la propriété. Le principe féodal s'attaque à ces deux notions, et, pour ainsi dire, les désintègre. Féodalement il n'y a, à proprement parler, ni État ni propriété. » *Le Monde féodal*, p. 165. — Cf. aussi F.-L. GANSHOF, *Qu'est-ce que la féodalité ?* 2e éd., Neuchâtel et Bruxelles, 1947, spécialement Ire et IIme parties. La IIme partie est intitulée « La féodalité carolingienne » ; elle prélude à « la féodalité classique » de la période du Xe au XIIIe siècle.

dans une certaine mesure, en limitent l'usage — et le manque de numéraire qui réduit à l'extrême les possibilités du salariat, les obligent à distribuer leurs terres à des colons de types divers qui les mettent en valeur. Comme contre-partie, ces colons assument, en faveur des propriétaires, des redevances et des prestations en travail, les corvées. Ces concessions, extrêmement souples, affectent les modalités les plus diverses. Mais elles ont un trait commun : elles tendent à devenir perpétuelles, héréditaires. Elles prennent la forme d'un bail à cens et les terres concédées s'organisent en tenures. « La possession, dissociée définitivement de la propriété, réduit celle-ci à n'être plus qu'un droit transcendant, la pure et simple faculté d'exiger certains services. Bref, la propriété, convertie en *jus eminens*, a pratiquement cessé d'exister [1]. »

On assiste en même temps à une « dissolution de l'Etat ». Le chef barbare est entouré de « compagnons » qui lui sont liés par serment. C'est parmi eux qu'il choisit de préférence ses comtes. A leur tour, ces derniers « s'attachent par serment ceux dont ils entendent se servir ou qu'ils veulent dominer : c'est la *vassalité* qui s'enracine » [2].

Or, cette vassalité se combine avec la concession terrienne dont nous venons de parler. Faute de numéraire, le monarque paie ses fonctionnaires en leur octroyant des propriétés dont le produit rémunère les services. Une telle concession, liée à un service, constitue un *bénéfice*. « Vassalité et bénéfice combinés engendrent le fief. » Ce système tend à se généraliser. « Ainsi, écrit Joseph Calmette, se crée entre seigneur et vassal un *contrat* : c'est le contrat féodal [3]. »

Des phénomènes connexes ont agi dans le sens même de cette évolution, l'accélérant et la renforçant. L'insécurité des temps, en particulier lors des nouvelles invasions, a poussé les modestes propriétaires à transformer le caractère de leur propriété. Ils la remettent à un puissant voisin pour en obtenir la protection : ils ne jouiront dorénavant de leurs terres que s'ils assument certaines obligations et redevances en faveur des seigneurs auxquels ils se sont aliénés [4].

La puissance de Charlemagne lui a permis de contrôler au moins une partie de cette évolution. Lorsqu'il concède des biens à ses comtes, cette concession est liée à l'exercice d'une fonction ; elle est donc à terme. Mais ses successeurs n'ont pas eu la même autorité. Les grands personnages qui jadis représentaient le souverain ont fini par se considérer comme les proprié-taires héréditaires de leur charge et en même temps des terres qui en assuraient

---

[1] J. CALMETTE, *Le Monde féodal*, p. 166.
[2] *Ibid.*, p. 166.
[3] *Ibid.*, p. 167.
[4] *Ibid.*, pp. 167-168.

la rémunération. Les monarques sont peu à peu dépouillés à la fois de leur autorité et de leurs biens. Ainsi se créent des seigneuries, avec leur organisation complexe et leur hiérarchie [1].

Un tel système n'aurait pu triompher s'il n'avait correspondu à certaines nécessités, au besoin de protection en particulier, si impérieux, notamment au IXᵉ siècle, au moment des invasions sarrasines, hongroises et surtout normandes. Le système seigneurial est sorti de l'incapacité du monarque de protéger les diverses parties de son Etat. La seigneurie finira par s'incarner dans le château-fort, qui, s'il a fait si souvent figure d'instrument de domination et de contrainte, a pu être, à l'origine, le symbole d'une protection pour la paysannerie d'une région.

A la fin de la période que nous étudions, au Xᵉ et au XIᵉ siècle, la féodalité est définitivement constituée. Elle est l'armature même d'une société composée d'innombrables unités juxtaposées, qui se replient sur elles-mêmes.

Une des conséquences de cette structure apparaît déjà au Xᵉ siècle : les guerres privées vont en se multipliant, encouragées par la violence des mœurs, l'amour des hauts faits d'armes et les oppositions d'intérêts. Les paysans en sont les victimes désignées. Des mesures ont été tentées en vue d'en atténuer les méfaits. Les conciles de Charroux, en Aquitaine, (989) et de Narbonne, en Septimanie, (990) sont bientôt suivis d'une série d'autres, à la fin du Xᵉ et au début du XIᵉ siècle. Un des plus importants a été, vers 1037, celui de Montriond, dans le diocèse de Lausanne, aux portes de la cité épiscopale. On a tenté, si on ose employer un terme anachronique, d'y établir un véritable code de la paix. On décrétait une suspension d'armes, une trêve de Dieu, qui devait s'étendre chaque semaine du mercredi soir au lundi matin et cela pendant deux longues périodes de l'année [2].

L'abbaye de Cluny a joué un rôle important dans cette campagne contre les guerres privées [3]. Outre leur limitation dans le temps — par les trêves de Dieu —, on cherchait à en atténuer les horreurs, à leur imposer le respect de certaines règles d'humanité par les paix de Dieu [4].

---

[1] CALMETTE, *op. cit.*, p. 168.

[2] Du début de l'Avent jusqu'au premier dimanche après l'Epiphanie et de la Septuagésime au premier dimanche après Pâques.

[3] G. PARTSCH, *Ein unbekannter Walliser Landfrieden aus dem 12. Jahrhundert*, dans *Zeitschrift der Savigny-Stiftung für Rechtsgeschichte, Germanistische Abteilung*, LXXV, 1958, pp. 93-107.

[4] Elles tendent à obtenir des seigneurs qu'ils renoncent à envahir les églises, les monastères et leurs terres, à piller les biens des paysans, à détruire les vignes, les moulins, les sources, à exercer des violences inutiles.

Telles sont, réduites à un schéma rudimentaire, avec toutes les obscurités et les lacunes qui subsistent, les origines de cette féodalité qui s'est imposée à une bonne partie de l'Europe. La région genevoise, au cours de la période du Ve au XIe siècle, a été conditionnée par cette organisation. Toute sa vie politique, économique et sociale a été profondément affectée par cette marche vers la féodalité [1].

3. L'EXPLOITATION DES TERRES. LES VILLAS. LES MANSES

On a souvent insisté sur la filiation des domaines, de l'Empire romain à la féodalité et même bien au-delà. Des études récentes montrent que l'on a parfois exagéré cette continuité. Cependant, elle reste fréquente, bien qu'elle soit difficile à prouver [2]. Dans la région genevoise, certaines villas, telles celles de Saint-Gervais, de Carouge, de Massongy, marquent cette persistance. Déjà après les invasions du IIIe siècle, le colonat avait tendu à un état quasi servile, les colons étant liés de génération en génération à la terre qu'ils cultivaient. L'insécurité poussa à leur rassemblement dans de véritables villages. Mais, au même moment, d'autres villas ont été abandonnées.

La fixation des fédérés burgondes dans la *Sapaudia*, puis les invasions germaniques ont accentué la formation de ces villages. Les nouveaux venus, surtout lorsqu'ils étaient, comme les Burgondes, une minorité, préféraient se

---

[1] Sur l'ensemble de la question, cf. BAYET, PFISTER, KLEINCLAUSZ, *op. cit.*, pp. 414-439. — M. BLOCH, *La Société féodale*. T. Ier : *La formation des liens de dépendance*, Paris, 1939 (cf. en particulier, p. 241 et ss., « La vassalité carolingienne ») ; t. II : *Les classes et le gouvernement des hommes*, Paris, 1940. — *Les caractères originaux de l'histoire rurale française*, t. Ier, nouvelle éd., Paris, 1952, pp. 67-81 ; t. II, Paris, 1956, pp. 85-95. — J. CALMETTE, *La société féodale*, Paris, 5e éd., 1942, pp. 3-4 et *passim*. — *Le Monde féodal*, déjà cité, pp. 165-179 et *passim*. — A. FLICHE, *L'Europe occidentale de 888 à 1125*, déjà cité, pp. 164-190, 582-584 et *passim*. — FUSTEL de COULANGES, *Histoire des institutions politiques de l'ancienne France*, nouvelle édition revue par Camille JULLIAN, 6 vol., Paris, 1914. En particulier : t. IV, *L'alleu et le domaine rural pendant l'époque mérovingienne*, chap. I-IV ; t. VI, *Les transformations de la royauté pendant l'époque carolingienne*, livre IV. — F.-L. GANSHOF, *Qu'est-ce que la féodalité ?* pp. 16-82. — A. GRENIER, *Manuel...*, t. VI, 2, pp. 937-941. — L. HALPHEN, *Charlemagne...*, pp. 482-495. — A. KLEINCLAUSZ, *Charlemagne*, pp. 285-286, 314-318, 399-401. — R. LATOUCHE, *Les grandes invasions...*, pp. 273-275. — *Les origines de l'économie occidentale*, pp. 24-36, 233-235 et *passim*. — F. LOT, *La fin du monde antique...*, pp. 62, 408-413, 421-423 et *passim*. — LOT, PFISTER, GANSHOF, *op. cit.*, pp. 641-677. — H. PIRENNE, *Mahomet et Charlemagne*, pp. 58-61. — PIRENNE, COHEN, FOCILLON, *La civilisation occidentale au moyen âge...*, pp. 12-14. — R. POUPARDIN, *Le Royaume de Bourgogne (888-1038)*, déjà cité, pp. 302-309.

[2] Marc BLOCH, après avoir relevé les lacunes de nos connaissances, conclut : « Diverses considérations... nous inclinent à voir, dans la seigneurie médiévale, la suite directe d'usages remontant à une époque très reculée, celtique pour le moins. » *Les caractères originaux...*, t. Ier, p. 77.

grouper pour la commodité de leur défense. Malheureusement, nous l'avons vu, la plupart de ces localités, aux maisons légèrement construites, ont disparu, ne laissant, comme témoins de leur existence, que des cimetières.

Il n'empêche que, malgré ces transformations, certains domaines ont gardé leur structure gallo-romaine. Après les invasions, le terme de *villa* s'applique au domaine lui-même, au *fundus* dont l'organisation peut varier de région à région. Souvent, au centre du *fundus*, l'église paroissiale s'élève sur l'emplacement de l'ancienne résidence romaine : c'est le cas de Massongy près de Douvaine. L'organisation paroissiale a pu se couler dans l'ancien *fundus* [1].

L'aspect extérieur de beaucoup de villas mérovingiennes de la région genevoise devait être comparable à celui de nos villages, à cette différence près qu'elles appartenaient à un seul propriétaire. La plupart d'entre elles étaient de petite ou de moyenne étendue. Les vastes exploitations étaient assez rares : elles appartenaient surtout au monarque ou à des abbayes [2].

Mais, à côté des villas, il existait d'immenses étendues de friches et surtout beaucoup de terres indépendantes, cultivées par de modestes propriétaires libres, réunis dans les *vici*, dans les villages. Ce sont précisément leurs alleux que le flot montant de la féodalité absorbera.

Au cours de la période carolingienne, il est peu probable qu'il y ait eu beaucoup de grands domaines dans la région de Genève. En revanche, à l'époque rodolphienne encore — ces renseignements sont valables en tout cas pour la rive droite du lac et du Rhône —, de nombreuses propriétés allodiales, de modestes dimensions, subsistaient. Leurs détenteurs, des hommes libres, formaient, au Xe et au début du XIe siècle, une classe nombreuse et non dépourvue d'influence. Mais elle a été durement touchée à la fin du régime burgonde par les mesures prises par Conrad II le Salique en 1037, après qu'il eut brisé la résistance des grands vassaux de la Suisse romande ; elles ont contribué à la régression rapide des terres allodiales.

Entre la mort du dernier Rodolphien et la fin du XIe siècle, l'ancien comté équestre se démembra en une série de puissantes seigneuries, celles d'Aubonne, de Mont, de Prangins, de Divonne et de Gex, sans compter les domaines

---

[1] A. GRENIER, *Manuel...*, t. VI, 2, pp. 935-941. — A. KLEINCLAUSZ, *op. cit.*, pp. 266-267. — Mais, comme le rappelle Robert LATOUCHE, il faut « réagir contre une conception rigide de la *villa*. Les *villae* qu'on rencontre à chaque pas dans les textes des temps mérovingiens et carolingiens n'ont jamais eu le caractère uniforme que trop souvent on leur a prêté. » *Les origines...*, p. 74. — Charles MARTEAUX, *Origine de la commune de Massongy*, dans *Revue savoisienne*, 61e année, 1920, pp. 75-83.

[2] Certains domaines, comme celui de Saint-Germain-des-Prés, qui nous est si bien connu par le polyptyque d'Irminon, pouvaient être immenses. Ils ne constituaient que rarement un tout géographique cohérent et étaient formés de parties dispersées dans de vastes régions.

dépendant de l'évêque de Genève, du chapitre de Saint-Pierre et du prieuré de Saint-Victor [1].

Parlant du VIIIe et du IXe siècle, Marc Bloch a fait la remarque suivante : « Le sol de la Gaule franque nous apparaît comme fractionné en un très grand nombre de seigneuries. On les appelait alors, généralement, des *villae*, bien que ce mot commençât déjà à glisser au sens de lieu habité. Qu'était-ce, en ce temps, qu'une seigneurie, ou *villa* ? dans l'espace, un territoire organisé de telle sorte qu'une grande partie des profits du sol revînt, directement ou indirectement, à un seul maître ; humainement, un groupe qui obéissait à un seul chef [2]. »

Les terres en sont, généralement, divisées en deux parties, distinctes bien qu'étroitement dépendantes. « D'une part, une grande exploitation, mise en valeur directement par le seigneur ou ses représentants. » C'est le *mansus indominicatus* ou la réserve seigneuriale. « D'autre part, un nombre assez élevé de petites ou moyennes exploitations dont les détenteurs doivent au seigneur diverses prestations et, surtout, contribuent au travail sur la réserve. » Ce sont les tenures. « La coexistence, dans un même organisme, de cette grande et de ces médiocres exploitations est, du point de vue économique, le caractère fondamental de l'institution [3]. »

La réserve, le *mansus indominicatus*, comporte l'habitation du maître, les logements de ceux qui relèvent directement de lui, les bâtiments d'exploitation et en outre des jardins, des vergers, des terres de labour, des prés, éventuellement des vignes, à quoi peuvent s'ajouter des landes et des forêts [4].

De telles réserves, qu'elles appartinssent au monarque, à des églises, à des monastères ou à de puissants seigneurs, nécessitaient, pour être mises en valeur, une main-d'œuvre considérable. Certes, le haut moyen âge a connu le louage d'ouvrage : mais les journaliers agricoles étaient peu nombreux et

---

[1] F. de GINGINS-LA-SARRA, *Histoire de la cité...*, *loc. cit.*, pp. 95-99. — Sur l'ensemble de la question, cf. A. GRENIER, *Manuel...*, t. VI, 2, pp. 935-941. — A. KLEINCLAUSZ, *op. cit.*, pp. 265-267. — R. LATOUCHE, *Les origines...*, pp. 73-75, 204 et ss., 229-230 et *passim*. — LOT, PFISTER, GANSHOF, *op. cit.*, pp. 592-595.

[2] M. BLOCH, *Les caractères originaux...*, t. 1er, p. 67.

[3] *Ibid.*, pp. 67-68.

[4] Cette réserve n'était pas d'un seul tenant, mais morcelée, enchevêtrée parfois avec les parcelles des tenanciers. Mais, à l'origine, elle dépasse sans doute l'étendue de l'ensemble des tenures. BLOCH, *op. cit.* — F.-L. GANSHOF a donné d'importants renseignements sur la structure et l'exploitation des *villae* de la région belge. *La Belgique carolingienne*, pp. 97-118, 158-160 et *passim*. Naturellement, la région genevoise ne possède aucun domaine comparable à ceux, très considérables, de la Belgique.

n'auraient pas suffi à la culture des terres seigneuriales. Hommes libres, ils étaient entretenus par leurs employeurs qui leur versaient en outre un très petit salaire.

Restaient les esclaves. Dans les derniers temps de l'Empire romain, leur recrutement était devenu difficile. Mais à l'époque des invasions et au début des royaumes barbares, ils ont été de nouveau nombreux sur les marchés, fournis par les guerres et les brigandages. Ils ont pu être utilisés dans les divers secteurs économiques à l'époque mérovingienne. A partir du IXe siècle, en revanche, l'esclavage perdit de son importance. Le recrutement s'avérait difficile. Les affranchissements se multipliaient : le système des corvées et des prestations en nature permettait en effet de tirer un excellent parti de l'affranchi que l'on dotait d'une tenure. Quant au christianisme, il ne faut pas en exagérer l'influence. L'Eglise a accepté longtemps l'esclavage. Cependant elle a cherché à le rendre plus humain et elle a encouragé l'affranchissement qu'elle a placé au rang des bonnes œuvres [1].

Ainsi, l'exploitation des domaines est de plus en plus liée aux prestations en travail, aux corvées. Le *mansus indominicatus* s'oriente vers un découpage en tenures sur lesquelles les paysans sont casés selon un système qui tend à devenir héréditaire [2].

Les liens qui unissent seigneurs et tenanciers sont complexes. Le seigneur fait figure d'administrateur, de juge, de défenseur, les paysans apportant d'ailleurs leur collaboration active à la défense militaire. Mais tous ces rapports ont comme substruction l'économie. Le tenancier, comme prix de la jouissance de sa terre, paie des redevances au seigneur et lui doit des services [3].

Les redevances sont extraordinairement variées, tant par leur origine que par leur nature ou leur mode de perception. Les unes ont un caractère réel ; elles dépendent de la terre elle-même. D'autres sont personnelles, découlant de la position du tenancier et de ses rapports avec le seigneur. Elles ne sont que rarement versées en argent : la perception s'effectue surtout en nature, proportionnellement aux récoltes faites.

Si ces redevances constituent un lourd fardeau, les prestations en travail sont encore plus gênantes. La vie même de la réserve seigneuriale est suspendue

---

[1] M. BLOCH, *La Société féodale*, t. Ier, pp. 80-85. — Sur l'esclavage médiéval, cf. l'étude exhaustive de Charles VERLINDEN, *L'esclavage dans l'Europe médiévale*, t. Ier, *Péninsule ibérique-France*, Bruges, 1955 (Recueil de travaux de la Faculté de philosophie et lettres de Gand, fasc. n° 119). Voir particulièrement le livre II.

[2] L'étendue et le caractère de ces tenures varient beaucoup. Parmi les tenanciers, les *ingenuiles* sont des hommes libres ; les autres sont des *serviles*.

[3] « A l'intérieur de la *villa* du haut moyen âge, la fonction essentielle du manse est claire : il joue le rôle d'unité de perception. » BLOCH, *La Société féodale*, t. Ier, p. 156.

aux services des corvéables. Ils sont extraordinairement variés, à l'image même des besoins qu'ils doivent satisfaire : charrois, travaux de culture, besognes de caractère industriel, fabrication d'étoffes, de vêtements, de boissellerie [1].

Parlant des corvées carolingiennes, Marc Bloch a pu dire : « La tenure était si bien conçue comme une source de main-d'œuvre qu'elle était employée, à ce titre, au service de la production industrielle, aussi bien que de l'agriculture. En ce sens, on peut définir la seigneurie comme une vaste entreprise, ferme et manufacture tout à la fois — mais ferme surtout — où le salaire était généralement remplacé par des allocations en terre [2]. »

4. L'AGRICULTURE. LA TECHNIQUE AGRICOLE

Marc Bloch ayant qualifié la seigneurie — nous venons de le rappeler — de vaste entreprise, ferme et manufacture à la fois, ajoute aussitôt : « mais ferme surtout ». L'Europe du haut moyen âge a été essentiellement rurale. Ferdinand Lot, dans ses *Conjectures démographiques sur la France au moyen âge*, estime qu'au IXe siècle la population rurale représentait 90 ou 95% de l'ensemble des habitants. Il est vrai que Kleinclausz, citant ces chiffres, considère ce pourcentage comme un peu exagéré [3]. En tout cas, il est certain que la population de la ville de Genève, aux temps burgonde et franc, devait être bien peu de chose en regard de celle de son vaste diocèse. Et encore n'était-elle pas complètement dégagée de l'agriculture.

Même à l'époque de son apogée, la Gaule — une des plus florissantes régions agricoles de l'Empire romain — était semée de vastes contrées incultes, mêlées aux labours, aux prairies et aux forêts de haute futaie. Après le IIIe siècle, les friches reconquirent même une partie des terres qu'elles avaient dû céder. L'époque mérovingienne fut à son tour néfaste.

---

[1] Le nombre des jours de corvées semble avoir, à l'origine, beaucoup varié. Dans bien des cas, l'arbitraire préside à sa fixation, plus sur les tenures serviles que sur les tenures ingenuiles. Mais il tend ensuite à une certaine fixité, se stabilisant à un minimum de trois jours par semaine.

[2] *Les caractères originaux...*, t. Ier, p. 77. — Sur l'ensemble de la question, cf. M. BLOCH, *La Société féodale*, t. Ier, pp. 67-81, 155-169. — J. CALMETTE, *Charlemagne, sa vie et son œuvre*, ouvrage déjà cité, pp. 224-230. — FUSTEL de COULANGES, *op. cit.*, en particulier t. IV, *L'alleu et le domaine rural pendant l'époque mérovingienne*, chap. I à VIII, XIII à XVIII ; t. VI, *Les transformations de la royauté pendant l'époque carolingienne*, livre IV. — A. GRENIER, *Manuel...*, t. VI, 2, pp. 935-941. — L. HALPHEN, *Etudes critiques...*, pp. 257-274. — A. KLEINCLAUSZ, *op. cit.*, pp. 211-215, 265-267. — R. LATOUCHE, *Les origines...*, pp. 204-242. — LOT, PFISTER, GANSHOF, *Les destinées de l'Empire...*, pp. 592-599, 641-677.

[3] *Charlemagne*, p. 265, n. 2.

Cependant, les soins de Charlemagne et de quelques autres Carolingiens, associés à ceux de l'Eglise, ont permis des améliorations sensibles qui tendaient aussi bien à augmenter les subsistances qu'à fixer au sol les Germains de plus en plus désireux de stabilité [1]. Mais les résultats n'ont pas toujours été à la hauteur de l'effort accompli. Une technique agricole insuffisante, la prédominance du système autarcique et surtout les invasions du IXe et du Xe siècle l'expliquent suffisamment. On a parfois exagéré l'importance de la colonisation intérieure de Charlemagne [2].

En ce qui concerne les terres conquises par la culture, il faut soigneusement distinguer les forêts authentiques, les arbres de haute futaie, des bois médiocres et des taillis qui constituaient une part très importante des régions boisées. Ce sont eux qui ont été surtout visés par les défrichements. Car les vraies forêts constituaient, dans le haut moyen âge comme dans d'autres époques, une richesse inestimable qui compensait les obstacles, parfois insurmontables, qu'elles opposaient à la circulation. Elles donnaient les bois d'œuvre et de feu, mais aussi certains fruits sauvages comme les faines dont on extrayait l'huile. Les essaims d'abeilles fournissaient la cire nécessaire au luminaire et le miel qui tenait lieu de sucre et servait à fabriquer l'hydromel. La résine et la poix avaient de multiples usages. Les forêts de chênes — elles abondaient entre le Jura et le Salève — facilitaient l'élevage des porcs, friands de glands. Les clairières permettaient de pacager les bovidés, les chevaux et les moutons.

Quant à la chasse, si elle ne jouait plus le même rôle que dans la préhistoire, elle restait malgré tout importante, fournissant, en particulier aux seigneurs qui s'en réservaient de plus en plus le privilège, une partie de leur alimentation. Ils préféraient les venaisons à la viande de boucherie. Les forêts du bassin genevois abritaient encore des hardes de sangliers, de cerfs, de chevreuils et même des ours, des bisons et des aurochs.

Aux environs de Genève, les défrichements avaient été très poussés au temps de la *pax romana*. Mais il y avait eu ensuite un moment d'arrêt. Bien plus : comme dans beaucoup d'autres régions de l'Europe centrale, les forêts et, ce qui est plus grave, de médiocres taillis, avaient reconquis une part des terres mises en culture. Ils avaient parfois effacé du sol maisons et villages. On retrouve à Massongy, près de Douvaine, des substructions d'édifices romains

---

[1] Les formes mêmes du monachisme occidental (les couvents affectionnaient les régions retirées) ont été un élément non négligeable de ces conquêtes. A cela s'ajoute l'action de quelques grands propriétaires poussés par leur intérêt ou entraînés par l'exemple du souverain.

[2] Louis HALPHEN pense que l'on doit la ramener, si méritoire qu'elle soit, à de justes proportions. Même le capitulaire *de Villis* pousse à cette interprétation prudente. *Etudes critiques...*, pp. 240-243.

sous les racines des arbres. A Genève comme ailleurs, il faudra attendre le XIe siècle pour voir les défrichements reprendre une offensive victorieuse. Mais même alors les forêts restaient très vastes entre le Jura et le Salève.

Louis Blondel en a dressé la carte, à vrai dire pour une époque postérieure au XIe siècle. Naturellement, elles étaient encore plus étendues dans le haut moyen âge. Sur la rive droite du Rhône et du lac, les bois de Dardagny, Malval, Russin, Challex, Peissy prolongeaient jusqu'au Rhône ceux du Jura. Il en allait de même de ceux du prieuré de Satigny, de Meyrin et de Feuillasse. Quant à ceux du Petit-Saconnex, de Valavran, de Versoix, de Chavannes, ils s'étendaient du Jura au lac.

Même phénomène sur la rive gauche. Les forêts de Lajoux et de Viry, de Laconnex, de Bernex, du Petit-Lancy allaient presque d'un seul mouvement du Vuache et du Mont-de-Sion au Rhône, alors que celles de Bardonnex et de Veyrier, coupées de clairières et de marais, parties du Salève, arrivaient jusqu'à l'Arve, aux portes de la ville. D'autres, descendant des Voirons — bois des Bougeries, de Jussy, de Corsier et d'Hermance, de Douvaine et de Messery, avec leurs étangs et leurs marais de la Seymaz et de Sionnet —, poussaient leurs futaies jusqu'au lac. C'est à l'intérieur de cette vaste zone sylvestre que sont aménagées les cultures.

L'abondance des forêts avait une répercussion sur le climat qui semble avoir été plus humide qu'à l'heure actuelle. Le débit des sources était plus régulier, les rivières plus abondantes. Les moulins utilisaient la force hydraulique non seulement de rivières telles que la Versoix ou l'Allondon, mais aussi de ruisseaux comme le Foron, la Drize, l'Aire, l'Eau-Morte ou la Laire [1].

La pêche était abondante dans les cours d'eau, les étangs et les lacs. Elle était déjà perfectionnée : sur les rivières, des barrages et des écluses assuraient des résultats fructueux. Les grandes villas carolingiennes et certains monastères possédaient même des viviers. Le lac, le Rhône, l'Arve et leurs affluents, les petits ruisseaux eux-mêmes, étaient très poissonneux. Nous aurons l'occasion de voir, pour les périodes postérieures, le rôle que les droits de pêche sur le Léman et le Rhône et leur affermage ont joué dans l'histoire genevoise.

La fin de l'Empire carolingien et sa dislocation ont été marquées par une crise générale dont la stagnation agricole n'est qu'un des aspects. Les nouvelles invasions — celles des Normands, des Sarrasins, des Hongrois —, puis les

---

[1] L. BLONDEL, *Le sol et l'habitation, loc. cit.*, pp. 241-265. Une carte, p. 251, donne les forêts du XVe siècle entre Rhône et Arve. Elles sont certainement moins étendues que celles du haut moyen âge.

guerres privées, ont été terribles pour les classes rurales : elles ont entraîné
une misère généralisée. Cependant, toutes les contrées n'ont pas été également
touchées par ces incursions. Ainsi, la région genevoise, qui avait tant souffert
au cours des invasions du IIIe siècle, ne semble pas avoir été affectée par les
raids des Sarrasins et des Normands. Quant aux Hongrois, ils se sont souvent
approchés de Genève. En 913, ils ont ravagé l'Alémanie, puis la Lorraine et
la Bourgogne française ; en 917, ils ont brûlé Bâle et, en 926, Besançon.
D'autres incursions marquent le deuxième quart du Xe siècle. Mais Genève
et sa région ne figurent pas au tableau de chasse des Hongrois [1].

Ce n'est pas à dire cependant qu'elles aient échappé, au Xe siècle en
particulier, à la misère qui a souvent frappé la paysannerie. Elle vit, en règle
générale, dans des cabanes de bois recouvertes de chaume, au sol de terre
battue, dans la promiscuité du bétail, habillée d'une façon sommaire. Périodiquement des famines la déciment. Entre 970 et 1040, il y eut en Europe quarante-huit années de disette dont certaines se sont étendues au continent tout
entier. Elles ont engendré souvent des épidémies meurtrières.

Ces conditions de vie étaient telles que, malgré leur dispersion et leur
manque de conscience de classe, les paysans se sont parfois soulevés, au Xe
et au début du XIe siècle. A vrai dire, l'histoire genevoise n'a pas enregistré
de jacqueries pour ce temps — ce qui ne constitue pas d'ailleurs la preuve
absolue qu'il n'y en a pas eu [2].

La technique agricole du haut moyen âge a été sommaire : tout au plus
quelques rares progrès ont-ils été accomplis dans les périodes de prospérité.
L'agriculture restait extensive. Lorsque les besoins l'imposaient, on procédait
par l'écobuage et l'essartage : on incendiait quelques taillis et bois médiocres,
puis on arrachait les souches et les racines dont le feu n'avait pu faire façon.

Les paysans, totalement dépourvus de capitaux, privés de conseils,
paralysés par les corvées et les redevances, n'étaient guère portés à une culture
intensive. Ils manquaient de fumures, connaissaient mal l'alternance des
cultures et abusaient de la jachère en vue de reconstituer les éléments du sol.
Trop souvent, les parcelles, étirées en longueur, étroites, imposaient l'exploitation en commun avec les inconvénients qu'elle comporte. Le régime d'une

---

[1] R. POUPARDIN, *op. cit.*, pp. 61-64.
[2] M. BLOCH, *Les caractères originaux...*, t. Ier, pp. 1-5 ; t. II, pp. 14-17. — L. BLONDEL,
Le sol et l'habitation, loc. cit., pp. 241-265. — A. FLICHE, *op. cit.*, pp. 584-590. — L. HAL-
PHEN, *Etudes critiques...*, pp. 240-243. — A. KLEINCLAUSZ, *Charlemagne*, pp. 213-214,
265. — R. POUPARDIN, *op. cit.*, pp. 61-64.

féodalité en formation n'incitait pas le tenancier à faire des efforts d'amélioration foncière dont il n'était pas sûr de profiter. Tout portait à détendre les énergies et à décourager les initiatives [1].

Les méthodes de culture et l'outillage résultaient de la fusion des apports des Gallo-Romains et des Germains envahisseurs.

L'assolement biennal et l'assolement triennal ont été utilisés en même temps, laissant la terre en jachères — utilisées cependant pour le bétail — une année sur deux ou sur trois. Une meilleure rotation des cultures a cependant permis à l'assolement triennal de progresser. Il n'empêche que certaines terres — les plus médiocres — connaissaient des périodes prolongées de jachères rarement interrompues par une année de labour. Un tel système résultait en particulier de la rareté du bétail, donc des fumures, et du petit nombre des espèces entrant en ligne de compte dans la rotation : il n'y avait guère que les différentes variétés de céréales car la culture des légumes, des vignes, du chanvre et du lin était toujours affectée aux mêmes parcelles [2].

L'outillage agricole restait rudimentaire : des bêches, des houes, des pioches, des scies, des haches. La herse était de bois. Pour les labours, le vieil araire des Romains, maniable, léger et sans avant-train, est concurrencé par la charrue des Germains, plus lourde, creusant profondément son sillon, mais exigeant plusieurs paires de bœufs [3].

Dans le pays genevois, les parcelles ont été, en thèse générale, plutôt carrées ; ou encore, se pliant aux injonctions de la topographie, elles ont pris des contours irréguliers. Les Burgondes ont été trop peu nombreux pour modifier profondément le parcellement traditionnel. Les pièces allongées que l'on trouve actuellement à Genève ont été constituées sur des terrains d'alluvions. D'autres, d'origine très récente, résultent de remembrements parcellaires [4].

---

[1] Bien que le paysan bénéficiât d'une certaine liberté dans l'exploitation de sa terre et que l'on n'exigeât de lui — en principe du moins — que l'acquittement exact de ses redevances et de ses prestations en travail, le nombre des tenures abandonnées, dans les plus mauvais moments du haut moyen âge, semble avoir été assez élevé.

[2] D'ailleurs, les jachères avaient leur utilité. Avec les sous-bois, elles complétaient les prairies souvent insuffisantes. Ce n'est qu'au XIe siècle que des progrès de quelque importance ont été réalisés.

[3] L'araire permettait le labour de parcelles de forme irrégulière alors que la charrue, qui impose aux extrémités du champ une manœuvre compliquée, a entraîné l'allongement des parcelles en bandes parallèles souvent étroites et l'uniformisation des cultures dans une zone déterminée.

[4] L. BLONDEL, *Le sol et l'habitation, loc. cit.*, pp. 254-255.

Dans les meilleurs cas, on utilisait pour les transports des chars à deux roues. Mais ils s'effectuaient surtout par animaux de bât — chevaux, mulets, ânes — quand ce n'était pas à dos d'homme.

Un progrès cependant marque l'époque mérovingienne : le moulin à eau. Rome l'a connu tout à la fin de l'ère païenne mais son utilisation ne se répandit vraiment que plus tard, au IVe siècle. Il devint d'un usage tout à fait courant dans le haut moyen âge [1]. Les moulins des bords du Rhône, à Genève, emportés en 563 par le raz lacustre, ont été reconstruits.

Le capitulaire *de Villis* fait apparaître un autre progrès : la préoccupation de certaines règles d'hygiène dans la préparation des viandes, séchées ou salées, du lard, de la moutarde, de la farine, de la bière, de l'hydromel, du beurre et du fromage. Il interdit que l'on foule, aux vendanges, les raisins avec les pieds [2].

Le petit bétail l'emportait sur les bovins que l'on élevait dans les meilleurs herbages, surtout dans la réserve seigneuriale. Les ânes et les mulets étaient beaucoup plus nombreux que les chevaux, destinés surtout aux besoins de la guerre. Les porcs abondaient ; ils se nourrissaient en particulier des glands des forêts dans lesquelles ils vaguaient. Les moutons fournissaient leur laine, à un moment où le drap était l'étoffe la plus courante. Les abeilles, les animaux de basse-cour complétaient le cheptel vivant des réserves seigneuriales et des tenures.

Dans les meilleures périodes, on tendait à augmenter la culture des céréales. Mais leur rendement restait médiocre car elles épuisaient rapidement le sol que seules les jachères et de parcimonieuses fumures pouvaient renouveler. Le seigle et l'épeautre l'emportaient sur le froment. L'orge servait à la fabrication de la bière et l'avoine à la nourriture des chevaux.

La culture des légumes, des arbres fruitiers, des fleurs, n'occupait qu'une petite partie des zones arables.

Reste la vigne. Elle était l'apanage de terres privilégiées, mais son aire était beaucoup plus étendue qu'actuellement. Nous avons vu dans quelles conditions elle avait été introduite dans notre région. Les Barbares ne l'ignoraient pas complètement au moment de leur expansion car les Romains

---

[1] M. Bloch, *Avènement et conquêtes du moulin à eau*, dans *Annales d'hist. éc. et soc.*, VII, 1935, pp. 538-563.

[2] Boretius, *Capitularia...*, t. I, p. 86.

l'avaient déjà acclimatée dans les vallées du Rhin et de la Moselle [1]. Le régime autarcique imposait la polyculture. On finit donc par planter de la vigne partout où elle pouvait pousser, même là où elle trouvait des conditions climatologiques médiocres, jusque sur les rives de la mer du Nord. Qu'on songe en particulier aux risques de gelées printanières. La région genevoise, comme beaucoup d'autres d'ailleurs, n'y échappe pas. Dans bien des cas, on ne pouvait produire que des vins médiocres.

Ce système devait conduire à une telle augmentation de la récolte du vin — bon ou mauvais — qu'elle dépassa parfois les besoins réels de la consommation. Comment utiliser ces excédents ? Une concurrence s'établira entre les producteurs. Il arrivera un moment où les seigneurs, laïcs et ecclésiastiques, chercheront à utiliser leur pouvoir pour s'assurer une situation privilégiée en se réservant en particulier le droit de vendre leur récolte à titre exclusif pendant un certain temps après la vendange. L'exercice de ce droit — le banvin — les mettra souvent en opposition avec leurs tenanciers et aussi avec les bourgeoisies urbaines. Nous verrons l'importance que cette question aura plus tard sur le plan genevois.

Certaines prescriptions de la loi Gombette prouvent l'importance de la vigne dans notre pays à l'époque burgonde. Cependant, il est difficile d'apporter des précisions au sujet du vignoble genevois. Après l'effondrement de Rome, les premiers documents qui permettent d'attester la présence de vignes dans le bassin du Léman et dans la région genevoise sont du Xe siècle et concernent Peney et la Côte vaudoise. D'autres, du XIe siècle, intéressent Ecogia et le Chablais. Ensuite, ils se multiplient. D'ailleurs, le manque de textes n'implique pas la non-existence de vignobles.

En tenant compte des caractères géographiques des différentes parties du bassin genevois et lémanique et des traditions qui se sont perpétuées à travers les siècles parfois jusqu'à nous, on peut imaginer les formes que la culture de la vigne y a prises. Les coteaux ont sans doute imposé la plantation en rangs serrés. Ailleurs, dans des terrains plats, les « hutins » ont triomphé, longues lignes espacées séparées par des bandes où s'insèrent d'autres cultures. Il est probable que les guirlandes, les festons passant d'un arbre à un autre, ou encore les pampres montant au sommet d'arbres dépouillés de leur feuillage

---

[1] Sa culture a trouvé un adjuvant dans le christianisme. Le fait que la communion se faisait sous les deux espèces et que l'on utilisait le vin dans la célébration de la messe lui a conféré un véritable prestige ; il explique les efforts faits par les monastères, les évêchés et les chapitres pour encourager la création des vignobles. Il faut bien constater cependant que l'arrivée des Germains n'a pas été, au début, favorable à leur développement. Ils étaient moins au courant que les Gallo-Romains des méthodes de culture de la vigne. Ils étaient des buveurs de bière. Mais l'usage du vin se répandit rapidement parmi eux.

— les « crosses » qui défendent à l'heure actuelle leurs dernières positions en Chablais — ont été aussi utilisés.

Ainsi l'approvisionnement local en vin pouvait-il être assuré [1].

Quelques autres cultures se sont encore développées, dans la région genevoise comme dans le reste de l'Europe centrale et occidentale, pendant le haut moyen âge, notamment les plantes tinctoriales et textiles. Le lin l'emporte encore sur le chanvre.

Le capitulaire *de Villis* énumère les légumes, les arbres fruitiers et même les fleurs que le souverain entend que l'on cultive dans les vergers et les jardins d'une villa d'Aquitaine : les lis, les roses, la sauge, les concombres, les melons, les citrouilles, les haricots, le romarin, les pois chiches, l'anis, les coloquintes, les laitues, le persil, la chicorée, la menthe, les pavots, les betteraves, les mauves, les choux, les radis, les oignons, l'ail, les fèves, le cerfeuil, les pommiers, les poiriers, les sorbiers, les châtaigniers, les pêchers, les cognassiers, les amandiers, les mûriers, les lauriers, les figuiers, les noyers, les cerisiers [2].

Il est évident que les villas de Charlemagne sont mieux pourvues que les autres domaines, même importants, et, à plus forte raison, que les manses des paysans. La liste est cependant impressionnante. A une ou deux exceptions près — et encore les figuiers, les amandiers et les lauriers ne sont-ils pas complètement absents de nos contrées —, elle ne comporte que des plantes qui s'accommodent du climat du bassin genevois. Elles pouvaient donc s'y trouver représentées.

Quels sont les travaux agricoles auxquels s'adonnent les paysans ? L'*Admonitio generalis* de 789 [3], de Charlemagne, énumère les tâches qui sont interdites le dimanche : la culture des champs, des jardins et des vignes, les labours, les moissons, les fenaisons, l'établissement de haies, l'abattage des arbres, la taille des pierres, la construction des maisons, la chasse. Si on ajoute à cette liste quelques travaux qui restent tolérés le dimanche, ainsi certains charrois — pour l'ost, le ravitaillement, le transport d'un corps en cas de sépulture — et naturellement les soins à donner au bétail, on aura épuisé les

---

[1] L. BLONDEL, *Le sol et l'habitation, loc. cit.*, pp. 252-254. — Raoul MONTANDON, *Mélanges d'archéologie et d'histoire genevoise*, I, *Le commerce des vins dans la Genève gallo-romaine et l'origine de notre vignoble*, Genève, 1921, pp. 20-23.

[2] BORETIUS, *Capitularia...*, t. Ier, pp. 90-91.

[3] *Ibid.*, p. 61.

besognes auxquelles se livrent normalement les tenanciers sur leur propre tenure ou sur la réserve du seigneur. A tout cela se superposent les travaux d'ordre domestique et artisanal qui sont l'apanage des femmes dans les gynécées et des hommes voués aux industries dans les seigneuries [1].

Nous avons insisté à plusieurs reprises en cours de route sur les tendances autarciques de l'économie du haut moyen âge. Les échanges entre unités agricoles juxtaposées étaient rares — ce qui ne signifie pas qu'ils étaient inexistants. Mais la règle était, en cas d'excédent dans un domaine, d'accumuler des réserves de biens non périssables : mesure de prudence que l'insécurité des temps et les variations climatologiques rendaient bien nécessaires. Les disettes, voire les famines, étaient fréquentes [2].

---

[1] R. Latouche, *Les origines...*, pp. 204-205.

[2] Un dernier caractère de la structure agricole du haut moyen âge a été mis en évidence par Marc Bloch: « La société des dixième et onzième siècles reposait sur une occupation du sol extrêmement lâche; c'était une société à mailles distendues, où les groupes humains, en eux-mêmes petits, vivaient en outre loin les uns des autres: trait fondamental, qui détermine un grand nombre des caractères propres à la civilisation de ce temps. Pourtant la continuité n'a pas été rompue. Çà et là, il est vrai, des villages ont disparu... Mais le plus grand nombre subsistent, avec des terroirs plus ou moins réduits. » *Les caractères originaux...*, t. Ier, p. 5. — Sur l'ensemble de la question, cf. M. Bloch, *op. cit.*, t. II, pp. 3-7 et *passim.* — Bayet, Pfister, Kleinclausz, *op. cit.*, liv. III, chap. IV. — Boretius, *Capitularia...*, t. Ier, pp. 44-186. — J. Calmette, *La société féodale*, chap. Ier. — *Le Monde féodal*, chap. IV, § 5 et *passim.* — A. Fliche, *op. cit.*, pp. 584-590. — L. Halphen, *Etudes critiques...*, pp. 240-245, 251 et ss., 271-274 et *passim.* — R. Latouche, *Les origines...*, pp. 41-46, 111-113, 204-205, 210-212, 218-220, 236, 240 et *passim.* — F. Lot, *La fin du monde antique...*, pp. 421-423 et *passim.* — Lot, Pfister, Ganshof, *op. cit.*, pp. 598-599.

CHAPITRE V

LES INDUSTRIES

I. L'ÉVOLUTION GÉNÉRALE DE L'INDUSTRIE

Nous avons rappelé les conditions difficiles dans lesquelles l'industrie s'est trouvée au temps de la décadence romaine : on en était arrivé dans bien des cas à un véritable asservissement au métier, imposé par les difficultés du recrutement des esclaves et l'insuffisance de la main-d'œuvre libre. Cette économie déficiente et factice fut emportée par l'effondrement de l'Empire d'Occident. Dans une certaine mesure, on revient, dans l'ancienne Gaule où, cela va de soi, bien des données romaines restent acquises, à certaines traditions celtiques jamais complètement oubliées. Ces legs du passé vont se combiner avec l'apport, non négligeable, des nouveaux venus, les Germains. Ainsi, les Burgondes, dès qu'ils se furent fixés dans la *Sapaudia*, la firent bénéficier de leurs talents remarquables de constructeurs, de charpentiers, de menuisiers.

On sait combien l'interprétation des faits économiques de cette période suscite de divergences. Une chose reste certaine : c'est que le régime à tendance autarcique du haut moyen âge affecte profondément le développement et la structure de l'industrie, anémiant les métiers urbains au profit des activités rurales et surtout domaniales. Ce déplacement apparaît dans la contraction des villes — nous en avons parlé — qui ramène les habitants des faubourgs dans les enceintes fortifiées. Malgré cela, une partie importante en est souvent abandonnée à des cultures. C'était le cas de Genève.

Un certain manque d'originalité caractérise l'époque mérovingienne. Mais, là encore, il sied de ne rien exagérer. Certaines pièces d'orfèvrerie, des émaux, des armes damasquinées sont parfois d'une beauté — d'une beauté barbare — saisissante [1].

---

[1] Les Germains ont apporté, pense M.-C. BARRIÈRE-FLAVY, un « sentiment artistique absolument nouveau, puisé aux sources les plus diverses et les plus lointaines ». *Les arts industriels des peuples barbares de la Gaule du Ve au VIIIe siècle*, 3 vol. in-4°, Toulouse et Paris, 1901, t. Ier, p. VII. C'est de cet art barbare méconnu que « tout le Moyen-âge s'est plus ou moins inconsciemmment inspiré ». P. VIII.

Même au temps de la décadence romaine, la Gaule — nous l'avons signalé — avait possédé un certain nombre d'établissements industriels de quelque importance, relevant de l'Empereur. Tous ont disparu lors de la chute de Rome. L'industrie mérovingienne et carolingienne, dans toutes ses structures — domaniale, familiale, monastique, artisanale —, reste toujours modeste, quels que soient les progrès qu'elle a accomplis à certains moments. Tout au long du haut moyen âge, elle n'a eu en définitive qu'un rôle subalterne, subordonné à celui d'une agriculture prééminente. Tel était le résultat d'une économie essentiellement domaniale. Mais, il faut bien le préciser, économie domaniale ne signifie pas économie complètement fermée, sans débouchés. Aux pires époques du haut moyen âge, des portes sont restées ouvertes, certains contacts se sont maintenus [1].

Les villes carolingiennes ne possédaient pas, dès qu'il s'agissait de besognes d'une certaine qualification, de réserves de main-d'œuvre [2]. Les gens de métier, qui allaient bientôt, au temps du mouvement municipal, dès le XIe siècle, jeter un si vif éclat et décider, avec les marchands, du sort de tant de villes, sont restés longtemps, même s'ils n'étaient pas intégrés à des économies domaniales, dans un état subordonné, étroitement limités dans leurs activités professionnelles et dans leurs droits personnels [3].

2. LES MATIÈRES PREMIÈRES

A propos des opinions soutenues par Inama-Sternegg et par Dopsch, on a beaucoup discuté le problème des mines du haut moyen âge. Ces deux historiens, si souvent en opposition [4], tombent d'accord pour affirmer que

---

[1] Robert LATOUCHE pense que le capitalisme serait déjà apparu, timidement, au IXe et au Xe siècle, en tout cas à Venise. *Les origines...*, p. 4. — Henri PIRENNE avait déjà insisté sur ce phénomène : « Si la constitution de la société est surtout agraire, elle ne l'est pas entièrement. Le commerce et les villes jouent dans l'ensemble de la vie économique, sociale et intellectuelle, un rôle considérable. » *Mahomet et Charlemagne*, p. 61.

[2] La preuve en est dans le fait que Charlemagne, à bien des reprises, a dû prêter ses propres artisans et ouvriers — charpentiers, maçons, tailleurs de pierres, marbriers, verriers. Ils ont aidé à la construction ou à la restauration des églises qui étaient tombées, à la fin de l'ère mérovingienne, dans un cruel état d'abandon.

[3] M.-C. BARRIÈRE-FLAVY, *op. cit.*, t. Ier, pp. VII-XI. — BAYET, PFISTER, KLEINCLAUSZ, *op. cit.*, liv. III, chap. IV. — J. CALMETTE, *Charlemagne...*, pp. 232-238. — A. GRENIER, *Manuel...*, t. VI, 2, pp. 1016-1024. — A. KLEINCLAUSZ, *Charlemagne*, pp. 254-258. — R. LATOUCHE, *Les origines...*, pp. 3-4, 270 et *passim*. — F. LOT, *La fin du monde antique...*, pp. 424-426. — LOT, PFISTER, GANSHOF, *op. cit.*, p. 364. — H. PIRENNE, *Mahomet et Charlemagne*, p. 61.

[4] Cf. *supra*, section II, chap. Ier.

Charlemagne a donné une vigoureuse impulsion à leur exploitation. Louis Halphen s'est inscrit en faux contre cette assertion. Certes, on a continué à les utiliser à l'époque carolingienne. Pour quelles raisons les aurait-on abandonnées ? Du sol, on a tiré du fer, du cuivre, de l'étain, du plomb. Mais il ne s'agit pas là d'une activité débordante. Halphen en trouve la preuve dans le fait que les actes de Charlemagne et de ses premiers successeurs ne font jamais allusion aux activités minières, hormis une brève mention dans le capitulaire *de Villis*.

Cependant, on ne saurait contester un certain progrès dû au grand empereur : quelques mines qui avaient été abandonnées aux temps mérovingiens ont été remises en exploitation. Et, pourtant, le fer restait rare [1].

En ce qui concerne la région genevoise, une question se pose. Y a-t-on encore exploité le fer ? On sait le rôle que le Salève a joué dans la métallurgie pendant la protohistoire. Mais ses gisements étaient depuis longtemps épuisés. Le bassin genevois ne possède pas d'autres gîtes métallifères.

Tout au plus peut-on penser que les orpailleurs ont continué à chercher des pépites d'or dans les graviers et les sables de l'Arve et du Rhône, poursuivant une prospection commencée dans la préhistoire et qui durera longtemps encore, jusqu'au XIXe siècle. D'ailleurs, les premières mentions formelles concernant l'orpaillage dans les deux cours d'eau genevois sont postérieures. Elles sont de 1397 et ont trait à des concessions accordées à des chercheurs d'or.

Pour les autres métaux, l'industrie genevoise était rigoureusement tributaire des gisements lointains qui les lui envoyaient prêts à être travaillés.

Le sel jouait un rôle en vue dans le trafic international. Halphen ne pense pas que, dans ce domaine non plus, « l'avènement des Carolingiens ait inauguré une ère d'activité nouvelle » [2]. Les salines de Lorraine, d'Allemagne, du Salzkammergut, d'autres encore, continuaient leur exploitation en vue de satisfaire les besoins d'une consommation dont l'intensité a été fonction du chiffre de la population.

Les gisements de la Franche-Comté, toute proche, devaient surtout entrer en ligne de compte pour le ravitaillement genevois. Mais les marais salants

---

[1] Selon un inventaire, on ne trouve dans un des domaines de Charlemagne que deux bêches, deux cognées, une hache, deux vrilles et une plane. Le prix du métal restait extrêmement élevé. « Le quintal de fer valait alors cinquante fois plus qu'il n'a valu à la fin du XIXe siècle. » P. BOISSONNADE, *Le travail dans l'Europe chrétienne au moyen âge (V^e-XVe siècles)*, Paris, 2e éd., 1930, p. 132. Le travail hautement qualifié des forgerons et des armuriers ajoutait encore au prix du métal. « Une cuirasse valait le prix de 6 bœufs ou de 12 vaches, un ceinturon celui de 3, un casque celui de 6, une épée celui de 7 ; un mors coûtait plus cher qu'un cheval. » BOISSONNADE, *loc. cit.*

[2] *Etudes critiques...*, p. 283.

de la Méditerranée, en particulier ceux de la Narbonnaise, étaient aussi très actifs. Ils intéresseront plus tard à un haut degré la consommation genevoise.

En règle générale, les autres matières premières pouvaient être produites localement. Les forêts du bassin genevois et des montagnes qui l'enclosent livraient toutes les espèces de bois d'œuvre ou de feu dont on avait besoin. Les animaux domestiques et sauvages fournissaient les peaux aux tanneurs ; les ruches et les essaims sauvages, la cire ; le bétail, le suif ; les chènevières et les linières, les fibres textiles ; les troupeaux de moutons, la laine.

De nombreux gisements d'argile plastique, dispersés dans le canton de Genève, permettent la fabrication des tuiles et des briques. On en trouve jusqu'aux portes de la ville, aux Pâquis et à Saint-Gervais. Pour la construction, l'Arve roule ses innombrables cailloux ; les carrières du lac et du bassin genevois livrent de la molasse. Si le besoin s'en fait sentir, plusieurs parties du Jura, la région de Seyssel en particulier, peuvent fournir des pierres de taille pour les très rares bâtiments qui en réclament. Mais les modestes maisons se contentent de la terre battue, du pisé. Les bardeaux et le chaume qui recouvrent une partie importante des habitations sont de provenance locale. Il n'y a guère, dans les matériaux de construction, que le marbre qu'il faut tirer du dehors. Est-il besoin de le dire ? son usage reste très exceptionnel [1].

3. LES TECHNIQUES INDUSTRIELLES

Les procédés techniques, si habilement perfectionnés par les civilisations antiques, étaient — sous réserve de quelques exceptions — en pleine régression à l'époque mérovingienne ; il ne semble pas que les temps carolingiens leur aient apporté des progrès éblouissants. La préparation des métaux dans de petites fonderies sommairement installées était malhabile. Il faudra attendre le XIIe siècle pour voir des progrès s'effectuer dans la production du fer.

Cependant, dans le travail de qualité satisfaisant des besoins de luxe, on est frappé de la diversité et même de l'originalité des techniques, chez les Burgondes en particulier. Partant de l'étude des objets de parure du Musée d'art et d'histoire de Genève, provenant de la région ou d'autres parties de la Suisse, L. Bréhier en a établi les principaux caractères [2]. Les Burgondes

---

[1] P. BOISSONNADE, *op. cit.*, pp. 131-132. — L. HALPHEN, *Etudes critiques...*, pp. 277-283. — J.-J. PITTARD, *La recherche de l'or dans la région de Genève*, dans *Le Globe (Mémoires)*, LXXV, Genève, 1936, pp. 1-2.

[2] Louis BRÉHIER, *Les objets de parure burgondes du Musée de Genève*, dans *Genava*, IX, 1931, pp. 171-181.

ont utilisé — c'est une de leurs spécialités — un procédé de damasquinure,
que Rome a déjà apprécié sous le nom d'*ars barbarica*. Le métal est incrusté
d'ornements d'argent et d'or, d'un dessin tantôt grossier, tantôt au contraire
très élégant.

Certains objets sont gravés au trait, notamment les plaques de bronze
que les Burgondes aimaient à porter. Les dessins représentent parfois des
monstres, parfois des orants, ces derniers n'ayant pas, contrairement à ce que
l'on a cru, une signification nécessairement religieuse. Cependant, certains
motifs sont bien empruntés à la symbolique chrétienne, tel le thème de Daniel
et des lions.

D'autres techniques burgondes sont encore étudiées par Bréhier, ainsi le
mariage du fer avec la cornaline, le cristal de roche ou la verroterie.

Si certains des procédés employés sont d'origine orientale, d'autres au
contraire plongent leurs racines dans un lointain passé local. Bien longtemps
avant l'arrivée des Romains, les Gaulois — nous l'avons indiqué — étaient
très habiles dans l'art de l'émail et du cloisonné.

Pierre Bouffard a étudié d'une façon systématique et approfondie un
aspect de cet art, les garnitures de ceinture, en reproduisant quelques-unes de
ses plus belles réalisations [1]. Il remarque que ces plaques « considérées comme
typiquement burgondes, et qui se trouvent en grand nombre entre les lacs
Léman et de Neuchâtel, ne se rencontrent que sporadiquement au-delà des
frontières de la Suisse » [2].

Une question se pose naturellement au sujet des objets trouvés dans les
tombeaux de la région genevoise et du Plateau suisse, question qui ne peut
pas être résolue : celle de leur provenance [3]. Ils n'ont pas été nécessairement
produits sur place, dans des ateliers locaux. Car, même aux époques les plus
sombres, un courant d'échanges subsistait, portant surtout sur les marchandises de luxe. Cependant, une certaine production locale s'est toujours maintenue, chez les artisans indépendants comme parmi ceux, plus nombreux,
qui travaillaient dans les villas et dans les monastères. Il devait en être de
Genève comme des autres parties du Royaume burgonde.

---

[1] *Nécropoles burgondes de la Suisse. Les garnitures de ceintures, Cahiers de Préhistoire
et d'Archéologie*, I, Genève et Nyon, 1945. — Cf. du même auteur *Problèmes d'iconographie
burgonde*, dans *Beiträge zur Kulturgeschichte, Festschrift Reinhold Bosch*, Aarau, 1947,
pp. 165-172. — Cf. aussi Rudolf MOOSBRUGGER-LEU et Marc-R. SAUTER, *Une tombe
burgonde à plaque-boucle à Etrembières (Haute-Savoie)*, dans *Revue archéologique de l'Est
et du Centre-Est*, Dijon, VIII, fasc. 3-4, 1957.

[2] P. 81. — Voir la carte à la fin du volume.

[3] Sur quelques trouvailles faites en Suisse, voir R. MOOSBRUGGER-LEU, *Die Germanischen Grabfunde*, dans *Repertorium... Die Schweiz im Frühmittelalter*, Heft 5., pp. 15-19
et Taf. 6-9. Du même auteur : *Burgunder, Alamannen und Langobarden, ibid.*, pp. 21-25
et Taf. 10-13.

A l'époque carolingienne, la technique des métaux précieux et des arts industriels ne laisse pas de faire un certain progrès, en partie grâce à des influences byzantines. On peut en dire autant du travail des bronziers, des verriers, des ivoiriers. Mais, en général, tous placent leurs marchandises dans des régions peu étendues. La production reste malgré tout assez compartimentée.

Sur un point particulier, un progrès technique doit être rappelé. Nous avons déjà indiqué la multiplication des moulins à eau qui, dans le haut moyen âge, étaient destinés à fabriquer la farine. Mais les frais de leur établissement étaient assez élevés. Seuls, les riches propriétaires, les seigneurs, ont pu les édifier. Ils ont cherché à en tirer le maximum de profit : le système des banalités, qui a été si lourd au moyen âge et même jusqu'à la révolution française, en est résulté. Mais beaucoup de petits paysans, à l'époque mérovingienne et carolingienne, ont conservé leurs meules à bras. Dès le Xe siècle, les seigneurs ont tout mis en œuvre pour les faire disparaître au profit du moulin banal, ce qui n'empêche pas qu'un grand nombre d'entre elles subsistent pendant tout le moyen âge.

Quant aux moulins à vent, si utiles dans les pays à hydrographie pauvre, ils n'apparaissent en France que dans la seconde moitié du XIIIe siècle. Il ne semble pas que la région genevoise ait jamais eu besoin de les employer.

Les industries textiles n'ont guère connu d'innovations techniques au cours de cette période, pas plus dans la filature que dans le tissage, qu'il s'agisse des toiles ou des draps[1]. L'art du potier, du céramiste, lui aussi, a peu progressé. La technique industrielle du haut moyen âge laisse donc en définitive l'impression d'un certain immobilisme. Seules, l'orfèvrerie — chez les Burgondes en particulier — et la construction des édifices, surtout religieux, semblent échapper à cette léthargie [2].

---

[1] Rien d'étonnant à cela quand on songe que certains procédés se sont maintenus pendant des millénaires, parfois jusqu'à la révolution industrielle du XVIIIe siècle. Pour les tissus de luxe — leur usage était très rare, même au beau temps de Charlemagne —, l'Europe restait tributaire de l'Orient méditerranéen.

[2] M. BLOCH, *Les caractères originaux...*, t. Ier, p. 83 ; t. II, pp. 141-143. — P. BOISSONNADE, *op. cit.*, pp. 131-134. — P. BOUFFARD, *op. cit.* — L. BRÉHIER, *Les objets de parure burgondes..., loc. cit.*, pp. 171-181. — *L'art en France des invasions barbares à l'époque romane*, Paris, 1930.

4. LES INDUSTRIES ET LEURS PRODUITS

Les textes de l'époque et les objets qu'elle nous a légués, notamment grâce aux tombes, permettent de donner une esquisse assez exacte de l'industrie burgonde, mérovingienne et carolingienne, d'en énumérer les branches et d'en présenter les produits. Des différences apparaissent selon les régions et les moments. Ce que l'on sait de l'apport burgonde permet de se représenter la situation de Genève bien que les nombreux cimetières barbares du canton aient été assez avares en objets funéraires. Sans doute notre terrain a-t-il été trop souvent bouleversé au cours des siècles et a-t-on manifesté trop long-temps une cruelle indifférence à l'égard des trouvailles archéologiques. En revanche, plusieurs nécropoles du Pays de Gex, de la Haute-Savoie, du Pays de Vaud et de Fribourg ont été plus généreuses.

W. Deonna a dressé la liste des principaux cimetières barbares du canton de Genève : Bernex, Cartigny, Chancy (Le Martheraz), Corsier, Creux-de-Genthod, Genthod, Hermance, Lancy, Landecy, Lullier, Lully, Meyrin, Pressy, Russin, Grand-Saconnex, Saint-Maurice, Sézegnin, Vandœuvres, Vernier, Vésenaz, Veyrier [1]. Certains d'entre eux étaient établis assez loin des localités. Peut-être étaient-ils communs à plusieurs d'entre elles. Certaines tombes — celles qui étaient construites avec des dalles — ont été utilisées plusieurs fois, à des époques diverses. Mais, à partir du Xe siècle, on tend à abandonner ces nécropoles et à ordonner les cimetières autour des églises.

Les rares et modestes objets livrés par ces sépultures — quelques produits de la métallurgie, des parures, des plaques de ceinturon, des poteries — ont été en général déposés au Musée de Genève.

Dans le reste de la Suisse romande, les cimetières sont extrêmement nombreux. Pierre Bouffard en a dressé la carte et établi l'inventaire détaillé. Il a étudié les objets que les nécropoles ou les tombes isolées ont fournis : garnitures damasquinées ou de bronze, plaques de formes très diverses. Il a analysé les thèmes de cet art barbare et le rôle qu'y jouent les figures humaines ou animales. Certains d'entre eux sont sans cesse repris avec quelques variantes. « Nous sommes amené à conclure à la pauvreté d'imagination d'artisans et d'artistes qui ne créèrent jamais et qui dans leurs copies n'eurent jamais qu'un nombre restreint de modèles. Pourquoi les Burgondes n'ont-ils choisi que ces deux ou trois légendes pour orner les plaques de leurs ceintures alors que l'Orient païen comme l'Orient chrétien débordaient de thèmes légen-daires [2] ? »

---

[1] *Les arts à Genève...*, pp. 118-120.

[2] *Nécropoles burgondes de la Suisse...*, p. 77. — Voir l'inventaire des nécropoles burgondes de la Suisse romande, pp. 87-115 et la carte de ces nécropoles p. 129. De très belles reproductions de ces plaques figurent dans ce livre (Pl. I-XXVI). — Cf. aussi P. BOUFFARD, *Problèmes d'iconographie burgonde, loc. cit.*, pp. 165-172.

Le cimetière de La Balme, près de La Roche-sur-Foron, en Haute-Savoie, a une particulière importance par les trouvailles qu'on y a faites. A la frontière genevoise, à Etrembières, une tombe, datant vraisemblablement de la seconde moitié et plutôt de la fin du VIIe siècle, a livré une plaque-boucle qui « appartient sans conteste à la même veine artisanale que certains objets similaires du cimetière de la Balme ». Un atelier aurait été situé à la Balme. Mais peut-être aussi ces objets ont-ils été fabriqués par des orfèvres itinérants [1].

Les fouilles effectuées au moment de la construction du quai Turrettini, le long du Rhône, ont livré des masses de poteries, s'échelonnnant de la période romaine au XVIIIe siècle. Elles ne sont pas toujours faciles à dater. Cependant, Louis Blondel a décelé des fragments qui, d'après leurs galbes et leurs décors, semblent être de l'époque mérovingienne.

Comme nous l'avons déjà signalé, les objets trouvés à Genève et dans ses environs ne permettent pas en général d'en attribuer avec certitude la production à des artisans locaux. Mais, dans des périodes où le commerce international se heurtait à tant d'obstacles, on devait utiliser au maximum les ressources de la région, l'étranger n'intervenant que pour la fourniture de marchandises dont la fabrication était localisée pour des raisons géographiques, ou encore de produits de luxe [2].

L'industrie burgonde — celle qui intéresse la région genevoise — était riche d'éléments qu'elle a combinés, au moins dans le domaine des arts décoratifs, avec bonheur. Aux belles traditions des Celtes, qu'ils fussent des Allobroges, des Helvètes ou des Séquanes, s'est ajouté après la conquête l'apport de Rome. Les Burgondes à leur tour ont vivifié ce passé. Certes, la chute de

---

[1] R. Moosbrugger-Leu et M.-R. Sauter, *Une tombe burgonde à plaque-boucle à Etrembières (Haute-Savoie)*, dans *Revue archéol. de l'Est et du Centre-Est*, déjà citée. — Sur l'ensemble de la question, cf. M. Besson, *L'art barbare dans l'ancien diocèse de Lausanne*, Lausanne, 1909.

[2] P. Bertrand, *Les origines de Genève*, p. 82. — L. Blondel, *Chronique... 1922*, dans *Genava*, I, 1923, pp. 82-83. — *Chronique... 1926*, dans *Genava*, V, 1927, pp. 32-33. — *Chronique... 1927*, dans *Genava*, VI, 1928, pp. 28-29. — *Chronique... 1938*, dans *Genava*, XVII, 1939, pp. 54-55. — P. Bouffard, *Nécropoles burgondes de la Suisse..., passim*. — *Problèmes d'iconographie burgonde, loc. cit.*, pp. 165-172. — W. Deonna, *Les arts à Genève...*, pp. 112-120. — *Inscriptions de plaques de ceinturons burgondes*, dans *Revue d'hist. suisse*, 25e année, 1945, pp. 305-319. — H.-J. Gosse, *Notice sur d'anciens cimetières trouvés soit en Savoie, soit dans le canton de Genève...*, M.D.G., IX, 1855, pp. 1-19. — *Suite à la notice sur d'anciens cimetières trouvés soit en Savoie, soit dans le canton de Genève*, M.D.G., XI, 1859, pp. 81-100. — B. Reber, *Tombeaux burgondes à Veyrier*, dans *Indic. d'Antiqu. suisses*, XXI, 1919, pp. 204-209. — M.-R. Sauter, *Le problème des Burgondes...*, pp. 10-12.

Rome a été marquée par la régression que nous avons signalée ; l'époque mérovingienne a connu de sombres années. Mais les activités industrielles, même en veilleuse, ont réussi à survivre, attendant le moment d'une renaissance dont Genève, résidence d'un évêque et d'un comte, centre géographique d'une vaste région, carrefour de voies naturelles importantes, ne pouvait manquer de bénéficier.

Cependant, dans la sommaire revue que nous allons faire de la production industrielle de la longue période barbare, nous ne pourrons malheureusement marquer qu'à de rares occasions l'apport spécifique de Genève. Mais nous sommes en droit d'admettre qu'elle ne s'est pas distinguée des autres villes et qu'elle a participé comme elles aux heurs et malheurs du temps [1].

La division professionnelle qui s'était accentuée au cours des âges, au gré des progrès de la technique, a connu une certaine régression correspondant — abstraction faite des classes privilégiées qui ne représentent qu'une très faible partie de la population — à la modestie des besoins à satisfaire. Il existe un rapport évident entre la division du travail et l'importance du marché.

L'économie domaniale, d'autre part, avec le petit nombre de bras dont elle dispose et l'obligation dans laquelle elle se trouve de répondre aux exigences d'un régime à tendance autarcique, ne peut s'accommoder d'un morcellement des tâches très poussé. La simplicité de l'outillage — les rares instruments servaient à des besognes très diverses — agit dans le même sens. La division du travail est aussi fonction de la quantité de capital dont on dispose : les artisans des villes en sont démunis.

Et pourtant longue est la liste des métiers carolingiens, à une époque il est vrai où une renaissance industrielle, même si elle n'a pas eu l'éclat que lui prêtent Inama-Sternegg et Dopsch, est en train de s'esquisser. Qu'on se réfère une fois de plus au capitulaire *de Villis*. Le souverain veut que les intendants de ses villas aient toujours à leurs ordres de bons ouvriers forgerons, orfèvres, argentiers, tailleurs, charpentiers, savonniers, brasseurs, boulangers, d'autres encore que le capitulaire renonce à énumérer [2].

Il s'agit, ne l'oublions pas, du monarque. Il est possible que quelques très grands propriétaires puissent rivaliser avec lui. Qu'en est-il des détenteurs des

[1] L. BLONDEL, *Le développement urbain...*, pp. 36-37. — M.-R. SAUTER, *op. cit.*, p. 12.
[2] BORETIUS, *Capitularia...*, t. Ier, p. 87.

modestes villas ? Et de la masse des tenanciers, des paysans, aux prises avec les difficultés de la vie ? Ces derniers doivent, avec leurs femmes et leurs enfants, à côté de la culture de la terre, assumer beaucoup de besognes artisanales : construire et entretenir leur maison, leur mobilier et, dans une certaine mesure, leurs outils, filer la laine, le lin, le chanvre, tisser les draps et les toiles, faire la farine et le pain. Il ne faut pas se laisser leurrer par l'existence des plus opulents des propriétaires fonciers [1].

Nous avons dit déjà combien étaient sommaires les procédés utilisés dans la production des métaux, dans la métallurgie au sens étroit du terme. Les minerais étaient traités au charbon de bois, dans des bas-fourneaux à très faible rendement. Le métal était ensuite trituré par des moyens médiocres, tantôt à la main, tantôt avec l'aide de martinets actionnés par des roues à eau. Les régions prédestinées à la production du fer étaient celles qui unissaient le minerai, une forêt d'où l'on pouvait tirer du charbon de bois et des rivières capables d'actionner les martinets.

Le bassin genevois — nous l'avons déjà rappelé — ne fournissait plus de fer pendant le haut moyen âge. D'où tirait-on le métal dont on avait besoin ? De la Lorraine peut-être, déjà très active dans le domaine de la métallurgie. Mais le Dauphiné et le Lyonnais ont pu entrer aussi en ligne de compte. On ne peut, à ce sujet, que formuler des hypothèses.

La mise en œuvre des métaux était assez diversifiée. Les Burgondes passaient pour y être d'une grande habileté. D'ailleurs, les autres peuples germaniques, après leur établissement dans les anciennes provinces romaines, ont prouvé aussi leurs capacités en forgeant des « armes de fer d'une fabrication et d'une trempe souvent excellentes » [2]. Elles étaient aussi d'une grande variété, ce qui n'est pas étonnant étant donné le goût des Barbares pour la guerre : poignards, angons, scaramax, épées, tridents, haches, lances, framées, pointes de flèches, boucliers. En revanche, les casques sont rares. Les nécropoles

_____

[1] Nombreuses sont les activités industrielles exercées en partie ou en totalité par les femmes, à côté de leurs tâches domestiques et même de leur participation à la culture du sol. L'*Admonitio generalis* de 789, dans laquelle Charlemagne interdit certains travaux le dimanche, fait apparaître quelques-unes de ces besognes féminines : cardage de la laine, broyage du lin pour en détacher les fibres, couture, broderie et, en général, les industries textiles et la confection des vêtements. Ces activités sont exercées dans les modestes demeures des paysans ou dans les gynécées des grandes villas. BORETIUS, *Capitularia...*, t. Ier, p. 61. — R. LATOUCHE, *Les origines...*, pp. 204-205.

[2] BARRIÈRE-FLAVY, *op. cit.*, t. Ier, p. XX.

burgondes sont d'ailleurs plus pauvres en armes que celles des autres peuplades germaniques et notamment des Francs [1].

On a retrouvé cependant dans la Bourgogne transjurane un assez grand nombre d'armes, notamment, pour nous borner à la Suisse romande et à la Haute-Savoie, des épées à Fétigny (Fribourg), Lonay, Sévery et Lavigny (Vaud) ; des scaramax — des glaives — à Concise, Daillens, Morrens, Sévery, Rossenges (Vaud), à Fétigny et à Estavayer (Fribourg), à Bienne (Berne), à La Balme et à Groisy (Haute-Savoie) ; des couteaux à Sillingy (Haute-Savoie), à Avenches (Vaud) et dans le Jura bernois. Mais on a découvert encore beaucoup plus d'épées et d'autres armes en Cisjurane [2].

Les campagnes militaires carolingiennes ont exigé une production intense d'armes à un moment où l'on disposait d'assez peu de fer [3]. Mais ce n'était qu'un des aspects de la métallurgie. Elle travaillait aussi pour les arts de la paix et utilisait, à côté du fer, le cuivre, l'étain, le bronze et le plomb. Elle fabriquait des outils pour l'artisanat et l'agriculture — ils n'étaient pas très nombreux ni très diversifiés —, des ustensiles de ménage, des clefs et des serrures, des balances, sans compter tous les objets de parure dont nous allons parler [4].

L'époque barbare a laissé en effet un grand nombre de témoins de son orfèvrerie et de ses arts décoratifs. Comment expliquer ce fait ? Est-il dû à l'attrait qu'exerçait la parure sur des peuples encore frustes ? A l'habileté

---

[1] Barrière-Flavy pense que c'est la conséquence du fait que les Burgondes auraient été « de mœurs paisibles, doux et faciles dans les relations, et, à coup sûr, les moins féroces de tous les Barbares des invasions du cinquième siècle ». Ils préféraient les activités pacifiques, celles de forgeron et de charpentier en particulier, à l'exercice de la guerre. Ce qui ne les empêchait pas d'ailleurs d'être d'excellents soldats lorsque cela était nécessaire. *Op. cit.*, t. Ier, p. 352.

[2] BARRIÈRE-FLAVY, *op. cit.*, t. Ier, pp. XX-XXI, pp. 35-66, 352-365. Malheureusement cet ouvrage, si riche en renseignements concernant les trouvailles faites, ne fournit aucune donnée sur les centres de production.

[3] Rien d'étonnant que les capitulaires aient interdit l'exportation des armes chez les Avars et les Slaves. Mais, il s'agissait aussi de ne pas armer ceux contre lesquels on se battait.

[4] On a même fondu des cloches à l'époque mérovingienne et, sous les Carolingiens, des statues, des portes, des colonnes, des balustrades et des lampes. On a dressé la liste des ateliers de fondeurs : on en trouve en France, en Allemagne, en Italie. Genève ne semble pas en avoir possédé. — Sur l'ensemble de la question, cf. BARRIÈRE-FLAVY, *op. cit.*, t. Ier, pp. XX-XXI, pp. 35-66, 352-365. — L. BLONDEL, *Chronique... 1926*, dans *Genava*, V, 1927, pp. 32-33. — W. DEONNA, *Les arts à Genève...*, pp. 112-116. — H.-J. GOSSE, *M.D.G.*, XI, 1859, pp. 81-100. — L. HALPHEN, *Etudes critiques...*, pp. 283-285. — LOT, PFISTER, GANSHOF, *op. cit.*, pp. 637-638. — B. REBER, *loc. cit.*, dans *Indic. d'Antiqu. suisses*, XXI, 1919, pp. 204-209.

d'artisans héritiers de procédés celtiques, romains et germaniques ? A la tradition d'enterrer les morts avec des bijoux et des pièces d'orfèvrerie [1] ? A l'ornementation des armes et de certaines pièces de l'équipement des guerriers ensevelis ? Peut-être toutes ces raisons agissent-elles en même temps. Il faut d'ailleurs constater une relative pauvreté des fouilles de la région genevoise. Nous en avons indiqué les raisons.

W. Deonna a dressé un inventaire des bijoux, des pièces d'orfèvrerie et des parures de l'époque barbare trouvés à Genève et dans le canton. Une agrafe de ceinturon, avec un masque humain, provient de la promenade de Saint-Antoine ; une autre, en fer plaqué d'argent, du Grand-Saconnex ; une plaque de ceinturon damasquinée, de la Croix-de-Rozon ; une fibule en or et verroterie rouge, « beau spécimen de l'orfèvrerie cloisonnée chère aux Mérovingiens », des Tranchées ; une autre fibule, également cloisonnée, de Chancy — elle se situe entre la fin du Ve siècle et le début du VIIe siècle. On a trouvé dans le lit du Rhône, à Genève, une boucle d'oreille en or et, dans le lac, à Bellevue, une fibule en bronze. Toutes les deux sont rehaussées de verre rouge. Le Musée possède encore, pour les temps mérovingiens, quelques bagues, anneaux, boucles, fibules de fer, d'étain ou de bronze travaillés, un fragment de bracelet de verre noir, ces objets provenant du lit du Rhône, de la promenade de Saint-Antoine, des Tranchées, d'Aire-la-Ville et de quelques autres lieux. Le pré Bonvard, près de Vandœuvres, a livré deux bracelets d'argent. A Genthod, on a trouvé une breloque de bronze avec un grelot percé de trous, portant des traces de décorations vitrifiées, qui devait terminer un collier féminin de la période burgonde. La moisson est assez maigre [2].

En revanche, le diocèse de Genève, dans ses vastes limites, partie importante de la Bourgogne transjurane, a fourni un grand nombre de bijoux, de parures et de pièces d'orfèvrerie découverts en règle générale dans des tombes. Mais, au risque de se répéter, il faut dire que ces trouvailles n'élucident en rien le problème de leur provenance, des centres de leur production. Ces objets offrent des caractères assez semblables à ceux que fournissent les autres territoires burgondes [3].

---

[1] Sur le mobilier funéraire de l'époque mérovingienne en Europe, cf. E. SALIN, *La civilisation mérovingienne d'après les sépultures, les textes et le laboratoire*, t. II, *Les sépultures*, Paris, 1952, en particulier chap. XXIII. — Concernant le mobilier funéraire en Suisse, cf. R. MOOSBRUGGER-LEU, *Burgunder, Alamannen und Langobarden*, *loc. cit.*, pp. 21-25 et Taf. 10-13. — Les divers styles de l'époque barbare ont été étudiés par Marèse GIRARD, *Kunst und Kunstgewerbe*, *ibid.*, pp. 40-42.

[2] W. DEONNA, *Les arts à Genève...*, pp. 114-115. — L. BLONDEL, *Chronique... 1927*, dans *Genava*, VI, 1928, pp. 27-29. — B. REBER, *loc. cit.*, dans *Indic. d'Antiqu. suisses*, XXI, 1919, pp. 204-209.

[3] On en a établi en détail les procédés de fabrication. Beaucoup d'entre eux ont été reproduits. On a étudié l'emploi des métaux précieux et vulgaires et leur assemblage,

L'épisode de Daniel et des lions a été souvent reproduit sur des objets trouvés en Suisse romande, ainsi à Arnex, Daillens, Crissier, Ferreyres (Vaud) ou Lussy (Fribourg) [1].

Des plaques portent des noms propres, ainsi celles provenant de La Balme (Haute-Savoie, près de La Roche-sur-Foron) et de Lavigny (Vaud). Certains ornements et inscriptions, selon W. Deonna, devaient avoir une portée prophylactique à un moment où la magie antique et les traditions païennes se superposaient encore aux concepts chrétiens et parfois les pénétraient [2].

Barrière-Flavy, dans l'ouvrage que nous avons déjà cité, a donné une description très complète des activités des orfèvres, des émailleurs, des décorateurs de l'époque barbare en France. Il fait une large place aux Burgondes, se référant aux trouvailles de la Transjurane comme de la Cisjurane [3].

L'ambre qu'employaient les Burgondes venait en partie des côtes de la Baltique. Certaines des perles de verre qui alternaient avec lui avaient des reflets métalliques imitant l'argent et l'or. Mais « le jaune, le vert, le bleu, le brun et surtout le gris sont employés à profusion » [4]. Barrière-Flavy signale, parmi les beaux colliers de verre, quelques-uns de ceux qui ont été trouvés en Suisse romande, notamment ceux de Sévery, d'Yverdon et de Grandson [5].

---

parfois fort heureux, avec des verres de couleur et des émaux. On a analysé les éléments de leur décoration, figures géométriques, emprunts faits à la flore et à la faune, figures humaines, textes sacrés, motifs religieux.

[1] Cf. P. BOUFFARD, *loc. cit.* — Rudolf MOOSBRUGGER-LEU cite aussi une trouvaille faite à Sévery (Vaud). *Burgunder, Alamannen und Langobarden*, dans *Repertorium...*, Heft 5., p. 25 et Tafel 13.

[2] *Inscriptions de plaques de ceinturons burgondes, loc. cit.*, pp. 305-319. — R. MOOSBRUGGER-LEU reproduit une plaque à inscription représentant Daniel dans la fosse aux lions, découverte à Lavigny (Vaud). *Burgunder, Alamannen und Langobarden, loc. cit.*, p. 25 et Tafel 13. — De son côté, Marèse GIRARD fait état d'une plaque sans inscription évoquant l'entrée du Christ à Jérusalem, trouvée à La Balme près La Roche-sur-Foron et conservée au Musée d'Art et d'Histoire de Genève, dans *Kunst und Kunstgewerbe, ibid.*, p. 44 et Tafel 21.

[3] *La parure des femmes*, écrit-il, est « souvent une vraie merveille d'art. La fibule ou broche sous toutes ses formes, la boucle d'oreille, l'épingle à cheveux, parfois même la bague, offrent l'ornementation la plus gracieuse et la plus délicate, au moyen d'une heureuse combinaison de verroteries incrustées, de filigranes d'or, de la damasquinerie, de la niellure, de l'émaillerie. Les colliers dont les compagnes des guerriers francs ou burgondes ornaient leur gorge sont souvent composés de grains d'ambre, mais aussi de perles en verre soufflé et en pâte de verre émaillé de couleurs éclatantes, disposées avec un goût parfait. » *Op. cit.*, t. Ier, p. XXI.

[4] Les Burgondes et les Francs utilisent aussi de petits cylindres de verre, « ténus, isolés ou soudés ensemble ». Les Burgondes ont aussi tiré un magnifique parti de « perles de verre, sphériques, unies ou godronnées, d'un beau bleu d'azur, rarissimes, peut-être même inconnues chez les Francs ». BARRIÈRE-FLAVY, *op. cit.*, t. Ier, p. 86. Le t. III de l'ouvrage de BARRIÈRE-FLAVY est consacré à de très belles reproductions.

[5] T. Ier, p. 88.

Les boucles d'oreille, les bagues utilisent les mêmes éléments. Les bracelets affectent des formes variées, tantôt en anneau complet entourant le bras, tantôt en fragment de cercle ne l'enserrant que partiellement. Certains possèdent même un fermoir. Gosse en a trouvé de ces trois types en Haute-Savoie. Des épingles à cheveux, des fibules — dont la conception remonte à la préhistoire et qui jouent le rôle de broches et de boutons — affectent des formes pleines de fantaisie et même d'étrangeté. On en a retrouvé dans plusieurs parties de la Suisse romande, notamment à Aubonne, à Bofflens (Vaud), à Fétigny (Fribourg) et, en Haute-Savoie, à La Balme, près de La Roche, et à Groisy [1].

Les femmes ne sont pas les seules à s'intéresser à la parure. L'équipement et l'armement du guerrier faisaient aussi appel aux arts décoratifs : les armes sont damasquinées ; les agrafes, boucles et plaques de ceinturon sont ornées. L'émail est alors souvent employé, conformément à une tradition remontant aux Celtes qui l'utilisaient avec virtuosité bien avant l'arrivée des Romains. Le Musée de Genève possède des plaques de ceinturon provenant du cimetière de La Balme et de la tombe d'Avouson, près de Crozet, au pied du Jura (Ain), et d'autres objets encore qui forment, selon L. Bréhier, « un ensemble complet qui nous renseigne sur les procédés techniques, différents de ceux de l'orfèvrerie franque, employés par les artisans burgondes et aussi sur leurs thèmes favoris » [2].

Les femmes et les hommes burgondes portaient parfois des trousses contenant de menus objets de toilette : peignes, ciseaux, pinces à épiler, petits couteaux. On en a trouvé une à Cheseaux-sur-Lausanne.

Une évolution s'est produite dans les sources d'inspiration des arts décoratifs burgondes. Alors qu'à l'origine ils puisaient encore dans les traditions païennes, apparentées à celles de la Scandinavie, lointaine patrie d'origine des Burgondes, les sujets empruntés au christianisme l'ont ensuite emporté. Nous avons parlé de Daniel et des lions, motif qui semble avoir été souvent employé dans nos régions. La croix, sous des formes diverses, deviendra à son tour, non pas seulement dans l'iconographie sacrée, mais aussi dans la parure, un ornement de choix. Dans l'ancien diocèse de Genève, on en a retrouvé à La Balme et à Flérier, près de Taninges (Haute-Savoie) [3]. Le cimetière burgonde de La Balme, près de La Roche-sur-Foron, a livré une remarquable plaque de

[1] R. MOOSBRUGGER-LEU cite aussi des trouvailles à Saint-Prex, Payerne-Pramay, Lavigny, Lussy, Boudry-Areuse. *Burgunder, Alamannen und Langobarden*, dans *Repertorium...*, Heft 5., p. 24 et Tafel 10.

[2] *Les objets de parure burgondes..., loc. cit.*, p. 171.

[3] Le Pays de Vaud en a beaucoup fourni, notamment Arnex, Cheseaux-sur-Lausanne, Cossonay, Crissier, Daillens, Lavigny, Pampigny, Sévery, Tolochenaz — et nous n'avons pas épuisé la liste.

ceinturon représentant l'entrée de Jésus à Jérusalem. Diverses scènes religieuses ont été encore reproduites [1].

Ce sont là quelques données générales qui dépassent le cadre strictement local mais qui, dans l'ensemble, sont valables aussi pour Genève. Peut-être l'orfèvrerie genevoise qui sera si florissante au moyen âge, en particulier à l'époque des foires, plonge-t-elle ses racines jusque dans ces temps barbares [2] ?

Les Romains avaient été d'admirables bâtisseurs. Toutes les parties de leur vaste empire avaient vu se multiplier, à côté des ouvrages destinés à sa défense, des temples et des palais, des arènes et des théâtres. Les routes, les ponts, les aqueducs sont autant de témoignages de leur activité dans le domaine du génie civil.

Les peuples envahisseurs n'avaient ni les mêmes capacités, ni les mêmes possibilités. Bien plus : ils n'ont pas toujours su conserver ce qu'ils avaient trouvé. Ils ne portent d'ailleurs pas seuls la responsabilité de la disparition de tant de legs de l'antiquité. D'autres, plus tard, la partageront avec eux. Ce n'est pas à dire que l'action des Barbares ait été purement négative, voire destructive. Tous les témoignages concordent : les Burgondes en particulier — et ils intéressent la région genevoise —, pacifiques de tempérament, travailleurs, ont été d'excellents charpentiers.

Aussi le haut moyen âge, compte tenu des périodes de régression, a-t-il vu s'ébaucher une œuvre constructive dont les Barbares ont été les artisans. Dans certains cas, ils ont su adapter à leurs besoins les édifices que Rome leur avait laissés. Ainsi, à Genève, le *praetorium*, devenu résidence royale [3].

Après l'incendie ordonné par Gondebaud lorsque, en l'an 500, il eut

---

[1] Quant aux églises et aux monastères, ils avaient besoin de calices et d'autres vases sacrés, de châsses, de reliquaires, de crucifix, de statues, de devants d'autel, de plaques de reliure qui sont souvent les plus belles œuvres réalisées par les artisans mérovingiens et carolingiens. Sans aucun doute, ces besoins, qui trouvaient leur source dans une foi très vive, expliquent-ils que l'orfèvrerie et les arts décoratifs ont été peut-être l'activité la plus brillante de l'époque barbare. Prospères sous les Burgondes, touchés par la décadence mérovingienne, ils ont connu un nouvel essor dans la période carolingienne. L'ivoire a été aussi utilisé. Les ivoiriers, s'inspirant de l'art hellénistique, syrien, alexandrin, ont reproduit en relief des crucifixions et des épisodes de l'Ancien et du Nouveau Testament ou de la vie des saints. Leur activité fleurit surtout à la fin du IXe et au Xe siècle.

[2] M.-C. BARRIÈRE-FLAVY, *op. cit.*, t. Ier, pp. 84-225, 365-399 ; t. II et III, *passim*. Le t. III est réservé à des reproductions. — P. BOUFFARD, *op. cit.* — L. BRÉHIER, *Les objets de parure burgondes...*, *loc. cit.*, pp. 171-181. — W. DEONNA, *Les arts à Genève...*, pp. 112-116. — H.-J. GOSSE, *loc. cit.* — L. HALPHEN, *Etudes critiques...*, pp. 285-288. — LOT, PFISTER, GANSHOF, *op. cit.*, pp. 361, 369-370, 637-638.

[3] Cf. *supra*, section II, chap. II.

conquis la ville sur son frère Godegisèle, il a bien fallu relever Genève de ses ruines. Il est vrai que l'on bénéficiait de la vieille muraille de l'*oppidum*. Le palais des rois burgondes reconstruit — l'ancien *praetorium* — était d'un certain confort. Ne possédait-il pas une chapelle, une grande salle décorée d'une mosaïque murale formée de cubes de verre de toutes les couleurs, des bains dotés des canalisations nécessaires, d'un chauffage à air chaud ? Il a été fortifié à la fin de l'ère mérovingienne et, à l'époque carolingienne, flanqué d'une tour. Si cette construction n'était pas aussi solide que les édifices romains, elle n'en avait pas moins une certaine valeur.

Louis Blondel, dans le magistral ouvrage qu'il a consacré aux *Châteaux de l'ancien diocèse de Genève* [1], a relevé combien rares sont les données permettant de restituer avec précision ceux de l'époque barbare. « Cependant, dit-il, il n'est pas douteux que la forme des tours dérive des traditions romaines et que les Francs, à la suite des Burgondes, ont copié les fortifications antiques. Une villa carolingienne, comme Saint-Gervais en face de Genève, est presque semblable à un *castrum* romain [2]. »

Le plan des châteaux de montagne, si fréquents dans le diocèse de Genève — ils sont souvent construits sur des retranchements préhistoriques ou romains —, « dépend de la situation topographique du terrain ». Ceux qui sont édifiés en plaine sont carrés ou utilisent les faibles ondulations du sol. « Ce plan quadrangulaire dérive certainement des traditions antiques et rappelle les *castra* romains [3]. » C'est celui en particulier du château de Genève. Il s'imposera, au-delà du XIe siècle, à quantité d'autres dans le diocèse.

Il est probable qu'au Xe et au XIe siècle encore, le bois jouait un rôle considérable dans la construction des châteaux-forts. Cependant, « dans les localités importantes et dans les châteaux des grands dynastes, écrit Louis Blondel, on avait conservé la tradition romaine de tours en maçonnerie. Ainsi, à Genève, dans ce que nous estimons avoir été le premier château comtal, nous avons retrouvé une tour maçonnée carrée pleine à la base, mais elle avait la particularité d'avoir des parements de petites pierres bréchées au marteau avec mélange de briques et de poutres noyées dans la maçonnerie. Seuls, au-dessus de ce socle, les étages supérieurs étaient probablement en bois [4]. » Ainsi se mariaient, dans les appareils de défense, les matériaux les plus divers. « Ces anciennes tours en pierre ou en bois sont invariablement

---

[1] *M.D.G.*, série in-4°, VII, 1956.

[2] P. 9.

[3] P. 10.

[4] Pp. 11-12.

carrées ou rectangulaires et en général de petite dimension, de 8 à 11 mètres de côté en moyenne [1]. »

L'évolution se fit ensuite, rapide : « A partir du XIe siècle, l'usage de la pierre s'est généralisé et nous avons plusieurs exemples de tours datant en partie de cette époque. Mais alors les dimensions de ces donjons carrés subissent aussi des modifications. Les grands dynastes comme les comtes de Genève, les Allinges, les Faucigny, les comtes de Maurienne-Savoie et aussi les sires de Mont, édifient des ouvrages beaucoup plus importants. La tour du château comtal de Genève mesurait 11 mètres sur 13 mètres, avec une tourelle annexe, rappelant l'influence des châteaux français [2]. » Puis la technique se perfectionne. « Pendant le XIe siècle, les maçonneries deviennent plus régulières ; à côté de pierres de taille ou de gros blocs pour les angles, l'utilisation des pierres de rivière ou de schistes disposés en feuilles de fougère se généralise. » On emploie « un mortier de chaux grasse très dur où fréquemment on rencontre un mélange de briques » [3]. Les tours primitives étaient dépourvues de voûtes, leurs étages étaient séparés par de simples planchers. Elles étaient sommées d'une guette pour les veilleurs [4].

Lors des nouvelles invasions, celles des Normands en particulier, dès le milieu du IXe siècle, c'est grâce à des initiatives privées, seigneuriales, que la défense a été tentée. Ce qui explique le caractère d'improvisation de certains travaux où trop souvent des levées de terre et des palissades ont remplacé les appareils fortifiés dont nous venons de parler. Genève a eu le privilège d'avoir conservé sa vieille muraille qui avait été remise en état.

Qu'en est-il de l'architecture religieuse ? A l'époque carolingienne, bien des églises et des monastères possédaient leurs propres architectes qui souvent étaient des clercs. Quoi d'étonnant quand on songe que certaines cathédrales ont exigé les efforts conjugués de plusieurs générations [5] ?

Genève a vu la construction de plusieurs églises. Nous avons parlé, en décrivant le visage de la cité, de Saint-Pierre, de Saint-Germain, de la Made-

---

[1] P. 12. « Il y a souvent mélange de matériaux, pierre et brique, cailloux roulés de rivière ou pierres cassées au marteau, posées en diagonale, en arête de poisson. Des poutres sont noyées dans la maçonnerie ; le bois ayant pourri, on ne retrouve le plus souvent que les cavités pour leur passage. » Pp. 14-16 et planche I, p. 15.

[2] P. 12.

[3] P. 16.

[4] P. 13.

[5] Les artisans et ouvriers qualifiés capables de collaborer à la construction de ces édifices religieux, qui posaient de si difficiles problèmes techniques et artistiques, étaient rares. Hommes libres, les uns résidaient dans les villes, les autres se déplaçaient au gré de leur fantaisie et des occasions de travail. Beaucoup venaient d'Italie, en particulier de la région de Côme. Cependant, pour les tâches faciles, la main-d'œuvre locale jouait un rôle important. Les corvées faisaient leur appoint.

leine, de Saint-Gervais, du prieuré de Saint-Victor et, dans la campagne genevoise, de celui de Satigny. Nous n'y revenons pas [1].

C'est un extraordinaire complexe de métiers qu'exige la construction de ces édifices religieux : maçons et tailleurs de pierre, charpentiers, menuisiers, couvreurs, peintres, verriers, et combien d'autres [2].

Les découvertes dues au hasard comme les fouilles systématiques ont permis de recueillir, notamment dans les nombreuses nécropoles de l'ancien diocèse de Genève, à côté de pièces assez bien conservées, une masse considérable de débris de poteries. Les décorations faites à la roulette sont assez semblables dans des lieux parfois fort éloignés les uns des autres. Tout au plus peut-on remarquer quelques petites variantes locales, ainsi dans le canton de Vaud. Il a fourni quelques-uns des plus beaux spécimens de la céramique burgonde qui se distingue du type franc par une « teinte presque exclusivement rouge ou jaunâtre » [3]. Cependant, alors que les poteries domestiques sont traitées dans ces teintes claires, les poteries funèbres revêtent une couleur noire ou noirâtre [4].

Louis Blondel, à propos des trouvailles faites lors de la construction du quai Turrettini, sur la rive droite du Rhône, a noté — nous l'avons vu — la difficulté qu'il y avait à dater les poteries accumulées au cours des âges.

Les produits de la céramique barbare sont naturellement très inférieurs à ceux de l'antiquité, au moins jusqu'au IIIe siècle. Les préoccupations artistiques cèdent le pas aux exigences utilitaires. Comme l'écrit W. Deonna, « la poterie barbare demeure attachée aux anciennes techniques indigènes qui s'étaient perpétuées à travers la période romaine, aux formes gauloises et même antérieures, à la couleur sombre du récipient, à l'absence de décor ou à une ornementation géométrique en creux. Cette céramique, assez grossière, forme souvent le mobilier des tombes genevoises [5]. »

La verrerie reste d'un usage assez courant. Les Barbares se sont mis à l'école des Gallo-Romains sans pouvoir les égaler : leur verre est souvent

---

[1] Cf. *supra*, section II, chap. II.

[2] L. Blondel, *Praetorium...*, *loc. cit.*, p. 69 et *passim*. — *Châteaux de l'ancien diocèse de Genève*, M.D.G., série in-4°, VII, 1956, pp. 9-16. — *Le prieuré Saint-Victor...*, *loc. cit.* — J.-B.-G. Galiffe, *Genève historique et archéologique. Supplément*, Genève, 1872, p. 33. — L. Halphen, *Etudes critiques...*, pp. 292-293. — R. Latouche, *Les origines...*, p. 83. — Lot, Pfister, Ganshof, *op. cit.*, p. 607. — Pour les édifices religieux de Genève, cf. la bibliographie, *supra*, pp. 368-370.

[3] Barrière-Flavy, *op. cit.*, t. Ier, p. 405.

[4] *Ibid.*, p. 248.

[5] *Les arts à Genève...*, p. 116.

teinté de fumée. Ils fabriquent des coupes, des vases, des verres, des bouteilles, employant aussi bien la technique du verre soufflé que celle du verre moulé. On a trouvé à Saint-Prex, dans le canton de Vaud, deux coupes apodes [1]. Les mosaïques qui décorent les murailles, ainsi celles du palais burgonde de Genève, sont composées de petits cubes de verre aux teintes vives.

Aucune donnée ne permet de préciser la part de Genève dans la production des pièces de céramique et de verrerie que l'on a retrouvées dans son sol [2].

La situation des industries textiles est beaucoup plus difficile à préciser, car dans leur domaine plus que dans d'autres, le temps a opéré son œuvre de destruction.

Dans le modeste cadre familial, mais plus encore dans les économies domaniales et monacales, on filait le lin, le chanvre et la laine ; on teignait les fils ; on tissait des toiles et des draps qui étaient, à la vérité, assez grossiers. Une des tombes du Creux de Genthod a livré deux pesons de fuseaux qui datent du Ve ou du VIe siècle [3].

On confectionnait dans les gynécées des grandes villas des vêtements que l'on ornait parfois de broderies. Mais lorsque les Mérovingiens et les Carolingiens voulaient satisfaire leurs besoins de luxe, ils devaient faire appel à l'Orient méditerranéen où les traditions antiques restaient vivantes.

Dès le IXe siècle, on voit se développer dans quelques centres — en Frise, à Mayence — une industrie drapière indépendante, sortie du cadre des autarcies, petites ou grandes, familiales ou domaniales.

On a peu de renseignements sur le travail de la peau et du cuir. Les chaussures d'hommes étaient de peaux plus ou moins bien travaillées ; elles étaient attachées à la jambe par des lanières. Celles des femmes étaient d'un cuir plus fin, fixées au pied par des boucles et des plaquettes ou peut-être par de légères bandelettes [4].

Les industries alimentaires étaient très souvent liées étroitement à l'agriculture. Le vin était conservé dans des tonneaux de bois cerclés de fer, selon

---

[1] Quant aux arts décoratifs et à la parure, nous l'avons vu, ils font souvent appel à l'art du verrier, lui demandant des perles de couleurs variées utilisées dans les colliers et les bracelets, mais aussi des plaques et des cabochons, d'un usage courant dans l'orfèvrerie et la bijouterie barbares.

[2] BARRIÈRE-FLAVY, *op. cit.*, t. Ier, pp. 242-254, 405-406. — LOT, PFISTER, GANSHOF, *op. cit.*, pp. 370-371.

[3] L. BLONDEL, *Chronique... 1927*, dans *Genava*, VI, 1928, p. 28.

[4] BARRIÈRE-FLAVY, *op. cit.*, t. Ier, pp. 226-233. — P. BOISSONNADE, *op. cit.*, pp. 132-133. — L. HALPHEN, *Études critiques...*, pp. 288-292.

la vieille tradition gauloise. Les prescriptions carolingiennes tendent à interdire l'emploi des outres de cuir. Le capitulaire *de Villis*, nous l'avons vu, défend que l'on foule les raisins avec les pieds et, d'une façon générale, insiste sur l'application de certaines règles d'hygiène dans la manutention des produits alimentaires [1].

On fabriquait aussi du vin de mûres, du cidre, de l'hydromel et naturellement de la bière que Charlemagne et tous les grands consommaient avec prédilection, sans pour cela dédaigner le vin et les autres boissons.

Les salaisons et les viandes fumées — pour lesquelles on employait indifféremment le bœuf et le porc —, le lard, la graisse fondue, le beurre — qui était rare —, le fromage, la moutarde, le savon sont encore énumérés par le capitulaire *de Villis*. Mais ses prescriptions s'appliquent aux grandes villas du souverain qui tient à avoir partout des réserves qu'il consomme au cours de ses déplacements avec ses fonctionnaires et la cour. Dans les exploitations plus modestes et à plus forte raison dans les petites tenures, il devait en aller autrement [2].

Dans cette énumération des activités de l'époque barbare, comment ne pas faire une place — et une place de choix — à l'art des copistes et des miniaturistes qui ont contribué à nous transmettre les œuvres de la pensée antique et les textes sacrés. Certains monastères, en Italie, en France, en Allemagne, en Irlande, en Angleterre, ont été particulièrement voués à cette tâche. On sait le rôle important joué dans ce domaine par celui de Saint-Gall. Rien ne laisse supposer que Genève puisse figurer dans la liste de ces cloîtres, conservateurs et dispensateurs des trésors du savoir.

Quant à la médecine, elle était devenue à l'époque mérovingienne la simple application de règles empiriques lorsqu'elle n'employait pas des exorcismes et des formules magiques. Aucune mention la concernant ne se trouvait dans la loi Gombette.

Charlemagne a tenté un redressement dans ce domaine, auquel la création d'écoles a apporté un sérieux appui. La médecine — sous le nom de *physique* — fut enseignée dans plusieurs d'entre elles. Les physiciens — les *physici* — furent les médecins non seulement de cette époque, mais aussi d'une partie du moyen âge. Cependant, après Charlemagne, la décadence des écoles fut rapide. Comme l'écrit le Dr Léon Gautier, «la médecine, participant au déclin des autres sciences, retomba au rang d'art purement empirique » [3].

---

[1] BORETIUS, *Capitularia...*, t. Ier, p. 87.
[2] R. LATOUCHE, *Les origines...*, pp. 216-218.
[3] *La médecine à Genève jusqu'à la fin du XVIIIe siècle*, M.D.G., XXX, 1906, pp. 1-3.

5. LES STRUCTURES INDUSTRIELLES

Jusqu'ici, nous avons rappelé les techniques et les principales industries du haut moyen âge. Mais une autre question se pose, à laquelle nous n'avons fait que de brèves allusions : quelles ont été l'organisation et la structure de ces industries ? Les tendances autarciques que nous avons signalées — en indiquant bien qu'il ne faut pas les exagérer — contribuent à en fixer les formes caractéristiques.

Dans les petites unités économiques, chez les modestes paysans possesseurs d'alleux et, à plus forte raison, chez les tenanciers dépendant des grands seigneurs, on cherche à satisfaire dans le cadre familial les besoins économiques qui restent d'ailleurs rudimentaires. Les membres de la famille utilisent les loisirs qu'imposent le mauvais temps et la saison d'hiver à la filature, au tissage, à la confection des vêtements, à la boissellerie, à la vannerie, à la préparation des aliments, à leur conservation, bref, à toutes les besognes que nous avons énumérées.

L'organisation domaniale a donné naissance aux formes les plus caractéristiques de l'industrie du haut moyen âge. Le rôle que les grandes villas jouent au point de vue agricole s'étend aussi au plan industriel. L'idéal d'un riche propriétaire a été de tirer de son propre fonds le maximum de ce dont il a besoin. Il ne fait appel au monde extérieur que pour quelques matières premières, les métaux en particulier, ou pour satisfaire aux besoins d'un luxe barbare : et encore ne faut-il pas oublier que les grands seigneurs et les monastères ont souvent possédé leurs propres orfèvres.

Aux belles périodes de Rome, la *familia urbana* et la *familia rustica* — les esclaves domestiques et ceux qui cultivaient les terres — avaient livré aux patriciens une bonne partie de ce que leur vie quotidienne, leur confort et même leur luxe exigeaient. Il leur restait souvent des excédents qu'ils vendaient à la plèbe, faisant concurrence aux artisans libres.

A l'époque barbare — compte tenu de la différence des civilisations et de leur éclat —, il en va un peu de même. C'est une des nombreuses manifestations de la continuité de l'histoire, de l'antiquité au haut moyen âge.

Les villas mérovingiennes et carolingiennes groupaient des hommes libres et des serfs, spécialisés dans la production artisanale, qui devaient acquitter des redevances en nature et en travail tout comme les tenanciers attachés à la terre. Leur nombre varie selon l'importance des domaines. Ceux de la région genevoise ont été assez modestes.

Ce système à tendance autarcique ne pouvait pas être favorable au progrès technique : il n'exalte pas l'esprit d'entreprise et les initiatives individuelles ; il maintient des traditions stérilisantes ; il paralyse l'intérêt personnel, lui substituant la menace de sanctions.

La fabrication des marchandises dans les villas affectait deux formes. Tantôt les artisans — il serait plus exact dans ce cas de dire les ouvriers — sont groupés dans les ateliers du seigneur et travaillent directement sous ses ordres, sous sa surveillance. Tantôt, ils sont indépendants et besognent chez eux. Ils sont alors soumis à des redevances en objets fabriqués au même titre que les paysans tenanciers qui livrent des produits du sol. Ce système était imposé par la rareté — pour ne pas dire par l'absence — de capital qui empêchait la naissance d'un véritable salariat. Contrairement à ce qui se passe dans la plupart des autres époques, l'industrie n'était pas liée au commerce, mais à l'agriculture [1].

Une partie des artisans des grands domaines étaient occupés à transformer les récoltes en produits de consommation : ils faisaient la farine, le pain, le vin, la bière — la cervoise —, l'hydromel, l'huile. D'autres fabriquaient des toiles, des draps, des vêtements, du cuir, des chaussures, des outils, des ustensiles, des boucliers, des armes, des bijoux, de l'orfèvrerie, des parures, des meubles, des chariots, des machines de guerre.

En marge de ces économies domaniales, laïques ou religieuses, un certain nombre d'ouvriers libres, parfois itinérants, étaient voués à des activités industrielles qui comportaient certains secrets, certains tours de fabrication, et nécessitaient, de ce fait, une véritable initiation. C'était le cas, par exemple, des monnayeurs, des fabricants de cervoise et, plus tard, des tailleurs de pierre. Ils circulaient de ville en ville, de domaine en domaine [2].

Les centres industriels urbains, qui avaient joué dans la Gaule romaine un rôle parfois remarquable, ont perdu presque toute leur importance après les invasions. Les artisans des villes qui, au milieu de tant de bouleversements,

---

[1] La médiocrité des voies de communication, qui rendait onéreux le transport des marchandises ou des matières premières, agissait dans le même sens. Une telle organisation entraîne une conséquence : tout progrès agricole provoque un progrès industriel. Mais l'inverse est également vrai dans ces villas barbares que Marc Bloch qualifiait de vastes entreprises, fermes et manufactures à la fois.

[2] « On les appelait, écrit Robert LATOUCHE, des provendiers *(provendarii)*. Ils étaient nourris et sans doute salariés, pendant qu'ils accomplissaient leur travail. C'était déjà des travailleurs qualifiés qu'on est tenté de considérer comme les ancêtres, les prototypes modestes des ouvriers modernes. » *Les origines...*, pp. 214-215.

ont réussi à survivre, sont réduits souvent à la condition servile et paient des redevances aux seigneurs laïques ou ecclésiastiques. Si la fonction de tels centres est ramenée à peu de chose, ils jouent cependant le rôle de véritables conservatoires des traditions des métiers. Au XIe siècle, ils contribueront à l'admirable renaissance artisanale qui accompagnera le mouvement municipal et qui fera des villes et des bourgeoisies urbaines des éléments essentiels de l'histoire médiévale. Nous reverrons dans le livre V le cas de Genève [1].

---

[1] P. Boissonnade, *op. cit.*, pp. 127-131, 139-143, 204-205, 212, 220-225. — J. Calmette, *Charlemagne...*, pp. 232-233. — A. Fliche, *op. cit.*, pp. 583-585. — R. Latouche, *Les origines...*, pp. 102-105, 210-216. — Lot, Pfister, Ganshof, *op. cit.*, pp. 364, 605-606.

CHAPITRE VI

LES VOIES DE COMMUNICATION

I. LES COLS ET LES ROUTES

A l'époque romaine, Genève avait été au croisement de plusieurs des voies de communication qui unissaient d'une part le monde méditerranéen et les régions du Nord, de l'autre l'Orient et l'Occident de l'Europe. A l'extrémité du lac, elle commandait, grâce à son pont, un important trafic. Port du Léman, elle était aussi le point d'aboutissement de la navigation du Rhône, malgré les ruptures de charge que lui imposaient les gorges de Génissiat, de Bellegarde et de l'Ecluse. Enfin, elle était une échelle active du commerce qui utilisait les cols des Alpes et du Jura. Elle avait donc largement bénéficié de sa position géographique. Certains historiens admettent la pérennité des anciennes routes romaines. C'est la thèse qu'a soutenue en particulier, avec beaucoup de vigueur, Albert Grenier. « Succédant le plus souvent à des pistes établies dès la préhistoire, les voies romaines ont survécu à la civilisation gréco-romaine. La vie du Moyen Age et même des débuts de l'époque moderne a suivi les courants tracés par elles [1]. »

Mais cette interprétation a trouvé des contradicteurs. On a contesté la qualité des voies romaines. Lefebvre des Noëttes, dans un ouvrage fameux, *L'attelage, le cheval de selle à travers les âges, contribution à l'histoire de l'esclavage* [2], leur a reproché, parce qu'elles étaient souvent faites de dalles maçonnées, leur manque de plasticité. Leur entretien et leur réparation étaient très difficiles, pour ne pas dire impossibles. C'est la raison pour laquelle, dès les

---

[1] *Manuel...*, t. VI, 1, Paris, 1934, p. 146. — « L'époque mérovingienne, au point de vue des routes, n'est que la continuation et la décadence de l'époque romaine. » P. 148. — Revenant sur cette question, à laquelle il attache une extrême importance, il écrit encore : « La voie romaine... n'est pas une curiosité archéologique. Elle est un fait qui a traversé toute notre histoire, qui a conduit et réglé les générations à qui elle s'est imposée. » Pp. 173-174.

[2] Paris, 1 vol. et 1 album, 1931.

invasions, certaines de ces routes sont tombées en désuétude et ont été remplacées par des itinéraires nouveaux. Marc Bloch abonde dans le même sens.

F. Imberdis a pris, lui aussi, nettement position contre la thèse d'Albert Grenier et de plusieurs autres historiens. Il estime que rares sont les voies romaines qui ont continué à être utilisées. On se laisse tromper par le fait que l'on retrouve un peu partout leurs dalles alors que celles du moyen âge, mal construites, n'ont souvent pas laissé de traces [1].

Marc Bloch, dans le commentaire qu'il fait de l'article de F. Imberdis [2], lui apporte son adhésion. « Comme lui, je reste persuadé que la pérennité si souvent attribuée aux voies romaines doit être reléguée parmi les trop nombreux mythes dont nos études sont encombrées. » Cependant, pense-t-il, la survivance de certains péages en des lieux déterminés a pu parfois agir « en faveur des anciens tracés ».

Cette question de la pérennité ou du déplacement des anciennes voies romaines se pose pour Genève. Il est certain que la géographie, et même la topographie locale, ont pu exiger le maintien, au moins dans leurs grandes lignes, d'itinéraires antiques. Le lac, le Rhône, le pont de l'Ile, le Jura, les Alpes imposent des solutions qui ne semblent pas avoir beaucoup varié de l'époque romaine au haut moyen âge. La route de Genève à Nyon suit un tracé qui a été, jusqu'à une époque toute récente, presque immuable. Nous fondant sur les études de Louis Blondel, nous l'avons indiqué dans un autre chapitre [3]. Plusieurs exemples encore pourraient être fournis par le bassin genevois : partout, les voies de communication répondent aux impératifs du relief. Décrire les routes qui convergent vers Genève, ce serait reprendre en grande partie ce que nous en avons dit à propos de Rome [4]. Mal entretenues, elles ont dû être cependant très inférieures à celles de l'époque de la *pax romana*.

Toutefois, il faut bien constater que, dans les Alpes, certains changements se sont produits malgré tout au cours du haut moyen âge, qui peuvent affecter la position de Genève. Dès la période mérovingienne, le Grand Saint-Bernard

---

[1] IMBERDIS pense que l'étude des documents montre le déplacement fréquent des routes. Il cite comme exemple la construction, au temps de Louis le Pieux, de nombreux ponts nouveaux sur la Seine. Il n'est pas exclu, constate F. Imberdis, que tel tracé de route médiévale coïncide « avec une ancienne voie romaine ; le fait doit pourtant être relativement rare, en raison de ce perpétuel déplacement du trafic, et en tous cas ne permet pas de conclure à une identité entre le réseau médiéval et le réseau romain ». F. IMBERDIS, *Les routes médiévales : Mythes et réalités historiques*, dans *Annales d'histoire sociale*, I, Paris, 1939, pp. 415-416.

[2] *Ibid.*, I, p. 416.

[3] Cf. *supra*, livre III, section V, chap. Ier.

[4] Cf. *supra*, *ibid.*

et le Mont-Cenis l'ont emporté sur le Petit Saint-Bernard et le Mont-Genèvre. En direction de l'Italie, les itinéraires du Grand et du Petit Saint-Bernard se séparaient à Bourgoin. Le premier passait par Seyssel, Genève, Nyon, Vevey, Saint-Maurice d'Agaune, Martigny, le col, Aoste. Le second avait comme principales étapes Chambéry, Albertville, Moutiers, le col, Aoste. Les points de départ et d'arrivée étaient donc les mêmes.

L'importance du Grand Saint-Bernard — il a joué un rôle en vue dans le trafic genevois — est attestée par la création d'un monastère à Bourg-Saint-Pierre dont l'existence est signalée déjà en 800. Transféré au milieu du XIᵉ siècle au sommet du col, au Mont-Joux, au *Summum Poeninum*, il facilitera au cours des siècles le franchissement d'un passage élevé et difficile, mais admirablement situé. Les services que cet hospice a rendus sont soulignés par les dotations dont il a bénéficié sur les deux versants des Alpes.

De même, la voie du Mont-Cenis a été « jalonnée par le monastère de la Novalaise fondé en 726, dont Charlemagne confirma la dotation en 789, et par un hospice que fit construire Louis le Pieux »[1]. Ce n'est pas à dire d'ailleurs que le Petit Saint-Bernard ait été abandonné. Il unissait Vienne et Aoste. Genève, comme par le passé, restait en contact avec lui par Moutiers et la Tarentaise [2].

On a préféré pendant le haut moyen âge les itinéraires terrestres, malgré la barrière des Alpes, aux voies maritimes peu sûres. Mais les mesures de sécurité s'étant relâchées, les Sarrasins en ont profité, dès la fin du IXᵉ siècle, pour étendre leurs expéditions de pillage jusqu'aux cols alpins. On les signale au Grand Saint-Bernard dans les dernières décennies du Xᵉ siècle.

La muraille du Jura, pour être moins élevée que celle des Alpes, offrait, du fait de sa continuité, de son manque de failles transversales, un sérieux obstacle au trafic, notamment en direction de Genève. Paul-E. Martin a rappelé la mauvaise réputation dont souffrait cette chaîne dans le haut moyen âge. Un texte du VIᵉ siècle parle d'une « large étendue de forêts inextricables, de hautes montagnes et de vallées abruptes ». Pour Grégoire de Tours, le Jura est le lieu « où les solitaires se retirent ». On le qualifie de *desertum Jorense* ou de *saltus Jorensis* [3].

Et pourtant, entre la Transjurane et la Cisjurane, les rapports se sont maintenus. D'ailleurs, les deux régions, au temps du Royaume de Bourgogne comme sous les Mérovingiens et les Carolingiens, appartenaient à la même entité politique. En outre, plusieurs des courants du commerce européen

---

[1] R. LATOUCHE, *Les origines...*, p. 197.
[2] P.-E. MARTIN, *Etudes critiques...*, p. 375.
[3] *Ibid.*, pp. 372-373.

devaient nécessairement franchir le Jura. Comme le rappelle Paul-E. Martin, la voie, d'origine romaine, qui conduit de Langres et de Besançon en Italie par le Grand Saint-Bernard, au cours d'une « étape difficile du voyage », le traversait par Ballaigues, les Clées, Orbe [1]. C'est la route de Jougne qui prendra bientôt une extrême importance dans le trafic de l'Europe centrale et dont nous aurons à reparler plus tard. D'après une carte établie par Vital Chomel et Jean Ebersolt, elle utilise à plusieurs reprises les tracés romains [2].

La route rejoignait à Vidy celle de Genève et, comme dans l'antiquité, suivait le Léman et la vallée du Rhône jusqu'à Martigny, porte du Grand Saint-Bernard. L'embranchement de Vidy à Genève, empruntant également la rive du lac, utilisait l'ancien tracé romain. La route de Vidy au Grand Saint-Bernard était rejointe au passage, à Vevey, par l'antique voie romaine venant de Germanie par Augst, Soleure, Avenches. Plusieurs autres routes, également d'origine romaine, subsistaient en Suisse romande.

Nous l'avons déjà signalé à propos de la préhistoire et de l'antiquité : les Alpes et le Jura, qui paraissent constituer des barrières infranchissables, ont été le théâtre, parfois même en hiver, d'un trafic assez important. Les exigences du commerce sont plus fortes que les résistances de la nature. Comme le disait Lucien Febvre : « Le besoin de passer, voilà la condition nécessaire ; et, si elle existe, il n'est pas d'obstacles qui tiennent, ni de difficultés : on passera. Dans les marais, dans les fondrières, dans les montagnes les plus âpres, dans les déserts eux-mêmes [3]. »

Les cheminements du Jura avaient une importance d'autant plus grande qu'ils étaient — comme dans la préhistoire — des chemins sauniers. La Franche-Comté restait un pays de salines. Or, le sel, dont la production est très localisée, est une marchandise de première nécessité. Le col de Jougne en particulier en a tiré une partie de son importance [4].

Les rois mérovingiens auraient dû, en principe, entretenir les routes. L'ont-ils toujours fait ? Ils percevaient en tout cas à cet usage des taxes de circulation — *rotatica et pulveratica* lorsqu'il s'agissait de transports par

---

[1] P.-E. MARTIN, *op. cit.*, p. 374.

[2] *Cinq siècles de circulation internationale vue de Jougne. Un péage jurassien du XIIIe au XVIIIe siècle*, Paris, 1951 ; cartes à la fin du volume.

[3] Lucien FEBVRE, avec le concours de Lionel BATAILLON, *La Terre et l'évolution humaine*, Paris, 1922, pp. 401-402. — Febvre est revenu sur ce point : « C'est que, ce qui fait la route — ce n'est pas le tracé, c'est le trafic. S'il y a et quand il y a nécessité de trafic, on passe. Partout. Sans tenir compte des obstacles. On passe quand il faut, et parce qu'il faut passer. » *Introduction* à V. CHOMEL et J. EBERSOLT, *op. cit.*, p. 11.

[4] « Les voies du sel ou en rapport avec le commerce du sel, révèlent..., entre les grandes voies de l'époque romaine, des transversales ou des parallèles qui doivent remonter à l'époque préhistorique et ont conservé leur importance jusqu'à l'aube des temps modernes. » A. GRENIER, *Manuel...*, t. VI, 1, p. 168.

chariots, *saumatica* lorsque l'on utilisait des bêtes de somme — qu'ils avaient héritées de Rome. Mais les anciennes voies romaines, bétonnées, dallées, rigides, très difficiles à entretenir, sont devenues de plus en plus mauvaises, lorsqu'elles n'ont pas été abandonnées. Un certain effort a été pourtant tenté aux meilleurs moments de l'ère carolingienne. On a substitué parfois aux anciens tronçons romains devenus inutilisables des tracés nouveaux ; on a construit quelques ponts. Les capitulaires s'en préoccupent [1].

D'ailleurs, beaucoup de ponts romains restaient en usage. Celui de Genève, d'après Louis Blondel, a subsisté, dans certaines de ses parties, jusqu'au milieu du XVIe siècle. Il « offrait une construction mixte avec pile en pierre et tablier en bois » [2]. L'ancien pont romain qui franchissait l'Arve semble avoir continué ses services. Il se trouvait dans le prolongement de la rue Prevost-Martin et doit être actuellement sous le quartier de la Roseraie. Le pont du moyen âge a été reporté en aval, en face de la rue du Cheval-Blanc, à Carouge. Il est resté en usage jusqu'en 1596. On lui en a alors substitué un autre, à la hauteur du pont actuel des Acacias [3].

La circulation restait lente, quelle qu'en fût la forme, qu'il s'agît de transport à dos d'homme ou d'animaux de bât — ânes, mulets, chevaux — ou, ce qui est plus rare, par charroi. Cependant, le haut moyen âge a apporté quelques heureuses innovations relevées par Lefebvre des Noëttes [4]. On a singulièrement augmenté, aux environs de l'an 1000, la force de traction des chevaux et des bœufs grâce au collier d'épaule. Antérieurement, à l'époque de Charlemagne, on avait commencé à utiliser la ferrure des animaux. Sur les routes, l'étape quotidienne ne dépassait pas 30 ou 35 kilomètres. Quant aux relais romains — ils n'avaient d'ailleurs été utilisés que pour les services publics —, ils avaient disparu.

Il n'est pas toujours très facile de se rendre compte de l'intensité du trafic des cols des Alpes et des chemins de la vallée du Rhône, qui intéressent Genève au premier chef. On voit immédiatement le rapport qui existe entre ce problème et les thèses qu'Henri Pirenne a défendues dans *Mahomet et Charlemagne*. Si elles sont exactes, Genève aurait encore bénéficié du commerce méditerranéen à l'époque mérovingienne et aurait subi ensuite le funeste

---

[1] Selon A. KLEINCLAUSZ, « un petit traité du VIIIe siècle, inspiré de Vitruve, indique les procédés techniques à employer dans la construction des ponts ; pour travailler sous l'eau, on se servira de caissons triangulaires enduits intérieurement de poix et de matière sébacée qui, rendus imperméables par ce moyen, permettront à l'ouvrier placé à l'intérieur d'opérer sans danger ». *Charlemagne*, p. 219.

[2] *Chronique... 1932*, dans *Genava*, XI, 1933, p. 30.

[3] L. BLONDEL, *Chronique... 1941 et 1942*, dans *Genava*, XXI, 1943, pp. 48-49.

[4] *L'attelage, le cheval de selle à travers les âges...*, ouvrage déjà cité.

contre-coup de l'occupation de la mer intérieure par l'Islam. Elle se serait trouvée dans ce cas dans une situation plus critique aux temps carolingiens.

Bien qu'aucun indice local ne permette de l'affirmer, on peut bien supposer toutefois que les sauvages destructions opérées par les Sarrasins dans le Midi de la France et dans la basse vallée du Rhône ont eu des répercussions désastreuses pour tout l'arrière-pays, jusque dans le bassin du Léman et dans celui de la Saône [1], d'autant plus que Marseille a été réduite à une inactivité presque totale.

Le sort du port phocéen n'est pas indifférent au développement de Genève. Régine Pernoud, qui a écrit l'histoire du commerce marseillais au cours de cette période [2], estime — sa thèse est proche de celle d'Henri Pirenne — qu'aux temps mérovingiens Marseille a conservé ses activités antérieures. C'est « le principal port ouvert sur l'Orient », ce qui est fort important car le Levant est resté un des objectifs essentiels du commerce de l'Occident. Il était la source d'où l'on tirait les épices, certaines matières premières et des manufacturés de luxe [3].

Mais, estime R. Pernoud, continuant à accepter les conclusions d'Henri Pirenne, l'invasion musulmane provoquera une paralysie de Marseille. « On ne peut être que frappé du synchronisme général entre les invasions arabes et la décadence du commerce. » Dès le début du VIIIe siècle, il tend à s'acheminer « vers Bagdad et l'Empire du Croissant » [4]. La voie rhodanienne perd son importance au profit du Main, du Rhin, de l'Escaut [5].

Les efforts méritoires de Charlemagne en vue de renouer les liens avec le monde musulman, malgré quelques succès spectaculaires — en particulier ses rapports avec Haroun-el-Raschid —, n'ont eu pratiquement aucun résultat. De fait, le trafic en provenance de l'Extrême-Orient et de l'Océan Indien arrivait soit au Caire par la Mer Rouge, soit dans les ports de la Syrie ou de la Mer Noire, pour atteindre l'Europe par des voies où Marseille et la vallée du Rhône n'avaient aucune part.

Au cours du IXe siècle, le pillage de la Provence par les Sarrasins — il se poursuivra encore au Xe siècle —, ne fera qu'empirer la situation [6].

---

[1] Parlant du sud-est de la France, Robert LATOUCHE a pu écrire : « Une des régions les plus prospères de la Gaule, le berceau de la civilisation gallo-romaine et chrétienne, est devenue à partir du VIIe siècle et jusqu'à la fin du Xe, sinon un désert, du moins le pays du silence. » *Les origines...*, p. 162.

[2] *Le Moyen Age jusqu'en 1291*, dans *Histoire du commerce de Marseille*, publiée par la Chambre de commerce de Marseille, t. Ier, Paris, 1949, pp. 109-375.

[3] Pp. 115-116.

[4] P. 125.

[5] P. 126.

[6] Pp. 127-128.

Un certain trafic subsistait entre le Levant et l'Occident, mais il se faisait par la péninsule des Balkans et Bari, puis, dès le Xe siècle, de l'Egypte vers Amalfi. Quant à Venise, elle préludait à l'incomparable essor de son commerce[1].

De telles transformations ne laissent pas d'apporter à l'utilisation des voies de communication traditionnelles et aux courants de l'échange des perturbations profondes dont Genève a eu sa part.

Un correctif, cependant, a pu agir en faveur de Genève. La terreur que les Sarrasins ont fait peser sur les côtes méditerranéennes a provoqué, selon R. Latouche, « une déviation générale de la circulation. Armées et pèlerins ont été déroutés. C'est par les cols des Alpes qu'habitants de la Gaule et de la Germanie se rendront dorénavant en Italie »[2]. Grâce à sa place dans la circulation alpine, peut-être Genève a-t-elle pu reconquérir, au moins en partie, ce qu'elle avait perdu dans le trafic rhodanien. Il ne semble pas, nous l'avons déjà signalé, que la ville et ses proches alentours aient été touchés par les expéditions sarrasines.

La reprise économique vigoureuse qu'apportera le XIe siècle n'a pu avoir que des conséquences heureuses[3] dans l'utilisation des voies d'accès vers Genève. Puis les rapports commerciaux étroits qui lieront, à partir des premières Croisades, l'Europe et l'Orient méditerranéen feront de la ville — nous y reviendrons — une des importantes échelles de commerce du continent et le siège de foires internationales célèbres. D'ailleurs, l'effacement momentané de la Méditerranée pendant le haut moyen âge avait valu aux pays de l'Europe septentrionale un essor remarquable. Les rapports qui s'établiront dans la suite entre le vieux foyer méditerranéen et les nouveaux centres des mers océanes et nordiques ne pourront être que très favorables à Genève, placée au cœur de l'Europe, à un moment où le trafic utilisait de préférence les voies terrestres[4].

---

[1] R. Pernoud, *Le Moyen Age jusqu'en 1291*, pp. 129-130.

[2] *Les origines...*, p. 163.

[3] Le rétablissement du contrôle de la Méditerranée, en particulier après la prise de la Garde-Freinet, le nettoyage d'une partie du bassin central par les Pisans et les Génois associés, l'occupation de la Sicile par les Normands, à partir de 1073, sont autant d'épisodes de cette restauration méditerranéenne. Cf. Régine Pernoud, *loc. cit.*, p. 130.

[4] Sur l'ensemble des communications terrestres, consulter : M. Bloch, *Les caractères originaux...*, t. II, p. 27. — L. Blondel, *Chronique... 1932*, dans *Genava*, XI, 1933, p. 30. — V. Chomel et J. Ebersolt, *Cinq siècles de circulation internationale vue de Jougne*, Paris, 1951, *Introduction* de L. Febvre, p. 11 et cartes à la fin du volume. — G.-G. Dept, *Le mot « clusas » dans les diplômes carolingiens*, dans *Mélanges... Henri Pirenne*, Bruxelles, 2 vol., 1926, t. Ier, pp. 89-98. — P. Duparc, *Le Comté de Genève*, pp. 520-548. — L. Febvre (en collaboration avec L. Bataillon), *La Terre et l'évolution humaine*, Paris, 1922, pp. 401-402. — D. Gorce, *Les voyages, l'hospitalité et le port des lettres dans le*

2. La navigation

Quel est le rôle de la navigation pendant le haut moyen âge ? Les changements opérés dans la Méditerranée par la conquête de l'Islam et par les incursions sarrasines — nous les avons indiqués — avaient affecté le trafic sur le Rhône. Mais ce n'est pas à dire que le fleuve et ses affluents aient cessé complètement de rendre leurs traditionnels services. Le Royaume de Bourgogne possédait un admirable réseau de voies fluviales : le Rhône, la Saône, le Doubs. Lyon en était le centre : il n'est pas étonnant que les Burgondes en aient fait leur capitale principale, laissant à Genève une fonction subordonnée.

L'indigence des sources ne permet pas d'apporter des précisions au sujet de la navigation sur le haut Rhône et le Léman. Elle a dû varier au cours des siècles, comme le trafic routier, en fonction du sort de la Méditerranée [1].

Les difficultés et le coût des transports terrestres poussaient cependant à l'emploi des fleuves et des rivières que les Romains avaient utilisés, malgré les dangers de la navigation rhodanienne et les ruptures de charge qu'elle imposait lorsqu'il fallait franchir les seuils qui séparaient les bassins fluviaux ou contourner des gorges ou des rapides, ainsi entre Seyssel et Genève. Les Mérovingiens, héritiers des institutions romaines, percevaient des impôts, des

---

monde chrétien des IVe et Ve siècles, Paris, 1925, *passim.* — A. Grenier, *Manuel...*, t. VI, 1, pp. 146-156, 164-174. — F. Imberdis, *Les routes médiévales...*, *loc. cit.*, pp. 411-416. — A. Kleinclausz, *Charlemagne*, pp. 219, 275-276, 283-284. — R. Latouche, *Les origines...* pp. 125, 154-163, 196-197. — Lefebvre des Noëttes, *L'attelage, le cheval de selle à travers les âges...*, *passim.* — Lot, Pfister, Ganshof, *op. cit.*, pp. 604-605. — P.-E. Martin, *Etudes critiques...*, pp. 372-375. — H. Pirenne, *Mahomet et Charlemagne*, pp. 62-82, 89 et *passim.* — Pirenne, Cohen, Focillon, *La civilisation occidentale au moyen âge...*, pp. 20-35. — Maurice Piroutet, *Coup d'œil sur le réseau des voies principales du Jura...*, dans *Revue des Etudes anciennes*, XXI, 1919, pp. 115-137. — E. Salin, *La civilisation mérovingienne...*, t. Ier, pp. 122-128, et carte p. 123.

[1] Marseille aurait été encore, à l'époque mérovingienne, selon Henri Pirenne, un grand port, rendez-vous des Juifs, des Syriens et aussi des Goths. *Mahomet et Charlemagne*, p. 77. — Sur le commerce de Marseille à l'époque carolingienne, cf. Régine Pernoud, *loc. cit.*, pp. 115-124. — D'autres ports seraient restés actifs, Narbonne, Fos — près d'Istres —, Agde, Toulon, Nice. H. Pirenne pense que leur organisation romaine aurait survécu ; ils auraient conservé leurs bourses de commerce et leurs bureaux fiscaux. Cependant, Robert Latouche estime que si le cabotage s'est poursuivi de la Grèce et de l'Egypte jusque dans le Midi, que si même quelques navires de haut bord ont traversé la Méditerranée d'Afrique du nord en France, la rareté des témoignages et les incidents et accidents de voyage relatés par les chroniqueurs montrent que cette navigation devait être peu intense et toujours menacée par les tempêtes et la piraterie. Sa situation a empiré au cours du VIe siècle. Comment aurait-il pu en être autrement étant donné l'incurie des gouvernements barbares et leur incapacité de maintenir l'ordre ? *Les origines...*, pp. 126-127. — Ce reste d'activité devait d'ailleurs fléchir encore lorsque la Méditerranée a été en partie encerclée par l'Islam et que les Sarrasins, de leurs repaires du Midi, se sont livrés à leurs déprédations.

tonlieux, sur cette navigation — *portatica, pontalica, cespitatica* — qui permettaient l'entretien des ports, des ponts et des berges des rivières. Ils étaient levés sur le Rhône et la Saône comme sur la Seine, la Loire, la Meuse, le Rhin et la Moselle.

Robert Latouche admet qu'à l'époque mérovingienne et au début des temps carolingiens la navigation sur le Rhône offrait encore une certaine activité. Il en voit la preuve dans la perception des tonlieux à Fos près d'Istres, à Valence, à Lyon. « Ces droits de circulation représentaient pour les rois une source appréciable de revenus. Les voyageurs faisaient aussi la descente du Rhône en bateau, mais si nous ajoutons foi à l'auteur de la vie de saint Apollinaire, évêque de Valence, qui a raconté le voyage de son héros jusqu'à Arles, l'expédition n'était pas sans dangers [1]. »

Qu'en était-il du haut Rhône, de Lyon au Léman ? Les conditions étaient sans doute les mêmes qu'au temps de Rome, avec le portage qu'imposaient, à partir de Seyssel, la gorge de Génissiat, la Perte du Rhône et le défilé du Fort de l'Ecluse. Sur le lac, la navigation devait être soumise à toutes les fluctuations qu'entraînaient les vicissitudes de l'époque.

Les ports romains de Longemalle et de la Fusterie ont dû continuer leurs services. Mais aucun renseignement ne permet d'indiquer l'importance de leur trafic. Nous savons simplement que les énormes vagues provoquées, dans des conditions obscures, par l'éboulement du Tauredunum en 563, n'ont atteint — outre les moulins — que de rares maisons sur les rivages genevois ; sans doute ont-elles détruit aussi ce qui subsistait des installations portuaires.

Beaucoup plus tard, au XIe siècle, la reprise des activités économiques a donné un regain de vie à la navigation rhodanienne et lémanique. On voit alors la ville, comme aux plus beaux temps de Rome, redescendre de sa colline et pousser les tentacules de ses faubourgs en direction de ses ports [2].

---

[1] *Les origines...*, pp. 159-160.

[2] L. Blondel, *Le développement urbain...*, *loc. cit.*, pp. 36-37. — *Notes d'archéologie genevoise 1914-1932*, Genève, 1932, p. 104. — *Chronique... 1941 et 1942*, dans *Genava*, XXI, 1943, pp. 48-49. — A. Kleinclausz, *op. cit.*, pp. 275-276. — R. Latouche, *Les origines...*, pp. 125-127, 159-160. — Lot, Pfister, Ganshof, *op. cit.*, pp. 355-356. — P.-E. Martin, *Genève à l'époque mérovingienne*, dans *Histoire de Genève*, t. I, p. 58. — H. Pirenne, *Mahomet et Charlemagne*, pp. 68-72. — E. Salin, *La civilisation mérovingienne...*, t. Ier, pp. 129-130.

CHAPITRE VII

LE COMMERCE

I. L'ÉPOQUE MÉROVINGIENNE

Nous avons fait en cours de route de nombreuses incursions dans le commerce du haut moyen âge. Son histoire est encore très obscure et suscite des interprétations souvent profondément divergentes qui gravitent autour des thèses d'Henri Pirenne, de ses commentateurs et de ses contradicteurs. On se souvient que le grand historien belge estime que le commerce mérovingien, axé sur la Méditerranée, continue le commerce romain. Ce n'est qu'après l'occupation d'une bonne partie de cette mer par l'Islam au VIIe siècle qu'un changement interviendra. La rupture avec l'antiquité doit être située au VIIIe siècle et non pas au Ve.

Certes, de nombreux éléments attestent une survivance du trafic méditerranéen à l'époque mérovingienne, celui de l'huile d'olive, celui du papyrus égyptien étant particulièrement caractéristiques. Mais c'est l'intensité même de ce commerce qui a été mise en doute. Aux yeux de certains historiens, ces rapports auraient eu un caractère épisodique. Les indications que l'on possède sur le commerce mérovingien sont d'ailleurs d'ordre purement qualitatif. On sait quelles marchandises ont été transportées, mais aucune donnée quantitative n'existe. D'où la tentation d'exagérer le volume de ces échanges. Robert Latouche a intitulé un des chapitres de ses *Origines de l'économie occidentale* « Le prétendu *grand commerce* des temps mérovingiens » [1].

Henri Pirenne a énuméré les marchandises qui alimentaient ce trafic [2]. Les épices arrivent de l'Insulinde et de l'Océan Indien par une chaîne d'intermédiaires. Un texte de 716, confirmant d'autres sources de la même époque, énumère le poivre, le girofle, le cumin, la cannelle, à quoi il faut ajouter les piments, les amandes, les olives, les pistaches, les figues, le riz, les pois chiches.

---

[1] Cependant, Marguerite BOULET, dans l'*Histoire du commerce* publiée par Jacques LACOUR-GAYET, t. II, Paris, 1950, p. 96, a repris la thèse de Pirenne. Il suffit, pense-t-elle, d'en atténuer la rigueur.

[2] *Mahomet et Charlemagne*, pp. 69-78.

Le papyrus est souvent mentionné. Venu d'Egypte, il est utilisé pour les textes courants, le parchemin étant réservé aux manuscrits importants. Son port de débarquement est Marseille [1].

Les vins de Syrie et d'Italie — le fameux Falerne en particulier — complétaient, sur les tables des plus riches des Francs ou des Gallo-Romains, ceux que produisaient les coteaux locaux. Des étoffes précieuses, des soieries, des vêtements, des ivoires, de l'orfèvrerie encourageaient la propension des Barbares à un luxe naissant. Les bateaux, syriens et autres, transportaient comme fret de retour surtout des esclaves. Quelque impressionnante que soit cette liste de marchandises, il faut bien admettre, semble-t-il, que, depuis les invasions des Barbares, l'économie européenne était en proie à un véritable marasme. L'expansion de l'Islam n'a fait que l'accentuer. Quant aux dévastations sarrasines, elles ont été catastrophiques [2].

Henri Pirenne, fidèle à sa thèse, pense que le commerce local devait avoir une certaine activité. Dans les bourgades et les villes, il était exercé par des indigènes, des Juifs et des Syriens [3]. On trouvait à côté d'eux des Lombards, des Espagnols et même — signe de l'importance que le Nord était en train de prendre — des Frisons, des Anglais, des Irlandais, des Saxons. Tous avaient un caractère commun : ils étaient des aventuriers.

Le commerce comportait d'ailleurs beaucoup de risques qui n'étaient pas uniquement d'ordre matériel mais qui mettaient en cause la sécurité même des personnes. C'est une des raisons qui poussent les marchands à s'associer. Beaucoup de ces opérations commerciales, malgré l'étendue de leur aire géographique, étaient d'un petit volume. Elles étaient souvent plus près du colportage que du grand trafic international [4].

---

[1] On l'utilise aussi pour fabriquer les mèches des chandelles et les parois des lanternes. L'Afrique du Nord livre de l'huile d'olive qui complète la production de l'Europe méridionale. Elle sert aussi au luminaire, notamment des églises.

[2] Les souverains mérovingiens n'ont d'ailleurs rien fait pour encourager le commerce. Les hautes classes s'en désintéressaient. R. Latouche, *Les origines...*, p. 141.

[3] Parfois ces trafiquants se sont livrés à des manœuvres d'accaparement. On les accuse aussi d'altérer les marchandises et de frauder sur les poids et les mesures. Plus tard, par la réforme des étalons dont nous avons parlé, Charlemagne a tenté d'empêcher ces malhonnêtetés. Les Syriens se sont assuré un quasi-monopole dans le trafic méditerranéen. Plusieurs monarques mérovingiens ont eu cependant recours aux services des trafiquants juifs, ce qui prouve d'ailleurs l'insuffisance du négoce indigène. R. Latouche, *Les origines...*, p. 142. Les Juifs n'avaient pas été inquiétés au début par les pouvoirs publics. Cependant, on a procédé parfois, ainsi dans la dernière partie du VIe siècle, à des conversions forcées qui s'accompagnèrent de persécutions. Au VIIe siècle, ils furent en butte aussi à certaines molestations. En même temps qu'à leur négoce, ils se livraient très souvent à des opérations financières.

[4] R. Latouche, *Les origines...*, p. 144, estime même que la présence de trafiquants étrangers en Gaule, bien loin d'être la preuve d'une grande activité commerciale, démontrerait plutôt la carence des Occidentaux, leur apathie après les grandes invasions.

Une apparente anomalie — de fait, elle s'explique très bien — marque cette période mérovingienne. Il subsiste dans le Midi de la France et en Italie certains ports qui sont en relation avec le Levant. D'autres sont en train de se développer au débouché des fleuves du centre de l'Europe dans les mers septentrionales. Or, la jonction entre ces deux zones ne se fait pas par la voie maritime. Les navires, de petit tonnage, redoutent les dangers des mers océanes. C'est donc par des routes terrestres et par les fleuves qu'elles seront en contact. Bien des régions de l'Europe centrale en bénéficieront. Genève, du fait de son rôle dans le trafic du Rhône et des cols des Alpes et du Jura, pourra en tirer un certain avantage, comme de ce qui pouvait subsister de l'activité de Marseille dans le commerce méditerranéen.

Le trafic de la ville s'était retiré dans son enceinte. Le Bourg-de-Four, à l'extérieur des murailles, avait perdu son ancienne signification de forum commercial. Il n'était plus qu'un marché pour le bétail [1].

2. LA PREMIÈRE PARTIE DE L'ÉPOQUE CAROLINGIENNE

Quelle qu'ait été l'importance réelle du commerce mérovingien, il faut bien admettre, même si l'on n'accepte pas complètement les thèses de H. Pirenne, que l'expansion islamique du VIIe siècle lui a porté un coup très rude. Les effets s'en feront sentir au début de l'ère carolingienne. Mais Charlemagne a multiplié ses efforts en vue de maintenir une vie économique prospère et des échanges avec l'extérieur.

Louis Halphen attache une extrême importance à cette action dans ses *Etudes critiques* [2]. Il est vrai que ses conclusions apportent une certaine atténuation à ce jugement [3]. Certains historiens ne sont pas persuadés de la valeur réelle de ces efforts. Joseph Calmette estime même que « le Palais ne fait rien pour provoquer une augmentation du volume des transactions. Qui sait

---

[1] L. BLONDEL, *Fortifications préhistoriques et marché romain au Bourg-de-Four (Genève)*, dans *Genava*, XII, 1934, p. 54. — Marg. BOULET, *Le commerce médiéval européen*, dans LACOUR-GAYET, *Histoire du Commerce*, t. II, pp. 193-229. — L. HALPHEN, *Etudes critiques...*, p. 294-296. — R. LATOUCHE, *Les origines...*, pp. 34-36 ; IIe Partie, chap. IV. — LOT, PFISTER, GANSHOF, *op. cit.*, p. 365. — Achille NORDMANN, *Histoire des Juifs à Genève de 1281 à 1780*, dans *Revue des études juives*, CLIX, 1925, p. 2. — H. PIRENNE, *Histoire économique de l'Occident médiéval*, déjà cité, pp. 90-100, 127-136. — *Mahomet et Charlemagne*, pp. 62-89 et *passim*. — Y. RENOUARD, *Les hommes d'affaires italiens...*, pp. 8-15. — E. SALIN, *La civilisation mérovingienne...*, t. Ier, *Les idées et les faits*, chap. IV à VII.

[2] Pp. 293-294.

[3] Pp. 305-306.

même si leur raréfaction n'était pas en haut lieu tenue pour un bon signe d'euphorie [1] ? »

Mais la situation devait s'aggraver dans la suite. Aux expéditions de pillage des Sarrasins succède au IXe siècle leur établissement permanent dans le Midi de la France [2]. Ces faits n'étaient pas indifférents à Genève, ville rhodanienne et point d'aboutissement de plusieurs cols alpins. Les passages qui font communiquer l'Italie du Nord et la vallée du Rhône, l'Europe méridionale et l'Europe centrale et septentrionale, auraient pu jouer à ce moment un rôle grandissant. Certes, on les a utilisés mais ils ont été soumis à leur tour aux incursions des Sarrasins qui s'y sont livré à de nombreux pillages et même à des massacres.

La route terrestre de la vallée du Danube — elle intéressait aussi Genève — était l'un des liens entre l'Ouest et le centre du continent et Constantinople qui était un des grands entrepôts de l'Orient méditerranéen. Mais elle restait précaire, voire dangereuse. Elle était peu utilisée.

Il est bien évident que l'Empire carolingien, puissamment continental, offre un contraste saisissant avec celui de Byzance, articulé, délié, avec toutes ses traditions maritimes. Mais ce serait une erreur de rendre Charlemagne et les Pippinides en général responsables de cette situation. R. Latouche estime même que « le début de l'époque carolingienne marque une restauration, en tout cas une sérieuse tentative d'assainissement » au point de vue économique [3]. Charlemagne a tiré le meilleur parti possible de la situation dans laquelle il se trouvait, même si certains historiens ont exagéré la valeur de quelques traits épars concernant la reprise de ce commerce.

Sans doute, dans les premiers temps de l'ère carolingienne, le commerce de Genève a-t-il eu un double caractère, en rapport avec la situation générale. La ville était une des articulations entre la Méditerranée, durement touchée, et les pays orientés vers l'Atlantique et surtout la mer du Nord. Elle a dû en tirer quelques avantages que plus tard les grandes foires de Champagne multiplieront. En outre, au centre d'une vaste région naturelle, ses marchés locaux devaient être assez actifs [4].

---

[1] *Charlemagne...*, p. 239.

[2] Ils font de Fraxinet ou *Frasinetum* — aujourd'hui la Garde-Freinet dans le Var — la principale base de leurs expéditions.

[3] *Les origines...*, p. 146.

[4] Sur le commerce du début de l'ère carolingienne, cf. Marg. BOULET, *loc. cit.*, dans LACOUR-GAYET, *Histoire du Commerce*, t. II, pp. 195-220. — J. CALMETTE, *Charlemagne...*, pp. 232-239. — L. HALPHEN, *Etudes critiques...*, pp. 267-269, 293-305. — A. KLEINCLAUSZ, *Charlemagne*, pp. 211, 218-219. — R. LATOUCHE, *Les origines...*, pp. 146, 165-167, 182-

3. La décadence carolingienne

Le commerce du début de l'ère carolingienne, si modeste qu'il apparût, allait encore singulièrement s'affaiblir sous les derniers Carolingiens. La rupture du grand empire, dont les parties rassemblées par Charlemagne étaient trop mal cimentées pour poursuivre une existence commune et que les traditions germaniques de partage dispersaient au gré des successions, devait rendre encore plus difficiles les échanges internationaux. A l'intérieur de chaque Etat, l'acheminement à la féodalité et la création d'entités seigneuriales juxtaposées avec des lignes de démarcation peu perméables agissaient dans le même sens, comme aussi le morcellement monétaire dont nous avons parlé.

A toutes ces causes qui tenaient à la structure même des Etats carolingiens, s'ajoutaient des forces dissolvantes agissant du dehors. Les invasions sarrasines ont exercé l'influence que nous avons indiquée. Mais d'autres poussées barbares se sont produites, celles des Tchèques et surtout des Hongrois. Ces derniers, partis vers l'an 900 des plaines danubiennes, ont pénétré dans l'Allemagne du Sud, puis ont continué leurs chevauchées dévastatrices en Champagne, en Bourgogne et jusque dans le Languedoc. Ils ne devaient les terminer qu'en 955. Il ne semble pas cependant que Genève ait été touchée par leurs raids. Mais les plus graves de ces invasions ont été celles des Normands. Ces Germains, partis de Scandinavie, admirables marins en même temps qu'intrépides guerriers, remontaient les fleuves, la Seine, la Loire, la Gironde, d'autres encore. Ils se livraient à de fructueuses campagnes de pillage, accumulant les richesses qu'ils rapportaient avec eux en Scandinavie. Le IXe et le Xe siècle sont remplis de leurs exploits dévastateurs [1]. Passant le détroit de Gibraltar, ils étendent la zone de leurs opérations à la Méditerranée et mettent à sac la vallée du Rhône, au moins jusqu'à Valence. Au cours de leur double poussée bourguignonne et rhodanienne, Genève paraît avoir échappé à leurs expéditions. La barrière de la Perte du Rhône a peut-être contribué à la protéger [2].

Nous avons déjà indiqué l'influence de ces invasions sur le développement de la féodalité. En beaucoup de contrées, elles ont décimé les populations et

---

200. — Lot, Pfister, Ganshof, *op. cit.*, pp. 356-357, 599-604. — A. Nordmann, *Histoire des Juifs à Genève...*, *loc. cit.*, p. 2. — H. Pirenne, *Mahomet et Charlemagne*, IIe partie, chap. III, notamment pp. 213-239. — *Histoire économique de l'Occident médiéval*, pp. 127-136, 551-570, 590-593. — Pirenne, Cohen, Focillon, *op. cit.*, pp. 7-30.

[1] Innombrables sont les cités qui ont été leur proie, ainsi Paris, quatre fois assiégé. La Bourgogne a figuré aussi, à la fin du IXe siècle, parmi leurs victimes.

[2] Sur les Normands, cf. W. Vogel, *Die Normannen und das fränkische Reich*, Heidelberg, 1906. — L. Musset, *Les peuples scandinaves au moyen âge*, Paris, 1951.

engendré une indicible misère. Marc Bloch a pu intituler un chapitre d'un de ses livres *L'Europe envahie et assiégée* [1].

On leur a reproché aussi d'avoir interrompu brutalement la renaissance urbaine qui s'esquissait, d'avoir ramené l'Europe à une économie agricole et accusé ses tendances autarciques [2].

Le tableau sommaire de l'histoire du commerce du Ve au XIe siècle que nous avons esquissé, avec ses obscurités, les contradictions que son interprétation suscite, avec ses périodes de progrès, de stagnation et de recul, constitue le cadre dans lequel l'économie genevoise a dû se développer pendant le haut moyen âge [3].

---

[1] *La Société féodale*, t. Ier, p. 9.

[2] Cependant, certains historiens tendent à réviser ces jugements, à atténuer l'opposition que l'on a si souvent marquée, au point de vue économique, entre la seconde partie du IXe et le Xe siècle, période de décadence, voire de déchéance, et le XIe siècle, phase d'un brillant renouveau. R. LATOUCHE, par exemple, pense que le Xe siècle, dont l'histoire reste assez obscure, a été en réalité marqué par des « signes avant-coureurs d'une reprise qui se traduira par une rénovation et même une série de nouveautés dans la vie collective : des négociants qui deviennent sédentaires, des villes qui abritent des dépôts de marchandises, des étaux, puis des boutiques et des ateliers, et non plus seulement des clercs, des nobles et des paysans ; des industries qui naissent, le capitalisme qui fait timidement son apparition sous le nom de *commende*, forme la plus ancienne du prêt à la production jusqu'alors ignoré en Occident ». *Les origines...*, pp. 271-272. Il serait « un siècle d'incubation » alors qu'on aurait exagéré la portée du XIe siècle dont le renouveau aurait été « moins miraculeux et complet qu'on ne l'a prétendu ». P. 271.

[3] M. BLOCH, *La Société féodale*, t. Ier, livre Ier, chap. I à III. — Frédéric BOREL, *Les foires de Genève au quinzième siècle*, Genève, 1892, pp. 2-5. — Marg. BOULET, *loc. cit.*, dans LACOUR-GAYET, *Histoire du Commerce*, t. II, pp. 200-202. — A. FLICHE, *op. cit.*, pp. 581-583. — Rudolf KÖTZSCHKE, *Allgemeine Wirtschaftsgeschichte des Mittelalters*, Jena, 1924, chap. II. — R. LATOUCHE, *Les origines...*, IVe partie, chap. Ier et II.

CHAPITRE VIII

LE PRÊT A INTÉRÊT

Nous ne saurions strictement rien des problèmes du prêt à intérêt si nous nous cantonnions sur le plan genevois. Aucun renseignement ne nous est parvenu qui intéresserait notre région. Une fois de plus, nous devons rappeler, dans ses lignes essentielles, une situation générale dans laquelle Genève s'intègre nécessairement. D'ailleurs, même sur ce terrain, les données sont rares et leur interprétation suscite certaines divergences.

Les conditions économiques du haut moyen âge et la rareté des capitaux disponibles ont posé une fois de plus le problème du prêt à intérêt.

L'Eglise n'a pas manqué de prendre position à ce sujet. Il n'est pas question d'exposer ici en détail un problème vaste et complexe. Il suffira d'en rappeler les données fondamentales. Si, dans bien des cas, les règles morales posées par le christianisme ont été violées dans la pratique, il n'en reste pas moins vrai qu'elles ont exercé leur influence sur les faits.

Lorsque l'évolution a rendu les impératifs de la morale religieuse difficiles à concilier avec les nécessités de la vie économique, cette éthique, tout en maintenant sa position de principe, en a assoupli l'application, notamment en prévoyant — et plus tard en multipliant — les cas exceptionnels dans lesquels ses prescriptions n'avaient pas à être observées.

D'une façon générale, l'Eglise, se fondant sur les enseignements du Christ, condamne au début la richesse et ensuite, à tout le moins, son excès. Son usage en tout cas doit être strictement subordonné à la loi morale. Si l'Eglise admet que la propriété privée est conforme au droit naturel, elle la limite par certaines exigences. Plus tard, au XIIIe siècle, saint Thomas d'Aquin, dans sa *Somme théologique*, précisera avec une rigoureuse netteté ces points : le droit de propriété implique l'obligation à l'aumône, la règle impérative de mettre une partie de son superflu à la disposition de ceux qui sont dépourvus de tout et dont l'existence même est en jeu.

De tels préceptes expliquent la position de l'Eglise dans la question du prêt à intérêt. Nous la retrouverons à propos du moyen âge. Nous nous bornons à la situer dans la période du Ve au XIe siècle.

Le prêt à intérêt est considéré comme une usure et, comme tel, il est interdit par l'Eglise. Le clergé n'a pas le droit de le pratiquer. Beaucoup d'abbayes prêtent, à l'origine, sans intérêt. Les usuriers sont déférés aux tribunaux ecclésiastiques. Aucune distinction ne semble exister entre les prêts de consommation et les prêts productifs. Une telle condamnation, qui va de pair avec une grande sévérité à l'égard du profit et une réelle méfiance au sujet du commerce, n'est guère favorable au développement de l'économie. Il est juste d'ajouter que la rareté même des richesses disponibles peut expliquer cette sévérité : on voulait protéger ceux qui, poussés par la nécessité, empruntaient pour subvenir à leurs besoins. Mais on atteignait aussi, par cette rigueur sans nuance, les prêts faits en vue de produire de nouveaux biens.

Le problème du prêt à intérêt se pose avec une particulière acuité à l'époque carolingienne. Il semble que, jusque-là, les sanctions aient été uniquement religieuses, en application en particulier des décisions des conciles de Nicée (375) et d'Aix-la-Chapelle (789). Mais Charlemagne va faire un pas de plus. L'*Admonitio generalis* de 789, dont nous avons déjà parlé, se fondant sur les prescriptions du concile d'Aix-la-Chapelle, interdit aux laïques toute usure — le terme étant pris dans le sens d'un prêt grevé d'un intérêt —, mais ne prévoit pas de sanctions. Puis, faisant un pas de plus, le capitulaire de Nimègue de 806 [1] énumère certaines formes de l'usure, par exemple le fait de réclamer de l'emprunteur plus qu'on ne lui a prêté, ou d'accaparer du blé ou du vin pour les revendre à un prix surfait. La seule opération légitime de prêt est celle qui consiste à exiger de l'emprunteur uniquement la restitution de ce qu'on lui a prêté [2].

Une question se pose. Les infractions à ces capitulaires ont-elles été frappées des sanctions du bras séculier qui se seraient ajoutées à celles de l'Eglise ? Une disposition de Charlemagne, non datée, le laisserait supposer : une amende est imposée à ceux qui prêtent à intérêt [3].

Les successeurs de Charlemagne ont appliqué les mêmes règles [4]. Mais, au fur et à mesure que la vie économique se développe et s'intensifie, des exceptions sont faites aux règles générales, en particulier dans les prêts à la production ou lorsqu'il s'agit de couvrir des risques particulièrement graves pour le prêteur. D'ailleurs, les prescriptions, aussi bien religieuses que civiles,

---

[1] BORETIUS, *Capitularia...*, t. Ier, pp. 130-132.

[2] « *Foenus est qui aliquid prestat; iustum foenus est, qui amplius non requirit nisi quantum prestitit.* » Art. 16, *Capitularia...*, t. Ier, p. 132.

[3] « *Praecipimus ut nemo usuras de aliqua causa exigere audeat. Quicumque hoc fecerit, bannum persolvat.* » *Capitularia...*, t. Ier, p. 219.

[4] C'est la preuve sans doute que les prêts de consommation continuaient à être fréquents et que ceux qui avaient un caractère productif restaient rares dans un temps de stagnation industrielle et commerciale.

paraissent avoir été fréquemment tournées même par des clercs et des monastères [1].

Tolérées, déguisées, ou commises en violation des règles laïques et ecclésiastiques, quelles ont été les formes du prêt à intérêt ? Outre les opérations simples, cession de blé, par exemple, que l'on doit restituer à la moisson, augmenté d'une certaine quantité, octroi d'une somme d'argent grevée d'un intérêt, le haut moyen âge a pratiqué la commende — ou comende —, le prêt à la grosse aventure, déjà largement utilisé d'ailleurs dans le commerce et la navigation de la Grèce et de Rome. La commende réapparaît assez tardivement, au IXe siècle, semble-t-il [2]. Elle conservait d'ailleurs un caractère exceptionnel, comme les autres opérations financières dans toute l'Europe occidentale [3].

D'une façon générale, pendant le haut moyen âge, les principaux marchands d'argent ont été les Juifs, dont on connaît déjà les autres activités économiques. La rareté du numéraire limitait certaines de leurs transactions. S'ils ont été parfois persécutés, bien des souverains les ont protégés parce qu'ils avaient besoin d'eux [4]. Admirablement au courant de toutes les ressources et de tous les besoins du monde méditerranéen et de l'Europe occidentale, cosmopolites, voyageurs, changeurs, marchands d'argent, les Juifs s'étaient rendus indispensables [5].

Depuis l'époque romaine et, à plus forte raison, pendant le haut moyen âge, ils ont été nombreux dans la vallée du Rhône. Très tôt, ils ont joué un rôle en vue à Lyon et au nord de Lyon. Leur présence a été aussi attestée

---

[1] R. LATOUCHE, *Les origines...*, pp. 180-181.

[2] Elle a été définie par Victor BRANTS « un contrat par lequel une personne remettait à une autre des capitaux par lesquels celle-ci, soit en son nom, soit au nom du *commendator*, faisait affaire à l'étranger, et était rémunérée par une part de bénéfices, part d'ailleurs variable, sans doute d'après la nature des risques de l'entrepreneur, le quart, la moitié. » *Les théories économiques aux XIIIe et XIVe siècles*, Louvain, Paris et Bruxelles, 1895, p. 171. — Ainsi, celui qui disposait de réserves les remettait à un personnage, ayant très souvent le double caractère de marchand et d'armateur, qui les utilisait en vue d'une opération commerciale maritime. Les risques en étaient grands. Il paraissait normal que les bénéfices qu'elle pouvait procurer fussent partagés entre le bailleur de fonds et l'emprunteur. Ces risques semblent avoir légitimé ce qui était bien en définitive une forme de prêt à intérêt en même temps — par certains côtés — qu'une préfiguration de la société en commandite.

[3] Cependant, Venise, intermédiaire entre le Levant et l'Occident, a fait, à la fin de cette période, dans une certaine mesure, exception à la règle. Cf. Y. RENOUARD, *Les hommes d'affaires italiens...*, p. 15.

[4] On en trouve à Aix-la-Chapelle jusque parmi les marchands du palais. Louis le Pieux leur a consacré un capitulaire. Il prend, en 825, sous sa protection les Israélites de Lyon qu'il dispense du payement du tonlieu et qu'il autorise à célébrer leur culte.

[5] Jusqu'au moment où l'excès de leur réussite et certaines méthodes usuraires dresseront contre eux des populations déjà enclines à les persécuter.

en Bourgogne. Le fait même que la loi Gombette leur a consacré plusieurs passages laisse supposer, nous l'avons dit, que, au début du VIe siècle déjà, ils ont été également actifs dans la région genevoise. Mais il est impossible de préciser la nature et l'ampleur de leurs transactions [1].

[1] Boretius, *Capitularia...*, t. Ier, *loc. cit.* — V. Brants, *Les théories économiques aux XIIIe et XIVe siècles*, déjà cité, pp. 87 et ss., 167-171, 257 et ss., et *passim*. — Eugène de Girard, *Histoire de l'économie sociale jusqu'à la fin du XVIe siècle...*, Paris et Genève, 1900, pp. 45-84. — Robert Latouche, *Les origines...*, pp. 59-68, 179-182, 271-272, 305-309 et *passim*.— Auguste Dumas, *Intérêt et usure*, dans *Dictionnaire de droit canonique*, publié par R. Naz, V, fasc. 30, 1953. — Lot, Pfister, Ganshof, *op. cit.*, pp. 365-366. — Gino Luzzato, *Les activités économiques du patriarcat vénitien (X[e]-XIVe siècles)*, dans *Annales d'hist. éc. et soc.*, IX, 1937, pp. 25-27. — A. Nordmann, *Histoire des Juifs à Genève...*, *loc. cit.*, pp. 1-2. — H. Pirenne, *Mahomet et Charlemagne*, pp. 96-98, 233-237 et *passim*. — Pirenne, Cohen, Focillon, *op. cit.*, pp. 17-18. — Y. Renouard, *Les hommes d'affaires italiens...*, pp. 14 et ss. — André-E. Sayous, *Les transformations des méthodes commerciales dans l'Italie médiévale*, dans *Annales d'hist. éc. et soc.*, I, 1929, pp. 161-176.

CHAPITRE IX

LES IMPÔTS. LES DOUANES

Une fois de plus, dans ce domaine, apparaît la continuité de certaines institutions. Ce que Rome avait construit au point de vue fiscal [1] a été maintenu par les envahisseurs, comme d'ailleurs tout ce qui, dans la structure impériale, était adaptable à la situation nouvelle. La fiscalité romaine était mieux organisée, plus complète que celle des tribus germaniques. Pourquoi ne pas l'utiliser ? D'autant plus que les dynastes avaient de grands besoins financiers. Se substituant aux anciens maîtres, ils ont perçu les mêmes impôts directs et indirects qu'eux, se bornant à être plus rigoureux, plus impitoyables que leurs prédécesseurs.

On a même maintenu les bureaux romains des péages, octrois et douanes, ainsi ceux de Valence, Lyon, Chalon-sur-Saône. Celui de Genève n'est pas mentionné, ce qui ne signifie pas nécessairement d'ailleurs qu'il ait été supprimé. Pourquoi les changer puisque, au début tout au moins, les routes et les ponts restaient les mêmes ? Une identique continuité se retrouve dans la perception des taxes sur les marchés ou dans l'obligation pour les particuliers de loger les gens de guerre ou les fonctionnaires publics. Les prestations en travail, les corvées en faveur de l'entretien des voies de communication, se poursuivent. Les impôts directs, la capitation et l'impôt foncier en particulier se perpétuent, pour ce dernier dans la mesure où le cadastre a pu survivre.

Ces impôts semblent avoir été perçus indistinctement sur les Gallo-Romains soumis et sur les conquérants. Le cas est frappant chez les Burgondes. La loi Gombette impose d'une façon formelle le payement de taxes foncières aux Burgondes possesseurs de terres ; les amendes judiciaires — autre aliment du fisc — frappent aussi bien les Barbares envahisseurs que les aborigènes. Elles sont stipulées dans la loi Gombette comme dans la loi romaine des Burgondes. Quant aux impôts indirects, on ne peut, cela va de soi, faire aucune discrimination dans leur levée.

---

[1] Cf. *supra*, livre III, sect. VIII, chap. Ier et II.

Lorsque le Royaume de Bourgogne sera absorbé par les Francs, rien d'essentiel ne sera changé. Les propriétés personnelles des souverains burgondes s'ajouteront simplement à celles des Mérovingiens ; les unes et les autres provenaient d'ailleurs du fisc romain. Beaucoup de ces biens seront ensuite aliénés par les dynastes mérovingiens en faveur de laïques ou d'institutions religieuses.

Quels étaient les impôts romains conservés par les Burgondes et par les Francs et levés sans doute dans la région genevoise comme ailleurs ? On peut les énumérer, mais il est beaucoup plus difficile qu'au temps de Rome d'en estimer le poids réel.

Nous venons de signaler les prestations en travail et le droit de gîte en faveur des gens de la cour, des fonctionnaires et des guerriers. Parmi les impôts directs, la capitation et le cens — ou taxe foncière — sont les plus importants. Mais, au cours de l'ère mérovingienne, le cadastre, ce précieux legs romain, se détériore rapidement. Il arrive un moment où l'impôt foncier devient difficile à lever. D'ailleurs, au fur et à mesure que les immunités se multiplient, ses sources tendent à se tarir.

Tout concourt donc à donner une signification grandissante aux taxes indirectes — ou *telonea* —, plus faciles aussi à percevoir. Certes, elles seront touchées par la régression économique, en particulier lorsque la Méditerranée aura perdu sa traditionnelle importance du fait des conquêtes de l'Islam.

Plusieurs de ces impôts indirects avaient d'ailleurs comme objectif l'entretien des voies de communication. Ils continuaient exactement ceux de Rome : les *rotatica* et les *pulveratica* grevaient les marchandises transportées par chariots ; les *saumatica* étaient levés sur celles qui étaient chargées sur des animaux de bât. Les *portatica*, les *pontatica*, les *ripatica*, les *cespitatica* servaient à l'entretien des berges des rivières, des ports fluviaux et lacustres et des ponts [1]. Tous ces tonlieux frappant la circulation des marchandises étaient perçus en argent par des *teloneraii* ou *telonarii* qui semblent les avoir pris à ferme. Ils se recrutaient en particulier parmi les Juifs. Ils étaient dans une certaine mesure les continuateurs des publicains romains et les lointains préfigurateurs des fermiers généraux de la monarchie française.

Ces tonlieux, ces péages se sont multipliés au VIe siècle, faisant la relève des impôts directs déficients. Plusieurs Mérovingiens ont tenté aussi d'aug-

---

[1] Pour ces différents tonlieux, voir Charles Dufresne du Cange, *Glossarium Mediae et infimae Latinitatis cum supplementis integris*, Paris, 7 vol., 1846 (en particulier t. II, p. 297 ; V, pp. 345, 362, 515, 775, 806 ; VI, pp. 26, 27, 28).

menter le taux des impôts, ce qui provoqua quelques soulèvements locaux. Certains souverains en revanche, tel Clotaire II en 614, ont corrigé la situation en abolissant des taxes indues et en ne maintenant que celles qu'une longue tradition avait consacrées.

Quant aux immunités, elles tendent à diminuer le rendement des impôts indirects. Dès le VIe siècle, des diplômes royaux exemptent du payement des tonlieux les marchandises appartenant à certains monastères. C'est ainsi que « les rois mérovingiens perdirent leurs impôts. Ils ne les abolirent jamais par une mesure générale. Aucun mouvement national n'en exigea la suppression. Mais chacun individuellement, ville, église, monastère, courtisan du roi, demanda la faveur de l'immunité, et les rois ne surent pas refuser [1]. »

A l'époque carolingienne, les revenus du souverain proviennent en grande partie de ses propres domaines, ce qui contribue à expliquer l'importance que Charlemagne leur attribue. Le capitulaire *de Villis* en est une preuve entre beaucoup d'autres. L'empereur, sa cour, ses fonctionnaires, en tirent ce dont ils ont besoin. Ils subviennent aussi dans une certaine mesure, en complément des réquisitions, aux nécessités de l'armée. Les corvées continuent à être appliquées à l'entretien des routes, des ponts, des fortifications, des palais royaux. Mais, à l'ouest du Rhin, il ne reste que fort peu de ces impôts directs dont les Mérovingiens avaient hérité de Rome [2].

A ces ressources s'ajoutaient des revenus de caractère exceptionnel :

---

[1] « Ces immunités gagnèrent de proche en proche, et il arriva insensiblement que, sans que les impôts eussent été abolis, il n'y eut presque plus personne qui les payât. Les impôts subsistèrent légalement, les contribuables disparurent. » FUSTEL de COULANGES, *Histoire des institutions politiques de l'ancienne France*, t. VI, *Les transformations de la royauté pendant l'époque carolingienne*, 3e éd., Paris, 1914, pp. 39-40. — Au milieu du VIIe siècle, la levée des impôts ne se fait plus que par la force, les armes à la main. On continuera bien à percevoir épisodiquement le cens et la capitation jusqu'au IXe siècle, mais, écrit F. LOT, ils sont « dégradés, tombés au rang de redevances coutumières payées au souverain ». *La fin du monde antique...*, p. 406. — Sur l'ensemble de la question, cf. FUSTEL de COULANGES, t. VI, *Les transformations...*, livre Ier, chap. III. — L. HALPHEN, *Les Barbares des grandes invasions aux conquêtes turques du XIe siècle*, Paris, 5e éd., 1948, pp. 55-56. — F. LOT, *La fin du monde antique...*, pp. 405-407. — *L'impôt foncier et la capitation personnelle sous le Bas-Empire et à l'époque franque*, Bibl. de l'Ecole des Hautes Etudes ; Sciences hist. et philol., fasc. 253, Paris, 1928, pp. 83-92. — LOT, PFISTER, GANSHOF, *op. cit.*, pp. 304-306, 355-356. — P.-E. MARTIN, *Etudes critiques...*, pp. 305-312. — H. PIRENNE, *Mahomet et Charlemagne*, pp. 87-89, 171-174.

[2] Tout au plus quelques redevances isolées subsistaient-elles, les unes foncières, les autres personnelles, à quoi s'ajoutaient, dans certaines parties de l'Empire, les *annua dona*, les dons annuels consentis au souverain, lors des assemblées de printemps, par les grands propriétaires. Mais, en réalité, ils prenaient l'allure d'une obligation. Leur montant a varié selon les besoins du souverain.

confiscation des biens des sacrilèges, des déserteurs. de ceux qui avaient violé leur serment de fidélité envers le souverain ; butin de guerre ; tributs payés par les peuples soumis. Les amendes constituent aussi un élément important [1].

Les impôts indirects, en particulier les péages, les tonlieux ou *telonea* : le *pontaticum*, le *rotaticum*, le *cespitaticum*, etc., dont nous avons vu la survivance à l'époque mérovingienne, ont résisté beaucoup mieux que les taxes directes aux dégradations du temps. Charlemagne, d'ailleurs, par souci de justice, a fait la chasse aux abus qui s'étaient installés un peu partout.

Des postes de perception de ces tonlieux sont signalés dans la vallée du Rhône. On ne retrouve pas la mention de celui qui, vraisemblablement, a existé à Genève.

L'affaiblissement de la dynastie carolingienne a entraîné l'usurpation par les grands dignitaires des pouvoirs qu'ils exerçaient par délégation du souverain. Ils ont abusé de leur situation pour percevoir à leur profit certains impôts directs dus normalement au monarque. Puis ils procéderont de même en ce qui concerne des impôts indirects. Charlemagne avait aussi autorisé les églises à prélever certaines dîmes. Mais plusieurs d'entre elles, pressées par des nécessités financières, en ont aliéné la perception à d'autres, moyennant le versement d'une somme déterminée. Elles deviendront des dîmes inféodées.

C'est ainsi que se sont multipliés, à la fin de l'ère carolingienne, les abus qui, en définitive, sont retombés presque toujours sur les paysans.

Ces données générales constituent le cadre du système fiscal auquel la région genevoise a été sans doute soumise [2].

---

[1] Elles frappent les délinquants les plus divers : ceux qui ont caché des fugitifs, volé des biens d'église, refusé les monnaies de bon aloi, vendu au-dessus des prix légaux, levé des tonlieux illicites, beaucoup d'autres encore. Les chroniqueurs énumèrent aussi avec complaisance les cadeaux en métaux précieux, en objets manufacturés, en produits du sol que recevait l'empereur. Mais sans doute entre-t-il dans ces énumérations une part d'exagération.

[2] BAYET, PFISTER, KLEINCLAUSZ, *Le Christianisme, les Barbares mérovingiens et carolingiens*, ouvrage déjà cité, pp. 427-430. — A. FLICHE, *op. cit.*, pp. 582-583. — FUSTEL de COULANGES, t. VI, *Les transformations...*, livre III, chap. XIII. — L. HALPHEN, *Charlemagne et l'Empire carolingien*, déjà cité, pp. 173-180. — A. KLEINCLAUSZ, *Charlemagne*, pp. 68-71, 215. — LOT, PFISTER, GANSHOF, *op. cit.*, pp. 559-562.

CHAPITRE X

LES MONNAIES

Le problème monétaire, comme celui des poids et des mesures, offre bien des obscurités. Les Germains, avant les invasions, n'avaient pas frappé de monnaie, mais il leur arrivait d'utiliser, dans certaines de leurs transactions, des pièces romaines. Ils n'eurent donc aucune peine, lorsqu'ils se furent fixés sur les terres de l'Empire, à adopter la monnaie des vaincus.

C'était celle qui avait été créée lors de la réforme tentée par Constantin réagissant contre le désordre monétaire de la décadence romaine. On se souvient qu'au temps de l'Empire la frappe avait été réservée au souverain. Les ouvriers de la monnaie, les *monetarii*, ont formé depuis Constantin un collège fermé dont ils n'avaient pas le droit de se retirer. Ils étaient asservis à leur fonction. Mais la frappe était décentralisée. En Gaule, des ateliers monétaires existaient à Trèves, Amiens, Lyon, Arles, Narbonne. Les pièces avaient cours légal dans tout l'Empire ; elles constituaient, après la rupture entre l'Empire d'Orient et celui d'Occident, un lien entre les deux parties ; elles étaient le symbole de leur unité économique. Mais la multiplicité des ateliers avait conduit à certaines différences dans la frappe, ce qui ne laissera pas d'exercer une influence dans le sens du morcellement monétaire.

Les pièces constantiniennes étaient les suivantes : le *solidus*, le sou d'or, qui représentait normalement 4 gr 48 d'or fin, le demi-sou ou *semis* et le tiers de sou ou *triens* ; puis les monnaies d'argent dont la principale était le *silique* qui contenait environ 2 gr 24 de fin. Le rapport de valeur de l'or à l'argent était de 1 à 12, de telle sorte que 24 *siliques* valaient un *solidus*. A tout cela s'ajoutaient des pièces de bronze ou de cuivre quelquefois alliés à un peu d'argent. Nous les laissons de côté.

Telle était la situation lorsque les Germains, au titre de fédérés ou comme envahisseurs, se fixèrent sur les terres de l'Empire.

Marc Bloch a tenté de résumer les grandes lignes du système monétaire des époques mérovingienne et carolingienne [1]. Les dynastes barbares continuèrent à utiliser les monnaies romaines. Certains d'entre eux — et cela est

---

[1] *Esquisse d'une histoire monétaire de l'Europe*, Paris 1954, pp. 11-26.

particulièrement caractéristique des rois burgondes — se sont considérés, au début, comme des chefs de fédérés subordonnés à l'empereur. D'autre part, ils se rendaient compte que la conservation des étalons anciens était le seul moyen d'éviter de fâcheuses perturbations économiques. Ils restèrent donc attachés au système monétaire d'un Etat dont ils ne dépendaient pas politiquement. Ce n'est qu'au VIe siècle — à l'exception des Vandales qui ont opéré ce changement déjà vers 490 — que les dynastes barbares se sont risqués à faire figurer leur nom sur des pièces qui gardaient d'ailleurs toutes leurs anciennes caractéristiques.

La frappe cependant ne tarda pas à échapper des mains des rois mérovingiens : c'est une des manifestations de l'affaiblissement de leur autorité. Leur nom même parfois disparaît des pièces, dès le troisième quart du VIe siècle pour l'argent, dès la fin du VIIe siècle ou le début du VIIIe siècle pour l'or. En revanche, on trouve la mention des monétaires, des possesseurs des ateliers dans lesquels la frappe s'opérait [1]. On assiste donc à un extraordinaire morcellement de la monnaie. A la fin des temps mérovingiens, certains monétaires se sont vraisemblablement déplacés avec leur outillage ; leurs pièces peuvent porter alors la mention du lieu de leur fabrication.

Elles ont été frappées parfois pour les propriétaires de grandes villas, mais plus souvent au nom d'un évêque, d'une église, ou d'une ville. D'autres enfin portent la mention du souverain : elles sortent alors des établissements royaux.

Dans ces conditions, le nombre des ateliers de l'époque mérovingienne a été très élevé. Pour le *triens* ou tiers de sou, qui était de beaucoup la pièce la plus répandue, il y en aurait eu, seulement dans les états mérovingiens, 1400 ou 1500. C'est un signe évident de l'affaiblissement du pouvoir, car la tendance d'un souverain puissant est de se réserver à titre de monopole, comme un droit régalien, l'émission de la monnaie, même si l'on admet — comme à Rome — une certaine dispersion des ateliers de frappe.

Une telle évolution devait entraîner inévitablement une dégradation, un avilissement de la monnaie qui se manifestent par une diminution constante de sa teneur en métal fin. Comme aux plus mauvais temps de l'histoire de Rome, certaines pièces ne sont plus que des jetons dorés [2].

---

[1] R. FELLMANN reproduit une pièce d'or, de provenance indéterminée, conservée au Musée national suisse à Zurich, avec indication de la frappe à Vindonissa. A l'avers, entourant une tête, figure l'inscription VINONISSE FITVR et, au revers, enveloppant une croix, l'inscription TVTA MONETARIVS. *Die Romanen*, dans *Repertorium*..., déjà cité, Heft 5., p. 13 et Tafel 5.

[2] Les textes de l'époque barbare parlent souvent du denier, du *denarius*. A l'époque romaine, cette monnaie d'argent avait beaucoup varié. Pierre LE GENTILHOMME pense que les Mérovingiens ont frappé de semblables pièces d'argent, et même en grande

Telle est, dans ses grandes lignes, autant que la discordance des sources et des interprétations permet de l'établir, la situation monétaire jusqu'au début de l'ère carolingienne [1].

Ce régime a été celui de Genève et de toute sa région, aux époques burgonde et mérovingienne. Les sources de l'histoire locale en ont conservé quelques traces. La loi Gombette de 517 parle de la monnaie genevoise — *moneta genevensis*. On sait que la ville a été pour un temps la capitale du Royaume de Bourgogne et que, même lorsque Lyon lui eut ravi cette dignité, elle fit figure de seconde capitale. Si l'on possède des pièces de Gondebaud et de Sigismond, aucune cependant ne porte le nom de Genève [2]. Mais la loi Gombette « mentionne les anciennes monnaies d'or de Genève, *Genavenses priores*, parmi celles que l'on n'est pas tenu de recevoir pour la valeur de leur poids » [3]. Il est probable que Gondebaud a voulu mettre hors de cours la monnaie frappée dans cette ville par son frère Godegisèle [4]. Sans doute s'inspirait-elle de modèles romains [5].

---

quantité. Il s'agit donc, à ses yeux, d'une monnaie effective dont l'émission aurait été imposée, déjà à la fin du VIIe siècle, par la raréfaction de l'or. Le denier d'argent aurait eu le même poids que le triens d'or et aurait valu le quarantième du sou d'or. Le rapport de l'or à l'argent aurait donc été de 1 à 13. *Mélanges de numismatique mérovingienne*, Paris, 1940, pp. 18, 139, cité par LATOUCHE, p. 152. — R. LATOUCHE accepte ce point de vue. *Les origines...*, pp. 152-154. — En revanche, Marc BLOCH estimait que le denier, à l'époque mérovingienne, n'était qu'une monnaie de compte représentant le quarantième de la valeur du sou d'or. Il n'aurait été effectivement frappé qu'à partir du règne de Charlemagne. *Esquisse...*, pp. 19-20. — Cf. aussi sur l'ensemble de la question M. PROU, *Catalogue des monnaies mérovingiennes de la Bibliothèque Nationale*, Paris, 1892. — A. BLANCHET et A. DIEUDONNÉ, *Manuel de numismatique française*, t. Ier, *Monnaies frappées en Gaule* (par Adrien BLANCHET), Paris, 1912. — A. DIEUDONNÉ, *Les monétaires mérovingiens*, Bibl. de l'Ecole des Chartes, 103, Paris, 1942.

[1] M.-C. BARRIÈRE-FLAVY, *op. cit.*, t. Ier, pp. 233-234. — BLANCHET et DIEUDONNÉ, *Manuel de numismatique française*, t. Ier. — M. BLOCH, *Esquisse...*, pp. 11-33. — L. HALPHEN, *Les Barbares des grandes invasions aux conquêtes turques du XIe siècle*, déjà cité, p. 56. — R. LATOUCHE, *Les origines...*, pp. 18-23, 146-154. — P. LE GENTILHOMME, *Mélanges de numismatique mérovingienne*, pp. 16-18, 71-81, 139-140 et *passim*. — F. LOT, *La fin du monde antique...*, pp. 426-427. — LOT, PFISTER, GANSHOF, *op. cit.*, pp. 357-360. — H. PIRENNE, *Mahomet et Charlemagne*, pp. 89-97. — Y. RENOUARD, *Les hommes d'affaires italiens...*, pp. 9-11, 257. — Voir aussi les indications bibliographiques données par F.-L. GANSHOF, *La Belgique carolingienne*, pp. 162-163.

[2] W. DEONNA, *Les arts à Genève...*, p. 117.

[3] *Rég. gen.* n° 55, p. 20.

[4] P. 21.

[5] Eugène DEMOLE suppose que les pièces de cette époque imitaient celles d'Anastase ou de Justin. *Histoire monétaire de Genève de 1535 à 1792*, Genève et Paris, 1887, p. 4.

Selon Eugène Demole, « les plus anciennes monnaies de Genève qui nous sont parvenues appartiennent à l'époque mérovingienne et datent très probablement des VIIe et VIIIe siècles : ce sont des tiers de sous d'or qui portent le nom de la ville et celui du monnayeur » [1]. Le Musée de Genève possède un tiers de sou mérovingien du VIIe siècle qui associe le nom de Clotaire à celui de Genève. Le revers porte une croix [2].

On a trouvé dans la Champagne genevoise et à Vandœuvres quelques pièces mérovingiennes, des tiers de sou d'or. Fréd. Soret admet que l'on en a frappé dans plusieurs villes suisses, notamment à Bâle, Sion, Lausanne et Genève [3]. A. Roehrich signale de son côté des ateliers monétaires mérovingiens à Genève — *Genavinsium Civitas* —, à Gex, à Saint-Claude, à Lausanne, à Saint-Maurice et à Sion. P. Duparc y ajoute Albens [4]. Ils auraient frappé des pièces municipales ou ecclésiastiques. On possède quelques spécimens de celles fabriquées à Genève [5]. Mgr Marius Besson a donné la reproduction de douze monnaies mérovingiennes dont trois ont été frappées à Lausanne, deux à Avenches, une à Orbe, trois à Saint-Maurice et trois à Sion [6].

De fait, Genève et son diocèse et les villes de la Suisse romande qui ont possédé des ateliers monétaires se trouvent en très nombreuse compagnie. F. Lot estime que le nom de près d'un millier de *vici* de la Gaule mérovingienne figure sur des pièces de monnaie [7].

Aux prises avec l'extraordinaire diversité des monnaies et avec toutes les altérations qu'elle entraînait, la dynastie carolingienne a tenté une profonde réforme. Commencée par Pépin le Bref, elle sera poursuivie par Charlemagne et Louis le Pieux. Selon Marc Bloch, les trois éléments essentiels en ont été « la reprise de la frappe par les pouvoirs publics ; la création d'un nouveau

---

[1] E. DEMOLE, *op. cit.*, p. 4.

[2] Il s'agit de Clotaire II qui régna de 613 à 628 sur le premier royaume de Bourgogne. — E. DEMOLE, *Triens mérovingien*, dans *Revue suisse de numismatique*, XII, 1904, pp. 459-460.

[3] *M.D.G.*, I, 1841, pp. 244-245. — MOOSBRUGGER-LEU mentionne une pièce d'or du règne de Clotaire II, roi des Francs, qui se trouve au Musée historique de Bâle, et des triens trouvés à Lausanne, Saint-Maurice et Sion, conservés au Musée national suisse à Zurich. *Die germanischen Grabfunde*, dans *Repertorium...*, Heft 5., p. 19 et Tafel 9.

[4] A. ROEHRICH, *op. cit.*, p. 372.

[5] A. ROEHRICH, *Triens mérovingiens*, dans *Genava*, XIII, 1935, pp. 236-239.

[6] *Nos origines chrétiennes...*, ouvrage déjà cité, pl. VI, p. 22.

[7] *La fin du monde antique...*, p. 426. — Pour l'ensemble du sujet, voir la bibliographie *infra*, pp. 452-453.

système d'équivalence entre le denier, désormais réel, et le sou ; enfin, la cessation de la frappe de l'or ». C'est le passage au monométallisme argent [1].

Charlemagne, par un capitulaire de 805, prescrit que la monnaie sera frappée dorénavant exclusivement à son nom [2]. Mais comme l'atelier du palais ne saurait suffire à la tâche, il est obligé d'en décentraliser la fabrication.

La réforme carolingienne comporte un autre aspect très important, l'émission de pièces d'argent, les deniers — les *denarii* — qui semblent avoir pesé un gramme et quart de fin. On frappa ensuite également un demi-denier ou obole. Il ne s'agit plus d'une monnaie de compte, mais de pièces réelles. Comme les monnaies d'or s'étaient dépréciées par la diminution de leur teneur en métal fin, on admit le denier comme l'équivalent d'un douzième de sou. Mais le sou tendait à disparaître ; d'ailleurs, le demi et le tiers de sou avaient surtout circulé. Une hémorragie d'or s'était produite, en particulier au profit de l'Orient méditerranéen d'où l'on tirait, comme au temps de Rome, certains produits de luxe. L'orfèvrerie et la bijouterie — nous avons dit le goût des Barbares pour la parure — en immobilisaient de grandes masses. Tout concourait à la diminution du métal jaune. Les dernières émissions d'or, très rares et soumises alors à des règles rigoureuses quant au titre, ont eu lieu sous les règnes de Charlemagne et de Louis le Pieux. Puis, dans l'Europe chrétienne tout au moins, on cessa cette frappe qui ne reprit qu'au XIIIe siècle [3].

Après Charlemagne, le sou devient donc une monnaie de compte représentant 12 pièces d'argent, 12 deniers. Mais, pour les transactions importantes, on emploie une autre monnaie de compte, la livre, qui équivaut à 20 sous ou à 240 deniers. Quant aux deniers d'argent, Charlemagne en exige l'acceptation dans son empire « en tout lieu, toute cité et tout marché ».

Le monopole de la frappe en faveur du souverain, voulu par Charlemagne, fut de courte durée. Ceux qui battaient monnaie en tiraient de trop substantiels avantages pour qu'ils ne profitassent pas de la décadence carolingienne et d'une

---

[1] *Esquisse...*, p. 20. — Dans le même sens, cf. A. BLANCHET et A. DIEUDONNÉ, *Manuel de numismatique française*, t. Ier, p. 359.

[2] Art. 18. BORETIUS, *Capitularia...*, t. Ier, p. 125.

[3] Le passage au monométallisme argent a été expliqué de deux façons opposées. Henri PIRENNE, fidèle à la thèse qu'il a soutenue dans *Mahomet et Charlemagne*, estime que la fermeture de la Méditerranée par les Musulmans a empêché l'or de l'Orient d'affluer en Europe. Maurice PROU au contraire pense qu'il y a eu une hémorragie d'or provoquée par le payement des marchandises de luxe importées du Levant sans qu'il y ait, de la part de l'Europe, une compensation suffisante par l'exportation. Le métal jaune a disparu du fait d'une balance du commerce perpétuellement déficitaire. M. PROU, *La Gaule mérovingienne*, Paris, s.d. [1897], p. 177. — E. SALIN, *La civilisation mérovingienne...*, t. Ier, *Les idées et les faits*, pp. 133 et ss., 141-142, partage cette interprétation. Il semble bien qu'elle soit conforme à la réalité.

autorité qui tombait en quenouille. Aussi la réforme des premiers Carolingiens fut-elle bientôt gravement compromise. On tendait à revenir aux errements de la décadence mérovingienne. Les monnaies seigneuriales se multipliaient. Au début, elles portaient encore l'effigie du monarque. Mais, à partir du Xe siècle, ceux qui les émettaient placèrent leur nom à côté de celui du souverain et bientôt le substituèrent au sien.

Dès le IXe siècle, la situation a donc été la suivante : on frappe uniquement des deniers et des pièces divisionnaires d'argent. Les seigneurs laïques et ecclésiastiques qui possèdent ou s'arrogent le droit de battre monnaie se multiplient. La conséquence fatale en a été une nouvelle diversification des pièces, non seulement quant à leurs effigies, mais aussi quant à leur valeur intrinsèque, selon leur contenu en métal fin, ce qui imposera la nécessité, dans les transactions, de stipuler en quelle monnaie elles seront faites [1].

Qu'en est-il de Genève pendant la période carolingienne, après la réforme monétaire, au moment où le denier d'argent se substitue au *triens* d'or ?

Il ne semble pas qu'un atelier monétaire régalien ait fonctionné dans la ville à cette époque, pas plus que pendant le second royaume de Bourgogne. En revanche, avant 1032, l'évêque de Genève a frappé monnaie [2].

Les premières pièces épiscopales ont été « des deniers et des oboles qui présentent le temple carolingien avec le nom de la ville et, au revers, une croix accompagnée du nom de l'évêque » [3]. Eugène Demole, parlant des

---

[1] BAYET, PFISTER, KLEINCLAUSZ, *op. cit.*, pp. 430-432. — A. BLANCHET et A. DIEUDONNÉ, *Manuel de numismatique française*, t. Ier, p. 359. — M. BLOCH, *Esquisse...*, pp. 20-26, 29-33. — J. CALMETTE, *Charlemagne...*, p. 239. — L. HALPHEN, *Charlemagne et l'Empire carolingien*, déjà cité, pp. 182-185. — A. KLEINCLAUSZ, *Charlemagne*, pp. 216-218. — R. LATOUCHE, *Les origines...*, pp. 168-178. — LOT, PFISTER, GANSHOF, *op. cit.*, pp. 359, 608-609. — H. PIRENNE, *Mahomet et Charlemagne*, pp. 221-224. — PIRENNE, COHEN, FOCILLON, *op. cit.*, pp. 93-98. — M. PROU, *Catalogue des monnaies carolingiennes de la Bibliothèque Nationale*, Paris, 1896, *passim.* — Voir aussi bibliographie *supra*, pp. 448-449.

[2] E. DEMOLE, *Histoire monétaire...*, p. 4. — W. DEONNA, *Les arts à Genève...*, p. 118.

[3] DEMOLE, *Histoire monétaire...*, p. 4. — Dans la seconde partie de son *Armorial genevois*, BLAVIGNAC avait déjà signalé l'existence de deux pièces de la première moitié du XIe siècle aux effigies de deux évêques, Conrad et son successeur Aldagondus ou Adalgodus II. *M.D.G.*, VII, 1849, pp. 33-34, 79-80. — J.-J. CHAPONNIÈRE, au contraire, estimait que la monnaie épiscopale avait commencé après la fin de la dynastie rodolphienne. *De l'institution des ouvriers monnoyers du Saint Empire romain, et de leurs parlements*, *M.D.G.*, II, 1843, p. 64. — Cette idée avait déjà été soutenue par Jean PICOT, *Histoire de Genève*, Genève, 1811, t. Ier, p. 11 ; t. III, p. 410. — R. POUPARDIN, dans l'important ouvrage qu'il a consacré au royaume de Bourgogne, a écrit : « On possède des monnaies portant le nom de l'évêque Conrad, successeur de Hugues (1019) avec au revers la légende *Geneva civitas*. » Il se réfère d'ailleurs au *Régeste genevois* qui, parlant

frappes des évêques de Genève, a écrit : « Ce monnayage semble commencer vers le début du XIe siècle, sous l'épiscopat de Conrad et sous celui d'Adalgodus. » Il en administre la preuve par la reproduction d'un denier de Conrad et d'une obole d'Adalgodus conservés au Musée de Genève [1]. L'évêque suivant, Frédéric (environ 1032-1073), est le dernier qui ait signé ses monnaies. Ensuite, on trouve des deniers anonymes, au nom de saint Maurice, puis, plus tard, de saint Pierre, portant au revers la mention de Genève et une croix [2].

Somme toute, la région genevoise a été assez avare en ce qui concerne les documents numismatiques du haut moyen âge [3].

Telle est, résumée dans ses grandes lignes, l'évolution monétaire, de la chute de Rome à la renaissance économique du XIe siècle. Ainsi, malgré les efforts tentés par les premiers Carolingiens, cette période est caractérisée par une extraordinaire variété de monnaies. « La grande raison du morcellement monétaire, écrit Marc Bloch, c'est que la monnaie circule peu. Il faut donc,

---

de l'évêque Conrad, fait la remarque suivante : « Il a laissé des monnaies d'un denier et d'un demi-denier signées de son nom et qui portent à l'avers : CONRADVS ou GONRADVS EPS ; au revers : † GENEVA ou GINEVA CIVITAS. Ces monnaies ont été trouvées à Rome, en 1843, dans le clocher de la basilique de Saint-Paul-hors-les-murs. » *Régeste genevois*, p. 46, n° 163. — En revanche, POUPARDIN met en doute l'attribution faite par le *Régeste genevois* d'un demi-denier à un évêque Algaud II — *Adalgaud* ou *Adalgodus II* — dont il se demande s'il a existé. *Le Royaume de Bourgogne...*, p. 321, n. 3. — Le *Régeste genevois*, p. 46, n° 164 porte pourtant l'indication suivante : « Adalgodus est évêque de Genève après Conrad. Il a frappé des monnaies signées de son nom dont on ne possède qu'un demi-denier portant à l'avers : † A[d]algodus Eps ; au revers : † *Geneva civitas*. » — P. DUPARC incline à admettre l'existence de l'évêque Adalgodus ou Adalgaud. Cf. *Le Comté de Genève...*, 1955, p. 83, n. 2.

[1] E. DEMOLE, *Visite au cabinet de numismatique ou coup d'œil sur l'histoire de Genève*, Genève, 1914, p. 5.

[2] *Ibid.*, p. 5-6.

[3] Mgr M. BESSON, *Nos origines chrétiennes...*, p. 22, pl. VI. — J.-D. BLAVIGNAC, *Armorial genevois. Seconde partie*, M.D.G., VII, 1849, pp. 17-170. — Henry BORDIER, *Notice sur la monnaie genevoise au temps des rois bourguignons de la première race et sur quelques monnaies mérovingiennes*, M.D.G., I, 1841, pp. 259-270. — J.-J. CHAPONNIÈRE, *De l'institution des ouvriers monnoyers...*, loc. cit., pp. 29-44. — E. DEMOLE, *Numismatique de l'Evêché de Genève aux XIe et XIIe siècles*, M.D.G., XXXI, 1908-1909, pp. 3-141. — *Coup d'œil sur la numismatique burgonde et mérovingienne dans le bassin du Léman*, mémoire présenté le 14 mars 1889 à la Société d'Histoire et d'Archéologie de Genève, B.H.G., I, 1892-1897, p. 18 et ss. — *Histoire monétaire...*, pp. 3-5. — *Triens mérovingiens*, dans *Revue suisse de numismatique*, pp. 459-460. — *Visite au cabinet de numismatique...*, pp. 1-7. — W. DEONNA, *Les arts à Genève...*, pp. 117-118. — P. DUPARC, *Le Comté de Genève...*, p. 83. — R. LATOUCHE, *Les origines...*, pp. 182-183. — F. LOT, *La fin du monde antique...*, p. 426. — J. PICOT, *Histoire de Genève*, t. Ier, p. 11 ; t. III, p. 410. — R. POUPARDIN, *Le Royaume de Bourgogne (888-1038)...*, p. 321. — A. ROEHRICH, *Triens mérovingiens*, loc. cit., pp. 236-239. — Frédéric SORET, *Lettre aux membres de la Société d'histoire et d'archéologie sur les enfouissemen[t]s monétaires de Genève et de ses environs*, M.D.G., I, 1841, pp. 244-245. — Cf. aussi, du même auteur, *Lettre... sur des monnaies trouvées aux environs de Genève*, M.D.G., II, 1re partie, 1843, p. 409.

à chaque petit groupe tournant autour d'un marché local, son atelier monétaire [1]. »

Les quelques remarques que nous avons pu faire concernant la région
genevoise sont d'ordre numismatique. Il serait intéressant d'en montrer la
signification économique. Quelle a été la circulation de ces monnaies ? Vraisemblablement, elle a été assez restreinte. Au cours des plus mauvaises périodes,
certains échanges ont dû affecter de nouveau la forme du troc. En outre, du
fait de la structure de la propriété et de la multiplicité des droits et prestations
qui pèsent sur les tenures, beaucoup de payements se sont opérés en nature,
voire en travail.

Quant au problème du pouvoir d'acquisition des monnaies, il est d'un
extraordinaire intérêt : mais il est impossible de lui donner une solution dans
l'état actuel de nos connaissances.

Tout au plus peut-on rappeler que Charlemagne, au synode de Francfort
de 794 [2], a tenté d'établir le cours de certaines marchandises en un tarif applicable à l'ensemble de ses territoires, intéressant donc la région genevoise,
tarif qui ne laisse pas de rappeler — avec beaucoup moins de détails cependant
— le fameux édit du maximum de Dioclétien de 301. Cette tarification est
en rapport avec la réforme monétaire dont nous avons parlé.

Le prix de l'avoine est fixé à un denier le muid, celui de l'orge à deux
deniers, du seigle à trois et du froment à quatre [3]. Ces chiffres sont intéressants
car, en tout temps, le prix des céréales a eu une signification particulière [4].
Quant au pain, douze miches de farine de froment de deux livres équivalaient
à un denier. Charlemagne exigeait l'application rigoureuse de ces prix sur
tous les marchés, jusque dans les plus modestes *vici*, même — et surtout —
dans les années de disette [5].

Certes, les moyens de contrôle dont le souverain disposait grâce à ses
fonctionnaires, ses comtes, ses *missi dominici*, étaient en général efficaces.
Mais l'ont-ils été dans cette occasion ? On peut en douter car, dans toutes
les périodes de l'histoire, il a été très difficile d'obtenir une observation stricte
des prix maximum. Le marché noir est de tous les temps.

---

[1] *Esquisse...*, p. 33.

[2] *Synodus Franconofurtensis*, BORETIUS, *Capitularia...*, t. Iᵉʳ, pp. 73-78.

[3] Sur la contenance du muid, cf. *infra*, chap. XI.

[4] Le souverain d'ailleurs, pour entraîner l'adhésion de ses sujets, ordonnait que les
grains de ses propres domaines fussent vendus au-dessous de ce tarif, à raison d'un demi-
denier pour l'avoine, d'un denier pour l'orge, de deux pour le seigle et de trois pour le
froment.

[5] R. LATOUCHE, *Les origines...*, pp. 182-183.

CHAPITRE XI

LES POIDS ET LES MESURES

Les données que nous possédons au sujet des poids et des mesures sont fragmentaires et parfois imprécises. Sans doute, au début de l'époque barbare, les traditions romaines, comme dans tant d'autres secteurs, ont-elles survécu. Puis la diversification régionale des étalons est apparue et s'est rapidement accentuée. Elle se poursuivra non seulement au moyen âge mais encore à l'époque moderne. Bien plus ! elle n'a pas complètement disparu actuellement dans la pratique quotidienne : le paysan vaudois mesure sa terre en *poses* qui n'ont pas la même superficie que celles de Genève.

Nous ne possédons pas de données positives au sujet du diocèse genevois. Mais lorsque Charlemagne tenta de réagir contre le désordre de l'époque mérovingienne en uniformisant les poids et les mesures dans tout son empire, sa réforme, dans les limites de son efficacité réelle, s'est naturellement appliquée à notre région.

Le souverain était conduit à la fois par des raisons de commodité et par le souci de moraliser le commerce qui est toujours enclin à abuser du manque de fixité des étalons de poids et de mesures. L'époque mérovingienne en avait administré la preuve. Charlemagne voulait appliquer les préceptes du christianisme. Dans son *Admonitio generalis* de 789, il rappelle que les mesures et les poids doivent être justes et les mêmes dans tout le royaume [1]. En procédant à cette réforme, il espérait aussi — en réalité l'œuvre était irréalisable — contribuer à la fusion des peuples qu'il avait rassemblés sous son sceptre. Les nécessités militaires agissaient dans le même sens : il fallait simplifier et rationaliser le ravitaillement des armées.

Mais l'œuvre dépassait les possibilités du monarque. Ses successeurs n'arrivèrent même pas à maintenir l'unité dans chacun des Etats issus du morcellement de l'Empire.

---

[1] Art. 74. BORETIUS, *Capitularia...*, t. Ier, p. 60.

La livre romaine ordinaire, subdivisée en 12 onces, avait pesé 327 gr. 453. Mais les Romains avaient utilisé aussi des livres de 15 et de 18 onces.

Charlemagne, en 789, se fondant probablement sur les usages des moines du Mont-Cassin, adopta la livre romaine de 18 onces, soit de 491 gr. 179. C'est donc, à peu de chose près, notre demi-kilo. Mais il divisa sa livre en 12 onces, ce qui fait que l'once caroline pèse un tiers de plus que l'once romaine.

Le muid de Charlemagne, mesure de contenance pour les liquides et les grains, aurait contenu 21,07 litres. Mais d'autres sources lui attribuent une capacité de 34, 40, 52, 70 litres et parfois même davantage. On pense cependant que le muid s'est stabilisé finalement à 52 litres. Le muid était divisé en setiers ou en corbeilles.

Les mesures carolingiennes de longueur ont été le pied royal, soit 0,3146 mètre, et la perche royale de 15 pieds ou 4,720 mètres. Quant à la lieue, elle valait probablement, comme la lieue romaine, 2222 mètres.

Le tableau des mesures de surface semble s'établir ainsi :

la perche	3,4625	ares
l'arpent	8,6564	»
l'ansange ou nappe . .	13,8502	»
le journal	34,6257	»
le bonnier	138,5028	»

Charlemagne, dans le désir d'assurer l'efficacité de sa réforme, avait déposé dans son palais les étalons de mesure, les déclarant d'application obligatoire.

Mais ses successeurs ont été incapables de maintenir de telles exigences. Déjà en 829, les évêques signalent à Louis le Pieux la diversité des poids et des mesures utilisés dans son empire. L'édit de Pîtres de 854 [1] confie la mission aux comtes de surveiller l'application stricte des poids et des mesures pour empêcher les malhonnêtetés dans le commerce. L'ordre est plus facile à donner qu'à faire exécuter [2].

---

[1] « ...Ce curieux capitulaire où l'on trouve réuni dans une sorte de synthèse diffuse tout ce qu'une administration affaiblie avait pu sauver des vastes projets du grand empereur... » R. LATOUCHE, *Les origines...*, pp. 176-177.

[2] Cependant, tout n'a pas été vain dans la tentative de Charlemagne. Quelques-unes de ses créations ont survécu dans certaines parties de l'Europe au moyen âge et même — ainsi la livre anglaise — jusqu'à nos jours. Mais elle n'a pas pu empêcher, dans la plupart des cas, un émiettement à l'infini des poids et des mesures. Sa réforme avait devancé le temps. — Sur l'ensemble de la question : J. CALMETTE, *Charlemagne...*, p. 239. — M. GUILHIERMOZ, *De l'équivalence des anciennes mesures*, Bibliothèque de l'Ecole des Chartes, 74, Paris, 1913, pp. 267-328. — L. HALPHEN, *Etudes critiques...*, pp. 250-254. — A. KLEINCLAUSZ, *Charlemagne*, pp. 215-216. — R. LATOUCHE, *Les origines...*, pp. 176-178. — H. PIRENNE, *Mahomet et Charlemagne*, p. 224.

LA VIE SOCIALE

LA VIE SOCIALE

Au cours de ce livre IV consacré à la période du Ve au XIe siècle, nous avons eu l'occasion plus d'une fois d'esquisser la situation des classes sociales et les rapports qui se sont noués entre elles. Nous ne voulons pas y revenir longuement. Tout au plus allons-nous rassembler quelques traits épars de notre exposé.

Les catégories rurales étaient organisées selon une hiérarchie qui, tout en restant stricte, a évolué au cours de ces six siècles d'histoire. Au-dessous du souverain, l'aristocratie foncière augmentait sans cesse son pouvoir et ses prérogatives économiques. Anciens propriétaires aborigènes, Burgondes conquérants, fonctionnaires qui usurpaient les terres dont ils n'avaient eu primitivement que la jouissance, tous, quelle que fût leur origine, avaient ceci de commun : ils détenaient de vastes domaines et cherchaient à placer sous leur autorité les hommes qui y demeuraient.

La résidence seigneuriale garde dans toute l'ancienne Gaule un caractère rustique, les bâtiments d'exploitation et la demeure du grand propriétaire étant presque toujours réunis et défendus par un appareil fortifié rudimentaire. On a vu comment est organisée l'exploitation de ces terres, leur division en réserve seigneuriale et en tenures. Leurs détenteurs y habitent et y mènent, à l'époque mérovingienne, une existence assez rude, voire grossière, mais qu'ils préfèrent cependant à celle que leur auraient réservée les villes qui subsistent.

Le clergé constituait une classe assez hétérogène. Le haut clergé séculier, qui se recrutait dans une large mesure dans l'aristocratie foncière, bénéficiait d'importants revenus. Mais les desservants des paroisses étaient souvent dans une situation très modeste, voire précaire. Les abbayes et les monastères disposaient de biens fonciers d'étendue très variable mais qui pouvaient atteindre de très grandes dimensions. Ceux des prieurés de Saint-Victor et de Satigny faisaient cependant assez modeste figure.

Les grands propriétaires ont la passion de la terre. Une lutte incessante les met aux prises avec les petits propriétaires indépendants qui subsistent encore et portent des noms qui varient selon les régions, ingénus dans une partie de l'ancienne Gaule, *minofledes* dans les territoires burgondes. Leurs biens sont médiocres et atteignent rarement une quarantaine d'hectares dans les pays gallo-romains. Mais ces paysans-propriétaires jouent un certain rôle dans la vie publique : ils peuvent siéger dans les tribunaux et participer à l'administration des villages.

Les détenteurs des grands domaines, nous l'avons vu, ont tout mis en œuvre pour les évincer et se substituer à eux. Ces petits propriétaires tendent donc à disparaître, malgré l'amélioration temporaire qu'a apportée le règne de Charlemagne. Les nouvelles invasions, la décomposition de la puissance carolingienne ont accéléré l'absorption des terres de ces paysans libres. Certes, ils se sont défendus, organisant parfois des manières de gildes rurales. Dans quelques régions, ils ont réussi à sauver certaines de leurs positions, notamment dans les Alpes ou dans le Midi de la France ; mais il ne semble pas que ce soit le cas dans la région genevoise. Ainsi, la plupart d'entre eux ont rejoint les classes déjà dépendantes.

Elles comprennent les journaliers agricoles, hommes libres dont l'existence est précaire ; les fermiers et les métayers, libres eux aussi, liés par contrat aux grands propriétaires dont ils reçoivent des terres à cultiver ; les hôtes enfin, les fameux défricheurs qui ont collaboré à la mise en valeur de tant de territoires. Quant aux colons, leur situation tend à se dégrader au cours des siècles ; ils finiront par être absorbés en grand nombre par la classe des serfs.

L'esclavage qui s'est perpétué au cours de cette époque a été en s'atténuant pendant l'ère carolingienne. On vendait les esclaves comme des biens-fonds ou des objets. Leur propriétaire pouvait les utiliser à n'importe quelles tâches, si pénibles fussent-elles. Comme dans l'antiquité, ils ne fournissaient pas seulement la main-d'œuvre, mais aussi la force motrice ; c'est leur disparition graduelle qui poussera à la généralisation de l'emploi de la roue à eau. L'Eglise n'a pu empêcher cette survivance de l'esclavage — des clercs et des couvents

ont possédé souvent des esclaves —, mais elle a agi dans le sens de l'humani-
sation des traitements qu'on leur infligeait et elle a encouragé les affranchissements. Il faut d'ailleurs bien constater qu'au moyen âge l'esclavage s'est
perpétué plus longtemps dans les pays musulmans que dans le monde chrétien.

Si, à l'origine, la condition des esclaves a été très dure, bien proche de
celle qu'ils ont connue à Rome, elle s'est peu à peu adoucie. L'esclave a pris
figure humaine ; chrétien comme son maître, il a obtenu le droit de contracter
mariage, d'avoir une famille et de bénéficier, le cas échéant, d'une protection
de l'autorité.

Les affranchissements se sont multipliés, surtout en faveur de ceux qui
s'étaient vu assigner une tenure. Libres, ils étaient astreints à des redevances
et à des prestations en travail que souvent le grand propriétaire foncier pré-
férait aux services qu'il pouvait exiger de ses esclaves. Son intérêt agissait
dans le même sens, mais sans doute plus vigoureusement, que les conseils de
l'Eglise.

Cette évolution entraîne le développement de la classe des serfs qui,
sous les multiples influences que nous avons signalées, tend à devenir très
nombreuse. Les grands détenteurs de biens-fonds en tirent d'importants
avantages. Les serfs ont l'usage héréditaire des tenures qu'on leur a concédées
dans la mesure où ils en acquittent les charges. Ils bénéficient donc d'une
certaine sécurité, mais leur liberté est limitée. Ils sont liés à la terre, vendus
avec elle et soumis dans une large mesure à l'arbitraire du seigneur.

Les mœurs des hautes classes mérovingiennes, telles qu'elles apparaissent
dans les textes de l'époque, ont été abominables [1]. Leur contact avec les
Francs ou les Burgondes a fait perdre aux Gallo-Romains, à quelques exceptions près, leur caractère policé et leur culture. Ils se sont adaptés, dans une
certaine mesure, les mariages aidant, au genre de vie des conquérants. De
cette fusion naîtra, selon F. Lot, une aristocratie « turbulente, batailleuse,
ignorante, dédaigneuse des choses de l'esprit, incapable de s'élever à aucun
concept politique sérieux, foncièrement égoïste et anarchiste » [2].

La famille mérovingienne, fondement de la société, est instable : le divorce
par consentement mutuel, la répudiation — ce droit appartenant à l'homme
seul — et la polygamie sont courants dans les hautes classes. Cette ère mérovingienne « est vraiment une période historique maudite » [3]. Même le clergé

---

[1] « Le roi, écrit F. Lot, se vautre dans la débauche et son entourage l'imite... L'aristocratie des fonctionnaires, qui est en même temps la classe possédant la terre, manifeste
une brutalité et une corruption sans limites. En même temps son niveau intellectuel
et son instruction subissent une forte baisse. » *La fin du monde antique...*, p. 455.

[2] *Ibid.*, p. 456.

[3] *Ibid.*, p. 463.

séculier était contaminé. « Le seul lieu où les hommes et les femmes redoutant les contacts d'un monde pervers purent trouver un asile, ce fut le cloître. Le monastère réalisa sur cette terre la cité de Dieu. Au dehors, c'était le règne de la violence et du péché, le *siècle* » [1].

Quant à la paysannerie, avec les différenciations que nous avons notées, ses conditions de vie sont presque toujours misérables. Elle habite — dans la promiscuité des animaux — des huttes ou des maisons sommaires, construites en bois ou en torchis, rarement en pierre, couvertes de chaume, dépourvues de la plus élémentaire hygiène. Le mobilier dont elle dispose est rudimentaire ; ses vêtements sont grossiers, sa nourriture frugale. L'usage de la viande — il s'agit surtout de porc — est rare. Les disettes, voire de vraies famines, aggravées par de fréquentes épidémies, déciment les populations. Les mauvais traitements infligés aux femmes, la rapine, les meurtres et les vengeances, l'immoralité sont autant de caractères courants dans toutes les parties des Etats mérovingiens. L'Eglise elle-même ne peut pas grand-chose contre ces vices.

La situation des classes rurales, durement exploitées, explique en partie ce fléchissement moral. Elle a provoqué des jacqueries, des soulèvements de paysans qui, un peu partout, essaient — sans grand espoir de réussir — de se libérer de leurs liens. Mais ces mouvements, sporadiques, mal concertés, même s'ils ont obtenu quelques succès momentanés et locaux, n'ont pas réussi à entamer sérieusement la structure sociale.

La vie urbaine offre les mêmes caractères affligeants. Les villes, nous l'avons vu, sont dépeuplées. La surface que protègent les anciennes murailles est loin d'être entièrement occupée. C'est le cas de Genève. Certaines parties sont couvertes de ruines, d'autres sont livrées à l'agriculture. Seuls, les grands personnages, laïques et ecclésiastiques à qui leur fonction l'impose, y résident encore. L'industrie et le commerce y vivent au ralenti. Les rues sont étroites et tortueuses ; les maisons, à part quelques palais hérités de Rome — ainsi le *praetorium* à Genève — et qu'occupent les hauts fonctionnaires, sont misérables. Très nombreux sont les citadins qui se trouvent dans des liens de sujétion qui les assimilent, à bien des points de vue, aux paysans. Ceux d'entre eux qui peuvent encore participer à l'administration de la cité sont de plus en plus rares.

Au milieu de ces populations urbaines, les Syriens et les Juifs, détenteurs des rares moyens financiers qui subsistent et pratiquant le négoce, font figure de privilégiés en face des artisans et marchands aborigènes. Peu nombreux, ces derniers ne possèdent pas encore de jurandes pour défendre leurs intérêts.

---

[1] *Ibid.*, p. 464.

Ce n'est que plus tard, lentement, péniblement, qu'une bourgeoisie se dégagera de cette population citadine pour se préparer au rôle éminent qu'elle aura à jouer.

Charlemagne, s'il ne provoque pas la brillante renaissance économique qu'on lui attribue libéralement, apporte cependant quelque soulagement au sort des classes les plus mal partagées. Au début de son règne, en 780, il ordonne aux évêques, aux comtes, aux grands vassaux, de faire des aumônes en argent, selon des tarifs qu'il impose, et de nourrir les familles dans le besoin jusqu'aux moissons prochaines. Il fixe, en 793, le prix maximum des grains et du pain. Les évêques, sur son ordre, créent des établissements hospitaliers. Il multiplie ses efforts pour garantir la propriété, les droits individuels et le respect de la vie humaine. Ce sont autant de mesures qui, s'ajoutant à ses victoires et à la relative sécurité qu'il a pu assurer à son empire, expliquent une certaine amélioration du sort de ses sujets. Mais il ne faut pas attribuer à cette politique, procédant par des méthodes purement empiriques, une portée plus grande qu'elle n'a.

En revanche, la renaissance intellectuelle du début de l'ère carolingienne est beaucoup plus caractéristique. Elle est d'ailleurs étroitement liée à la vie religieuse. Nous n'avons pas à développer longuement cette question ici.

La décadence intellectuelle et artistique s'était accentuée à la fin du VIIe et au cours du VIIIe siècle : seuls, quelques rares foyers de culture, des monastères en général, avaient pu survivre. Charlemagne a l'incomparable mérite d'avoir tenté, avec l'aide de ses conseillers, et d'avoir réussi un redressement dont les grandes abbayes de la Gaule, de la Meuse, du Rhin, de la Suisse, de l'Italie du Nord ont été les centres de rayonnement. Les copistes, les enlumineurs, les ivoiriers, les orfèvres, les sculpteurs, les architectes trouvèrent auprès du grand empereur, de Louis le Pieux et même de ses fils, appui et encouragement.

Charlemagne — plusieurs capitulaires l'attestent — a attaché une grande importance à la formation intellectuelle du clergé dont l'ignorance, à la fin de l'époque mérovingienne, était grande. C'est en partie sur ce clergé qu'il édifiera son système scolaire. Il exigera des écoles épiscopales qu'elles accueillent tous ceux qui en sont dignes, de quelque milieu social qu'ils soient.

Cette renaissance intellectuelle est assez belle pour que l'on n'en exagère pas la portée. Encore qu'elle n'ait engendré qu'un petit nombre d'œuvres importantes et que ses préoccupations aient été essentiellement pratiques — répandre l'instruction —, elle ne laisse pas de prolonger assez longtemps ses effets.

Sur le plan économique, le temps de la décadence carolingienne est marqué par un sérieux recul. Il n'est pour s'en convaincre, que de rappeler les terreurs de l'an mille qui s'étalent sur les dernières années du Xe siècle et le premier tiers du XIe, jusqu'en 1033, millénaire de la mort du Christ. Elles correspondent à la fin du second royaume de Bourgogne : Rodolphe III est mort en 1032. Elles ont, dans une certaine mesure, paralysé l'effort productif.

La question se posait à beaucoup : à quoi bon cultiver la terre, à quoi bon travailler et entreprendre quand la fin du monde est proche ? Cependant, il faut, dans ce domaine aussi, se garder de toute exagération. Emile Coornaert l'a relevé. « En fait, environ l'an mille, cet an mille qu'il faut réhabiliter, sur les décombres de l'empire carolingien, un monde nouveau ne s'annonce-t-il pas déjà : l'Occident, l'Europe ? En tout cas une longue période de vie au ralenti prenait fin [1]. »

------

[1] *Les corporations en France avant 1789*, 5e éd., Paris, 1941, p. 53. — Sur l'ensemble de la question, cf. notamment M. Bloch, *Les inventions médiévales*, dans *Annales d'hist. éc. et soc.*, VII, 1935, pp. 634-643. — P. Boissonnade, *op. cit.*, pp. 104-126. — L. Bréhier, *L'art en France des invasions barbares à l'époque romane*, déjà cité, *passim*. — J. Calmette, *Charlemagne...*, pp. 240-241, 250-272. — F.-L. Ganshof, *Qu'est-ce que la féodalité ?* pp. 16-82. — *La Belgique carolingienne*, pp. 87-95. — L. Halphen, *Les Barbares...*, pp. 267-282. — A. Kleinclausz, *Charlemagne*, pp. 210-211 et *passim*. — R. Latouche, *Les origines...*, pp. 188-189, 312-313, 350-351. — F. Lot, *La fin du monde antique...*, pp. 428-443, 455-464. — Lot, Pfister, Ganshof, *op. cit.*, pp. 371-387, 610-640 et *passim*. — Ch. Verlinden, *L'esclavage dans l'Europe médiévale*, ouvrage déjà cité, t. Ier, livre II.

LIVRE V

DU XIe AU DÉBUT
DU XVIe SIÈCLE

PREMIÈRE PARTIE

LE CADRE HISTORIQUE

CHAPITRE UNIQUE

LE CADRE HISTORIQUE

Jusqu'ici les destinées de Genève se sont incorporées, d'une façon générale, à de vastes ensembles. Aux âges de la Pierre, du Bronze, du Fer, notre région n'a été qu'un simple élément, confondu avec beaucoup d'autres. Plus tard, le modeste *vicus* d'abord, la *civitas* ensuite, ont suivi le sort de Rome. Puis Genève, après la brève parenthèse burgonde, a vécu une existence anonyme au sein des Etats mérovingien et carolingien.

Au cours du moyen âge, son histoire change de caractère. De plus en plus, elle tend à affirmer sa personnalité jusqu'au jour où, après des luttes difficiles, elle s'imposera comme un Etat indépendant, petit certes, mais original et vigoureux.

Dans les premières parties de cet ouvrage, nous avons dû faire appel à beaucoup d'éléments généraux, choisis en dehors du cadre régional. Notre étude pourra dorénavant se concentrer davantage et tirer des annales locales les matériaux dont elle a besoin : ce qui ne signifie pas d'ailleurs que les rapports économiques de Genève avec le reste du monde — elle en dépend presque toujours très étroitement — seront négligés.

En ce qui concerne le cadre historique de la Genève médiévale, nous pourrons être bref. L'étude en a été faite à plusieurs reprises sous des formes diverses. Sa dernière version, qui est en même temps une excellente mise au point utilisant les données les plus récentes, a été présentée dans le tome Ier de l'*Histoire de Genève*, publiée sous la direction de Paul-E. Martin [1]. Ses divers aspects ont été exposés par Louis Blondel, Paul-E. Martin, Henri Grandjean, Frédéric Gardy, Edouard Favre, Paul-F. Geisendorf et Henri Naef. Nous nous référerons en cours de route à quelques autres publications encore qui éclairent certains points particuliers.

Nous ne retiendrons ici que quelques caractères essentiels de notre histoire politique, militaire, institutionnelle, ceux en particulier qui contribuent à orienter l'évolution économique de Genève ou qui, au contraire, en subissent l'influence. Car l'imbrication du politique et de l'économique, leurs réactions réciproques, apparaissent constamment.

Nous avons exposé dans quelles conditions le second royaume de Bourgo-gne avait pris fin, en 1032, à la mort de Rodolphe III. Sa couronne avait passé à l'empereur Conrad II le Salique qui, après avoir vaincu des résistances locales, obtint la confirmation de son titre à Genève le Ier août 1034. Son fils Henri III, déjà couronné roi de Bourgogne en 1038, du vivant de son père, lui succéda sur le trône impérial. Il eut, lui aussi, à briser certaines oppositions, notamment celle de Gérold, comte de Genève, qui avait cherché en 1042 et en 1044 à se libérer de tout lien. Le reste du règne d'Henri III — il est mort en 1056 — fut paisible.

« Sur ces terres, qui firent désormais partie de l'Empire, écrit P. Duparc, trop éloignées cependant de l'empereur pour lui obéir vraiment, ce fut une éclosion de petits dynastes locaux. Une famille de comtes héréditaires s'établit solidement dans la région de Genève avec Gérold, avant le milieu du XIe siècle [2]. »

Les premières mentions du *pagus* ou *comitatus genevensis* remontent, nous l'avons vu, au IXe siècle, au moment des partages de territoires effectués sous Louis le Pieux et sous ses successeurs. Nous ne revenons pas sur son étendue et ses subdivisions entre le IXe et le XIe siècle [3].

Sous la suzeraineté impériale, deux pouvoirs se sont exercés dans le diocèse, celui des évêques et celui des comtes. Les luttes des empereurs et de la papauté n'ont pas laissé d'avoir des répercussions dans la cité. D'une

---

[1] Genève, 1951.

[2] *Le Comté de Genève*, M.D.G., XXXIX, 1955, p. 60.

[3] Voir P. Duparc, *op. cit.*, Ire partie, chap. Ier ; IIe partie, chap. I à III. — Paul-Edmond Martin, *Le deuxième royaume de Bourgogne*, dans *Histoire de Genève*, t. Ier, pp. 33-77.

façon générale, les évêques ont pris position en faveur des empereurs contre
qui se dressaient les comtes de Genève.

La lutte entre l'évêque et le comte s'accusa à partir de la consécration,
en 1120, de Humbert de Grammont. Le comte Aimon Ier, ayant été excommunié
à cause de ses usurpations, dut signer, en 1124, l'accord de Seyssel aux termes
duquel il restituait à l'évêque les biens ecclésiastiques que lui et ses vassaux
détenaient ; il libérait des liens du servage ceux qui, dépendant de lui, avaient
accédé à la prêtrise. Comme contre-partie, l'évêque lui rétrocédait les deux
tiers des dîmes.

Il semblerait que, par une des clauses de l'accord de Seyssel, Aimon aurait
reconnu l'évêque comme son suzerain et lui aurait prêté serment de fidélité.
Mais Pierre Duparc limite la portée de cette stipulation : il ne s'agirait pas
d'un engagement concernant l'ensemble des terres du comte, mais seulement
les « biens relevant de l'évêque, c'est-à-dire essentiellement situés à Genève » [1].

Le comte devenait l'avoué du diocèse, autrement dit son protecteur
laïque, chargé de le défendre contre toute violence. Mais il abandonnait à
l'évêque la ville de Genève. « L'évêque, écrit Paul-E. Martin, possède dans
Genève le droit de ban (pouvoir réglementaire), le domaine direct, les droits
de justice, de gîte, de plaids généraux, l'impôt sur l'entrée du vin, le droit
sur les rives du lac, les corvées, les droits de mutation sur les maisons, de
confiscation des biens des criminels, le droit de tenir le marché et la juridiction
sur le marché, le péage, le droit de pâture, le droit de battre monnaie. Au
bout d'un an et d'un jour, les étrangers qui séjournent dans Genève deviennent
les hommes de l'évêque ; les larrons condamnés par l'évêque seront livrés au
comte pour l'exécution du jugement ; les faux monnayeurs, sur l'ordre de
l'évêque, sont jugés par le comte. La résidence du comte de Genève est soumise
à la juridiction de l'évêque, de telle façon que, ni le comte, ni ses gens, ne
puissent commettre des actes d'arbitraire, ni nuire aux citoyens et aux biens
de l'Eglise [2]. »

Tel est cet important accord de Seyssel qui fixe les rapports de l'évêque
et des comtes. Plusieurs de ses clauses auront des incidences économiques
durables, non seulement quant aux structures féodales, mais aussi en ce qui
concerne le commerce et les marchés.

Arducius de Faucigny renforça encore la position des évêques en face
des comtes, en obtenant de Frédéric Ier Barberousse, à Spire, en 1154, une
déclaration qui le reconnaissait au point de vue temporel comme immédiat,

---

[1] DUPARC, *op. cit.*, p. 106.

[2] P.-E. MARTIN, *Genève et l'Empire. — L'évêque et le comte*, dans *Hist. de Genève*,
t. Ier, pp. 83-84.

c'est-à-dire dépendant directement de lui. Cette situation privilégiée ayant été gravement compromise dans la suite par Barberousse lui-même, Arducius, exploitant habilement les circonstances, fit confirmer par l'empereur, en 1162, sa situation de prince immédiat de l'Empire [1].

Mais le dernier quart du XIIe siècle devait être troublé par plus d'un épisode mettant aux prises les comtes et les évêques. Un premier arbitrage, en 1188, sembla apporter une conclusion à ces luttes. De fait, elles ne tardèrent pas à se rallumer. Un nouvel arbitrage, celui de Desingy, du 10 octobre 1219, fut nécessaire pour apaiser le conflit. Il avait fallu, pour réconcilier les antagonistes, que surgît une nouvelle menace, celle de la maison de Savoie. Le traité de Desingy [2] précisait la suzeraineté de l'évêque sur la ville de Genève, le comte étant son vassal en ce qui concerne le territoire du comté [3].

La maison de Savoie allait dorénavant jouer un rôle grandissant dans les destinées de Genève. Elle avait acquis d'importants territoires. « Il suffit d'indiquer, écrit Henri Grandjean, la puissance progressivement accrue que représentent les titres de comtes de Maurienne, de Savoie, de Bugey, de Belley, de Turin, de marquis en Italie, de seigneurs en Valais et du Chablais, d'avoués de plusieurs évêchés et abbayes. Les cols du Mont-Cenis, du Petit et du Grand Saint-Bernard appartenaient aux comtes de Savoie ; ces routes n'avaient pas seulement une valeur militaire, mais encore une très grande importance commerciale ; les péages payés par les marchands n'étaient pas un des moindres revenus des comtes de Savoie.

« Au début du XIIIe siècle, la maison de Savoie a déjà plusieurs possessions dans le diocèse de Genève ; ce sont surtout les Bauges au sud, le Bugey à l'ouest, le Chablais à l'est qui s'étend d'ailleurs au-delà du diocèse sur une partie du Valais et du Pays de Vaud (notamment avec Chillon et Vevey). Les princes de Savoie entourent presque le diocèse et les territoires des comtes de Genevois, qui auront tout à craindre de leur politique énergique et envahissante [4]. »

Cette situation territoriale doit être soulignée. Genève, dont l'importance économique va en grandissant et s'affirmera bientôt sur le plan international

---

[1] P. DUPARC, *op. cit.*, pp. 125-126.

[2] *Ibid.*, pp. 152-154.

[3] *Ibid.*, Ire partie, chap. I et II. — P.-E. MARTIN, *loc. cit.*, pp. 79-89 et bibliographie p. 89.

[4] H. GRANDJEAN, *De la Féodalité à la Communauté*, dans *Hist. de Genève*, t. Ier, p. 97.

par ses foires — elles seront, pour un temps, parmi les plus importantes de
l'Europe —, se trouve presque englobée dans les terres de la maison de Savoie
qui, de surcroît, gardienne des Alpes, commande plusieurs des voies de communication indispensables à son commerce.

Dès lors, les rapports de Genève et de la Savoie seront étroits. Faute de
s'être harmonisés, ils seront générateurs de conflits incessants et détermineront
pour une longue période les destinées de Genève.

Les comtes de Savoie, utilisant avec beaucoup d'habileté leur position,
exploitent chaque occasion leur permettant de s'immiscer dans les affaires de
la cité. Mettant à profit les conflits qui opposent l'évêque et les comtes de
Genève, Pierre II de Savoie, le Petit Charlemagne, arrache aux deux adver-
saires une série d'avantages. Guillaume II de Genève ayant été condamné à
verser à Pierre de Savoie 20.000 marcs d'argent, somme énorme qu'il était
parfaitement incapable de réunir, dut mettre en gage, entre les mains de son
adversaire, le château d'Arlod, dominant le Rhône, en aval de Bellegarde.
C'est une première « gagerie », celle de 1237, qui ouvre la voie à plusieurs
autres. Ainsi, les comtes de Genève, pour des raisons financières, vont tomber
de plus en plus sous la coupe des dynastes savoyards. Pierre s'empare, en
1250, de leur château du Bourg-de-Four. Puis une sentence, également de 1250,
instituant une seconde « gagerie », attribue à Pierre comme garantie de sa dette,
aussi longtemps qu'elle ne sera pas éteinte, notamment les châteaux de Genève,
de Ballaison, des Clées (Vaud), le fief de Langin, des terres dans les vallées de
l'Arve et de la Dranse et d'autres dispersées au nord du lac et du Rhône,
de la cluse du Jura à l'Aar. Les vassaux du comte de Genève affectés par ces
gages durent prêter hommage à Pierre de Savoie. Une nouvelle « gagerie », de
1260, aggrava encore cette situation [1].

L'occasion de prendre pied dans Genève était trop belle pour que le Petit
Charlemagne n'en profitât pas. Il plaça une garnison dans le château du
Bourg-de-Four que la sentence de 1250 lui avait remis en gage et il chercha
à lier partie avec les citoyens et les bourgeois de Genève. A vrai dire, comme
le rappelle H. Grandjean, il est bien difficile de préciser la position de ces
derniers au XIIe et au XIIIe siècle. On ne trouve, au milieu de ce dernier siècle
encore, « aucune mention de droits politiques », mais simplement des « usages
d'ordre économique ». Ces citoyens « comptent un certain nombre de notables,
de petits nobles du voisinage établis dans la cité, des bourgeois enrichis par
le commerce », des propriétaires de la ville et de la banlieue [2].

La première ébauche — rudimentaire — d'une organisation communale

---

[1] P. Duparc, *op. cit.*, pp. 167-180. — H. Grandjean, *loc. cit.*, pp. 97-100.
[2] H. Grandjean, *loc. cit.*, pp. 100-101.

semble avoir été encouragée par Pierre lui-même en 1263. Les citoyens, tout en affirmant leur respect des droits de l'évêque, se placent sous la protection du comte de Savoie à qui ils promettent en même temps leur assistance militaire. Une telle politique ne pouvait manquer de susciter une réaction de l'évêque. En fin de compte, une transaction fut conclue et l'arrangement de 1263 déclaré caduc. Comme contre-partie, l'évêque devait verser 2250 livres genevoises à Pierre de Savoie.

La fin du XIIIe et le XIVe siècle ont vu se multiplier à Genève et autour de Genève les guerres locales dont les protagonistes étaient les maisons seigneuriales de la région et surtout les comtes de Genève et les comtes de Savoie, mais aussi parfois l'évêque et les bourgeois de Genève. Nous reviendrons sur les dévastations qu'elles ont provoquées [1].

L'évêque Henri de Bottis (1260-1268) a conféré en fief au comte de Savoie l'office du vidomnat, ce qui a permis au dynaste de s'ingérer, grâce à l'exercice de certains droits de justice, dans les affaires genevoises. Cette inféodation à la Savoie ayant été remise en question par l'évêque Guillaume de Conflans (1287-1295), le vidomnat resta cependant aux mains de la maison de Savoie, conformément au traité d'Asti de 1290 [2].

Les inextricables luttes seigneuriales ont eu cependant pour la communauté genevoise un avantage : elles lui ont permis de s'affirmer. Une première commune avait été instaurée par les citoyens en 1285. Elle avait pris position en faveur d'Amédée V de Savoie contre le prince-évêque Robert de Genève. Le comte de son côté avait promis de défendre les citoyens et leurs biens ainsi que toutes les personnes se rendant aux marchés de la ville. Ainsi, la maison de Savoie avait renforcé singulièrement sa position à Genève. Amédée V, après un long siège, s'empare en 1287 du château épiscopal de l'Ile. En revanche, il renonça à occuper directement celui du Bourg-de-Four que les comtes de Genève avaient dû lui remettre en gage [3].

Une deuxième commune fut instituée par les citoyens dressés contre le prince-évêque. Malgré les sommations de Guillaume de Conflans en 1291 et l'excommunication qu'il prononça contre eux, les citoyens maintinrent pour un temps leur organisation. Mais elle fut finalement anéantie en 1293. « L'office

---

[1] Cf. IIIe partie, chap. VII.
[2] H. GRANDJEAN, *loc. cit.*, pp. 107-108.
[3] *Ibid.*, pp. 103-106.

de capitaine de la ville, écrit Henri Grandjean, fut supprimé ; le sceau devait
être brisé ; les syndics furent exclus de tout gouvernement, étant entendu
toutefois qu'en respectant les droits de l'Eglise, ils pourront toujours parler
et agir pour leurs propres affaires et celles de la ville. Les citoyens continueront
à placer des guets *comme ils eurent l'habitude de le faire au temps des évêques
précédents.* Les nouvelles chaînes subsisteront. Quant aux clefs des portes que
détenaient les citoyens, des arbitres se prononceront [1]. »

De nouvelles luttes féodales allaient fournir aux bourgeois de Genève
l'occasion de reconstituer la commune, en 1306, sous l'épiscopat d'Aimon du
Quart. Empiétant sur les droits de l'évêque, elle s'appuyait une fois de plus
sur le comte de Savoie à qui elle reconnaissait la juridiction temporelle sur la
cité. Cinquante-trois chefs de famille prêtèrent hommage à Amédée V, tout en
déclarant rester fidèles à l'Eglise et aux franchises de la ville. Des syndics
furent de nouveau institués, assistés de conseillers. Mais en face d'eux se
dressait un parti favorable à l'évêque et aux comtes de Genève.

Une guerre sanglante et dévastatrice, qui commença en 1307, mit aux
prises les deux factions. Plusieurs seigneurs de la région prirent position dans
cette lutte. La paix fut signée en 1308. Elle s'accompagna d'un compromis entre
l'évêque et plus de deux cents citoyens : des arbitres étaient chargés de régler
le conflit. Ils prononcèrent leur sentence le 28 février 1309 [2]. L'évêque et les
citoyens jurèrent de l'observer.

Elle contient plusieurs clauses fort importantes au point de vue économique. Bien sûr, la position des bourgeois dans ces conflits leur avait été
dictée autant par la volonté de défendre ou d'accroître leurs avantages matériels
que par le désir de jouir d'une certaine liberté. Les citoyens reconnaissaient
à l'évêque la possession exclusive des régales dans la ville et sa banlieue.
Ils ne s'ingéreront pas dans sa juridiction ; ils n'auront pas de prison particulière.

Les citoyens construiront à leurs frais — à titre de réparation en faveur
de l'évêque — une halle aux marchandises, près du lac, au Molard. Nous
reverrons quel rôle incomparable elle jouera dans l'essor économique de la
cité. Elle abritera le poids public, appartenant à l'évêque. Des barques seront
construites par lui et par les citoyens. Les droits anciens de transport, par terre
et par eau, sont rétablis : ils seront perçus par un ou deux fonctionnaires
désignés d'un commun accord par les deux parties. L'évêque retiendra les
deux tiers du produit de la halle et des transports, le dernier tiers revenant
aux citoyens pour l'entretien de la ville. Ainsi, non seulement la communauté

---

[1] H. GRANDJEAN, *loc. cit.*, p. 110.
[2] *S. du dr.*, I, n° 58, pp. 103-107. — F. BOREL (*Les foires de Genève...*, p. 73) donne
par erreur la date du 28 février 1310.

était reconnue par le prince-évêque, mais elle disposait de ses propres moyens financiers.

Déjà en avril 1309, l'institution fonctionne. Un acte en effet est signé à cette date par dix citoyens portant le titre de « syndics, administrateurs généraux et gérants de la cité et communauté de Genève », communauté qui agit en tant que propriétaire puisqu'elle aberge un bien qui lui appartient.

Les citoyens participent aux frais d'entretien de l'enceinte. Peu après, à leur demande, l'évêque établit un nouvel impôt sur la vente du vin dont les revenus ont notamment servi à l'édification de la halle du Molard. L'évêque, de son côté, continue à lever de fructueuses redevances : pontonage sur le Rhône et l'Arve ; péage sur les marchandises circulant par terre et par eau ; droits sur la vente des vins au détail ; leydes sur les marchés, les marchandises, les marchands, les bouchers, les artisans, l'emploi des étalons de mesures, le passage des Juifs, etc. [1]

A la mort d'Aimon du Quart, en 1311, la communauté genevoise paraissait bien assise ; elle était légalement reconnue. Le rapprochement qui s'était produit en 1309 entre l'évêque et les citoyens devait faciliter la résistance aux prétentions de la maison de Savoie [2].

La période qui s'étend de 1312 à 1334 est marquée par la grande virulence des guerres privées. Elles prirent fin grâce à une série d'arrangements qui s'échelonnent de 1334 à 1337 et à des échanges de terres et de châteaux entre les anciens ennemis [3]. Plus tard, en 1355, après de nouvelles luttes, d'autres échanges de territoires mirent Amédée VI de Savoie en possession de l'importante baronnie de Faucigny et de la seigneurie de Gex. Au terme de ces remaniements et après la disparition du comté de Genève, les territoires entourant la ville ont été presque complètement aux mains de la maison de Savoie. Cette situation durera jusqu'en 1536.

En même temps, l'évêque et Amédée VI, en 1358, délimitèrent les mandements de Salaz, de Peney et de Jussy qui restaient possessions épiscopales [4].

Ainsi, de remarquables succès avaient couronné les efforts de la maison de Savoie. Grâce à sa force militaire et à son sens politique, elle avait, entre 1237 et 1355, réussi à dominer ou à évincer la noblesse d'une vaste région

[1] H. GRANDJEAN, *loc. cit.*, pp. 112-117.
[2] *Ibid.*, p. 117. — Léopold MICHELI, *Les institutions municipales de Genève au XVe siècle. M.D.G.*, XXXII, 1912, pp. 22-29. — Consulter aussi Jean-Antoine GAUTIER, *Histoire de Genève des origines à l'année 1691*, t. Ier, livre Ier, Genève, 1896.
[3] H. GRANDJEAN, pp. 117-122.
[4] *Ibid.*, pp. 122-125.

dont Genève était un peu le centre géographique. Le fait est lourd de conséquences pour une ville étroitement associée au commerce international :
dorénavant, les avenues de son trafic seront à la merci de la puissance qui
l'encercle.

Quant aux comtes de Genève, ils ont perdu la situation privilégiée qu'ils
avaient occupée à un moment donné [1].

« A Genève même, écrit H. Grandjean, les comtes de Savoie occupent un
office, subalterne certes, le vidomnat, mais leur présence leur permet tous les
espoirs pour l'avenir. La communauté des citoyens, née avec leur aide, s'est
développée au cours des luttes qui ensanglantèrent la région du Léman.
Le prince-évêque, sans abdiquer en principe aucun de ses droits régaliens, a dû
reconnaître en face de lui ces deux pouvoirs rivaux [2]. »

Mais l'évêque et les citoyens se rendent compte du danger que leur font
courir les ambitions de la maison de Savoie. Un rapprochement s'opère entre
eux. La communauté appuie en général l'évêque dans les conflits de juridiction
qui l'opposent au vidomne. C'est la suite logique d'ailleurs de la politique
inaugurée en 1309. Comme le dit fort justement L. Micheli : « A l'opposition
absolue de l'évêque contre toute organisation communale succéda d'abord une
certaine tolérance, puis une réelle bienveillance. La cause de ce rapprochement
n'est pas difficile à saisir : la puissance toujours grandissante des comtes de
Savoie devenait un danger, non seulement pour la souveraineté épiscopale,
mais aussi pour l'indépendance des habitants. Tout naturellement, les deux
pouvoirs menacés en vinrent à faire cause commune ; une bonne entente
s'établit entre eux et subsista pendant plus d'un siècle. Aucune politique
n'était plus favorable aux citoyens, puisqu'ils ne pouvaient augmenter leurs
droits que par des concessions, volontaires ou non, de l'évêque, seul souverain [3]. »

La situation de l'évêque fut d'ailleurs à un moment donné gravement
menacée. L'empereur Charles IV a traversé Genève en 1365, se rendant
auprès du pape Urbain V à Avignon. Le comte Amédée VI de Savoie l'accompagna pendant une partie de son voyage. Il obtint de lui le titre de vicaire
impérial. Ainsi, l'évêque perdait le privilège qui lui valait sa position de prince
immédiat. Dorénavant, il relèverait du comte et non plus directement du
souverain. Mais la situation fut rapidement rétablie. L'évêque Guillaume de

---

[1] P. DUPARC, *op. cit.*, Ire partie, chap. IV-V.
[2] H. GRANDJEAN, *loc. cit.*, p. 125.
[3] L. MICHELI, *op. cit.*, p. 32. — Sur l'ensemble de ces conflits et de leurs répercussions,
cf. Edouard MALLET, *Du pouvoir que la maison de Savoie a exercé dans Genève*, M.D.G.,
VII, 1e partie, 1849, pp. 177-290 et pièces justificatives, pp. 291-351. — *Documents
inédits relatifs à l'histoire de Genève de 1312 à 1378, recueillis par Edouard Mallet*, avec une
Introduction de Paul LULLIN et Charles LE FORT, M.D.G., XVIII, 1872, pp. I-XLVIII
et 1-418.

Marcossey obtint en effet de Charles IV, en 1367, la révocation formelle des privilèges qu'il avait octroyés à Amédée VI. Le prince-évêque repassait de nouveau sous la suzeraineté immédiate de l'empereur [1].

L'époque était particulièrement troublée. C'était le temps où les Grandes Compagnies dévastaient la France. On redoutait leurs incursions dans les régions limitrophes. Alors que le comte de Savoie faisait remettre en état ses places fortes, Guillaume de Marcossey entreprit en 1375 la construction d'une nouvelle enceinte. Le financement de ces énormes travaux permet de voir l'étroite collaboration de l'évêque et de la communauté des citoyens. Nous reviendrons sur les levées fiscales de 1375 et des années suivantes qui fournissent de précieux éléments à l'histoire économique de Genève [2].

Il nous paraît utile de préciser, avant d'en arriver à la codification des franchises genevoises, quelles ont été, en face des comtes de Savoie, des comtes de Genève et des autres seigneurs de la région, les forces qui tantôt s'équilibrent et tantôt s'affrontent à l'intérieur de la cité et dans le diocèse. Elles ont été étudiées en détail, pour le XIVe siècle, par Paul Lullin et Charles Le Fort [3].

Le prince-évêque relève, au point de vue spirituel, de l'archevêque de Vienne et du pape. Ses rapports avec eux ne comportent aucune complication, aucune ambiguïté. Il en est tout autrement quant à son pouvoir temporel, dilué dans le complexe seigneurial de la région. Il dépend immédiatement des rois de Germanie, héritiers des rois de Bourgogne, à qui le sacre conférait le titre d'empereur.

L'évêque exerce, sous la suzeraineté impériale, les droits temporels sur trois ressorts. La ville et sa banlieue tout d'abord. C'est le « territoire des Franchises ». Ses habitants, qualifiés de *cives* bien avant l'octroi formel de franchises, lui doivent fidélité sans cependant que les liens qui les unissent à lui aient un véritable caractère féodal. Le prince possède la juridiction civile et pénale sur la cité ; il l'exerce personnellement ou par l'intermédiaire de juges qu'il désigne, l'*official*, qui connaît des causes ecclésiastiques, et le *vidomne*, juge laïque. Cette dernière charge, nous l'avons vu, a été inféodée aux comtes de Genève. Cependant, l'évêque conserve le droit d'évoquer à lui telle cause qu'il lui plaira.

---

[1] H. GRANDJEAN, pp. 128-129.

[2] *Ibid.*, pp. 129-130.

[3] *Introduction* aux *Documents inédits...*, *recueillis par Ed. Mallet*, déjà cités.

Mais l'évêque est en même temps seigneur de trois mandements ruraux, celui de Thiez ou de Salaz, en Faucigny, — qui comprend notamment Viuz, Ville-en-Salaz, Bogève —, celui de Jussy et celui de Peney. Ce dernier constitue la terre du Mortier et englobe Peney, Bourdigny, Peissy, Satigny, Malval et Dardagny. L'évêque est représenté dans ces territoires par un châtelain et par certaines magistratures locales généralement concédées à des seigneurs de la région.

La situation personnelle des habitants de ces mandements était très diverse, allant de celle de serf taillable à celle d'homme libre et de noble vassal. La possession de ces territoires n'était pas de tout repos ; ainsi le mandement de Thiez ou de Salaz était-il complètement enclavé dans les terres de la puissante maison de Faucigny, ce qui a multiplié les tensions.

L'évêque étend son autorité ecclésiastique sur son vaste diocèse. Ses frontières partent de l'Aubonne, franchissent le Jura, englobent les vallées de la Valserine et de la Semine, le Valromey, franchissent le Rhône en face de Rochefort, coupent le lac du Bourget un peu au nord d'Aix-les-Bains, enserrent les Bauges — jusque tout près de Saint-Pierre d'Albigny —, puis Ugine, Megève, les vallées de Saint-Nicolas de Véroce et de Chamonix, suivent la chaîne du Mont-Blanc, rejoignent la limite du Valais au col de Balme et atteignent la rive gauche du lac.

Le diocèse est entouré de ceux de Lausanne, de Besançon, de Lyon, de Belley, de Grenoble, de Maurienne, de Tarentaise, d'Aoste et de Sion. Il comprend les décanats d'Aubonne et de Ceysérieu sur la rive droite du lac et du Rhône et, sur la rive gauche, ceux de Rumilly, Annecy, Sallanches, Vuillonnex, Annemasse, Allinges, enfin la ville et sa banlieue [1].

Il compte 443 églises taxées, soit quatre abbayes — Abondance, Entremont, Tilly, Sixt —, 50 prieurés et 389 cures, hospices ou chapelles à quoi s'ajoutent un certain nombre de monastères — abbayes, chartreuses, maisons du Temple, couvents de femmes — qui ne sont pas taxés [2].

Sur ce vaste territoire, une série de dynastes et de seigneurs possessionnés prêtent hommage à l'évêque tantôt au sujet d'un château, tantôt pour des droits régaliens qui lui sont réservés, ainsi ceux de marchés ou de pêche. Parmi eux figurent les comtes de Genève, les comtes de Savoie — mais seulement

---

[1] Ces limites se sont maintenues du Xe siècle à la Réforme. Cf. LULLIN et LE FORT, *Régeste genevois*, Genève, 1866. Une carte détaillée se trouve au début du volume. Cf. aussi p. VIII et ss. — Voir également Louis BLONDEL, *Le développement urbain de Genève à travers les âges*, Cahiers de Préhistoire et d'Archéologie, III, Genève et Nyon, 1946, carte, p. 35.

[2] Le *Régeste* en dresse la liste alphabétique, par décanat, pp. 392-394.

pour une partie de leurs terres —, les sires de Vaud, de Gex et quantité de seigneurs de moindre importance. Les liens qui les unissent au prince-évêque sont d'une extraordinaire diversité et se compliquent du fait que beaucoup de ces seigneurs doivent l'hommage en même temps à plusieurs grands personnages : c'est la source d'innombrables contestations.

Sur le plan temporel, l'évêque a une cour formée de ses vassaux nobles et d'officiers dont les fonctions, à la fois publiques et domestiques, étaient souvent héréditaires.

Aux côtés de l'évêque, le Chapitre de la cathédrale de Saint-Pierre détenait certaines prérogatives. Il était formé de trente-deux chanoines qui élisaient l'évêque. Les chanoines prélevaient des prébendes sur certaines paroisses ; ils possédaient des droits juridictionnels et avaient en outre la possibilité — c'est le *patronat* — de présenter à l'évêque le desservant d'un certain nombre d'églises. Le Chapitre détenait des fiefs — notamment à Moens, Thoiry, Desingy, Arbusigny, Vovrey, Bossey, Veyrier, Sierne, Vandœuvres, Cologny, Onex —, des dîmes, des droits de pêche, des redevances pécuniaires, des maisons en ville, des propriétés rurales dans le décanat d'Aubonne : le tout provoquant des discussions et des conflits sans fin qui mettaient aux prises parfois l'évêque et les chanoines.

A la tête du Chapitre, le prévôt, du fait de sa charge, exerçait la souveraineté temporelle sur le territoire de Cologny. Ainsi, le chapitre constituait une des pièces du complexe seigneurial de la région genevoise.

Il en va de même du prieuré de Saint-Victor dont nous avons vu les origines et qui relève de l'ordre de Cluny. Sa juridiction s'étend notamment aux territoires de Gy et Merlinge, de Cartigny, d'Epeisses, de Laconnex et de toute la Champagne, mais aussi sur une partie des habitants de quelques villages, tel Russin. Il peut lever des dîmes et d'autres droits sur certaines paroisses, en particulier dans le Chablais, dans la vallée des Usses et dans le Pays de Gex.

Le prieuré ou chapitre de Satigny a eu un rôle plus effacé. Ses revenus étaient peu importants. Il a suscité à plusieurs reprises, en 1336 et en 1340 notamment, des protestations du fait que ses chanoines n'avaient pas une formation intellectuelle suffisante [1].

Tels étaient — leur complexité étant réduite à un exposé schématique — les droits en présence à quoi se superposaient les prérogatives authentiques et les prétentions de la noblesse du diocèse.

---

[1] H. GRANDJEAN, *loc. cit.*, pp. 91-95. — LULLIN et LE FORT, *op. cit.*, pp. VIII-XVI et *Documents inédits...*, pp. 1-351.

Quelle était, au milieu de cet enchevêtrement, la situation des citoyens?

L'épiscopat de Guillaume de Marcossey (1366-1378) avait été bienfaisant. Il avait permis, nous l'avons vu, de préciser les rapports entre l'évêque et la communauté genevoise. Les droits des citoyens, ébauchés en 1309, s'étaient quelque peu affirmés dans la suite.

Peut-être n'y a-t-il pas, au début, d'organes permanents représentant l'autorité des citoyens. Léopold Micheli cite des cas, concernant la première moitié du XIVᵉ siècle, où les bourgeois ont des réunions occasionnelles en vue de désigner ceux d'entre eux qui, revêtus d'une fonction temporaire, doivent suivre et régler un problème déterminé. Mais les questions qu'ils ont à trancher — elles touchent en particulier à leurs intérêts — deviennent toujours plus nombreuses. La nécessité d'une organisation permanente s'impose. La communauté prend de plus en plus la forme d'une commune — comme il en existe déjà tant en Europe — qui possède des organes stables, agissant par délégation de leurs mandataires, les citoyens et les bourgeois [1].

Un texte de 1339 — mais l'institution est sans doute plus ancienne — nous montre les citoyens appelés par la grosse cloche de Saint-Pierre et par des proclamations dans les rues à se réunir en vue d'élire leurs représentants [2]. En 1364, les quatre syndics sont assistés de quatorze conseillers.

En même temps, les attributions et les droits de la communauté se sont multipliés. Dès 1364, elle a possédé — ce qui est un des caractères essentiels des communes médiévales — certains droits de justice, les syndics connaissant même des causes criminelles. Plusieurs des jugements qu'ils ont prononcés dans la seconde moitié du XIVᵉ siècle nous sont parvenus. Cependant, Léopold Micheli pense qu'ils n'agissaient pas alors comme représentants des citoyens, mais au nom de l'évêque, détenteur des droits de justice, qui leur en a délégué dans ce cas l'exercice.

En revanche, les syndics et leurs conseillers, en tant que mandataires de la communauté, ont des compétences administratives déjà étendues à quoi se mêlent quelques attributions politiques, voire militaires. Il leur arrive de signer des trêves avec des seigneurs voisins, telle celle conclue avec le sire de Gex en 1345; elle est ratifiée ensuite par l'assemblée des citoyens, car les magistrats doivent rendre compte à leurs commettants de leurs actes et de leur gestion.

La communauté veille à l'entretien des fortifications; elle a sa milice;

---

[1] MICHELI, *op. cit.*, pp. 30-31.

[2] Un acte du 23 août 1339 indique que des syndics ont été élus pour s'occuper des affaires de la ville, de ses édifices et de ses enceintes *(pro negociis, clausuris et bastimentis dicte civitatis faciendis et emendandis)*. *Documents inédits...*, *M.D.G.*, XVIII, 1872, pp. XXII, 153-154. — Cf. aussi *S. du dr.*, I, pp. 134-135.

lorsqu'elle admet dans son sein un nouveau bourgeois, elle exige de lui qu'il possède son équipement militaire. Elle a la capacité de posséder des immeubles. Ses syndics accordent l'autorisation de construire de nouvelles maisons. Leurs compétences économiques sont étendues et variées — d'ailleurs, dans toutes les communes médiévales, les bourgeois sont jaloux de leurs privilèges matériels —: ils autorisent ou refusent l'entrée des marchandises dans la ville; en accord avec le Chapitre, ils taxent les vins; ils concèdent les fermes de certains droits, tels ceux de charriage et de voiturage; ils exercent la police des marchés et la surveillance des vignes de la banlieue [1].

Même dans les régions rurales proches de Genève, des communautés de villages apparaissent au XIVe siècle, ainsi à Dardagny en 1321 ou, sur les terres du prieuré de Saint-Victor, en Champagne en 1326 et à Bernex et à Cartigny en 1362 [2].

C'est à Adhémar Fabri qu'appartient le mérite d'avoir codifié, en 1387, en un texte complet, les droits des citoyens et des bourgeois de Genève. Il ne s'agit pas tant de l'octroi de nouveaux privilèges que de la reconnaissance solennelle d'un état de fait qui s'était institué au cours des temps.

Il n'empêche que Genève est arrivée assez tardivement à la possession de franchises écrites et formelles. Bien des cités, lorsque le mouvement municipal déferlait sur une partie de l'Europe, émancipant les communes ou créant de toutes pièces des villes neuves dotées de franchises, l'avaient, dès le XIe ou le XIIe siècle, précédée dans cette voie.

Le diocèse même de Genève semble avoir été entraîné par ce mouvement communal. Plusieurs bourgades, parfois de simples villages, ont obtenu, avant la cité épiscopale, des chartes de leurs seigneurs locaux, chartes qui, dans bien des cas, ont été renouvelées ou amendées à plusieurs reprises. Celle d'Evian — c'est le cas extrême — l'a été treize fois entre 1265 et 1433.

Parmi les dynastes de la région qui ont accordé des concessions figurent notamment les comtes de Savoie, ceux de Genève, les seigneurs d'Aubonne, de Faucigny, l'abbaye de Saint-Michel de la Cluse, au Piémont, dont relève le prieuré de Chamonix.

Il semble que les comtes de Genève et de Savoie — en particulier Pierre de Savoie, le « Petit Charlemagne », qui a octroyé à Evian ses premières franchises en 1265 — ont été conduits, dans cette politique libérale, par la volonté de réduire l'importance de la petite noblesse, dont l'attitude parfois

---

[1] H. GRANDJEAN, *loc. cit.*, pp. 129-132. — L. MICHELI, *op. cit.*, pp. 31-40.
[2] *Documents inédits...*, pp. XXV-XXVI. — H. GRANDJEAN, *loc. cit.*, pp. 131-132.

les inquiétait, au profit d'une classe moyenne, d'une bourgeoisie artisanale et marchande qui, pour répondre aux bienfaits qu'elle recevait, serait toute dévouée aux princes.

Les localités qui ont bénéficié de l'octroi de franchises sont les suivantes — nous les énumérons dans l'ordre chronologique de la réception de leur première charte —: Aubonne (1234), Evian (1265), Cruseilles (1282), Seyssel (1285), Rumilly (1291), Chamonix (1292), Gex (1292), Sallanches (1293), Cluses (1310), Lullin (1310), Bonne (1310), Féterne (1322), Thonon (1324), Yvoire (1324), Châtelard-en-Bauges (1324), La Roche (1335), Thônes (1350), Annecy (1367), Bonneville (1377).

D'ailleurs, la plupart de ces concessions ont été consenties en compensation de versements en argent faits par les bénéficiaires. Vraisemblablement, les besoins financiers de la noblesse ont été plus efficaces que le sens de la justice dans l'octroi de ces avantages. Le retard de Genève par rapport aux bourgeois du diocèse s'expliquerait-il par le fait que les princes-évêques ont été dans une situation financière meilleure que celle des seigneurs? La question en tout cas peut être posée [1].

Cependant, nous insistons sur ce point, la promulgation tardive, en 1387, des Franchises d'Adhémar Fabri ne saurait être séparée — cela ressort de leur texte — du fait qu'elles étaient en partie la reconnaissance d'usages anciens. Mais, du même coup, grâce au sens politique et aux qualités humaines du prince-évêque, elles ont largement dépassé les avantages dont avaient bénéficié d'autres localités du diocèse.

Toutefois, il ne s'agit pas de minimiser leurs avantages. Ces bourgades possédaient en général le droit de désigner des prud'hommes ou syndics dont les attributions étaient fixées ; leurs bourgeois bénéficiaient de garanties personnelles et de privilèges économiques et fiscaux. Ils avaient donc une situation très supérieure à celle des habitants des villages et des campagnes ; ils échappaient à l'arbitraire qui était le sort des autres individus. A deux exceptions près, celles de Chamonix et de Thonon, ces bourgades dotées de franchises étaient terres d'asile. Ceux qui y avaient séjourné pendant un an et un jour échappaient à toute poursuite. Même les étrangers qui y venaient pour leurs affaires jouissaient de garanties exceptionnelles s'étendant à leur personne et à leurs biens.

Comme contre-partie, les bourgeois assumaient certaines obligations. Les localités du Genevois et de la Savoie devaient accueillir joyeusement —

---

[1] *Recueil des franchises et lois municipales des principales villes de l'ancien diocèse de Genève. M.D.G.*, XIII, 2e partie, 1863, pp. 1-247. Le texte en a été publié par Paul Lullin et Charles Le Fort qui l'ont fait précéder d'une substantielle introduction (pp. III-XXVIII).

cum magnogaudio — leur seigneur. Dans les guerres privées, les bourgeois combattaient sous la bannière de ce seigneur, mais pour un temps limité — à Evian,
un mois ; à Yvoire, quinze jours ; dans la plupart des autres cas, un jour et
une nuit — et dans des limites géographiques fixées. Ils contribuaient à l'entretien des murailles et participaient au service du guet. Les seigneurs se
réservaient l'exercice de la justice tout en garantissant aux bourgeois l'entière
disposition de leurs biens et la liberté de tester.

Lorsque le Faucigny et la baronnie de Gex, au milieu du XIVe siècle,
puis le comté de Genève, au début du XVe siècle, ont été réunis à la Savoie,
les chartes des diverses localités se sont uniformisées. Elles ne seront plus
finalement que l'adaptation à des conditions locales des *Statuta Sabaudiae*,
promulgués en 1430, qui constituent le droit commun des terres savoyardes,
donc d'une partie importante du diocèse de Genève [1].

Toutes les chartes des localités du diocèse de Genève contiennent d'importantes données économiques. Nous les étudierons dans d'autres chapitres
en les confrontant avec celles des Franchises d'Adhémar Fabri.

Nous ne voulons pas analyser ici en détail les Franchises de 1387. Elles
sont étroitement liées à la vie économique de la Genève de la fin du XIVe
et du XVe siècle. Lorsque nous en exposerons les divers aspects, nous leur
consacrerons la place à laquelle elles ont droit. Nous nous bornons pour le
moment à en marquer la portée historique générale [2].

Certes, il ne faut pas chercher dans ce texte de 1387 l'ordonnance logique
d'une charte moderne. C'est une juxtaposition désordonnée d'articles touchant
aux sujets les plus divers. Dans le préambule, le prince-évêque expose qu'il a
fait procéder à des enquêtes approfondies avant de rédiger les Franchises.
S'il n'est pas question d'une concession faite par lui à la communauté, il ne
paraît pas non plus que la charte soit le résultat d'un contrat qu'il aurait passé
avec les citoyens. Leur approbation n'a pas été requise alors que le consentement préalable du Chapitre a été obtenu.

---

[1] Lullin et Le Fort, *M.D.G.*, XIII, pp. xv-xx. — Cf. Marie José, *La Maison de
Savoie. Amédée VIII le Duc qui devint Pape*, t. II, Paris, 1962, pp. 9-40.

[2] Le texte latin des Franchises d'Adhémar Fabri (1387) et sa traduction en français
établie en 1455 par le secrétaire Montyon ont été publiés avec une introduction, l'indi-
cation des sources et des pièces annexes, par Edouard Mallet : *Libertés, Franchises,
Immunités, Us et Coutumes de la Cité de Genève. M.D.G.*, II, 1re partie, 1843, pp. 312-358.
— Elles sont reproduites dans leurs deux versions par Emile Rivoire et Victor van
Berchem dans *Les Sources du droit*, t. 1er, pp. 190-237. Nous nous référerons à ce texte.
— Voir aussi J. Mayor, *L'Ancienne Genève. L'art et les monuments*, Genève, 1896,
pp. 31-47. Mayor a modernisé la langue de Montyon. — Pour l'étude systématique des
Franchises et de leurs modifications ultérieures, cf. L. Micheli, *op. cit.*, Introduction,
pp. 41-57 ; chap. I à V.

L'évêque, dans ce préambule, marque bien les rapports des Franchises avec la tradition, avec les usages et coutumes dont jouissent les citoyens, bourgeois, habitants et jurés, depuis « si long temps qu'il n'est memoire du contraire » [1]. Mais ces règles dont le caractère était précaire deviendront des droits reconnus formellement aux citoyens et bourgeois.

Adhémar Fabri ne pense pas tant à faire reconnaître ses propres droits qu'à garantir ceux des citoyens. Selon l'interprétation de L. Micheli, les expressions libertés, franchises et immunités concernent l'organisation et les pouvoirs de la commune, les mots us et coutumes intéressent la codification des traditions locales. Les articles ayant trait au statut politique et au fonctionnement des pouvoirs des citoyens sont moins nombreux que ceux qui règlent la vie quotidienne et qui donnent aux Franchises une si grande portée économique.

On est assez mal fixé sur l'organisation collective des citoyens et sur l'admission des nouveaux bourgeois. Un article cependant dispose qu'ils doivent chaque année élire quatre procureurs ou syndics à qui ils confient le soin de conduire les affaires de la ville. Mais leurs attributions ne sont pas précisées, sauf en ce qui concerne la juridiction criminelle.

Certains articles délimitent les compétences de l'évêque et des citoyens. Ces derniers participent au maintien de l'ordre dans la ville et à la défense de ses murailles ; ils peuvent fermer les portes de l'enceinte et tendre des chaînes à travers les rues. Du coucher au lever du soleil, ils sont seuls responsables de ce qui se passe dans la cité, à l'exclusion de l'évêque et du vidomne.

Toute procédure criminelle dans laquelle un laïque est impliqué est instruite en présence des syndics assistés de quatre citoyens ; ils prononcent le jugement au nom de l'évêque. Seuls, ils peuvent ordonner la mise à la question. Ce sont là des attributs importants de la souveraineté [2].

La sécurité personnelle est garantie. « Que ung chascun clerc ou seculier, tant citoyen comme estrangier, dedens ladicte cité et dehors, ...luy et ses biens soient seurs [3]. » Par voie de conséquence, chacun peut disposer librement de ce qu'il possède par testament. Si quelqu'un meurt intestat, son héritage va à ses héritiers légaux sans qu'aucun seigneur puisse s'en saisir. Même les bâtards et les usuriers qui, dans les chartes médiévales, sont en général privés de ces garanties, en bénéficient formellement à Genève. Nous reviendrons sur le cas des usuriers lorsque nous traiterons le problème du prêt à intérêt [4].

---

[1] *S. du dr.*, I, p. 191.
[2] MICHELI, *op. cit.*, pp. 43-46.
[3] *S. du dr.*, I, p. 195.
[4] Cf. *infra*, X^e partie, chap. III.

D'autres stipulations concernent les gages et la vente des objets engagés, les modes de preuve — le serment d'un citoyen pouvant avoir dans certains cas valeur de preuve —, les poursuites pour dettes : les citoyens peuvent faire procéder à des saisies sauf pendant certaines fêtes religieuses. En outre, lorsqu'ils sont cités devant le vidomne, la justice est gratuite pour eux. Sans aucun doute, d'autres règles juridiques qui n'ont pas trouvé place dans le texte des Franchises ont continué à être appliquées conformément à la coutume.

Au point de vue pénal, les citoyens et habitants de la ville et de sa banlieue — c'est le territoire dit des « Franchises » — ne peuvent être soustraits aux tribunaux locaux, même lorsqu'il s'agit de délits et de crimes perpétrés au dehors. Ils jouissent de garanties formelles : ils ne peuvent être emprisonnés arbitrairement ; ils ne seront arrêtés que s'ils sont l'objet d'une accusation précise ; ils doivent être mis en liberté s'ils offrent une caution suffisante, sauf cependant dans les cas de crimes graves. D'ailleurs, ces clauses n'ont rien d'exceptionnel ; on les retrouve dans la plupart des chartes des localités du diocèse.

Les sanctions pénales consistaient surtout en amendes, les longs emprisonnements n'étant guère pratiqués et les châtiments corporels restant assez rares. La tentation était donc grande de multiplier et d'enfler les amendes. Les droits de justice étaient, pour ceux qui les exerçaient, une source de revenu. Or, les Franchises de 1387 en fixent, à quelques rares exceptions près, le maximum à soixante sous. Le produit s'en partageait entre l'évêque et le vidomne [1].

Tels sont les principaux aspects politiques et judiciaires de la charte d'Adhémar Fabri. Restent les très nombreux articles intéressant l'exercice des métiers et du commerce et en particulier les bouchers, les meuniers, les pelletiers, les tanneurs, les notaires, les foires et les marchés, la vente du poisson, du blé, du vin. D'autres passages concernent les taxes, les privilèges économiques des citoyens, les usuriers et le prêt à intérêt, la construction des maisons, les droits de pâture, la voirie, les poids et mesures, les monnaies, etc. Nous aurons l'occasion de les exposer dans la suite.

Toutes ces clauses, nous l'avons vu, sont dans le plus grand désordre, le même objet reparaissant parfois dans plusieurs articles dispersés dans le texte. Il n'empêche qu'elles fournissent quelques éléments essentiels à l'histoire économique de Genève dans la seconde partie du moyen âge.

Les Franchises engagent Adhémar Fabri et ses successeurs. Leurs articles — même ceux qui n'auront pas été appliqués pendant un certain temps —

---

[1] Micheli, pp. 47-53.

sont imprescriptibles. Tous les officiers de l'évêque devront jurer de les respecter lorsqu'ils entreront en fonction. Le prélat lui-même est soumis à cette obligation.

Cette charte de 1387 a été confirmée en 1444 par Félix V qui, bien que pape, s'était réservé l'administration du diocèse de Genève. Il y apporta cependant quelques modifications : nous reverrons en particulier comment, en application des règles canoniques, il rendit beaucoup plus sévères les prescriptions concernant le prêt à intérêt et l'usure qu'Adhémar Fabri avait traités avec une certaine tolérance [1].

Ainsi, les Franchises de 1387 sont demeurées la charte fondamentale de Genève. Au XVe siècle, on en lisait quelques articles aux séances du Conseil. A partir de 1459, cette lecture se fit le premier dimanche de chaque mois devant les habitants assemblés. De telles mesures reflètent l'inquiétude de l'époque. Le temps n'est plus où les comtes de Savoie avaient partie liée avec la communauté genevoise et paraissaient défendre ses libertés. De plus en plus, les ducs, successeurs des comtes, ont cherché à se substituer à la commune, à lui ravir sa part de souveraineté. Et lorsqu'ils purent placer leurs créatures sur le siège épiscopal, la situation des citoyens devint difficile : ils durent faire front à la fois contre leurs évêques et contre la maison de Savoie. Les Franchises de 1387 constituèrent alors leur arme la plus solide dans la défense de leurs droits.

D'une façon générale, la poussée constante vers l'émancipation qui caractérise l'histoire de Genève à cette époque est inséparable, semble-t-il, de son essor économique et en particulier de ses foires qui multipliaient les contacts de la cité avec le monde extérieur. Comme l'écrivait A. Luchaire à propos des villes françaises au moment du mouvement municipal, « le commerce engendra la richesse, et la richesse, la liberté » [2].

Un changement important s'est produit à la fin du XIVe et au début du XVe siècle. La descendance masculine des comtes de Genève s'est éteinte. « Les candidats à cette succession, écrit P. Duparc, engageaient d'interminables procès... Pendant ce temps la dislocation du domaine et l'affaiblissement du pouvoir comtal se précisaient en Genevois : donations, dots ou douaires d'une part, anarchie et insécurité d'autre part menaçaient l'existence et l'unité même du pays [3]. » Or, au même moment, régnait en Savoie Amédée VIII dont la

---

[1] Cf. *infra*, X^e partie, chap. III.
[2] *Les premiers Capétiens, 987-1137*, Paris, 1901, p. 346.
[3] P. Duparc, *op. cit.*, p. 328.

politique cohérente et habile permit en 1416 d'ériger en duché l'ancien comté. Profitant des circonstances, nous l'avons vu, il réunit à ses domaines les terres des comtes de Genève. L'opération, fort délicate, s'étale sur des nombreuses années et se parachève en 1424. Genève dès lors a été complètement encerclée par le duché de Savoie [1].

Dans ces conditions, la communauté genevoise devait de plus en plus compter sur ses seules forces. Au XVe siècle, elle était formée des bourgeois et des citoyens. Les nouveaux bourgeois étaient admis par les Syndics et le Conseil ordinaire moyennant versement d'une somme d'argent. Les réceptions — nous y reviendrons — ont été fort nombreuses à certaines époques [2]. La bourgeoisie se transmettait en ligne directe masculine.

Il semble — c'est l'interprétation de L. Micheli — que l'exercice actif des droits appartienne aux seuls citoyens et bourgeois *(cives, cives jurati, burgenses)*. Ils détiennent l'autorité politique ; ils forment la commune. Seuls, ils peuvent revêtir les charges municipales. Les habitants *(habitatores, incolae)* jouissent des garanties accordées aux personnes et aux biens et de la même protection que les bourgeois. Ce sont là, au point de vue économique en particulier, d'importants avantages. Cependant les bourgeois bénéficient sur un point de privilèges qui leur sont propres. Ils peuvent commercer librement tous les jours et ils partagent avec les chanoines le droit de vendre du vin.

Le Conseil général, formé de l'ensemble des citoyens et bourgeois, est l'autorité suprême. Il se réunit dans le cloître de Saint-Pierre au moins deux fois par année, en février pour désigner les syndics et en novembre pour fixer le prix du vin. Mais les syndics peuvent le convoquer quand ils le jugent opportun. Le Conseil général délègue une partie de ses prérogatives à des corps réduits. Le Conseil ordinaire, formé de douze, puis de vingt ou vingt-cinq membres désignés par les syndics et leurs collègues sortant de charge, siège une fois par semaine. On l'appellera finalement le Conseil des XXV. En 1457, le Conseil général remit la plupart de ses droits à un autre corps, le Conseil des Cinquante. A partir de 1484, il fut formé de deux représentants des vingt-six dizaines entre lesquelles se partageait la ville. Son activité semble avoir été assez restreinte : il subit même une éclipse pour reparaître au début du XVIe siècle.

Les quatre syndics sont élus par le Conseil général. Mais, à partir de 1460, le Conseil ordinaire et celui des Cinquante lui présentent quatre candidats. Encore qu'il ait le droit de ne pas les accepter et de désigner quelqu'un

---

[1] P. DUPARC, *op. cit.*, pp. 328-347. — MARIE JOSÉ, *op. cit.*, t. 1er, chap. III, pp. 129-142.

[2] La plus ancienne lettre de bourgeoisie conservée aux Archives d'Etat de Genève est de 1339.

d'autre, c'est tout de même une première atteinte au pouvoir du Conseil général, donc au régime démocratique. Cependant, les syndics — ils exercent collectivement leurs fonctions et reçoivent une indemnité — sont choisis dans n'importe quelle classe sociale. Ils s'occupent des affaires de la cité et détiennent en somme, bien qu'il n'y ait pas une stricte séparation des pouvoirs, l'autorité exécutive [1].

Par la force même des choses, les prérogatives des « Syndics et Conseil » se multiplient au cours des années. A celles qui figurent dans les Franchises de 1387 s'ajoutent les admissions à la bourgeoisie, les travaux publics, la police des mœurs, la gestion des hôpitaux et de l'école, le ravitaillement de la ville, l'entretien des fortifications et leur défense. Toutes ces charges nécessitent des moyens financiers : ils sont fournis par les admissions à la bourgeoisie, les impôts sur la vente du vin, les droits de halle et — dans les cas de nécessité — par des levées extraordinaires dont nous aurons à nous occuper avec plus de détail [2].

La communauté possède un secrétaire, un receveur général, quelques employés subalternes, tels les guets qui font figure à la fois d'huissiers et d'agents de police, des gardes-vignes, un crieur public, d'autres encore.

Les activités des autorités de la ville nous sont connues par les registres du Conseil, source précieuse de notre histoire à partir de 1409. Nous aurons souvent à nous y référer [3]. A partir de 1405, la communauté possède sa maison de ville. La tour Baudet a été édifiée dans la seconde moitié du XVe siècle [4].

L'évêque conserve, à cette époque, des prérogatives étendues. Il détient ceux des droits de justice qui n'ont pas été transférés aux citoyens par les Franchises de 1387. Il exerce la juridiction ecclésiastique avec la collaboration de son official. Sur le plan séculier, la basse justice est attribuée au vidomne, le vidomnat ayant passé, dans des circonstances que nous avons vues, des comtes de Genève aux comtes, puis aux ducs de Savoie. Mais les syndics, aux termes de la charte d'Adhémar Fabri, détiennent la haute justice sous la réserve que les causes criminelles seront instruites par le vidomne. Ce partage des droits de justice a abouti fatalement à des conflits de compétence [5].

---

[1] Frédéric GARDY, *Genève au XVe siècle*, dans *Hist. de Genève*, t. Ier, pp. 139-141.

[2] Cf. *infra*, VIe partie, sect. II.

[3] Ils ont été publiés par Emile RIVOIRE, Victor van BERCHEM et divers collaborateurs sous le titre de *Registres du Conseil de Genève*, 1409-1536, t. I-XIII, Genève, 1900-1940. Cités sous *R.C.*

[4] F. GARDY, *loc. cit.*, pp. 142-143.

[5] *Ibid.*, pp. 143-144. — L. MICHELI, *op. cit.*, pp. 59-70 et chap. IV. — Sur le XIVe siècle, cf. J.-A. GAUTIER, *op. cit.*, t. Ier, livre II. — Pierre BERTRAND, *La commune de Genève aux XIVe et XVe siècles*, Genève, 1953.

Le XVe siècle est dominé par les difficultés suscitées par les ducs de Savoie dont l'objectif essentiel est de réunir Genève à leurs domaines. Leur politique affecte les formes les plus diverses. Ainsi, Amédée VIII tente d'obtenir du pape la souveraineté sur Genève. Mais les citoyens réagissent et imposent à l'évêque Jean de la Rochetaillée en 1420 l'engagement solennel, valable pour lui et ses successeurs, de ne pas aliéner les droits de la cité sans leur consentement. L'empereur Sigismond de Luxembourg et le pape Martin V confirment cet engagement.

Le duc Amédée VIII est devenu pape sous le nom de Félix V [1]. Il se réserve l'évêché de Genève. Lorsqu'il abandonne le pontificat en 1449, il conserve le titre d'administrateur de l'Eglise de Genève. Il avait, en 1444, confirmé les franchises de la ville. A sa mort, en 1451, son petit-fils Pierre de Savoie occupa le siège épiscopal de Genève. Il n'avait que huit ans et avait été imposé par le parti savoyard.

Dès lors, la situation de la cité devient précaire. La plupart des évêques seront choisis dans la maison de Savoie. La commune, au lieu de pouvoir compter sur leur appui dans sa résistance, devra faire front contre l'évêque et le duc associés, le Chapitre faisant souvent, semble-t-il, cause commune avec eux.

D'ailleurs, les abus de certains seigneurs féodaux n'avaient pas complètement disparu au XVe siècle. Les entreprises de Jean de Lancy, notamment en 1459 et en 1460, apportèrent bien des perturbations dans la région genevoise, en particulier au point de vue économique. Il avait réussi, pour un temps, à braver à la fois l'autorité de la commune de Genève, de l'évêque et du duc [2].

Le conflit qui mit aux prises le duc Louis de Savoie et son fils Philippe, comte de Bresse, fut aussi la cause de beaucoup de difficultés pour Genève qui se trouva, bien malgré elle, impliquée dans ce différend. Ce fut Louis de Savoie qui suggéra au roi de France Louis XI d'interdire à ses sujets de fréquenter les foires de Genève, ce qu'il fit par une ordonnance du 20 octobre 1462. De son côté, le duc empêcha le passage sur ses terres des marchands qui se rendaient aux célèbres marchés genevois, arrivés à leur apogée. C'est là un épisode lourd de conséquences pour l'avenir de Genève. Nous l'étudierons en détail dans les chapitres que nous consacrerons à l'histoire des foires [3].

---

[1] Cf. Marie-José de SAVOIE, *Amédée VIII le Duc qui devint Pape*, déjà cité, t. Ier, chap. III, VIII et *passim*.

[2] L. BLONDEL, *Jean de Lancy, un noble aventurier du XVe siècle*, dans *Etrennes genevoises*, 1920, pp. 27-55. — *La tour de Lancy, histoire d'un domaine pendant six siècles*, Genève, 1924.

[3] Cf. *infra*, IXe partie, sect. III. — Cf. Frédéric BOREL, *Les foires de Genève au quinzième siècle*, Genève, 1892, chap. Ier.

Puis survinrent les guerres de Louis XI, des Suisses et de Charles le Téméraire. L'évêque Jean-Louis de Savoie a commis l'erreur de s'inféoder au parti de Bourgogne, malgré la résistance des Syndics et même du Chapitre. On en sait les conséquences : les Bernois et leurs alliés, les Soleurois et les Fribourgeois, ne renoncèrent à la destruction de Genève, en 1475, que moyennant le versement d'un tribut, considérable, de 28.000 écus. Nous reviendrons sur la levée extraordinaire à laquelle il fallut procéder pour tenter de réunir cette somme. Avec quelques autres, elle apporte des données précieuses sur la structure économique de Genève au XVe siècle, sur la situation de ses artisans et de ses marchands, sur leurs biens mobiliers et immobiliers.

La difficulté de trouver en un très court laps de temps le tribut réclamé faillit ramener les Suisses à Genève après leurs victoires de Grandson et de Morat. Il fallut une intervention du roi Louis XI auprès de ses alliés pour les arrêter. Ils acceptèrent d'impartir à Genève un délai de paiement échéant à la fin de 1477. En réalité, ce n'est qu'en 1480 que Genève put se libérer complètement de sa dette [1].

Ces conflits cependant allaient entraîner pour Genève des conséquences heureuses et contribuer finalement à son salut. Berne et Fribourg avaient pu constater l'importance que Genève et ses fortifications pouvaient avoir pour eux comme couverture vers le sud-ouest. Ils savaient aussi le rôle de la cité dans le trafic international car leurs marchands — nous y reviendrons — fréquentaient assidûment ses foires [2]. Quant aux Genevois, ils connaissaient la puissance des cantons suisses et pensaient qu'ils pourraient être pour eux un solide appui dans leurs luttes. C'est tout cela qui permit une réconciliation, puis un véritable rapprochement des anciens antagonistes.

Genève en prit l'initiative, l'évêque et les citoyens agissant pour une fois en plein accord. Les tractations furent assez rapides : elles aboutirent le 14 novembre 1477 au traité d'alliance de Berne et de Fribourg avec Genève. Telle est la lointaine origine d'une combourgeoisie qui, après bien des vicissitudes, devait aboutir en 1814 à l'entrée de Genève dans la Confédération suisse [3]. Dans l'immédiat, elle allait être un des éléments du salut de la cité.

Ces événements n'empêchaient pas la maison de Savoie de continuer son

---

[1] F. GARDY, *loc. cit.*, pp. 144-154.

[2] Hektor AMMANN, *Freiburg und Bern und die Genfer Messen*, Langensalza, s.d. [1921]. — F. BOREL, *op. cit.*, pp. 100-101 et *passim*.

[3] Wilhelm OECHSLI, *Les Alliances de Genève avec les Cantons suisses*, extrait traduit et annoté par Victor van BERCHEM, *M.D.G.*, série in-4°, IV, 1915, pp. 3-71.

patient effort en vue de la conquête de Genève. La mort de l'évêque Jean-Louis de Savoie, en 1482, et son remplacement provoquèrent de longues intrigues au terme desquelles François de Savoie fut désigné, en 1484, comme « administrateur » de l'évêché de Genève. Puis, après la parenthèse d'un évêque non savoyard, la tradition fut reprise de placer sur le trône épiscopal des membres de la famille de Savoie [1].

La situation empira dans la première partie du XVIe siècle. Le conflit, aigu, fut marqué d'épisodes dramatiques. Les difficultés commencèrent avec le règne de Charles III de Savoie. Le Conseil général, en 1506, refusa de lui prêter l'artillerie de la ville qu'il aurait voulu utiliser au cours de la campagne qu'il conduisait contre les Valaisans. D'où l'animosité du duc, en particulier à l'égard du syndic Pierre Lévrier qui chercha un appui auprès des Suisses en se faisant recevoir bourgeois de Fribourg en 1507. Arrêté à Genève par les émissaires du duc, il dut son salut à une intervention de Fribourg [2].

Sous l'épiscopat de Jean de Savoie, à partir de 1513, la situation se dégrada encore. Plusieurs notables genevois, suivant l'exemple de Pierre Lévrier, se firent recevoir bourgeois de Fribourg. Parmi eux figuraient Besançon Hugues, dont la famille était d'origine alsacienne, et Philibert Berthelier, venu de Virieu-le-Grand, qui était capitaine de la ville. Au début de son épiscopat, Jean de Savoie semblait favorable aux intérêts de la cité. Mais bientôt sa véritable politique s'affirma : elle tendait à livrer Genève au duc. D'incident en incident, le conflit entre le prince-évêque et la commune devint aigu, Jean de Savoie s'étant déclaré prêt à céder au duc ses droits temporels sur Genève. L'attitude résolue — menaçante même — des citoyens et, à Rome, une opposition du collège des cardinaux coupèrent court à cette manœuvre [3].

Berthelier, contre qui des poursuites avaient été ordonnées par l'évêque, s'était réfugié à Fribourg où il négocia un traité de combourgeoisie. A Genève, deux partis s'opposaient violemment : les Mammelus étaient acquis à la politique savoyarde pour des raisons de famille ou d'intérêt alors que les Eidguenots étaient partisans des Confédérés dont, à leurs yeux, seule l'alliance était capable de sauver l'indépendance de la cité. C'est la raison pour laquelle le duc n'en voulait pas. Il pénétra dans la ville à la tête de ses troupes. Le Conseil général, le 11 avril 1519, n'obtint leur départ qu'en renonçant à l'alliance avec Fribourg dont l'attitude résolue au cours de ces événements incita cependant le duc à la prudence. Au lieu d'agir lui-même, il laissa à l'évêque

---

[1] GARDY, *loc. cit.*, pp. 154-159. — Sur le XVe siècle, cf. J.-A. GAUTIER, *op. cit.*, t. Ier, livre II.

[2] Edouard FAVRE et Paul-F. GEISENDORF, *Les Combourgeoisies avec Fribourg et Berne*, dans *Hist. de Genève*, t. Ier, pp. 171-172.

[3] Ed. FAVRE et P.-F. GEISENDORF, *loc. cit.*, pp. 172-173.

Jean de Savoie le soin d'instruire, en 1519, un procès contre Berthelier :
l'exécution du patriote en fut l'épilogue, Après quoi des modifications furent
apportées dans le mode d'élection des syndics et, l'année suivante, Besançon
Hugues fut déchu de sa bourgeoisie [1].

En 1522, à la mort de Jean de Savoie, Pierre de la Baume occupa le trône
épiscopal. Le duc de Savoie vint résider, en 1523, à Genève, cherchant par
l'octroi de quelques avantages économiques à multiplier le nombre de ses
partisans. En même temps il décida indûment d'étendre les droits de justice
du vidomne au détriment de ceux des syndics et de l'évêque. Ce dernier,
tout acquis à la cause de la Savoie, ne protesta pas. Mais Amé, fils de ce
Pierre Lévrier dont nous avons vu l'attitude, entraînant le parti des
Eidguenots, s'opposa formellement à cette usurpation. Le duc Charles III
le fit arrêter. Après un procès sommaire, il fut exécuté à Bonne-sur-Menoge
le 24 mars 1524.

Tôt après, le duc quitta Genève pour le Piémont où il devait faire face
à une invasion française ; il fut suivi par Pierre de la Baume. La situation de la
cité, malgré ces départs, paraissait sérieusement compromise car, au cours des
événements que nous avons résumés, aucun appui n'était venu de la part des
Suisses.

Cependant, un renversement allait se produire. Berne avait eu une
politique ambiguë ; elle avait gêné Fribourg dans son action en faveur des
Genevois, et même parfois appuyé la Savoie à laquelle elle était alliée. Mais,
après Marignan, les Confédérés s'étaient rapprochés de la France avec qui ils
avaient signé la paix perpétuelle de 1516. La conséquence en fut que, le duc
Charles III s'étant rangé parmi les ennemis du roi de France François Ier,
Berne dut abandonner son attitude amicale à l'égard de la Savoie. Genève
allait bénéficier de ces circonstances.

De nouveaux incidents ont éclaté en 1524, opposant les Eidguenots et le
duc. Ce dernier se fit menaçant et concentra des troupes dans la région genevoise. Besançon Hugues et ses principaux lieutenants se réfugièrent à Fribourg ;
ils négocièrent, dans la seconde moitié de l'année 1525, un traité avec les autorités bernoises, puis avec celles de Fribourg et de Soleure.

Mais l'absence des patriotes avait été habilement utilisée par les Mammelus.
Le duc étant revenu dans la ville convoqua — bien qu'il n'en eût pas le droit —
un Conseil général le 10 décembre 1525. C'est le fameux « Conseil des halle-
bardes » qui, délibérant sous la menace des soldats du duc, fut obligé d'enregistrer ses volontés. Il décida que Genève n'entreprendrait aucune action

---

[1] FAVRE et GEISENDORF, pp. 173-176.

contre l'évêque et contre la Savoie et renoncerait à toute alliance avec les Confédérés. Après quoi le duc et ses troupes quittèrent la ville [1].

Ce départ fut mis à profit par les Eidguenots restés ou rentrés à Genève alors que d'autres poursuivaient leurs démarches auprès des Suisses, à Berne et à Fribourg en particulier. Un revirement provoqué par la politique habile et décidée à la fois des partisans des Confédérés se produisit à Genève.

Des tractations, gênées par des interventions du duc et de Pierre de la Baume, se poursuivirent au début de 1526 : elles aboutirent à la combourgeoisie de Berne et de Genève, ratifiée par le Petit, puis par le Grand Conseil de Berne en février 1526. D'avance, Fribourg avait déclaré qu'elle adhérerait au traité dès que Berne l'aurait signé. A Genève, Besançon Hugues obtint la même ratification, d'abord d'un conseil spécial qui est l'embryon du futur Conseil des Deux Cents, puis du Conseil général, le 23 et le 25 février 1526.

C'est ainsi qu'est devenu effectif le traité de combourgeoisie — il porte la date du 8 février — entre Berne, Fribourg et Genève. Les deux alliés suisses s'engagent à secourir Genève si elle est victime d'attaques injustifiées, ces interventions devant d'ailleurs se faire à ses frais. Genève, de son côté, apportera son aide à ses alliés. Une procédure d'arbitrage est prévue au cas où des différends viendraient à éclater entre les combourgeois.

Toutes les tentatives faites par le duc pour briser cette alliance s'avérèrent vaines : il dut s'incliner devant la volonté des Confédérés. Quant aux syndics, profitant des circonstances, ils obtinrent, au cours des pourparlers qui s'étalent de 1527 à 1531, la suppression du vidomnat et son remplacement par une juridiction locale. Le duc perdait ainsi la possibilité de s'immiscer dans l'exercice de la justice à Genève [2].

Genève avait triomphé de graves dangers. Au prix de grands sacrifices, mais avec une constance et une habileté qui ont forcé le succès, elle avait réussi à écarter pour un temps les prétentions du duc de Savoie.

---

[1] FAVRE et GEISENDORF, pp. 176-179.

[2] *Ibid.*, pp. 179-185. — Cf. aussi W. OECHSLI, *Les alliances de Genève avec les cantons suisses*, déjà cité. — Charles BORGEAUD, *Philibert Berthelier, Bezanson Hugues, pères de la combourgeoisie de Genève avec Fribourg et Berne*, dans *Pages d'histoire nationale*, Genève, 1934, pp. 23-51. — Ed. FAVRE, *Combourgeois. Genève, Fribourg, Berne, 1526*, Genève, 1926. Le texte du traité de 1526 figure aux pp. 133-138. — J.-A. GAUTIER, *Histoire de Genève...*, Genève, 1896, t. I-II, Livres I-III. — Henri NAEF, *Fribourg au secours de Genève, 1525-1526*, Fribourg, 1927. — Georges WERNER, *Les institutions politiques de Genève de 1519 à 1536*, dans *Etrennes genevoises*, 1926, pp. 8-54. — Voir la bibliographie détaillée concernant cette période dans FAVRE et GEISENDORF, *loc. cit.*, pp. 185-186.

Mais elle n'était pas au bout de ses difficultés. La période de 1526 à 1536, une des plus dramatiques de son histoire, lui posera de redoutables problèmes. Elle en sortira victorieuse. Ayant adopté la Réforme, l'ancienne cité épiscopale deviendra une République protestante, ayant conquis tous les attributs d'une totale souveraineté. Mais nous ne voulons pas exposer ici cette phase de ses destinées qui est le prélude du magnifique redressement économique opéré plus tard par Genève devenue la Cité du Refuge. Il nous paraît plus logique de l'étudier dans l'introduction du volume de cette *Histoire économique de Genève* dont le champ s'étendra de l'adoption de la Réforme à la réunion de Genève à la France en 1798 [1].

Nous avons résumé les principaux faits de l'histoire de Genève. Dans les chapitres qui vont suivre, nous verrons dans quelle mesure ils ont conditionné son évolution économique ou, au contraire, comment parfois ils ont été influencés par elle.

---

[1] Sur la période de 1526 à 1536, cf. H. NAEF, *L'Emancipation politique et la Réforme*, dans *Hist. de Genève*, t. Ier, pp. 187-217. — Bibliographie détaillée pp. 214-217. — Cf. aussi J.-A. GAUTIER, *op. cit.*, t. II.

DEUXIÈME PARTIE

LA CITÉ. LES CHÂTEAUX. LES BOURGS. LES VILLAGES

LA CITÉ

CHAPITRE PREMIER

L'ENCEINTE FORTIFIÉE

Au moment où Genève est devenue ville impériale, elle vivait encore repliée dans ses murailles. Cependant, au Xe siècle déjà, elle effectue une poussée vers l'extérieur. Le faubourg de Saint-Victor s'esquisse et, sur la rive droite du Rhône, Saint-Gervais, à l'abri d'un très modeste appareil fortifié, est en train de s'ordonner autour de la villa carolingienne et de l'église. Au sud de l'Arve, la villa romaine de Carouge est encore un centre d'une certaine importance à l'époque burgonde en attendant de s'effacer.

Du XIe au XVIe siècle, de nombreuses transformations se sont opérées dans la ville. Pôle d'attraction des puissants dynastes comme des petits seigneurs des environs, centre religieux d'un vaste diocèse, marché d'une région agricole fertile et, finalement, siège de foires qui comptaient parmi les plus importantes de l'Europe, Genève a dû s'adapter à ses multiples fonctions. Si elle a connu des périodes de stagnation, voire de recul, et les vicissitudes politiques dont nous avons parlé, elle ne laisse pas cependant de se développer au cours des siècles.

Louis Blondel, dans plusieurs ouvrages [1] et de nombreuses études de détail, a apporté de précieux renseignements sur la croissance de la Genève médiévale. C'est un guide avisé que nous n'avons qu'à suivre.

---

[1] *Les Faubourgs de Genève au XVe siècle*, M.D.G., série in-4°, V, 1919. — *Le développement urbain de Genève à travers les siècles*, Genève et Nyon, 1946. — *Géographie urbaine et féodale*, dans *Hist. de Genève*, t. Ier, pp. 67-72.

Nous avons déjà indiqué que l'évêque exerçait son pouvoir temporel sur Genève et sa banlieue qui constituait le « territoire des Franchises ». Le terme date d'Adhémar Fabri et s'est substitué à d'anciennes désignations, *suburbium* ou *suburbanum*, encore employées au XIVe siècle. Ses limites, assez étroites, partaient du lac près du Port-Noir, suivaient le ruisseau de Trainant, le chemin de Grange-Canal, la route de Chêne, le chemin de la Chevillarde, le chemin du Velours pour aboutir à l'Arve après avoir coupé Florissant. L'Arve et le Rhône le bordaient au sud et à l'ouest. Cependant, un léger déplacement a été opéré en 1445 sur la rive gauche de l'Arve, aux Vernaies, grâce à l'achat par la communauté, à la maladière de Carouge, d'une petite bande de terre qui permit d'améliorer le cours de la rivière.

Saint-Gervais, sur la rive droite du Rhône, n'a passé complètement sous la suzeraineté de l'évêque qu'à la fin du XIIIe siècle, les sires de Gex ayant vendu les droits qu'ils possédaient sur le faubourg, étroitement délimité par les fossés établis au XVe siècle. Partant du Rhône à la hauteur du pont de la Coulouvrenière, ils atteignaient Chantepoulet pour aboutir au bas de la rue du Mont-Blanc. Au-delà de cette défense, Genève ne possédait que quelques maisons et une faible étendue de terres. Le pouvoir temporel de l'évêque s'arrêtait là.

Cependant, le duc Charles III de Savoie accrut quelque peu le territoire des Franchises en donnant en 1508 à la communauté une étroite bande aux Pâquis. Berne, de son côté, attribua à Genève la région du Petit-Saconnex [1].

Pendant le haut moyen âge, Genève était restée à l'abri du vieil appareil fortifié dont nous avons parlé [2]. A partir du XIe siècle, une série de modifications parfois importantes lui ont été apportées. Quelques maisons, des moulins, de modestes installations portuaires avaient subsisté le long du Rhône et près du port de Longemalle lorsque la ville s'était repliée à l'intérieur de ses murs. C'est le noyau d'un nouveau faubourg qui s'est reconstitué sur l'emplacement de la vivante agglomération qui avait existé au temps de la *pax romana*. Avec le réveil économique de Genève, il était devenu assez important pour que l'on décidât, au XIe siècle, de l'incorporer au système fortifié grâce à des murailles qui partaient de la terrasse de l'évêché, passaient derrière l'église de la Madeleine, coupaient l'ancienne rue d'Enfer, couraient parallèlement au lac et

---

[1] L. BLONDEL, *Les Faubourgs...*, pp. 16-18 ; carte p. 110. — *Le développement urbain...*, p. 38 et ss., pp. 47, 49, 63 et *passim*. — *Notes d'archéologie genevoise*, VIII, *Origine du territoire des franchises genevoises*, dans *B.H.G.*, IV, 1914-1923, pp. 473-486.

[2] Cf. *supra*, livre IV, sect. II, chap. II.

remontaient par la rue du Perron pour se souder à la vieille enceinte sous la rue Calvin [1].

Mais la ville continuait à déborder ses murailles. Au bord du Rhône, entre Longemalle et la Fusterie, autour du Bourg-de-Four qui restait, sur la rive gauche, le nœud des voies de communication, le long des routes principales, aux abords de Saint-Victor, partout des quartiers s'édifiaient, abritant de nombreux habitants et de vivantes activités économiques. Or, dans des temps troublés, il était dangereux de les laisser sans défense.

Une nouvelle enceinte fut donc édifiée au milieu du XIIe siècle, dans le temps même où, sous l'impulsion de l'évêque Arducius de Faucigny, la cathédrale de Saint-Pierre était reconstruite. La surface de Genève allait être triplée, englobant non seulement les parties bâties, mais encore des terres de cultures qui, en cas de siège, pouvaient constituer un appoint pour le ravitaillement de la population. Louis Blondel a relevé la conception logique de cette extension, modèle d'urbanisme qui tenait compte des futurs accroissements de la cité.

La nouvelle muraille se détachait de l'enceinte primitive au château du Bourg-de-Four, suivait les rues Saint-Léger et Beauregard, la promenade de Saint-Antoine, l'emplacement du Collège, enveloppait Longemalle et revenait, à la rue d'Enfer, aux défenses du XIe siècle. L'enceinte longeait ensuite le lac et le Rhône à la hauteur des actuelles Rues Basses, remontait la rue Bémont pour retrouver la vieille enceinte à la Tour-de-Boël. Ainsi de nouveaux et importants secteurs — Bourg-de-Four, Longemalle, quartier dit de Villeneuve, entre le Perron et Bémont, étaient solidement défendus [2].

Mais un autre faubourg, en plein développement au XIIe et au début du XIIIe siècle, au-delà de la rue de la Cité, restait sans protection. On compléta les grands travaux qui venaient d'être achevés par des murs — ils sont du troisième quart du XIIIe siècle — qui partaient de la Tertasse et aboutissaient près du pont du Rhône. Au bas de la Cité, une chapelle, Notre-Dame-du-Pont, a été édifiée.

De l'autre côté du fleuve, Saint-Gervais, à l'ouest de Coutance, était encore constitué par le quadrilatère carolingien. Ce n'est qu'au XIVe siècle que le faubourg élargira son enceinte fortifiée.

Entre les deux îles du Rhône, commandant le pont, l'évêque Aymon de Grandson a érigé, en 1219, en pleine eau, le puissant château dont le comte de Savoie s'empara en 1287.

---

[1] L. BLONDEL, *La salle du Vieux-Genève au Musée d'Art et d'Histoire*, dans *Genava*, XIII, 1935, pp. 323-324. — *Le développement urbain...*, pp. 40-41.

[2] L. BLONDEL, *Le développement urbain...*, pp. 41-42. — *La salle du Vieux-Genève...*, *loc. cit.*, pp. 324-325. — *Chronique... 1925*, dans *Genava*, IV, 1926, pp. 79-80.

L'appareil fortifié de la ville, soigneusement entretenu, a subi au cours du XIIIe siècle plusieurs modifications et des améliorations de détail [1]. Mais l'incertitude des temps et l'essor de Genève allaient bientôt poser de nouveau le problème de l'enceinte. Il a été résolu par l'évêque Guillaume de Marcossey qui, poursuivant les travaux commencés en 1364 par son prédécesseur Allamand de St-Jeoire, fit, entre 1366 et 1376, renforcer les anciennes murailles à l'aide de tours et d'autres ouvrages qui s'inspiraient des modèles savoyards et piémontais. Il incorpora en même temps au système de défense les quartiers nouveaux, en particulier ceux qui, au bord du lac et vers le pont du Rhône, avaient été conquis sur les eaux grâce à des digues et à des remblais. Le Molard avait pris une grande importance depuis que la communauté avait construit en 1309 les premières halles [2]. Le centre de la vie économique tendait à se déplacer, à descendre de la ville haute vers le lac et le Rhône, en particulier vers la rue de la Rivière, — les actuelles Rues Basses —, vers les places et les ports de Longemalle, du Molard et de la Fusterie. Du côté de l'eau, la muraille se trouvait à peu près à la hauteur de l'actuelle rue du Rhône. Le port du Molard possédait un bassin à l'intérieur de l'enceinte : on y accédait par une porte fortifiée.

Les terrains des faubourgs déjà englobés dans les murailles avaient continué à être bâtis. Leur population augmentait en même temps que les activités économiques. En revanche, de l'autre côté du fleuve, Saint-Gervais ne s'était développé que lentement. Coutance, encore en dehors de l'agglomé- mération, en constituait la limite au nord-est. C'est au XVe et au début du XVIe siècle que se produira sa grande extension.

Mais en dehors de l'enceinte, sans moyen de défense, de nouveaux fau- bourgs continuaient à se développer. Nous leur consacrerons un chapitre spécial [3].

Au XVe siècle, l'enceinte de Marcossey et ses tours en particulier ont été réparées et renforcées en plusieurs points. Mais, en partie à cause de la perte de vitesse de ses foires [4], la ville marquera un temps d'arrêt dans son dévelop- pement et bientôt même une certaine régression économique. Sa politique maladroite pendant la guerre de Bourgogne, puis les menaces que font peser sur elle les ducs de Savoie, contribuent à accentuer la crise. Non seulement il n'est plus question de procéder à de nouvelles extensions de son enceinte,

---

[1] Blondel, *La salle du Vieux-Genève…*, p. 325. — *Le développement urbain…*, pp. 42-43.

[2] Cf. *supra*, section I.

[3] Cf. *infra*, chap. III.

[4] Cf. *infra*, IXe partie, sect. III.

mais le Conseil, prenant une véritable décision de salut public, pour faciliter la défense de la muraille, ordonna, à partir de 1531, la démolition des quartiers extérieurs, de ces faubourgs dont certains étaient riches et populeux. C'est le sacrifice douloureux consenti par la cité à sa sécurité et à son indépendance. Plus tard, cette destruction permettra d'adopter le système bastionné qui, un peu partout, remplacera les hautes murailles médiévales [1].

[1] Louis BLONDEL, *Les Faubourgs...*, *passim*. — *La salle du Vieux-Genève...*, *loc. cit.*, pp. 325-327. — *Le développement urbain...*, pp. 42-46, 58-59, 64.

CHAPITRE II

SAINT-GERVAIS

Saint-Gervais, dont nous nous sommes occupé à plusieurs reprises en cours de route, ne s'est aggloméré organiquement à Genève qu'assez tard. La villa carolingienne [1] avait passé aux sires de Gex, successeurs des comtes équestres. Elle échut ensuite, par héritage, à Guy de Faucigny. « Cet évêque, écrit L. Blondel, dota le prieuré de Saint-Jean d'une partie de cette propriété, tout en se réservant la supériorité féodale et les droits de juridiction, ainsi que certaines terres allodiales qu'il conserva directement entre ses mains [2]. » Ce sont ces terres, en particulier la vaste parcelle appelée vigne de l'Ile, qui furent ensuite morcelées en vue de la construction de la partie orientale de Saint-Gervais.

Longtemps, le quartier de la rive droite a vécu de sa vie propre. La fusion ne s'opéra que lentement entre les deux parties que sépare le Rhône mais qu'unit le pont de l'Ile. Ce n'est guère qu'au XVe siècle qu'elle fut réellement consommée [3].

A la pointe nord du bourg, dans la région actuelle de la gare, s'étalait un marais qu'alimentait le nant de Cornavin. Il en ressortait en deux bras, l'un s'écoulant le long de l'actuelle rue du Temple et l'autre dans la direction de Chantepoulet. Dès le XIIIe siècle, les évêques possédaient, outre celle de l'Ile, la vigne qui se trouvait sur l'emplacement de la place des Vingt-Deux-Cantons : elle a donné son nom — Corne à vin — à tout le quartier. Morcelée, ainsi que le pré voisin, propriété également de l'évêque, elle permettra au XVe siècle la construction de nouvelles maisons [4].

Jusqu'à ce moment, les fossés de Saint-Gervais avaient été alimentés par le

---

[1] L. BLONDEL, *La villa carolingienne de Saint-Gervais*, dans *Genava*, XIX, 1941, pp. 187-201.

[2] *Ibid.*, p. 191.

[3] *Ibid.*, p. 201.

[4] L. BLONDEL, *Chronique... 1937*, dans *Genava*, XVI, 1938, p. 124. — *Origine et développement des lieux habités. Genève et environs*, Genève, 1915, p. 28.

nant. Ils ont été réparés en 1320 à la demande d'Aymon de Savoie. Les maisons de l'agglomération remplaçaient les murailles, à l'intérieur de ces fossés. La plupart étaient construites en bois et en pisé. Quelques années plus tôt, en 1307, vingt-cinq chefs de famille avaient prêté serment de fidélité à l'évêque. Ce chiffre semble correspondre au nombre des maisons de la rudimentaire enceinte qui, à plus d'une reprise, a subi des assauts. C'est ainsi qu'en 1345 le sire de Gex incendia la bourgade.

Au début du XVe siècle, un nouveau quartier, édifié sur la vigne épiscopale de l'Ile morcelée par François de Mies, fut entouré par des fossés. La rue de Coutance — elle s'appela longtemps rue de Constance — en constituait l'artère principale. L'extension se poursuivit en direction du nord-est, vers la rue Rousseau, puis vers Chantepoulet, l'évêque désirant, pour des raisons de sécurité, laisser libre la tête de pont défendue par le château de l'Ile [1].

Les restes de canalisations retrouvés par L. Blondel le long de la route de Fernex laissent supposer que le ravitaillement en eau de Saint-Gervais a été assuré par la source des Mesmes, située dans la région de Montbrillant et des Artichauts. D'autres sources, déjà mentionnées en 1286, existaient « en fontaines saintes », à l'origine du nant de Cornavin, sur les crêts du Petit-Saconnex [2].

Le rôle économique de Saint-Gervais s'est vigoureusement affirmé au cours du XVe siècle. S'il compte un nombre assez élevé de gens de condition modeste qui contribuent d'ailleurs largement à sa prospérité, il abrite aussi beaucoup de représentants des professions importantes [3]. Son commerce est très actif : il tirait de grands avantages des routes qui aboutissaient au pont du Rhône. Après la Madeleine, Saint-Gervais a été la paroisse la plus riche de la ville. En 1464, sur 2445 contribuables genevois, 625 habitaient le faubourg [4]. En dehors de l'enceinte, des maisons se sont édifiées le long des chemins

---

[1] BLONDEL, *Chronique... 1927*, dans *Genava*, VI, 1928, pp. 31-32. — *La villa carolingienne de Saint-Gervais*, loc. cit., pp. 187-201. — *Les Faubourgs...*, pp. 22, 92-96. — *Le développement urbain...*, pp. 52-53.

[2] L. BLONDEL pense qu'elles ont été l'objet d'un culte antérieurement à la conquête romaine. *Chronique... 1940*, dans *Genava*, XIX, 1941, pp. 95-97.

[3] Lors de la levée de 1464, 7 barbiers-chirurgiens habitent Saint-Gervais sur les 32 que compte au total la cité ; 7 fabricants de bourses sur 29 ; 22 charpentiers sur 59 ; 3 épingliers sur 4 ; 5 forgerons sur 10 ; 10 serruriers sur 18 ; 7 pâtissiers sur 18 ; 5 selliers sur 19 ; 15 cordonniers sur 73 ; 4 tisserands sur 17 ; 7 pelletiers sur 20 ; 16 hôteliers sur 24 ; 15 marchands sur 34 ; 19 meuniers sur 21. C'est dans ce quartier que se trouvent les quelques orfèvres et diamantaires qui préfigurent modestement la future « fabrique » genevoise. Luc BOISSONNAS, *La levée de 1464 dans les sept paroisses de la ville de Genève*, M.D.G., XXXVIII, 1952, pp. 29-31.

[4] La Madeleine en comptait 775. BOISSONNAS, *loc. cit.*, p. 33. — Il est vrai que la paroisse de St-Gervais englobait les maisons de la rive gauche qui se trouvaient près du pont.

principaux, en particulier ceux de Saint-Jean et de Cornavin. Au-delà de
Cornavin, au pont qui franchissait le fossé, près d'une croix, se soudaient la
route de Versoix et celle de Gex et de Ferney. A proximité, mais en dehors
du territoire des franchises, les ducs de Savoie ont édifié, en 1448, leur atelier
de la monnaie [1].

Entre le chemin de Versoix et le lac, deux tuileries appartenaient à la
communauté qui les affermait. Comme elles étaient en dehors du territoire des
franchises, elles provoquèrent des difficultés avec la justice de Gex. Plus
tard, les excavations résultant de l'exploitation de l'argile furent envahies par
les eaux du lac : ce sont ces étangs qui constituèrent le « fossé vert », près du
monument Brunswick. Un peu plus loin, les prairies et les marécages des
Pâquis s'étiraient le long de la rive.

En aval de Saint-Gervais, la vigne du prieuré de Saint-Jean s'étalait
jusqu'au Rhône, près de la croix de Saint-Jean, située à la limite des franchises
qui englobaient encore le moulin de Versonnex, le dernier de ceux qui s'échelonnaient le long du Rhône sur la rive droite [2].

En face du confluent du Rhône et de l'Arve — il était en amont de l'actuelle
Jonction, à l'extrémité du pont de Sous-Terre —, se trouvait le prieuré de
Saint-Jean des Grottes ou Saint-Jean-hors-les-murs qui avait été concédé à
l'abbaye bénédictine d'Ainay à Lyon par l'évêque Guy de Genève en 1107.
Situé à l'extérieur des franchises, il échappait au pouvoir temporel de l'évêque.
Les bâtiments conventuels n'étaient pas très vastes. Les terres s'étendirent au
cours des siècles suivants dans des limites qu'il n'est pas facile de préciser.
Les vignes en constituaient la principale richesse. A plusieurs reprises, notamment au XVe siècle, les moines eurent à se défendre contre les crues du Rhône
et de l'Arve.

Le couvent fut démoli au moment de la Réforme et ses matériaux furent
utilisés à l'édification de la nouvelle enceinte de la ville, notamment aux
boulevards du Seujet et de Saint-Léger [3].

---

[1] Cf. *infra*, XIIe partie, chap. II et III.

[2] Sur l'ensemble de la question, cf. L. BLONDEL, *Les Faubourgs...*, chap. VIII.

[3] BLONDEL, *Les Faubourgs...*, pp. 96-100. — Jules CROSNIER, *Sous-Terre et Saint-Jean*,
dans *Nos Anciens et leurs œuvres*, 2e série, VI, 1916, p. 41 et ss.

CHAPITRE III

LES FAUBOURGS

Saint-Gervais, bien qu'il porte traditionnellement dans notre histoire le nom de faubourg, était en réalité incorporé au système fortifié de la ville, malgré le fleuve qui l'en séparait et en dépit des dissemblances historiques que nous avons vues.

Sur la rive gauche en revanche, plusieurs faubourgs authentiques se sont développés à l'extérieur des murailles, à une cadence qui s'accordait à l'essor de la ville. Certains d'entre eux, obéissant aux impératifs de la topographie et des voies de communication, se sont élevés sur l'emplacement des quartiers antiques qui, aux temps florissants de la paix romaine, avaient fait éclater le corset de l'oppidum.

Louis Blondel a consacré à ces faubourgs, à leur croissance, à leur apogée au XVe siècle, à leur destruction au début du XVIe siècle, un livre riche en renseignements, *Les Faubourgs de Genève au XVe siècle*, que nous allons continuer à utiliser [1]. Il a dressé un précieux plan de la ville et de ses faubourgs en 1477, à grande échelle, où les tracés du XVe siècle se superposent à ceux du XXe, permettant les plus utiles confrontations.

Nous résumons l'histoire de ces quartiers extérieurs de la rive gauche en partant des bords du Rhône, en aval de la ville, pour revenir au lac dans la région du Jardin anglais [2].

Tous, à des titres divers, qu'ils fussent quartiers résidentiels ou voués aux activités industrielles, commerciales, voire agricoles, ils ont joué, au XVe siècle en particulier, un rôle important dans l'histoire économique et sociale de Genève qu'ils entouraient d'une belle couronne. Ils possédaient des édifices, des couvents, des églises dont certains ont été remarquables. Leur démolition

---

[1] Non seulement il y condense les éléments déjà connus mais, grâce à de patientes investigations dans le terrain, accordées à des recherches d'archives, il complète et souvent corrige les données des historiens qui l'ont précédé.

[2] BLONDEL a donné un utile résumé de cette histoire dans *Le développement urbain...*, déjà cité, pp. 46-50.

héroïque au XVIe siècle, dur sacrifice imposé par les nécessités militaires du temps, a privé Genève de quelques-uns des plus beaux témoins de son architecture médiévale. Nous ne parlons pas ici de cette destruction. Elle trouvera tout naturellement sa place au début du volume de cet ouvrage qui étudiera la période de la Réforme à 1798.

I. LE FAUBOURG DE PALAIS OU DE LA CORRATERIE

Dernier né des faubourgs genevois, son développement a été longtemps gêné par les caprices du Rhône et surtout de l'Arve qui, au XVe siècle encore, se terminait par un vaste delta dont les bras, séparés par des îles basses, s'étalaient du bois de la Bâtie à la Coulouvrenière [1]. Il était formé de deux groupes distincts. Celui de Palais s'était constitué au départ de la route conduisant de la région de Neuve au pont de l'Arve, situé alors en aval de l'actuel pont de Carouge. Une seconde agglomération, celle de la Corraterie, avait, au XVe siècle — c'est de ce temps que date son nom —, une plus grande importance. Son axe principal était parallèle au Rhône, à la hauteur à peu près de la rue du Stand, les maisons se trouvant sur le côté opposé au fleuve, disposées le long de cinq rues qui débouchaient sur la Corraterie.

Au centre de ce double faubourg, le couvent et l'église des Dominicains constituaient un vaste complexe d'édifices construits à partir de 1263 avec l'appui de Pierre de Savoie. Après des débuts modestes, l'ordre s'était affirmé avec vigueur au XIVe et au XVe siècle. Le monastère occupait la région comprise entre la plaine de Plainpalais et la Corraterie et recouvrait l'emplacement du théâtre. L'église comptait vingt-quatre chapelles et autels, dont plusieurs appartenaient à des confréries.

Une des particularités du faubourg de la Corraterie était ses bains, ses fameuses étuves, dont la clientèle douteuse a provoqué maints scandales. C'est là que se trouvait aussi le bordel qui a été transféré au XVe siècle à la rue des Belles Filles.

Mais la Corraterie était aussi un quartier résidentiel. Beaucoup de riches étrangers, notamment à l'époque des foires, logeaient au couvent des Dominicains qui faisait un peu figure d'hôtellerie. Les membres de la maison de Savoie y résidaient souvent. Quelques auberges importantes s'y trouvaient aussi. Au XVe siècle, des étrangers y ont bâti leurs demeures, en particulier les financiers italiens et allemands dont nous reverrons le rôle.

Le faubourg abritait aussi les marchands ou courtiers de chevaux. Ce sont eux — les *corratarii* — qui lui ont donné son nom. Les tanneurs ou affai-

---

[1] Voir le plan dépliant de Blondel annexé aux *Faubourgs de Genève*.

teurs ont travaillé jusqu'au XVIe siècle dans la zone comprise entre l'ancienne Corraterie et le Rhône [1].

L'hôpital des pestiférés a été construit en 1482 sur l'emplacement du cimetière de Plainpalais. Sept petites maisons étaient groupées à l'intérieur d'une vaste enceinte au milieu de laquelle se dressait l'église dédiée à Notre-Dame de la Miséricorde et à plusieurs saints. Le cimetière des pestiférés s'étendait alentour [2].

2. Le faubourg Saint-Léger

Son origine est ancienne car il s'est ordonné le long de l'important chemin qui reliait le Bourg-de-Four au pont de l'Arve. A l'époque romaine déjà, il était le point d'arrivée de la route de la Narbonnaise et de Vienne et de celle d'Annecy. Une partie du trafic des cols des Alpes et de la navigation rhodanienne y aboutissait [3]. Au moyen âge, la route suivait à peu près le tracé de l'actuelle rue Prevost-Martin et, après avoir traversé près des murs une région humide où les sources abondaient, arrivait à la porte du Puits ou de Saint-Léger. Les terres des environs appartenaient au XVe siècle à la communauté genevoise qui les abergeait [4].

Au milieu du faubourg, à mi-distance entre l'enceinte et l'Arve, s'élevait l'église de Saint-Léger. La paroisse s'étendait au-delà de l'Arve et englobait la léproserie de Carouge. Très peuplée, elle comprenait surtout des gens de condition modeste, manœuvres, maçons, et aussi des paysans étant donné le caractère mixte de ce faubourg mi-urbain et mi-rural. Cependant quelques bourgeois aisés et quelques hobereaux y avaient leur résidence.

Près du pont de l'Arve, un couvent, complétant un ermitage ancien, et une église placée sous le vocable de Notre-Dame-des-Grâces furent construits par les Augustins en 1480. Le monastère suscita à la communauté genevoise bien des difficultés. Couvent et église furent démolis en 1535 et 1536 : leurs matériaux servirent à l'édification des boulevards de Saint-Christophe et de Saint-Léger.

Une petite agglomération, peu avant le pont de l'Arve, possédait une auberge. Quant au pont, construit en bois, il a été modifié au cours des siècles,

---

[1] L. Blondel, *Les Faubourgs*..., pp. 32-43. — *Le développement urbain*..., pp. 48-49.

[2] L. Blondel, *Les Faubourgs*..., pp. 43-44. — J.-J. Chaponnière et L. Sordet, *Des hôpitaux de Genève avant la Réformation*, dans *M.D.G.*, III, 1844, pp. 276-340. — Sur l'hôpital, cf. *infra*, VIIIe partie, sect. IV, chap. Ier.

[3] Cf. *supra*, livre III, sect. V, chap. Ier.

[4] L. Blondel, *Les Faubourgs*..., pp. 47-48.

au gré des déplacements de la rivière qui rongeait la berge carougeoise, à cause des travaux d'endiguement entrepris par les Genevois sur leur rive. Il se trouvait à la hauteur de la petite rue du Cheval-Blanc à Carouge. En 1528, à un moment où Genève courait de grands dangers, la tête de pont fut fortifiée. L'évêque levait des droits de pontonage sur la rivière [1].

3. LE FAUBOURG DE SAINT-VICTOR

Avec l'essor de la ville médiévale, ce faubourg avait tout naturellement repris le magnifique emplacement, vaste, aéré, ensoleillé, dans une position dominante, que Genève avait occupé sur le plateau des Tranchées au temps de la *pax romana*. Entre ce quartier extérieur et la muraille, le Bourg-de-Four restait le point d'arrivée des routes qui se réunissaient au pont de l'Arve ; de celle de Chêne, d'Annemasse, et du Faucigny ; de celle enfin du Chablais et de la rive gauche du lac. Ces deux dernières se soudaient près du carrefour actuel de Malagnou et de Villereuse [2].

Les recherches de Louis Blondel ont montré la pérennité du plan romain. Le faubourg médiéval avait repris le tracé des rues de l'agglomération antique. Au XVe siècle, le plateau et ses prolongements comprenaient de nombreuses parties cultivées, de forme géométrique, les *contamines*. Les maisons étaient groupées le long de deux artères principales qui prolongeaient les routes dont nous venons de parler, la Belle-Rue qui aboutissait à Saint-Antoine et la rue du Rafour qui montait du faubourg de Saint-Léger pour aboutir à la rue des Belles-Filles. D'autres chemins se dirigeaient vers Champel et Florissant. Trois rues perpendiculaires à ces tracés complétaient harmonieusement ce quartier privilégié. Une dernière artère descendait vers le faubourg du Temple et le lac [3].

Assez à l'écart, une chapelle dédiée à saint Paul avait été construite au XIVe siècle sur l'emplacement du Vieux-Champel. De là, un chemin conduisait au hameau de Champel, situé au Bout-du-Monde, en dehors de la limite des Franchises. Les fourches patibulaires se trouvaient près de Saint-Paul [4].

Le quartier tirait son nom du prieuré de Saint-Victor. La première église avait été fondée un peu avant l'an 500 par Sédeleube, fille de Chilpéric, pendant le règne de Godegisèle. Ayant passé sous l'obédience de Cluny vers l'an 1000, la basilique primitive a été reconstruite et agrandie sur l'emplacement de l'église russe. En même temps, Saint-Victor était érigé en prieuré dont les

---

[1] L. BLONDEL, *Les Faubourgs...*, pp. 48-58.

[2] *Ibid.*, p. 66.

[3] *Ibid.*, pp. 67-69.

[4] *Ibid.*, pp. 69-72.

bâtiments, les communs, les cours, les jardins, les vergers étaient enserrés de murs [1].

Après une période brillante, le prieuré semble avoir été ensuite mal entretenu. Il menaçait ruine au début du XVIe siècle. Il fut démoli en 1534 et 1535, comme toutes les maisons du faubourg, fournissant des matériaux aux nouvelles fortifications, surtout au boulevard de Saint-Christophe ou des Belles Filles.

Une autre chapelle — elle existait déjà au XIIe siècle —, placée sous le vocable de saint Laurent, donnait son nom aux crêts qui dominaient le faubourg du Temple [2].

4. Le faubourg du Temple

Moins étendu que les autres faubourgs, il était admirablement situé et très plaisant. Beaucoup de riches bourgeois et de membres de la noblesse y avaient fixé leur résidence. Il s'est développé à partir du XIIe siècle et s'est étendu, du bas des crêts de Saint-Laurent vers le lac et la porte de Rive, sur des terrains en grande partie conquis, au XIVe siècle en particulier, sur les marais qui bordaient le lac.

Ses maisons s'alignaient des deux côtés de la route qui conduisait à Chêne et qui longeait ensuite le Pré-l'Evêque, beaucoup plus grand que la place actuelle du même nom. Une autre artère importante, bordée elle aussi d'un grand nombre d'édifices, se détachant de la route de Chêne, se développait parallèlement au lac en direction de Cologny. Une troisième route, d'un caractère plus rural, reliait la ville à Vandœuvres.

Les faubourgs, construits hors de l'enceinte, étaient très vulnérables. Celui du Temple a été mis à sac et incendié en 1307 au cours de guerres seigneuriales provoquées par le comte de Genève. Mais il fut reconstruit et continua à se développer.

Il tirait son nom de l'église édifiée par l'ordre militaire du Temple, qui, fondé en Palestine au XIIe siècle et confirmé par le pape en 1128, avait multiplié ses établissements en Europe. La maison du Temple de Genève est mentionnée pour la première fois en 1277. Elle a dépendu de la commanderie de Compesières, érigée en 1270. Après la suppression de l'ordre du Temple, ses biens furent dévolus, au début du XIVe siècle, aux chevaliers de Saint-Jean de Jérusalem [3]. L'église du Temple fut démolie en 1534.

---

[1] L. Blondel, *Les Faubourgs...*, pp. 79-81.

[2] *Ibid.*, chap. VI.

[3] Le transfert de ces biens a eu lieu à partir de 1313. — Cf. Edmond Ganter, *Les ordres militaires dans le diocèse de Genève*, dans *Genava*, N.S., VIII, 1960, pp. 160-195, notamment p. 173 et notes 30, 31 et 32.

Le secteur compris entre le nant de Jargonnant, disparu aujourd'hui, la route de Vandœuvres et celle de Chêne était planté de vignes. Le bord du lac, à peu près à la hauteur de la jetée, portait le nom évocateur de Hurtebise. La région du parc de La Grange s'appelait déjà les Eaux-Vives à cause des sources qui jaillissaient de son sol [1].

---

[1] L. Blondel, *Les Faubourgs...*, chap. VII.

CHAPITRE IV

LES PAROISSES

L'agglomération genevoise comptait sept paroisses. Deux seulement étaient exclusivement urbaines ; les cinq autres, débordant les murailles, englobaient aussi des territoires suburbains, ce qui montre combien la ville et ses faubourgs constituaient un tout cohérent et organique. Il n'est pas toujours facile d'en fixer exactement les limites, surtout à l'extérieur de l'enceinte. Louis Blondel a cependant réussi à en dresser une carte, fondée sur les données de 1477, valable donc pour la seconde moitié du XVe siècle [1].

Les deux plus petites paroisses, confinées à l'intérieur des murailles, Sainte-Croix et Notre-Dame-la-Neuve, se trouvaient au sommet de la colline. L'église de Notre-Dame est l'actuel Auditoire, illustré par Calvin. Il est probable que cette paroisse a été détachée de celle de Sainte-Croix au cœur de laquelle se dressait la cathédrale de Saint-Pierre-ès-liens dont l'histoire est très complexe.

A un édifice romain avait succédé au VIe siècle la basilique construite par Sigismond, roi de Bourgogne. Après plusieurs incendies, en particulier à la fin du Xe et au début du XIe siècle, elle a été agrandie à partir de 1160 selon les canons de l'art cistercien. Sa transformation a été terminée à la fin du premier quart du XIIIe siècle. L'édifice, qui a été souvent restauré — parfois maladroitement — a heureusement conservé sa magnifique nef malgré les quatre incendies qu'il a subis de la fin du XIIIe au début du XVe siècle. La chapelle des Macchabées, destinée à abriter le mausolée du cardinal de Brogny, a été terminée en 1403 [2].

Les autres paroisses sont beaucoup plus vastes. Celle de la Madeleine est la plus riche de toutes car elle englobe, à l'intérieur de l'enceinte, le quartier des affaires et, à l'extérieur, le faubourg résidentiel du Temple. L'église,

---

[1] *Les Faubourgs...*, pp. 110-111.

[2] Sur Saint-Pierre, cf. Camille MARTIN, *Saint-Pierre, ancienne cathédrale de Genève*, Genève, in-fo, s.d. [1910]. — Waldemar DEONNA, *Les arts à Genève...*, pp. 135-139. — Daniel BUSCARLET, *La cathédrale de Genève*, Neuchâtel et Paris, 1954.

d'abord sanctuaire mérovingien, puis carolingien, a été réédifiée au Xᵉ et transformée au XIᵉ siècle. Mais l'accroissement de la population a imposé sa reconstruction au XIIᵉ siècle. Cet édifice fit à son tour place à une nouvelle église du XIVᵉ et du XVᵉ siècle qui a subsisté, avec des retouches, les unes heureuses, les autres maladroites, jusqu'à nos jours. Le beau clocher est du XIVᵉ siècle [1].

La paroisse de Saint-Victor tire son nom de l'église et du prieuré dont nous avons parlé. Elle est formée du vaste faubourg étalé sur les Tranchées et des maisons de Florissant et de Champel. Elle pénètre cependant en ville en un minuscule secteur détaché de Sainte-Croix. Celle de Saint-Léger s'allonge le long de la route du pont de l'Arve, franchit la rivière et englobe la maladière de Carouge, en dehors du territoire des Franchises.

L'église de Saint-Germain, qui a été construite à la fin du XIIIᵉ siècle sur l'emplacement d'une basilique du IVᵉ siècle, puis réédifiée deux fois, après un incendie de 1334, puis au XVᵉ siècle, préside aux destinées d'une paroisse formée d'une partie de la haute ville et de la zone qui s'étend de l'enceinte à l'Arve.

Quant à la paroisse de Saint-Gervais, elle a des limites curieuses. Elle enjambe le fleuve et, sur la rive gauche, comprend non seulement le quartier qui va du pont du Rhône jusqu'à la Fusterie, à la Cité, aux limites donc de Saint-Germain, mais encore tout le faubourg de la Corraterie. Sur la rive droite, elle s'étale, en dehors des Franchises, sur le territoire du Petit-Saconnex et même d'Aïre. L'église de Saint-Gervais, construite sur l'emplacement de la chapelle carolingienne, a été réédifiée dans le deuxième quart du XVᵉ siècle.

Enfin, la paroisse rurale de Cologny pénétrait, dans la région de Plonjon et de Frontenex, à l'intérieur des Franchises, en un très petit secteur de caractère purement agricole [2].

Il n'est pas sans intérêt d'examiner de plus près le rôle économique de ces paroisses. Leur importance au XIVᵉ siècle peut être établie grâce à une imposition de 1377. La plus riche était celle de la Madeleine, avec 254 contribuables ayant versé 416 florins 8 sous. Suivaient Saint-Germain avec 139 contribuables et 204 florins; Saint-Gervais, dans son ensemble — *citra et ultra pontem* — avec 113 contribuables et 178 florins 9 sous; Sainte-Croix avec 105 contribuables et 137 florins 2 sous; Notre-Dame-la-Neuve avec 26 contri-

---

[1] C. Martin, *La restauration du temple La Madeleine*, dans *Genava*, II, 1924, pp. 167-176.

[2] L. Blondel, *Les Faubourgs...*, pp. 18-19; carte pp. 110-111; carte à la fin du volume. — *Le développement urbain...*, pp. 55-57. — Luc Boissonnas, *loc. cit.*, M.D.G., XXXVIII, 1952, pp. 25-28. — Dʳ Chaponnière, *Etat matériel de Genève pendant la seconde moitié du quinzième siècle*, M.D.G., VIII, 1852, pp. 289-306. — W. Deonna, *Les arts à Genève...*, pp. 139-152.

buables et 44 fl. 10 s. ; Saint-Léger avec 16 contribuables et 20 fl. 4 s. La levée avait été fixée à 1000 florins destinés aux fortifications : elle a rapporté 1001 fl. 9 s., versés par 653 contribuables [1].

D'une façon générale, les paroisses étaient en même temps des circonscriptions administratives qui servaient en particulier à la perception des impôts [2]. Diverses levées montrent que leur classement au point de vue fiscal — donc quant à leur importance économique — reste le même au début du XVe siècle. Celle de 1400 a été nécessitée par un « don gratuit » au comte de Savoie [3]. Une autre, de 1402, est destinée à un don de 500 fl. à Amédée de Savoie [4]. Une nouvelle générosité en faveur du dynaste savoyard et des travaux de fortification sont à l'origine de la levée de 1410 [5]. Un impôt de 1415 fait apparaître le même classement des paroisses [6].

Nous rassemblons ces données dans le tableau suivant.

Paroisses	1400	1402	1410	1415
Madeleine . .	342 fl. 2 s.	260 fl. 11 s.	335 fl. 9 s.	448 fl. 7 s.
St-Germain. .	117 fl. 9 s.	88 fl. 5 s.	124 fl. 4 s.	205 fl. 7 s.
St-Gervais .	113 fl. 12 s.	—	105 fl. 5 s.	101 fl. 7 s.
Ste-Croix . .	74 fl. 3 s.	—	64 fl. 11 s.	80 fl.
Notre-Dame-la-Neuve .	40 fl. 2 s.	—	44 fl. 4 s.	60 fl.
St-Léger . . .	10 fl. 2 s.	—	11 fl. 9 s.	90 fl.

Une levée de 1464 fournit d'importants renseignements. Luc Boissonnas pense qu'elle est en rapport avec les efforts faits par les Genevois à cette époque en vue de sauver leurs foires. Elle frappe à la fois les personnes et la fortune mobilière et immobilière. Boissonnas a dressé un tableau, par paroisse, des maisons habitées, à l'exclusion des granges, étables, remises, etc. [7]

---

[1] *Documents inédits...*, déjà cités, pp. 348-349 et *passim*. — Pour le détail de cette levée, cf. *infra*, VIe partie, sect. II.

[2] L. MICHELI, *Les institutions municipales...*, déjà cité, p. 163.

[3] Ja. A. GALIFFE, *Matériaux pour l'histoire de Genève*, 2 vol., Genève, 1829-1830, I, p. 97.

[4] GALIFFE, *Mat.*, I., p. 100, donne les versements de la Madeleine et de Saint-Germain.

[5] *Ibid.*, I, p. 122.

[6] L. MICHELI, *op. cit.*, p. 163, n. 1. Micheli note que « la proportion ne varia guère jusqu'à la fin de ce siècle ».

[7] *La levée de 1464 dans les sept paroisses de la ville de Genève*, loc. cit., p. 24.

Levée de 1464

Paroisses	Maisons
Madeleine	349
St-Gervais	322
St-Germain	224
Ste-Croix	119
St-Léger	98
St-Victor	61
Notre-Dame-la-Neuve	59
Total	1232

La levée de 1464 permet d'établir la répartition des contribuables par paroisse [1]. Cependant, un assez grand nombre de personnes ne sont pas soumises à cette levée : les pauvres gens ; les Juifs, qui sont frappés d'autres taxes ; certains magistrats et fonctionnaires et les chanoines qui bénéficient d'immunités fiscales [2]. Nous donnons [3] également le total des sommes perçues [4].

Levée de 1464

Paroisses	Nombre de contribuables	Total de l'impôt perçu
Madeleine	775	4549 fl. 3 s.
St-Gervais	625	2573 fl. —
St-Germain	435	1015 fl. 3 s.
Ste-Croix	253	387 fl. 9 s.
St-Léger	136	194 fl. —
Notre-Dame-la-Neuve . . .	126	551 fl. 6 s.
St-Victor	95	98 fl. 6 s.
Totaux	2445 [5]	9369 fl. 3 s.

[1] BOISSONNAS, p. 33.

[2] *Ibid.*, p. 32.

[3] D'après BOISSONNAS, pp. 45-98.

[4] Le classement n'est pas le même selon que l'on considère ces sommes et le nombre des contribuables.

[5] BOISSONNAS indique par erreur le total de 1445 contribuables. P. 33.

En 1477, une estimation générale des biens mobiliers et immobiliers fut ordonnée, en liaison avec le tribut de 28.000 écus que la cité devait verser à Berne et à Fribourg. Genève, poussée par l'évêque, avait pris position, aux côtés de la Savoie, en faveur de Charles le Téméraire. Les Suisses avaient renoncé à détruire la ville moyennant le versement de cette énorme somme. En ce qui concerne les biens mobiliers, l'estimation par paroisse permet de dresser le tableau suivant [1].

Estimation des biens mobiliers de 1477

Paroisses	Contribuables	Estimation de la fortune mobilière
Madeleine	148	67.700 fl.
St-Gervais	115	40.075 fl.
St-Germain	57	6.825 fl.
Notre-Dame-la-Neuve . . .	17	4.150 fl.
Ste-Croix	24	2.775 fl.
St-Léger	6	400 fl.
St-Victor	3	225 fl.
Total	370	122.150 fl.

Ainsi, en ce qui concerne la fortune mobilière — celle qui intéresse les marchands et les artisans —, la paroisse de Saint-Gervais et surtout celle de la Madeleine laissent les autres loin derrière elles.

---

[1] CHAPONNIÈRE, *Etat matériel...*, déjà cité, *M.D.G.*, VIII, pp. 289-292 et *passim*.

CHAPITRE V

L'ASPECT DE LA VILLE

LES MAISONS

Au fur et à mesure de l'extension des murailles, des parties de caractère authentiquement rural s'étaient incorporées à la ville. Vignes et jardins constituaient des réserves pour de nouvelles constructions. Les aménagements, constate L. Blondel, n'étaient pas laissés au hasard : ils étaient conduits d'une façon systématique. Jusqu'au XVe siècle, les terres disponibles, au fur et à mesure des besoins, étaient distribuées en parcelles étroites et profondes qui avaient de cinq à huit mètres de largeur. Les édifices étaient construits à front de rue ; en arrière se trouvaient les jardins.

Dans le quartier de la Tour-de-Boël, sur le promontoire avancé constitué par les crêts de Bonmont qui étaient un fief de la communauté, longtemps des granges ont attesté le caractère semi-rural du secteur [1]. Graduellement, des murs de soutènement ont permis d'en utiliser les pentes, face au lac, pour y édifier des maisons [2].

A Saint-Gervais, à partir de 1424, des terres de l'évêque situées à l'est de Coutance ont été morcelées en lots de 6,50 à 7,50 m de largeur et de 15 m de profondeur. Des prescriptions uniformes de construction ont été imposées qui conféraient au nouveau quartier une heureuse homogénéité. L'opération fut renouvelée en 1464 à la hauteur de la rue Rousseau [3].

Les faubourgs extérieurs avaient naturellement conservé en partie leur caractère rural. La rue de Saint-Léger comptait plus de granges que de maisons. Des cultures se maintenaient jusqu'à la porte de Saint-Christophe, à l'extrémité de la rue Beauregard. Dans le faubourg de Saint-Victor, les granges et

---

[1] Blondel en signale encore une en 1437.

[2] L. BLONDEL, *Chronique... 1947*, dans *Genava*, XXVI, 1948, pp. 20-22. — *Le Bourg-de-Four. Son passé, son histoire*, Genève, 1929, p. 23.

[3] L. BLONDEL, *Le développement urbain...*, pp. 50-53. — *Les Faubourgs...*, p. 22.

les jardins subsistaient en grand nombre. Quant à la route de Champel, elle était bordée de cultures et de prés [1].

Genève possédait un autre moyen d'étendre la surface à bâtir dont elle pouvait disposer. Entre les murailles du vieil oppidum et le lac et le Rhône s'étalaient des terres marécageuses et parfois inondées. Leur mise en valeur a demandé des travaux considérables : digues, enrochements, remblais. Malgré les moyens techniques rudimentaires dont on disposait, ils ont été entrepris en tout cas dès le XIIIe siècle et se sont poursuivis par étapes. Cette lente conquête, sur le fleuve que l'on discipline et sur des rives marécageuses que l'on exhausse, durera jusqu'au XIXe, voire jusqu'au XXe siècle.

Sur ces terres, parfois à l'aide de pilotis, des quartiers se sont édifiés. Celui de Longemalle est devenu — comme le faubourg du Temple — la résidence favorite des riches bourgeois et des nobles savoyards. Jusqu'au XVe siècle, il est resté fort pittoresque. Des canaux — les doües — inséraient leurs eaux mortes entre les maisons et les jardins, pénétrant jusqu'aux rues de la Tour-Maîtresse et du Prince [2].

Ainsi, la ville avait trouvé l'espace nécessaire à une croissance conditionnée par son essor économique. Elle était arrivée au XVe siècle à ce qui peut être considéré comme son apogée dans les périodes antérieures à la Réforme. Elle ne manquait pas de grandeur avec les prolongements tentaculaires de ses faubourgs. Bonivard qui a assisté au début de sa régression — l'ancien prieur de Saint-Victor était en captivité au moment de la tragique démolition des quartiers extérieurs — exprime à la fois son admiration pour le passé et ses regrets dans ces vers latins [3] :

« ...Vrbe fuere mihi maiora suburbia quondam
Templis & domibus nec speciosa minus... ».

Ils ont été traduits par Abel Poupin, pasteur genevois du XVIe siècle :

« Cité j'estois bien bastie en dedans ;
Pour ma ceinture ayant nobles faubourgs,
Bastis de temples, riches maisons et tours,
Ville et cité en grandeur excédans [4]. »

---

[1] Claudius FONTAINE-BORGEL, *Souvenirs de Plainpalais, à partir des temps anciens jusqu'au XVIIIe siècle*, Genève, 1887, pp. 75-77.

[2] L. BLONDEL, *Chronique... 1941 et 1942*, dans *Genava*, XXI, 1943, p. 50. — *Chronique... 1947*, dans *Genava*, XXVI, 1948, p. 28. — *Le développement urbain...*, pp. 45-46.

[3] BONIVARD, *Chroniques de Genève*, t. Ier, édit. Gustave REVILLIOD, Genève, 1867, p. 36.

[4] Cf. J.-B.-G. GALIFFE, *Genève historique et archéologique*, p. 103. — L. Blondel a mis ces vers en épigraphe à son ouvrage *Les Faubourgs de Genève*....

La Genève médiévale a été certainement plus aérée, elle a possédé des rues plus larges, des places et des cours plus vastes que la ville du XVIe, du XVIIe et du XVIIIe siècle. La destruction des faubourgs, puis l'afflux des réfugiés pendant les guerres de religion du XVIe siècle et au moment de la révocation de l'Edit de Nantes en 1685, ont exigé l'utilisation de tous les espaces disponibles. C'est alors seulement que « s'est constituée la physionomie très particulière des vieux quartiers de la ville, avec leurs places sans grandeur, leurs rues étroites bordées de maisons trop hautes, leurs cours sombres encombrées de bâtisses, leurs allées obscures et profondes. Cet aspect que nous connaissons n'était pas, il est bon de le rappeler, celui de la Genève du moyen âge » [1].

Quant aux fameux dômes, ils font leur apparition au XVe siècle et durent jusqu'au XIXe. Ce sont de vastes avant-toits, supportés par des colonnes de bois, qui courent le long des rues, formant un abri continu sous lequel se dressent les hauts-bancs qui sont de petites boutiques de bois. Ils donnaient aux actuelles Rues Basses leur caractère original [2].

Les voies d'accès à Genève, après avoir desservi les faubourgs, se développaient dans la ville en un réseau commode de rues et de places, axées sur le tracé allant du pont du Rhône au Bourg-de-Four. Les diverses parties de la cité étaient bien articulées, chacune d'elles possédant son caractère, sa personnalité. Le sommet de la colline, que couronnait Saint-Pierre, était par excellence le quartier ecclésiastique, résidence de l'évêque, de l'official, des chanoines et des nombreux services qui dépendaient d'eux. Il possédait son enceinte particulière, avec ses portes. Le cas n'était pas unique. Le château du Bourg-de-Four, demeure des comtes de Genève, et les maisons qui l'entouraient étaient aussi enclos. Pour des raisons différentes, le secteur actuel du Grand-Mézel, résidence assignée aux Juifs — c'était le cancel ou la juiverie — avait aussi, au XVe siècle, des portes qui permettaient de surveiller ceux qui l'habitaient.

Si les préférences des riches bourgeois et de la noblesse allaient à la haute ville et, nous l'avons vu, au secteur de Longemalle et du faubourg du Temple, les marchands se groupaient dans la ville basse, notamment dans la rue de la Rivière [3]. Le bord du Rhône et le quartier du pont étaient réservés aux meuniers et aux artisans qui utilisaient la force du fleuve.

Certaines places et rues étaient assignées aux marchés locaux. Quant aux

---

[1] *La maison bourgeoise en Suisse*, IIe vol., *Canton de Genève*, Zurich et Leipzig, 2e éd., 1940, p. VIII.

[2] *La maison bourgeoise...*, IIe vol., p. IX. — F. BOREL, *Les foires de Genève...*, pp. 69-71.

[3] Les Rues Basses.

foires internationales, elles débordaient les halles et envahissaient, au temps de leur splendeur, des quartiers entiers [1].

En étudiant les faubourgs, nous avons rappelé les quatre couvents qui y étaient construits : Saint-Victor, relevant de Cluny ; Notre-Dame de Grâces qui était aux Augustins ; le monastère des Dominicains à Palais ; le prieuré de Saint-Jean, au bord du Rhône, dépendant d'Ainay, à Lyon. Deux autres monastères se trouvaient à l'intérieur de l'enceinte. Celui des Cordeliers ou Franciscains était à Rive. Il est mentionné pour la première fois en 1266, cinquante-huit ans après la fondation de l'ordre par saint François d'Assise. Très vaste, il comprenait notamment une place couverte, pour les prédications, qui pouvait abriter plusieurs milliers de personnes. C'est dans ces bâtiments que fut transférée en 1535 l'école de Versonnex [2].

Le couvent des Clarisses, dédié à sainte Claire, se trouvait sur l'emplacement du palais de justice. Les religieuses qui y résidaient se réfugièrent à Annecy au moment de la Réforme [3].

L'aspect des maisons a changé au cours des âges, surtout au XIV et au XV siècle. Certaines d'entre elles — à côté des églises et des chapelles — offraient un caractère architectural particulier.

Le puissant château des comtes de Genève dominait le Bourg-de-Four de son donjon carré et de ses bâtiments en forme de quadrilatère. Edifié dans la première moitié du XII siècle, il avait remplacé celui de la Taconnerie. Au milieu du Rhône, commandant le pont, se dressait la Tour de l'Ile dont nous avons vu la signification.

La communauté des citoyens a affirmé son importance en édifiant, à partir de 1405, sa propre maison. Au début, l'hôtel de ville ne disposait que d'une place exiguë au milieu d'autres bâtiments. Il s'est transformé et agrandi notamment par la construction de la Tour Baudet qui constitue la seule partie remontant au XV siècle de l'édifice d'aujourd'hui [4].

Le cloître était accolé à Saint-Pierre, flanqué du bâtiment de l'official. Les maisons du Chapitre bordaient la place du Cloître jusqu'au Perron et au passage de Monnetier. L'évêché était à l'est de la cathédrale, mais le prélat a possédé, à partir de 1278, au bord du lac, à Longemalle, une résidence d'été.

[1] L. BLONDEL, *Les Faubourgs...*, *passim*. — *Le développement urbain...*, pp. 54-55. — Luc BOISSONNAS, *La levée de 1464...*, *loc. cit.*, pp. 24-25 et *passim*. — J.-B.-G. GALIFFE, *Genève hist. et arch.*, pp. 157-172 et *passim*. — Achille NORDMANN, *Histoire des Juifs à Genève...*, dans *Revue des études juives*, CLIX, Paris, 1925, pp. 17-24.

[2] Albert CHOISY, *Notes sur le couvent de Rive*, dans *Etrennes genevoises*, 1928, pp. 3-27. — L. BLONDEL, *Notes d'archéologie genevoise*, XII. *Le Couvent de Rive*, B.H.G., V, 1925-1934, pp. 286-303.

[3] E. GANTER, *Les Clarisses de Genève, 1473-1535-1793*, Genève, 1949.

[4] C. MARTIN, *La Maison de ville de Genève*, M.D.G., série in-4°, III, 1906.

Les plus anciennes halles ont été construites en 1309, par les citoyens, au Molard. Elles ont été agrandies au cours des âges. Desservies par un port, elles sont devenues le noyau de cristallisation d'un nouveau quartier [1]. La halle de l'hôtel de ville, sur l'emplacement de l'ancien arsenal, était réservée aux grains. Le bâtiment primitif, mentionné déjà en 1476, a été reconstruit en 1629. Une autre halle, à la Taconnerie, est affectée au commerce du fromage.

Les boucheries se trouvaient primitivement au Vieux-Mézel, sur l'emplacement de la rue de l'Hôtel-de-Ville ; elles ont été transférées en 1455 au Grand-Mézel et plus tard à Longemalle. Le marché aux poissons se tenait au Molard, celui du vin et du bois à proximité du port de la Fusterie où arrivaient, « derrière les Meyrins », les bois d'œuvre ou de feu et les fûts de vin, transportés par terre ou par eau.

Le port du Molard, qui desservait les halles, a vu son activité grandir avec le succès des foires. Primitivement, les marchandises arrivées par le lac devaient être déchargées, puis transportées dans le bâtiment. Mais la construction, en 1429, du port du Molard qui occupa une partie de la place, permit le transfert direct des ballots des bateaux aux halles. Le port de Longemalle, près de la porte d'Yvoire, plus ancien que celui du Molard — il est mentionné en 1414 et avait repris la succession des bassins romains — servait surtout au trafic des grains [2].

L'aspect des maisons privées variait beaucoup selon les quartiers de la ville et le rang social de ceux qui les habitaient. Grande était l'attraction exercée par Genève sur la noblesse savoyarde dont les familles les plus riches possédaient une résidence dans la ville ou les faubourgs. L'essor économique a enrichi aussi plus d'une famille bourgeoise. A la fin du moyen âge, Genève, centre du trafic international, a eu également une place importante dans le commerce de l'argent. Des financiers étrangers, allemands, mais surtout italiens [3] ont résidé temporairement dans ses murs ou s'y sont fixés à demeure. Tous, nobles, grands bourgeois, étrangers, ont désiré posséder des maisons agréables car, depuis les Croisades, les besoins de confort, voire de luxe, s'étaient beaucoup développés en Europe. Elles ont tranché très nettement sur les demeures plus humbles des classes moyennes et populaires.

---

[1] Elles seront remplacées en 1690 par un autre édifice.

[2] L. BLONDEL, *Origine et développement des lieux habités*..., Genève, 1915, pp. 31-33. — *Le développement urbain*..., p. 57. — *Géographie urbaine*..., dans *Hist. de Genève*, t. Ier, p. 70. — F. BOREL, *Les foires de Genève*..., pp. 83-84. — W. DEONNA, *La Halle de la Maison de ville (ancien Arsenal)*, dans *Genava*, IV, 1926, pp. 193-194. — Jaques MAYOR, *Fragments d'archéologie genevoise*, B.H.G., I, 1892-1897, pp. 65-68, 76-78, 128-129. — *Rég. gen.*, pp. 273, 279.

[3] Cf. *infra*, X[e] partie, chap. II, 3.

En général, elles étaient carrées, construites en pierre sur des caves voûtées, munies d'un appareil fortifié, une tour souvent, permettant de soutenir un siège. C'était une modeste imitation d'un système qui triomphait dans bien des villes italiennes. Parmi les familles — plusieurs étaient savoyardes — qui possédaient de semblables maisons fortes figurent notamment les Vernay-d'Allinges, les Saint-Jeoire, les Tavel, les Saint-Germain, les Saint-Apre [1], les Lombard, les Tardi, les Viry, les Rolle. Ces demeures étaient d'ailleurs assez semblables aux gentilhommières des campagnes.

Louis Blondel a décrit celles qui se trouvaient dans l'ancienne rue des Allemands [2]. Les caves et les celliers s'ouvraient en arrière, sur l'eau. On pouvait y débarquer directement des marchandises, en particulier les tonneaux de vin dont le commerce était fort rémunérateur étant donné les avantages dont bénéficiaient dans ce domaine les classes privilégiées. Plusieurs de ces caves possédaient des colonnes et des sculptures et servaient, pense Louis Blondel, comme c'était le cas dans le Midi de la France, à certaines réceptions. Elles pouvaient être aussi utilisées en cas de siège. Alors que l'art ogival s'était déjà imposé dans les édifices religieux, on a continué à construire les voûtes de ces caves avec des arcs romans.

Ces maisons possédaient deux à trois étages d'habitation desservis par un escalier dans une tourelle d'angle. Elles pouvaient, étant appuyées aux remparts, jouer leur rôle dans la défense de la ville. Ce type d'édifice, fréquent encore au XIVᵉ siècle, tendra ensuite à disparaître. Cependant, la maison Tavel, à la rue du Puits-Saint-Pierre, en fournit un remarquable exemple. Elle possède aujourd'hui des parties du XIIIᵉ et du XIVᵉ siècle et a conservé sur sa façade de très belles sculptures du XIVᵉ [3].

Les levées d'impôts du XVᵉ siècle permettent de connaître la valeur très élevée de quelques-uns de ces édifices. Celle de 1475 a enregistré une maison, au Molard, qui valait 3.800 florins ; une autre, à la Fusterie, était taxée 6.000 fl. et une troisième, dans la Grand'Rue de Rive, 7.000 fl. : elle appartenait au drapier Janin De la Mare. Au Molard, à l'angle de la rue de la Croix-d'Or, un important immeuble était, en 1429, la propriété de la famille de Rolle. Mais elle passa, en 1475, aux mains de trois propriétaires dont l'un représentait en réalité une collectivité de marchands bernois qui s'en servaient à l'occasion des foires.

A Saint-Gervais, la maison dite du Château-Royal — à l'articulation de

---

[1] Ou Saint-Aspre. Cf. L. BLONDEL, *La maison forte de Saint-Aspre* à *Genève*, dans *Mélanges offerts à M. Paul-E. Martin*. Genève, 1961, pp. 341-349. — Elle se trouvait à l'extrémité de la rue des Granges, côté Hôtel de Ville.

[2] Elles portaient les nᵒˢ 26 à 30 de cette rue. Elles ont été démolies.

[3] Sur la maison Tavel, cf. *La maison bourgeoise...*, IIᵉ vol., pp. XIX-XXI.

Coutance et de Cornavin, elle a été démolie en 1900 — ne date que de la fin
du XVe siècle [1].

Les demeures qu'habitaient les classes populaires étaient construites sur
des parcelles faisant partie de fiefs. Les seigneurs ou les fondations religieuses
dont ils relevaient en concédaient l'usage moyennant le versement par le
bénéficiaire d'un cens annuel. Au fur et à mesure des besoins, ces fiefs, à l'intérieur et à l'extérieur de l'enceinte, ont été morcelés, nous l'avons vu, en
parcelles étroites et profondes. On construisait les maisons à front de rue ; en
arrière se trouvaient les cours, des vignes, des jardins et parfois une tonnelle.
Ces opérations continuaient d'ailleurs assez exactement les règles de l'urbanisme
romain [2].

Mais, bien avant le premier Refuge, des demeures nouvelles ont déjà été
édifiées. Les maisons primitives possédaient un peu de terrain à cultiver et
souvent leurs étables et leurs granges. L'augmentation du chiffre de la population exigea, déjà à la fin du moyen âge, l'utilisation de toute la surface des
parcelles. Des bâtiments s'élevèrent derrière ceux qui étaient sur rue, séparés
par des cours, reliés par des passages étroits, les « allées »[3]. De telles opérations,
imposées par le corset de l'enceinte, ne pouvaient se faire qu'au détriment
de l'hygiène et de l'agrément de la ville. Plus tard, l'accueil des réfugiés pour
cause de religion accentua ces caractères et multiplia les étages.

Jusqu'au XIVe siècle, ces maisons — au contraire de celles qui appartenaient aux classes riches — étaient en général construites en bois et parfois
couvertes de chaume, ce qui explique la gravité des incendies qui, périodiquement, ont ravagé la ville. Ce sont des raisons de sécurité qui ont poussé au
remplacement de ces matériaux inflammables par la tuile, la pierre ou au
moins le pisé. L'autorité publique encourageait ces transformations.

Ces modestes maisons, selon les études faites par L. Blondel, possédaient
au rez-de-chaussée une boutique, une arrière-boutique et un corridor aboutissant à un escalier conduisant aux deux étages. Le premier était occupé par la
chambre commune et la chambre à coucher des parents. Les enfants et,

---

[1] L. BLONDEL, *Notes d'archéologie genevoise*, I. *Boulevard de Saint-Léger;* II. *Démolitions de la rue du Marché;* III. *Une cave du XIVe siècle*, B.H.G., IV, 1914-1923, pp. 23-35.
— *Le développement urbain...*, p. 53. — *Chronique... 1948*, dans *Genava*, XXVII, 1949,
pp. 23-27. — *Géographie urbaine...*, dans *Hist. de Genève*, t. Ier, p. 70. — W. DEONNA,
Les arts à Genève..., pp. 155-156, 167. — Jaques MAYOR, *Fragments...*, B.H.G., I, 1892-1897,
pp. 65-68.

[2] Sur les opérations de Saint-Gervais, cf. *supra*, IIe partie, sect. I, chap. II. En ce
qui concerne le XIVe siècle, voir le plan du quartier compris entre les Rues Basses, la rue
du Rhône, le Molard et la Fusterie dans *La maison bourgeoise...*, IIe vol., p. IX et pl. 7.

[3] *Ibid.*, p. X et pl. 7.

éventuellement, la domesticité étaient logés au second étage, lui-même coiffé de greniers [1].

J.-B.-G. Galiffe a décrit l'ameublement de ces maisons d'après des inventaires de l'époque. Dans les plus confortables, la salle commune — le poêle — possédait une table de chêne ou de noyer, avec deux bancs, des fauteuils, des escabeaux recouverts, chez les plus aisés, de cuir frappé et doré. En arrière, la cuisine servait normalement de salle à manger. La chambre à coucher d'apparat était meublée d'un lit à colonnes et à rideaux. Les autres chambres possédaient des lits plus simples assez vastes pour que plusieurs personnes pussent y trouver place. Des bahuts sculptés — des cabinets — pouvaient, dans les meilleurs cas, compléter cet ameublement [2].

---

[1] BLONDEL a décrit en détail une maison du Perron remontant à la seconde moitié du XIIIe siècle. *Chronique... 1948*, dans *Genava*, XXVII, 1949, pp. 23-27. — *Chronique... 1949*, dans *Genava*, XXVIII, 1950, pp. 28-33.

[2] J.-B.-G. GALIFFE, *Genève hist. et arch.*, pp. 267-271. — BLONDEL, *Le développement urbain...*, pp. 50, 52-54. — W. DEONNA, *Les arts à Genève...*, pp. 156-159, avec une bibliographie très complète.

CHAPITRE VI

LES MATÉRIAUX DE CONSTRUCTION

Les matériaux utilisés dans les constructions genevoises ont changé au cours du moyen âge. Le bois, dont l'emploi était généralisé dans les constructions modestes, a été éliminé, nous venons de le rappeler, à cause de la multiplication des incendies. Les Franchises d'Adhémar Fabri, en 1387, se préoccupent de cette question à l'article 50 qui, dans la traduction de 1455 due à Montyon, est intitulé « Des édifices des maisons ». Il ordonne « que quiconque edifiera dedens la cité de Geneve aulcune maison, qu'il ne la edifie point de paille, de feuilles ne de boys. Et quant il fera du contraire, que les citoyens et bourgoys de leur auctorité propre ledit maisonnement puissent dirruir ou desrocher [1]. »

Le bois a fait place au pisé, dont la solidité est douteuse, et finalement aux cailloux roulés que l'Arve charrie et livre libéralement à ses riverains. Cependant, les Franchises de 1387 en réglementent strictement l'exploitation. « Que nul ne soit si hardy de prendre en la rive de l'Arve, de la partie de la cité, nulles pierres, sinon de nostre voulenté ou de la voulenté des citoyens. » Ceux qui contreviendront à cette défense devront payer trois gros d'amende à l'évêque et trois à la communauté « pour une chascune berrotee ». Quant aux pierres ainsi dérobées, elles seront « employees aux murs de la cité » [2].

On reprenait aussi, d'âge en âge, les anciens matériaux au gré des démolitions et des reconstructions. C'est ainsi que des pierres de taille de l'époque romaine ont été incorporées à plusieurs édifices successifs ou aux murs de l'enceinte lors de leurs remaniements : elles ont parfois livré des inscriptions précieuses aux archéologues du XIXe et du XXe siècle.

La brique a joué aussi un rôle important. Genève s'est visiblement inspirée des types architecturaux de l'Italie du nord. La communauté possédait aux Pâquis des tuileries et des briqueteries qui exploitaient les bancs d'argile de

---

[1] *S. du dr.*, I, p. 211.

[2] Art. 32, *Des pierres de la rive de l'Arve, ibid.*, I, p. 211.

cette région marécageuse. On retrouve les briques dans les bâtiments privés et publics, ainsi, au XVe siècle, dans la Tour Maîtresse et la Tour Baudet, dans l'ancien évêché, dans l'église de Saint-Gervais, ailleurs encore. On en sait tirer, comme dans les villes de l'Italie septentrionale, d'heureux effets décoratifs. Ce goût de la brique, remarque Louis Blondel, a été sans doute propagé par les maçons piémontais. Une volonté de normalisation, d'économie de main-d'œuvre, mais aussi des soucis d'ordre esthétique, ont conduit le Conseil à fixer, en 1458, les dimensions de la brique étalon : elle devait avoir 26 cm de longueur et 5,5 cm d'épaisseur. Quant au chaume, pour des raisons de sécurité, il cédait la place à la tuile.

On s'est aussi beaucoup servi de la molasse. Longtemps on utilisa celle, de couleur grise, que l'on tirait des carrières à fleur du sol du bassin genevois [1]. Mais elle était de mauvaise qualité, friable, se délitant rapidement. Aussi, dès le XIVe siècle en tout cas, a-t-on extrait du fond du lac une molasse rougeâtre, d'une teinte plus chaude, d'un grain serré, capable de résister à l'action de la pluie et du soleil. A Chambésy, plus tard à Cologny et à Coppet, on a exploité les bancs lacustres à l'aide de batardeaux qui permettaient d'assécher des compartiments successifs. On peut voir encore, certains jours, sous l'eau, les fosses qui ont été ainsi creusées.

Quant à la chaux, elle provenait en particulier du pied du Petit-Salève. L. Blondel a retrouvé des comptes de 1378 qui mentionnent les fours de Gaillard, d'Etrembières et de Mornex [2].

Les blocs erratiques, ces masses de granit que les glaciers ont charriées, puis abandonnées en se retirant, étaient très nombreux dans la campagne genevoise. Mais c'est surtout plus tard qu'on les a exploités pour édifier des maisons rurales et des murs séparant les parcelles. On débarrassait du même coup les champs des pierres qui les encombraient. Ce système subsista longtemps. Voltaire raconte qu'il a fait sauter soixante blocs sur son domaine de Tournay, près de Pregny. « Je consomme pour labourer plus de poudre à canon qu'au siège d'une ville [3]. »

---

[1] Les dernières, très médiocres, étaient encore exploitées en Haute-Savoie, au sud de la Laire, près d'Humilly, à la fin du XIXe siècle.

[2] Sur l'ensemble de la question, cf. L. BLONDEL, *La Tour Maîtresse*, dans *Genava*, IX, 1931, pp. 193-201. — *Chronique... 1947*, dans *Genava*, XXVI, 1948, p. 26. — *Journal de Genève*, n° 241, 15 oct. 1956, compte rendu d'une communication faite par Blondel à la Société d'histoire de la Suisse romande.

[3] E. JOUKOWSKY, *Esquisse géologique du Plateau genevois*, dans *Genava*, V, 1927, p. 240.

CHAPITRE VII

L'ALIMENTATION EN EAU
L'ÉCLAIRAGE PUBLIC

A l'époque romaine, un aqueduc conduisait à la ville des eaux pures et abondantes captées au pied des Voirons [1]. Les invasions du IIIe siècle ont porté un coup très rude au réseau de distribution ; le ravitaillement, au temps de la décadence romaine, a été précaire du fait sans doute du mauvais entretien de l'aqueduc et des conduites. On ignore si, à l'époque du premier Royaume de Bourgogne, les installations fonctionnaient encore.

Louis Blondel, à qui l'on doit de savantes études sur l'aqueduc romain, s'est préoccupé aussi du ravitaillement de la cité en eau au moyen âge [2]. En tout cas à partir des Mérovingiens, et pendant toute l'époque médiévale, il a été insuffisant.

Si on en croit J.-B.-G. Galiffe, certains propriétaires, pour répondre aux besoins de leur métier, mais aussi pour lutter contre les incendies, possédaient une provision d'eau dans des cuves et des tonneaux ou encore dans des mares stagnantes, derrière leurs maisons, dans les cours et les jardins qui les prolongeaient. Usage qui ne devait guère être favorable à l'hygiène publique [3].

Parfois, notamment dans la ville haute, on recueillait l'eau de pluie dans des citernes. Blondel en a retrouvé une dans la cour de la maison Tavel [4].

Les puits étaient nombreux dans les quartiers de la rive gauche, surtout à la Madeleine et dans les Rues Basses : les uns étaient publics, les autres appartenaient à des particuliers. On en tirait l'eau avec des seaux et des

---

[1] Cf. *supra*, livre III, sect. II, chap. II.
[2] *Les anciens puits de Genève*, dans *B.H.G.*, VII, 1939-1942, pp. 149-166.
[3] *Genève hist. et arch.*, p. 185.
[4] *Les anciens puits...*, pp. 154-155.

chaînes. Ils étaient creusés dans les cours ou même dans les caves. Les boulangeries et les forges en étaient généralement munies. Au XIVᵉ siècle, les margelles de certains d'entre eux ne manquaient pas de beauté. Leur eau provenait des infiltrations du lac et du Rhône.

Nécessairement, dans la haute ville, ils étaient beaucoup plus rares : le plus important a été le puits Saint-Pierre qui, selon Blondel [1], était d'origine gallo-romaine. Situé au sommet du Perron, il est mentionné à plusieurs reprises dans la seconde moitié du XVᵉ siècle, notamment en 1473, date de sa reconstruction. « Il était souterrain, écrit L. Blondel, ouvrant par un couloir donnant sur le haut de la rue du Perron ; une terrasse, au niveau de la rue des Chanoines [2], le recouvrait. On ne pouvait y accéder que par un passage voûté [3]. » En 1537, on ouvrit la terrasse pour en faciliter l'utilisation à ceux qui habitaient le sommet de la colline : il eut dès lors deux étages. Il était très profond et le maniement de ses seaux était difficile [4].

Dans la ville haute, d'autres puits se trouvaient à la rue des Chanoines ; celui du château du Bourg-de-Four est déjà mentionné en 1281, celui de la place proprement dite en 1357. Le couvent de Sainte-Claire, sur l'emplacement du palais de justice, en possédait un, alors qu'un autre, un peu plus bas, portait le nom de puits Bolomier [5]. Le puits Saint-Victor a disparu au moment de la démolition du faubourg [6]. Quelques autres, dans les hauts quartiers, sont postérieurs au moyen âge.

Selon A. Bétant, les puits de la colline atteignaient vingt-cinq mètres de profondeur et s'alimentaient à la nappe alluviale de l'Arve ; ils étaient intarissables et fournissaient une eau pure et fraîche, meilleure que celle des puits des bas quartiers [7]. Mais ces derniers avaient l'avantage de leur faible profondeur. Certains ont même atteint la nappe phréatique. La ville basse possédait un grand nombre de puits publics [8].

Pour ceux qui étaient peu profonds, on se servait de la traditionnelle pompe foulante, avec son tronc évidé, sa chèvre et son goulot. Le piston, le

---

[1] *Les anciens puits...*, p. 150.

[2] L'actuelle rue Calvin.

[3] *Loc. cit.*, p. 153.

[4] P. 154.

[5] On a pensé que ces deux derniers puits n'en constituaient en réalité qu'un seul, mais Blondel, se fondant sur l'étude des plans, estime qu'il y en a bien eu deux.

[6] Blondel, pp. 158-159.

[7] Alf. Bétant, *Puits, fontaines et machines hydrauliques de l'ancienne Genève*, Genève, 1941, p. 17.

[8] Notamment ceux du couvent de Rive, mentionné en 1487, et du Molard, signalé seulement en 1525. — Sur les puits : Blondel, *loc., cit.* pp. 163-165. — Alf. Bétant, *op. cit.*, pp. 13-33. — W. Deonna, *Les arts à Genève...*, pp. 162-163.

clapet d'aspiration et la tringle étaient de bronze. Il en allait autrement pour les puits de la haute ville. On a dû se servir généralement d'un seau manœuvré à l'aide d'un treuil, ou de deux seaux jumelés, fixés aux deux extrémités d'une corde glissant sur une poulie [1].

Mais Genève possédait aussi quelques fontaines alimentées par les sources du voisinage dont nous avons parlé pour les époques antérieures. Celles de Saint-Léger fournissaient l'eau à la fontaine de Joven — ou de la Jouvence —, formée de plusieurs bassins. Les sources de Jargonnant et celles qui ont donné leur nom au quartier des Eaux-Vives [2], fournissaient l'eau en particulier à la fontaine située à Rive, derrière l'église du Temple, à celles de la porte d'Yvoire, à l'angle de Longemalle et de la rue de la Croix-d'Or, et de Chirmet, mentionnée déjà en 1284, entre le Molard et la Fusterie. Blondel pense que certaines canalisations pouvaient peut-être remonter à l'antiquité. Faites de troncs perforés, elles ont été remplacées au XVe siècle par des tuyaux de grès [3]. Il est arrivé, dans des cas de sécheresse et de disette, que l'on puise de l'eau dans le Rhône, en amont de la ville, là où le fleuve n'était pas encore pollué [4].

Plusieurs projets tendant à améliorer l'approvisionnement de la ville semblent avoir été étudiés. On a songé, au milieu du XVe siècle, à conduire à Genève les eaux magnifiques qui jaillissent au pied du Salève, près du Coin, au lieu appelé précisément les Sources. On ne sait pour quelle raison on y renonça. Quelques années plus tard, en 1460, un Juif d'Avignon, «conducteur d'eaux», proposa de créer treize fontaines. On écarta son offre à cause du prix qu'il demandait. En 1466, un accord fut conclu entre les syndics et maître Jean de la Pierre, «physicien et astrologue», qui, sourcier avant la lettre, s'engageait à trouver de l'eau pour la ville et le territoire des Franchises. Il devait être plus astrologue que physicien, car il prétendait consulter la lune et les constellations. Il n'est pas étonnant que rien ne soit sorti de ce projet [5].

En revanche, il semble qu'un Allemand, expert en «géographie», qui promettait en 1512 de créer deux fontaines au Bourg-de-Four et à la cour Saint-Pierre, ait mené son projet à chef : les syndics ont en effet visité en 1517 les sources de ces deux fontaines. Une troisième, devant l'Hôtel de Ville, est

---

[1] La profondeur des puits et le coût de l'appareillage expliquent la rareté des puits au sommet de la colline, BÉTANT, pp. 20-22.

[2] Bétant signale celles de la Boissière, de Grange-Canal, de la Cuisine, de Plonjon, P. 18.

[3] L. BLONDEL, *Les anciens puits*..., pp. 151-152, 164-165. Carte des puits et fontaines de la rive gauche, p. 157. — BÉTANT, *op. cit.*, pp. 33-36.

[4] BÉTANT, p. 30.

[5] J.-B.-G. GALIFFE, *Genève hist. et arch.*, pp. 186-187.

mentionnée en 1523. Le 4 août, selon une coutume qui dura bien au-delà du moyen âge, elle débita du vin lors de l'entrée à Genève de Béatrix de Portugal, duchesse de Savoie, entrée qui donna lieu à de fastueuses réjouissances.

Mais c'est surtout au XVIe siècle que les fontaines ont été installées, ce qui ne signifie pas que le ravitaillement de la ville ait été assuré dans les périodes de grande sécheresse. De nombreuses mentions des registres du Conseil montrent que souvent les besoins en eau de la population n'ont pas pu être satisfaits [1].

On n'a pas de renseignements sur les puits publics de Saint-Gervais. En revanche, il en existe plusieurs, appartenant à des particuliers, le long du Rhône [2]. A l'extérieur, à une certaine distance de l'enceinte, une source alimentait la fontaine des Meynes ou des Mesmes, sur la route de Fernex, alors que d'autres jaillissaient « en Fontaines saintes », sous les crêts de Saconnex, et se déversaient dans le nant des Grottes ou de Cornavin [3].

Les règles hygiéniques semblent avoir été assez peu respectées dans le ravitaillement de la ville en eau. Les puits, et à plus forte raison les citernes et même les fontaines dont les sources étaient parfois captées dans les faubourgs — leurs canalisations, longtemps en bois, laissaient beaucoup à désirer —, comportaient bien des risques de contamination. L'eau de certains puits risquait d'être polluée par les infiltrations des fosses perdues qui étaient nombreuses. Sans doute les épidémies, les pestes en particulier, qui ont si souvent décimé la population, ont-elles été aggravées, peut-être provoquées, par la précarité du système de distribution de l'eau. A. Bétant s'étonne que les Franchises d'Adhémar Fabri ne se soient pas préoccupées de cette question [4].

Qu'en est-il de l'éclairage public ? Pratiquement, il n'a pas existé au moyen âge. Après le couvre-feu et la fermeture des portes, la ville passait sous le contrôle exclusif des syndics et des citoyens qui veillaient, grâce à des guets et à des gardes, à la sûreté de l'enceinte et à la police des rues. Il était interdit, sous peine de sanctions sévères, de circuler de nuit dans la cité

---

[1] GALIFFE, *loc. cit.*

[2] BLONDEL, *Les anciens puits...*, p. 164.

[3] BLONDEL, *loc. cit.*, pp. 164-166. — *Chronique... 1940*, dans *Genava*, XIX, 1941, pp. 95-97. — GALIFFE, *op. cit.*, p. 187.

[4] « Nulle part on n'y trouve défense d'infecter les puits ou les sources, ou obligation de prendre certaines mesures pour maintenir à l'eau — au moins pour les usages domestiques — un minimum de pureté. Certes des mesures pour empêcher, ne fût-ce que d'une manière grossière, l'eau des puits d'être contaminée, eussent-elles été pour le moins aussi utiles que celles concernant la divagation des pourceaux ou la cuisson du suif ! » BÉTANT, *op. cit.*, p. 15.

sans avoir une chandelle ou une lanterne. Lorsqu'on organisait des festivités, ainsi en 1442 lors du passage de l'empereur Frédéric III à Genève, des feux de joie, des illuminations, des cortèges aux flambeaux étaient organisés : puis la ville retombait dans l'obscurité.

Cependant, au cours des années troublées qui ont précédé la Réforme, les syndics firent fixer, en 1526, aux maisons de certains carrefours des supports de fer qui permettaient de brûler de la poix. Selon une décision du Conseil du 15 décembre 1526, ils n'étaient utilisés qu'en cas de nécessité. En outre, un inventaire de 1527 signale la présence à l'hôtel de ville de « dix instruments de fer pour porter des falots » [1].

Au XVIIe siècle encore aucun éclairage systématique n'était prévu. Une exhortation du Conseil des CC, devenu un ordre formel en 1683, prescrivait l'éclairage du premier étage des maisons en cas d'alarme ou d'incendie [2].

---

[1] J.-B.-G. GALIFFE, *op. cit.*, p. 190. — Un de ces « pots à feu », restauré, est fixé aujourd'hui à l'angle du Perron et de la rue Calvin.

[2] Genève avait un grand retard sur Paris et sur les villes françaises. Ce n'est qu'en 1775 que l'on proposa d'établir un éclairage public qui ne devait d'ailleurs fonctionner que pendant sept mois, de septembre à avril, avec cinq jours d'interruption au moment de la pleine lune. Mais comme un impôt spécial devait être levé pour en couvrir les frais, le Conseil général repoussa ce projet. On se limita à l'éclairage des principaux carrefours et on encouragea les particuliers à l'organiser dans les différents quartiers. GALIFFE, *op. cit.*, pp. 189-193.

CHAPITRE VIII

L'HYGIÈNE PUBLIQUE

Les renseignements concernant l'hygiène publique, assez rares au moyen âge, deviennent plus nombreux au XVe et au début du XVIe siècle. Les prescriptions et les sanctions qui ont été alors édictées laissent deviner combien la tenue de la ville a été médiocre dans les périodes antérieures. Même au XVIe siècle, la répétition des ordres du Conseil prouve la peine que l'on a eue à vaincre d'anciennes habitudes. Il est vrai que J.-B.-G. Galiffe s'inscrit en faux contre les jugements — il les estime sévères et injustes — que les historiens ont portés à ce sujet. Mais on ne saurait dire que Galiffe, qui n'est pas exempt de parti pris, emporte la conviction de ses lecteurs [1].

Cependant, les Franchises de 1387 ont fait déjà une certaine place à l'hygiène publique. L'article 44, dans la traduction de Montyon, est intitulé *Des fumiers qu'on boute parmy les rues*. Leur dépôt ne doit pas excéder trois jours dans la période de Pâques à la Toussaint et huit jours le reste de l'année. A Pâques, aux Rogations, à la Fête-Dieu, à la Saint-Jean, à la Saint-Pierre, ils ne seront pas tolérés. Les contrevenants seront frappés d'une amende de trois gros [2].

L'article 64, *Que nul ne fonde point de sieu dedens la cité*, interdit, notamment aux bouchers, de fondre du suif. L'amende sanctionnant les violations de cet article paraît énorme : elle est de 65 gros [3]. Sans doute pour la même raison — le dégagement de mauvaises odeurs — les pelletiers, les tanneurs, les selliers, les laveurs de laine, n'auront pas le droit de se livrer à certains de leurs travaux sur la voie publique [4].

Nous avons signalé que certaines activités rurales se poursuivaient à l'intérieur de l'enceinte. Aussi l'article 71, *Des estables des porcz*, dispose-t-il « que

---

[1] *Genève hist. et arch.*, pp. 181, 271-273 et *passim*.

[2] *S. du dr.*, I, p. 217. — Un gros égale un sou.

[3] *Ibid.*, p. 225.

[4] Art. 72, *Des laynes qu'on lieve*. P. 227.

nulz es rues publiques ne soit si hardy de faire habitacion des porcz... ».
L'amende sera de trois gros [1]. Il n'empêche que la divagation des pourceaux
et des oies dans certains quartiers et dans les faubourgs est restée chose courante jusqu'au-delà de la Réforme. Quant aux chiens et aux chats, ils pullulaient. En cas de peste, le bourreau devait détruire ceux qui étaient errants [2].

Louis Blondel pense que l'exhaussement des rues de Genève — si caractéristique de toutes les villes médiévales — résulte en partie de l'accumulation
des déchets non évacués [3].

La violation des clauses des Franchises de 1387 explique les mesures
édictées en 1459 par le Chapitre de Saint-Pierre après la mort de l'évêque
Pierre de Savoie [4]. Les chanoines précisent les règles concernant la morale
publique et la vie des prostituées, mais aussi la propreté de la ville car ils
estiment qu'elle facilitera la pureté des mœurs. Il est interdit de jeter des
immondices dans les rues, d'y amasser des fumiers, de fondre du suif, de brûler
des cornes d'animaux, d'élever des porcs [5].

Ces préoccupations reparaissent fréquemment au XVIe siècle : le crieur
public rappelle les interdictions et les sanctions qui frappent les contrevenants [6].

Certaines maisons possédaient des latrines au XVe siècle. Le Conseil tenta
en 1511 d'en imposer l'installation à tous les propriétaires d'immeubles. Sans
doute cette injonction resta-t-elle en partie inopérante car il fallut la renouveler,
après la Réforme, en 1557 [7]. Des lieux d'aisance publics existaient à Longemalle,
au Molard, à la Fusterie. On les fermait le soir en période d'épidémie.

Les immondices devaient être jetées au Rhône à des heures et à des

---

[1] P. 227.

[2] Dr Léon GAUTIER, *La médecine à Genève jusqu'à la fin du XVIIIe siècle*, M.D.G.,
XXX, 1906, p. 128.

[3] *Notes d'archéologie genevoise 1914-1932*, Genève, 1932, p. 40.

[4] *S. du dr.*, I, no 221, p. 429 et ss.

[5] *Loc. cit.*, p. 432.

[6] Ainsi en 1506. *S. du dr.*, II, no 489, p. 179. Ou en 1520-1521 : « Que tous cieulx qui
on mis ou fait mectre les femyer aut place et rues communes et publique de ceste cité
les debjent hosté ou faire hosté... Item que nul ne soit hosé ne sy hardy es rue ne auprès de
faire habitation de portz ny tenir dedans ceste cité portz, oyc ny oyeson... Item que un
chescun tous les sambedy soit tenu de nectoyer la rue devant sa mayson... » *Ibid.*, no 569,
p. 223. — Les « cries » du 29 févier 1528, après avoir rappelé les peines qui frappent les
blasphémateurs, joueurs, vagabonds, « femmes lubriques », reprennent les prescriptions
concernant la propreté des rues. A l'interdiction d'élever des porcs, des oies et des oisons,
on ajoute les chèvres, « sus la poienne de perdres les bestes... » *Ibid.*, no 610, pp. 257-258.
— Voir aussi la « crie » du 28 février 1534. No 677, p. 300.

[7] R.C., 8 avril 1511, 28 décembre 1557, cité par J.-B.-G. GALIFFE, *Genève hist. et
arch.*, p. 272.

endroits déterminés[1]. Plusieurs décisions du XVᵉ siècle interdisaient le dépôt des bêtes mortes dans la ville, si ce n'est en certains endroits écartés [2].

Il existait d'ailleurs, en pleine cité, à la Fusterie et au Molard, des fumiers publics qui étaient affermés. Leurs détenteurs ne devaient pas les laisser trop longtemps avant de les enlever et, en cas d'épidémie, ils devaient être immédiatement évacués [3].

Ces conditions hygiéniques — elles étaient celles de toutes les villes de l'Europe — ne pouvaient que favoriser la propagation des maladies. On devenait évidemment plus sévère lorsque la peste s'abattait sur la cité. On édictait aussi, dans ce cas, des prescriptions concernant l'alimentation. Conditionnées par le manque de connaissances scientifiques de l'époque, elles ne laissent pas de nous surprendre. On interdit de vendre des raisins verts, des cerises, des pêches, du « fruitage mal meur », du vin de fruits, des champignons, des boudins. On prohibait aussi les exercices physiques violents, la danse, les veillées, les banquets et en général les réunions, les bains du lac. Les étuves étaient fermées [4]. Au cours d'une épidémie de peste, ce fut aussi le cas des écoles en 1503 et en 1504 [5]. Les pestiférés n'avaient pas le droit de se mêler aux gens en bonne santé : ceux qui ont violé cette règle en 1530 ont été condamnés à de fortes amendes et même à la peine capitale [6]. Encore fallait-il que la mort laissât au bourreau le temps d'exécuter la sentence !

---

[1] GALIFFE, *loc. cit.*

[2] R.C., 4 juillet 1430, 4 octobre 1457, 18 mars 1460, cité par Léopold MICHELI, *Les institutions municipales...*, p. 102.

[3] Ainsi en 1503. Cf. Dr Léon GAUTIER, *La médecine à Genève...*, *loc. cit.*, p. 127.

[4] *Ibid.*, pp. 128-129.

[5] P. 130.

[6] Pp. 132-133.

CHAPITRE IX

LA LUTTE CONTRE LES INCENDIES

Toutes les villes médiévales ont été périodiquement dévastées par des incendies qui souvent détruisaient des quartiers tout entiers. Combien d'églises, de cathédrales, d'édifices publics, parfois remarquables, n'ont-ils pas été anéantis?

Certes, des précautions ont été prises pour prévenir la naissance des incendies. En 1429, les syndics se sont préoccupés de l'état des cheminées et ont interdit de faire du feu dans les chambres qui n'en possédaient pas [1]. On utilisait des brasiers portatifs qui, d'ailleurs, n'écartaient pas tout danger. Le 18 juin 1446, les syndics intiment l'ordre à Aimonet Folliet de ne point allumer de feu dans sa maison aussi longtemps qu'il n'aura pas construit des cheminées convenables [2]. Après la Réforme, en 1557, le Petit Conseil ordonna aux propriétaires de construire dans les six mois des cheminées dans les maisons qui en étaient dépourvues [3].

Un service public de lutte contre le feu s'est graduellement institué. Le conseiller Jean Servion — il fut plus tard syndic — a importé d'Allemagne, au milieu du XVe siècle, des seaux de cuir bouilli qui vont dès lors jouer à Genève un très grand rôle. En 1442, le Conseil en acquit cent douze [4]. A partir de ce moment, tout habitant qui accédait à la bourgeoisie devait en fournir un [5]. En 1506, la Commune en acheta sept douzaines en Flandre. Ils servaient à « faire la chaîne », des fontaines ou du Rhône au foyer d'incendie. Quelques échelles et crochets et des « seringues » complétaient ce modeste matériel [6].

---

[1] L. MICHELI, *op. cit.*, p. 102.

[2] Not. H. Perrod, vol. X, folio sans numéro, en tête du volume.

[3] J.-B.-G. GALIFFE, *Genève hist. et arch.*, p. 271.

[4] L. MICHELI, *op. cit.*, p. 102.

[5] Cf. *infra*, VIe partie, sect. II, chap. Ier.

[6] J.-B.-G. GALIFFE, *op. cit.*, pp. 333-334.

Saint-Gervais ne posséda des seaux qu'en 1507 et encore ne lui en octroya-t-on que deux douzaines [1].

Dès le début du XVIe siècle, l'organisation de la lutte contre le feu se précisa. Elle était fondée sur les métiers. Une ordonnance dont les éditeurs des *Sources du droit* n'ont pas réussi à fixer la date exacte « et dont on ne peut affirmer qu'elle ait été mise en vigueur », mais qu'ils rapprochent de décisions prises par le Petit Conseil et le Conseil des Cinquante en date des 10 et 27 mars 1506 [2], fait une place importante à cette question [3]. « Ce cas advenoit, dont Dieu vuellie ceste ville garder, que feu surprint en la ville », les gens des métiers se grouperont avec leur « penoncel », c'est-à-dire avec leur bannière. Ils seront armés car il arrive que certains « bouttent feux plus pour rober et pillier ou pour surprandre villes que pour autre chosse... Dieu par sa grace de tout ce nous veullie deffandre ». Les bouchers, les charpentiers, les maçons, les manœuvres devront se rendre « là où le feu sera et là estaindre, tallier, abatre, deffandre au mieux que faire ce porra ». Les syndics devront être présents pour diriger les opérations. Les femmes apporteront leur collaboration. « Que toutes fames soyent entenues de y venir et porter aygue, sellies ou autre vaissel pour feu estaindre... » Des guets, des tours de Saint-Pierre, surveilleront la ville [4]. Non seulement ces vigiles ou custodes donnaient l'alerte par le tocsin en cas d'incendie, mais ils avaient mission de veiller à l'ordre intérieur et à la sécurité extérieure [5].

On se servira aussi des chars et des tonneaux pour apporter de l'eau [6]. Les propriétaires de maisons de deux toises de large devront posséder une échelle permettant d'en atteindre le toit [7]. Les syndics feront vérifier l'application de ces règles. On prévoit un « tinot » pour verser l'eau que l'on apportera pour éteindre l'incendie. Des « sellios de cuir pour la deffanse du feu » seront disposés en la maison de ville. Ceux qui les déroberont seront punis [8].

---

[1] J.-B.-G. GALIFFE, *op. cit.*, p. 84.

[2] *R.C.*, VI, pp. 294 et 295.

[3] Nous reviendrons sur cette ordonnance à propos de l'organisation des métiers.

[4] « Que la ville mette et tiegnie une gaite sur Sain Pierre aveque cely que les Srs de Sain Pierre y tiegnent et aye trompete ou cournet. » Le premier de ces guets qui signalera le feu recevra deux florins.

[5] W. DEONNA, *Cathédrale Saint-Pierre de Genève. Cloches, horloges, orgues*, dans *Genava*, XXVIII, 1950, pp. 136-146. Deonna donne de nombreuses références au R.C., en particulier pour la période de 1462 à 1528.

[6] « Que tous charrottons, lesquelx ont cheval et charret, facent d'avoir une bossete taillé à amener aygue au feu. Et que cely qui amenera le prumier bossot d'aygue, que cely aye 4 gros. » Les autres recevront deux gros.

[7] Ceux qui possèdent des maisons plus étroites devront se réunir à deux ou à trois pour disposer d'une échelle.

[8] *S. du dr.*, II, no 485, pp. 177-178.

Le 27 janvier 1529, le Conseil a pris des dispositions qui rappellent celles que nous venons de résumer. Les charretiers étaient placés, en cas d'incendie, sous les ordres d'un chef, le *capitaneus aurigarum* [1].

Toutes ces précautions n'ont pas empêché le feu de faire de fréquents et terribles dégâts dans une ville où le chaume et le bois ont eu longtemps un si large emploi [2].

Il serait impossible — et d'ailleurs inutile — d'énumérer tous les incendies qui ont dévasté la ville. Seuls, les plus graves sont retenus ici.

En 1291, le feu ayant été bouté au château comtal du Bourg-de-Four — il s'agit d'un des nombreux épisodes des guerres privées —, l'incendie atteignit Notre-Dame-la-Neuve et une partie de Saint-Pierre [3]. Celui de 1321, plus important, a ravagé tout le quartier de la rue de la Rivière — l'actuelle rue du Marché —, de la Grand'Rue, de la Tour-de-Boël et de la Pélisserie [4].

Mais l'incendie de 1334 l'emporta en gravité sur tous les autres. Il a éclaté dans le « four de la Colonne » qui se trouvait près de Saint-Germain ; il a détruit cette église et la paroisse qui en dépendait et une grande partie de la haute ville ; il a dévasté le cloître, les maisons des chanoines et de l'évêque, deux travées de Saint-Pierre. De la rue du Perron et de la Grand'Rue, le feu est descendu jusqu'à la rue de la Rivière ; il a atteint une partie des rues Verdaine et de la Fontaine, l'église et le quartier de la Madeleine, le cloître du couvent des Frères mineurs à Rive. Selon L. Blondel, ce tragique incendie aurait fait 480 victimes — morts et blessés — dans une population d'environ 4000 habitants [5].

Il provoqua de telles ruines que soixante-dix ans plus tard, en 1404, on évacuait encore les débris qu'il avait accumulés. Ceux qui restèrent ont contribué, avec les détritus qu'une voirie déficiente n'arrivait pas à faire disparaître, à exhausser le niveau des rues. Souvent même, le feu entraîna la modification du tracé de certaines artères.

Les syndics, tirant une leçon de ces événements, interdirent, lors de l'édification ou de la reconstruction des maisons, l'emploi du bois dans les façades : la maçonnerie fut imposée [6]. Ces précautions ont été certes efficaces ; cependant, elles n'ont pas complètement supprimé les incendies. On en signale

---

[1] J.-B.-G. GALIFFE, *Genève hist. et arch.*, p. 333.

[2] Sur leur remplacement par la pierre, les cailloux de l'Arve, la molasse, les briques et les tuiles, cf. *supra*, chap. V.

[3] L. BLONDEL, *Les principaux incendies qui ont ravagé Genève au cours des siècles*, dans *Genava*, N.S., IV, 1956, p. 12.

[4] *Ibid.*, pp. 13-14.

[5] Pp. 14-16.

[6] Pp. 16-17.

un en 1349 qui détruisit une partie de la cathédrale. Celui de 1430, avivé par un violent vent du nord, fut plus dévastateur. Né dans le quartier de Longemalle, il franchit la rue de la Croix-d'Or, anéantit la Madeleine et sa paroisse et ravagea l'évêché et Saint-Pierre [1].

Après la fin du XVe siècle les incendies ont été encore fréquents [2]. Mais ils n'ont pas affecté des quartiers aussi vastes qu'au moyen âge [3].

---

[1] Pp. 17-18. Blondel cite encore des incendies en 1406 et 1418. Sur la rive droite, ils n'ont pas épargné Saint-Gervais. L'un d'entre eux, en 1345, a été bouté par le sire de Gex en lutte contre le comte de Savoie. P. 18.

[2] Le plus grave a été celui qui, en 1670, a détruit les ponts de l'Ile et les maisons qu'ils supportaient. P. 19.

[3] Pp. 19-21. Sur l'ensemble de la question, cf. aussi *Documents inédits relatifs à l'histoire de Genève de 1312 à 1378...*, déjà cité, p. 381. — L. BLONDEL, *Chronique... 1924*, dans *Genava*, III, 1925, p. 71. — *Notes d'archéologie genevoise...*, p. 40. — *Géographie urbaine et féodale*, dans *Hist. de Gen.*, t. Ier, p. 71.

LES CHÂTEAUX. LES BOURGS
ET LES VILLAGES

Nous avons déjà rappelé les limites du vaste diocèse de Genève et les circonscriptions religieuses, les décanats, qui le composent. Au point de vue temporel, il est subdivisé en un grand nombre de seigneuries, modestes ou puissantes.

Comment se présentent les habitations des seigneurs et des paysans qui dépendent d'eux ? Quel est l'aspect des châteaux, des bourgs fortifiés, des villages, des maisons rurales ? Nous bornerons nos brèves indications au territoire de l'actuel canton de Genève ; cependant, quand cela sera nécessaire, nous ferons quelques incursions dans ses environs immédiats.

CHAPITRE PREMIER

LES CHÂTEAUX

Au moyen âge, le paysage genevois devait être fort pittoresque, hérissé de châteaux dont le nombre était en rapport avec le pullulement des seigneuries. Mais les guerres du XVIe siècle ont passé, dévastatrices, ne laissant debout qu'assez peu de vestiges. Fort heureusement, Louis Blondel, dans un livre fortement documenté, admirablement illustré de plans, de gravures, de photographies, a recréé pour nous non seulement les châteaux forts et les bourgs fortifiés de la région de Genève, mais aussi ceux de tout l'ancien diocèse.

Nous le prenons comme guide car Blondel, à côté de ses innombrables recherches personnelles, a rassemblé aussi dans son ouvrage tous les matériaux laissés sur ce sujet par les anciens historiens genevois [1].

Une partie importante du diocèse était couverte de montagnes. Les châteaux s'adaptaient aux conditions géographiques et aux tâches qui leur étaient assignées. Le donjon et l'habitation du seigneur, défendus par des murs qui épousaient le relief de l'éminence ou des rochers sur lesquels ils étaient construits, avaient souvent des formes irrégulières. Certains se sont substitués aux premiers ouvrages protohistoriques ou à ceux de Rome car ils devaient défendre les mêmes cluses, les mêmes voies naturelles. Une filiation est visible qui va des réalisations romaines, à travers celles des Burgondes et des Francs, jusqu'aux constructions du moyen âge [2].

Ces châteaux de montagne sont fréquents dans les Préalpes et les Alpes de Savoie et même dans le Jura. Blondel en étudie un très grand nombre [3].

Les châteaux de plaine intéressent directement la région proche de la cité. Jusqu'au XIIIe siècle, ils sont très souvent conçus selon un plan régulier,

---

[1] *Châteaux de l'ancien diocèse de Genève*, M.D.G., série in-4°, VII, 1956.

[2] BLONDEL, *op. cit.*, pp. 9-10.

[3] Certains d'entre eux, ainsi au bord du Rhône, sont édifiés sur des substructions romaines. BLONDEL, *Le retranchement de César sur le Rhône*, dans *Genava*, XXIII, 1945, pp. 44-65.

quadrangulaire, répondant à la vieille tradition du *castrum* romain. Ainsi ceux de Genève, de Rougemont, près de Soral, de Saconnex-delà-d'Arve, de Jussy-l'Evêque. La maison forte, fréquente dans nos régions pendant le moyen âge, en dérive en se simplifiant : elle devient une simple bâtisse carrée formant tour et possédant parfois son fossé. Cependant, certains châteaux de plaine ont eu une forme irrégulière imposée par le terrain. Ils disposaient d'une tour principale, dont la place était déterminée par la topographie, et parfois de tours accessoires.

Au XIVe siècle, le plan rectangulaire a connu une nouvelle extension, ainsi au château de la Bâtie-Cholay ou Roillebeau, ou à celui de la Bâtie-Meillé qui dominait, sur la rive gauche, le confluent du Rhône et de l'Arve, au Bois de la Bâtie [1].

Le bois a été très longtemps utilisé dans certaines de ces constructions fortes. Leurs tours en particulier étaient souvent édifiées en solides poutraisons, non seulement au Xe et au XIe siècle, mais parfois encore jusqu'au XVe. Ainsi à Roillebeau et à Malval. Cependant, d'autres châteaux ont été élevés en maçonnerie, selon la vieille tradition romaine. C'est le cas des résidences des plus puissants seigneurs du diocèse. Le premier château comtal de Genève possédait une tour carrée dont la base était de pierre tandis que le sommet était de bois. C'était aussi le cas des tours primitives d'Hermance.

L'usage de la maçonnerie s'est d'ailleurs de plus en plus imposé à partir du XIe siècle, ce qui a entraîné une augmentation de la masse des châteaux des plus puissants dynastes de la région. La tour du château comtal de Genève mesurait 11 mètres sur 13, celle d'Allinges-Vieux 20 sur 18. Mais à l'intérieur il n'y avait pas de voûtes : de simples planchers séparaient les étages. Le logement du seigneur, qui se trouvait primitivement dans le donjon, a été ensuite, dès le XIIe siècle, — le goût du confort aidant — édifié à part, tantôt en bois, tantôt en pierre, avec sa grande salle ou *aula*, des chambres à coucher, la cuisine, des celliers, et parfois une chapelle. Mais les dépendances étaient toujours en bois. D'ailleurs, même après ces améliorations, les conditions de logement des seigneurs sont restées encore modestes.

A l'intérieur de l'enceinte, les bâtiments nécessaires aux hommes d'armes, à leurs chevaux, aux engins de guerre, les fenils, les écuries, les étables se groupaient autour de la cour.

La porte d'entrée était particulièrement fortifiée, surtout grâce aux progrès que les premières Croisades ont provoqués, dès le XIIe siècle, dans l'architecture militaire [2]. Blondel donne de nombreux renseignements techniques, illustrés

---

[1] BLONDEL, *Châteaux...*, pp. 10-11.
[2] *Ibid.*, pp. 11-14.

de croquis, sur l'évolution de la maçonnerie et sur les matériaux, pierres, cailloux roulés, roches cassées au marteau, briques, utilisés du XIe au XIVe siècle. Il signale aussi, au XIIIe siècle, les progrès accomplis sous l'impulsion de Pierre II de Savoie dans les constructions militaires [1].

Certaines formes romanes, constate Louis Blondel, se sont longtemps perpétuées, notamment en ce qui concerne les fenêtres. L'évolution architecturale des édifices religieux a été plus rapide. Cependant, au XIVe et au XVe siècle, certaines nouveautés apparaissent dans les châteaux, ainsi les fenêtres à meneaux. Le confort et même une vraie recherche esthétique s'affirment. Des sculptures décorent les manteaux des cheminées. «Quant à l'extérieur de ces châteaux et des tours, il ne manquait pas de grandeur; leur beauté ne provenait pas des détails architecturaux, mais de la proportion des masses, donnant une impression de puissance et de solidité, renforcée par les toits aux combles élevés. Cette robustesse des constructions faisant corps avec le paysage se retrouve jusque dans les simples maisons fortes, si nombreuses dans ce pays [2]. »

Nous retenons des châteaux étudiés par Blondel ceux du canton et de ses abords. Il n'est pas question d'en donner de longues descriptions. On voudra bien se référer pour plus de détails concernant leur construction, leurs transformations, leur histoire, leurs propriétaires, à l'œuvre du savant archéologue genevois. Nous les énumérons dans l'ordre adopté par Louis Blondel, c'est-à-dire selon leur appartenance.

Un premier groupe comprend les châteaux qui relèvent de l'évêque et du prieuré de Saint-Victor.

Le château de Genève, «véritable clef de la cité», s'élevait aum ilieu du Rhône en amont de la grande île et du pont. La tour actuelle, profondément modifiée au cours des temps, est tout ce qui subsiste de la puissante forteresse construite par l'évêque Aymon de Grandson peu avant 1219. Elle a joué dans l'histoire de Genève un rôle important. Complètement entourée par les eaux du Rhône et par des fossés, possédant son port pour les besoins de son ravitaillement, capable de soutenir de longs sièges — en 1287, elle a succombé après une attaque qui a duré quatorze semaines —, elle est un remarquable exemple du génie militaire du XIIIe siècle [3].

---

[1] BLONDEL, *op. cit.*, pp. 14-24.

[2] *Ibid.*, p. 27.

[3] *Ibid.*, pp. 29-33.

Le château de Jussy était le centre d'un mandement de l'évêque qui a été détaché, dans des circonstances qu'il est difficile de préciser, des terres des sires de Faucigny. Il semble que cette prise de possession soit du XIIe siècle. Le château est mentionné en 1266, mais son origine est plus ancienne. Il était situé dans la partie du village qui s'appelle aujourd'hui Jussy-le-Château. A plusieurs reprises les évêques y ont résidé : en cas de danger il servait d'ailleurs de refuge aux habitants du mandement qui devaient l'entretenir et le défendre. Il possédait en 1378 un arsenal non négligeable, abritant notamment huit balistes pour lancer des projectiles, quatre espingoles et des arbalètes. Attaqué par les Bernois et les Genevois en 1536, il fut en partie incendié. L'ordre de le démolir fut donné en 1563 mais ce n'est qu'après 1602 que ce qui en restait fut rasé. Le château était incorporé à un bourg, entouré d'un fossé de forme circulaire [1].

Au sommet d'une falaise abrupte dominant le Rhône, le château de Peney a été, comme celui de l'Ile, construit par Aymon de Grandson, probablement, pense Louis Blondel, entre 1230 et 1234. Il est devenu le noyau d'un bourg fortifié, au centre du mandement épiscopal de Peney. Il a été incendié en 1536 et démoli dans les années suivantes au cours des guerres de la Réforme [2].

Dominant une boucle très accentuée du Rhône, au sommet d'un promontoire où la plaine de la Champagne s'achève par une brusque plongée dans le fleuve, le château d'Epeisses, propriété du prieuré de Saint-Victor, est mentionné pour la première fois en 1220. Il s'entoure d'un bourg fortifié qui accueillit une vingtaine de familles qui, provenant de Cartigny et de la Champagne, bénéficièrent de certains avantages. En 1290, un pont relia Epeisses au château de la Corbière qui lui faisait vis-à-vis. On y accédait par un chemin qui contournait la butte d'Epeisses promue au rang d'une véritable tête de pont. Construit en bois et fortifié, il a duré en tout cas jusqu'à la fin du XIVe siècle. Au pied du bourg, un port abritait non seulement des bateaux de guerre, mais aussi ceux qui servaient au trafic fluvial qui continuait les traditions de l'antiquité. Malgré le cours tumultueux du fleuve, on transportait de Genève à Collonges des marchandises lourdes et encombrantes, bois, pierres, graviers, sables. Le château d'Epeisses perdit sa signification lorsque les comtes de Savoie s'assurèrent la possession des deux rives du Rhône. Il tomba en ruine à la fin du XVIe siècle [3].

D'autres châteaux relèvent des comtes de Genève.

---

[1] BLONDEL, *op. cit.*, pp. 34-37.

[2] *Ibid.*, pp. 38-43.

[3] *Ibid.*, pp. 44-46.

Plus ancien que la forteresse de l'Ile, le château construit au Bourg-de-Four, au sud-est de la ville, au sommet de pentes très raides, est mentionné pour la première fois en 1124. Plus tard, avant 1184, le comte Guillaume de Genève l'agrandit, le renforça et l'isola du reste de la cité. On se souvient qu'il fut placé sous le contrôle des comtes de Savoie lors de la gagerie de 1250, puis restitué à ses propriétaires en 1282 [1]. D'ailleurs, les guerres seigneuriales ont poussé les comtes de Genève à résider de plus en plus à Annecy. Le château du Bourg-de-Four a été la victime de ces luttes : pris en 1320 par le comte de Savoie, il a été détruit. Quelques vestiges de ses ruines ont subsisté jusqu'au XVe siècle [2].

La butte de Ternier, proche de la frontière genevoise, est située entre la vallée de l'Aire et le vallon de l'Arande. La châtellenie de Ternier a dépendu des comtes de Genève, puis de ceux de Savoie. Elle a été le centre d'un mandement, puis d'un vaste bailliage, allant du Rhône à l'Arve et limité au sud et à l'est par le Mont-de-Sion et le Salève.

Dès avant le XIIIe siècle déjà, la butte a possédé deux châteaux. Celui de l'est appartenait à la famille de Ternier, vassale des comtes de Genève, qui apparaît dans l'histoire en 1123. Les comtes ont établi à leur tour un *castrum* commandant une partie du Genevois. Après les guerres du XVIe siècle, il n'est resté que des ruines de ces deux constructions [3].

Le château de Gaillard, admirablement situé sur un promontoire dominant l'Arve, a été construit en 1304 par Amédée, comte de Genève. Mêlé tout au long du XIVe siècle à de nombreuses luttes féodales, il sera détruit au cours des guerres du XVIe siècle [4].

Au sud de Genève, Saconnex-delà-d'Arve ou Saconnex-Vandel a été au XIIIe siècle la résidence de la famille de Saconnex dont les biens ont passé aux comtes de Genève qui y édifièrent, vers 1301, un nouveau château dans lequel Amédée II résida souvent au début du XIVe siècle. Il changea dans la suite plusieurs fois de main. Détruit à la fin du XVIe siècle, il a laissé une tour qui a subsisté jusqu'à nos jours [5].

Dans la commune de Challex, au Pays de Gex, le château de la Corbière, signalé en 1288, se dressait presque en face de celui d'Epeisses auquel, nous l'avons vu, il était relié par un pont. Il était à ce moment en possession du comte de Genève, mais il était revendiqué par le comte de Savoie qui s'en

---

[1] Cf. *supra*, livre V, Ire partie, chap. unique.

[2] BLONDEL, *op. cit.*, pp. 47-53.

[3] *Ibid.*, pp. 61-70. — Les Ternier possédaient également, au XIIIe siècle, le Châtelard de Feigères, au sud de Saint-Julien. BLONDEL, pp. 158-162.

[4] *Ibid.*, pp. 88-93.

[5] *Ibid.*, pp. 124-129.

empara en 1291 après un siège de plus de deux mois au cours duquel on employa de nombreux engins de guerre. C'est le début de longues luttes au terme desquelles le comte de Genève recouvra son château en 1308, mais en se reconnaissant le vassal du comte de Savoie pour la terre de la Corbière. Un nouveau conflit éclata en 1321 : il s'acheva par un siège qui a duré du 17 novembre au 18 décembre, un des plus fameux de ceux qui se sont déroulés en pays genevois, caractérisé par le déploiement de forces nombreuses et l'emploi d'une imposante machinerie de guerre. Il tomba finalement aux mains d'Amédée V de Savoie. Réparé et bien entretenu, il fut, comme plusieurs autres, la victime des guerres du XVIe siècle [1].

Les comtes de Genève ont possédé encore d'autres forteresses dans plusieurs parties du diocèse.

Leurs feudataires, de leur côté, avaient construit des maisons fortes.

Les Rougemont, apparentés à la famille de Viry, une des plus anciennes du Genevois, possédaient le château portant leur nom sur le chemin tendant de Soral à Viry, sur l'emplacement de l'actuelle douane suisse. Il n'en reste aujourd'hui qu'un mur de soutènement dans une vigne [2].

Celui de Montfort se trouvait, au-delà de la frontière genevoise, sur la route d'Archamps à Blécheins. Son origine est obscure. Il a duré jusqu'aux guerres du XVIe siècle [3].

Aux portes de Genève, couronnant le Bois de la Bâtie, se dressait le château de la Bâtie-Meillé, construit d'abord en bois en 1318, puis réédifié en maçonnerie. Il a passé dans les mains d'une série de familles seigneuriales et a été mêlé à bien des épisodes des guerres privées de la région. Détruit par un incendie en 1402, il a été restauré et a disparu dans des conditions mal connues au XVIe siècle [4].

Le pied du Petit-Salève a possédé les deux châteaux d'Etrembières, qui ont appartenu à plusieurs familles. Celui de Châtillon ou des Terreaux se trouvait près du village, dans la plaine, commandant la route de Saint-Julien à Annemasse, à l'arrivée du bac sur l'Arve qui desservait Gaillard. Le véritable château d'Etrembières était construit sur le plateau qui surveille une vaste étendue du pays, le trafic de la route, et le pont de l'Arve conduisant à Annemasse. Brûlé en 1589 par les troupes genevoises, il a été restauré : quelques-unes de ses parties subsistent dans l'édifice actuel [5].

---

[1] Blondel, *op. cit.*, pp. 143-149.
[2] *Ibid.*, pp. 154-157.
[3] *Ibid.*, pp. 163-166.
[4] *Ibid.*, pp. 184-187.
[5] *Ibid.*, pp. 188-192.

Entre le Rhône et le Jura, en dehors des limites du canton de Genève, plusieurs châteaux appartenaient à la seigneurie de Gex. Celui de Gex occupait un des derniers ressauts du Jura, au-dessus de la ville actuelle, là où le col de la Faucille rejoignait la route qui conduisait du Pays de Vaud vers le pas de l'Ecluse. Il est mentionné en 1210 déjà. Il a été détruit par les Genevois en 1590 : une partie de ses matériaux a été utilisée pour la construction du fort d'Arve à Genève. Plus haut, sur le chemin muletier de la Faucille, le château de Florimont contrôlait le trafic [1].

Enfin le château de la Cluse de Gex — le Fort de l'Ecluse — commandait le défilé qui, tout au long de l'histoire, a joué un rôle important dans les communications du bassin genevois avec les pays rhodaniens et d'outre Jura. Une mention de 1225 ne permet pas de discerner si le *castrum* a été construit ou reconstruit à cette date. La maison de Savoie l'a conquis en 1312 et l'a conservé. Au cours des guerres du XVIe siècle, il changea plusieurs fois de main avant de passer, en 1600, à la France [2].

Deux des châteaux appartenant à des feudataires des seigneurs de Gex intéressent le canton de Genève. La Bâtie-Beauregard ou la Bâtie-Champion dominait la rive droite de la Versoix [3]. Construite vers 1278, elle était sur le territoire d'une seigneurie, plus tard baronnie, qui a changé plusieurs fois de main et englobait les communes de Collex-Bossy, de Bellevue et une partie de celle de Genthod. Elle possédait aussi une maison forte à Collex, plus modeste, mentionnée déjà en 1270. Les Genevois démolirent la Bâtie-Beauregard en 1590 [4].

La Bâtie-Vengeron commandait la route du bord du lac, là où elle traversait le ruisseau qui lui donnait son nom. Construite un peu avant 1341, elle a disparu au XVIe siècle [5].

Au bord du Rhône, en face de Chancy, la maison forte de Pougny, mentionnée déjà en 1278, surveillait un passage du fleuve utilisé déjà dans l'antiquité. Un pont a été édifié entre Chancy et Pougny sur la route de Genève au pas de l'Ecluse [6]. Il a été plusieurs fois rompu au cours des guerres féodales. Quant au château, il a été détruit au XVIe siècle [7].

---

[1] BLONDEL, *op. cit.*, pp. 205-213.

[2] *Ibid.*, pp. 214-217.

[3] Au lieu-dit la Vieille-Bâtie.

[4] BLONDEL, pp. 218-221.

[5] *Ibid.*, pp. 236-238.

[6] Une mention de 1425 ne permet pas de préciser s'il a été édifié ou rétabli à cette date.

[7] BLONDEL, p. 464.

Les puissants sires de Faucigny possédaient de nombreux châteaux. Nous ne retenons que ceux du pays genevois ou qui sont proches de nos frontières.

Celui de Monthoux, sur une colline modeste, mais admirablement située, commande les débouchés de la vallée de l'Arve et de celles du Faucigny, entre le Petit-Salève et les Voirons. Il est mentionné en 1245, date à laquelle on y érige une chapelle. Devenu fief de la maison de Savoie en 1308, il joue un rôle éminent au cours des guerres privées du premier tiers du XIVe siècle [1].

Le château d'Hermance était intégré à un bourg fortifié que défendaient la vallée de l'Hermance, le lac et de profonds fossés. Il servait, sur le Léman, de point d'appui à la famille de Faucigny tout en contrôlant l'importante route de Genève à Yvoire et à Thonon. Sa fondation remonte un peu avant 1245. Il a été mêlé, du fait de sa situation, à de multiples épisodes des luttes seigneuriales, surtout dans la première moitié du XIVe siècle. Mise à mal au cours des guerres du XIVe siècle, la bourgade d'Hermance a pu heureusement conserver certains vestiges de son passé [2].

Les feudataires des sires de Faucigny possédaient de leur côté de nombreuses maisons fortes entre le lac et les Préalpes de Savoie. La Bâtie-Cholay ou Roillebot (Roillebeau) se dressait au milieu d'un vaste marais qui en assurait la sécurité. Quadrangulaire, elle a été construite à partir de 1318, d'abord en bois. En 1355, elle a été placée sous la suzeraineté des comtes de Savoie et a passé dans les mains de plusieurs familles. Le château est tombé en ruines au XVIIe siècle [3].

Dans la commune de Meinier, sur la route de la Pallanterie à Sionnet, le château de Compois, mentionné pour la première fois en 1275 mais sans doute d'origine plus ancienne, était construit sur une légère éminence. La famille Compois ou Compey a été, à un moment donné, puissante. Comme beaucoup d'autres, cette maison forte a été mise à mal pendant les guerres du XVIe siècle [4].

Enfin, le château de Greysier ou de Grésy se trouvait dans la commune savoyarde de Chens, sur l'Hermance, tout près de la frontière suisse. Sans doute Greysier a-t-il précédé Hermance comme place forte, mais il a dû lui céder le pas au cours du XIIIe siècle. Il a disparu probablement au début du XIVe siècle, victime des guerres privées [5].

---

[1] BLONDEL, *op. cit.*, pp. 299-303.

[2] BLONDEL, *op. cit.*, pp. 304-312. — Cf. aussi C. FONTAINE-BORGEL, *Hermance dès les anciens temps à nos jours, avec notes sur Anières, Chevrans, Corsier*, Genève, 1888. — Guillaume FATIO, *Hermance, commune genevoise*, Genève, 1954.

[3] BLONDEL, pp. 313-316.

[4] *Ibid.*, pp. 332-335.

[5] *Ibid.*, pp. 336-339.

Les comtes de Savoie, qui étaient avec ceux de Genève les plus puissants dynastes de la région, possédaient d'importants châteaux, mais qui se trouvaient en général en dehors des limites du canton de Genève. C'était le cas — pour ne citer que les principaux d'entre eux — de ceux des Allinges, d'Evian, de Féternes et de Thonon sur la rive gauche du lac, et de Nyon, de Rolle et de Seyssel-Ain sur la rive droite du lac et du Rhône [1].

Versoix était un important point d'appui de la maison de Savoie. Le château, dont les substructions subsistent, commandait, au nord de la Versoix, l'importante route de Genève à Lausanne et celles qui s'en détachaient. Il se trouvait sur l'emplacement d'une villa romaine, détruite à l'époque burgonde et remplacée par une bâtisse édifiée un peu plus haut, à Saint-Loup [2]. Mais la position de Versoix, proche du lac et sur la route, était meilleure : aussi Pierre II de Savoie, en ayant obtenu de l'abbaye de Saint-Maurice la possession en 1257, fit-il construire, de 1258 à 1268, le château et le bourg. Ils seront impliqués dans les guerres privées du XIVe siècle. Versoix était en même temps un important port militaire. Mêlée aux guerres du XVIe siècle, la bourgade tomba en 1589 aux mains des Genevois qui l'incendièrent. Quant au château, il fut démoli en 1591 [3].

D'autres maisons fortes, dispersées un peu partout dans le diocèse, étaient aux mains des feudataires des dynastes savoyards. Ainsi, pour ne retenir que l'essentiel, sur la rive gauche, Coudrée, Larringes, la Rochette, Yvoire et, de l'autre côté du lac, en y incluant les possessions de quelques seigneurs vaudois, Aubonne, Mont-le-Grand, Vincy et plusieurs autres.

Ville-la-Grand, aux confins de Genève, possédait un château, proche du village, sur une petite éminence dominant le Foron, au carrefour de routes assez fréquentées. De fondation carolingienne sur un site romain, quadrangulaire, mais de forme irrégulière, comme tant d'autres, il a été mêlé aux luttes privées, caractéristiques du XIVe siècle dans la région. Après avoir été pris et repris pendant les guerres du XVIe siècle, il resta finalement aux mains des Genevois qui l'incendièrent en 1582 [4].

Le château de Malval dominait la vallée de l'Allondon, au-dessus du hameau des Baillets. Edifié par l'évêque Aymon de Grandson vers 1217, il fut inféodé au seigneur de Malval qui, en 1292, incapable de le défendre contre les sires de Gex, le remit à l'évêque. Il revint ensuite, dans des circonstances

---

[1] BLONDEL, *op. cit.*, pp. 355-385, 419-433.

[2] Il est probable que la mention, en 1022, d'un *castrum*, la concerne.

[3] BLONDEL, *op. cit.*, pp. 415-418. — *Chronique... 1953*, dans *Genava*, N.S., II, 1954, pp. 224-225. — Jean-Pierre FERRIER, *Histoire de la commune de Versoix, des origines à nos jours*, Genève, 1942.

[4] BLONDEL, pp. 411-414.

obscures, au comte de Savoie qui le renforça au début du XIVe siècle. Pris et endommagé par le sire de Gex après un siège, en 1306, il dut être restitué au comte de Savoie par le vainqueur qui paya en outre une forte indemnité. Tombé en ruine, il s'effondra avec une partie de la falaise au XVIIIe siècle [1].

Plusieurs autres maisons fortes médiévales pourraient être encore évoquées : ainsi Aïre, Arare, Bardonnex, Corsinge, Dardagny, Laconnex, Lully, Merlinge, Presinge, Tournay, Vésenaz. Certaines ont duré jusqu'à nos jours avec, bien sûr, toutes les modifications et les mutilations apportées par le temps [2].

Une place à part doit être faite à la commanderie de Compesières [3]. Edmond Ganter en a été l'historien récent. Le nom de Compesières apparaît pour la première fois vers 1270. L'ordre de Saint-Jean de Jérusalem, fondé par des marchands d'Amalfi vers 1048, s'est vu imposer par le pape Innocent II en 1130 l'obligation d'assurer la défense militaire des chrétiens de Palestine. Ses membres sont devenus les chevaliers de Rhodes en 1310 et de Malte en 1350. Ils possédaient huit *langues* ou circonscriptions [4]. Compesières dépendait de celle d'Auvergne.

Les Frères de Saint-Jean de Jérusalem étaient déjà établis dans le diocèse de Genève au début du XIIIe siècle, mais on ne connaît pas la date de la construction de Compesières. Un texte de 1305 révèle cependant qu'une maison des chevaliers existait déjà à la fin du XIIIe siècle. L'édifice actuel est un peu postérieur ; il date probablement des environs de 1312. Il a été remanié au XVe et au XVIIIe siècle [5].

---

[1] BLONDEL, *op. cit.*, p. 463.

[2] BLONDEL, *Châteaux...*, *passim*. — *Chronique... 1943*, dans *Genava*, XXII, 1944, pp. 53-59. — W. DEONNA, *Les arts à Genève...*, pp. 159-162. — La maison forte de Feuillasse relevait du Chapitre. Elle était quadrangulaire : construite à la fin du XVe siècle, elle existe encore aujourd'hui ; mais elle a subi de nombreuses transformations. E.-L. DUMONT, *Le château de Feuillasse (Les seigneuries de Feuillasse et de Mategnin-Cointrin)*, dans *B.I.G.*, LVI, 1953, pp. 129, 238.

[3] Jusqu'au XIIIe siècle, les commanderies se sont appelées préceptoreries.

[4] L'ordre comprenait des chevaliers qui devaient posséder quatre quartiers de noblesse dans leur ascendance paternelle aussi bien que maternelle, des chapelains — des prêtres — et des servants d'armes, les membres de ces deux dernières catégories devant simplement appartenir à des familles honorables.

[5] Auguste de MONTFALCON, *Compesières. Notice historique illustrée*, St-Maurice, 1932, pp. 9-11 et *passim*. — E. GANTER, *Compesières, ancien chef-lieu de la Commanderie du Genevois de l'Ordre de Saint-Jean de Jérusalem de Malte. Guide du visiteur*, s.l. [Genève], 1958. — Du même auteur, *Les ordres militaires dans le diocèse de Genève*, déjà cité, dans *Genava*, N.S., VIII, 1960, pp. 160-195. Selon un document conservé aux Archives d'Etat de Turin, l'évêque Aimon de Menthonay, en 1270, remet aux Frères hospitaliers de

Ainsi, un grand nombre de châteaux ont dressé leurs murailles et leurs tours dans le pays genevois. La plupart d'entre eux, souvent dévastés, réparés ou reconstruits, ont joué leur rôle dans les luttes entre seigneurs. S'ils ont servi alors de refuges aux paysans, ils ont parfois attiré les coups sur la région où ils étaient édifiés, provoquant de graves déprédations. Combien de récoltes, de vignes, de vergers n'ont-ils pas été saccagés, détruits au cours des guerres privées ?

Jérusalem, à Genève, l'église de Compesières avec ses droits et dépendances « pour le bien de son âme et celle de ses prédécesseurs ». Edm. Ganter pense qu'en faisant ce don l'évêque, s'associant à un mouvement général, désirait contribuer à la défense de ce qui subsistait alors du royaume de Jérusalem dans la dernière phase de son existence. P. 170 et n. 20. Le château actuel de Compesières semble dater de la fin du XIVᵉ siècle, et a été amélioré par le commandeur Guy de Luyrieux, cité en 1439 et 1452, et dont les armes, très effacées, accompagnent encore une inscription illisible, près de la porte extérieure donnant accès à la salle des chevaliers. P. 175. — Voir aussi L. BLONDEL, qui estime que la Commanderie a été entièrement restaurée en 1425. *Chronique... 1953*, dans *Genava*, N.S., II, 1954, p. 222.

CHAPITRE II

LES BOURGS FORTIFIÉS

Ces bourgs, comme les maisons fortes, ont contribué à donner au paysage genevois son caractère. Nous avons fait allusion à plusieurs d'entre eux à propos des châteaux qui les défendaient et qu'ils entouraient. Louis Blondel, dans *Châteaux de l'ancien diocèse de Genève* et dans une étude sur *Les fondations de villeneuves ou bourgs-neufs aux environs de Genève* [1], a fourni à leur sujet plus d'un détail.

Plusieurs seigneurs, parmi les plus puissants de la région, entraînés, avec un certain retard d'ailleurs, par le mouvement municipal qui se développait un peu partout en Europe, ont créé de tels bourgs. Parmi eux figurent les évêques, les comtes de Genève, les sires de Faucigny, ceux de Gex, les comtes de Savoie. Poussés par leur intérêt, ils cherchaient à attirer sur leurs terres des habitants nouveaux, capables de développer le commerce et l'industrie, en leur octroyant des privilèges politiques et économiques à la fois.

Tantôt, on utilisait des villages préexistants que l'on agrandissait et que l'on fortifiait, tantôt, on édifiait de toutes pièces des cités nouvelles. C'est le cas, dans le voisinage de Genève, de Rolle, de Coppet, de Versoix, d'Hermance, de Monthoux, de Gaillard. Leur plan a été conçu d'une façon logique alors que les bourgs anciens s'étaient développés au gré des circonstances, souvent dans le plus grand désordre.

Les moyens de défense de ces agglomérations sont de plusieurs types que L. Blondel a décrits [2]. Certaines possèdent une véritable enceinte continue, renforcée de tours, avec des portes fortement organisées. D'autres s'entourent simplement d'un fossé et de palissades, l'arrière des maisons, serrées les unes contre les autres, remplaçant tant bien que mal la muraille. Longtemps le quartier de Saint-Gervais, nous l'avons vu, a appartenu à ce second type.

---

[1] *B.H.G.*, IX, 1947-1950, pp. 3-17.
[2] *Châteaux...*, pp. 24-27.

Il arrive aussi que l'enceinte du château soit assez vaste pour abriter non seulement le seigneur, sa famille, ses serviteurs, mais aussi ses clients et finalement une chapelle ou une église. C'est alors le château qui crée l'agglomération. Ainsi, près de Presinge, Compois et, en dehors des limites du canton, Sallanches, Châtillon-sur-Cluses, Faucigny ou Ballaison. Dans ce cas, les habitants restent étroitement dépendants du seigneur. Ailleurs, au contraire, de larges concessions sont consenties aux habitants, sous forme de franchises, de droits de marché, de privilèges fiscaux, d'avantages industriels et commerciaux. A cela s'ajoute souvent la libération des serfs qui y résident un certain temps, en général un an. Les seigneurs qui accordent ces chartes ne laissent pas d'en tirer de sérieux avantages. Elles varient à l'infini : il suffit pour s'en convaincre d'étudier celles, très nombreuses, du diocèse de Genève [1].

La structure de ces bourgs est conditionnée par le terrain. Si l'on dispose de surfaces planes, on utilise des formes régulières : carrés ou rectangles à Rolle, Evian, Lullin, Cluses, Hermance, Gaillard, Clermont ; cercles ou ovales à Yvoire, Ballaison, Jussy-le-Château. Mais la forme ovalaire s'impose aussi aux bourgades couronnant des collines allongées ; c'est le cas de Peney, de Haute-Bonne ou de Monthoux. A Thonon, le bourg ancien affecte la forme d'un cercle, autour du prieuré et de l'église, mais le bas quartier, qui est une villeneuve, est quadrangulaire. La topographie a dessiné les contours irréguliers de localités comme Aubonne, Sallanches, Cruseilles, Chaumont [2].

Peney, dont le rôle a été si grand dans l'histoire de la Genève médiévale, a constitué, séparé du château épiscopal, un bourg en forme de quadrilatère quelque peu irrégulier. Lorsqu'on le construisit, au XIIIe siècle, on laissa en dehors de l'enceinte l'église du hameau préexistant, mais on utilisa, du côté oriental, ce qui restait d'un ancien édifice, le Château-Vy. Peney ne possédait pas de tours. Deux portes fortifiées fermaient le village qui tirait son importance de la route de Genève à Dardagny et au pas de l'Ecluse qui le traversait et d'où se détachait le chemin de Satigny. Au pied de la colline, vers l'embouchure de l'Avril, un bac traversait le Rhône [3].

Le bourg d'Epeisses, à l'est du château qui dominait le Rhône, groupait ses maisons autour d'une place. La forme en a subsisté jusqu'à nos jours. Son activité économique était liée, nous l'avons vu, au pont sur le Rhône et

---

[1] Elles ont été publiées, avec une introduction, par P. LULLIN et Ch. LE FORT, sous le titre : *Recueil des franchises et lois municipales des principales villes de l'ancien diocèse de Genève*, M.D.G., XIII, 2e partie, 1863, pp. III-XXVIII et 1-247. — Cf. *supra*, livre V, Ire partie, chap. unique.

[2] BLONDEL, *Châteaux...*, pp. 24-27. — *Les fondations de villeneuves...*, pp. 10-12.

[3] BLONDEL, *Châteaux...*, pp. 38-43.

au port fluvial. Il avait attiré dans son enceinte plusieurs familles de la Champagne [1].

Gaillard commandait la route qui, de Genève, tendait par Malagnou vers Etrembières et les vallées savoyardes. Un pont ou un bac permettait de franchir l'Arve [2].

Sur les deux rives du lac, au passage des deux routes qui le longeaient, Versoix et Hermance ont eu un particulier prestige. Versoix, traversé par le chemin de Genève à Nyon, était fermé à ses deux extrémités par des portes. Une poterne donnait accès aux moulins situés sur une dérivation de la rivière. Son port a joué à plusieurs reprises un rôle militaire. Son enceinte formait avec l'imposant château situé à son angle nord-est un ensemble cohérent [3].

De tous ces villages fortifiés, c'est Hermance qui, avec sa puissante tour, a le mieux conservé son aspect primitif. L'agglomération était divisée en deux parties : le bourg du haut, accolé au château et dominant l'église, celui du bas allongeant son rectangle parallèlement à l'Hermance, son petit côté étant sur le lac. Château et village constituaient un seul système fortifié — où passait la route de Genève à Yvoire et Thonon — enveloppé de murailles et, partiellement, de fossés. Quelques tours et quatre portes renforçaient la défense. Le port, comme celui de Versoix, a tenu une place importante dans les guerres médiévales [4].

Il faut faire une place à part à Carouge, qui n'était d'ailleurs pas un bourg fortifié. Le *Quadruvium* primitif, la villa romaine, puis burgonde où Sigismond a été couronné en 516, sont devenus au moyen âge une localité d'un type particulier, l'ancien « village du pont d'Arve », sur la rive gauche de la rivière qui, plus tard, en rongeant ses berges, l'a fait disparaître. Carouge était, en face de Genève, au débouché du pont, le point de dispersion de trois routes. Un modeste chemin, suivant la rive, se dirigeait vers les Vernets et le château de la Bâtie-Meillé. Un autre, au centre, plus fréquenté, conduisait à Lancy, Confignon et Chancy où l'on pouvait franchir le Rhône. Le plus important, héritier de la voie romaine, suivait la rue d'Arve, la rue Vautier, la rue Ancienne pour aboutir au Rondeau et se diriger vers Saint-Julien et Ternier. Il comportait plusieurs embranchements [5].

---

[1] Blondel, *Châteaux*..., pp. 44-46.

[2] *Ibid.*, pp. 88-93.

[3] Blondel, *Châteaux*..., pp. 415-418. — *Les fondations de villeneuves*..., pp. 12-14. — J.-P. Ferrier, *op. cit., passim.* — C. Fontaine[-Borgel], *Recherches historiques sur Versoix*, Genève, 1863.

[4] Blondel, *Châteaux*..., pp. 304-312. — *Les fondations*..., pp. 4-8. — G. Fatio, *Hermance*..., *passim.* — Cl. Fontaine-Borgel, *Hermance*..., *passim.*

[5] Sur les voies de communication, cf. *infra*, IXe partie, sect. I, chap. II.

Carouge possédait en outre d'importantes constructions et un vaste domaine rural [1]. Des moulins étaient actionnés par une dérivation de l'Arve qui a appartenu successivement à plusieurs familles de la noblesse et qui a donné lieu, au XVᵉ siècle, à de nombreux conflits. Au-delà de ce bien s'élevaient encore quelques maisons dont certaines — ainsi celle des nobles Campanod — ont été considérables [2]. De la route de Ternier se détachait, à main gauche, le chemin de Veyrier.

La léproserie ou maladière de Carouge a été probablement fondée, dans la première moitié du XIIIᵉ siècle, sur l'emplacement de la rue d'Arve. Selon Louis Blondel, elle était formée d'une « série de petites maisons contiguës, comprenant chacune une chambre ou logis pour un lépreux. Toutes ces habitations, dont chaque porte était ornée d'une peinture de saint, s'ouvraient sur une cour centrale close de murs. » Sur l'emplacement de l'ancienne filature, aujourd'hui démolie, se trouvait la chapelle de Saint-Nicolas des lépreux, ou des ladres, qui a été probablement détruite en 1535. Les lépreux étaient enterrés dans le cimetière qui entourait la chapelle. La maladière a cessé d'être utilisée au cours du XVIᵉ siècle, à un moment où la lèpre tendait à disparaître [3].

A la sortie de Carouge, au Rondeau, se dressaient, face à face, les fourches patibulaires des seigneurs de Saconnex-delà-d'Arve et de Ternier [4].

---

[1] Situé près des routes conduisant à Lancy et à la Bâtie-Meillé, il appartenait aux Filancet.

[2] L. BLONDEL, *Les Faubourgs...*, pp. 58-61. — J.-B.-G. GALIFFE, *Genève hist. et arch., Supplément*, Genève, 1872, p. 115. — Cf. aussi C. FONTAINE[-BORGEL], *Recherches historiques sur Carouge*, Genève, 1857. — E.-H. GAULLIEUR, *Annales de Carouge, notice sur l'origine, l'accroissement de cette ville et ses rapports avec Genève sous le gouvernement de la maison de Savoie*, Genève, 1857.

[3] BLONDEL, *Les Faubourgs...*, pp. 61-62. — Dʳ J.-J. CHAPONNIÈRE, *Des léproseries de Genève au XVᵉ siècle*, dans *M.D.G.*, I, 1ʳᵉ partie, 1840, pp. 101-134.

[4] BLONDEL, *Les Faubourgs...*, p. 63.

CHAPITRE III

LES VILLAGES
LES MAISONS RURALES

Le pays genevois, bien cultivé malgré les taillis et les marécages qui l'encombraient, possédait un grand nombre de villages et de hameaux. La plupart de ceux qui existent à l'heure actuelle remontent au moyen âge et souvent même, nous l'avons vu, à des époques beaucoup plus anciennes. Certes, ils ont changé depuis lors de visage. Beaucoup d'entre eux subissent même actuellement de profonds bouleversements et les plus rapprochés de la ville deviennent des quartiers suburbains. Cependant, certains caractères quant à la forme et à l'implantation des maisons paysannes ont persisté dans plusieurs villages jusqu'à nos jours. Mais la disparition de beaucoup de châteaux médiévaux, la construction au XVIIIe siècle des incomparables résidences des plus fortunés des Genevois, puis l'invasion au XIXe et au XXe siècle, à une allure toujours plus rapide, des villas, petites ou grandes, heureuses ou laides, ont modifié et trop souvent altéré les traits de la campagne genevoise.

Les villages médiévaux du bassin genevois ont été façonnés à la fois par la topographie et par le genre de vie de ceux qui les habitaient. « Les maisons, remarquait Marc Bloch empruntant une citation à R. Dion, si elles ont leurs variétés géographiques, sont aussi à leur manière des institutions de classe. L'habitat, au surplus, peut-il jamais être détaché de son substrat social [1] ? »

L'emplacement des agglomérations a été aussi déterminé par la présence de l'eau. Certaines parties du canton en manquent. Jusqu'au moment où les Services industriels l'ont distribuée partout, il fallait, dans les étés secs, aller parfois la chercher au lac, au Rhône, dans l'Arve, à l'Allondon, à la Versoix, dans d'autres rivières encore. Des puits, en certaines régions, ont pu atteindre la nappe phréatique. Quelques sources abondantes et à débit régulier

---

[1] *Les caractères originaux de l'histoire rurale française*, t. II, Paris, n^{lle} éd., 1956, pp. 194-195. Citation tirée de R. DION, *Le Val de Loire*, 1933, dont un compte rendu est donné dans *Annales d'histoire économique et sociale*, 1934, p. 482.

ont facilité la vie des villageois, ainsi à Sézegnin, à Dardagny, à Collex-Bossy, à Céligny [1].

Dans d'autres cas, la fondation d'une localité a répondu à des raisons de sécurité : elle a couronné par exemple une éminence facile à défendre, ou elle s'est créée, nous venons de le voir, à proximité ou autour d'un château. Parfois, des maisons isolées, des hameaux même, ont été absorbés par des villages en voie de croissance [2].

La forme des agglomérations rurales a été en général imposée par les conditions du terrain. Nous l'avons signalé à propos des châteaux. Mais, fort heureusement, la fantaisie a pu y avoir sa part. Pourquoi deux villages qui se touchent ont-ils offert tant de dissemblances dès leur origine ? Bernex est constitué par de longues rangées continues de maisons, parallèles au Jura, au sommet d'une légère déclivité qui aboutit au Rhône [3]. Confignon, construite en partie sur une terrasse, en partie sur les pentes orientées vers le vallon de l'Aire et vers le Salève, comprend des habitations disposées en petits groupes ou complètement isolées [4].

Dans quelques cas, une église, une place, un four banal ont été les noyaux de cristallisation autour desquels les villages se sont ordonnés.

Si l'on fait abstraction des châteaux, des maisons fortes — et plus tard des belles résidences campagnardes laissées par notre XVIIIᵉ siècle —, les localités genevoises offrent très rarement des habitations ayant un réel intérêt architectural. Les traits actuels de celles qui sont éloignées de la ville permettent d'imaginer ce qu'elles ont été. Il n'empêche que, dans leur discrétion, elles peuvent avoir beaucoup de charme. « D'une manière générale, a écrit Paul Aubert, le village est d'aspect sinon chétif, tout au moins modeste. Ses maisons peu élevées ne rompent pas les grandes lignes du paysage auquel il se subordonne. Les constructions, implantées suivant les mouvements du terrain, font corps avec lui et se contentent de placer quelques accents discrets sur les points qu'elles occupent [5]. »

Aubert constate que beaucoup des maisons rurales sont restées, malgré certaines transformations, assez proches de ce qu'elles ont été au moyen âge [6]. Il n'existe probablement pas de demeure intacte dans la campagne genevoise

---

[1] E. JOUKOWSKY, *Esquisse géologique du Plateau genevois*, dans *Genava*, V, 1927, pp. 238-240.

[2] L. BLONDEL, *Origine et développement des lieux habités...*, pp. 15-19.

[3] *La maison bourgeoise...*, IIᵉ vol., planche 90.

[4] Joseph-C. BERTHET, *Confignon, histoire du village*, Genève, 1951, pp. 9-12.

[5] Paul AUBERT, *Types de villages genevois*, dans *Genava*, V, 1927, p. 302.

[6] *L'ancienne maison rurale dans le canton de Genève*, dans *Genava*, I, 1923, p. 129. — *Types de villages...*, loc. cit., pp. 266-303.

qui soit antérieure au XVe siècle. Mais beaucoup ont été sans doute reconstruites sur leurs anciennes substructions, avec les mêmes caractères [1]. L'admirable « Pêche miraculeuse » du peintre Conrad Witz que possède notre musée,
si précise en ses détails, permet de constater la pérennité de la campagne
genevoise et de ses constructions. Elle est de 1444. Quelques maisons — celles
du village de Cologny — sont groupées. D'autres sont isolées au milieu de
champs entourés de haies. P. Aubert en relève l'extrême simplicité. De forme
rectangulaire, probablement construites en pierre, elles sont basses, formées
d'un rez-de-chaussée surmonté d'un étage pris dans le toit et sans doute
réservé aux greniers. La toiture est à deux versants, faiblement inclinés [2].

Une gravure de 1590 qui représente le petit fort d'Arve et son arrière-pays,
de Pinchat au Grand-Lancy, avec, à l'arrière-plan, Saconnex, Compesières,
Ternier, Sainte-Catherine, marque bien la continuité, de l'époque du retable
de Conrad Witz au XVIe siècle [3]. Les maisons, avec leurs jardins et leurs
chènevières, étaient couvertes de chaume ou de tuiles courbes [4].

Le mobilier de ces habitations rurales était assez rudimentaire. P. Aubert
a décrit, d'après un acte notarié de 1455, celui de la cure de Chancy qui devait
être plus confortable que la demeure d'un modeste paysan. « Dans la cuisine,
une table de noyer avec ses supports et un banc de la longueur de cette table,
deux tabourets et un autre pour faire la lessive. Dans la chambre contiguë...,
un cadre de lit avec des marches formant banc tout autour du dit lit [5]. » Bien
au-delà du moyen âge, le sol de la cuisine est resté de terre battue ; parfois
cependant on l'a pavé de grosses pierres.

Certaines paroisses ont été constituées par un seul village, ainsi Confignon,[6]
alors que d'autres ont groupé plusieurs hameaux. Vandœuvres, au XIIIe siècle
déjà, réunissait autour de son église Pressy, Chougny, Miolan, Bonvard,Ruth,
Vésenaz, Bessinge [7].

La population des villages a sans doute peu varié pendant la seconde
moitié du moyen âge. La paroisse de Vandœuvres comptait 68 feux en 1412

---

[1] *L'ancienne maison rurale...*, *loc. cit.*, p. 130.
[2] *Ibid.*, p. 130.
[3] Paul AUBERT, *Types de villages...*, *loc. cit.*, p. 267. — G. FATIO fournit des indications sur les habitations rurales et les villages, mais elles intéressent surtout les siècles posté-rieurs. Il a rappelé le grand nombre de maisons possédant un escalier extérieur. *Céligny, commune genevoise et enclave en pays de Vaud*, Céligny, 1949, pp. 35-47.
[4] L. BLONDEL, *La tour de Lancy...*, Genève, 1924, pp. 9, 18.
[5] *L'ancienne maison rurale...*, p. 139.
[6] Joseph-C. BERTHET, *op. cit.*, p. 38.
[7] Gustave VAUCHER et Edmond BARDE, *Histoire de Vandœuvres*, Genève, 1956, pp. 23 et ss., 38-40 et *passim*. — C. FONTAINE-BORGEL, *Histoire des communes genevoises de Vandœuvres, Collonge-Bellerive, Cologny et des Eaux-Vives*, Genève, 1890, *passim*.

et 60 en 1518 [1]. Cependant, celle de Confignon offre des fluctuations plus marquées : elle possédait 27 foyers en 1412, 26 en 1482 et 40 en 1518 [2].

De nombreuses études — livres ou articles —, de qualité très inégale — certaines sont d'un grand intérêt —, ont été publiées sur les villages, les paroisses et les communes du canton de Genève. On peut y trouver beaucoup de renseignements concernant l'antiquité et le moyen âge, bien que les siècles de l'histoire moderne et contemporaine y tiennent une beaucoup plus grande place. Certaines même de ces monographies ne remontent pas plus haut. Nous les incorporons cependant dans la bibliographie — elle ne prétend pas être exhaustive — que nous publions en note en suivant l'ordre alphabétique des communes, des paroisses ou des villages [3].

---

[1] VAUCHER et BARDE, *op. cit.*, p. 44. Ils estiment qu'un feu — un foyer — doit représenter, selon les époques, de cinq à huit personnes.

[2] Joseph-C. BERTHET, *op. cit.*, pp. 41-43.

[3] Cette bibliographie a été établie avec la collaboration d'Anne-Marie Piuz et de Jean-Frédéric Rouiller. — ANIÈRES : voir Corsier et Hermance. — AVULLY : Pierre BERTRAND, *Avully, commune genevoise*, Genève, 1952. — BARDONNEX : voir Compesières. — BELLEVUE : Guillaume FATIO, *Bellevue, commune genevoise*, Genève, 1945. — P. BERTRAND, *Bellevue, commune genevoise*, Genève, 1955. — LA BELOTTE : Paul-Edmond MARTIN, *A propos de la Belotte, étude sur les grèves du lac et les biens communaux du territoire genevois*, Bâle, 1921. — BERNEX : voir Lancy. — CAROUGE : E.-H. GAULLIEUR, *Annales de Carouge, notice sur l'origine, l'accroissement de cette ville et ses rapports avec Genève...*, Genève, 1857. — C. FONTAINE[-BORGEL], *Recherches historiques sur Carouge*, Genève, 1857. — César DUVAL, *Ternier et Saint-Julien. Essai historique sur les anciens bailliages de Ternier et Gaillard et le district révolutionnaire de Carouge*, Genève, 1879. — René-Louis PIACHAUD, *Carouge*, Genève, 1936. — Paul MAERKY, *Souvenirs d'un gamin de Carouge. Scènes de la vie carougeoise*, Neuchâtel, 1937. — Edmond BARDE, *Grange-Colomb*, Carouge, 1934. — Henri TANNER, *Ceux de Carouge*, Carouge, 1943. — Concernant Carouge, voir encore *Exposition industrielle Carouge-Acacias... (avec une notice historique sur Carouge)*, Carouge, 1906. — CARTIGNY : P. BERTRAND, *Vieille terre genevoise : la Champagne, notes d'histoire*, Genève, 1939. — Jean MARTIN, *Histoire et traditions de Cartigny*, Genève, 1946. — CÉLIGNY : G. FATIO, *Céligny, commune genevoise...*, Céligny, 1949. — CHANCY : P. BERTRAND, *Chancy, commune genevoise, notice historique*, Genève, 1954. — CHÊNE-BOURG, CHÊNE-BOUGERIES : C. FONTAINE[-BORGEL], *Mémoire sur l'église de Chêne*, Genève, 1857. — Alb.-H. ROEHRICH, *La paroisse et le temple de Chêne, notice historique*, Genève, 1908. — ROEHRICH, *De la bienfaisance à Chêne depuis 1640...*, Genève, 1917. — Edouard CHAPUISAT, *Chêne-Bougeries, 1801-1951, histoire et tradition*, Genève, 1951. — Voir aussi, au sujet de Chêne, *La situation financière de Chêne-Bourg, 1869-1872*, Genève, 1872. — CHEVRENS : voir Hermance. — CHOULEX : Louis BLONDEL, *Les marais de Roillebot et la Bâtie-Choulex*, dans *Nos anciens et leurs œuvres*, 2e série, X, 1920. — COLLEX-BOSSY : Hermann BOREL, *La Baronnie de la Bastie-Beauregard au Pays de Gex*, dans *B.H.G.*, VII, 1939-1942. — COLLONGE-BELLERIVE : Théodore FOËX, *Bellerive, la destruction de l'abbaye et la fondation de la seigneurie*, Genève, 1923, *B.I.G.*, XLV, 1922. — Adolphe THORENS, *Histoire de Collonge-Bellerive*, Fribourg, 1957. — Voir Vandœuvres. — COLOGNY : Paul NAVILLE, *Cologny*, Genève, 1958. — Voir Vandœuvres. — COMPESIÈRES : Auguste de MONTFALCON, *La commanderie de Compesières*, dans *Almanach catholique social genevois*, 1927. — MONTFALCON, *Compesières, Notice historique illustrée*, Saint-Maurice, 1932. — Jacques DELÉTRAZ, *La commune de Compesières, de sa réunion au*

Canton de Genève en 1816 à sa division en 1851, s.l.n.d. [Genève, 1952]. — Edmond
GANTER, *Compesières, ancien chef-lieu de la Commanderie du Genevois de l'Ordre de Saint-
Jean de Jérusalem de Malte. Guide du visiteur*, s.l. [Genève], 1958. — *Les ordres militaires
dans le diocèse de Genève*, dans *Genava*, N.S., VIII, 1960, pp. 160-195. — CONFIGNON :
A. BERTHIER, *Un village historique, la seigneurie de Confignon*, dans *Revue des familles*,
II, 1912. — Jules CROSNIER, *Le village de Confignon et la chapelle des Seigneurs*, dans
Nos anciens et leurs œuvres, 2e série, VIII, 1918. — Joseph-C. BERTHET, *Confignon,
histoire du village*, Genève, 1951. — CORSIER : P. BERTRAND, *Histoire des communes de
Corsier et d'Anières*, s.l.n.d., [Genève, 1956]. — Voir Hermance. — DARDAGNY : Jacques
GROS, *Historique du château de Dardagny*, Genève, 1931. — EAUX-VIVES : Jean-Pierre
FERRIER, *La commune des Eaux-Vives de sa création à la Fusion 1798-1930*, Genève,
1931. — Voir Vandœuvres. — FEUILLASSE : E.-L. DUMONT, *Le château de Feuillasse...*,
dans *B.I.G.*, LVI, 1953. — GENTHOD : G. FATIO, *Histoire de Genthod et de son territoire*,
Genève, 1943. — GRANGE-CANAL : Louis THOMAS, *Grange-Canal et Jean-Jacques Rousseau*,
Genève, 1901. — HERMANCE : Claudius FONTAINE-BORGEL, *Hermance dès les anciens
temps à nos jours, avec notes sur Anières, Chevrans, Corsier*, Genève, 1888. — G. FATIO,
Hermance, commune genevoise, Genève, 1954. — JUSSY : André CORBAZ, *Un coin de terre
genevoise. Mandement et chastellenie de Jussy-l'Evesque*, Genève, s.d. [1917]. — LACONNEX :
Chanoine F. FLEURY, *Laconnex, chapelle du château de La Grave*, Fribourg, 1885. — Louis
COPPIER, *La chapelle de la Grave à Laconnex*, Fribourg, 1924. — Voir Soral. — LANCY :
C. FONTAINE-BORGEL, *Histoire de Lancy, dès les anciens temps jusqu'à nos jours*, Genève,
1882. — L. BLONDEL, *La tour de Lancy, histoire d'un domaine pendant six siècles*, Genève,
1924. — P. BERTRAND, *Lancy d'autrefois*, dans *Fête de la Fédération musicale genevoise,
13-14 juin 1942, programme officiel*, Genève, 1942. — Paul-F. GEISENDORF, Marc-A.
BORGEAUD, Th. GEISENDORF-DESGOUTTES, *Quatre siècles d'histoire protestante, 1544-1944.
Lancy-Onex-Bernex*, Genève, s.d. [1944]. — LANDECY : Dominique MICHELI et Ernest
CHRISTEN, *Centenaire des cultes de Landecy, 1854-1954*, s.l. [Genève], 1954. — MALAGNY
(Genthod) : G. FATIO, *Le château de Malagny*, Genève, 1924. — MANDEMENT : Lucien
FULPIUS, *Notes d'histoire locale, le Mandement genevois et ses familles*, Genève, 1941. —
MEINIER : P. BERTRAND, *Histoire du territoire de Meinier*, dans *B.I.G.*, LIX, 1957. —
MEYRIN : Eugène TOMBET, *Notice historique sur la commune de Meyrin*, Genève, 1895. —
ONEX : P.-F. GEISENDORF, M.-A. BORGEAUD, E. BARDE, Mgr Ch. COMTE, P. ROSE,
Histoire d'Onex, Genève, 1951. — PETIT-SACONNEX : Edouard CHAPUISAT, *L'auberge de
Sécheron au temps des princesses et des berlines*, Genève, 1934. — P. BERTRAND, *Le Petit-
Saconnex, du lieudit au village et à la commune, plaquette-souvenir*, Genève, 1955. —
PLAINPALAIS : C. FONTAINE-BORGEL, *Souvenirs de Plainpalais, à partir des temps anciens
jusqu'au XVIIIe siècle*, Genève, 1887. — H. FRIDERICH, *Plainpalais, notice historique*,
Genève, 1924. — Ch. CHENEVIÈRE, *Plainpalais, histoire d'une paroisse de l'Eglise nationale
protestante*, Genève, 1933. — P. BERTRAND, *Plainpalais, son passé, son avenir...*, Genève,
1943. — Louis VALLETTE, *Paroisse protestante de Plainpalais...*, s.l.n.d. [Genève, 1911]. —
PLAN-LES-OUATES : P. BERTRAND, *Plan-les-Ouates, Saconnex d'Arve, Arare, notice historique*,
Genève, 1951. — PREGNY : G. FATIO, *Pregny, commune genevoise et coteau des Altesses*,
Pregny, 1947. — PRESINGE : Norbert DUNOYER, *Notice historique sur la paroisse de
Presinge-Puplinge*, Saint-Maurice, 1921. — Aug. BLONDEL, *Demeures genevoises : Presinge*, dans *Nos anciens et leurs œuvres*, VII, 1907. — RUSSIN : L. BLONDEL, *Le temple
de Russin et ses souvenirs calviniens*, dans *Almanach paroissial, Eglise nationale protestante
de Genève*, 1931. — SAINT-VICTOR ET CHAPITRE : César DUVAL, *Les terres de Saint-Victor
et Chapitre dans l'ancien bailliage de Ternier*, Genève et Saint-Julien, 1880. — SORAL :
Abbé A. THORENS, *Le 1er siècle de la paroisse de Soral et Laconnex, 1831-1931*, Belley,
1933. — VANDOEUVRES : C. FONTAINE-BORGEL, *Histoire des communes genevoises de
Vandœuvres, Collonge-Bellerive, Cologny et des Eaux-Vives*, Genève, 1890. — Gustave
VAUCHER et Edmond BARDE, *Histoire de Vandœuvres*, Genève, 1956. — VAREMBÉ :
Paul-E. MARTIN, *Varembé, histoire d'un domaine genevois...*, Genève, 1949. — VERNIER :
H. GOLAY, *Recherches historiques sur Vernier et le Pays de Gex*, Genève, s.d. [1931]. —
VERSOIX : C. FONTAINE[-BORGEL], *Recherches historiques sur Versoix*, Genève, 1863. —

C. CORNAZ-VULLIET, *Versoix, notice historique, industrielle, commerciale, agricole et viticole...* (Epreuves d'un volume qui n'a pas paru. 1899. Se trouvent aux Archives d'Etat de Genève). — J.-P. FERRIER, *Le duc de Choiseul, Voltaire et la création de Versoix-la-Ville, 1766-1777*, Genève, 1922. — FERRIER, *Histoire de la commune de Versoix...*, Genève, 1942. — Cl. FONTAINE[-BORGEL], *Notice sur les châteaux de Versoix, fort de St-Maurice et St-Loup*, dans *B.I.G.*, XVII, 1872. — VEYRIER : Th. CLAPARÈDE, *La nouvelle chapelle de Veyrier et l'ancienne paroisse de Bossey-Veyrier*, Genève, 1882. — David MARCHAND, *Sierne et ses moulins*, dans *Almanach du Vieux-Genève*, XXVI, 1951.

TROISIÈME PARTIE

LE RÉGIME FÉODAL ET SEIGNEURIAL

CHAPITRE PREMIER

CARACTÈRES GÉNÉRAUX

Dans le livre IV, nous avons esquissé l'évolution de la propriété foncière et des classes qui en dépendent à partir de la chute de Rome. A travers les temps mérovingiens et carolingiens, elle est caractérisée par une certaine continuité mais aussi par des innovations.

F.-L. Ganshof a précisé la notion de féodalité dans les deux acceptions admises par les historiens contemporains [1]. La première s'applique à une société caractérisée par des liens étroits « de dépendance d'homme à homme, avec une classe de guerriers spécialisés », un droit de propriété très morcelé entraînant « une hiérarchie des droits sur la terre », enfin une division du pouvoir public aboutissant à « une hiérarchie d'instances autonomes... exerçant dans leur propre intérêt des pouvoirs normalement attribués à l'Etat ». Du Xe au XIIe siècle, c'est le régime propre à l'Europe occidentale, en particulier aux pays nés des partages de l'Empire carolingien et à ceux qui en ont subi l'influence [2].

Alors que cette première acception a un caractère plutôt social et politique, la seconde, plus technique, est d'ordre juridique. La féodalité, dans un sens étroit, « peut être définie comme un ensemble d'institutions créant et régissant des obligations d'obéissance et de service — principalement militaire — de la part d'un homme libre, dit *vassal*, envers un homme libre dit *seigneur*, et des obligations de protection et d'entretien de la part du *seigneur* à l'égard du *vassal* ; l'obligation d'entretien ayant le plus souvent pour effet la concession par le seigneur au vassal, d'un bien dit *fief* » [3].

Ces deux acceptions des termes féodalité et régime féodal ne s'opposent pas ; elles sont complémentaires. Dans les deux cas, le fief constitue « la pièce la plus remarquable dans la hiérarchie des droits sur la terre que comporte ce type de société » [4].

---

[1] *Qu'est-ce que la féodalité ?* Neuchâtel et Bruxelles, 2e éd., 1947.

[2] GANSHOF, *op. cit.*, p. 11.

[3] P. 12.

[4] Pp. 12-13.

Mais, pense F.-L. Ganshof, ces institutions « féodo-vassaliques » ont vu, à partir de la fin du XIIIe siècle, leur rôle diminuer. Si les fiefs ont subsisté, ils ont changé de caractère. « Ce n'étaient plus que des terres dont la transmission donnait lieu à des actes juridiques et à des droits de mutation particuliers et dont l'occupant — à partir du moment où le service militaire des vassaux n'a plus guère été requis — pouvait être tenu à certaines prestations en espèces dans des circonstances déterminées. L'élément personnel dans les relations féodo-vassaliques est devenu quelque chose de tout à fait accessoire : l'hommage et la foi n'ont plus guère été que des formalités auxquelles il fallait se soumettre dans certains délais pour entrer régulièrement en possession du fief. » La perception des droits utiles qui lui sont attachés s'insère dans une série d'actes qui doivent la garantir, « aveux, dénombrements, inscriptions dans des *livres de fiefs* », etc.[1]

Une autre transformation s'est précisée à partir du XIIIe siècle et s'est accentuée rapidement. Des bourgeois, de plus en plus nombreux, se sont substitués aux nobles, même là où le fief constituait une seigneurie « entraînant pour l'acquéreur l'exercice d'une juridiction, d'une série de droits utiles et de prérogatives honorifiques »[2]. Louis Blondel a intitulé « *Un fief bourgeois* » un chapitre d'un de ses ouvrages. Il y étudie la vente, en 1503, du domaine de la Tour de Lancy à un riche marchand genevois, Claude Baud. Des membres de sa famille détenaient déjà « des rentes féodales en Savoie »[3].

Certaines des institutions féodo-vassaliques ont subsisté, au moins dans quelques-uns de leurs aspects, jusqu'à la fin de l'ancien régime[4].

Nous n'insisterons pas sur les caractères et les distinctions typiquement juridiques de ce système. Nous en retiendrons surtout les aspects économiques. S'il comporte, dans l'Europe occidentale, bien des nuances, il possède aussi beaucoup de traits communs, valables donc pour Genève et sa région[5]. Mais il faut bien constater que ces traits ne sont pas toujours nets[6].

---

[1] P. 191.

[2] P. 192.

[3] « Bien que bourgeois de Genève, ils devenaient ainsi seigneurs féodaux, titulaires de droits souvent importants qui les mettaient en rapport avec la noblesse du voisinage ». *La tour de Lancy, histoire d'un domaine pendant six siècles*, déjà cité, p. 39.

[4] GANSHOF, p. 191.

[5] « Un tableau d'ensemble des institutions féodales peut être légitimement tenté parce que, nées au moment même où se constituait véritablement une Europe, elles se sont étendues, sans différences fondamentales, au monde européen tout entier. » Marc BLOCH, *La Société féodale*, t. Ier, *La formation des liens de dépendance*, Paris, 1939, p. 192.

[6] Comme le remarque Joseph CALMETTE, si la classification des droits féodaux « est réclamée par la logique, elle est pratiquement impossible... en l'état actuel de nos connaissances ». Les obscurités qui subsistent dans leur histoire constituent un premier

Tout le système a deux fondements. Le fief est le bénéfice que le seigneur a octroyé à son vassal. La seigneurie a des origines très diverses. Elle résulte souvent de la prise de possession par leurs bénéficiaires à titre viager, puis héréditaire, des fonctions qui leur avaient été conférées à titre temporaire et révocable, en même temps que des terres qui avaient rémunéré leurs services.

Cependant, les alleux, anciens ou créés du fait des affranchissements, propriétés exemptes des obligations et services qui pèsent sur les terres soumises au régime féodal, n'ont pas disparu. La région genevoise en connaît de nombreux exemples. Mais beaucoup d'entre eux ont été ensuite absorbés par les puissantes seigneuries.

Dans la société médiévale, des liens étroits unissent les hommes [1]. Les tenanciers doivent à leurs seigneurs des redevances et des services dont la signification originaire n'est pas facile à préciser. Au début, ils ont été personnels ; ils tendent ensuite à devenir réels [2]. Ces redevances sont parfois proportionnelles aux récoltes ; mais, dans la plupart des cas, elles sont fixes. Elles sont généralement acquittées en nature, les payements en argent restant l'exception. Mais les services, très variés, sont souvent plus lourds que les redevances. Les corvées, particulièrement pesantes, sont essentiellement domaniales [3] et affectent les formes les plus diverses [4]. Elles frappent surtout les serfs. On en a cependant souvent exagéré le poids et l'arbitraire : en réalité,

---

obstacle. « D'autre part des droits de provenance différente se sont croisés, amalgamés, brouillés de telle sorte que l'enchevêtrement en demeurera peut-être à jamais inextricable. » *La Société féodale*, pp. 68-69. — Robert Latouche a fait la même remarque. Une « confusion inextricable... est le trait fondamental de la féodalité ». *Les origines de l'économie occidentale (IVe-XIe siècles)*, Paris, 1956, p. 233.

[1] Ce qui caractérise cette structure, écrit Jacques Pirenne, « c'est essentiellement que l'individu, intégré dans une étroite solidarité de famille et dans une rigoureuse hiérarchie sociale, n'existe qu'en fonction du groupe dont il vit et pour lequel il vit ». *Les grands courants de l'histoire universelle*, t. VII, Neuchâtel, 1956, p. XIII. — « Dans la société féodale, le lien humain caractéristique fut l'attache du subordonné à un chef tout proche. D'échelon en échelon, les nœuds ainsi formés joignaient, comme par autant de chaînes indéfiniment ramifiées, les plus petits aux plus grands. » Marc Bloch, *La Société féodale*, t. II, *Les classes et le gouvernement des hommes*, Paris, 1940, p. 247.

[2] Gottfried Partsch, *Die Steuern des Habsburger Urbars (1303-1308)*, dans *Revue d'histoire suisse*. Supplément 4, 1946.

[3] « Le moyen âge, indifférent aux origines, a... multiplié les corvées. Pratiquées sous toutes les formes et aggravées à plaisir, les corvées ont été l'une des charges les plus lourdes que le régime seigneurial ait fait peser sur les paysans. » J. Calmette, *La soc. féod.*, p. 66.

[4] Charrois du seigneur, transport de ses récoltes, de son bois, de ses messages ; mise en valeur de la réserve seigneuriale : entretien des étables et des écuries, culture des vergers et des jardins, labours, semailles, fenaisons, moissons, battage du blé, vendanges, pressurage des raisins et des fruits, entretien et éventuellement construction de maisons, de chemins, de moulins, de fours et d'autres établissements seigneuriaux.

le corvéable pouvait en appeler à la « merci » du seigneur pour les réduire, ainsi en cas de mauvaises récoltes. La tendance a été de fixer, en faveur des hommes libres en particulier, le nombre de jours exigibles et aussi les moments où les corvées pouvaient être imposées [1].

A partir du Xe siècle, les banalités ont cherché à donner aux seigneurs le monopole absolu de l'établissement des moulins, des fours, des pressoirs. Les tenanciers ont été obligés d'y moudre leur grain, d'y cuire leur pain, d'y faire leur vin, leur cidre, leur huile, moyennant des redevances correspondant, en principe, aux services qu'ils recevaient. Les droits de mouture, de fournage, de pressurage, ont été perçus tantôt en nature, tantôt en argent. Les paysans n'avaient pas le droit d'utiliser d'autres installations, ni d'en construire pour leur usage personnel [2].

Les moulins ont été nombreux dans la région genevoise, non pas seulement sur le Rhône et les rivières, mais parfois au bord d'humbles ruisseaux.

La taille est à l'origine une redevance personnelle levée par le seigneur sur ses tenanciers et, le cas échéant, sur les tenanciers de ses vassaux, dans des circonstances exceptionnelles, dotation d'une fille, organisation d'un tournoi, payement d'une rançon, construction ou réparation d'un château ou d'un autre bâtiment [3]. Puis, les besoins financiers des seigneurs augmentant avec le progrès de la civilisation, elle a tendu à devenir régulière. Aussi les communautés rurales se sont-elles efforcées d'en fixer le montant avec précision, grâce à l'abonnement [4].

Le droit de gîte s'apparente à la taille. Les tenanciers sont tenus d'héberger et de nourrir le seigneur, sa suite et leurs chevaux, au cours de leurs voyages [5].

---

[1] Dans certains cas même, la prestation en travail a été remplacée par un versement en argent.

[2] Les meuniers et les fourniers chargés de l'exploitation des moulins et des fours ont été à l'origine des tenanciers, parfois des serfs, désignés par le propriétaire. Mais de plus en plus ces installations ont été concédées, parfois à titre héréditaire, à des desservants moyennant un cens annuel.

[3] Sur l'origine de la taille, cf. G. PARTSCH, *Die Steuern des Habsburger Urbars...*, déjà cité.

[4] Bien que la taille ne soit pas d'un montant très élevé, elle constitue pour le seigneur, dès le XIIIe siècle, une source non négligeable de revenus. De personnelle qu'elle était, elle tend à devenir réelle.

[5] Variable au début, il se précise ensuite quant au nombre de ceux qui en bénéficient et des jours où il peut être imposé. Dans bien des cas, au XIIIe siècle, on lui substituera un abonnement. L'exercice du droit de gîte est lié aux guerres privées lontgemps fréquentes dans la région genevoise. — Les évêques possédaient de leur côté un droit de gîte appelé procuration. Au cours des visites qu'ils devaient faire à leurs paroisses, ils bénéficiaient de l'hospitalité de leurs desservants. Mais ce droit changea de caractère. Au XIIIe siècle, on lui substitua une levée en argent sur les ecclésiastiques. Il en résulta de graves abus : beaucoup de prélats renoncèrent à leurs visites tout en exigeant le payement des rede-

Les paysans ont été soumis aussi au service militaire, au moins pour défendre le domaine seigneurial. On a cherché à le normaliser quant à ses exigences et à sa durée. Sa forme atténuée est le service du guet, la garde du château et des fortifications [1].

Les origines du cens sont obscures. Il est sorti, par une lente évolution, de la précaire. Mais il peut aussi représenter le prix de location de la terre. Pour le paysan, la censive est une tenure grevée d'un cens. Pour le concédant, elle est la propriété domaniale elle-même, avec les cens et les autres redevances qui en dépendent [2]. Le cens est payé tantôt en argent, tantôt en nature, ces deux prestations pouvant être cumulées [3].

Dans bien des cas les paysans ont abergé des terres dépendant d'un fief. Ces abergataires [4] ont conclu de véritables baux emphytéotiques [5]. Le seigneur conserve le domaine direct de la terre dont il cède le domaine utile au cultivateur moyennant un cens annuel. Il arrive souvent que l'origine contractuelle d'un tel cens soit oubliée et qu'il soit considéré par le tenancier comme une charge indue. On a racheté des cens dès la fin du XIIe siècle. Au XIIIe siècle, selon des indications que nous a fournies G. Partsch, l'opération est très fréquente en Suisse romande. Si Genève a conservé peu de traces de ces rachats, on en retrouve un très grand nombre en Valais.

Le champart — son nom varie selon les régions ; on l'appelle souvent le terrage — est une fraction de la récolte livrée en nature par le tenancier à son seigneur. En règle générale, il ne double pas le cens ; il en est un substitut.

---

vances. C'est ainsi que l'évêque de Genève Alamand de Saint-Jeoire a suscité au début de 1362 un appel de protestation du Chapitre et du clergé du diocèse à la curie pontificale. Louis BINZ, *A propos d'une levée de procurations dans le diocèse de Genève*, dans *Mélanges... Paul-E. Martin*, Genève, 1961, pp. 387-400.

[1] Dans ces deux domaines aussi, à partir du XIIIe siècle, l'abonnement a permis parfois de remplacer les services par des redevances en argent. A ce moment d'ailleurs, les guerres privées étaient déjà moins fréquentes.

[2] « La société féodale prend le *bail à cens* comme type de la concession foncière onéreuse. » CALMETTE, *La soc. féod.*, p. 115. — Le bail à cens s'appelle parfois le bail à rente. P. 116.

[3] Bien qu'il soit, en règle générale, proportionnel à l'étendue des terres, calculé par arpent, il affecte parfois de grandes différences non seulement entre régions, mais dans une même contrée. Lorsqu'il est perçu en argent, il ne paraît pas très élevé. Comme son montant n'a pas varié au cours des siècles, son poids a diminué au fur et à mesure que le pouvoir d'achat de la monnaie s'est affaibli. Les cens en nature sont plus pesants. Ils portent sur les grains, les troupeaux, les basses-cours, etc.

[4] On dit aussi alberger et albergataire.

[5] « Albergement en Dauphiné est ce qu'on appelle bail emphytéose dans nos Coutumes. » Claude-Joseph de FERRIÈRE, *Dictionnaire de droit et de pratique*, Paris, 1769, vol. I, p. 64, col. 1.

Le taux en est très variable. Il est perçu aussi sous le nom de vinage sur les vins [1].

Les lods et ventes représentent des redevances dues au seigneur qui accorde son consentement à une mutation sur sa censive. Il faut les distinguer de la mainmorte et des échutes qui lui reviennent en cas de succession [2].

D'autres droits pèsent sur les transactions commerciales. Nous aurons l'occasion de revoir leur importance pour Genève. Ils relèvent du monopole que le seigneur détient, à tous les points de vue, dans l'exploitation du domaine [3].

En principe, le seigneur est le seul à pouvoir créer des foires et des marchés [4]. Il peut dresser et louer des étals et des bancs, lever des taxes sur les produits vendus, percevoir de fructueuses amendes en cas d'abus, faire payer l'usage des étalons de poids et de mesures.

Les seigneurs perçoivent aussi les tonlieux et les leydes qui grèvent les affaires commerciales locales. Des droits de péage sont levés sur les marchandises qui utilisent les routes de leur domaine, de pontonage sur leurs ponts, de halage sur leurs rivières.

La dîme de l'époque carolingienne était, en théorie, la perception par l'Eglise du dixième du revenu de ceux qui y étaient astreints. Mais, en pratique, elle portait surtout sur les récoltes. Elle a ensuite parfois changé de caractère. Les seigneurs, se considérant comme les propriétaires des églises construites sur leurs domaines, percevront les dîmes et en rétrocéderont une partie seulement à leurs desservants [5]. Naturellement, les membres du haut clergé séculier et du clergé régulier étaient aussi de grands propriétaires. A ce titre, ils se sont intégrés à la hiérarchie seigneuriale. Nombreux ont été les évêques, les abbés et les prieurs qui ont été des princes temporels, détenteurs du pouvoir politique. Le prince-évêque de Genève en est un exemple.

Les seigneurs, en règle générale, ont exercé les droits de justice, la basse justice appartenant à tous, la haute justice relevant des plus puissants d'entre eux. Il ne s'agissait pas seulement de punir les délits et les crimes, de dire le droit en cas de différends, de concilier des intérêts opposés. La justice représen-

---

[1] La perception des champarts par les préposés à cet office, les champarteurs, donna lieu à de fréquentes discussions.

[2] Cf. *infra*, IIIe partie, chap. IX; IVe partie, sect. I, chap. IV.

[3] Ainsi il bénéficie du droit de banvin. Aussi longtemps que le seigneur n'a pas écoulé son vin après les vendanges, il peut en interdire la vente à ses tenanciers.

[4] Ce droit avait appartenu au monarque à l'époque carolingienne; puis il a passé aux personnes investies des droits régaliens dont elles tirent de multiples avantages.

[5] Cependant, sous l'influence de la réforme grégorienne, certaines restitutions ont été faites, dès la fin du XIe siècle, par des laïques à l'Eglise. Mais, en pratique, elles n'ont guère profité au petit clergé séculier.

tait aussi pour ceux qui la détenaient et qui en percevaient les émoluments et les amendes une source parfois considérable de revenus.

Les paysans détenteurs de tenures constituent deux catégories [1]. Les vilains — les manants ou les hôtes — jouissent d'une certaine liberté et ont la possession de leur terre à la condition qu'ils acquittent leurs redevances, rendent les services qui leur sont imposés et se soumettent à la justice seigneuriale.

Les serfs sont énumérés dans les ventes en même temps que les terres dont ils dépendent. On peut aussi les échanger, les donner, les vendre [2]. Ces transactions, fréquentes déjà au XIe et au XIIe siècle, se multiplient au XIIIe [3]. La région genevoise en offre de nombreux exemples. Elles portent en général sur une famille car les serfs, au contraire des esclaves, ont le droit absolu de contracter mariage.

Les serfs sont avant tout assignés à la culture de la terre. Ils sont casés sur le domaine, détenteurs de tenures avec lesquelles ils forment un tout indissoluble, la terre étant cédée avec ceux qui la cultivent [4]. Alors que le pécule antique découlait d'une simple tolérance et conservait un caractère précaire, le serf a la possession héréditaire de sa terre. Comme elle passe à ses enfants, il a intérêt à la bien cultiver et à l'amender. Il peut y construire des bâtiments nouveaux. Il a aussi le droit d'acquérir en toute propriété, à côté de sa tenure, des biens meubles et immeubles. On lui reconnaît en outre la personnalité juridique ; il peut ester en justice, figurer dans des procès comme témoin ou comme partie. Mais il est soumis à la mainmorte, droit de succession qui permet au seigneur, conformément au droit d'échute, d'hériter de son serf s'il n'a pas d'enfants vivant avec lui sur sa tenure [5].

---

[1] Pierre PETOT, *Observations sur la théorie des tenures dans le droit romain du moyen âge*, dans *Recueil de la Société Jean Bodin pour l'histoire comparative des institutions*, III, *La tenure*, Bruxelles, 1936-1938, pp. 131-136.

[2] Ce n'est pas l'homme d'ailleurs que l'on vend, mais plutôt les revenus attachés à sa personne.

[3] Des esclaves subsistent. Certains remplissent des fonctions domestiques : leur situation, en fait sinon en droit, est alors assez proche de celle des esclaves antiques. D'autres sont artisans et ouvriers.

[4] Dans bien des cas, la terre elle-même est d'essence servile, conférant automatiquement son caractère aux hommes qui y résident.

[5] Par voie de conséquence, le serf ne pouvait ni vendre, ni donner sa terre. Il est vrai que la mainmorte s'est beaucoup atténuée à partir du XIIIe siècle. Une autre restriction pesait encore sur lui. A l'origine, il n'avait pas le droit de prendre femme en dehors du domaine. Mais le seigneur pouvait l'autoriser à le faire, moyennant le payement d'une taxe de formariage. Ces coutumes se sont d'ailleurs beaucoup humanisées au cours des âges.

Si, au XIᵉ et au XIIᵉ siècle en particulier, les serfs ont été nombreux, leur densité a cependant beaucoup varié selon les régions. La Champagne, la Lorraine, la Bourgogne, la Franche-Comté, la Savoie ont été assez profondément affectées par le servage. La région genevoise aussi : il ne faut pas oublier qu'au XVIIIᵉ siècle encore les serfs étaient nombreux dans le Pays de Gex et dans la vallée de la Valserine, contrées qui avaient dépendu de l'ancien diocèse de Genève. Mais, partout en Europe, un mouvement puissant d'affranchissement a marqué le XIIIᵉ siècle. Les vilains — hommes libres —, minorité au XIIᵉ siècle, l'emportent de beaucoup sur les serfs au XIVᵉ siècle.

Ce phénomène, gros de conséquences, résulte avant tout de l'évolution économique. En les libérant, les seigneurs espéraient retenir sur leurs terres des hommes qui étaient attirés invinciblement par les villes — anciennes ou nouvelles — dont ils pouvaient devenir, après un certain temps, les bourgeois. Mouvement municipal et affranchissements sont liés. Mieux vaut, pour le détenteur d'un grand domaine, y conserver des hommes libres que de le voir se dépeupler.

Mais le phénomène inverse peut se produire : il arrive que le seigneur libère des serfs dans l'espoir qu'ils évacueront les terres dont ils ont la possession héréditaire et qu'il pourra les incorporer à la réserve qu'il fait cultiver sous sa propre responsabilité [1]. D'autre part, les affranchissements ne sont pas conférés à titre gratuit : ils se vendent. Combien de seigneurs, laïques ou ecclésiastiques, ne les ont-ils pas accordés sous la pression de nécessités financières urgentes ? Il s'agissait pour eux de faire face aux dépenses qu'entraînaient les besoins grandissants de confort, voire de luxe, et même, dans bien des cas, d'éteindre des dettes. Quant aux serfs, ils étaient prêts à bien des sacrifices pour se libérer de la mainmorte. Ils se sont soulevés parfois pour obtenir de tels avantages. D'autre part, ceux qui entraient dans les rangs du clergé régulier ou séculier étaient en principe affranchis [2].

Le prix des affranchissements a beaucoup varié selon les époques, les régions et la situation de ceux qui en bénéficiaient. Tantôt, il était acquitté en un seul versement, tantôt, il s'étalait sur plusieurs années.

---

[1] Jacques PIRENNE, *Les grands courants de l'histoire universelle*, t. II, Neuchâtel, 1944, p. 184.

[2] On a parfois insisté sur le rôle des sentiments de piété et d'humanité dans la lente disparition de la servitude. Il ne faut pas, semble-t-il, en exagérer la portée. Certes, l'Eglise a proclamé la dignité et la liberté de l'individu et la fraternité des hommes. Il n'empêche que même certains clercs ont affirmé le principe de l'inégalité des classes, tout en rappelant, il est vrai, les bons traitements qui doivent être appliqués aux serfs. Bien des monastères ou des chanoines en ont possédé, dans le diocèse de Genève comme ailleurs. Ils les ont, dans certains cas, conservés jusqu'à la fin du XVIIIᵉ siècle.

Il n'est pas sans intérêt pour le diocèse de Genève de rappeler que, dès le XIIIᵉ siècle, la maison de Savoie a stimulé les affranchissements sur ses terres.

Une certaine dislocation de la propriété domaniale apparaît dans la seconde partie du moyen âge : la perception des droits, des cens, des champarts, etc., se détache du domaine ; elle peut être vendue. Parmi les bénéficiaires de cette opération, beaucoup n'appartiennent pas à la noblesse. Les Croisades, qui entraînent souvent l'appauvrissement des nobles et l'enrichissement des bourgeoisies urbaines, ne sont pas étrangères à cette évolution. Des vilains même ont parfois bénéficié de cette ascension qui facilite le rapprochement, voire la fusion des classes.

Que signifient ces changements si ce n'est que, dans bien des cas, les seigneurs sont dépossédés de quelques-uns de leurs avantages économiques et sociaux ? Un certain progrès de la richesse mobilière, fruit de l'industrie et du commerce, agit dans le même sens. Une circulation monétaire plus abondante est un adjuvant de cette évolution.

Beaucoup de seigneurs — l'exemple des villes aidant — ont accordé à des bourgeois ou à des communautés semi-rurales de véritables chartes de franchises dont la générosité et le contenu varient à l'infini. Nous avons déjà énuméré celles qui intéressent le diocèse de Genève, dont la plupart sont antérieures à celles d'Adhémar Fabri de 1387 [1].

Un autre phénomène encore caractérise la désintégration de la propriété seigneuriale : la constitution de rentes [2]. Nous venons de marquer le progrès de la richesse mobilière et aussi de la circulation monétaire. Mais il affecte inégalement les classes. Si les bourgeoisies urbaines en profitent assez largement, les propriétaires fonciers ont parfois des difficultés à se procurer des sommes liquides. Les rentes leur sont un moyen commode d'en trouver. D'autre part — et nous y reviendrons à propos des questions financières —, l'Eglise s'oppose en principe au prêt à intérêt. La constitution de rentes permettra d'éluder cette interdiction.

Tel est le cadre des institutions intéressant la propriété foncière dans lequel Genève et sa région, avec parfois quelques nuances particulières, se sont intégrées [3].

---

[1] Cf. *supra*, livre V, Iʳᵉ partie, chap. unique. — Un grand nombre de localités suisses ont aussi obtenu leurs lettres de franchises au XIIIᵉ et au XIVᵉ siècle.

[2] Cf. *infra*, livre V, Xᵉ partie, chap. V.

[3] Il n'est pas question de donner une bibliographie exhaustive du régime seigneurial. Nous nous bornons à retenir quelques ouvrages, en n'ignorant pas ce que ce choix peut avoir d'arbitraire. — Marc BLOCH, *La Société féodale*, t. Iᵉʳ, *La formation des liens de dépendance;* t. II, *Les classes et le gouvernement des hommes*, 2 vol., Paris, 1939-1940.

Cet ouvrage donne de nombreuses indications bibliographiques. — Cf. aussi, de Marc BLOCH, *Les caractères originaux de l'histoire rurale française*, t. Ier, nouvelle édition, Paris, 1955 ; t. II, publié par R. DAUVERGNE, Paris, 1956. — J. CALMETTE, *La Société féodale*, 5e éd., Paris, 1942. — F.-L. GANSHOF, *Qu'est-ce que la féodalité ?*, Neuchâtel et Bruxelles, 2e éd., 1947. — Ferdinand LOT, Christian PFISTER, F.-L. GANSHOF, *Les destinées de l'Empire en Occident de 395 à 888*, Paris, 2e éd., 1941. — Ach. LUCHAIRE, *Les premiers Capétiens, 987-1137*, Paris, 1901. — G. PARTSCH, *Die Steuern des Habsburger Urbars (1303-1308)*, Suppl. 4 de la *Revue d'hist. suisse*, 1946. — *Das Mitwirkungsrecht der Familiengemeinschaft im älteren Walliser Recht (Laudatio parentum et hospicium)*, Genève, 1955. — *Un aspect général, de la première apparition du droit romain en Valais et à Genève au XIIIe et au début du XIVe siècle*, dans *Mémoires de la Société pour l'Histoire du Droit et des Institutions des anciens pays bourguignons, comtois et romands*, Dijon, 19e fasc., 1957, pp. 59-75. — *Ein unbekannter Walliser Landfrieden aus dem 12. Jahrhundert*, dans *Zeitschrift der Savigny-Stiftung für Rechtsgeschichte*, LXXV, 1958, *Germanistische Abteilung*, pp. 93-107. — Ch. PETIT-DUTAILLIS, *La monarchie féodale en France et en Angleterre, Xe-XIIIe siècle*, Paris, 1933. — Pierre PETOT, *Observations sur la théorie des tenures dans le droit romain du moyen âge*, dans *Recueil de la Société Jean Bodin pour l'histoire comparative des institutions*, I, *Les liens de vassalité et les immunités;* II, *Le servage;* III, *La tenure*, Bruxelles, 1936-1938. — Henri PIRENNE, Gustave COHEN, Henri FOCILLON, *La civilisation occidentale au moyen âge du Xe au milieu du XVe siècle*, Paris, 1933. — Bernard SCHNAPPER, *Les Rentes du XVIe siècle. Histoire d'un instrument de crédit*, Paris, 1957. — Henri SÉE, *Les classes rurales et le régime domanial en France au moyen âge*, Paris, 1901. — *Histoire économique de la France*, t. Ier, Paris, 1939. — On consultera avec profit les monographies concernant les diverses régions de la France rassemblées dans : Ferdinand LOT et Robert FAWTIER, *Histoire des institutions françaises au moyen âge*, I, *Institutions seigneuriales*, Paris, 1957. — Les six volumes de l'*Histoire des institutions politiques de l'ancienne France* de FUSTEL de COULANGES, revus et complétés par C. JULLIAN, malgré les nombreuses et importantes mises au point, réserves, voire corrections qu'ils appellent, fournissent certains éléments. Quant aux publications consacrées à Genève et à son diocèse, elles seront mentionnées dans le chapitre suivant.

CHAPITRE II

LES CADRES DOMANIAUX DU DIOCÈSE DE GENÈVE

Sous une diversité apparente qui tient souvent à des questions de terminologie — les mêmes institutions, les mêmes redevances peuvent porter des noms différents selon les régions —, le régime seigneurial offre en réalité, dans le diocèse de Genève comme ailleurs, une certaine uniformité. Mais il est loin d'avoir livré tous ses secrets. De nombreuses prospections d'archives, des monographies portant sur des points précis seraient encore nécessaires pour qu'on pût en tracer un tableau cohérent et sûr [1]. Malgré quelques excellentes études — nous les citerons en cours de route — qui ont élucidé diverses questions, il subsistera donc, dans l'ébauche que nous tentons, des obscurités, des lacunes et peut-être des interprétations que de nouvelles recherches permettront dans la suite de rectifier. « Le morcellement féodal, écrit Louis Blondel, dans toute la région de Genève était très prononcé et les droits se superposaient, causant des situations inextricables. Il n'était pas rare qu'un même fief relevât de deux ou trois juridictions différentes. Par alliance, ils changeaient souvent de main [2]. »

Retenons au moins ce qui concerne les plus importants seigneurs de la région [3]. Nous avons déjà rappelé l'origine et les possessions des comtes de Genève. Nous n'y revenons pas.

---

[1] Sur les sources des Archives d'Etat de Genève, concernant la féodalité, cf. L. Blondel, *Les Faubourgs...*, p. 10.

[2] *Châteaux de l'ancien diocèse de Genève*, M.D.G., série in-4°, VII, Genève, 1956, p. 8. — Relevons un exemple fourni par Louis Blondel, concernant la partie du Pays de Vaud qui était rattachée au diocèse de Genève : « Le morcellement et la superposition des droits féodaux sont particulièrement compliqués dans la région de Nyon jusqu'à l'Aubonne, car la succession des anciens comtes équestres de l'époque carolingienne n'est pas élucidée et on trouvera, à côté des comtes de Genève, les sires de Gex issus de la même famille, les sires de Cossonay-Prangins, les sires de Mont, qui tous pour une part ont des alleus provenant de ces comtes équestres. Pour compliquer le problème, l'archevêque de Besançon a encore la supériorité féodale sur Nyon, héritage de l'époque pendant laquelle tout ce pays relevait de la Grande Séquanaise. » P. 5.

[3] Louis Blondel a dressé une « Carte féodale du diocèse de Genève vers 1340 », *Châteaux..., in fine.*

Les puissants sires de Faucigny dépendaient en partie des comtes de Genève, mais, sur certaines de leurs possessions, ils étaient leurs égaux. Leur maison était organisée comme celle des comtes [1].

La famille d'Allinges est connue depuis le Xe siècle. Les Blonay sont installés dans le Chablais. Les Langin, les Féternes, les Cervens, les Sallenoves, les Viry possèdent d'importants fiefs. Mais, naturellement, les comtes de Savoie, dont nous avons retracé brièvement l'histoire, les dépassent en importance, se posant en rivaux des comtes de Genève en attendant de les supplanter [2].

Les uns et les autres ont des liens de dépendance avec les évêques de Genève agissant en tant que princes temporels. C'est l'origine des conflits que nous avons retracés. Finalement, les comtes de Genève ne devront l'hommage à l'évêque que pour certains de leurs domaines et les comtes de Savoie seulement pour une ou deux terres et pour le vidomnat.

En revanche, l'évêque exerce ses droits en tant que seigneur sur les territoires de Thiez, Jussy [3], Peney, Dardagny, Genthod et Céligny.

Les plus puissants de ces dynastes, les Genève, les Savoie, les Faucigny ont placé dans les nombreux châteaux-forts dispersés dans leurs domaines ceux qui devaient exercer le pouvoir en leur nom. Ce sont les châtelains, administrant les châtellenies ou mandements. Dans son bel ouvrage, *Châteaux de l'ancien diocèse de Genève*, Louis Blondel a décrit leurs résidences, en général puissamment organisées et parfois complétées de bourgs participant au même système fortifié. Non seulement ils assumaient la défense militaire de ces châteaux et de la région qui en dépendait, mais ils veillaient aussi à la levée des redevances et à l'exercice de la justice [4].

Les châtellenies du Pays de Gex étaient celles de Gex — avec Florimont —, de Versoix, Léaz, Cluse, Divonne, Châtillon-de-Michaille. Le Faucigny en comptait quatorze : Cluses-Châtillon, Sallanches, Bonneville, Faucigny, Bonne, Credo, Allinges-Vieux, Monthoux, Hermance, Flumet, Montjoie, Saint-Michel, Samoëns, à quoi s'ajoutait, hors du diocèse, celle de Beaufort [5].

Les comtes de Genève ont possédé un nombre encore plus élevé de mandements. Pierre Duparc en a dressé la liste et en a fixé les limites. Leur total, qui a varié selon les moments, a dépassé vingt-cinq au XIVe siècle : Alby,

---

[1] Elle possédait en particulier la charge de sénéchal qui appartenait, à titre héréditaire, aux Lucinge-Faucigny. Les Faucigny se sont divisés en plusieurs branches.

[2] BLONDEL, *Châteaux...*, pp. 5-6.

[3] En 1227, on reproche à l'évêque Aimon de Grandson de surcharger d'impôts les gens de Jussy. — A. CORBAZ, *Un coin de terre genevoise. Mandement et chastellenie de Jussy-l'Evesque*, Genève, 1917, p. 18.

[4] BLONDEL, *op. cit.*, pp. 6-7.

[5] *Ibid.*

Annecy, Arlod, Ballaison, La Balme-de-Sillingy, Beauregard, Les Bornes, Cessens et Grésy, Charousse (près de Saint-Gervais), Chatel (près d'Usinens), Chaumont, Clermont, Crempigny et Chilly (cantons de Frangy et de Rumilly), La Corbière, Cruseilles, Duingt, Gaillard, Gruffy (près d'Alby), Hauteville, Mornex, La Roche, Rumilly-en-Albanais, Rumilly-sous-Cornillon (Saint-Pierre de Rumilly), Ternier, Thônes, Val des Clefs (près de Thônes), Le Vuache, (près de Vulbens). A tout cela s'ajoutaient, en dehors du diocèse, plusieurs châtellenies dans le Bugey, le Dauphiné et le Grésivaudan [1]. Certains de ces mandements étaient très vastes : celui d'Annecy englobait environ trente communes actuelles [2].

« Un certain nombre de seigneurs conservaient des droits de juridiction étendus et l'administration de territoires groupés autour d'un château, qui pouvaient former des mandements seigneuriaux ; d'autres recevaient en fief des fonctions publiques, et en particulier celle de châtelain. On trouve ainsi deux types de mandements tenus par des seigneurs [3]. »

Les mandements des comtes de Savoie ont été particulièrement bien administrés. Il en existe soixante-dix-neuf en 1325, répartis en huit bailliages : Chillon, Rossillon-en-Bugey, Bourg-en-Bresse, Voiron, Montmélian, Saint-Georges-d'Espérance dans le Viennois, et, au-delà des Alpes, Aoste et Suse. En 1353, les dynastes savoyards ont repris les châtellenies du Pays de Gex ; en 1355, ils acquerront celles du Faucigny, territoire qui avait préalablement passé, par voie d'héritage, aux dauphins du Viennois. Ce sera le tour, en 1401 et 1402, de celles des comtes de Genève, achetées aux derniers descendants de cette famille. Les châtellenies de la maison de Savoie occuperont dès lors la plus grande partie de l'évêché de Genève [4].

Nous avons rappelé déjà la position de l'évêque ; les conflits qui l'ont opposé, en tant que prince temporel, aux comtes de Genève et de Savoie ; ses mandements de Thiez ou Salaz, de Jussy et de Peney ; les pouvoirs dont il disposait [5]. Nous avons également signalé la situation du Chapitre de

---

[1] P. DUPARC, *Le Comté de Genève, IXe-XVe siècle*, pp. 415-417.

[2] DUPARC, *op. cit.*, pp. 419-420.

[3] *Ibid.*, p. 420. — « Alors qu'au XIIIe siècle ces centres de châtellenies comtales relevaient directement du souverain qui, par des voyages fréquents... venait y résider, nous voyons qu'à partir du XIVe siècle beaucoup de ces châteaux furent inféodés à la noblesse du pays et que peu à peu ils devinrent le siège de quelques grandes familles. Ces inféodations sont dues à des raisons économiques, car ces nombreux châteaux étaient coûteux comme entretien et le fait de les inféoder ou de les aliéner à des tiers n'empêchait pas le souverain de les habiter temporairement ou de pouvoir compter en cas de guerre sur l'appui militaire de ses vassaux. Très souvent aussi le châtelain comtal conservait une partie du château à l'usage du comte. » — BLONDEL, *Châteaux...*, p. 8.

[4] BLONDEL, pp. 6-8.

[5] Cf. *supra*, livre V, Ire partie, chap. unique.

Saint-Pierre, dressé la liste de ses fiefs à Moens, Thoiry, Desingy, Arbusigny, Vovrey, Bossey, Veyrier, Sierne, Vandœuvres, Cologny et Onex [1].

Nous avons vu aussi les origines et l'importance du prieuré de Saint-Victor. Epeisses, Cartigny, Laconnex, la Champagne, Gy et Merlinge dépendaient de lui de même que certaines personnes réparties dans plusieurs villages, en particulier Russin. De plus, il levait des dîmes dans des localités disséminées dans le Pays de Gex, la vallée des Usses et le Chablais.

Il possédait le patronat sur plusieurs paroisses, c'est-à-dire le privilège de présenter à l'évêque l'ecclésiastique chargé de leur desservance, et le personat [2] ou droit de percevoir une partie des redevances et oblations attribuées à certaines cures [3]. En 1228, le comte de Genève, Guillaume II, comme contre-partie d'un prêt de trente livres que le prieuré de Saint-Victor lui avait consenti, avait engagé en sa faveur les bans et les droits de justice sur les hommes de Cartigny et de la Champagne [4].

Lorsque l'abbé de Cluny, dont Saint-Victor dépendait, fit un voyage à Genève en 1326, le prieur leva pour le recevoir une taxe spéciale sur les tenanciers de la Champagne [5].

Les prébendes dépendant de Saint-Victor semblent avoir donné lieu à un important trafic. Leurs bénéficiaires affermaient souvent non seulement le revenu de leur paroisse — ils n'y résidaient pas en général —, mais aussi certaines fonctions ecclésiastiques [6].

---

[1] Le Chapitre possède des droits sur tous les hommes de ces régions à l'exception de ceux qui relèvent des comtes de Genève (1291). Cf. Cl. FONTAINE-BORGEL, *Histoire des communes genevoises de Vandœuvres, Collonge-Bellerive, Cologny et des Eaux-Vives*, Genève, 1890, pp. 166-167. De nombreuses contestations se sont produites dans la suite entre les comtes de Genève et le Chapitre. Pp. 176-181. — Au sujet des droits du Chapitre sur Cologny, cf. P. NAVILLE, *Cologny*, Genève, 1958, pp. 18-19 et *passim* ; sur Onex, P.-F. GEISENDORF, M.-A. BORGEAUD, E. BARDE, Mgr Ch. COMTE, P. ROSE, *Histoire d'Onex*, Genève, 1951, p. 14.

[2] Ou personnat.

[3] *Documents inédits relatifs à l'histoire de Genève de 1312 à 1378*, M.D.G., XVIII, 1872, *Introd*. de P. LULLIN et Ch. LE FORT, pp. XV-XVI. — Cf. aussi C. DUVAL, *Les terres de Saint-Victor et Chapitre dans l'ancien bailliage de Ternier*, Genève et Saint-Julien, 1880. — P. BERTRAND, *Vieille terre genevoise: la Champagne*, Genève, 1939. — *Avully, commuue genevoise*, Genève, 1952. — *Chancy, commune genevoise*, Genève, 1954. — Sur Gy, A. CORBAZ, *op. cit.*, p. 23.

[4] Jusqu'au remboursement de sa dette, le comte ne pouvait percevoir aucun de ces droits sous peine d'excommunication. *M.D.G.*, IV, 1845, 2e partie, pp. 44-45. — Le même comte a reconnu en 1231 avoir reçu onze livres genevoises du prieur de Saint-Victor, afin que les hommes et les biens du prieuré fussent dorénavant exempts des exactions auxquelles il les soumettait. *Ibid.*, pp. 47-48.

[5] *M.D.G.*, XVIII, p. XVI.

[6] Le prieur Urbain Bonivard amodie en 1455 pour trois ans au curé Etienne Cochon les églises de Chancy et d'Avusy et les revenus qui en dépendent au prix de 65 florins d'or par an. P. BERTRAND, *Chancy...*, p. 17.

Les origines et l'importance du prieuré de Saint-Jean nous sont déjà connues. Le *Régeste genevois* en a établi les comptes pour les années 1298 à 1300. Il « recueillait de ses propriétés ou dîmes, 712 coupes de froment, 598 coupes d'avoine et 490 setiers de vin ; ...en outre, ses rentes en argent montaient à près de 60 livres par année ».[1]

Le prieuré de Satigny est signalé pour la première fois en 912. Agrandi par des donations au cours des Xe, XIe et XIIe siècles, il eut souvent à lutter contre de puissants voisins, en particulier les sires de Gex. En 1285, le comte Philippe de Savoie le prit sous sa garde spéciale. Mais il semble avoir été plus tard gravement atteint dans ses œuvres vives. En 1336, à cause de l'insuffisance de ses revenus, le prieuré, qui compte à ce moment huit membres, décide de ne pas recevoir de nouveaux titulaires tant que ses dettes ne seront pas payées. Cependant, en 1340, il y a neuf chanoines. On prévoit de n'en plus accepter jusqu'au moment où le chiffre en sera réduit à sept [2]. « Mais le désordre se glissant peu à peu parmi les moines, le Chapitre de Saint-Pierre se chargea, en 1381, de la direction du Monastère [3]. » En 1512, le pape Jules II consacra cet état de fait par une bulle. Les prébendes de Satigny passeront au Chapitre au fur et à mesure de leur vacation, la direction de la paroisse étant remise à deux curés [4].

Dans les limites du diocèse, une série d'abbayes : Abondance, Saint-Jean-d'Aulps, Entremont, Chamonix, Bellevaux, Filly, Talloires, Bonmont, Nantua, Chésery, à quoi il faut ajouter la Chartreuse du Reposoir, détenaient de vastes domaines [5].

Tels sont les grands cadres territoriaux auxquels s'intègrent, selon les modalités si souples et si diverses du régime médiéval, de nombreux personnages de la noblesse régionale. Loin de nous la pensée d'en tenter une énumération. Le nom de certains d'entre eux reparaîtra d'ailleurs dans les pages qui vont suivre.

Quelques-unes de ces maisons vassales semblent singulièrement puissantes. Ainsi la baronnie de la Bastie-Beauregard. Inféodée d'abord à la famille de Compeys, elle fut vendue aux Champion dans la seconde moitié du XIVe siècle. Elle englobait les actuelles communes de Collex-Bossy et de Bellevue et une partie de celle de Genthod — 1500 hectares environ — avec

---

[1] N° 1452, p. 363. — Cf. aussi *M.D.G.*, VII, 1849, p. 271, n. 1.

[2] *M.D.G.*, XVIII, 1872, pp. 383, 386. — J. MAYOR, *Fragments d'archéologie genevoise*, *B.H.G.*, I, 1892-1897, pp. 147-148.

[3] MAYOR, *op. cit.*, p. 148.

[4] J.-B.-G. GALIFFE, *Genève historique et archéologique, Supplément*, Genève, 1872, p. 117.

[5] L. BLONDEL, *Châteaux...*, p. 8.

une série de villages et de hameaux. Elle possédait trois châteaux : celui de la Bâtie, dominant la Versoix, celui de Collex et enfin la maison forte du Vengeron, moins importante. Au début du XVIᵉ siècle, la famille Champion détenait en outre un grand nombre d'autres terres dispersées dans le Pays de Gex, le Pays de Vaud et la région de Fribourg. Elle était aussi propriétaire d'une maison à Genève et d'une autre à Lausanne.

Les possesseurs de la seigneurie de la Bastie-Beauregard prêtaient hommage aux dynastes savoyards. Des documents, échelonnés de 1379 à 1555, fournissent de nombreux détails à ce sujet [1]. Un inventaire des terres et des droits inféodés énumérait aussi les personnes, avec leur condition exacte — «homme franc, lige, emphytéote, censitaire, taillable, taillable à miséricorde» —, leurs tenures, leurs obligations et redevances [2].

De nombreuses familles de la noblesse du diocèse de Genève ont été étudiées soit dans des ouvrages généraux, soit dans des monographies [3].

Au-dessous de ces seigneurs, des propriétaires de francs-alleux subsistaient. Enfin, au bas de l'échelle sociale, les vilains et les serfs constituaient la masse de la paysannerie.

Le régime seigneurial étendait aussi ses effets dans l'enceinte de la ville. Lors de son extension, nous l'avons vu, elle avait absorbé un certain nombre de propriétés rurales encore vouées à la culture [4]. Au fur et à mesure des besoins, elles ont été morcelées et bâties. Comme le remarque Louis Blondel, les seigneurs ou les institutions religieuses qui les possédaient les remettaient « à des censitaires, soit albergataires, que l'on pourrait nommer locataires à terme indéfini. Des contrats précis, renouvelés périodiquement, réglaient la situation entre le seigneur et le censitaire ; ces contrats s'appelaient des abergements ou des baux emphytéotiques. En réalité, le seigneur n'abandonnait pas ses droits sur la terre, mais il la cédait à l'abergataire à la condition de

---

[1] La plus ancienne reconnaissance est de 1299, la dernière de 1654.

[2] Hermann BOREL, *La Baronnie de la Bastie-Beauregard au Pays de Gex*, B.H.G., VII, 1939-1942, pp. 297-342. La citation est de la p. 312. Nous reviendrons sur cette seigneurie dans le volume de cet ouvrage qui sera consacré à la période du XVIᵉ à la fin du XVIIIᵉ siècle.

[3] Cf. en particulier Louis BLONDEL, *Châteaux*..., déjà cité. — Les ouvrages consacrés aux communes genevoises fournissent aussi des renseignements à ce sujet. Ainsi sur les seigneurs de Confignon, Joseph-C. BERTHET, *Confignon*..., Genève, 1951, pp. 18-30. — Des familles habitant en dehors du diocèse y possédaient aussi des terres et des droits. Les sires d'Ayent, dans le diocèse de Sion, avaient au XIVᵉ siècle des biens et un métral à Brenay, *Gebennensis dyocesis*. Arch. du chapitre de Sion, Reg. de Jac. de Mart ou de Marc, p. 87, I, avril-mai 1321. Ce renseignement nous a été communiqué par le professeur Sven Stelling-Michaud.

[4] Ainsi dans les parages de la Tour de Boël, de Bémont — ou Molard de Bonmont. Nous avons indiqué comment s'était fait le parcellement de Saint-Gervais. Cf. *supra*, IIᵉ Partie, sect. I, chap. II.

recevoir chaque année un cens ou revenu qui restait invariable. Le possesseur du fief se réservait le domaine direct, tout en cédant au censitaire le domaine utile. Le locataire jouissait de la terre comme un propriétaire, il pouvait la vendre, en hériter, construire ou démolir, avec l'assentiment du seigneur. En cas de déshérence ou de non observation des clauses du contrat, la propriété revenait au seigneur féodal qui en disposait à son gré [1]. »

Cette organisation s'est perpétuée dans ses grandes lignes jusqu'au XVIIIe siècle. « Après la Réforme, la République de Genève s'est substituée à l'évêque et à ses droits, elle est devenue grand seigneur féodal en rachetant peu à peu tous les fiefs particuliers. En fait, elle était propriétaire de presque tout son territoire, les habitants et bourgeois n'étant que ses locataires, astreints à des redevances annuelles [2]. » Les exceptions étaient rares. « Les seuls immeubles exempts de... cens étaient les propriétés personnelles des possesseurs de fiefs ; ils étaient inaliénables et portaient le titre de terre allodiale ou franc alleu, mais ils étaient très peu nombreux dans la ville [3]. »

Au moyen âge, les principaux fiefs à l'intérieur de l'enceinte étaient ceux de l'Evêque, du Chapitre, de Coudrée, de Tavel, de Saint-Aspre, de Rossillon, du Vidomnat, de la communauté et des cures et églises. Leurs détenteurs « ont cherché à augmenter leurs revenus en morcelant leurs terres, car il est certain qu'un plus grand nombre de parcelles bâties devaient rapporter un cens supérieur à celui d'une pièce d'un seul tenant, avec des cultures [4]. »

---

[1] *Le développement urbain de Genève...*, p. 50. — Cf. aussi *M.D.G.*, IV, 1845, 2e partie, p. 5.

[2] L. BLONDEL, *op. cit.*, p. 50.

[3] P. 52. — A partir de 1536, la République a repris non seulement les droits qui avaient appartenu à l'évêque, mais aussi ceux du Chapitre et du prieuré de Saint-Victor. Quant aux redevances qui dépendaient des couvents, des confréries et des hôpitaux, elles furent attribuées à l'Hôpital général. Le rachat des fiefs particuliers a été intense au milieu du XVIe siècle et s'est poursuivi jusqu'au XVIIIe. L. BLONDEL, *Les Faubourgs de Genève au XVe siècle*, p. 8. — Le régime féodal n'a été supprimé à Genève qu'à la fin du XVIIIe siècle, au moment de la révolution genevoise, fille, à bien des points de vue, de la révolution française. La *Déclaration des droits et des devoirs de l'homme social*, du 9 juin 1793, la Constitution genevoise du 5 février 1794 et ses modifications du 6 octobre 1796 en marquent les étapes et les aspects principaux. BLONDEL, *Les Faubourgs...*, p. 10. — Nous reviendrons sur cette question dans la suite de cet ouvrage.

[4] BLONDEL, *Le développement urbain...*, p. 52. — Cf. aussi de BLONDEL, *Les Faubourgs...*, pp. 7-9. — *Chronique... 1947*, Genava, XXVI, 1948, pp. 21-23 ; *Chronique... 1949*, Genava, XXVIII, 1950, p. 31. — Voir également J.-B.-G. GALIFFE, *Suppl.*, pp. 164-165. — *M.D.G.*, IV, 1845, 2e partie, pp. 2-10 et documents, pp. 11-76.

CHAPITRE III

LES RECONNAISSANCES DE FIEFS

Les reconnaissances de fiefs sont fréquentes à Genève et dans son diocèse, découlant, comme partout ailleurs, de la hiérarchie médiévale. « Pour obtenir la protection d'un puissant personnage, écrit P. Duparc, on se soumettait à lui, on devenait *son homme* ; le plus souvent on lui prêtait fidélité et hommage ; et en contre-partie une terre était accordée par le protecteur ; protection et fidélité, hommage et fief, tels étaient les aspects principaux du régime dit seigneurial, ou féodal [1]. »

Ces reconnaissances de fiefs intervenaient à l'occasion de chaque mutation et, en particulier, à la mort du suzerain, en faveur de son successeur. L'hommage se faisait selon des rites précis. Ainsi, le comte de Genève le rendait à l'évêque les mains jointes et en lui donnant un baiser [2].

L'investiture du fief — ou sa réinvestiture — accompagnait l'hommage. Avec l'imbrication des liens, souvent une personne devait prêter hommage à plusieurs seigneurs, ce qui était la source de nombreux conflits.

Ces institutions sont liées au désir de protection, si impérieux dans les époques troublées du moyen âge, et qui se manifeste aussi bien dans la paysannerie que dans les rangs de la noblesse. En 1337, le comte Amédée de Genève prend sous sa protection les hommes de Cologny, leurs familles et leurs biens moyennant quatre livres d'entrée — ou d'entrage — et une redevance annuelle de dix coupes d'avoine [3]. Les habitants de Céligny obtiennent, en 1441, la protection du duc de Savoie contre une redevance annuelle de deux coupes d'avoine par personne. Mais, tenant compte de la détresse du temps, le duc la ramène en 1444 à un total de douze coupes [4].

---

[1] *Le Comté de Genève...*, p. 483.

[2] *Ibid.*, p. 484.

[3] *Documents inédits relatifs à l'histoire de Genève de 1312 à 1378...*, M.D.G., XVIII, 1872, p. 384.

[4] G. Fatio, *Céligny, commune genevoise...*, Céligny, 1949, p. 27.

Le 13 juin 1316, le comte de Genève, pour assurer la sécurité de ses domaines, est devenu vassal du dauphin de Viennois, lui cédant ses châteaux, mandements et droits féodaux, à l'exception de ceux qu'il détient d'autres seigneurs. « Le Dauphin les lui rétrocède en fief... et lui remet quinze mille livres tournois [1]. » Aussi le comte s'adresse-t-il à lui en 1320 pour qu'il le défende contre les molestations du dynaste savoyard [2].

Un peu plus tard, c'est l'évêque qui recherche la protection du dauphin de Viennois. Ne pouvant obtenir du comte de Genève l'hommage qu'il lui doit pour les fiefs, arrière-fiefs, châteaux, terres et juridictions qu'il tient de l'Eglise de Genève, le prélat fait cession, en 1335, de tous ses fiefs au dauphin moyennant une somme annuelle de 500 livres genevoises, sous la réserve de l'approbation pontificale. Mais, onze ans plus tard (1346), Amédée III de Genève ayant prêté l'hommage-lige à l'évêque, on en revient à la situation antérieure [3]. C'est là un exemple de la souplesse du système féodal, mais aussi des intrigues qu'il favorisait.

Cependant, la recherche de protection tendra à passer à l'arrière-plan, en particulier avec la diminution des guerres privées et des destructions qu'elles entraînaient. Les liens qui unissent les catégories de la hiérarchie féodale sont fondés toujours plus sur des bases économiques [4]. P. Duparc remarque que le fief, qui avait été en général un bien concédé en contre-partie de certaines charges, désigne de plus en plus — dès le XIIIe siècle — une concession de terres ou de droits immobiliers grevés de services nobles, par opposition aux censives détenues par des roturiers. « Mais, ajoute-t-il, dans le comté de Genève on ne constate pas ces distinctions : aussi emploierons-nous le mot *fief* dans un sens très large, comme le font nos textes [5]. »

Il relève encore — le comté de Genève en fournit de nombreux exemples — que les fiefs ne portaient pas seulement sur des terres, mais aussi sur des droits très divers. « On inféodait ou on tenait en fief une dîme ; des droits de justice ou un office comportant perception de certaines redevances : une métralie, un vidomnat ; un démembrement de la propriété, un droit de pêche. D'une manière générale tout ce qui était la source d'un revenu pouvait être donné en fief [6]. » Ces fiefs pouvaient passer de main en main sans égard à la position

---

[1] *M.D.G.*, XVIII, p. 358.

[2] Cf. la lettre du comte au dauphin, DUPARC, *op. cit.*, p. 484.

[3] *M.D.G.*, XVIII, pp. 382, 392.

[4] P. DUPARC, pp. 484-485.

[5] P. 497.

[6] P. DUPARC, p. 497. — Cf. aussi Ed. MALLET, *Chartes inédites relatives à l'histoire de la ville et du diocèse de Genève et antérieures à l'année 1312*, M.D.G., XIV, 1862.

que leurs détenteurs occupaient dans la hiérarchie sociale. Les bourgeois des villes en ont été souvent les bénéficiaires [1].

Les fonctions les plus modestes peuvent être l'objet d'un fief. Reymond de Sergy, cuisinier du prieuré de Saint-Victor, affaibli par la vieillesse, résigne en 1442 son office en faveur d'un clerc du diocèse de Saint-Malo qui en recueillera tous les bénéfices moyennant la somme de 30 florins [2]. A Jussy, la famille Pittard détenait à titre héréditaire l'emploi de portier du château [3]. Sur un plan plus élevé, la fonction de vidomne, nous l'avons vu, a été concédée en fief par l'évêque Henri de Bottis (1260-1268) au comte de Savoie. Remise en question par l'évêque Guillaume de Conflans, la concession fut finalement confirmée par le traité d'Asti en 1290.

Retenons quelques exemples de ces reconnaissances de fiefs.

Le 22 novembre 1271, « Wilhelme [Guillaume] de Viry reconnaît que tout ce qu'il tient en terres, hommes, censes et usages au village d'Essertet appartient au couvent de St-Victor, qui lui rétrocède les dits objets en usufruit [4]. » Le même Guillaume de Viry reconnaît en 1278 tenir de Robert, évêque de Genève, seigneur de Ternier, le château et le village de Viry [5].

L'évêque Aimon du Quart a fait relever dans un cartulaire, en 1305 ou en 1306, les droits attachés à l'évêché [6]. Il se fait rendre hommage pour ses diverses possessions et même, écrit Ed. Mallet, « pour des droits incorporels ». C'est ainsi que le prévôt du Chapitre, premier dignitaire après le prince, reconnaît « tenir de lui en fief le droit de correction, de juridiction et le soin des chanoines de l'Eglise de Genève », en même temps que tout ce qu'il possède dans le territoire et le village de Cologny [7].

Parmi les nobles du diocèse dont on relève l'hommage figurent notamment Aimon de Saleneuve [8] ; Guillaume de Joinville, sire de Gex ; Amédée de Savoie pour certaines de ses terres ; Amédée de Genève, sous réserve de sa fidélité

---

[1] « Le fief fut aussi une petite pièce de terre, pré ou vigne, cultivée par un paysan moyennant une modique redevance. » DUPARC, p. 498.

[2] Not. H. Perrod, vol. IX, f⁰ 22, 20 décembre 1442. — Cf. aussi, sur d'autres détenteurs de cet office, L. BLONDEL, *Les Faubourgs...*, pp. 80-81.

[3] Ja.-A. GALIFFE, *Matériaux...*, I, p. 426. — Il est vrai que le portier assume en temps de paix la garde du château, fonction qui est d'une certaine importance. La porterie était de ce fait souvent héréditaire. — DUPARC, p. 474.

[4] *Chartes inédites...*, M.D.G., XIV, 1862, pp. 119-121.

[5] *M.D.G.*, VII, 1849, p. just., p. 338.

[6] Ce cartulaire a été complété par quelques actes concernant les mandements de Thiez et de Jussy dont le plus ancien est de 1153.

[7] Ed. MALLET, *Aimon du Quart et Genève pendant son épiscopat, 1304 à 1311*, M.D.G., IX, 1855, p. 100.

[8] Sallenoves.

à l'empereur. Le cartulaire dresse la liste détaillée de toutes les terres et de tous les châteaux des comtes de Savoie qui étaient de la mouvance de l'évêque et de l'Eglise de Genève [1].

Nous avons signalé déjà les efforts des dynastes de Savoie en vue de conquérir des sympathies agissantes dans la ville de Genève. Ils utilisent à cet effet les moyens les plus variés. C'est ainsi qu'en 1320 Perronet de Saint-Aspre vend à Amédée V de Savoie les maisons et les terres qu'il possède dans la cité, près de Saint-Germain. Mais le comte les lui restitue en fief. Perronet prête l'hommage-lige en réservant cependant les droits de l'évêque et du Chapitre et en s'engageant à respecter les franchises des citoyens [2].

Un transfert de fief de 1359 touche indirectement Genève. Catherine de Savoie, comtesse de Namur, fille de Louis II, baron de Vaud, vend à cette date à Amédée VI de Savoie le Pays de Vaud et le Valromey pour le prix de 160.000 florins d'or. Les Genevois durent supporter une partie des frais de cette transaction. Tous ceux qui, à Genève, dépendaient du comte de Savoie — nobles, clercs et vassaux — durent payer un florin par foyer : 445 contribuables, répartis dans les sept paroisses de la ville, acquittèrent cette taxe [3]. Le comte dut reconnaître que cette contribution était bénévole et qu'elle n'engageait pas l'avenir [4].

Nous venons de signaler que le terme de fief, selon P. Duparc, s'applique également, dans le comté de Genève, à des censives détenues par des roturiers. Elles donnent lieu aussi à des reconnaissances. Le 18 mars 1425, les notables de Laconnex confirment que leur village, cédé par le comte de Genève à Saint-Victor en 1225 et en 1304, tient du prieuré, en fief lige et taillable, ses possessions, pâturages, places, de même que l'usage de ses bois, sous condition du payement des tailles annuelles [5].

Un peu plus tard, en 1429, dans le village voisin de Cartigny, deux frères

---

[1] Pp. 100-103. — Voir aussi p. just., pp. 198-290. — Le 7 mars 1313, le comte Guillaume de Genève rend à son tour l'hommage-lige à l'évêque Pierre de Faucigny tout en sauvegardant les droits de l'empereur. *M.D.G.*, XVIII, p. 355. — Mais de son côté le même comte Guillaume reçoit en 1319 l'hommage des seigneurs de Thorens, Ternier, Menthon, Duingt, Montvagnard et Pontverre, le 17 mai, et des consuls, conseillers et bourgeois d'Annecy, et bourgeois et habitants des châteaux de Clermont et de La Roche, le 19 et le 21 mai. *M.D.G.*, XVIII, p. 362.

[2] Amédée de FORAS et Edouard FAVRE, *Quelques actes du XIVe siècle relatifs à Genève*, B.H.G., I, 1892-1897, pp. 479-480.

[3] *M.D.G.*, XVIII, pp. 293-294, 402-403.

[4] *Loc. cit.*, pp. 269, 403. — Les nobles et les clercs habitant la châtellenie de Versoix, au nombre de 179, acquittèrent aussi cette taxe. Pp. 294, 403.

[5] Not. H. Perrod, vol. I, f° 48 bis.

reconnaissent tenir de Saint-Victor, en fief censuel, la maison et les terres laissées par leur père [1].

Tous ceux qui dépendent d'un fief censuel signent, à la mort de son propriétaire, des reconnaissances en faveur de ses héritiers. Ainsi celles qui intéressent les enfants de noble Jean L'Hôte, de son vivant citoyen de Genève. Elles sont au nombre d'une trentaine et s'étalent du 23 août 1430 au 24 septembre 1434 [2]. Elles portent sur des maisons, en ville et hors de ville, sur des granges, des pressoirs, des terres, des prés, des vignes, des jardins situés surtout à Champel, mais dispersés aussi près du pont d'Arve, à Saint-Antoine et à Saint-Léger, à Sécheron, aux Pâquis, au Petit-Saconnex, à Cologny. Ces maisons et ces terres sont non seulement aux mains de paysans, mais aussi de citadins : des marchands, un aiguilletier, un cordonnier, un tailleur, un drapier et notaire, un pelletier, un armurier, un coutelier, un clerc, etc.[3]

Au même moment, le notaire Perrod enregistre, en 1430 et 1431, en faveur de Girard de Bourdigny et de sa sœur — enfants de feu Guillaume de Bourdigny — des reconnaissances concernant leur fief de Lancy. Sept actes ont été passés : ils intéressent des cultures et des prés [4].

Nous ne voulons pas multiplier les exemples de ce type de reconnaissance [5].

---

[1] Not. H. Perrod, vol. II, f⁰ 384.

[2] La dernière est même du 11 février 1438.

[3] Not. H. Perrod, vol. V., f⁰ˢ 5-39.

[4] Not. H. Perrod, vol. V. f⁰ˢ 1-5.

[5] Le vol. V du notaire II. Perrod, f⁰ˢ 93-143, contient, entre plusieurs autres, trente-sept reconnaissances en faveur de Philibert, fils de feu Jean Destri, et de noble Jean de la Rochette. Elles concernent des maisons en ville et des terres dans les environs. Elles s'étendent de 1440 à 1450. — Signalons encore, f⁰ˢ 40-89, celles, très nombreuses, qui sont faites en faveur du recteur et de l'hôpital de Sainte-Marie du pont du Rhône. Une partie concerne des maisons en ville, ainsi celle faite en 1433 par Henri Servion, citoyen de Genève, marchand et hôtelier, portant sur la maison dite de la Cloche. F⁰ 45.

CHAPITRE IV

LES ALLEUX [1]

Il existe, dans le diocèse de Genève comme ailleurs, des alleux. Ils ont été étudiés par P. Duparc [2]. « L'alleu désigna d'abord une terre parfaitement libre, échappant à l'emprise de tout agent public, ou relevant théoriquement de l'empereur ; c'était un domaine, petit ou grand, qui s'était tenu en dehors du système féodal. Il serait aventureux de prétendre que des biens de ce genre étaient plus nombreux dans le comté qu'ailleurs. Le sens du mot s'affaiblit d'ailleurs, et l'alleu simple, l'alleu tout court, n'était plus complètement libre dès le XIe siècle : il dépendait du comte, ou d'un vassal immédiat de l'empereur, pouvait être cédé, vendu ; cependant il continuait à échapper en principe à la hiérarchie féodale, pouvait être aux mains de roturiers, et ne devait que des redevances insignifiantes, corvées ou service de plait. Au XIVe siècle, l'assimilation de l'alleu à un fief jouissant de certaines immunités de juridiction paraît à peu près réalisée [3]. »

Le terme de franc-alleu a désigné « plus longtemps une terre absolument libre ». Mais on est mal renseigné sur son organisation. Au XIVe siècle, les francs-alleux, bien qu'ils pussent être en principe détenus par des roturiers, n'étaient « plus guère qu'aux mains des nobles ou du clergé ». Leur nombre diminua rapidement : il ne s'en constituait pas de nouveaux et les anciens tendaient à se transformer en fiefs ordinaires. « Les nobles alleutiers eux-mêmes ne pouvaient résister à la pression des seigneurs plus forts qu'eux, et en particulier à celle des comtes [4]. »

En 1090 ou 1091, le comte de Genève Aimon Ier confirme au monastère de Saint-Oyen de Joux — actuellement Saint-Claude — la possession des alleux qu'il a reçus ou qu'il recevra des hommes libres de la juridiction de

---

[1] On orthographie aussi « alleus ».
[2] *Le Comté de Genève...*, pp. 494-496 et *passim*.
[3] Pp. 494-495.
[4] Pp. 495-496.

Cessy dans le Pays de Gex. Sont considérés comme tels ceux qui sont exempts des douze jours de corvée en faveur du comte, leurs seules obligations étant de fournir leurs bœufs pour les labours — c'est le charruage — et l'observation du plait général [1].

Accablé de dettes, Noble Pierre de Dommartin doit céder en 1393 un pré de franc-alleu, situé sous Greny dans la paroisse de Peron dans le Pays de Gex. Mesurant deux fauchées [2], il est vendu pour 38 florins d'or [3].

Une vaste terre de franc-alleu, aux Bougeries, mesurant 18 poses, est cédée en 1436 par Pierre Finaz, bourgeois de Genève, et sa femme, au prix de 206 florins [4]. En 1471, la veuve et le fils de Jean de Lancy vendent à la chapelle d'Ostie un pré en franc-alleu d'une seyturée sis à Lancy.

Le marchand genevois Camelli, qui a investi une partie de sa fortune dans de nombreuses terres de la région de Jussy, a acquis en 1508, près de ce village, une vigne allodiale de deux poses pour 40 florins d'or [5].

Les francs-alleux ont eu vraisemblablement une plus grande valeur que les terres grevées d'obligations féodales [6].

Nous avons fait déjà plusieurs emprunts aux minutes du notaire Claude de Miribel agissant au compte de Pierre Gay, amodiataire de l'évêque. Les indications concernant des terres allodiales paraissent y être assez rares. Cependant, en 1523, il est fait mention d'un bois de trois poses, près de Versoix, de franc-alleu, acheté pour sept florins [7]. Une vigne allodiale d'une pose, située à Aïre, vaut, en 1532, 19 écus, soit environ 76 florins ; une autre, située à Valavran et mesurant deux poses, est payée — en 1534 — 120 florins [8]. Le prix des vignes est toujours assez élevé [9].

---

[1] *S. du dr.*, I, nᵒ 1, p. 1. — *Rég. gen.*, nᵒ 221, p. 63. — Duparc, p. 89.

[2] *Falcatura :* ce qu'un homme peut faucher en une journée.

[3] Not. J. Bally, vol. unique, fᵒˢ 41-42.

[4] Not. H. Perrod, vol. VIII, fᵒ 163.

[5] Not. Cl. de Compois, vol. II, fᵒ 36.

[6] Cela paraît ressortir d'un acte de 1511 qui intéresse une région proche de Genève. Un bourgeois de Nantua vend des vignes qu'il possède près de cette localité à un habitant de Bourg-en-Bresse. (S'il n'existe pas de vignes près de Nantua, Cerdon en revanche, sur la route de Nantua à Lyon, en possède d'importantes. On en trouve également dans la vallée de l'Ain, en particulier entre Bolozon et Serrières.) La première des vignes vendues est en franc-alleu. Elle mesure quatre fossorées et est cédée pour 30 florins. La seconde, qui ne possède pas ce privilège, et mesure trois fossorées, vaut 10 florins. La différence de prix est grande. Il est vrai que la situation et la qualité des parcelles peuvent influer sur leur prix. — Not. Claude Vandel, vol. unique, fᵒ 96.

[7] Not. Cl. de Miribel. I, fᵒˢ 91 et 107.

[8] Not. Cl. de Compois, vol. VII, fᵒˢ 110 et 394.

[9] Nous reviendrons sur la valeur des terres. Cf. *infra*, XIᵉ partie, chap. Iᵉʳ. Six poses de terres de franc-alleu, situées à Anières, ne valent en 1533 que 90 florins. Not. Cl. de Compois, vol. VII, fᵒ 210. — Il est vrai que la même année une demi-seyturée (la seyturée

Des maisons, en ville et à la campagne, figurent aussi parmi les biens allodiaux. Ainsi celle vendue en 1511 à la Corraterie pour 45 florins [1] ou celle, haute, avec tour, galeries, courtines et places, située à Dardagny, qui est cédée en 1514 avec les terres qui l'entourent, de franc-alleu également, par les fils de Jean de Bruel à Etienette de Marval, dame de Châteauvieux, et à son fils. Le prix en est de 355 florins [2].

Un cas est assez curieux : il intéresse la politique économique de la ville. Elle désire acheter une maison mise en vente en 1513. Comme ce bâtiment est dans la mouvance de l'évêque et du Chapitre, les syndics sont chargés de demander aux chanoines d'abandonner leur directe afin de rendre la propriété allodiale. Ensuite, ils chercheront à l'acquérir au meilleur prix possible [3].

équivaut à la pose) de pré en franc-alleu à Sonvier ou Songier (actuellement Songy, un peu au sud de Saint-Julien) est vendue pour 28 florins (*ibid.*, f° 222) et une pose à Malagny 20 florins (*ibid.*, f° 228). Dans ces cas aussi les prix varient selon la position et la fertilité des terres.

[1] Not. Cl. Vandel, vol. unique, f° 81.
[2] Not. Thibaud de la Corbière, vol. unique, f° 256.
[3] *R.C.*, VII, 29 juillet 1513 (Conseil des Cinquante), p. 351.

CHAPITRE V

LES ALBERGEMENTS EMPHYTÉOTIQUES

Les abergements ou albergements emphytéotiques apparaissent à la fin du XIIIᵉ siècle. Ils sont nombreux au XIVᵉ siècle en Savoie et dans la région genevoise, comme d'ailleurs en Dauphiné [1] et en Valais. Leur type juridique, pense Gottfried Partsch, relève de la concession en fief, d'où découlent l'*intragium* [2] et le *servitium* [3]. Ils sont fondés sur de véritables contrats aux termes desquels, écrit P. Duparc, « l'albergeant ou albergateur, conservant le domaine direct, cédait à l'albergataire le domaine utile de l'un de ses biens, à perpétuité ou pour une longue durée, moyennant deux prestations essentielles : l'introge, versée une fois pour toutes au moment de l'engagement, et le cens ou servis, payé annuellement. Ces actes, laissant de côté les rapports purement personnels, correspondaient mieux aux nouveaux besoins de l'exploitation des terres ; c'étaient en somme des baux à longue durée, intermédiaires entre le fief et le bail ordinaire [4]. »

La multiplication des albergements résulte des nécessités économiques au moment où le problème de la main-d'œuvre se pose aux détenteurs des grands domaines. Entre les fiefs du type ancien et ces albergements emphytéotiques, il n'existe guère en pratique de différence : ils se confondent souvent malgré la diversité de leurs origines [5].

Comme les fiefs, ils ont porté non seulement sur des terres et des maisons, mais encore sur des services ou sur la pêche. Ils étaient payés tantôt en argent, tantôt en nature. En cas de mutation, les droits étaient perçus en même temps sur l'albergeant et sur l'albergataire.

---

[1] Cf. Claude-Joseph de FERRIÈRE, *Dict. de droit...*, Paris, 1769, déjà cité.

[2] Ou droit d'entrage, introge, entrée.

[3] Ou servis, cens, cense.

[4] P. DUPARC, *Le Comté de Genève...*, pp. 499-500. — « Le possesseur du fief se réservait le domaine direct, tout en cédant au censitaire le domaine utile. » — L. BLONDEL, *Le développement urbain...*, p. 50.

[5] Un acte du notaire Jean Perrod, vol. unique, 1ᵉʳ juillet 1464, fᵒ 580, semble assimiler l'emphytéose au fief.

Nous retenons quelques exemples de ces albergements concernant le XIVe et le XVe siècle.

Le 29 décembre 1326, les syndics albergent à Pérenod (ou Péronod) Tardi, citoyen, à titre perpétuel, moyennant 10 sols d'entrage et l'hommage que le bénéficiaire et ses successeurs doivent rendre aux syndics, un terrain de 31 pieds sur 15, le long du mur d'enceinte, pour y rebâtir une grange qui avait appartenu à son père et qui avait été détruite par le feu [1]. Ainsi, la communauté des citoyens, représentée par ses syndics, agit comme un seigneur.

Un peu plus tard, le 30 avril 1328, l'évêque alberge à Ansermod de Genthod, son homme lige, la métralie de Genthod et de Malagny, moyennant une redevance annuelle de 60 sols. Le prélat se réserve l'échute et la moitié des bans encourus [2].

Le 17 mars 1382, Jean du Four, de Peney, alberge à perpétuité, en emphytéose, à un habitant de Satigny, deux pièces de terre moyennant un droit d'entrage de 2 florins et un cens annuel d'un bichet de froment à livrer à la Saint-Michel [3]. Les cens en nature étaient souvent réglés à cette fête, le 29 septembre [4]. Le prieur de Saint-Victor alberge en 1426 à Rolet Lévrier, homme du prieuré, une vigne de trois poses, à Frangy, pour un entrage de 12 florins [5], et, en 1427, à quatre paysans, un bois d'environ cinq poses pour un entrage de 4 florins. Mais l'acte notarié précise que ce dernier terrain est presque stérile [6].

En 1425, le prieur de Saint-Victor alberge pour 6 deniers par an à un habitant de Sézegnin et à son frère, homme du prieuré, une pièce de terre d'un quart de pose et le pressoir qui s'y trouve, à charge pour eux d'y accomplir certains travaux d'aménagement [7]. A la suite d'un différend, le prieur accorde,

---

[1] *M.D.G.*, XVIII, pp. 374-375 ; *M.D.G.*, II, 1re partie, p. 366.

[2] *M.D.G.*, XVIII, pp. 106-107, 376.

[3] Not. J. Bally, vol. unique, f° 16 v°.

[4] Autres exemples. Un maréchal de Gex, Etienne de Versonnex, alberge le 24 avril 1392 en emphytéose perpétuelle une terre, qu'il tient en fief de l'évêque de Genève, pour un entrage de 5 florins et un cens annuel de 3 quarterons de froment. Not. J. Bally, vol. unique, f° 21. — Le 29 avril de la même année, le curé de Peney aliène une terre située à Peney pour 6 deniers d'entrage et un cens annuel du même montant. Not. J. Bally, f° 21 v°. — Henri de Balmis, juriste, et sa femme Isabelle remettent en emphytéose, le 20 août 1393, une terre qu'ils tiennent en fief de l'évêque. Le droit d'entrage est de 6 florins et le cens annuel de 2 sous payables à la Saint-Michel. Not. J. Bally, *ibid.*, f° 57 v°.

[5] Not. H. Perrod, vol. I, f° 151.

[6] H. Perrod, vol. II, f° 117. — Noble Jean de Rochette, citoyen de Genève, alberge, le 17 septembre 1433, à noble Jean Bastonnier une pièce de terre et de vigne située au Petit-Saconnex ; le droit d'entrage est de 110 florins. La pièce de terre, précise le texte, mal cultivée, est en mauvais état. Not. H. Perrod, vol. III, f° 75.

[7] Not. H. Perrod, vol. I, f° 50.

en 1429, aux habitants d'Aire-la-Ville le droit de tirer des matériaux d'une carrière de pierres moyennant une taxe qui paraît assez élevée, de 12 deniers par charrette [1].

Un acte de 1435 offre un caractère un peu différent. Le prieur de Saint-Victor alberge à un couple une vigne de trois poses, située à Collonges-sous-Monthoux, que ce même couple vient de lui vendre pour 60 florins. Il agit pour le compte de la chapelle de Sainte-Croix et de la Vierge Marie. L'ancien propriétaire, devenu albergataire, devra livrer chaque année six setiers de bon vin à la Saint-Michel, soit le 29 septembre. Les vendanges se faisaient donc plus tôt qu'aujourd'hui [2].

Au cours de l'année 1454, le vicaire — et procureur — du curé de Heyrier procède à la remise d'une douzaine de terres, labours, prés, bois, situés dans la région de Malpas [3], qui forment le temporel de la paroisse [4]. Nous en dressons la liste [5].

Nature et étendue de la terre	Entrage	Cens annuel
Pré, $1/12$ de seyturée	30 deniers	1 denier
Pré, buissons, friches, $1/2$ journal	9 florins	4 deniers
Champ et bois, 1 journal	6 florins	6 deniers
Pré en friche, 2 seyturées	42 florins	12 deniers
Champ, 2 journaux	25 florins	6 deniers
Champ, 1 journal	9 florins	6 deniers
Champ, ?	50 florins	2 sous
Champ, 1 journal	18 florins	12 deniers
Champ, 1 pose	5 florins	2 deniers
Champ, 1 journal	10 florins	6 deniers

La diversité des droits d'entrage et des cens qui apparaît dans ce tableau ne tient pas uniquement à l'étendue des terres, mais aussi à leur productivité.

---

[1] Not. H. Perrod, vol. II, f⁰ 351.

[2] Not. H. Perrod, vol. VIII, f⁰ 80. — Un autre albergement de trois poses et de trois fossorées de vignes et de champs, à Cologny, est conclu en 1438 moyennant un entrage de 20 florins. H. Perrod, vol. XI, f⁰ 189.

[3] Entre le Mont-de-Sion et Frangy.

[4] Heyrier ou Hérier, au sud du Vuache, à l'ouest de Chaumont, n'est plus aujourd'hui qu'un modeste hameau.

[5] Not. P. Braset, vol. III, f⁰ˢ 121-163. — En ce qui concerne les mesures de surface, cf. *infra*, XIIIᵉ partie, chap. III.

Un moulin et le clos qui l'entoure, sur le Rhône, en aval du pont de l'Ile sont albergés en 1460 pour un entrage de 30 florins, mais les installations ont besoin de réparations [1].

Il arrive que l'albergement soit concédé au plus offrant lors d'une mise aux enchères. C'est ainsi que procède le curé de Feigères en 1464 [2].

Jaakko Ahokas, dans son *Essai d'un glossaire genevois d'après les registres du Conseil de la Ville de 1409 à 1536* [3], fournit de nombreux renseignements, tirés des registres du Conseil, concernant les albergements opérés par la commune au XVᵉ et au début du XVIᵉ siècle. Il rappelle qu'il s'agit d'un type de contrat que l'on peut rapprocher du bail emphytéotique et que l'origine en est une institution féodale « qui comprenait la concession, à un tenancier, de la propriété utile d'un fonds ou d'autres biens seigneuriaux, tandis que l'*albergeant* se réservait la propriété directe. L'*albergement* se faisait à perpétuité ou à long terme, moyennant le payement d'un droit appelé... introge ainsi que des droits de mutation et d'une redevance annuelle. A l'époque postérieure à la féodalité, le terme *albergement* s'est appliqué à des concessions perpétuelles ou à des affermages à long terme devenant, dans le dialecte, synonyme d'*amodiation*. » Il arrive un moment où les deux termes albergement et amodiation se rapprochent et s'appliquent à un contrat de bail [4].

Cependant, Ahokas constate qu'une certaine distinction subsiste malgré tout dans beaucoup de textes se rapportant à des opérations genevoises. Le terme amodier s'applique souvent à l'affermage de la perception de droits et de taxes, tandis qu'alberger signifie plus particulièrement céder des terres à long terme moyennant le payement d'une forte somme lors de l'entrée en possession et d'une redevance annuelle assez faible [5]. Les syndics négociaient ces opérations au nom de la commune. Cependant, dans certains cas, elles devaient être autorisées, voire ratifiées, par le Conseil des Deux Cents et parfois même par le Conseil Général. De son côté, l'évêque pouvait alberger ses terres. Les limites des possessions de la ville et du prélat n'étant pas toujours très précises, des contestations les ont parfois mis aux prises, ainsi en 1429 et en 1474 [6].

Les albergements opérés par la commune portaient sur des biens fonciers très divers : un crêt avec le sentier qui y conduit (1410), une place (1413, 1429), les berges de l'Arve où l'on peut exploiter du sable et faire des fagots

---

[1] Not. H. Perrod, vol. XVI, fᵒ 130.

[2] Not. P. Braset, vol. I, fᵒ 151 et ss.

[3] *Mémoires de la Société néophilologique de Helsinki*, XXII, Helsinki, 1959.

[4] J. AHOKAS, *op. cit.*, p. 39.

[5] Pp. 39-40.

[6] P. 40.

(1417, 1474), une pièce de terre (1474), un verger (1409, 1483), etc. Ils étaient parfois grevés d'obligations que le preneur devait assumer : travaux concernant la clôture d'un terrain (1413), construction de deux toises de mur en guise d'introge (1414), édification de digues au bord de l'Arve en 1487. Comme, dans ce dernier cas, le responsable n'a pas fait le nécessaire et que les berges en ont souffert, on lui rappelle en 1488 qu'il devra assumer les frais que sa négligence pourrait entraîner [1].

Les prestations que devaient supporter les albergataires variaient selon l'étendue, la situation et la qualité des biens albergés. J. Ahokas en fournit beaucoup d'exemples tirés des registres du Conseil. Un verger a été cédé moyennant un introge de 12 florins et un servis de 12 deniers par année (1409) ; une pose de terre située sur un crêt pour 14 florins d'introge et 12 deniers en cas de mutation (1410). Un jardin comporte 100 florins d'entrée (1483) ; un terrain non défini, 20 florins d'introge et un gros de cens annuel payable à la Saint-Michel (1487) ; une portion des berges de l'Arve, 50 florins d'entrée et 18 deniers de servis (1488) ; trois toises près de la ville, 30 florins d'introge et 3 deniers de cens annuel (1488). Une pièce de terre, en 1536, est grevée de 62 écus au soleil d'introge [2].

A côté des terres, on albergeait des maisons ou des parties de maisons destinées à des logements, mais aussi des granges, des caves, des moulins et leurs biefs, des installations pour le foulage des draps, etc. Les conditions financières de ces opérations varient à l'infini [3].

D'autres exemples encore peuvent être donnés concernant la commune de Genève, détentrice du droit éminent sur des terres et des maisons. En 1409, elle concède à un bourgeois un courtil — un jardin — situé à Plainpalais pour un droit d'entrée de 10 florins et des prestations annuelles en travail affectées à la réparation du pont du Rhône [4]. Elle remet en 1411, le jour de la fête de Sainte Marie-Madeleine, un emplacement situé près des murs de la ville moyennant un droit d'entrée de 12 florins, à quoi s'ajoutent deux florins versés au Conseil, et un cens annuel de 12 deniers [5].

---

[1] J. Ahokas, *op. cit.*, pp. 40-41.

[2] P. 41.

[3] L'albergataire d'un bâtiment a payé en 1493 un introge de 1200 florins, mais la cense annuelle n'est que de 3 sous ; un autre, en 1495, 100 florins d'introge et un gros de servis ; un troisième 110 florins d'introge et un denier de cense annuelle (1529). En 1530, le preneur d'une maison verse 500 florins d'introge et 12 deniers par année ; un second, en 1536, 385 florins d'entrée et un denier de cense annuelle. En 1496, une grange est cédée pour 31 florins d'introge et 6 deniers annuels. L'albergement d'un moulin se fait en 1514 pour 30 coupes de froment par an. *Op. cit.*, pp. 41-42.

[4] *R.C.*, I, 28 août 1409, p. 9.

[5] *R.C.*, I, p. 31.

Une autre opération porte sur une partie de l'appareil fortifié. La tour de la porte du Puits ou de Saint-Léger est remise en 1429 à deux cousins qui paieront 3 sous de cens annuel. Ils l'aménageront en entrepôt et en logement : mais, pour des raisons évidentes de sécurité, on leur interdit d'en percer les murailles [1].

Plusieurs albergements de terres ont été opérés par le Conseil au cours de l'année 1488 contre des droits d'entrée assez élevés, de 15 à 20 florins. En revanche, le cens annuel était plutôt faible, en général un sou [2].

En 1493, le Conseil ordinaire refuse d'engager une parcelle des biens de la communauté au seigneur de Mons qui voudrait agrandir sa chapelle. La raison invoquée est que l'opération doit être autorisée par le Conseil général [3].

Une dernière remarque. Les albergements qui ont été conclus pour une durée illimitée engageaient en principe les générations. Cependant, un accord librement consenti par les deux parties pouvait les rompre. En 1392, un habitant de Peney renonce à l'albergement que son père tenait de la Confrérie du Saint-Esprit de ce village qui, de son côté, représentée par son prieur, lui fait remise de tous les cens, usages et tributs que payait le défunt [4].

---

[1] *R.C.*, I, 6 septembre 1429, p. 118.
[2] *R.C.*, IV, *passim*.
[3] *R.C.*, V, 16 avril 1493, p. 106.
[4] Not. J. Bally, vol. unique, f° 23 v°.

CHAPITRE VI

LES AMODIATIONS

A côté de celles qui intéressent les albergements dont nous avons noté le caractère de permanence, nombreuses sont les minutes des notaires conservées aux Archives d'Etat qui sont consacrées à des amodiations, autrement dit à des locations.

Amodier ou admodier une terre, c'est la donner à ferme ; une amodiation est un bail ; le preneur est un amodieur ou amodiateur. Cette opération, qui s'est multipliée au XVe siècle, se fait pour une durée limitée, souvent d'une année, inscrite dans le contrat, moyennant des prestations en argent ou en nature, parfois même en argent et en nature. Les amodiations ne portent pas seulement sur des terres et des maisons, mais aussi sur l'utilisation d'autres biens, sur la levée de taxes officielles ou la concession de certaines charges publiques rémunératrices.

J. Ahokas, après avoir donné des indications très complètes de caractère philologique sur le terme admodier ou amodier, ses dérivés et leurs variations, fournit de nombreux exemples d'amodiations tirés des registres du Conseil [1], ainsi celles qui portent sur les taxes d'entrée et de vente des vins (1412, 1414, 1477, 1487, etc.) ; sur les redevances des halles (1473, 1478, etc.) ou les revenus du pesage et du criblage du blé (1490, 1492, etc.) ; sur les droits du sel (1495) ou de la viande (1491) ; sur la levée des ordures dans un quartier déterminé — pour la fumure des cultures — ; sur l'exploitation des pierres, graviers, sables et taillis des berges de l'Arve ; sur certaines charges publiques, la jauge des tonneaux (1484, etc.), la fonction de gardien de prison (1536) et même l'office de vidomne (1521) [2].

L'affermage se faisait par adjudication aux enchères, au plus offrant, « à la chandelette », c'est-à-dire à la chandelle [3]. Les engagements assumés par le

---

[1] *Op. cit.*, pp. 22-30.

[2] Pp. 27-28.

[3] Celui qui enchérissait le dernier au moment où la chandelle s'éteignait obtenait la concession.

preneur pouvaient être revisés en cas d'événements graves et imprévus, ainsi la guerre. Des garanties étaient assurées par l'autorité contre les abus des amodiateurs [1].

La commune cédait aussi à bail certains bâtiments et installations qu'elle possédait : un four banal (1463, etc.) [2], une tuilerie (1484, 1504), un moulin (1514, 1527, etc.), une scierie (1532), un cabaret (1503, 1513), un abattoir, des étals (1519, 1525), des ateliers, des échoppes, des magasins (1462, 1484, 1496, 1498, 1525, etc.). Les locations, par la ville, de maisons d'habitation ou de parties de maison sont très nombreuses au XVIe siècle : elles sont d'une durée d'un à trois ans [3].

Les amodiations portaient aussi sur des terres. Elles étaient alors conclues pour plusieurs années. Tantôt, il s'agissait de parcelles, tantôt, de la totalité des biens fonciers d'un propriétaire. Certaines concernent l'évêque, d'autres l'ordre de Malte [4]. Les tuteurs n'avaient pas le droit d'affermer les biens de leurs pupilles [5].

Un certain flottement apparaît dans la terminologie à la fin du XVe et au début du XVIe siècle. Les termes amodier et alberger paraissent être dans quelques contrats interchangeables [6], de telle sorte que les deux opérations que ces mots recouvrent ne sont pas toujours très faciles à distinguer.

Les amodiations sont naturellement nombreuses aussi entre particuliers. Nous en retenons quelques exemples, tirés des minutes des notaires. On remarquera la souplesse du système, la diversité des redevances à acquitter par le preneur.

En 1428, un adolescent qui n'est pas en état de cultiver son domaine de Russin le remet pour trois ans à raison de 19 florins par année [7]. En 1430, le damoiseau Humbert de Scionzier, habitant Viry, amodie pour neuf ans à un paysan de Cartigny une série de terres qu'il possède, en indivision avec le curé de la Mure, dans la région de la Petite-Grave. La ferme annuelle est de 2 octanes de seigle, une de blé et 15 sols [8]. Un propriétaire de Presinge loue en 1431 diverses pièces de terre pour neuf ans. La redevance sera, par année, de 10 quarts de blé, 15 sols, et du tiers du vin récolté [9].

---

[1] AHOKAS, *op. cit.*, pp. 27-30.

[2] Il s'agit du four de la maison de commune. La redevance est de 18 florins et de 300 fagots de bois. Le bail a une durée de trois ans. *R.C.*, II, 7 janvier 1463, p. 165.

[3] AHOKAS, p. 29. — On a même amodié, en 1529, « la cage à l'ours ».

[4] AHOKAS, pp. 29-30.

[5] AHOKAS, p. 30.

[6] AHOKAS, p. 42.

[7] Not. H. Perrod, vol. II, 18 janvier, f° 129.

[8] Not. H. Perrod, vol. IV, 11 janvier, f° 12.

[9] Not. H. Perrod, vol. VI, 5 mai, f° 112.

De telles transactions ont lieu naturellement aussi pour des maisons. Le procureur d'une des chapelles de l'église paroissiale de la Madeleine amodie en 1459, pour six ans, à Jean Balli — ou Baud —, marchand, bourgeois de Genève, un bâtiment à la rue du Perron pour 45 florins par an, payables par semestre et d'avance [1]. Une maison, située à la Grand'rue de la Rivière est amodiée, en 1481, pour six ans, la redevance annuelle étant de 24 florins [2].

Le loyer peut affecter des formes assez imprévues : une partie d'une maison est cédée à bail en 1521 contre la remise annuelle de 30 florins, d'une paire de souliers de drap noir, enfin d'une livre de poudre ou d'une torche de cire du poids de trois livres [3].

L'amodiation porte parfois sur d'importants complexes de terres et de redevances. François et Amblard Bonivard amodient en 1525 le château et le mandement de Grilly, dans le Pays de Gex, avec tous les revenus, granges, terres, vignes, bois, dîmes, corvées et autres droits qui en dépendent. L'opération est conclue pour trois ans, à raison de 600 florins par an [4]. Mais elle peut se borner à la seule levée de certaines redevances, témoin un contrat du 3 novembre 1526 par lequel Noble Philibert Mandalaz remet à un notaire de Samoëns, pour 18 florins par an, le droit qu'il détient dans le mandement de Ternier d'y percevoir des lods et des taxes sur les marchandises [5].

Nous aurons d'ailleurs l'occasion de revoir, lorsque nous traiterons des droits de commerce, le rôle que les amodiations, faites en général aux enchères publiques, ont joué dans la perception des redevances des halles et marchés, des péages et pontonages, des gabelles, des leydes, etc. [6]

Un volume entier de minutes du notaire Claude de Miribel [7] est consacré aux actes passés, de 1513 à 1529, par Pierre Gay, amodiataire de l'épiscopat. Il est intéressant de suivre les transactions auxquelles il s'est livré [8]. En 1514 et en 1515, l'office de la marque du poids du blé et du sel est amodié pour 5 florins et 6 sous par année [9]. Des moulins sur le Rhône sont concédés en

---

[1] Not. H. Perrod, vol. XVI, 20 septembre, f°s 95 et 105.

[2] Elle avait appartenu à Jean de Compois, seigneur de Thorens, qui n'avait pas pu payer une taxe de 102 florins lors de la levée de 1475. — Not. J. des Plans, vol. II, 24 mai, f° 208 et ss. — Voir aussi Dr CHAPONNIÈRE, *Etat matériel de Genève pendant la seconde moitié du quinzième siècle*, déjà cité, p. 315.

[3] Not. H. Richardet, vol. II, 2 mars, f° 1022.

[4] Not. H. Richardet, vol. II, 31 janvier, f° 880.

[5] Not. Fr. Vuarrier, vol. I, f° 10.

[6] Cf. *infra*, IVe partie, sect. II, chap. I, II et III.

[7] Vol. I.

[8] Nous reverrons les données qu'on en peut tirer, en particulier en ce qui concerne le prix des terres. Cf. *infra*, XIe partie, chap. Ier.

[9] Not. Cl. de Miribel f°s 36, 64, 65.

1518 à un meunier pour trois ans à raison de 20 coupes de blé par an [1]. Le pontonage de l'Arve et la gabelle du sel qui lui est attachée sont affermés en 1524 pour 150 florins par an [2].

Pierre Gay amodie pour trois ans, le 19 janvier 1524, le château de Jussy-l'Evêque avec tous ses revenus, y compris le passonage ou droit de couper des échalas dans les bois. Les trois personnes qui font conjointement cette opération pourront établir des officiers, sauf cependant le forestier. Leur redevance annuelle est de 16 setiers de vin blanc et de 100 écus d'or [3].

Une autre transaction importante est la concession, le 26 novembre 1524, à Jean Bérard, notaire au Petit-Saconnex, de tous les revenus épiscopaux perçus dans la ville de Genève, à raison de 300 florins et de 6 coupes de blé par an [4].

Il arrive aussi que Pierre Gay achète des terres qu'il amodie aussitôt à ceux qui viennent de les lui vendre [5]. Il s'occupe aussi de la location d'appartements. Il remet à un menuisier, en 1514, à Genève, une boutique et une chambre, pour 12 florins par an [6] et, en 1525, à un tisserand, une cuisine avec caveau et poêle, située dans une maison de Mies, contre une redevance annuelle de 6 florins par an [7].

Les moulins sont souvent l'objet d'amodiations. Nous venons d'en voir un exemple à propos des activités de Pierre Gay. Retenons-en deux autres encore.

Le 18 janvier 1526, le représentant de Besançon Hugues loue à un meunier genevois deux roues de moulin sur le Rhône et une chambre adjacente pour le logement du meunier. Le bail est conclu pour deux ans ; la redevance annuelle est de 22 coupes de blé [8]. Le 12 décembre 1527, les frères Amédée et François de Saconnex amodient pour une durée de trois ans une maison

---

[1] F° 73.

[2] F° 38.

[3] F°ˢ 68-70.

[4] F° 110.

[5] Deux seyturées de pré, à Versoix, sont payées, en 1518, 10 écus et louées à leur ancien propriétaire moyennant la livraison annuelle de 4 setiers de vin rouge. F°ˢ 12 et 52. — Même opération pour une vigne nouvellement plantée, également à Versoix (1524). F° 89. — Une vigne, achetée à Malagny, est remise au vendeur qui la cultivera à mi-fruit (1524). F° 105. — Une autre, sise à Versoix, de trois quarts de pose, grevée d'un cens en faveur du seigneur de la Bâtie, payée 18 florins, est aussitôt amodiée à son ancien propriétaire (1528). F° 145.

[6] F° 59.

[7] F° 106. — Les deux locations sont conclues pour une durée de trois ans.

[8] Not. H. Richardet, vol. I, f°ˢ 19 et 116.

et un moulin à deux roues, sur le Rhône, à Saint-Gervais, au prix annuel de 30 coupes de blé, un pain et un quart de mouton [1].

Les minutes des notaires nous renseignent aussi sur les sous-locations. Péronette, veuve de Claude Dubois, potier, amodie une maison sise à la rue de la Porte du Château, le 26 octobre 1528. Le loyer annuel en est de 55 florins. Le locataire reçoit formellement le droit de sous-louer une partie de cette maison au prix de 20 florins [2].

Un exemple des combinaisons que permet le système des amodiations peut être encore retenu. Un habitant de Trélex (Vaud), qui part en voyage en 1504, prend la précaution d'amodier tous les biens qu'il possède, à Trélex et ailleurs, au marchand Jean Panissod, bourgeois de Genève, en lui laissant la faculté de les louer à son tour. Le loyer est de 6 florins par an. L'acte notarié comporte en outre — clause intéressante — la donation de ces biens au preneur si le propriétaire ne revenait pas de voyage [3].

---

[1] Not. H. Richardet, vol. II, fo 529.
[2] Not. Fr. Vuarrier, vol. I, fo 33.
[3] Not. Cl. de Compois, vol. I, fo 11.

CHAPITRE VII

LES CONFLITS SEIGNEURIAUX

La complexité des droits, leur imbrication, leur manque de précision souvent, la diversité et parfois l'obscurité de leurs origines, la passion de l'aventure chez certains, l'affrontement des intérêts individuels chez tous : tout concourait à multiplier les conflits seigneuriaux et les guerres privées avec les dévastations qu'ils entraînaient. Ils intéressaient surtout les plus puissants dynastes de la région, mais les liens de vassalité en faisaient retomber aussi le poids sur les autres classes sociales.

Des arrangements entre antagonistes, cependant, sont parfois intervenus, d'une durée plus ou moins longue. Nous avons rappelé comment les rapports entre l'évêque et le comte de Genève, si souvent troublés, avaient été normalisés par l'accord de Seyssel de 1124 et par l'arbitrage de Desingy de 1219 [1]. Nous ne revenons pas non plus sur le long conflit qui a mis aux prises les comtes de Genève et la maison de Savoie, conflit qui s'est terminé par la victoire de cette dernière, ni sur les différends entre l'évêque, la commune et les dynastes savoyards qui ont longtemps constitué la trame de l'histoire genevoise [2]. Naturellement, d'autres tensions ont eu des aspects moins spectaculaires.

L'évêque, prince temporel, a été en discussion non seulement avec certains seigneurs du diocèse, mais encore avec le Chapitre et la communauté des citoyens. Dans ces cas aussi, des sentences arbitrales ont pu intervenir.

Au cours d'un épiscopat qui a duré de 1215 à 1260 — c'est un des plus longs de l'histoire de Genève —, Aimon de Grandson a suscité de vives critiques qui ont abouti à une enquête faite à une date qui ne peut être précisée mais qui est en tout cas postérieure à septembre 1227. Les témoins en sont des ecclésiastiques du diocèse et en particulier plusieurs chanoines. Certains d'entre eux ont porté des accusations graves contre l'évêque. Nous laissons de côté celles

---

[1] Cf. *supra*, Ire partie, chap. unique.
[2] Cf. *supra, ibid.*

qui ont trait aux mœurs et aux questions religieuses pour ne retenir que ce qui concerne les droits seigneuriaux.

On reproche à l'évêque de multiplier les pénitences en argent au lieu de chercher à amender les coupables sur le plan spirituel ; de se mêler indûment d'affaires commerciales, notamment en faisant fabriquer des draps ; de vendre son blé tandis qu'il en rachète pour lui et ses gens ; de ne pas exiger le renouvellement de l'hommage que lui doit le sire de Faucigny ; d'avoir perdu ses droits sur plusieurs hommes-liges ; d'aliéner certains fiefs dépendant de l'évêché ; d'accenser à titre perpétuel des terres que ses précédesseurs faisaient cultiver directement ; de mal mettre en valeur d'autres parties de son domaine, ainsi celles de Malval et de Jussy ; d'avoir donné l'église de Serraval à un neveu qui est encore un enfant — *antequam bracas haberet* — et celles d'Annemasse et d'Aïse à des idiots. Cependant, divers témoins ont rappelé les quelques progrès accomplis sur le plan temporel grâce au prélat [1].

D'autres conflits encore ont opposé Aimon de Grandson et le Chapitre au sujet des droits seigneuriaux. L'archevêque de Vienne Jean de Bournin y a mis fin par une sentence du 7 juin 1234. Elle délimite la position des deux parties en ce qui concerne les moulins du Rhône, l'évêque devant verser au Chapitre une indemnité de 30 livres pour couvrir les dommages qu'il lui a causés à leur sujet. Le prélat ayant reçu des dons suffisants pour la reconstruction du pont du Rhône devra la terminer à la Saint-Michel, soit le 29 septembre 1234. Il n'aura pas le droit d'y exiger des péages des passants sous peine de suspension de son office. Ni lui, ni ses successeurs ne pourront fortifier, fermer ou détruire le pont sans encourir les censures ecclésiastiques [2]. Les dîmes novales, c'est-à-dire celles qui sont levées sur les terres nouvellement défrichées, appartiendront au Chapitre dans les paroisses qui relèvent de lui. Quant aux chanoines qui achètent du vin pour le revendre, ils devront dorénavant payer à l'évêque le droit de forage [3].

Des différends ont aussi mis aux prises, au cours du XIIIe siècle, le prélat et les citoyens. Une sentence a été rendue en faveur de ces derniers le 9 juin 1265. L'évêque Henri de Bottis prétendait, lorsque des particuliers vendaient du vin au-dessus du prix fixé, saisir non seulement le vin mais aussi le tonneau. Un tribunal arbitral, dont la composition a donné lieu à de longs débats, décida que l'évêque pourrait confisquer le contenu mais non le contenant [4].

---

[1] *Rég. gen.*, n⁰ 634, pp. 168-171.

[2] L'évêque devra rétablir la vanne du Chapitre qu'il avait supprimée pendant l'hiver précédent et lui remettre cinq poissons en réparation du préjudice qu'il lui a causé.

[3] *Rég. gen.*, n⁰ 667, pp. 178-179.

[4] *Rég. gen.*, n⁰ 989, p. 242. — Cf. aussi *M.D.G.*, VIII, 1852, pp. 161-163, 255.

La question est en soi d'importance minime, mais elle est significative en tant que première manifestation d'une volonté concertée des citoyens. En effet, il faut attendre 1285 pour voir l'instauration de la commune.

Au début du XIVe siècle, un conflit plus grave a mis aux prises l'évêque Aimon du Quart et la communauté désormais bien organisée. Le comte de Genève et le sire de Faucigny ayant pris fait et cause pour le prélat intervinrent militairement en juin 1307 pour le réintégrer dans ses droits. Ils aboutirent à un échec. La situation empira ; l'évêque subit des dommages. Abandonné par les deux dynastes ses alliés, il accepta de soumettre le différend à un arbitrage qui fut prononcé le 28 février 1309 [1]. La sentence disposait que les citoyens construiraient une halle à leurs frais ; mais les revenus qu'on en tirerait seraient partagés : deux tiers reviendraient à l'évêque, un tiers resterait à la communauté [2].

D'autres conflits ont opposé des institutions ecclésiastiques et des seigneurs. Au XIIe siècle, plusieurs de ces derniers se sont livrés à des exactions sur des terres d'Eglise à des dates qu'il est difficile de préciser. Finalement, ils ont restitué les biens qu'ils avaient usurpés et ont promis de renoncer à de nouveaux abus. La menace d'excommunication n'a pas été étrangère à leur soumission [3].

Le prieuré de Saint-Victor a été impliqué à plusieurs reprises dans de tels différends, en particulier avec les comtes de Genève. Au début du XIe siècle, par un acte dont on ne connaît pas la date exacte, Aimon Ier renonça à toutes les exactions auxquelles il se livrait sur les terres de Saint-Victor ou au préjudice des hommes qui y vivaient [4].

Cet engagement a été ensuite violé. Cependant Amédée Ier, fils d'Aimon Ier, accorda une nouvelle paix au prieuré en 1137. Nous en retenons l'essentiel.

Si la personne, dépendant du comte, qui a causé un préjudice à un homme de Saint-Victor ou lui a ravi des biens, ne répare pas le dommage dans la semaine qui suit la sommation faite par le prieur, elle devra, si l'action est portée devant le comte, doubler le montant de la réparation. Le chevalier qui aura violé cette paix paiera une amende de 100 sols alors qu'on coupera l'oreille au non-noble.

Dans le cas où une personne dépendant de Saint-Victor se rendrait coupable d'une faute à l'égard d'un homme du comte, le prieur sera tenu de

---

[1] *S. du dr.*, I, n° 58, pp. 103-107. — BOREL, p. 73, imprime à tort 28 février 1310.
[2] Cf. F. BOREL, *Les foires...*, pp. 73-75. — H. GRANDJEAN, *De la Féodalité à la Communauté, loc. cit.*, p. 115.
[3] *M.D.G.*, II, 1843, 2e partie, pp. 6-7.
[4] *M.D.G.*, II, 2e partie, p. 8, pp. 23-24.

lui faire réparer le dommage. Lorsqu'il s'agira d'un meurtre, il obligera son homme à payer ce que le comte aura fixé comme réparation [1].

Dans une autre circonstance, le prieuré de Saint-Victor a recouru à l'arbitrage. Le 24 juin 1201, une sentence a été rendue en faveur du prieur contre Girard de Ternier à propos de corvées que ce dernier voulait faire peser sur des habitants de Troinex [2].

A côté des différends qui l'opposaient à de puissants dynastes, ceux de Genève et de Savoie en particulier, l'évêque, en tant que souverain temporel, a eu aussi des difficultés avec des seigneurs de moindre importance. Simon de Joinville, seigneur de Gex, et l'évêque Henri de Genève se sont disputé les droits perçus sur le pont du Rhône, dans le quartier de Saint-Gervais et sur les terres du Mortier, c'est-à-dire du mandement de Peney. Finalement, le 10 mai 1261, le sire de Joinville se reconnaît le vassal de l'évêque pour la seigneurie de Gex; mais l'évêque lui remet en contrepartie 250 livres de Genève [3].

A propos de Peney, un autre conflit a dressé l'évêque contre le comte de Genève. Amédée III s'étant emparé du château de Peney a été excommunié, le 15 mars 1350, par le légat du pape Clément VI qui, plus tard, aggrava encore la sanction prise en son nom. Amédée III dut composer et signer, le 6 juillet 1351, un projet de compromis avec l'évêque. En attendant la sentence définitive, il accepta que le prélat jouisse jusqu'à Noël des droits perçus sur Peney. Comme contre-partie, le pape suspendait l'interdit qui frappait le comté. La solution définitive de la dispute fut laborieuse et longue. Le délai qui devait expirer à Noël 1351 dut être prorogé plusieurs fois. Finalement, le 11 avril 1355, la paix fut signée. Le comte restituait le château de Peney à l'évêque Alamand de Saint-Jeoire qui, de son côté, s'interdisait de l'aliéner ou de l'inféoder à quelqu'un d'autre qu'au comte de Genève [4].

Le conflit avait porté encore sur un autre point. Amédée III de Genève s'était avisé de battre monnaie. Alamand le lui interdit, se fondant sur les concessions impériales et les confirmations apostoliques aux termes desquelles il s'agissait d'un droit régalien appartenant à l'évêque seul [5].

---

[1] *S. du dr.*, I, n° 6, pp. 7-8. — *Rég. gen.*, n° 290, p. 84. — *M.D.G.*, II, 2e partie, pp. 8-9, 25-26. Comparer cette paix à celle du quatrième quart du XIIe siècle, étudiée par G. PARTSCH dans *Ein unbekannter Walliser Landfrieden aus dem 12. Jahrhundert*, dans *Zeitschrift der Savigny-Stiftung für Rechtsgeschichte*, LXXV, 1958, *Germanistische Abteilung*, pp. 93-107.

[2] *M.D.G.*, II, 2e partie, pp. 53-54.

[3] *S. du dr.*, I, n° 23, pp. 34-37.

[4] *M.D.G.*, XVIII, 1872, pp. 395-399.

[5] *M.D.G.*, XVIII, p. 401. — Sur le droit de battre monnaie, cf. *infra*, XIIe partie chap. II.

Cette période semble avoir été particulièrement difficile pour le prince-évêque. C'est ainsi que le 16 juillet 1355 il a excommunié des membres de la puissante famille des Tavel et plusieurs de leurs partisans qui l'avaient attaqué dans sa résidence épiscopale. Le curé de Saint-Germain dut afficher la sentence à la porte de son église. Le chanoine Girard Tavel, qui avait donné asile à deux des assaillants, a été englobé dans cette mesure. Il en appela au pape qui désigna le comte de Savoie comme arbitre au début de 1356. On ignore sa décision définitive. On sait seulement que l'évêque, au mois de mars, a levé provisoirement, à la demande du dynaste savoyard, l'interdit qui frappait les Tavel [1].

Il n'est pas question de multiplier les exemples des différends qui ont mis aux prises les seigneurs, laïques ou ecclésiastiques. Les guerres privées qui en ont parfois résulté ont été particulièrement nombreuses à Genève et autour de Genève à la fin du XIIIe et au début du XIVe siècle. Leurs protagonistes étaient les maisons seigneuriales de la région et plus particulièrement les comtes de Genève et les comtes de Savoie ; mais l'évêque et les bourgeois de Genève y ont été parfois impliqués. Nous n'avons pas à en suivre les péripéties ici : elles ont été exposées par Henri Grandjean et Pierre Duparc. Les résultats de ces luttes seuls importent. Cruelles, dévastatrices, elles ont pesé lourdement sur la cité et sur tout le diocèse. Souvent, elles ont bloqué les voies de communication, paralysé le trafic international dans lequel Genève jouait un rôle grandissant, interrompu les échanges entre la ville et la région géographique dont elle était le centre. Elles ont ruiné les campagnes, provoquant des ravages que seules les années — lorsque l'on avait la chance de bénéficier d'une longue trêve — permettaient de réparer.

Edouard Mallet a publié sous le titre de *Fasciculus temporis* le texte d'une des rares chroniques — elle intéresse la période de 1303 à 1355 — relatant avec quelque détail certains épisodes de ces guerres féodales genevoises. Dans le commentaire dont il l'accompagne, il met très exactement en évidence leurs implications économiques. «Quand les corps guerroyants n'étaient pas occupés à ces sièges, ils employaient leurs loisirs en brûlant les maisons et en dévastant le pays ; on appelait cela *faire le gast*. L'un de leurs procédés les plus habituels, parce qu'il leur donnait le moyen de détruire, non pas seulement une récolte, mais l'espoir de plusieurs années, consistait à couper les souches des vignes et les arbres par le pied, et cela jusqu'en vue de Genève, au pied de ses murailles : les vignes et les arbres se replantaient, mais de nouvelles hostilités ne leur donnaient pas le temps de grandir. C'est ainsi que nous voyons couper les vignes de St-Victor en 1307, 1311, 1320, 1321, 1325 : celles du Pré-l'Evêque

---

[1] *M.D.G.*, XVIII, p. 400.

et de St-Gervais subirent aussi le même sort, mais il en est fait mention moins fréquemment [1]. »

Les abus de certains seigneurs apparaissent encore en plein XVe siècle. Il est vrai qu'ils ont changé de caractère et ont pris l'allure d'un vrai brigandage. Les entreprises de Jean de Lancy, notamment en 1459 et 1460, apportèrent bien des perturbations dans toute la région genevoise, en particulier au point de vue économique. Il avait réussi, pour un temps, à braver à la fois l'autorité de la commune, celle de l'évêque et celle du duc [2].

_____

[1] Ed. MALLET, *La plus ancienne chronique de Genève, 1303-1355*, M.D.G., IX, 1855, pp. 295-296. — En 1345, le sire de Gex incendie le quartier de Saint-Gervais et, en 1346, le comte de Savoie boute le feu à Jussy, possession de l'évêque. Amédée III de Genève s'empare en 1349, du château de Peney — il l'occupera jusqu'en 1355 — et dévaste les terres épiscopales. L. BINZ, *A propos d'une levée de procurations...*, loc. cit., p. 394.

[2] L. BLONDEL, *Jean de Lancy, un noble aventurier du XVe siècle*, dans *Etrennes genevoises*, 1920, pp. 27-55. — *La tour de Lancy...*, pp. 21-37. — « Cette impuissance des pouvoirs établis à réprimer les excès et les initiatives téméraires de quelques particuliers n'est pas le trait le moins significatif de cette époque troublée. » P. 37.

CHAPITRE VIII

L'EXERCICE DE LA JUSTICE

Les juridictions féodales et seigneuriales, à côté de leur mission propre qui est de rendre la justice pénale et civile, ont aussi une portée financière considérable. Les émoluments de justice et les amendes ne constituent-ils pas une des ressources importantes des seigneurs ? Leur acquisition est à l'origine de bien des guerres privées que facilitait l'enchevêtrement de ces droits.

Grâce à Pierre Duparc, l'organisation de la justice dans le comté de Genève est maintenant bien connue. Il pense qu'elle était, dans la seconde moitié du XIIIe et au XIVe siècle, sensiblement la même que celle de la Savoie [1].

Les châtelains, les vidomnes et même les métraux, à côté de leurs autres fonctions, ont exercé celles de juge. Mais on voit apparaître, dès la fin du XIIIe siècle, des juges ayant une formation juridique [2]. Même à ce moment cependant, le châtelain a conservé le pouvoir de suspendre le cours de la justice par des compositions en argent acceptées par les délinquants [3].

Certaines amendes portent le nom de bans d'accord, *banna concordata* ; elles résultaient de discussions entre le juge et l'administré qui aboutissaient à un arrangement transactionnel [4].

Selon G. Partsch, les tribunaux ont été à l'origine, conformément à l'ancien droit français ou germanique, de véritables collèges, présidés par le seigneur qui dirigeait les débats mais ne jugeait pas. Il posait les questions de droit et, sur la base des décisions prises par les anciens, les jurés, les prud' hommes, il se bornait à formuler la sentence. Cependant, sous l'influence

---

[1] *Le Comté de Genève...*, p. 453.

[2] Certains d'entre eux sont d'ailleurs d'anciens châtelains, voire des châtelains en charge.

[3] Elles favorisaient souvent les privilégiés : par exemple, les moines de Tamié, en 1333, à propos d'un procès concernant des conduites d'eau. — La composition pouvait aussi avoir un caractère civil et fiscal.

[4] Duparc, p. 458.

du droit romain, cette organisation judiciaire s'est modifiée au cours du XIIIe siècle. Un seul juge professionnel, en général un juriste, — assisté parfois de juges assesseurs de métier — a rendu le jugement [1].

C'est ainsi qu'à la fin du XIIIe siècle un juge du comte, connaissant de toutes les causes, fut institué dans le comté de Genève, à l'imitation de ce qui se faisait en Savoie. On l'appellera plus tard le *judex major*, le juge majeur ou, en Savoie, le juge maje. Il pouvait se substituer aux châtelains défaillants. De lui relevaient tous les crimes passibles de la peine de mort. Au point de vue civil, il était compétent dans tous les cas, sous réserve d'un recours. Jusqu'au milieu du XIVe siècle, on pouvait en appeler des décisions des châtelains au conseil du comte ou au comte lui-même. Le juge des appels apparaît dans la seconde moitié du siècle. Celui du comté de Genève a siégé de préférence à Rumilly : on le désigne souvent sous le nom de juge de Rumilly [2].

Quant à la cour de justice, elle se tenait en général à Annecy, mais, lorsque besoin était, elle se déplaçait dans les châtellenies. La Savoie avait fourni le modèle de cette organisation [3].

Le bourreau dépendait d'elle : il était chargé des peines corporelles et des exécutions par décapitation, noyade et surtout pendaison. Beaucoup de châtellenies n'en possédaient pas. P. Duparc pense que celui de Gaillard, près de Genève, chargé sans doute de certaines exécutions prononcées par les tribunaux de la ville, avait plus de besogne que celui d'Annecy [4]. A proximité de la cité, au Rondeau de Carouge, là où la route de Ternier et celle de Landecy se séparaient, les fourches patibulaires du mandement de Ternier et celles des seigneurs de Saconnex-d'Arve se faisaient face [5].

D'autres seigneurs locaux bénéficiaient de ces prérogatives. Le fief de la Bâtie-Meillé a eu ses fourches, « à trois piliers, visibles de loin au-dessus de la propriété de la Tour », près de l'actuel Pont-Rouge [6]. Louis Ier de Savoie a octroyé en 1455 aux Champion le droit de vie et de mort sur leurs sujets dans la puissante baronnie de la Bastie-Beauregard dont le principal château

---

[1] G. Partsch, *Un aspect général de la première apparition du droit romain en Valais et à Genève...*, *loc. cit.*, pp. 71-74. — A Genève même, cette pénétration ne s'est pas faite sans bien des résistances. G. Partsch doit publier sous peu un mémoire, *Bericht über den Einfluss des rœmischen Rechtes auf das Genfer Recht von 13. bis zum ausgehenden 15. Jahrhundert*, qui apportera à ce sujet de nombreux renseignements nouveaux.

[2] P. Duparc, pp. 458-467.

[3] Pp. 467-469.

[4] P. 470.

[5] L. Blondel, *Les Faubourgs...*, p. 63.

[6] L. Blondel, *La tour de Lancy...*, p. 20.

se trouvait au nord de Bossy. Elle devint ainsi un fief de haute juridiction sur lequel furent dressées les fourches patibulaires [1].

Les comtés de Genève et de Savoie n'ont donc pas échappé au « démembrement de la justice », si caractéristique de l'évolution médiévale [2]. Les vassaux des comtes ont usurpé ou obtenu par inféodation, achat ou donation, des droits de justice parfois importants [3]. Mais, dans la plupart des cas, le comte se réservait cependant la haute justice, c'est-à-dire non seulement les crimes passibles de la peine capitale, mais encore les brigandages de grand chemin, les incendies volontaires, les adultères, etc.[4]

Le comte de Genève avait possédé, au moins en principe, le plein exercice de la haute et moyenne justice, le *merum et mixtum imperium*, le mère et mixte empire. Mais il dut ensuite s'incliner devant l'évêque qui connaissait, dans tout le diocèse, des causes ecclésiastiques ou intéressant les hérésies, des mariages, et, dans le territoire des Franchises, des causes séculières [5].

Cependant, le comte de Genève était son avoué et exécutait en cas de délits graves ou de crimes non seulement ses jugements, mais aussi ceux du vidomne et plus tard ceux des syndics [6].

L'évêque a d'ailleurs délégué une partie de l'exercice de la justice séculière au vidomne. Le vidomnat, nous l'avons vu, constituait un fief dont la directe appartenait à l'évêque et le domaine utile d'abord aux comtes de Genève puis, à partir de 1288, à la maison de Savoie. Les dynastes savoyards, conformément à leur volonté de s'immiscer dans les affaires de Genève, ont conféré au vidomne, qu'ils nommaient et révoquaient à leur gré, le commandement du château de l'Ile avec le titre de châtelain : confusion de pouvoirs favorable à leurs objectifs. Il est vrai que le vidomne s'engageait à respecter les droits et franchises des citoyens et ne pouvait exercer aucune autorité du coucher au lever du soleil.

Dans les causes criminelles, si le vidomne instruit le procès, le jugement est

---

[1] H. Borel, *La Baronnie de la Bastie-Beauregard...*, B.H.G., VII, 1939-1942, p. 310.

[2] P. Duparc, p. 455.

[3] Les abbayes qui jouissaient de l'immunité échappaient dans une large mesure à la justice comtale.

[4] P. Duparc, pp. 455-456.

[5] « L'évêque, seigneur temporel et spirituel, possède tous les droits de justice. Il exerce une double juridiction, ecclésiastique et séculière. Il est le juge ordinaire des clercs, ainsi que des laïques pour les causes qui ressortissent aux tribunaux ecclésiastiques ; dans l'ordre civil, il exerce la justice au même titre qu'un seigneur féodal laïque. Cette distinction... explique la coexistence de deux tribunaux : le tribunal ecclésiastique, représenté depuis le commencement du XIIIe siècle par l'official, et le tribunal séculier. » Léopold Micheli, *op. cit.*, p. 114.

[6] P. Duparc, *op. cit.*, pp. 453-454. — H. Grandjean, *loc. cit.*, pp. 91-92.

rendu par la cour épiscopale. Mais, à partir de la seconde moitié du XIVe siècle, l'évêque a délégué aux syndics les fonctions de juges des causes criminelles. Cependant, s'ils prononcent les sentences, ils laissent à d'autres, en cas de peine capitale, le soin de les exécuter [1].

Les fourches patibulaires de Genève se trouvaient à Champel, près de l'avenue de Beau-Séjour. « A la porte du Bourg-de-Four, écrit Louis Blondel [2], le vidomne remettait les condamnés au représentant du comte de Genevois (plus tard du comte de Savoie), le châtelain de Gaillard. Celui-ci les livrait au bourreau de la ville, qui les conduisait à Champel pour l'exécution [3]. Les fourches sont citées pour la première fois en 1301 [4]. » On ne se bornait pas cependant à la pendaison. Il arrivait que l'on tranchât, à Champel, la tête des criminels. Les corps étaient enterrés à proximité dans le champ des patibules ou champ du bourreau. Dès le troisième quart du XVIe siècle, les exécutions se firent à Plainpalais et parfois au Molard [5].

Au point de vue pénal, selon Léopold Micheli [6], on pouvait, au XVe siècle, en appeler des jugements des syndics à celui de l'évêque qui désignait alors un commissaire, lequel prononçait sans appel. Enfin, le prélat possédait le droit de grâce : il pouvait remettre ou commuer les peines. Lorsque le siège épiscopal fut occupé par des princes de la maison de Savoie, ce fut la cause de plus d'un conflit entre l'évêque et la commune.

Les sanctions prononcées par les syndics paraissent avoir été assez sévères. Dans les cas bénins, larcins, vols de peu d'importance, la fustigation était appliquée publiquement jusqu'à effusion du sang. Les délits plus graves étaient frappés du bannissement à terme ou illimité [7]. Les mutilations étaient fréquentes. Le vol avec effraction pouvait être puni de l'amputation de la

---

[1] Déjà au XIIe et au XIIIe siècle, les criminels étaient remis aux comtes de Genève. Après l'incorporation de leurs terres à la Savoie, Amédée VIII — comte, puis duc — céda, dans le premier quart du XVe siècle, cette attribution au châtelain de Gaillard. Finalement, pour des raisons pratiques, le duc, en plein accord avec l'évêque et les citoyens, laissa aux sergents du vidomne le soin d'exécuter les sentences capitales. — Ed. MALLET, *Du pouvoir...*, *M.D.G.*, VII, 1849, pp. 268, 273. — H. GRANDJEAN, *loc. cit.*, p. 107. — P. DUPARC, *op. cit.*, pp. 208-209. — L. MICHELI, *op. cit.*, pp. 115-131.

[2] *Les Faubourgs...*, p. 71.

[3] Cf. le procès-verbal de la remise d'un condamné par le vidomne au châtelain de Gaillard en vue de l'exécution, *S. du dr.*, I, 18 décembre 1372, nº 96, pp. 176-177.

[4] La grandeur des fourches patibulaires variait selon la puissance des seigneurs. Le prince-évêque avait droit à quatre piliers. — BLONDEL, pp. 71-72.

[5] BLONDEL, p. 72.

[6] Pp. 133-135.

[7] En 1413, une femme ayant volé un gobelet d'argent a été exilée pour vingt ans. Le jugement prévoyait que, si elle tentait de rentrer en ville, on lui couperait l'oreille gauche. MICHELI, *op. cit.*, p. 129. — Voir un cas semblable de procédure contre une voleuse, *S. du dr.*, I, 9 et 10 janvier 1373, nº 97, pp. 178-181.

main, de l'oreille ou des deux à la fois. Les condamnations à mort étaient
infligées non seulement aux meurtriers, mais aussi à ceux qui avaient commis
des vols très importants. En 1430, on pendit un homme qui avait dérobé des
pièces de drap dans les halles [1].

La torture pouvait être utilisée au cours de l'instruction d'un procès, mais
le vidomne ne pouvait la pratiquer qu'après une décision formelle des syndics
et de quatre citoyens et en leur présence. Elle devait être appliquée « non pas
durement, mais au plus gracieusement qu'on peult » [2]. Son usage semble avoir
été assez restreint à Genève [3].

La justice civile relevait de deux tribunaux. Celui de l'official, créé en
1225 par l'évêque Aimon de Grandson, était présidé par un juge ecclésiastique,
en général un chanoine, et relevait directement du prélat. Sa procédure était
longue et coûteuse [4]. Devant le tribunal vidomnal, les causes se traitaient en
français, selon une coutume déjà établie en 1288, confirmée plusieurs fois au
cours du XIVe siècle et inscrite à l'article premier des Franchises de 1387 [5].

L'instance d'appel de l'official était l'archevêque de Vienne ; celle du
tribunal du vidomne, l'évêque qui remettait la cause au juge des appellations [6].

Le prieuré de Saint-Victor était seigneur de la Champagne [7]. Le comte
de Genève, en 1220, lui reconnaît les droits de haute et de basse justice, y
compris la condamnation à mort. Comme les ecclésiastiques ne peuvent pas
verser le sang, Saint-Victor remet ceux qui doivent être exécutés aux officiers
du comte, mais leurs biens restent au prieuré [8]. Il semble cependant que les
comtes de Genève ont conservé le droit de lever des amendes puisque Guillaume II engage en 1228 les bans qu'il perçoit sur les hommes de Saint-Victor,
à Cartigny et dans toute la Champagne, comme contre-prestation d'un prêt
de trente livres que le prieur de Saint-Victor lui a consenti. Au cas où il vio-
lerait l'engagement, il serait frappé d'excommunication [9].

---

[1] MICHELI, p. 130.

[2] Franchises d'Adhémar Fabri, art. 13. — *S. du dr.*, I, p. 201.

[3] MICHELI, pp. 131-133.

[4] *M.D.G.*, VIII, p. 147.

[5] « Que les causes ne se doivent nullement commencer ne traiter devant le vidomne
ou son lieutenant par escript ne par clercz en latin, mais par cueur et en langage maternel,
c'est assavoir en rommant, selon la coustume de ladite cité de Geneve. » *S. du dr.*, I,
p. 193.

[6] MICHELI, pp. 137-139.

[7] Cf. *supra*, IIIe partie, chap. II.

[8] *M.D.G.*, IV, 1845, 2e partie, pp. 8-9.

[9] *Loc. cit.*, n° 36, pp. 44-45.

Au XVe siècle, un juge fonctionnait sur les terres de Saint-Victor. Le 18 août 1470, le prieur nomme à cet office Jean Chappuis, docteur en droit, et ordonne au châtelain, aux clercs, métraux, nobles et vilains de lui obéir [1].

Les bans et les amendes qui en découlaient constituaient une partie non négligeable des revenus seigneuriaux, qu'il s'agisse, dans le comté de Genève par exemple, des *banna concordata* ou des *banna marciata* ou *condempnata* [2].

A Genève, il en était de même en ce qui concerne l'évêque. Les comptes du vidomnat apportent quelques précisions à ce sujet. En 1415, la part de l'évêque — elle est des deux tiers — sur les amendes de trois à soixante sous représente 113 livres 15 sous. Les amendes plus élevées qui lui reviennent complètement totalisent 88 florins. Ainsi, l'évêque a reçu en tout 277 florins et 7 sous. Les adultères, qui sont extraordinairement fréquents, sont punis d'amendes variant de 4 à 16 sous, les hommes étant moins lourdement imposés que les femmes ; le viol est frappé de 9 florins ; les rixes dans la rue ou dans les tavernes, de 4 à 6 sous ; les maraudages de 5 à 10 sous. Il est rare qu'une amende dépasse 60 sous [3].

La complexité des rapports seigneuriaux a provoqué plus d'un conflit dans la perception des amendes. Celui qui a mis aux prises le comte de Genève et le Chapitre s'est terminé par l'accord de Lancy du 3 décembre 1295 [4]. Amédée II reconnaît au Chapitre ses droits sur les hommes de Desingy, Bossey, Veyrier, Onex, Vandœuvres, Cologny, mais se réserve certains avantages judiciaires dans les cas graves — vols, meurtres — et les bans de plus de soixante sous frappant ceux qui ont été coupables de violence ou d'adultère [5].

La situation ambiguë du vidomne a multiplié les différends avec l'évêque. Selon Edouard Mallet, les amendes étaient peu nombreuses avant 1287, date à laquelle le vidomnat a passé aux mains des comtes de Savoie. Elles se sont dès lors multipliées [6]. Leur partage est impliqué par celui des droits de haute et de basse justice. Il est entériné par l'accord conclu le 22 mai 1306 entre l'évêque Aimon du Quart et Amédée V de Savoie qui a disposé que les amendes

---

[1] Not. H. Perrod, vol. XX, f° 185.

[2] Les amendes étaient perçues par les métraux qui conservaient pour eux le tiers de leur montant lorsqu'elles ne dépassaient pas cent sous. DUPARC, pp. 427-428. — Les émoluments perçus dans les procès civils, les *date causarum*, étaient aussi assez élevés. Pp. 460-461.

[3] Cependant, un témoin défaillant a payé 15 florins; un prisonnier qui a tenté de s'évader, 30 florins. — MICHELI, *op. cit.*, pp. 116-117. — Ja.-A. GALIFFE, *Matériaux...*, I, p. 126.

[4] *S. du dr.*, I, n° 48, pp. 81-85.

[5] P. DUPARC, pp. 223-224.

[6] *Du pouvoir...*, M.D.G., VII, p. 268.

de 3 sous seront laissées au vidomne ; celles de 3 à 60 sous seront réparties à raison de deux tiers à l'évêque et un tiers au vidomne ; celles qui dépasseront 60 sous reviendront complètement au prélat [1].

Mais il semble qu'il ait eu souvent de la peine à obtenir son dû. Au début du XVe siècle en particulier, exploitant les circonstances politiques, le vidomne s'arrogea le droit de conserver le tiers des amendes dépassant 60 sous. L'évêque Jean de Bertrandis (1408-1418) fut obligé de renoncer à toutes les sommes arriérées du compte des amendes pour obtenir d'Amédée VIII de Savoie la confirmation de l'arrangement de 1306 [2].

---

[1] Voir au sujet de ce partage les comptes de 1317-1318 dans *Documents inédits*..., *M.D.G.*, XVIII, 1872, n° 103, p. 166 et p. 359.

[2] MICHELI, *op. cit.*, p. 136.

CHAPITRE IX

LA HIÉRARCHIE SOCIALE
LES SERFS

La structure du diocèse est très complexe. P. Duparc en a étudié les principaux aspects en ce qui concerne le Comté de Genève.

La noblesse comportait plusieurs catégories. Les grands vassaux possédaient un château et relevaient directement des comtes de Savoie ou de Genève alors que les vavasseurs, en général des barons, dépendaient d'eux et détenaient des arrière-fiefs. Ils étaient peu nombreux à l'origine : en ce qui concerne le comté de Genève, Duparc les estime à environ une douzaine, parmi lesquels figurent les Gex, les Ternier, les Viry, les Compey, les Nangy, les Menthon.

Jouissant de privilèges honorifiques, ils avaient la préséance, sauf vis-à-vis du haut clergé. Au point de vue judiciaire, ils étaient soustraits à certaines peines infamantes auxquelles on substituait des amendes. Les châtiments corporels étaient réservés à ceux qui ne pouvaient pas les payer. En principe, ils échappaient aux impôts mais ils étaient parfois astreints à des dons qui n'avaient de gratuit que le nom.

La noblesse n'était pas rigoureusement fermée. Si, au XIIIe et dans la première partie du XIVe siècle, les anoblissements ont été encore assez rares, la situation changea ensuite. La détention d'un fief, certaines charges publiques, la richesse même en ont facilité l'accès [1].

Le haut clergé constituait aussi un ordre privilégié. Parmi les séculiers, il comprenait à Genève l'évêque, ses officiers, les chanoines du Chapitre de Saint-Pierre et, à Annecy, quelques clercs de la collégiale de Notre-Dame de Liesse.

Les membres du clergé régulier sont nombreux dans les monastères de la ville et de sa banlieue : prieuré de Saint-Victor, couvent des Franciscains de

---

[1] P. Duparc, *op. cit.*, pp. 485-487.

Rive et des Dominicains de Palais, prieuré de Saint-Jean qui relève de l'abbaye d'Ainay à Lyon, maison du Temple aux Eaux-Vives. Quant au diocèse, il est peuplé de couvents, d'abbayes, de prieurés. Les Chartreux possèdent sept maisons, les Augustins deux, l'ordre de Citeaux une dizaine ; les Hospitaliers sont à Compesières [1].

Au-dessous de ces privilégiés, nobles et clercs, les hommes libres bénéficient d'avantages encore appréciables. Leur nombre augmente du fait des affranchissements. La majeure partie d'entre eux sont des paysans. Ils restent évidemment soumis à beaucoup d'obligations. Comme tenanciers, ils doivent à leur seigneur les cens, servis, banalités, corvées, aide militaire, etc. En revanche, ils sont exempts de la taille arbitraire et de la mainmorte qui sont essentiellement serviles [2].

Entre la noblesse et la paysannerie, les métraux jouaient le rôle d'intendants des seigneurs, de percepteurs de leurs redevances dont ils conservaient une part comme prix de leurs services. Il se recrutaient parmi les hobereaux ou les paysans les plus intelligents. Ils ont eu au XIIIe siècle la tendance à soumettre les églises et les gens qui en dépendaient aux exactions [3]. Vers 1125, puis en 1137, le comte de Genève leur interdit d'agir ainsi au détriment des hommes et des terres de Saint-Victor [4].

Nombreuses, nous l'avons vu, sont les localités du diocèse dont les bourgeois ont obtenu des franchises. Beaucoup de leurs chartes sont antérieures à celles de Genève, codifiées par Adhémar Fabri en 1387. D'ailleurs, la liberté des bourgeois qui en bénéficiaient était toute relative. Leurs liens de dépendance n'étaient pas complètement abolis et, nous le reverrons, des serfs continuaient à habiter les villes.

Une autre catégorie sociale était formée des demi-libres, les censats ou *censiti*. Ils étaient attachés à leur sol, taillables et mainmortables. Cependant — ce qui les distinguait des serfs —, ils pouvaient disposer de leurs terres à la condition d'en abandonner une partie, un tiers peut-être, à leur seigneur, ou en lui versant une somme d'argent. Ils ont été vraisemblablement assez rares dans le diocèse de Genève au XIVe siècle. Cependant, quelques-uns semblent avoir subsisté en Savoie jusqu'à la révolution française [5].

Les non-libres, les serfs, sont au bas de l'échelle. Leur situation s'est améliorée au cours du moyen âge. Cependant, ils sont encore, au XIIIe et

---

[1] P. DUPARC, p. 487. — H. GRANDJEAN, *loc. cit.*, pp. 94-95. — E. GANTER, *op. cit*
[2] P. DUPARC, pp. 487-488.
[3] G. PARTSCH, *Die Steuern des Habsburger Urbars...*, *loc. cit.*
[4] *Rég. gen.*, n°s 260 et 290, pp. 77-78, 84.
[5] P. DUPARC, p. 492.

au XIVe siècle, liés à leur terre qu'ils n'ont pas, en principe, le droit d'abandonner. Mais, au contraire des esclaves antiques, ils ont un état civil ; ils peuvent se marier et fonder une famille ; ils participent à l'exercice de leur religion au même titre que les hommes libres. Ce qu'ils doivent à leur seigneur, c'est leur force de travail, sous forme de corvée, et ce sont des prestations en nature.

Les serfs sont nombreux dans la région genevoise. Edouard Mallet, qui a publié des séries de textes les concernant, l'a remarqué. « Les exemples en abondent dans nos actes : on donne à l'Eglise des hommes, avec leurs tènements, et leur future postérité... ou on les vend [1]. » La servitude n'est pas épargnée aux citoyens genevois. Le comte de Genève, Guillaume II, sa femme et son fils cèdent au Chapitre de Genève, en 1236, en réparation des torts qu'ils lui ont causés, deux frères, Evrard et Jean, qualifiés de citoyens de Genève, avec tous leurs biens [2]. En 1246, Girod de Compeys, prévôt, fait donation au Chapitre de Jean de Tholons, également citoyen de Genève, qu'il possède à titre héréditaire [3]. En 1291, un citoyen prête serment d'homme lige au comte de Savoie [4].

Le nom de serf est peu utilisé dans la région genevoise et en Savoie. On emploie plutôt celui d'homme taillable ou d'homme lige taillable.

Les serfs ne dépendent pas nécessairement de membres de la noblesse, mais parfois aussi de bourgeois enrichis. S'ils meurent sans enfants vivant avec eux, leurs biens reviennent à celui dont ils relèvent, conformément au droit de mainmorte ou d'échute. Henri d'Epeisses, homme lige de Saint-Victor, étant mort en 1426 sans descendant légitime, ses biens sont retournés au prieuré [5].

Des contestations surgissent parfois à ce sujet. Un habitant d'Humilly avait épousé en 1405 une jeune fille de Sézegnin dont le père était homme lige de Saint-Victor. Par contrat, les parents de la mariée avaient fait promesse de tous leurs biens à l'époux. Il en prit possession à la mort de ses beaux-parents. Mais le prieur les revendiqua. Finalement, une transaction eut lieu en 1427. Le prieur, considérant les améliorations apportées aux terres par leur détenteur

---

[1] *M.D.G.*, IV, 1845, 2e partie, p. 6. — « On va jusqu'à calculer combien ils *valent* (c'est-à-dire combien ils rapportent ou paient de prestations annuelles), et l'on compense par un retour ou soulte la plus-value de l'un sur l'autre. »

[2] *Loc. cit.*, n° 47, p. 58.

[3] *Ibid.*, n° 62, p. 68.

[4] *S. du dr.*, I, n° 37, pp. 61-62.

[5] Not. H. Perrod, vol. I, 17 septembre 1426, f° 147. — En 1427, le prieur alberge une terre qui était revenue à Saint-Victor par droit d'échute. Not. H. Perrod, vol. II, f° 93. — En 1430, il vend une grange entrée en possession du prieuré dans les mêmes conditions. Not. H. Perrod, 15 janvier 1438, vol. IV, f° 24.

et aussi le nombre de ses enfants, renonça à l'échute et confirma la donation de 1405 moyennant un versement de 10 florins [1].

Les non-libres sont assujettis à la taille. Dans la plupart des cas, à cause de l'exiguïté des terres, elle représente peu de chose au point de vue intrinsèque. Il n'empêche qu'elle peut paraître fort lourde à ceux qui la supportent. Elle est perçue sous forme de petites sommes d'argent ou en nature : céréales, volailles, etc. En 1342, un mainmortable de Jussy reconnaît tenir de l'évêque tous ses biens « à taille et à miséricorde ». En plus de la redevance normale, il doit notamment un chapon, un quarteron d'avoine, une journée de voiturage et, « pour la clôture des prés du seigneur évêque d'autres journées suivant la nécessité et jusqu'à la fin de l'ouvrage pour la fenaison des dits prés. Il doit de plus à l'écuyer de l'évêque une gerbe rendue à la maison du métral, et... une corvée de cheval » [2].

Le châtelain du comte de Genève qui résidait dans le château de la ville pouvait, en théorie, élever ou abaisser les tailles à son gré. Mais, en fait, elles variaient peu [3]. Cette relative stabilité, qui est en contradiction avec les pratiques du temps, prouve qu'il ne faut pas exagérer, comme on le fait souvent, le caractère arbitraire de ces tailles [4].

Les non-libres sont le plus souvent vendus ou cédés avec les terres qu'ils cultivent. En 1083, Guy de Faucigny, évêque de Genève, donne à l'ordre de Cluny l'église de Contamine-sur-Arve avec les vignes, les champs, les prés, les forêts, mais aussi les serfs des deux sexes qui en dépendent [5]. En 1295, plusieurs habitants de Peissy et de Satigny se reconnaissent hommes liges du Chapitre de Genève [6].

Certaines transactions portent sur des hommes seuls, sans que les terres qu'ils détiennent soient mentionnées. Un acte du XIᵉ siècle [7] enregistre la donation par Frédéric, évêque de Genève de 1032 à 1073, d'une serve et de sa postérité à Saint-Pierre de Romainmôtier [8]. En 1166, Hudric, seigneur de Clermont, donne à l'Eglise de Genève les droits qu'il possède sur

---

[1] Not. H. Perrod, vol. II, 15 mars 1427, fᵒ 48 et ss.

[2] A. CORBAZ, *Un coin de terre genevoise...*, déjà cité, p. 40.

[3] Selon Edouard MALLET, la moyenne en était de 7 sols 8 deniers par personne, « soit plus du double de la moyenne des censes ». — *Du pouvoir...*, M.D.G., VII, 1849, p. 268.

[4] G. PARTSCH a insisté sur cette régularité dans *Die Steuern des Habsburger Urbars...*, déjà cité.

[5] GALIFFE, *Suppl.*, p. 63.

[6] M.D.G., XIV, 1862, nᵒˢ 239-242, pp. 243-247.

[7] Sa date exacte n'est pas connue.

[8] M.D.G., IV, 1845, 2ᵉ partie, nᵒ 69, pp. 75-76.

un homme de Desingy et sur sa descendance [1]. Le 23 octobre 1187, un habitant de Genève vend au prieur de Chamonix deux hommes avec leur postérité [2]. Le vidomne Guillaume de Villette et son frère font don aux chanoines de Genève en 1203 des enfants d'un habitant de Thônex [3]. En 1230, Hugues et Aymon de Sallenoves cèdent à Saint-Victor et à Novel de Chaumont les fils de Giroud Poler, de Frangy, moyennant quatre livres genevoises [4]. Le cuisinier du comte de Genève, Hugues de Broye, donne en 1231 au prieuré de Saint-Victor, pour le repos de son âme, quatre hommes de Laconnex avec leur descendance et leur tenure [5].

En 1236, Amédée, seigneur de Gex, cède au Chapitre de Genève, en réparation de dommages qu'il lui a causés, deux de ses hommes dont le rapport annuel est de dix sous et en outre un homme de Bossy avec sa tenure et sa postérité [6]. Le comte de Genève autorise en 1245 son métral d'Epagny à vendre au Chapitre un homme de Valleiry et toute sa descendance [7]. En 1250, le chevalier Robert de Desingy cède au Chapitre Salomon de l'Etable et sa tenure [8]. Le seigneur de Ballaison vend au doyen des Allinges en 1261 un homme, son fils, ses frères, ses neveux pour la somme de vingt-cinq livres genevoises [9]. Jean du Châtel remet en 1293 au prieur de Satigny un homme taillable et ses fils pour le prix de 28 livres genevoises et 10 sols [10].

De telles transactions se produisent encore au XVe siècle. Bertrand de Genève, coseigneur de la Corbière — château situé dans le Pays de Gex, sur le Rhône, en face de celui d'Epeisses — vend à Jean-Jacques Delétraz, docteur en médecine et médecin du duc de Savoie, l'hommage lige de deux frères, Amédée et Mermet Ducoster, pour la somme de 60 florins [11].

Les serfs avaient le droit de posséder, à côté de leurs biens de mainmorte, des terres sur lesquelles ils n'étaient pas soumis à la taille. Ils pouvaient aussi en recevoir en albergement. Le 12 mars 1265, Urbain Bonivard, prieur de Saint-Victor, alberge à deux hommes taillables du prieuré deux poses de

---

[1] *M.D.G.*, IV, 1845, 2e partie, n⁰ 2, p. 13.

[2] *Ibid.*, XIV, n⁰ 200, pp. 194-196.

[3] *Ibid.*, IV, 2e partie, n⁰ 5, pp. 14-15.

[4] *Ibid.*, n⁰ 46, pp. 57-58.

[5] *Ibid.*, n⁰ 39, p. 48. — J.-B.-G. Galiffe, *Suppl.*, p. 85.

[6] *M.D.G.*, IV, 2e partie, n⁰ 48, pp. 58-59. — Comme la valeur de ces cessions dépasse le tort causé, le Chapitre rétrocède au sire de Gex la somme de soixante sous.

[7] Ja.-A. Galiffe, *Matériaux...*, I, p. 70. — *M.D.G.*, IV, n⁰ 56, p. 64.

[8] *Ibid.*, IV, n⁰ 68, pp. 74-75.

[9] Galiffe, *Matériaux...*, I, p. 71. — Guichard et Guillaume de Cholex vendent en 1266 au Chapitre un de leurs hommes, *loc. cit.*

[10] *M.D.G.*, XIV, n⁰ 233, pp. 235-237.

[11] Minutes de notaires inconnus, série A, vol. II, f⁰ 1, 2 août 1452.

teppes, c'est-à-dire de friches, situées à Landecy. Elles avaient été jadis cultivées en vigne, mais à cause de l'état dans lequel elles sont tombées, on n'exige qu'un entrage de 8 florins [1].

La classe des non-libres tend à diminuer, dans la région genevoise comme ailleurs, au cours du moyen âge. Le phénomène, déjà très sensible au XIVe siècle, s'accélère au XVe [2]. Le temps est passé où l'insécurité incitait les paysans à aliéner une partie de leurs droits. Dans beaucoup de cas, la libération était irrégulière. Les serfs qui réussissaient à résider pendant un laps de temps déterminé — en général, un an et un jour — dans les villes de franchises où ils s'étaient réfugiés, devenaient libres. Ce pouvoir de libération appartenait en général aux localités du diocèse de Genève qui possédaient une charte [3].

En ce qui concerne la ville de Genève, une décision arbitrale, rendue en février 1188 par l'archevêque de Vienne pour mettre fin aux différends qui opposaient l'évêque Nantelme et le comte de Genève Guillaume Ier, stipule que les personnes arrivées dans la ville, quelle que soit leur provenance, dépendront de l'évêque si elles n'ont pas été réclamées par leur seigneur dans le délai d'un an et un jour. Leur sûreté et celle de leurs biens leur seront garanties [4].

Nous retenons quelques exemples d'affranchissements intéressant le diocèse de Genève en indiquant dans quelles conditions ils ont été faits. Les sources les concernant sont pauvres au XIIIe et au XIVe siècle : mais ce n'est pas à dire qu'ils n'aient pas existé [5]. Ainsi, Etienne de Saint-Jean de Gonville affranchit le 23 janvier 1274 un homme de Péron dans le Pays de Gex [6]. A partir du XVe siècle, les renseignements sont plus abondants.

En 1427, le prieur de Saint-Victor, agissant en qualité d'administrateur du prieuré de Sillingy, affranchit un clerc, Jean de la Rue [7], de tous hommages, tailles serviles, tributs, etc. Il le fait par grâce spéciale et moyennant le versement de trente florins qui devront être affectés au prieuré de Sillingy [8].

---

[1] *Not.* H. Perrod, vol. XX, fo 40.

[2] A. CORBAZ note qu'au XVe siècle la mainmorte est exceptionnelle dans le mandement de Jussy. *Op. cit.*, p. 39.

[3] Cf. *supra*, livre V, Ire partie, chap. unique. — DUPARC, *op. cit.*, p. 491. — LEFEBVRE des NOËTTES (*L'attelage, le cheval de selle à travers les âges, contribution à l'histoire de l'esclavage*, 1 vol. et 1 album, Paris, 1931) pense que les améliorations apportées à la traction animale par les méthodes nouvelles d'attelage aux environs de l'an mille ont contribué à la diminution du nombre des serfs. Pp. 178, 187-188.

[4] *Rég. gen.*, no 444, pp. 122-124.

[5] G. PARTSCH nous a signalé qu'ils sont très nombreux en Valais à cette époque.

[6] *M.D.G.*, XIV, no 147, pp. 136-137.

[7] Il est de Sillingy.

[8] *Not.* H. Perrod, vol. II, fo 73.

En général, ceux qui recevaient le sacrement de l'ordre étaient affranchis.

Le prieur de Saint-Victor, « considérant que Jésus a pris le vêtement de la servitude pour nous rendre à notre liberté première », libère aussi, en 1435, des liens du servage deux hommes d'Onex moyennant dix florins [1]. La même année, il affranchit un habitant de Confignon et sa postérité pour 12 florins [2] et, en 1436, deux serfs de Choulex et leur descendance [3]. Le 5 juin 1460, nobles Nicod et Humbert de Villette libèrent un paroissien d'Arbusigny, en reconnaissance des services qu'il leur a rendus et qu'il continuera à leur rendre, moyennant trente florins qui pourront être versés par acomptes [4].

C'est le même motif qui est allégué dans plusieurs affranchissements concédés par Urbain Bonivard, prieur de Saint-Victor. En 1462, il octroie à un serf de Laconnex, pour 25 florins, la capacité d'accomplir tous les actes d'un homme libre [5]; le 28 mars 1463, il fait la même concession à Pierre Aillod, de Russin, pour 18 florins [6]; à une date que l'acte notarié ne permet pas de préciser mais qui doit être des environs de 1465, il libère un mainmortable de Saint-Nicolas de Véroce, à titre gratuit semble-t-il, ce qui est assez exceptionnel [7].

Nous avons vu que les habitants des villes n'échappaient pas tous à la servitude. Jean Dériaz, bourgeois de Genève, marchand, était un homme taillable dépendant, en indivision, de la famille de Hauteville et du seigneur de Confignon bien qu'il prétendît que son père avait été déjà libéré. Le 24 août 1470, il paie son affranchissement 8 écus [8].

Un acte du 24 novembre 1476 est particulièrement explicite [9]. Hugonet Vallet, bourgeois de Genève, dépendait comme mainmortable du puissant seigneur de la Bastie au Pays de Gex, Pierre Champion. Sa famille avait dû accomplir les corvées et assumer des tailles, cadeaux, subsides et subventions, en particulier lors du voyage que le seigneur de la Bastie avait fait à Jérusalem, ou encore pour doter ses filles. Dorénavant, Vallet et tous ses descendants jouiront des prérogatives des hommes libres [10].

---

[1] Not. H. Perrod, vol. VIII, fo 99, 12 novembre 1435.
[2] *Ibid.*, fo 182, 2 août 1435.
[3] *Ibid.*, fo 184, 20 août 1436.
[4] Not. H. Perrod, vol. XVI, fo 87.
[5] Not. H. Perrod, vol. XX, fo 26.
[6] *Ibid.*, fo 69.
[7] *Ibid.*, fo 196.
[8] Not. H. Perrod, vol. XXI, fo 165.
[9] Il compte 18 pages.
[10] Not. P. Braset, vol. II, fo 70 et ss.

Conformément au droit d'échute, les biens d'un serf mort sans enfant revenaient au seigneur, qui en disposait à son gré. Le 31 janvier 1487, le Chapitre de Saint-Pierre concéda à Claude Braset, d'Onex, taillable du Chapitre, les biens que son frère Pierre, également mainmortable, mort sans descendance, avait possédés. Il devra payer 50 florins [1]. Une telle transaction est avantageuse pour les deux parties. Le Chapitre, outre la somme qu'il reçoit, ne pourra-t-il pas continuer à tirer d'une terre normalement cultivée les services et les redevances dont elle est grevée ?

Dans beaucoup de cas, la servitude est réelle : elle n'est pas attachée à un individu mais à un bien foncier qui la confère à celui qui le détient. Il arrive que de semblables terres entrent en possession de personnages dont la position sociale est incompatible avec des charges serviles. Jean Besson, notaire, de Corsier, obtient le 31 janvier 1520 de noble et puissant Claude de Confignon, seigneur de Corsier, la suppression du caractère servile d'une maison, de prés, de champs, de vignes qu'il possède [2]. Un autre notaire, François Pennet, citoyen genevois, et sa femme reçoivent le 12 février 1526 les mêmes avantages des nobles Pierre et Maurice de Chastillon [3].

Si le servage tend à diminuer rapidement à la fin du moyen âge dans la région genevoise, il ne disparaît cependant pas complètement. Il n'est, pour s'en convaincre, que se rappeler les campagnes que Voltaire a entreprises au XVIIIe siècle en vue d'obtenir — lui, seigneur de Ferney — la libération des serfs du Pays de Gex et de la vallée de la Valserine. Si ces régions, depuis la Réforme et la dislocation de l'ancien diocèse, n'avaient plus de liens organiques avec Genève, elles conservaient avec cette cité des rapports économiques suivis.

En définitive, le sort des serfs tendait à s'améliorer dans la seconde moitié du moyen âge alors que la situation de la noblesse se détériorait, comme en témoignent ses difficultés financières et son endettement. Quant à la bourgeoisie, elle était en pleine expansion.

Nous reviendrons plus loin sur les classes urbaines [4].

---

[1] Not. G. Favier, vol. I, f°s 10-11.
[2] Not. Th. de la Corbière, vol. I, f° 259.
[3] Not. de Compois, vol. IV, f° 420.
[4] Cf. *infra*, VIIIe, IXe et X^e parties.

CHAPITRE X

L'ORGANISATION DU COMTÉ DE GENÈVE

A titre d'exemple, et aussi parce qu'elle intéresse directement la région genevoise, nous donnons quelques renseignements sur l'organisation du comté de Genève. L'ouvrage que Pierre Duparc lui a consacré en restitue les traits d'une façon détaillée. Nous en tirons l'essentiel de ce chapitre [1].

Ce comté, constitué sur le territoire des anciennes *civitates* romaines de Genève et de Nyon, a été réduit finalement au Genevois actuel, en attendant d'être absorbé par les dynastes savoyards [2]. Son rôle a été plus effacé que celui de la puissante Savoie dont l'administration, la justice, les finances étaient mieux organisées que les siennes. Mais les institutions savoyardes n'ont pas encore donné lieu à une étude d'ensemble. D'ailleurs, la plupart des organes du comté de Genève devaient ressembler, modestement, à ceux de la Savoie [3].

Il serait intéressant de suivre l'évolution de ses structures qui ont varié avec le temps. Il faudrait pouvoir établir des distinctions entre les personnages qui sont au service des comtes. Les uns appartiennent à l'ancienne curie ou sont des officiers de la seigneurie ; les autres sont de véritables fonctionnaires, ainsi les châtelains, les baillis, les juges. P. Duparc s'est surtout appliqué à l'organisation du XIVe siècle.

A l'origine du comté de Genève, les institutions semblent avoir été rudimentaires : le comte avait un petit nombre de collaborateurs dont les attributions étaient assez vagues. Au XIIe siècle encore, sa cour avait un « caractère plus privé que public. En faisaient d'abord partie les grands officiers : sénéchal, maréchal, panetier, bouteiller ; puis un certain nombre de domestiques, allant du chapelain ou du garde des sceaux au valet de cuisine ou au palefrenier » [4].

Au XIVe siècle, les fonctions se sont différenciées et multipliées à la fois ;

---

[1] *Le Comté de Genève, IXe-XVe siècle*, déjà cité.
[2] DUPARC, p. 566.
[3] P. 483.
[4] P. 391.

des personnages nouveaux gravitent autour du comte qui, possédant de nombreux châteaux, change de résidence au gré des saisons, entraînant à sa suite sa cour et ses fonctionnaires. Ainsi, Amédée III passe son hiver à Annecy, puis il s'installe à Clermont en été, indépendamment des voyages que ses plaisirs, la politique ou la guerre lui imposent [1].

On trouve les mêmes grands officiers à la cour de Savoie et à celle du comte de Genève. Le sénéchal — *seneschalcus* ou *dapifer* —, chargé à l'origine des services de la table et du ravitaillement, s'est occupé ensuite de la perception des redevances féodales et même de certaines besognes judiciaires. Cette fonction a été longtemps confiée aux membres de la puissante famille de Compey [2].

Les tâches des autres grands officiers sont restées plus modestes. Le maréchal — *marescallus, marescalcus* — s'occupe des écuries et des chevaux, le panetier — *panetarius* — de la maison et de la table, le bouteiller — *boticularius* — de la cave, de la gestion des vignobles et même d'autres cultures [3].

L'hôtel du comte — *hospicium comitis* — avec ses cuisiniers, ses valets de bouteillerie et de la bouche, ses fourniers voués à la cuisson du pain, ses fourriers chargés d'organiser les voyages du comte et d'accueillir ses hôtes, assumait les obligations de la vie quotidienne et domestique. En revanche, l'écuyer ou *scutifer* appartenait à la noblesse : il était le compagnon d'armes du comte qu'il suivait à la guerre. Il était aussi chargé de certaines missions diplomatiques. Le chambrier — *camerarius, chambrerius* — était également noble. A la surveillance du château, de l'ameublement, de la garde-robe de son suzerain, il ajoutait les fonctions de trésorier.

Un barbier — *barberius, barbitonsor* — est attaché à la personne du comte. Son médecin ou *physicus* est en général un étranger, parfois un Juif.

Les distractions de la cour en ses diverses résidences étaient l'apanage des ménestrels. L'organisation de la chasse relevait des oiseleurs et des fauconniers : les comtes de Genève étaient de passionnés chasseurs.

Le chapelain assumait les besoins spirituels du dynaste, de sa famille et de sa maison. Peut-être a-t-il aussi fonctionné à l'occasion comme chancelier [4].

Le comte possède son conseil, le *consilium* ou *curia comitis* dont l'origine remonte aux débuts de la dynastie. Il siège en général à Annecy. Les conseillers sont peu nombreux et leurs fonctions sont à la fois diverses et imprécises :

---

[1] DUPARC, pp. 394-395.

[2] Pp. 396-397. Chacune des châtellenies du comté a possédé aussi un sénéchal. Il semble que la charge ait été supprimée à la cour du comte au XIVe siècle.

[3] DUPARC, pp. 396-400.

[4] *Ibid.*, pp. 400-405.

consultation en cas de décision importante, d'expédition militaire, de conclusion d'un traité ; tâches administratives et financières ; suppléance du dynaste en cas d'absence, etc. Au point de vue judiciaire, le conseil peut exceptionnellement siéger comme instance d'appel [1].

Le comté, nous l'avons vu, est divisé en circonscriptions appelées mandements ou châtellenies dont le centre vital est le château comtal. Il existe naturellement beaucoup d'autres maisons fortes où résident les membres de la noblesse.

Dès le XIIIe siècle, le châtelain représente le comte dans le mandement. A part de rares cas d'offices inféodés à une famille, sa fonction est révocable. Elle est même souvent limitée à une année mais peut toujours être prorogée. A côté des nobles, on trouve, parmi les châtelains, des juristes ou des hommes qui se sont imposés par leurs compétences administratives ou financières. Ils touchent comme rétribution annuelle, en général, dans la seconde moitié du XIVe siècle, quinze livres genevoises et une part des amendes. Ils ont souvent un vice-châtelain comme suppléant.

Les fonctions du châtelain sont très variées : garde militaire du château, exécution des décisions du suzerain, levée des redevances, gestion des revenus, règlement des dépenses et versement des bénéfices au comte, droits de police et de basse justice, perception des amendes, etc. [2]

Les métraux — *ministrales, mistrales* — étaient des personnages importants qui relevaient au début directement des comtes de Genève. Leur fonction principale était la perception des amendes dont ils conservaient un tiers. Mais, au XIVe siècle, la métralie est parfois une subdivision d'un mandement [3].

Dans les châtellenies, les sautiers — *psalterii, salterii* — ont été à la fois des gardes champêtres et les percepteurs des redevances en nature. Certains mandements étaient subdivisés en sauteries alors que d'autres, nous venons de le voir, l'étaient en métralies [4]. Des receveurs, des péagers avaient des fonctions financières subalternes ; des missiliers, banniers, vigneliers, forestiers surveillaient les biens du comte et les défendaient contre les déprédations des hommes ou des animaux [5].

---

[1] Pp. 406-409. — On trouvera d'intéressants renseignements qui permettront de comparer ces institutions à celles de régions voisines dans Gaston LETONNELIER, *Les Droits régaliens en Dauphiné (des origines à la fin du XVe siècle)* et dans Jean RICHARD, *Les institutions ducales dans le duché de Bourgogne.* Cf. Ferdinand LOT et Robert FAWTIER, *Histoire des institutions françaises au moyen âge*, t. Ier, Paris, 1957, pp. 137-156 et 209-247.

[2] DUPARC, pp. 413-415.

[3] Pp. 424-428.

[4] C'était le cas de ceux de Mornex et de La Roche.

[5] DUPARC, pp. 428-430. — Cf. aussi Max BRUCHET, *Les recettes ordinaires et l'administration du comté de Genevois à la fin du XIVe siècle*, dans *Revue savoisienne*, 40e année, 1899, pp. 162-165.

L'importance des châtellenies est assez variable. Max Bruchet a dressé la liste de leurs revenus en argent pour l'année 1393. Nous la reproduisons, car elle n'est pas sans intérêt [1].

Châtellenies	Revenus (florins)	Châtellenies	Revenus (florins)
Grésivaudan [2]	1.450	Rumilly-sous-Cornillon	400
Annecy	888	Fallavier	372
Clermont	820	Cessens	316
Thônes	623	Cruseilles	301
La Roche	570	La Balme-de-Sillingy	280
Chaumont	556	Loèche [2]	275
Ternier	465	Grésy-sur-Aix	200
Rumilly-en-Albanais	440	Châtel	163
Alby	440	Arlod	130
Charousse	420	Corbière	100
Ballaison	420	Château-Gaillard	100
Mornex	410	Vidomnat des Bornes	90
Duingt	405	Beauregard	60

Ces sommes représentent le rachat en argent de certains droits personnels, taille, corvée, droit de voiturage, obligation de faire le guet ; ou des levées sur les terres, les maisons, les cabarets, les récoltes de foin, les vendanges. A tout cela s'ajoute le produit des péages et enfin les amendes.

Le revenu de la châtellenie de Peney, sur les terres de l'évêque — nous donnons cette indication à titre de comparaison —, aurait été, selon une mention du 15 novembre 1349, d'au moins 120 livres genevoises, soit 200 florins [3].

A côté de leurs versements en argent, les mandements du comté de Genève livrent beaucoup de redevances en nature dont il est difficile d'apprécier la valeur : froment, avoine, seigle, vin, volailles, jambons, noix, fèves, fromages,

---

[1] BRUCHET, pp. 163, 166-171.

[2] Le Grésivaudan, partie de la vallée de l'Isère comprise entre le confluent de l'Arc et Grenoble, et Loèche, en Valais, sont en dehors des limites du comté.

[3] Mais cette somme était alors amputée des droits que les moulins, détruits pendant le conflit qui avait mis aux prises Amédée III de Genève et l'évêque Alamand de Saint-Jeoire, auraient normalement rapportés. — *M.D.G.*, XVIII, n° 167, p. 291, et p. 395.

poissons, à quoi s'ajoutent, perçus dans les péages, du poivre, du gingembre et d'autres épices.

Malgré toutes ces ressources, certains comtes ont été incapables de faire face à leurs obligations financières. Pierre II de Genève a laissé à la fin du XIVe siècle des dettes criardes [1].

P. Duparc a fait une étude détaillée du système financier du comté de Genève. La centralisation des recettes était confiée à des agents comtaux qui tenaient une comptabilité très précise et «dont le travail peut encore de nos jours être un sujet d'étonnement». Tout le système s'inspirait des méthodes appliquées dans la Savoie voisine. Dans la seconde moitié du XIVe siècle, un receveur général a coiffé toute cette organisation. Ce personnage puissant a été choisi — en tenant compte de ses capacités, certes — dans la noblesse régionale [2]. Mais cette fonction avait été aussi confiée, de 1331 à 1338, à Aymonet Asinari qui appartenait à la fameuse famille des financiers astésans. A quelques reprises, au XIVe siècle, on fit également appel à des spécialistes savoyards [3].

Les finances du comte — comme celles de la plupart des grands seigneurs — avaient un caractère mixte, à la fois public et privé. Certaines ressources provenaient de ses propriétés, d'autres étaient d'origine seigneuriale et même — ainsi le droit de lever des subsides ou de battre monnaie — régalienne [4].

Les vignobles comtaux fournissaient d'importants revenus. Certes, la qualité des vins était fort variable, allant de l'excellente «roussette» à de véritables verjus. Les caves des châteaux de Clermont et d'Annecy permettaient de les conserver. La récolte ne suffisait pas toujours à la consommation du comte et de sa cour et à ses libéralités.

Il est difficile d'évaluer le produit des pâturages, des jardins et des vergers. Le dynaste, dont les forêts étaient immenses, accordait l'autorisation de s'approvisionner en bois de feu moyennant certaines contre-prestations, en avoine notamment. C'est l'affouage. Mais le droit de couper le bois d'œuvre ou celui qu'utilisaient les charbonniers était l'objet d'une concession onéreuse.

Les alpages étaient beaucoup moins étendus dans le comté de Genève qu'en Savoie. Cependant, leur albergement emphytéotique grevé d'un entrage et d'un cens ou servis annuel, payé en argent ou en fromage, n'était pas sans importance.

---

[1] BRUCHET, p. 165.
[2] Ainsi Humbert de la Naz (1347-1349), Pierre de Compey (1351-1352), Richard de Confignon (vers 1357-1359), Aymaret de Bosson (1390-1392), Nicolas des Graviers (1392-1394). DUPARC, p. 449.
[3] P. DUPARC, pp. 431, 448-452.
[4] Pp. 431-442.

Le comte accordait aussi le droit de pêche dans certaines rivières et sur les rives du lac d'Annecy. Les taxes d'orpaillage, peu importantes d'ailleurs, dans le Rhône, l'Arve, les Usses, le Chéran et quelques torrents, étaient proportionnelles au nombre de tables et de tamis des concessionnaires [1].

L'exercice de certains droits régaliens a mis parfois le comte en opposition avec l'évêque. En 1355, Amédée III avait obtenu de l'empereur l'autorisation de battre monnaie. Il installa en 1356 un atelier monétaire à Annecy, ce qui provoqua une protestation de l'évêque et des dynastes savoyards et un long conflit. Mais la frappe se poursuivit à Annecy au XIVe siècle [2].

Un autre droit était celui de lever des subsides ou régales qui « étaient octroyés en principe volontairement par les sujets du comte, dans des circonstances exceptionnelles, pour des cas spéciaux qui sont précisés par les coutumes » [3].

Toutes ces recettes servaient à couvrir les dépenses de l'hôtel : celles du ménage de la cour, les traitements et salaires des officiers et du personnel, les frais de construction et d'entretien des châteaux, des établissements banals, des halles, des ponts, etc., les charges militaires, celles de l'assistance et des aumônes, du culte, voire de l'enseignement. Certaines de ces dépenses étaient réglées en nature. Le comte ne percevait-il pas lui-même une partie de ses revenus en produits de la terre et en marchandises ?

L'insécurité des temps, les conflits féodaux, les guerres privées nécessitaient une organisation militaire toujours au point. P. Duparc et L. Blondel abondent en renseignements à ce sujet : tantôt, les seigneurs, poussés par leurs ambitions ou leur avidité, cherchaient à conquérir des terres ou des avantages ; tantôt, ils devaient assurer leur défense et celle des hommes et des biens qui dépendaient d'eux. Les châteaux et leur appareil fortifié, englobant parfois un bourg tout entier, jouaient un grand rôle dans les campagnes militaires. Dans le comté de Genève comme en Savoie, les dynastes ont été aidés dans leur conduite, dès le XIVe siècle, par des baillis qu'ils choisissaient parmi les châtelains des mandements : ils assumaient la préparation des contingents et, éventuellement, leur commandement. Ils détenaient, dans ce domaine particulier, l'autorité sur leurs pairs.

Chaque château disposait en permanence de quelques hommes d'armes. On leur adjoignait en cas de danger des soldats irréguliers, mercenaires que l'on trouvait assez facilement au moyen âge. En outre, l'obligation du guet qui

---

[1] DUPARC, pp. 434-437, 518-519. — Les banalités constituaient aussi une ressource pour le comte.

[2] Pp. 439-440. — Cf. *infra*, XIIe partie, chap. II.

[3] P. 440. — La maison de Savoie s'arrogeait les mêmes privilèges. Cf. *infra*, VIe partie, sect. I, chap. I et II.

pesait sur les habitants des environs permettait de compléter, dans des limites de temps déterminées, les garnisons.

Lorsqu'il s'agissait de véritables campagnes militaires, les vassaux des comtes de Genève et de Savoie — des autres seigneurs aussi — pouvaient être mobilisés. Cependant, les obligations militaires répondaient à des règles précises. Les chartes de franchises qui ont été octroyées à tant de bourgades du diocèse de Genève [1] fixaient les modalités et la durée du service.

Les hommes libres fournissaient leur armement et leur équipement. Les chevaux devaient être présentés en des lieux fixés d'avance. Le matériel de siège, déjà assez compliqué, dépendait, dans la seconde moitié du XIVe siècle, d'un fonctionnaire comtal, l'arbalétrier ou maître des balistes.

Toutes ces charges militaires ont d'ailleurs suscité beaucoup de mécontentement, de résistances et même de désobéissances [2].

---

[1] Cf. *supra*, livre V, Ire partie, chap. unique.

[2] Sur l'ensemble de la question militaire, cf. DUPARC, pp. 474-482. — On trouvera de nombreux et intéressants détails sur les campagnes et les sièges concernant le diocèse dans L. BLONDEL, *Châteaux de l'ancien diocèse de Genève*, déjà cité.

QUATRIÈME PARTIE

LES DROITS FÉODAUX ET SEIGNEURIAUX

LES DROITS DE CIRCULATION ET DE COMMERCE

LES DROITS FÉODAUX ET SEIGNEURIAUX

CHAPITRE PREMIER

GÉNÉRALITÉS

Les droits qui grèvent la terre peuvent paraître nombreux : cependant, du fait d'une terminologie qui variait non seulement de région à région, mais parfois dans un espace assez restreint, souvent des noms différents recouvraient des redevances identiques.

Dans leur enchevêtrement, constate G. Partsch, il faut distinguer les droits féodaux qui découlent du lien féodal unissant seigneur et vassal, tels l'hommage, les services, l'aide et conseil, les lods et vente, la chevauchée, et les droits seigneuriaux qui résultent de la dépendance personnelle ou réelle à l'égard du seigneur en tant que chef domanial, ainsi le cens, les corvées, les banalités, les droits de chasse et de pêche. Mais, dans nos régions, à partir du début du XIIᵉ siècle, une fusion s'est opérée entre les institutions féodales et seigneuriales. Quelle que soit leur origine, le caractère économique de ces droits s'affirme ; c'est leur rendement qui compte. Droits féodaux et seigneuriaux deviennent de plus en plus de simples charges foncières.

Max Bruchet a relevé les termes utilisés fréquemment à la fin du XIVᵉ siècle dans la région genevoise : la taille ; la corvée ; le droit de voiturage — *meynada* et *royda* — ; le guet — *gaytagium* — ; la taxe sur les maisons, calculée d'après leur longueur en toises — *teysia domorum* — ; les redevances sur les champs — *champeria* —, sur les foins — *fenatagium* —, sur les ven-danges — *licencia vindemiandi* —, sur le commerce — *tabernagium* —, etc. [1]

---

[1] BRUCHET, *Les recettes ordinaires et l'administration du comté de Genevois…, loc. cit.*, p. 165. — Dans la sentence de Lancy du 3 décembre 1295 mettant fin à un conflit entre le comte de Genève et le Chapitre de Saint-Pierre, plusieurs droits et redevances

Certains services sont imposés seulement aux membres de la noblesse et, occasionnellement, à quelques hommes libres. Ce sont des prestations proprement féodales. C'est le cas du service de plait qui consiste à assister le seigneur dans l'exercice de la justice, et aussi de l'aide militaire sous forme de participation aux chevauchées ou simplement au guet dans les châteaux et les places fortes [1].

Les grandes expéditions qui engageaient d'importantes masses d'hommes dans des batailles rangées étaient rares. Les guerres privées, dans le diocèse de Genève et les régions qui l'entouraient, comme dans la plupart des autres parties de l'Europe centrale, ne mobilisaient que de faibles contingents, quelques dizaines ou quelques centaines d'hommes. En cas de besoin, le comte de Genève — pour retenir un exemple étudié par Pierre Duparc — réunissait ses vassaux, les nobles du comté, qu'il complétait, le cas échéant, au moyen de valets d'armes mercenaires, toujours faciles à recruter. Cela suffisait à ces expéditions qui se soldaient souvent, nous l'avons vu, par des déprédations, des destructions de récoltes, d'arbres, de vignes ou de maisons.

Mais, dans les occasions graves, conformément au service d'ost, il appelait sous les armes tous ses vassaux et tous ses sujets. Cependant, même alors, des règles précises limitaient ses exigences. Les obligations militaires ne pouvaient être imposées en principe qu'en vue de la délivrance d'un château assiégé ou de la défense du comté lorsqu'il était envahi. En outre, la durée des prestations était fixée, au moins pour les habitants des localités — elles étaient nombreuses — qui bénéficiaient de franchises. Les bourgeois d'Annecy, ou leurs remplaçants, devaient le service gratuit pendant un jour et une nuit. Au-delà de ce terme, ils étaient indemnisés [2].

Les bourgeois devaient fournir leurs armes et leur équipement qui étaient soumis à de véritables inspections. Ils combattaient le cas échéant sous la bannière de leur ville. La désignation de leur commandant donnait lieu souvent à des contestations. Quant aux chevaux, dont le rôle était si grand dans les guerres médiévales, ils étaient réquisitionnés dans les mandements par des agents du comte [3].

---

sont énumérés : « *gaytas, avenarias procurationes, charruarias, jetas charreis, capones, januarias, angarias, parangarias, bastimenta, pilucherias* ». G. VAUCHER et E. BARDE, *Histoire de Vandœuvres*, déjà cité, p. 24.

[1] Il semble cependant que des non-libres ont pu aussi participer au *placitum generale*. C'est le cas en Valais. « Tous les hommes pouvaient et devaient s'y rendre en sécurité pendant trois jours, sauf les brigands, les homicides et les traîtres manifestes. » Jean GRAVEN, *Essai sur l'évolution du droit pénal valaisan...*, Lausanne, 1927, p. 53.

[2] P. DUPARC, *op. cit.*, pp. 479-482. — En 1349, lors de la campagne du comte de Genève contre le château épiscopal de Peney, le châtelain d'Annecy paya une solde à 128 bourgeois pendant 25 jours, sans compter celle versée à 125 volontaires qui avaient servi 15 jours durant. *Op. cit.*, p. 480.

[3] P. DUPARC, pp. 481-482.

Les prestations seigneuriales, dont la noblesse est exempte, pèsent d'une façon inégale sur les hommes libres et les mainmortables. Ainsi, les tailles personnelles ne concernent que ces derniers tandis que la corvée est imposée à tous, avec cette différence cependant qu'elle est fixée d'une façon plus précise pour ceux qui jouissent de la liberté que pour les non-libres. Les tailles réelles atteignent aussi les tenanciers libres. A cette même catégorie appartiennent les banalités, les droits de pêche, etc.

D'autres charges correspondaient à des concessions de terres, de maisons, de droits. Parmi elles figurent les cens, les albergements, les amodiations [1].

Les transactions commerciales, l'exercice des métiers, la circulation des marchandises sur les routes et sur les ponts étaient également frappés de taxes. Leur perception a donné lieu dans le diocèse de Genève à de nombreux conflits [2].

Les tableaux des redevances et prestations dues au seigneur sont dressés périodiquement par des notaires pour chaque mandement dans le comté de Genève, comme en Savoie où ils portent le nom d'*extente* [3].

Il n'existe naturellement pas de cadastre. On y supplée par des actes notariés assez précis. Les détenteurs de seigneuries les faisaient reviser environ tous les vingt-cinq ans. Les notaires obtenaient alors des tenanciers la « reconnaissance » de leurs terres et de leurs maisons. L'acte décrivait avec précision leur situation et en énumérait les cultures. Il rappelait aussi les redevances qui devaient être assumées par les paysans en grain, vin, poules, chapons, etc., et parfois aussi en argent.

Les propriétés sont assez exiguës dans le diocèse de Genève. Même les prés et les bois sont de dimensions modestes, spécialement à proximité de la ville. A plus forte raison les terres labourées et les vignes. La culture de ces dernières est liée à des conditions naturelles rigoureuses : composition du sol, exposition, etc., qu'on ne trouve pas toujours réunies. La valeur des vignobles, qui dépasse largement celle des autres parcelles, contribue aussi à leur morcellement.

Les tenures sont d'ailleurs rarement représentées par une seule terre. Les nécessités de la culture, sa différenciation selon les terrains, les successions : tout concourt à un morcellement, à une dispersion des parcelles qui ne font que s'accuser au cours des âges [4].

On a souvent insisté sur la sévérité qui présidait à la levée des redevances. Cependant, bien des exceptions pourraient être relevées. Il semble même que le régime seigneurial, laïque aussi bien qu'ecclésiastique, a été empreint

---

[1] Cf. *supra*, IIIe partie, chap. V et VI.

[2] Cf. *infra*, IVe partie, sect. II.

[3] DUPARC, p. 443.

[4] G. VAUCHER et E. BARDE, *Histoire de Vandœuvres*, pp. 29-31.

d'une certaine bienveillance. Les contacts restaient fréquents entre les seigneurs, dont beaucoup étaient dans une situation assez modeste, et leurs tenanciers.

Le prieur de Saint-Victor, le 10 juin 1427, remet à une veuve et à son fils en bas âge quatre octanes de blé sur six qu'ils doivent sur une terre sise à La Joux, près de Valleiry [1].

En 1460, Urbain Bonivard, abbé de Pignerol, administrateur de Saint-Victor, sur la supplication du recteur de l'église de Sainte-Agathe, à Chaumont-au-Vuache, qui dépend du prieuré, lui remet une somme de 54 sous sur ses redevances annuelles [2].

Du fait des héritages ou des transactions, la perception d'un droit appartenait souvent à plusieurs personnes, ce qui n'était pas fait pour simplifier sa levée. Ainsi, le 25 janvier 1457, on accense la douzième partie d'un moulin situé à Troinex [3].

Nous allons examiner de plus près quelques-uns de ces droits féodaux, à la lumière en particulier des actes des notaires genevois.

Quant aux cens, nous les traiterons dans une autre partie, en même temps que les rentes avec lesquelles, malgré des origines différentes, ils sont parfois enchevêtrés [4].

---

[1] On prend en considération, d'une part, la mauvaise qualité du sol et les pluies qui ont détruit une partie de la récolte et, d'autre part, la vieillesse de la mère et le jeune âge de son fils. On s'entoure d'ailleurs de toutes les précautions voulues pour que ce précédent ne puisse être invoqué par la suite. — Not. H. Perrod, vol. II, fo 83.

[2] Les raisons alléguées sont que la paroisse a été frappée d'une série de sinistres, que la mortalité y est grande et qu'elle est en train de se dépeupler. — Not. H. Perrod, vol. XX, fo 1, 18 septembre 1460.

[3] Not. H. Perrod, vol. XVII, fo 173.

[4] Cf. *infra*, Xe partie, chap. V.

CHAPITRE II

LES BANALITÉS

Les banalités, qui ont joué un rôle considérable dans la société féodale, ont subsisté jusqu'à la Révolution française. Mais il n'est pas toujours facile, dans la région genevoise, d'en fixer avec précision les contours. Elles semblent souvent englobées, noyées, dans des énumérations générales et vagues. Parlant du comté de Genève, P. Duparc remarque qu'elles constituent « une catégorie de revenus dont le caractère est assez complexe » [1]. Elles confèrent à ceux qui détiennent certaines installations un monopole de fait. Les paysans qui dépendent d'un seigneur doivent moudre leur grain, cuire leur pain, presser leurs raisins ou leurs fruits, faire leur huile, rouir leur chanvre et leur lin, dans les établissements du seigneur. Il leur est interdit, sauf dérogation spéciale concédée naturellement moyennant une contre-prestation financière, de construire pour leur usage des moulins, des fours, des pressoirs, etc. Ces installations seigneuriales sont généralement affermées, tantôt à des particuliers, tantôt à des communautés villageoises.

Les moulins sont nombreux dans le diocèse de Genève qui possède beaucoup de ruisseaux et de rivières dont le courant est rapide. Les roues à eau ne sont pas utilisées seulement pour faire de la farine, mais aussi pour mettre en mouvement certaines machines, à vrai dire assez simples : battoirs pour le lin et le chanvre, martinets pour travailler les métaux qui étaient particulièrement nombreux dans la région d'Annecy et de Cran, le long du Thiou, dans la vallée de Thônes et dans le mandement de la Balme.

Tous les villages possédaient leur four. Les bourgades les plus importantes disposaient de halles, d'étals de boucheries, d'étalons de poids et de mesures appartenant aux seigneurs et dont l'usage était obligatoire et grevé de redevances. La plupart des localités du diocèse qui étaient dotées de franchises ont fait préciser dans quelles conditions elles pouvaient se servir de ces installations. Il s'agit bien de formes particulières des banalités : cependant, nous

---

[1] *Op. cit.*, p. 437.

les étudierons avec les droits de commerce [1]. La levée de ces redevances pouvait être concédée. Le comte de Genève alberge en 1295 à titre perpétuel le grand poids d'Annecy, où doivent être pesées les marchandises lourdes, pour 21 livres d'entrée et un cens annuel de 30 sous [2].

Des amendes frappaient ceux qui tentaient d'éluder les banalités ou qui édifiaient des installations en marge de celles des seigneurs [3].

Paul Lullin et Charles Le Fort, dans l'étude qu'ils ont consacrée aux chartes dont bénéficiaient une série de localités du diocèse de Genève, rappellent que les seigneurs qui les avaient octroyées maintenaient les banalités : ils possédaient « d'ordinaire le moulin et le four, parfois même le battoir et l'abreuvoir. Nul ne peut ailleurs moudre son blé, cuire son pain, à moins, disent les chartes, que le meunier ne fasse attendre plus d'un jour et d'une nuit, le fournier assez longtemps pour que la pâte se détériore ». Les redevances à payer par les usagers sont fixées avec précision. Cependant Lullin et Le Fort pensent que ces monopoles seigneuriaux n'ont pas un caractère absolu dans le diocèse de Genève.

Ils rapprochent aussi le ban du vin des banalités : pendant un mois chaque année, les particuliers ne pouvaient vendre leur récolte au détail sous peine d'une amende de 60 sous. Cette mesure était destinée à favoriser l'écoulement du vin des seigneurs. La date du ban variait selon les bourgades ; elle était fixée par les chartes, dans les localités qui possédaient des franchises, en général au mois de mai [4].

Le vin vendu par le seigneur au temps du ban doit être de bonne qualité ; son prix ne peut pas dépasser de plus de deux deniers par octane celui qui a été payé au cours du mois précédant les vendanges. Les bourgeois des villes de franchises se prémunissent donc contre les abus. En dehors du temps du ban, ils sont d'ailleurs les seuls à pouvoir vendre du vin, moyennant une redevance en nature levée par le seigneur. A Evian, en 1265, elle était fixée à une octane par muid ; mais elle a été diminuée de moitié en 1324. A Rumilly en 1291 et à Annecy en 1367, elle était d'une coupe par muid [5].

---

[1] Cf. *infra*, IVe partie, sect. II.

[2] DUPARC, p. 439, n. 4.

[3] Les Archives de la Haute-Savoie possèdent des comptes de 1343 et de 1344 qui donnent en particulier des précisions sur les revenus provenant de l'affermage des moulins banals du comte de Genève et sur les dépenses effectuées pour leur entretien. — Sur l'ensemble de la question, cf. DUPARC, pp. 437-439.

[4] Cependant, à Yvoire, le ban ne dure que quinze jours ; au Châtelard, dans les Bauges, le moment du ban peut être librement fixé par l'autorité seigneuriale. — LULLIN et LE FORT, *Recueil des franchises et lois municipales des principales villes de l'ancien diocèse de Genève*, déjà cité, *M.D.G.*, XIII, 1863, 2e partie, p. XXIII et *passim*.

[5] LULLIN et LE FORT, *loc. cit.*, pp. XXIII-XXIV.

Par certains de leurs côtés, les droits de criblage des épices pourraient être incorporés à ce chapitre, puisque les installations, créées par l'évêque et la commune qui s'en partageaient les bénéfices, devaient être obligatoirement utilisées par ceux qui voulaient procéder à la « purgation » de ces précieuses marchandises. Mais nous les étudierons en même temps que les droits des halles auxquels ils étaient liés malgré la différence de leurs caractères [1].

---

[1] Cf. *infra*, IVᵉ partie, sect. II, chap. II.

CHAPITRE III

LES CORVÉES

Les corvées affectaient les serfs et les hommes libres dans des conditions fort différentes [1]. Elles ont été la source de contestations et de conflits [2].

Après avoir parlé de divers services — plait, aide militaires, etc. — assumés par les vassaux nobles ou éventuellement simples hommes libres, P. Duparc ajoute : « D'autres prestations étaient dues seulement par les non nobles, libres ou taillables : c'étaient les corvées au sens large. Il y avait d'abord les corvées agricoles, dont le seigneur avait besoin pour cultiver ses terres, pour le labour par exemple, *aratura boum, corvate caruscarum* ; c'étaient les jours coutumiers, *dies consuetudinales*, corvées au sens étroit, *corvate, coroade*. Il y avait aussi les corvées de transport, aux noms variés : *angarie, parangarie, charreagium, reyde, meneide*, et les corvées de construction, les *bastimenta* [3]. »

L'évêque de Genève était aussi le bénéficiaire de semblables corvées. En 1357, un homme de Malval reconnaît celles qu'il lui doit [4]. En principe, il détenait ce droit à l'intérieur de la ville. Aimon Ier, comte de Genève, l'avait formellement admis en faveur de l'évêque Humbert de Grammont dans l'accord de Seyssel de 1124 [5].

En revanche, les citoyens de la cité n'étaient pas assujettis aux corvées dans les comtés de Savoie et de Genève tandis que les ruraux devaient les assumer même dans le ressort de la châtellenie de Genève, notamment pour

---

[1] Cf. *supra*, IIIe partie, chap. IX.

[2] Nous avons signalé le différend qui a opposé, à propos de corvéables de Troinex, Girard de Ternier et le prieur de Saint-Victor, en 1291, et la solution qui lui a été donnée. — Cf. *supra*, IIIe partie, chap. VII. — *M.D.G.*, II, 1843, 2e partie, n° 25, pp. 53-54.

[3] *Le Comté de Genève...*, pp. 443-444.

[4] « *Interrogatus si debet corvatas, bastimenta, gueytas, eschargueytas, dicit quod sic; debet corvatas bis in anno, in sommarallia et atompno.* » *S. du dr.*, I, n° 81, p. 151.

[5] Paul-E. MARTIN, *L'évêque et le comte*, dans *Hist. de Genève*, t. Ier, p. 83.

l'entretien et les réparations du château comtal. Il est vrai qu'ils étaient nourris pendant leurs journées de travail [1].

Les serfs étaient aussi astreints à certaines besognes militaires accessoires. On les affectait à des travaux de fortification lors de l'attaque ou de la défense des châteaux ; ils conduisaient les bêtes de somme et les attelages pendant les campagnes.

Certains textes permettent de distinguer les corvées serviles de celles qui pèsent aussi sur les hommes libres. Un acte de 1091 concernant la cession par Guy de Faucigny, évêque de Genève, de l'église Sainte-Marie de Cessy, dans le Pays de Gex, à l'abbaye de Saint-Oyen de Joux [2] fait allusion à un arrangement antérieur qui devra être respecté : les hommes libres qui dépendent de l'église ne sont pas soumis aux « douze jours coutumiers » qui sont le lot des serfs, mais seulement à la corvée des bœufs [3].

Certaines de ces prestations en travail ont une origine contractuelle. Ainsi, le 21 janvier 1321, Valérien de Dardagny et sa mère Nicolette cèdent à la communauté des habitants de Dardagny divers terrains : comme contrepartie, les bénéficiaires de cette libéralité s'engagent à fournir trois jours de corvée par an [4].

---

[1] Ed. MALLET, *Du pouvoir...*, *M.D.G.*, VII, 1849, p. 272.

[2] Saint-Claude.

[3] J.-B.-G. GALIFFE, *Suppl.*, pp. 64-65.

[4] *Documents inédits relatifs à l'histoire de Genève de 1312 à 1378...*, *M.D.G.*, XVIII, n° 49, pp. 62-64, 368. — Il existe d'autres communautés de villages, à Bernex et Vally, ou à Cartigny, par exemple. Celle de Dardagny est signalée également en 1326. *Op. cit.*, pp. XXV-XXVI.

LES DROITS DE MUTATION

Les lods et ventes peuvent être des prestations féodales ou seigneuriales selon qu'elles concernent des rapports féodaux ou seigneuriaux. Le détenteur du fief les perçoit sur son vassal, le seigneur sur le roturier qui vend une terre relevant de la seigneurie. Lorsque ces droits concernent des mutations entre nobles, ils portent le nom de *placitum* ou *mutagium*. Ils étaient dus lors du renouvellement de l'hommage [1].

Les tenures étaient soumises à ces droits de mutation. « Que ce fût pour la vente par un tenancier d'un fonds de terre ou d'un servis, ou pour toute autre cession, la confirmation du comte était accordée moyennant le paiement du laud, *laudemium* ; le versement de ce droit était constaté par une mention au bas de l'acte de vente, et par l'apposition du sceau du seigneur [2]. » Le système appliqué dans le comté de Genève l'était aussi, à quelques nuances près, dans les autres seigneuries de la région.

Comme ces droits étaient proportionnels au prix de vente, les seigneurs cherchaient à éviter de fausses déclarations. « Le comte, écrit P. Duparc, avait un droit de retenue, de préemption, au prix officiellement déclaré, s'il lui paraissait insuffisant [3]. » Ces lods et ventes constituaient une ressource importante pour les comtes de Genève. Dans la cité épiscopale, ils appartenaient à l'évêque [4].

Les villes du diocèse qui possédaient des franchises municipales bénéficiaient d'appréciables avantages. Paul Lullin et Charles Le Fort pensent que les droits de mutation y représentaient le douzième ou le treizième du prix

---

[1] Les comtes de Genève devaient, à chaque mutation, deux grosses truites aux archevêques de Tarentaise pour la vallée de Luce. Duparc, pp. 444-445. — Si le comte de Genève, ou tel autre seigneur, accordait un délai ou une dispense en ce qui concerne la prestation de l'hommage, il percevait une soufferte. P. 445.

[2] P. Duparc, p. 445.

[3] P. 445.

[4] P.-E. Martin, *L'évêque et le comte, loc. cit.*, p. 83.

de vente. « Dans quelques villes, le seigneur avait, durant quinze jours, un droit de préférence. » Quant aux donations entre vifs, elles étaient exonérées des taxes de transmission, pourvu naturellement qu'on fût sûr qu'elles ne dissimulaient pas une vente.

Les droits perçus sur les maisons découlaient du fait que le seigneur urbain était le détenteur, dans les villes, de la directe. Calculés d'après la longueur des façades sur la rue, ils semblent s'être allégés au cours des âges. De 6 deniers par toise à Evian, en 1265, ils sont tombés à 2 deniers au siècle suivant [1].

---

[1] *Recueil des franchises et lois municipales...,* M.D.G., XIII, 2e partie, pp. XXII-XXIII.

CHAPITRE V

LES DROITS DE PÊCHE

Le lac, le Rhône, l'Arve et un grand nombre de rivières et de ruisseaux — ils étaient beaucoup plus poissonneux qu'aujourd'hui — conféraient aux droits de pêche une réelle importance. Droits régaliens, ils avaient passé aux mains de détenteurs, laïques ou ecclésiastiques, de fiefs, mais aussi parfois de communautés urbaines. Ceux qui les possédaient les affermaient en général à des particuliers. Ils étaient l'objet de nombreuses transactions. Leur complexité et leur enchevêtrement ont été la source de beaucoup de litiges.

Le comte Aimon Ier de Genève a reconnu en 1124 que le rivage du lac appartenait à l'évêque. Cette reconnaissance est renouvelée en 1155 selon les anciennes coutumes [1]. Beaucoup plus tard, en 1305, Amédée II de Genève confirme que l'évêque Aimon du Quart possède le privilège de la pêche dans le Rhône et dans l'Arve, sauf le mercredi où il est exercé par le sire de Faucigny [2].

Tous les droits, cependant, ne sont pas concentrés dans les mains de l'évêque. Forel pense que le prieuré de Saint-Jean détient certains d'entre eux. Ne s'engage-t-il pas, en 1150, à livrer aux chanoines de Sainte-Marie d'Aoste un tribut de gros poissons ou, à leur défaut, de 50 palées ou de 200 féras ? Ces redevances annuelles, à quoi s'ajoutent 2 setiers de vin et 2 setiers de froment, compensent la cession à Saint-Jean de Genève de l'église de Saint-Eusèbe d'Aoste [3].

Le revenu des droits de pêche devait être assez élevé. L'évêque Aimon peut, sur leur produit, attribuer en 1120 aux chanoines de Saint-Pierre un

---

[1] Voir les textes dans SPON, *Histoire de Genève*..., éd. de 1730, t. II, pp. 5, 13.

[2] Ed. MALLET, *Aimon du Quart*..., *M.D.G.*, IX, 1855, p. 101. — Une reconnaissance des droits de l'évêque en ce qui concerne l'Arve a été faite aussi en 1292. C. FONTAINE-BORGEL, *Souvenirs de Plainpalais*..., p. 61.

[3] J.-B.-G. GALIFFE, *Suppl.*, pp. 88-89. — F.-A. FOREL, *Le Léman*..., t. III, Lausanne, 1904, pp. 334-335, 605. — FOREL corrige GALIFFE qui a traduit *palatae* par lotes au lieu de palées : les lotes ont été introduites « accidentellement » dans le Léman seulement au XVIIe siècle. La palée est un corégone qui abonde dans le lac de Neuchâtel.

cens de 50 sous pour les dédommager de la perte des droits que le comte de Savoie leur avait versés jusqu'alors sur des terres situées dans les Bauges [1].

Dans le traité signé par Pierre de Savoie et l'évêque de Genève le 23 août 1267 qui a réglé, au moins en théorie, quelques-uns des différends qui opposaient les dynastes savoyards et les prélats genevois, une place est faite à l'exercice des droits de pêche [2]. Un arrangement ultérieur conclu le 13 avril 1291 entre l'évêque Guillaume de Conflans et Amédée, comte de Genève, met fin à d'autres contestations concernant la pêche dans le Rhône. Elle appartiendra au prélat entre le pont de l'Ile et celui que l'on vient d'édifier au château de la Corbière, au-dessous de Challex. En aval, jusqu'au défilé de l'Ecluse, elle sera l'apanage du comte [3].

Dans ce domaine comme dans d'autres, l'évêque Aimon du Quart a été soucieux de clarté et de précision. Il a fixé, complété et, le cas échéant, rétabli les droits de pêche relevant de l'évêché dans le lac, le Rhône et l'Arve [4]. En 1307, lors d'un échange de biens et de droits opéré avec les chanoines, il leur cède une rente de 36 livres 8 sous, payable sur les revenus de la pêche du Rhône et de l'Arve et sur ceux du sceau de la cour de l'évêque. En contre-partie, le Chapitre abandonne à l'évêque le droit qu'il avait de pêcher dans le Rhône au cours de sept nuits par année [5]. Parmi les avantages dont bénéficiait le vidomne de Genève au XIIIe siècle figuraient le produit de la pêche du Rhône, le mardi de chaque semaine, et deux truites qu'il pouvait choisir l'une en été et l'autre en hiver [6].

Les bourgeois des localités riveraines qui jouissaient de franchises ont possédé certains privilèges dans le domaine de la pêche. Si l'on en croit F.-Th.-L. Grenus, c'était le cas de Nyon [7]. Amédée VIII, duc de Savoie à

---

[1] *M.D.G.*, IV, 1845, 2e partie, n° 23, pp. 31-32.

[2] *S. du dr.*, I, n° 27, pp. 40-42. « *Item petebamus piscariam quam episcopus Gebenn. consuetus erat facere in Arva, a ruina de Champeiz inferius usque ad Rodanum; item petebamus jus quod habebamus in piscaria venne Rodani, quod amisimus nos et predecessores nostri pro ingeniis factis ad piscandum circa Insulam.* » Pp. 40-41.

[3] *S. du dr.*, I, n° 35, pp. 58-59.

[4] Voir des actes de 1305 et 1306 dans Ed. Mallet, *Aimon du Quart...*, *M.D.G.*, IX, 1855, pp. 209-210. — Le 1er août 1306, le prieur de Saint-Victor cède à l'évêque le droit de pêcher « *in loco dicto paloys prope ripariam lacus versus Templum Geb.* » moyennant une redevance annuelle de 20 sous. *Loc. cit.*, p. 210. — Cf. aussi J.-B.-G. Galiffe, *Suppl.*, p. 107.

[5] *S. du dr.*, I, n° 57, p. 103.

[6] *M.D.G.*, VIII. p. 154. — Forel, *op. cit.*, t. III, p. 607.

[7] *Documents relatifs à l'histoire du Pays de Vaud, dès 1293 à 1750*, Genève, 1817, p. XVI. — Forel, t. III, p. 608.

partir de 1416, a même concédé à tous les bourgeois et à leur famille le droit de pêche dans le grand lac [1].

A Genève, l'évêque amodie en général ses droits. Ainsi, le 11 décembre 1479, Jean-Louis de Savoie les afferme à un Allemand habitant Genève, Ulrich Chapuis, pour 166 florins par an et six belles truites salées [2].

Ces droits de pêche ont naturellement passé aux mains de la République de Genève après la Réforme.

Le poisson, qui jouait un grand rôle dans l'alimentation de Genève au moyen âge, donnait lieu à un commerce très actif, mais étroitement réglementé

---

[1] FOREL, t. III, p. 608. « De même que certains seigneurs, temporels et spirituels, les villes et communautés riveraines avaient acquis, ou s'étaient réservé, ou approprié les droits de pêche sur leur territoire. C'est ce qui résulte de nombreux documents. » Comme Nyon, Morges, Villeneuve, etc., bénéficiaient de ce privilège. T. III, p. 607.

[2] Ja.-A. GALIFFE, *Matériaux...*, I, p. 386. — On est très étonné de voir, un demi-siècle plus tard, en 1527, le dernier évêque de Genève, Pierre de la Baume, inféoder la pêche du lac, du Rhône et de l'Arve à Besançon Hugues et à ses descendants pour la très modeste redevance annuelle d'une livre de cire. FOREL, t. III, p. 606.

LES DROITS DE CIRCULATION
ET DE COMMERCE

CHAPITRE PREMIER

PÉAGES ET PONTONAGES

I. Généralités

Le moyen âge a multiplié les droits de circulation — péages et pontonages —, les leydes et autres droits de commerce. Se superposant à ceux qui grevaient les terres, ils frappaient les activités artisanales et commerciales tout en touchant d'ailleurs, et parfois très durement, les classes rurales.

Dans ce domaine également, l'inextricable enchevêtrement des redevances empêche d'apporter toutes les précisions désirables. Très fructueuses, elles sont, elles aussi, génératrices de conflits. Dans le diocèse de Genève, les unes appartenaient à l'évêque qui les a plus tard partagées avec la communauté des citoyens, les autres à des seigneurs. Mais les chartes de franchises dont ont bénéficié plusieurs localités ont pu les alléger et parfois même supprimer certaines d'entre elles.

On ne saurait cependant dénier aux péages une certaine utilité pour les marchands eux-mêmes. Comme le remarquent V. Chomel et J. Ebersolt, « il est en tout cas certain que le foisonnement des péages, jugé plus tard préjudiciable aux intérêts commerciaux, fut une nécessité à une époque où les pouvoirs publics se trouvèrent pris au dépourvu pour recevoir et faire véhiculer les cargaisons de marchandises amenées à une cadence accélérée par les marchands étrangers ». C'est le cas en particulier au moment de l'essor commercial du XIIIe siècle. Lorsqu'il n'y a pas d'abus, ils sont destinés — au moins en partie — à l'entretien des voies de communication. « Un péage n'est pas un organisme simple. Sa fonction économique est au moins triple : il doit favoriser les échanges commerciaux ; accélérer le rythme de la circulation en améliorant la viabilité et permettre la rentabilité de l'entreprise. Sa pleine efficacité dépend de conditions corollaires : sécurité ; aménagement et entretien de la route ; perception régulière des taxes suivant un tarif aussi équitable que possible — enfin, revenus suffisants pour équilibrer les dépenses [1]. » Que la réalité n'ait pas toujours correspondu au rôle qu'auraient dû normalement jouer les péages, c'est l'évidence même.

Chomel et Ebersolt rappellent l'insécurité du trafic médiéval du fait des exactions de certains seigneurs plus ou moins pillards, des brigandages de grand chemin et des exigences de beaucoup de villes défendant le monopole de leurs corporations. Face à ces difficultés, à ces dangers même, le péage pouvait faire figure de « gîte d'étape », de « lieu d'asile ». Il était au XIIIe siècle « le régulateur indispensable du trafic commercial » [2].

2. LES DROITS PERÇUS PAR LES SEIGNEURS DANS LES LIMITES DU DIOCÈSE

Les marchandises qui convergeaient vers Genève ou qui en repartaient, au temps en particulier du grand essor de ses foires, étaient soumises tout au long de leur voyage aux levées de nombreux péages et pontonages qui en augmentaient singulièrement le prix. Nous en dirons l'essentiel dans le chapitre consacré aux foires de Genève. Nous nous bornons à donner ici quelques précisions sur les droits de circulation qui étaient perçus à l'intérieur du diocèse : ils intéressent aussi bien le trafic international que les transactions locales, celles en particulier qui se nouaient entre paysans et citadins. Nous envisageons d'abord les redevances imposées par les seigneurs, notamment par les comtes de Savoie et de Genève. Nous verrons ensuite celles qui relèvent de l'évêque et de la commune.

Bien des abus s'étaient glissés dans la perception des droits de péage et de pontonage exigés par les seigneurs locaux. Les usagers des routes leur reprochaient parfois leur caractère d'exaction.

Les comtes de Genève ont obtenu des empereurs certains privilèges. Rodolphe de Habsbourg a concédé en 1291 à Amédée II la levée de droits

---

[1] V. CHOMEL et J. EBERSOLT, *Cinq siècles de circulation internationale vue de Jougne. Un péage jurassien du XIIIe au XVIIIe siècle*, Paris, 1951, p. 45.

[2] *Op. cit.*, p. 46.

sur les marchandises qui traversaient ses terres : 4 deniers par coupe de froment, 2 deniers par coupe d'avoine, 8 à 12 deniers par bête de somme chargée de marchandises [1]. Sans doute des abus ont-ils été commis puisque, au cours de la même année, le Chapitre se plaint de taxes indues frappant les blés et d'autres produits du sol qu'il tirait de ses terres situées au-delà de l'Arve. Un arrangement put être conclu, mais d'autres conflits surgirent, notamment en 1350 [2].

Les nombreux péages et pontonages du comté de Genève s'ajoutèrent plus tard à ceux de la Savoie lorsqu'elle l'eut absorbé. Quant aux évêques, nous le reverrons, ils percevaient les droits sur les marchandises qui pénétraient à Genève par les ponts du Rhône et de l'Arve ou par le lac.

La coutume voulait que les nobles, les chevaliers et même certains francs fussent exemptés des péages. Selon un accord passé entre les comtes de Genève et les sires de Faucigny en 1296, cet avantage s'étendit même à toutes les marchandises transportées à dos d'homme pourvu qu'elles ne fussent pas ensuite mises en vente [3]. C'était en somme une facilité concédée au trafic frontalier.

La levée des droits de circulation donnait lieu à bien des abus dictés par l'appât du gain, par les besoins financiers de seigneurs souvent à court d'argent ou par des ambitions politiques. Quel moyen commode de pression pour les dynastes qui entouraient la cité épiscopale ! Les comtes de Genève et la maison de Savoie ont su en profiter : la subsistance même de la ville et, plus tard, le trafic de ses foires dépendaient dans une large mesure d'eux.

Parfois, cependant, des arrangements amiables étaient pris entre voisins. Le Genevois, important producteur de grains, en avait en excédent dans les années normales alors que la Savoie en manquait. Un accord conclu en 1346 entre Amédée III de Genève et Amédée VI de Savoie autorisait le libre passage des céréales entre les terres des deux signataires, à la condition cependant qu'elles ne fussent pas ensuite réexportées [4].

Un des soucis des plus puissants dynastes de la région a été de maintenir un certain ordre dans la levée des droits de circulation, d'en conserver le monopole et d'empêcher, en particulier dans les périodes troublées, les seigneurs locaux de percevoir des redevances indues. Certains d'entre eux se sont en effet livrés à de véritables brigandages, en particulier au XVᵉ siècle. La maison de Savoie a tenté d'assurer à la circulation des biens un minimum de sécurité.

---

[1] Duparc, *op. cit.*, pp. 214-215.
[2] *Ibid.*, p. 550.
[3] *Ibid.*, p. 549.
[4] *Ibid.*, pp. 549-550.

Les environs mêmes de la cité n'ont pas toujours échappé à ces exactions. Jean de Lancy, au milieu du XVe siècle, avec des partisans qui se recrutaient dans les milieux de la noblesse, avait organisé « une conjuration contre les pouvoirs établis et contre la société » [1]. Le désordre était alors à son comble. « Les chemins n'étaient point sûrs et plus d'un marchand se voyait, aux portes même de la ville, détroussé, pillé, battu sinon tué [2]. »

Quant aux péages et aux pontonages, certaines de leurs vexations, pour ne pas dire de leurs exactions, étaient dues autant à l'incompétence et à l'esprit tracassier des péagers qu'à l'exécution des ordres de ceux dont ils dépendaient. Il arrivait que des marchands fussent dans l'impossibilité d'acquitter les droits qui leur étaient imposés : on exigeait alors d'eux, à titre de gage, la consignation de marchandises dont la valeur dépassait largement le montant de leur dette [3].

Les péages des comtes de Genève qui intéressaient le plus directement le trafic des denrées agricoles dont la cité avait besoin étaient ceux de Saint-Paul en Chablais, de Bonne-sur-Menoge en Faucigny, de Cruseilles et de Ternier en Genevois [4]. D'autres affectaient les transactions internationales dont Genève a bénéficié, en particulier au moment de ses grandes foires. Tous sont d'ailleurs tombés aux mains de la Savoie au début du XVe siècle, comme cela s'était déjà produit au siècle précédent pour ceux du Pays de Gex et du Faucigny. La Savoie, qui commandait quelques-uns des cols les plus importants des Alpes, puis du Jura, a trouvé dans ces droits de circulation d'abondantes ressources. Lorsque, momentanément, elle décidera, d'un commun accord avec le roi de France Louis XI, de ruiner les foires de Genève, la tâche lui sera facile [5].

Selon des comptes de 1330 à 1333, les dynastes de Genève détenaient des péages sur l'Arve non seulement au pont de Carouge, mais aussi à la hauteur de Vessy et de Sierne. On possède, pour cette époque, un tarif des droits qui y sont perçus. L'octane de froment est taxée deux deniers et le bichet un denier ; l'octane d'avoine un denier et le bichet une obole ; le setier de vin deux deniers. Les toiles, les autres étoffes, le cuivre et en général toutes les marchandises acquittent un droit de quatre deniers par quintal, les bœufs et les vaches d'un denier, les porcs et le petit bétail d'une obole [6]. En 1338, cent

---

[1] Louis BLONDEL, *La tour de Lancy...*, p. 25.

[2] *Ibid.*, p. 22.

[3] F. BOREL, *Les foires de Genève...*, p. 204.

[4] *Ibid.*, pp. 218-219.

[5] Cf. *infra*, IXe partie, sect. III, chap. II.

[6] P. DUPARC, *op. cit.*, p. 550 ; pièce justif. no 1, p. 569 et ss. — BOREL, *Les foires...*, p. 222.

chevaux de provenance lombarde ont payé deux sols par tête, 41 chars, chargés de marchandises de la même origine, ont été grevés d'une taxe de quatre sous par char [1]. P. Duparc estime que c'est aux ponts de Carouge et de Sierne qu'arrivait « une bonne part du ravitaillement de Genève ». C'est là que passaient notamment les grains que lui fournissait le fertile Genevois [2].

Si les péages étaient nombreux sur les voies de communication qui intéressaient Genève, il ne faut pas oublier que beaucoup d'entre eux constituaient des complexes régionaux ordonnés autour d'un poste principal, point de convergence de plusieurs itinéraires. Ils étaient complémentaires. Il va de soi qu'on ne prélevait pas des droits dans chacun des postes que de faibles distances séparaient et qui relevaient d'une même seigneurie. C'était le cas, par exemple, de ceux de la région de Seyssel, dont nous allons revoir l'importance. Il en allait de même de ceux des rivages lémaniques et des chemins qui franchissaient le Jura par le col de Jougne ou le contournaient au sud par le défilé du Fort de l'Ecluse [3].

Au sud de Genève, les péages de Chavannaz, au pied du Vuache — au moins au XIIIe siècle —, de Bassy et de Châtel, étaient conditionnés par le trafic local et par celui qui faisait la relève de la navigation rhodanienne [4]. Un autre itinéraire, plus à l'est, passant par l'Albanais, était ponctué par les péages de Clermont et de Rumilly [5]. On prélevait à Clermont un droit spécial sur le bétail — le cornage — en rapport avec les foires de Desingy [6]. On percevait un pontonage à Seyssel et des droits à Chanaz, à l'endroit où le canal de Savières, exutoire du lac du Bourget, se jette dans le Rhône [7].

Mais le plus important péage de cette région était à Desingy, un peu au sud des Usses, entre Frangy et Seyssel. Cette localité, maintenant modeste village à l'écart des grandes routes, était au moyen âge un centre de transit extraordinairement actif, grâce à sa position par rapport au point extrême de la navigation sur le Rhône, aux voies venant de la Méditerranée et aux cols des Alpes [8]. Dans le trafic fluvial, la rupture de charge se faisait à Seyssel et les marchandises s'acheminaient vers Desingy, situé pourtant à une

---

[1] Duparc, p. 571.

[2] P. 550.

[3] Nous venons de voir le cas des péages de l'Arve : ceux du pont de Carouge, de Vessy et de Sierne constituaient un tout.

[4] Borel, pp. 216-217. — Duparc, p. 552.

[5] Borel, p. 217. — Duparc, p. 552.

[6] Le 6 juillet 1223, le comte Guillaume II de Genève a fait don au Chapitre de vingt sous de rente à prélever sur le péage de Clermont. *M.D.G.*, IV, 1845, 2e partie, n° 27, p. 34.

[7] Borel, *op. cit.*, pp. 203, 216-217.

[8] Sur les voies de communication, voir *infra*, IXe partie, sect. I.

certaine distance du fleuve. Le chemin suivait les petites collines dominant les Usses. On évitait souvent le fond des vallées à cause des divagations des rivières et des risques d'inondation.

Le trafic de Genève vers le Rhône inférieur a reçu une sensible impulsion du fait de la présence des papes à Avignon à partir de Jean XXII, dont le pontificat s'étend de 1316 à 1334. Une colonie genevoise nombreuse se développa dans le Comtat. L'élévation de Robert de Genève à la dignité pontificale en 1379 intensifia encore les rapports économiques entre Genève et Avignon [1].

Les comptes des années 1342 à 1349 [2] permettent de reconstituer le tarif des droits perçus à Desingy. Une bête de somme chargée de drap ou d'épices paie 9 deniers, d'amandes ou de cuivre affiné 6 deniers, de laine, de chanvre ou de vin 3 deniers, de sel un denier. La coupe de blé est taxée un denier, la balle de peaux 6 deniers, le « mille » de bois 6 deniers. La « navée » de sel acquitte 4 sous 6 deniers. Les Juifs supportent une taxe personnelle de 4 deniers. Les comptes de Desingy pour les annnées 1342 et 1343 mentionnent le passage de trente Juifs et Juives ayant payé en tout 10 sous et de six Juifs ayant acquitté au total 2 sous ; enfin, quatorze autres ont versé au péager 4 sous et 8 deniers [3]. Les balles d'étoffe, enveloppées dans une toile grossière, contenaient un nombre variable de pièces. Il semble que les droits perçus n'ont tenu compte ni de la quantité, ni de la qualité des pièces emballées [4].

En 1342-1343, en un laps de temps d'une année, le péage de Desingy a enregistré le passage de 14 bêtes chargées de drap de Chalon-sur-Saône et d'une bête portant des draps de France. En outre, 4 animaux de bât transportaient de la laine [5]. Ces quantités sont assez faibles. P. Duparc en voit la cause probable dans les efforts faits par la maison de Savoie en vue de détourner le trafic du nord de l'Italie vers la France par le Mont-Cenis [6]. Au cours de cette même année, 120 balles de peaux ont passé par Desingy.

Le sel a été l'objet d'un important trafic. Les salines de la Franche-Comté dont les produits franchissaient le col de Jougne ne suffisaient pas à la consommation de la Suisse centrale et occidentale. On devait faire appel aux marais salants du Midi de la France, en particulier de la région d'Aigues-Mortes. Le sel était acheminé par les bateaux du Rhône mais aussi par des animaux de

---

[1] Sven STELLING-MICHAUD, *Genevois à la curie d'Avignon au XIVᵉ siècle*, B.H.G., IX, 1947-1950, pp. 273-280. — P. DUPARC, *op. cit.*, p. 551.
[2] Ils se trouvent aux Archives de Turin et ont été publiés par Pierre DUPARC, *op. cit.*, pièce just. nº 2, pp. 572-578.
[3] DUPARC, pp. 574, 576, 578.
[4] BOREL, *Les foires...*, pp. 145-146, 216.
[5] DUPARC, p. 559. — BOREL, p. 146. — Les charges de drap de Chalon payaient 9 deniers. Borel orthographie à tort Châlons. Il s'agit de *Cabilo*.
[6] P. 559.

bât. A partir de Seyssel, le transport se faisait exclusivement par terre et les droits étaient acquittés au péage de Desingy. Le trafic du sel a subi de fortes fluctuations que P. Duparc attribue aux représailles qui frappaient parfois les transports rhodaniens et aux pestes.

Les mesures du sel étaient la navée, cargaison d'un bateau fluvial, et le larier ou charge d'une bête de somme. Il semble qu'une navée équivaut à 34 ou 36 lariers [1].

Une partie de la circulation du blé se faisait aussi par Desingy. En 1342-1343, pendant douze mois, des droits ont été perçus sur 995 hectolitres, soit environ 772 quintaux métriques ; de 1343 à 1345, pendant 2 ans et 3 mois, le trafic n'est plus que de 1979 hectolitres ou 1543 quintaux du fait de certaines interdictions d'exportation ; en une année exactement (1345-1346), il remonte à 2400 hectolitres, soit 1855 quintaux ; puis, nouvelle chute due à la peste : pendant les 2 ans et 7 mois qui suivent, de 1346 à 1349, on n'enregistre le transit que de 1012 hectolitres, soit 789 quintaux [2].

Comme à l'époque romaine, les bois descendaient le cours du Rhône, au-delà de la gorge de l'Ecluse, de la perte du Rhône et du cañon de Génissiat. Ils étaient assemblés en radeaux dans la région de Seyssel pour être conduits par le moyen du flottage jusqu'à Lyon et à la Méditerranée. Desingy était le lieu de passage d'une partie de ces bois vers le fleuve. Comme pour les autres marchandises, et pour les mêmes raisons, l'intensité de leur trafic a beaucoup varié. Le péager de Desingy note en une année le transit de 122 « milliers » de bois (1342-1343) ; de 58 en deux ans et trois mois de 1343 à 1345 ; de 120 en douze mois (1345-1346) ; de 140 en sept semaines pendant l'été 1346. Mais ensuite le transit tombe, pendant deux ans et sept mois, de 1346 à 1349, au temps de la peste, à 102 « milliers » [3].

---

[1] « Le sel, qu'il fût transporté en bateaux ou à dos de bêtes, devait traverser le comté de Genève entre Seyssel et Genève. Là encore le péage de Desingy donne des renseignements sur l'importance de ce trafic. En 1342-1343, en une année, 161 *navées* de sel débarquent entre 5400 et 5800 *lariers*, ou charges, auxquelles il faut ajouter les charges de 480 bêtes ; en 1343-1345, en 2 ans et 3 semaines, ce furent seulement 5992 lariers et 944 bêtes, à cause de la crainte de représailles sur cette route ; en 1345-1346, en un an, ce furent 2427 lariers et 584 bêtes ; en 1346-1349, époque de peste, ce furent seulement 77 navées, représentant 2784 lariers avec 1051 bêtes, en 2 années et sept mois. » Duparc, p. 557. — En 1342-1343, le sel payait au péage de Desingy 4 sous et 6 deniers par navée et un denier par bête ; en 1346, ce dernier droit est de 2 deniers. Borel, pp. 160-161. — En ce qui concerne le trafic du sel à Seyssel en 1342-1343, Borel donne des chiffres différents de ceux relevés par P. Duparc : 260 bateaux et 1883 bêtes. Borel, p. 161. — Sur les poids et les mesures, cf. *infra*, XIIIe partie, chap. I et II.

[2] P. Duparc, pp. 551-552.

[3] *Ibid.*, p. 554. — Marseille était ravitaillée en bois par le flottage du Rhône. — Pour plus de détails sur le péage de Desingy, cf. Duparc, pièce just. n° 2, pp. 572-578.

Sur la route de Genève à Annecy, Cruseilles jouait un rôle important. Un bourg s'était formé autour d'un puissant château [1]. Il était le siège d'un des mandements des comtes de Genève et possédait une charte de franchises depuis 1282.

Les marchands genevois bénéficiaient de très anciennes exemptions de taxes au péage de Cruseilles, déjà inscrites dans le traité conclu en 1293 entre le comte Amédée II et Genève. Il semble même que cet arrangement se soit étendu à ceux des péages du comté qui étaient près de la ville [2]. Lorsque le comté de Genève a été absorbé par la Savoie, ces privilèges furent maintenus en ce qui concerne Cruseilles.

A diverses époques, des contestations se sont produites au sujet de cette immunité. Le péager de cette localité, ayant exigé à plusieurs reprises de Genevois le payement de droits, suscita des protestations parce qu'il violait la règle de réciprocité qui régissait les rapports des deux agglomérations. Le comte de Genève reconnut cette faute et, moyennant un versement de 50 florins consenti par Genève, intima l'ordre au péager, le 25 novembre 1361, de cesser toute exaction [3].

Mais les conflits se sont multipliés au XVe siècle ; ils se sont étendus à d'autres péages de la région régis par des règles analogues. Une plainte a été déposée en 1446 par les habitants de Thonon qui prétendaient avoir droit aux mêmes privilèges non seulement que Cruseilles, mais encore que La Roche, Rumilly, Evian et Aubonne. Ayant essuyé un refus, Thonon a porté le différend jusqu'à Rome. Les vicaires généraux de Genève, par une sentence arbitrale du 21 juillet 1446, lui accordèrent finalement l'exemption des droits de péage genevois, mais à titre de réciprocité [4].

De nouvelles plaintes ont été formulées en 1462 contre le péager de Cruseilles qui a imposé un marchand genevois. En 1465, des bourgeois de Genève qui transportaient du fer vers leur ville ont eu leur marchandise saisie parce qu'ils avaient refusé de payer les droits qu'on leur réclamait. Les syndics protestèrent, faisant constater que jamais, de mémoire d'homme, semblables faits ne s'étaient produits. Des ordres furent donnés au péager en 1465 pour qu'il cesse ses molestations.

D'autres difficultés surgissent déjà en 1487. Le Conseil de Genève ordonne une enquête. Les mandataires de l'évêque et de la communauté menacent, si ces pratiques se poursuivent, de lever sur les habitants de Cruseilles les

---

[1] L. BLONDEL, *Châteaux de l'ancien diocèse de Genève*, déjà cité, pp. 83-87.
[2] F. BOREL, *op. cit.*, pp. 192-193, 221.
[3] *S. du dr.*, I, n° 85, pp. 158-160.
[4] *S. du dr.*, I, n° 192, pp. 360-365.

droits de péage du pont d'Arve et les taxes des halles dont ils étaient exempts comme combourgeois. Le différend ne semble pas encore aplani en 1489 : le Registre du Conseil mentionne en effet, en date du 10 mars, une nouvelle démarche auprès du duc de Savoie et la menace de représailles dirigées contre les gens de Cruseilles [1].

La route de Cruseilles, après avoir franchi les Usses, arrivait à Annecy. Le bétail élevé dans le comté de Genève était acheminé vers cette ville d'où il était réparti dans d'autres contrées et particulièrement en Savoie. Il alimentait le péage d'Annecy. L'expédition vers la Savoie a été en un an (1349-1350) de 60 bêtes, en dix mois (1350-1351) de 155, en un an et trois mois (1352-1353) de 143, en dix mois (1354-1355) de 260 et en huit mois (1355-1356) de 121 [2]. Les fluctuations sont donc très accusées.

Quant aux grains du Genevois destinés à la Savoie, en particulier à la Tarentaise et à la Maurienne, régions de médiocre production, ils étaient rassemblés dans la partie supérieure du lac d'Annecy, surtout à Vertier ou Verthier sur l'Eau-Morte, village situé à une petite distance du lac, mais qui possédait alors un port doublé d'un péage [3].

Les péages de Ternier, de Bonne-sur-Menoge et de Saint-Paul en Chablais, dont nous avons dit la signification dans le ravitaillement de Genève en produits du terroir, enregistraient aussi occasionnellement le passage d'autres marchandises.

Le trafic était intense sur l'autre rive du lac et du Rhône. Le Jura, malgré la continuité apparente de sa muraille, était franchi par plusieurs cols ponctués, eux aussi, de péages. Le passage de Sainte-Croix débouchait sur celui de Vuitebœuf [4].

Mais la route de Pontarlier vers le Plateau suisse et le lac de Genève était infiniment plus fréquentée. V. Chomel et J. Ebersolt en ont étudié l'importance [5]. Elle n'intéressait pas seulement la Franche-Comté mais une partie importante de la France et participait activement au trafic vers l'Italie. De Pontarlier, par Les Hôpitaux et le col de Jougne, elle aboutissait soit à Yverdon, soit à Orbe, ce dernier itinéraire intéressant particulièrement le commerce genevois [6].

[1] BOREL, *op. cit.*, pp. 153, 192-193, 218-221.
[2] DUPARC, p. 552.
[3] *Ibid.*, p. 550.
[4] BOREL, *op. cit.*, pp. 46, 210-211.
[5] *Cinq siècles de circulation internationale vue de Jougne*, Paris, 1951.
[6] CHOMEL et EBERSOLT, chap. I et II. — Nous reverrons l'importance du péage de Jougne pour les foires de Genève. Cf. *infra*, IXe partie, sect. III. — Cf. aussi Hektor AMMANN, *Der Verkehr über den Pass von Jougne nach dem Zollregister von 1462*, dans *Mélanges... Paul-E. Martin*, Genève, 1961, pp. 223-237.

Le péage de Jougne était doublé par celui des Clées dans la gorge de l'Orbe [1]. O. Dubuis formule à son sujet une hypothèse : « Ayant, au début du XIIe siècle, constitué, en démembrant leur domaine d'Orbe, la seigneurie des Clées, les comtes héréditaires de Bourgogne l'auraient inféodée dès l'origine à ceux de Genève [2]. » Donné d'abord en gage au XIIIe siècle par les comtes de Genève à Pierre de Savoie, le château des Clées et son important péage furent incorporés finalement au domaine savoyard en 1359. La position de la maison de Savoie sur les deux versants des Alpes et le contrôle qu'elle exerçait sur plusieurs routes du commerce international ont certainement favorisé le péage des Clées. En revanche, il a pâti du déclin des foires de Bourgogne. Il a marqué au XVe siècle un recul accusé. En 1536, il est tombé aux mains de Berne [3].

Le péage des Clées était complété par celui, voisin, de Lignerolle qui dépendait de lui [4]. C'était le cas aussi, malgré leur éloignement, de ceux de Morges et de Nyon. Morges percevait des droits non seulement sur les marchandises venant des cols du Jura, mais aussi sur celles transportées par bateaux. A la demande de Fribourg, dont les rapports économiques avec Genève étaient très actifs, le tarif de Morges a été abaissé en 1377 [5]. Le péage de Nyon a été affermé, de 1435 à 1437, pour la somme annuelle de 800 florins petit poids [6]. C'était à Morges et à Nyon qu'étaient perçus les droits sur les marchandises qui avaient circulé sur la rive droite du Rhin jusqu'à Bâle et qui se dirigeaient vers Genève [7].

---

[1] Chomel et Ebersolt, *op. cit.*, p. 20. — Olivier Dubuis, *Les Clées, des origines au XVIe siècle*, dans *Revue hist. vaudoise*, 62e année, 1954, pp. 49-89. A propos du donjon des Clées, O. Dubuis remarque qu'il « n'a pas été bâti en un lieu favorable à l'administration et à la protection des villages qui en dépendaient, mais son emplacement a été déterminé par le seul souci d'occuper un passage routier, avec tous les avantages militaires et économiques que cela comporte. Autrement dit, ce n'est pas la région qui a été munie d'un château, mais le fort qui a été pourvu d'un territoire destiné à lui fournir hommes corvéables, denrées et argent. » Pp. 58-59.

[2] P. 64.

[3] Pour plus de détails, cf. O. Dubuis, pp. 60-69 et *passim*.

[4] Cf. O. Dubuis, *Lignerolle au moyen âge*, dans *Revue hist. vaudoise*, 62e année, 1954, pp. 113-139.

[5] Borel, pp. 54, 103, 206, 211-212, 215 ; pièce just., p. 79.

[6] *Ibid.*, p. 212.

[7] Borel, pp. 212-213. — Voir les comptes détaillés des péages des Clées, de Morges et de Nyon dans Borel, pièce just. n° XI, pp. 63-79. — Un autre péage se trouvait à Bussy, au nord-ouest de Morges. Borel, p. 211. — Les Archives communales de Morges possèdent un tarif qui doit être du XVe siècle et qui intéresse les péages des Clées, de Lignerolle, de Vuitebœuf, de Morges et de Nyon. Cf. Jean-François Bergier, *Recherches sur les foires et le commerce international à Genève principalement de 1480 à 1540*, thèse dactylographiée de l'Ecole nationale des Chartes, Paris, 1956, pièce annexe I,

Le col de Saint-Cergue était tributaire du péage de Trélex [1], et la Faucille de celui de Gex [2].

Dans la partie méridionale du Jura, on percevait des droits de circulation à la Cluse — c'est-à-dire au défilé du Fort de l'Ecluse —, quelques kilomètres plus au sud à Léaz et enfin à Balon, un peu au nord de Bellegarde [3]. Plus au sud encore, les comtes de Genève possédaient un péage au début du XIVe siècle, dans un mandement isolé qu'ils détenaient aux confins de la Bresse, à Varey, près de Pont-d'Ain. En 1303, comme contre-partie d'une sauvegarde qu'ils avaient accordée aux marchands italiens, ils ont exigé d'eux, à Varey, une taxe de deux sous de Genève pour chaque charge de laine, de cire, de drap, d'étoffes de Venise, et d'un sou par charge de futaine ou de fer [4].

Les marchandises qui venaient d'Italie par le Valais — elles avaient acquitté en cours de route des droits, notamment dans les mains de l'évêque de Sion — étaient soumises, à l'entrée des terres de Savoie, au péage de Villeneuve-de-Chillon, un des plus importants du duché au XVe siècle. Il contrôlait une partie appréciable du trafic entre le nord et le centre de l'Europe et les pays méditerranéens.

Dans la première moitié du XVe siècle, les droits qui y étaient perçus étaient de 6 deniers pour un quintal de fer, de cuivre et de fromage ou pour une balle d'étoffe de soie grossière ; de 3 ou 4 deniers pour un cheval ; de 4 sous 6 deniers pour un char de pelleterie ; de 3 sous pour un cent de faux ; d'un sou pour un quintal de pots de métal ou de pierres à faux ; de 8 deniers pour une charge de drap de Fribourg. Les taxes levées sur les armes neuves variaient selon leur qualité, le tarif minimum étant de 9 deniers par balle. Il semble qu'après l'absorption du comté de Genève par la Savoie les marchandises qui avaient acquitté ces droits à Villeneuve ne les payaient pas de nouveau à Morges et à Nyon sur le chemin de Genève [5].

Dans certains cas, des péages se sont subdivisés, sans doute pour répondre à l'ouverture de nouvelles routes ou à des déplacements locaux du trafic.

---

pp. 306-309. — Un exemplaire de cette thèse est déposé aux Archives d'Etat de Genève. — En 1470, le duc de Savoie Amédée IX interdit à ses officiers d'exiger au pont d'Arve le payement des droits qui doivent être perçus au péage des Clées. *S. du dr.*, II, n° 260, pp. 34-35.

[1] BOREL, p. 211.

[2] BOREL, p. 207. — Il semble avoir été peu important : en 1478 il ne rapporta que 50 florins. P. 211 ; pièce just., p. 78.

[3] BOREL, p. 245.

[4] DUPARC, *op. cit.*, pp. 558-559.

[5] BOREL, pp. 214-215. — Cf. aussi pièces justif. n^os V à X, pp. 18-63. Les comptes détaillés des péagers de Villeneuve qui y figurent portent sur les années 1423-1424, 1430-1435, 1442-1443.

Cette prolifération n'était pas faite pour simplifier la circulation des marchandises. Elle était génératrice de conflits nouveaux [1].

Nous étudierons dans un autre chapitre les foires de Genève. Nous nous bornons à signaler ici qu'après avoir jeté un vif éclat, elles ont été touchées par des mesures prises par le duc Louis de Savoie et par le roi de France Louis XI, son gendre. Le premier pensait qu'en affaiblissant Genève sur le plan économique il en pourrait faire plus facilement la conquête ; le second poursuivait avec une patience inlassable le développement des foires de Lyon.

Plusieurs mesures furent prises, à partir de 1462, qui tendaient à détourner de Genève les marchands qui s'y rendaient. La tâche était facile puisque les deux souverains commandaient toutes les routes qui convergeaient vers la ville.

Mais les ducs de Savoie n'allaient pas tarder à faire une dure constatation : à vouloir ruiner Genève, ils se ruinaient eux-mêmes. Leurs péages, dont ils tiraient de si beaux revenus, étaient alimentés dans une large mesure par le trafic des foires genevoises [2]. Nous verrons quelles dispositions nouvelles ils prendront pour réparer leur erreur. Nous n'en retenons ici qu'une ou deux.

En 1465 déjà, à la mort de son père Louis, le duc Amédée IX accorda des lettres de sauvegarde aux marchands étrangers qui traversaient ses terres pour se rendre à Genève. En 1484, un de ses successeurs, Charles Ier, imposa, dans tous les péages, des taxes uniformes sur les marchandises qui sortaient de Savoie : la mesure était dirigée contre le trafic à destination de Lyon ; elle devait favoriser Genève. En même temps, il interdisait aux négociants savoyards d'acheter « des draps ou d'autres denrées » ailleurs qu'aux halles de Genève. Le Conseil de Genève reçut ces mesures avec joie et, à la demande du duc, envoya des délégués aux principaux péages savoyards des Alpes et du Jura pour en contrôler l'application.

Un tarif uniforme a été mis en vigueur en 1485 par la Savoie dans ses péages. Ses principaux postes étaient les suivants : une charge de mulet d'étoffes de soie payait 40 écus de Savoie ; une charge d'épicerie ou de droguerie 6 écus ; une balle de camelot de soie 15 écus, de laine 10 écus, de fil d'or ou d'argent 10 écus, de pelleterie 6 écus, de tapis et de mercerie 4 écus, de drap de laine 3 écus ; une charge de mulet d'acier 12 sous, de fer 6 sous [3].

Nous reverrons les résultats des mesures prises par les ducs de Savoie pour réparer les coups que l'un d'entre eux avait portés aux foires de Genève [4].

---

[1] J.-F. BERGIER, *op. cit.*, p. 284.
[2] BOREL, pp. 13-52.
[3] BOREL, pp. 44-47 ; pièce justif. n° XLIII, pp. 206-207.
[4] Cf. *infra*, IXe partie, sect. III, chap. II et IX.

3. Les droits perçus par l'évêque

Les droits de circulation concernant l'agglomération genevoise étaient assez faciles à percevoir puisque le trafic, à l'exception de celui du Chablais et du Faucigny et de la navigation sur le lac, convergeait vers les ponts du Rhône et de l'Arve. Sur la rive droite, les marchandises provenant du Simplon et du Grand Saint-Bernard par la vallée du Rhône et Villeneuve-de-Chillon, du Plateau suisse, des cols du Jura, du Pas de l'Ecluse, aboutissaient au pont de l'Ile. Sur la rive gauche, celles qui arrivaient par les postes de Desingy, de Clermont et de Cruseilles franchissaient l'Arve.

L'évêque, de toute ancienneté, percevait les pontonages du Rhône. En 1311, l'empereur Henri VII lui avait confirmé ce privilège [1]. Les comtes de Genève et, après eux, les dynastes savoyards, levaient des droits sur la rive gauche de l'Arve alors que les évêques en faisaient autant sur la rive droite.

Aimon du Quart, dont l'épiscopat s'étend de 1304 à 1311, s'est trouvé aux prises avec un complexe inextricable de droits de commerce. Souvent modifiés par l'usage, ils n'avaient jamais été codifiés : on se bornait à appliquer des traditions orales. Le prélat fit procéder à une enquête notamment auprès de ceux qui étaient chargés de leur perception. Un notaire recueillit toutes les déclarations : elles ont servi à établir un tarif qui devait écarter toute contestation et tout arbitraire. Ce document est précieux aussi bien pour la connaissance des péages et des pontonages que des leydes et en général de tous les droits de commerce [2].

Comme c'est presque toujours le cas, le tarif de 1310 ne comporte aucun ordre logique. Mallet a tenté de classer les taxes perçues par l'évêque sur les « marchandises qui arrivaient à Genève ou passaient par cette ville, à titre de pontonage, de droit de vente et marché, de pesage, rivage ou autre » [3].

Au pont d'Arve, le péager lève un denier sur chaque bête chargée de marchandises, à l'exception du blé. Le bétail en est exempt sauf dans le cas où il doit être vendu en dehors du diocèse : ces deux mesures, de portée sociale semble-t-il, évitent le renchérissement du pain et de la viande, denrées de première nécessité. Les bourgeois de Rumilly et de Cruseilles sont affranchis de tout droit. Comme contre-partie, ceux de Rumilly sont tenus d'entretenir

---

[1] Borel, p. 252.
[2] Il a été publié par Ed. Mallet, *M.D.G.*, IX, 1855, pièce justif. n° 25, *Enquête sur les péages, leydes et autres droits qui se percevaient à Genève (12 septembre 1310)*, pp. 273-277. Il a analysé et commenté ce texte, *loc. cit.*, pp. 173-178. — Cf. aussi *S. du dr.*, I, n° 60, pp. 108-113 ; *Rég. gen.* — n° 1663, pp. 421-422 ; Borel, pp. 251-255 ; Ja.-A. Galiffe, *Matériaux...*, I, pp. 74-80. — L'original est aux Archives d'Etat, P.H., n° 176.
[3] P. 173.

à leurs frais un bœuf pour le transport des matériaux en cas de reconstruction ou de réparation du pont de l'Arve [1].

Les péages du Rhône sont plus élevés. Les chevaux de prix destinés à la vente paient quatre deniers, les bêtes chargées de marchandises provenant de régions en dehors des limites du diocèse quatre deniers s'il s'agit de deux charges latérales, six deniers si elles sont placées en travers du bât. Il est bien évident que cette forme rudimentaire de taxation devait pousser les marchands à surcharger les bêtes de somme. Beaucoup plus tard, en 1515, pour couper court à ces abus, le Conseil fixa à 230 livres le poids d'une charge [2].

Selon le tarif de 1310, les marchands du diocèse ne supportent que la moitié de ces droits et les bourgeois d'Aubonne en sont totalement exemptés [3]. Les bestiaux, arrivant par le pont du Rhône ou par le lac, qui traversent la ville en transit pour être vendus en dehors du diocèse acquittent un droit d'un denier pour les vaches et les bœufs et d'un demi-denier pour le petit bétail. Une charge de sel pénétrant dans la ville est taxée d'un denier si elle arrive de l'étranger et d'un demi-denier si elle provient du diocèse, mais elle ne paie rien à la sortie. Les marchandises transportées par le lac sont frappées de droits de péage et de rivage totalisant 13 deniers par charge de trois quintaux [4].

La perception des taxes au pont d'Arve a été la source de graves conflits entre l'évêque et le comte de Genève. En 1374, Guillaume de Marcossey a mis à l'interdit Richard de Viry, alors châtelain de Ternier, qui avait saisi un bac appartenant à l'évêque sous prétexte qu'il n'apportait pas assez de diligence à faire réparer le pont, détérioré par une crue de l'Arve. Le baron de Viry dut s'incliner et l'interdit fut levé. Mais plus tard une autre discussion surgit : le châtelain de Ternier, évidemment mandaté par le comte, a édifié un pont volant à côté de l'autre, permettant ainsi d'éluder les droits épiscopaux. Une fois de plus, l'arme de l'interdit s'est révélée efficace. Des arbitres, commis à la solution du problème, réunis à Annecy le 23 août 1381, décidèrent que le comte de Genève devait démolir le pont provisoire, que l'évêque lèverait l'interdit et que la situation antérieure reprendrait force de droit [5].

---

[1] MALLET, *loc. cit.*, p. 174.

[2] *S. du dr.*, II, n° 550, tarif des péages de 1515, p. 204. — Le Conseil revient sur cette question en 1522, rappelant le maximum de charge toléré et précisant que les balles de drap ne doivent pas excéder six pièces et demie. *R.C.*, IX, pp. 218-219. — Sur toute cette question, cf. J.-F. BERGIER, *Thèse*, pp. 285-286.

[3] MALLET, *M.D.G.*, IX, p. 175.

[4] MALLET, *loc. cit.*, p. 175. — Ce tarif de 1310 comprend aussi les leydes que nous retrouverons plus loin.

[5] A. de FORAS et E. FAVRE, *Quelques actes du XIVᵉ siècle...*, B.H.G., I, 1892-1897, pp. 482-483, 489-491.

D'autres contestations se sont élevées dans la suite. Des marchands s'étant plaints d'exactions, l'évêque apporte, le 22 avril 1442, deux précisions quant aux péages. Les charges exportées de Genève vers la Bourgogne paieront six deniers de rouage — droit perçu sur les chariots — outre huit deniers à la halle vieille. Mais les marchandises qui n'ont séjourné dans la ville qu'un jour et une nuit n'acquitteront que quatre deniers dans les mains de l'évêque [1].

Peu avant la fin de la période épiscopale, un tarif a été édicté en 1515. Il est à la fois désordonné et très détaillé. Nous en retenons les principaux éléments. Une balle de marchandise « cordée », c'est-à-dire soigneusement emballée — chaque bête de somme en porte deux —, arrivant par le pont du Rhône ou par le lac, paie 9 deniers ; une charge de laine 15 deniers si elle est d'origine bourguignonne, de 10 deniers si elle vient d'Allemagne ou du Pays de Vaud. La taxe des marchandises non emballées est de 18 deniers par charge ; celle de l'huile de 6 deniers par « chèvre » ou de 2 sous par setier ; celle de l'acier de 6 deniers par balle.

Le Juif qui pénètre dans la ville acquitte un droit de 4 deniers et la Juive, « si elle est grosse d'un enfant », de 8 deniers.

Un chapitre est consacré aux marchandises qui ont voyagé par eau et par terre [2]. On ne voit pas très bien la raison d'être de cette classification qui, dans certains de ses postes, semble se confondre avec la précédente. Parmi les droits de « rivaige », ceux qui frappent les « balles cordees de quelque marchandise que ce soit venans par eaux » sont de 9 deniers ; le setier de moutarde acquitte 12 deniers, « la douzainne de cuyrs » 16 deniers si elle arrive par le lac et 8 deniers si elle a voyagé par terre [3]. Les marchandises transportées par eau, non emballées — les fromages en particulier — sont grevées d'une taxe de 6 deniers par quintal et le tonneau de cuivre venant d'Allemagne de 5 sous [4].

L'évêque affermait les péages et les pontonages. En 1430, Arnolet de la Genestaz, bourgeois de Genève, amodie pour trois ans, à raison de 240 florins par année, le péage du pont du Rhône, mais aussi, selon Frédéric Borel, certaines leydes [5]. Il s'engage à ne pas exiger de droits indus. Il entretiendra le tablier du pont, les réparations du gros œuvre étant à la charge de l'évêque. Il assumera les frais du personnel et fournira une caution.

---

[1] *S. du dr.*, I, nᵒ 179, pp. 345-347.

[2] « S'ensuyt le rivaige des marchandises venans par eaux et par terre. »

[3] On s'explique d'autant plus difficilement cette différence qu'une balle de peaux paie 3 deniers, qu'elle ait emprunté le lac ou la route.

[4] *S. du dr.*, II, nᵒ 550, pp. 204-206. — Le tarif de 1515 énumère aussi les leydes et autres droits de commerce. Nous les retrouverons plus loin. Cf. *infra*, chap. suivant.

[5] Il n'indique pas lesquelles. Il ne saurait être question des droits de halles.

En 1468, Lambert et Pierre Magnin sont fermiers à leur tour : mais l'adjudication s'est faite au prix de 210 florins seulement [1]. Cette diminution s'explique sans doute par le ralentissement du trafic des foires à la suite des mesures prises par le duc de Savoie et le roi de France contre les marchés genevois à partir de 1462.

Plus tard, la chute s'est accentuée. Le pontonage du Rhône est amodié pour trois ans en 1516 pour la somme annuelle de 120 florins [2] et celui de l'Arve, en 1524, y compris les droits sur le sel, à raison de 150 florins par an [3]. Le trafic du pont d'Arve semble dépasser alors celui qui franchit le Rhône.

Le rendement des péages de l'évêque, des comtes de Genève, de la maison de Savoie a connu en définitive de grandes fluctuations. Il variait en fonction des périodes de crise ou de prospérité et de la situation des foires de Genève. Mais les événements politiques et militaires et les terribles épidémies de peste ont exercé aussi leur action perturbatrice.

---

[1] BOREL, *op. cit.*, pp. 255-256.
[2] Not. H. Richardet, vol. I, 15 septembre 1516, f⁰ 24.
[3] Not. Claude de Miribel, vol. I, 12 janvier 1524, f⁰ 38.

CHAPITRE II

LES DROITS DE COMMERCE
LES LEYDES

Tout à fait distinctes des péages et des pontonages qui sont des droits de circulation, les leydes frappent les transactions commerciales à l'intérieur de la ville. Elles se sont diversifiées et multipliées à travers les âges et ont constitué, non seulement pour l'évêque, mais aussi pour la communauté, une importante source de revenus. Elles leur ont permis notamment de financer les travaux d'édilité : pavage et entretien des rues et des places, établissement de puits et de fontaines, amélioration des halles, embellissement de la ville [1].

Ces taxes de commerce constituent un écheveau qu'il n'est pas facile de débrouiller. On ne peut pas toujours séparer avec certitude les droits proprement seigneuriaux des impôts indirects.

L'article 28 des Franchises d'Adhémar Fabri de 1387 fixe par écrit une règle, antérieurement appliquée, aux termes de laquelle les citoyens, bourgeois, jurés et habitants de la ville sont tenus de payer toutes les impositions [2]. Cet article paraît avoir une portée générale et englober l'ensemble des redevances exigibles, quel qu'en soit le caractère. Ceux qui le violeront seront frappés d'une amende de trois sous [3].

De nombreuses localités du diocèse possédaient également des franchises octroyées par leurs seigneurs. Mais elles comportaient en général, comme contre-partie, des charges financières pesant sur les artisans et les marchands, levées tantôt en argent, tantôt en nature. P. Duparc a noté celles qui intéressent les bourgades du comté de Genève dans la première moitié du XVe siècle : les bouchers devaient le macellage, les marchands de vin le tavernage pour la

---

[1] F. Borel, pp. 251, 259.

[2] *S. du dr.*, I, pp. 208 et 209. « *Item quod quilibet civis, burgensis, juratus et habitator dicte civitatis solvere teneatur et servare statuta civitatis, ordinaciones et imposiciones ad opus dicte civitatis edictas et edendas.* » P. 208.

[3] *Loc. cit.*

vente au détail, les boulangers des redevances en pain ; les cordonniers s'acquittaient en argent ou en paires de chaussures. Le montant de la taxe que devaient les orpailleurs qui cherchaient les pépites d'or dans certaines rivières dépendait du nombre de tables et de tamis qu'ils utilisaient [1].

La situation de Genève semble être assez semblable. Mais on ne peut se faire qu'une idée approximative de ces droits qui ne grèvent pas seulement les marchandises mais aussi l'exercice des activités commerciales et artisanales. Dans leur étude, nous suivrons un ordre chronologique.

Le prince-évêque possède dans la ville les droits de marché. Mais, dans l'exercice de ses prérogatives, il tient compte des intérêts des habitants. Ainsi, le 5 mai 1290, soixante-treize citoyens de Genève, agissant au nom de la collectivité, ont obtenu de l'évêque Guillaume de Conflans qu'il transfère le marché de la porte de la Tertasse vers le haut de la ville pendant vingt ans. Passé ce terme, le prélat pourra le déplacer à nouveau. Les citoyens précisent que cet arrangement n'affecte en aucune façon les droits qu'ils doivent payer [2].

Le différend qui a opposé l'évêque Aimon du Quart et les citoyens à partir de 1307 dégénéra en une véritable guerre. La sentence arbitrale du 28 février 1309 qui y mit fin délimita les pouvoirs de l'évêque et de la communauté. Certaines de ses clauses ont une grande portée économique. Les citoyens, en réparation des dommages qu'ils ont causés aux biens épiscopaux, feront élever à leurs frais une halle, ouverte à tous les produits. L'évêque y aura son poids public où seront obligatoirement pesées toutes les marchandises de la ville et des faubourgs. Des bateaux achetés en commun par le prélat et par les citoyens auront le monopole des transports genevois sur le lac.

Le produit des halles et de la navigation sera réparti à raison de deux tiers à l'évêque et d'un tiers aux citoyens, à charge pour ces derniers d'assumer l'entretien de la ville. La communauté reconnaît formellement que les régales et les droits de justice appartiennent à l'évêque. Rien n'est changé aux taxes de pesée et de voiturage. Le représentant de l'évêque et celui des citoyens codifieront ces dispositions. Le prélat lève l'interdit et l'excommunication qui avaient frappé les bourgeois au cours de la lutte [3].

Le tarif des leydes prévus dans la sentence arbitrale de 1309 a été établi sur la base d'une véritable enquête. Les résultats en sont consignés dans ce document du 12 septembre 1310 dont nous avons vu la portée en ce qui

---

[1] Duparc, *op. cit.*, pp. 446, 518-519.

[2] *M.D.G.*, I, 1840, 2ᵉ partie, pp. 121-123. — *Rég. gen.*, nᵒ 1311, p. 324. — *S. du dr.*, I, nᵒ 32, pp. 50-51. — Ce texte offre un autre intérêt : les professions des soixante-treize citoyens sont en général indiquées. Nous le reprendrons lorsque nous étudierons les métiers. Cf. *infra*, VIIIᵉ partie, section II.

[3] *S. du dr.*, I, nᵒ 58, pp. 103-107. — *M.D.G.*, IX, 1855, pièce just. nᵒ 32, pp. 265-268. — Ja.-A. Galiffe, *Matériaux...*, I, pp. 30-36. — Micheli, *op. cit.*, pp. 30-36, 154.

concerne les péages du Rhône et de l'Arve [1]. Il précise les taxes de commerce et les patentes auxquelles marchands et artisans sont soumis. Il ne s'agit pas d'innovations, mais de la codification de levées traditionnelles. Nous en retenons les plus significatives [2].

Les éléments de ce tarif sont très disparates. Des droits sont prévus en argent, d'autres en nature. Certains sont perçus à des époques fixes, à l'occasion des foires et des marchés en particulier, d'autres frappent les transactions commerciales au moment où elles s'accomplissent ; tantôt, ils sont forfaitaires, tantôt proportionnels à la valeur des marchandises vendues.

Les cordonniers qui travaillent le cuir de cheval ou de vache doivent livrer trois paires de chaussures par an, à la Saint-Michel, à l'Epiphanie et à Pâques. Les autres, et aussi les savetiers, paient, aux mêmes dates, trois deniers. Les marchands de peaux de moutons et de chèvres, ou de basanes, cèdent une pièce par douzaine. La vente d'un cheval est grevée d'un droit de quatre deniers ; celle d'un mulet ou d'un âne acquitte une taxe plus élevée — pourquoi ? —, soit huit deniers. Les autres animaux ne paient rien. Il en va de même du blé, sans doute parce qu'il est un des éléments essentiels de la nourriture de la population.

Les serruriers, chaudronniers et marchands de fer étrangers doivent deux deniers par foire tandis que ceux qui habitent la ville ne sont frappés qu'une seule fois, à la foire de la Saint-Michel. Les marchands de faucilles et de vans doivent en céder un chaque année.

D'autres droits pèsent indistinctement sur tous les marchands et artisans, quelle que soit leur activité. Les citoyens et habitants jouissent cependant de certains privilèges. Alors que les forains paient chaque samedi une leyde et un droit d'utilisation d'un banc ou étal de deux deniers, porté à quatre deniers au moment de chaque foire, les habitants de la cité n'acquittent respectivement qu'un et trois deniers. Mais à la foire de la Saint-Michel la leyde et la taxe d'étal sont uniformes, soit cinq deniers pour tous.

Les marchands étrangers vendant des fromages, même faits avec du petit lait, sont grevés d'une taxe de quatre deniers aux foires de la Saint-Michel, de l'Epiphanie et de Pâques et d'un denier le jour de marché [3].

La leyde des vendeurs de drap et de laine est d'un denier. Celle du sel d'un denier par bête de somme les jours de marché et de deux deniers les jours de foire.

---

[1] Cf. chapitre précédent.

[2] Les postes de ce tarif ne répondent pas à un système cohérent. On semble s'être borné à mettre bout à bout les déclarations de ceux qui ont participé à l'enquête.

[3] En revanche — et l'on ne voit pas la cause de ce privilège —, ceux qui offrent des fromages au lait écrémé fabriqués à Crozet, au pied du Jura, dans le Pays de Gex, s'en tirent avec trois deniers par an. Quant à ceux qui vendent des petits fromages, ils doivent en céder un par an.

Un Juif traversant la ville doit quatre deniers et une Juive enceinte huit.

Les vendeurs de seilles paient deux deniers à chaque foire ; les marchands de faux et de fourches en abandonnent une ; les marchands de vitres doivent deux deniers par charge, les tourneurs deux deniers par foire, ceux qui vendent des armes, une arme par an. Ceux qui apportent de la poix s'acquittent en nature.

Les bouchers remettent chaque année à l'évêque un quartier arrière de vache de huit deniers, entre la Toussaint et Noël, à quoi s'ajoutent le suif d'une chèvre ou d'un mouton et deux deniers pour leur étal, à régler à la Saint-Michel.

Les bourgeois qui vendent du vin au détail abandonnent quatre quarterons par tonneau. En revanche, si la transaction porte sur un fût qui n'est pas mis en perce, aucun droit n'est exigé. Les chanoines, les sept curés de la ville et quelques-uns de leurs collaborateurs, s'ils vendent au détail le produit de leurs vignes, sont exemptés des prestations [1]. Mais ils les supportent s'ils achètent du vin pour le débiter.

A ces redevances se sont superposées, semble-t-il, celles qui ont été prescrites par l'évêque Aimon du Quart à la demande expresse des citoyens pour permettre à la communauté de faire face à des obligations financières urgentes. A partir du 29 septembre 1309, et pendant six ans, une taxe d'un quarteron par setier de vin a été levée en nature en ville et dans les faubourgs. Elle a été à la disposition des citoyens pendant les trois premières années et de l'évêque pendant les trois dernières [2]. D'ailleurs, cet impôt indirect est assez léger : le setier comportant 24 quarterons, son taux est d'environ 4%.

Toute personne domiciliée dans la ville doit verser une obole à l'évêque lorsqu'elle fait la fenaison.

Enfin, le préposé au poids de l'évêque indique — et ses affirmations sont enregistrées dans le tarif — que la tradition est de percevoir un droit de deux deniers, payé moitié par le vendeur, moitié par l'acheteur, pour la pesée d'un quintal de marchandises, ce droit étant abaissé à un denier si elles ne sont pas destinées à la vente. Celles qui arrivent par bateau acquittent deux deniers par pesée, un tiers allant à la communauté, deux tiers restant à l'évêque [3].

---

[1] Un aubergiste, Amédée de Carreria, pour des raisons que l'on ignore, est aussi exonéré des taxes.

[2] *S. du dr.*, I, n° 59, pp. 107-108. — *M.D.G.*, IX, 1855, pp. 173-178 ; pièce just. n° 34, pp. 272-273.

[3] *S. du dr.*, I, n° 60, pp. 108-113. — *Rég. gen.*, n° 1663, pp. 421-422. — *M.D.G.*, IX, pièce just. n° 35, pp. 273-277. — Ja.-A. Galiffe, *Matériaux...*, I, pp. 74-80. — Borel, pp. 253-255.

Dans l'ensemble, les leydes paraissent assez modérées. Certains biens de consommation courante, grains, animaux de boucherie, ne sont pas taxés.

En 1375, l'évêque Guillaume de Marcossay, qui devait faire face aux lourdes charges financières résultant de la mise en état des fortifications de la ville, a édicté, avec l'autorisation du pape, un tarif très complet des taxes à percevoir sur les denrées alimentaires et les marchandises vendues dans la ville et ses faubourgs. Mais, pour des raisons inconnues, il n'a jamais été mis en vigueur. Il paraît donc inutile d'en faire état ici [1].

Les Franchises d'Adhémar Fabri de 1387 comportent de nombreuses clauses économiques, énumérées sans grand système [2]. Nous retenons celles qui touchent au commerce [3]. Elles se bornent d'ailleurs, en règle générale, à fixer le droit coutumier existant.

Le préambule des Franchises, qui garantit les libertés, les immunités, les usages et coutumes dont on atteste l'ancienneté, a une portée économique considérable. L'article 2 en précise la signification : tout clerc ou séculier, tant citoyen qu'étranger, demeurera en sûreté, ainsi que ses biens, dans la ville et la banlieue [4].

Selon l'article 15, l'évêque fera établir un quarteron de cuivre comme étalon de mesure des blés. Les particuliers pourront en faire des répliques, mais l'évêque se réserve d'un vérifier l'exactitude. Il s'agit d'un véritable contrôle des mesures [5].

La vente du vin est étroitement réglementée [6]. Seuls, les chanoines, les curés de la ville, les citoyens, jurés et bourgeois pourront en vendre. Les contrevenants seront frappés d'une amende de cinq sous par tonneau et le vin

---

[1] *S. du dr.*, I, n⁰ 99, pp. 182-187. — Cf. aussi *M.D.G.*, XVIII, n⁰ 185, pp. 327-332.

[2] *S. du dr.*, I, pp. 190-237. — On a imprimé le texte original latin et en regard la traduction française faite en 1455 par le secrétaire du Conseil Michel Montyon.

[3] Nous retrouverons plus loin celles qui concernent le prêt à intérêt et le commerce de l'argent. Cf. *infra*, X^e partie, chap. III et IV.

[4] L'article 19 dispose que les biens des citoyens, bourgeois, jurés et habitants, clercs ou laïques, ne peuvent être confisqués, même en cas de condamnation, que si le droit le prévoit formellement. *S. du dr.*, I, pp. 204-205.

[5] Ceux qui auront faussé leur quarteron, ou toute autre mesure, seront frappés d'une double amende, en faveur de l'évêque et de la communauté. Les articles 70 et 74 reviennent sur ces questions. Un fer aux armes de l'Eglise de Genève permettra de poinçonner ou de marquer les mesures pour les grains, le vin, le sel, et les aunes pour les étoffes. Ceux qui utiliseront des mesures non poinçonnées seront punis d'amendes pouvant aller jusqu'à 60 sous, ce qui est considérable. En outre, leurs marchandises seront confisquées. Des inspections seront faites par les représentants de l'évêque. *S. du dr.*, I, pp. 226-229. — Sur le contrôle des poids et mesures, cf. *infra*, XIIIe partie, chap. IV.

[6] Article 16. *Ibid.*, pp. 202-203.

sera saisi et attribué aux œuvres de la fabrique de la cathédrale et à l'entretien des bâtiments de la ville [1].

Le prix du vin et du blé sera fixé par l'évêque, son vicaire ou son official, assisté de deux chanoines et de quatre citoyens [2].

L'article 28 marque bien le caractère d'impôt public que revêtent certaines de ces redevances. Tous ceux qui habitent la ville doivent payer les taxes qui sont établies pour satisfaire aux besoins de la cité. Ceux qui tenteront de s'y soustraire seront frappés d'amende au profit de la fabrique de la cathédrale et des bâtiments de la communauté.

Une protection est assurée aux citoyens et habitants de la cité contre la concurrence des forains, des drapiers et des marchands étrangers. Ces derniers ne pourront vendre leurs marchandises que les jours de marché et pendant trois jours à l'occasion des foires. Ceux qui contreviendront à ces ordres seront frappés d'une amende de 60 sous et leurs marchandises seront confisquées. Le produit de ces sanctions sera réparti entre la cathédrale et la commune, ce qui marque bien, une fois de plus, le caractère mixte de toute cette organisation économique [3].

Deux articles donnent des garanties rigoureuses aux successions. Si un clerc, un citoyen ou un habitant meurt intestat, ses enfants, ou à leur défaut ses autres héritiers, recueilleront ses biens sans qu'aucun seigneur puisse prétendre en retenir quelque chose. Les mêmes sécurités sont accordées à l'exécution des clauses testamentaires. Cette garantie s'étend, ce qui est assez exceptionnel, aux successions des usuriers et des bâtards [4].

Certaines mesures des Franchises de 1387 concernent à la fois la protection économique et l'hygiène. Les bouchers étrangers ne pourront vendre leur viande que les jours de marché et le premier jour de chaque foire [5]. Quant à ceux de la ville, ils ne pourront pas s'associer à plus de deux pour débiter un animal. Des mesures sévères sont prévues pour garantir la qualité des viandes. En cas d'infraction, la marchandise saisie sera attribuée aux hôpitaux [6].

Les meuniers donnent lieu à beaucoup de précautions. Ils ne pourront

---

[1] D'autres mesures sont prises et des sanctions sont prévues pour garantir la qualité et le prix du vin. Article 33. *Ibid.*, pp. 210-211.

[2] Article 17. *Ibid.*, pp. 204-205.

[3] Article 29. *Ibid.*, pp. 208-209. — D'autre part, si un clerc, un citoyen ou un habitant de Genève découvre dans la cité ou sa banlieue un débiteur étranger, il pourra s'assurer de ses biens en attendant que justice lui soit rendue. Art. 36. *Ibid.*, pp. 212-213.

[4] Art. 34 et 35, pp. 210-213. — En ce qui concerne la situation des usuriers, cf. *infra*, X[e] partie, chap. III et IV.

[5] Art. 30. Les contrevenants paieront trois sous à l'évêque et deux sous à la ville si la plainte a été déposée par les syndics. *Ibid.*, pp. 208-211.

[6] Art. 43. *Ibid.*, pp. 216-217.

La direction et l'exploitation des entrepôts publics étaient confiées à un maître des halles choisi d'un commun accord par l'évêque et les citoyens, copartageants des droits perçus [1]. Il avait la police des bâtiments et l'autorité sur ceux qui les fréquentaient ; en ce qui concerne les marchés, il rendait la justice au nom de l'évêque. Sa charge principale était de percevoir les droits de halles ou ceux grevant l'usage du poids épiscopal. Il prêtait serment d'agir en toute loyauté et de remettre à l'évêque, déduction faite de son salaire — il était en 1451 d'environ 50 florins —, l'intégralité des taxes encaissées. Mais, dans le dernier quart du XVᵉ siècle, un autre système fut instauré : la charge de maître des halles fut mise aux enchères et adjugée au plus offrant. L'affermage s'est donc substitué à l'exploitation directe par l'évêque et la communauté [2].

Un tarif des halles a été mis sur pied aux environs de 1400. Il prévoit naturellement le partage des droits perçus à raison de deux tiers pour l'évêque et d'un tiers pour la commune.

Les pesées faites au poids public sont grevées d'une taxe de quatre deniers supportée moitié par l'acheteur et moitié par le vendeur. Les voituriers sont imposés à raison d'un denier par quintal. Une caisse de drap de Fribourg contenant environ 36 aunes acquitte trois deniers mais on perçoit en outre, à la sortie de la halle, sept deniers par pièce vendue. Une charge de peaux paie six deniers et un cent de faux seize deniers d'entrée. Une charge de trois quintaux arrivant ou partant par le lac doit seize deniers, celle d'un char ou d'une bête de somme huit deniers. Il semble que les marchands de fromage abandonnent au percepteur une pièce par an [3].

A tout cela s'ajoute, à partir de 1440, la location des « loges » dans les halles, à raison de cinq florins et demi, ou des bancs — installations plus modestes — pour six sous [4].

Les droits grevant le commerce extérieur n'étaient perçus en principe que sur les marchands étrangers. A plusieurs reprises, ainsi en 1413 et en 1459,

---

[1] Dans les cas, rares semble-t-il, où l'accord ne pouvait se faire, deux gérants étaient désignés qui se surveillaient mutuellement.

[2] C'est le montant de cette adjudication qui représente, à partir de cette époque, le revenu des halles. Cf. *infra*, tableau, pp. 670-671. — Sur les fonctions du maître des halles, cf. BOREL, pp. 78-81. — Liste des maîtres des halles de 1398 à 1498, *ibid.*, pp. 85-86. — Il arrive cependant que la mise aux enchères ne suscite pas d'intérêt. En 1476, le Conseil se demande s'il n'exploitera pas lui-même de nouveau directement les halles. Mais il y renonce. *R.C.*, II, 12 novembre 1476, p. 463. — La mise aux enchères du tiers des produits des halles qui revenait à la ville ne rapporta l'année suivante que 310 florins. *R.C.*, III, 28 octobre 1477, p. 45.

[3] *S. du dr.*, I, nᵒ 109, pp. 249-251.

[4] BOREL, p. 257. — Le montant de ces loyers n'a pas changé jusqu'en 1466. Au-delà de cette date, les données font défaut.

les maîtres des halles ont tenté de les imposer aux aborigènes, ce qui a suscité des protestations auprès du Conseil [1].

On sait le rôle qu'ont joué les épices au moyen âge. D'abord consommées par les classes privilégiées, elles se sont répandues, à partir des Croisades, dans des couches sociales toujours plus larges. Elles restaient cependant un produit de grande valeur, parfois même de luxe. Les Italiens, plus particulièrement les Vénitiens, allaient les chercher surtout à Alexandrie d'Egypte, principal point d'aboutissement de la voie des épices qui, par l'Océan Indien et la Mer Rouge, puis le delta du Nil, unissait les pays producteurs, l'Insulinde notamment, à l'Orient méditerranéen. Genève, échelle de commerce entre l'Italie et le Midi de la France et une partie du continent, a occupé une place éminente dans le trafic de ces précieuses marchandises, notamment à la grande époque de ses foires.

Or, les épices contenaient souvent des impuretés ou des parties avariées. On devait procéder à leur « purgation », à leur criblage. On s'avisa qu'une telle opération, tout en améliorant la qualité des produits, pouvait être rémunératrice. Le 10 janvier 1441, l'évêque François de Mies instaura un office de « criblage ou purgation des épices aromatiques et autres marchandises » [2]. Par certains côtés, il participait au caractère des banalités.

L'acte de fondation était accompagné d'un tarif qui montre la diversité des épices utilisées au moyen âge. Le terme avait d'ailleurs une acception plus étendue qu'à l'heure actuelle. Nous retenons les plus significatives de ces taxes, perçues par balle : gingembre 1 sou, poivre 1 sou, noix de muscade 1 sou, épis de nard 2 sous, anis en grain 1 sou, cumin 6 deniers, myrrhe 1 sou, gomme arabique 1 sou, riz 6 deniers, sucre de toutes les espèces 6 deniers, sucre candi 1 sou. Ordre est intimé aux marchands de vendre séparément les épices mondées et les criblures [3].

A la tête de l'office se trouvait le maître du criblage, désigné par l'évêque. Il pouvait exiger de tous les vendeurs qu'ils apportassent leurs marchandises à trier, les délinquants étant frappés d'amendes qui étaient versées intégralement au trésor épiscopal [4]. Les syndics, selon un système fréquemment appliqué, ont affirmé à certains moments la part des droits qui revenait à la cité.

---

[1] BOREL, pp. 258-259.

[2] Selon l'usage, le produit net en sera partagé à raison de deux tiers à l'évêque et d'un tiers à la commune.

[3] *S. du dr.*, I, nº 172, pp. 336-338. — BOREL, pièce just. nº XIII, pp. 86-89.

[4] Le traitement du maître du criblage était pourtant assumé par la seule communauté.

F. Borel a dressé un tableau, englobant la période de 1441 à 1499, qui donne le nom des maîtres du criblage et le nombre des balles d'épices « purgées ». De 1441 à 1456, la fonction semble avoir été affermée pour un prix forfaitaire. A partir de ce moment, les sources mentionnent le montant des balles traitées et des droits perçus [1]. Les fluctuations sont assez sensibles : elles sont un peu le baromètre de la prospérité de Genève, de ses foires en particulier. Les transactions ont atteint leur maximum en 1462 et 1463. Les mesures dirigées dès lors contre les marchés genevois par Louis XI et le duc Louis de Savoie ont eu sur ce trafic un contre-coup presque immédiat [2].

Au cours de l'exercice 1457-1458, 1110 balles ont été criblées au prix de 31 florins 8 sous 1 denier. Pour les années ultérieures, les chiffres respectifs sont les suivants : en 1458-1459, 1275 balles et 29 florins 2 sous 2 deniers ; en 1459-1460, 931 balles et 24 fl. 8 s. ; en 1460-1461, 2010 balles et 52 fl. 4 s. ; en 1462-1463 — c'est l'apogée —, 2113 balles et 58 fl. 8 s. 4 d.[3]

En 1463-1464, les balles « purgées » tombent à 881 et le revenu à 25 fl. 9 s. 4 d. On traite 657 balles en 1464-1465 et 842 en 1465-1466. A partir de ce moment et jusqu'en 1499, les données sont incomplètes. On ne connaît que les taxes perçues, elles fluctuent entre 10 et 18 fl., à l'exception de l'exercice 1488-1489 où elles remontent à 22 fl.

Antérieurement à la création de l'office du criblage, un droit avait été levé sur la moutarde vendue aux foires. Mais il semble avoir été ensuite assumé par le maître du criblage. Il a existé vraisemblablement de 1419 à 1441. Son rendement était d'ailleurs médiocre : il a varié de 4 sous à 32 sous par année [4].

L'affermage des halles est évidemment plus élevé que celui de la « purgation » des épices. Borel en a établi le relevé qui, les sources étant incomplètes, comporte quelques lacunes. Il s'étend de 1399 à 1498 [5].

---

[1] Borel donne même le détail par foire.

[2] BOREL, pp. 276-278.

[3] Les variations du nombre des balles traitées et des taxes perçues ne sont pas parallèles du fait de la disparité des droits.

[4] BOREL, pp. 264-265.

[5] *Ibid.*, pp. 272-275. — Nous ne retenons pas les noms des maîtres des halles que Borel a relevés.

I. *Halles vieilles*

Années	Revenu total en florins	Années	Revenu total en florins
1399-1400	60	1453-1454	1 289
1400	60	1er février-	
1401-1402	30	29 sept. 1454	339
1402-1403	60	1457-1458	1 680
1404	60	1458-1459	1 680
1410-1411	240	1459-1460	1 560
1411-1412	240	1460-1461	1 500
1412-1413	240	1461-1462	1 665
1413-1414	60	1462-1463	1 336
1414-1415	60	1463-1464	561
1415-1416	240	1464-1465	1 360
1416-1417	240	1465-1466	1 320
1418-1419	300	1470-1471	840
1419-1420	300	1473-1474	1 230
1420-1421	300	1481-1482	750
1421-1422	300	1482-1483	660
1422-1423	300	1483	735
1424	330	1484	1 020
1428-1429	600	1485	1 170
1429-1430	600	1486	1 110
1435-1436	600	1487	975
1438-1439	720	1488	1 230
1439-1440	810	1489	1 170
1441	1 080	1490	1 230
1442-1443	975	1491	990
1444-1445	1 500	1492	1 095
1445-1446	1 500	1493	1 230
1446-1447	1 500	1494	1 290
1447-1448	1 500	1495	1 290
1448-1449	1 500	1496	1 380
1449-1450	1 500	1497	1 320
1450-1451	1 395	1498	1 245
1452-1453	1 440		

2. *Halles neuves*

Années	Revenu total en florins	Années	Revenu total en florins
1418-1419	300	1455-1456	708
1420-1421	300	1457-1458	750
1421-1422	550	1458-1459	509
1422-1423	556	1459-1460	701
1429-1430	471	1460-1461	734
1439-1440	201	1461-1462	726
1444-1445	438	1462-1463	654
1445-1446	240	1463-1464	233
1446-1447	531	1464-1465	143
1448-1449	600	1465-1466	331
1450-1451	384	1470-1471	440
1452-1453	868	1495-1496	487
1453-1454	473	1496-1497	525
1454-1455	511	1497-1498	437

De son côté, le Registre du Conseil note chaque année le montant de l'affermage du tiers des droits qui revient à la communauté [1].

Il arrive que la commune, aux prises avec des difficultés financières, engage sa part du produit des halles. L'opération a été faite le 18 octobre 1489, Henri Emery ayant avancé au Conseil 100 écus d'or petit poids valant 24 sous chacun [2].

Le tableau de Frédéric Borel peut être prolongé au XVIe siècle en partant du Registre du Conseil qui note chaque année le montant du tiers de l'enchère qui revient à la commune [3].

---

[1] Par exemple, le Conseil concède en 1410 sa part de droits pour trois ans à raison de 80 florins. Le total de la ferme pour cette année dans le tableau ci-dessus est de 240 fl.. *R.C.*, I, 23 septembre 1410, p. 25. — Les chiffres respectifs sont en 1457 de 560 et de 1680 fl. *Ibid.*, 28 octobre 1457, p. 240. — C'est, avec l'année suivante, les montants étant les mêmes, la plus haute somme enregistrée. — En 1498, les chiffres sont de 415 et 1245 fl. *R.C.*, V, 26 octobre 1498, p. 481.

[2] *R.C.*, IV, p. 232. — Le 13 novembre de la même année, un nouvel engagement est fait pour couvrir une avance de 100 écus. *Loc. cit.*, pp. 239-240.

[3] Malheureusement, les registres des années 1499 à 1501 ont disparu. A partir de cette date, les chiffres sont les suivants : 1502, 330 fl., *R.C.*, VI, p. 80. — 1503, 310 fl., VI, 153. — 1504, 300 fl., VI, 219. — 1505, 350 fl., VI, 275. — 1506, 295 fl., VI, 320. —

Toutes ces données permettent de suivre les fluctuations économiques du XVe siècle. Le maximum de rendement des halles se situe au milieu et au début du troisième quart de ce siècle. Le revenu de la halle vieille dépasse à plusieurs reprises 1500 florins ; il atteint même, dans les deux exercices de 1457-1458 et de 1458-1459, la somme de 1680 florins, ce qui est son maximum absolu [1]. Phénomène identique aux halles neuves : la courbe est à son apogée en 1457-1458 avec 750 florins.

A partir de 1462, sous l'influence des mesures dirigées par le roi de France et le duc de Savoie contre les foires de Genève, le revenu des halles diminue. Mais il est à vrai dire assez fluctuant. Il atteint même parfois un niveau qui peut paraître élevé. Nous reverrons en étudiant les foires les conclusions qu'il en faut dégager [2].

Cependant, certaines remarques s'imposent dès maintenant. On ne saurait nier que la politique instaurée par Louis XI ait eu des conséquences importantes et durables, malgré le redressement opéré par les ducs de Savoie lorsqu'ils se furent avisés qu'ils étaient eux-mêmes durement touchés par les mesures adoptées en 1462.

D'autre part, la prise de position de Genève pendant les guerres de Bourgogne a été néfaste pour elle et a entraîné le payement d'une rançon aux Confédérés qui a pesé lourdement sur toute la vie économique de la cité.

Au début du XVIe siècle, la situation s'est encore aggravée. Les derniers chiffres donnés par Borel — ils concernent l'année 1499 — sont de 1245 fl. pour la halle vieille et de 437 pour la halle neuve. Le tiers de ces revenus intéresse la commune, soit 560 florins. Or, nous venons de le voir, en 1502, selon les Registres du Conseil, l'amodiation des droits de halles tombe à 330 florins. A part une pointe — 350 florins — en 1505, elle oscille, de 1503 à 1514, entre 310 et 245 florins, se tenant presque toujours au-dessous de 300 florins. Nous reviendrons sur l'interprétation de ces faits [2].

A côté des droits des halles, d'autres taxes encore étaient perçues sur les transactions commerciales. Genève possédait déjà au moyen âge des « dômes », vastes avant-toits soutenus par des colonnes, dont l'existence s'est prolongée, dans certains quartiers, aux Rues Basses en particulier, jusqu'au XIXe siècle. Ils abritaient des espèces de loges de bois, les « hauts-bancs ». En outre, des

---

1507, 275 fl., VI, 364. — 1508, 285 fl., VII, 44. — 1509, 255 fl., VII, 101. — 1510, 245 fl., VII, 164. — 1511, 245 fl., VII, 223. — 1512, 300 fl., VII, 294. — 1513, 300 fl., VII, 365. — 1514, 280 fl., VIII, 1.

[1] Le maximum des taxes de criblage a été atteint en 1462-1463.

[2] Cf. *infra*, IXe partie, sect. III, chap. IX.

bancs, simples étalages non fermés, couraient le long des façades. Les dômes, accolés les uns aux autres, constituaient un abri continu facilitant les transactions en cas de mauvais temps. Leurs dimensions variaient avec la largeur des maisons. Les autorités s'opposaient aux abus : il leur est arrivé d'en ordonner la transformation lorsqu'ils dépassaient la grandeur légale.

Ces hauts-bancs et ces bancs payaient à l'évêque un droit de bancage de 4 sous par année. Comme ils étaient très nombreux dans la plupart des rues de la ville, ils constituaient pour lui un revenu considérable. De leur côté, les propriétaires des maisons en percevaient le loyer qui semble avoir varié, selon leur emplacement et leur importance, de 12 deniers à 2 sous par foire. Certains étaient loués à l'année : en 1467 un Allemand a payé un loyer annuel de 4 florins pour un petit banc — *parvum scamnum* — situé devant la chapelle de Sainte-Marie du pont du Rhône. La communauté était elle-même propriétaire de certains de ces bancs qu'elle amodiait.

Cet ingénieux système multipliait en somme les emplacements où pouvaient s'étaler les marchandises les jours de marché et surtout pendant les grandes foires. Il complétait les halles. Il était avantageux pour l'évêque, la ville et les propriétaires de maisons [1].

Une autre redevance était exigée pour la pesée de tous les grains introduits dans la ville. L'évêque en était le seul bénéficiaire. Des gardes des blés — leur nombre semble avoir varié au XVe siècle de trois à six — veillaient à la stricte application de ce monopole épiscopal [2].

L'évêque tirait aussi des revenus de la marque de tous les poids et mesures. Il était interdit d'en utiliser qui ne fussent étalonnés. On devait payer pour l'apposition de la marque de l'évêque 6 deniers pour les quarts servant au blé, 2 deniers pour les mesures plus petites et 3 deniers pour le quarteron, le pot et le demi-pot servant au vin. Les contrevenants étaient frappés d'amende [3].

La gabelle ou droit d'entrage du sel constituait une source appréciable de revenu. Son affermage à la fin du XVe et au début du XVIe siècle permet d'en juger la valeur. En 1495, Antoine Pécolla l'amodie à raison de 305 florins conjointement avec la ferme des droits du vin qui vaut 1640 florins [4]. Bien que la gabelle existât déjà à Genève, une bulle du pape Jules II, du 6 mai 1505,

---

[1] Borel, pp. 69-71, 260.

[2] *Ibid.*, pp. 260-262.

[3] *S. du dr.*, I, n° 157, pp. 319-320.

[4] *R.C.*, V, 23 sept. 1495, p. 274. — Mais, une surenchère s'étant produite, Pécolla doit finalement verser une somme globale de 2100 fl. pour les deux fermes. *Ibid..*, 29 sept. 1495, p. 275.

autorisa la levée d'une taxe de 2 quarts de gros — soit d'un demi-sou ou 6 deniers — par sac de sel [1].

Le produit de la ferme du sel appartient à la communauté. C'est le Conseil qui procède à son adjudication, en tout cas au XVIe siècle ; le résultat en est consigné dans le Registre du Conseil. La gabelle a donc eu, en somme, plutôt l'aspect d'un impôt indirect que d'un droit proprement seigneurial [2].

Si la commune était — en tout cas au XVIe siècle — la bénéficiaire de la gabelle, l'évêque en revanche percevait les droits sur le bétail vendu au Bourg-de-Four. On en connaît mal l'ordonnance et l'importance. On sait cependant que leur levée était, en 1402, aux mains de deux fermiers qui en ont amodié une partie, non précisée, à un troisième personnage. Cette transaction portait sur le commerce des chevaux, des ânes, des mulets et du petit bétail, à l'exclusion, semble-t-il, des bovins. Elle est valable pour deux ans, à raison de 40 sous par année [3].

Comme dans toutes les villes médiévales, le commerce des chevaux était très actif à Genève. Il était aux mains de courtiers qui devaient tenir des comptes exacts, vérifiés tous les deux mois par les syndics. Les courtiers percevaient sur les transactions un droit d'un florin sur 30. Mais ils en rétrocédaient la moitié à la communauté. C'était donc un impôt indirect d'un soixantième qui pesait sur le commerce des chevaux de trait ou de selle. La place assignée à ces ventes était le bas de l'actuelle Corraterie.

D'autres courtiers s'occupaient de la vente des marchandises. Ces *corraterii*, ou *presoneti*, ou *mediatores* devaient prêter serment d'exercer honnêtement leurs fonctions et ils engageaient leurs biens comme garantie. Ils étaient désignés par des mandataires de l'évêque auxquels ils devaient soumettre leurs comptes après chaque foire. Tout individu qui usurpait ces fonctions était frappé d'une amende, considérable pour l'époque, de 60 sous au profit de l'évêque. On ne sait pas exactement ce que ce dernier se réservait sur les

---

[1] Le Conseil accorde à Noble Pierre Foyssie 70 écus de 38 gros en récompense des services qu'il a rendus à la communauté, en particulier pour l'obtention de cette bulle. *R.C.*, VI, 17 juin 1505, p. 255.

[2] La ferme du sel a été adjugée aux prix suivants : 1505, 640 fl., *R.C.*, VI, pp. 257-258. — 1506, 505 fl., VI, 308. — 1507, 640 fl., VI, 348-349. — 1508, 700 fl., VII, 26. — 1509, 700 fl., VII, 84. — 1510, 760 fl., VII, 144-145. — 1511, 670 fl., VII, 202 et 205. — 1513, 675 fl., VII, 346. — 1514, 660 fl., VII, 419. — En 1534, des contestations se sont élevées entre l'adjudicataire de la gabelle et le Conseil. *R.C.*, XIII, p. 14. — Peut-être la situation politique de Genève à cette époque explique-t-elle ce différend. — J.-F. BERGIER a établi un graphique concernant l'amodiation de la gabelle du sel de 1505 à 1535 qui permet d'en voir les fluctuations pendant cette période troublée de l'histoire de Genève, *Op. cit.*, graphique I à la fin du volume.

[3] Bibl. de la Soc. d'Hist. et d'Arch. de Genève, SH (Papiers Ch. Le Fort), ms. no 407, 1er mars 1402.

opérations de courtage. En revanche, on connaît le tarif appliqué par les courtiers à leurs clients. Il était modéré : un denier par livre courante, ce qui représente la deux cent quarantième partie du prix de vente [1].

Les courtiers ne pouvaient intervenir que dans des transactions licites et honnêtes et portant sur des marchandises loyales [2].

Il est difficile de préciser les fluctuations de l'ensemble des droits de commerce perçus à Genève au moyen âge. Les indications que nous avons fournies laissent subsister beaucoup de lacunes et d'obscurités. Peut-être certaines de nos interprétations devront-elles être revisées. Cet inventaire encore sommaire appellera des compléments.

Au début du XVIe siècle, un tarif cohérent a été édicté, en 1515. Nous en avons donné, dans le chapitre précédent, les éléments intéressant les péages et les pontonages. La dernière partie concerne les leydes, les droits grevant les transactions à l'intérieur de la ville. Il a apporté aux règles antérieures certaines modifications. Il nous reste à en relever les principales rubriques.

Les faux et les faucilles paient 16 deniers par cent que supportent par moitié le vendeur et l'acheteur.

« Toutes balles courdees [3] de quelque marchandise que ce soit vendue et achetée par estrangier » doivent trois deniers ; une chèvre d'huile d'olive, petite ou grande, un baril de « miel ou d'aultre marchandise » également trois deniers. Le quintal de fer « tirant par eaux » acquitte 4 deniers et celui « tirant par terre » 2 deniers. Pourquoi cette différence ? L'acheteur d'un quintal de cuivre, d'airain, de laiton, d'étain, de plomb, de fil d'archal doit 4 deniers tandis que le vendeur, s'il n'est pas bourgeois, verse 2 deniers.

L'acheteur d'un quintal de cire paie — les bourgeois en étant exonérés — 4 deniers et le vendeur 2, mais la vente d'un quintal de colle est grevée d'un droit uniforme de 4 deniers. Le quintal de fromage, de suif, de graisse, de laine acquitte une seule taxe de 2 deniers alors que l'acheteur d'un quintal de safran doit 2 sous et le vendeur un.

Le tarif se termine par cette mention un peu ambiguë : « Item tous bourgoys de Geneve habitans en la ville doibvent des choses dessusdictes po^r balle 1 fort ; item pour quintal de quelque marchandise que ce soit 1 d^r. » Peut-on en déduire que les taxes portées au tarif sont ramenées à un niveau inférieur lorsqu'il s'agit de bourgeois [4] ?

---

[1] La livre vaut 20 sous et le sou 12 deniers.

[2] BOREL, pp. 261-263.

[3] Entourées de cordes.

[4] *S. du dr.*, II, n° 550, pp. 205-206. Un fort vaut 1/8 de sol, soit un denier et demi.

Plusieurs marchandises de consommation courante ne figurent pas dans ce tarif. Cela signifie-t-il qu'elles sont exemptes de taxes ? Est-ce le résultat de préoccupations sociales ?

Au milieu des vicissitudes qui marquent cette phase de l'histoire genevoise, le tarif de 1515 semble être resté en vigueur jusqu'à la fin du régime épiscopal.

Quant au commerce des vins, il a été soumis à un régime spécial auquel nous allons consacrer le chapitre suivant.

CHAPITRE III

LA RÉGLEMENTATION ET L'IMPOSITION
DU COMMERCE DES VINS

Le vin, les grains, la farine, la viande ont été, parmi les marchandises vendues dans la Genève médiévale, celles qui ont donné lieu au plus grand nombre de discussions, d'interventions et de règlements officiels. Nous nous bornons à étudier dans ce chapitre le commerce du vin. Non seulement il a été soumis à des restrictions tendant à favoriser certains privilégiés, mais il a été grevé de droits nombreux. Faciles à percevoir, ils frappaient en outre une denrée qui, sans être d'une nécessité vitale pour la population, était cependant d'une consommation très étendue.

En revanche, nous renvoyons tout ce qui a trait à la police du marché des grains et des farines, aux boulangers et aux pâtissiers, au commerce de la viande et aux bouchers, aux chapitres consacrés aux métiers et aux industries [1].

Les registres du Conseil sont littéralement encombrés de textes concernant le trafic du vin. Nous tentons d'en retenir l'essentiel et d'en tirer — ce qui n'est pas toujours facile — quelques lignes directrices.

Dans ce domaine comme dans beaucoup d'autres, des contestations ont mis aux prises l'évêque et les citoyens. Le prélat semble avoir eu au XIIIe siècle la prérogative de fixer le prix du vin. Un certain nombre de bourgeois en ayant vendu en 1265 au-dessus de la taxe, l'évêque, interprétant une tradition, prétendit confisquer à la fois le vin et les tonneaux qui le contenaient, ce qui provoqua une protestation des délinquants. Un tribunal arbitral, saisi du différend, décida que l'évêque pouvait se saisir du vin, mais fit des réserves en ce qui concerne la confiscation des vases [2]. Dans la suite, des amendes frappèrent ceux qui n'appliquaient pas les prix fixés [3].

---

[1] Cf. *infra*, VIIIe partie, sect. II, chap. VIII et IX.

[2] *S. du dr.*, I, no 26, pp. 38-40.

[3] Parmi les recettes que le vidomne inscrit dans ses comptes de 1291-1292 figure la mention suivante : « *Banna. — 33 s. receptis in 6 sextariis vini de Jac. Medici pro banno, quia vendebat vinum ultra precium statutum et ordinatum in civitate.* » M.D.G., VIII, 1852, p. 250.

Les citoyens possédaient quelques privilèges dans la vente du vin. Lorsque la communauté eut pris une certaine autorité, elle entendit les faire respecter. Ainsi, en 1364, un bourgeois ayant vendu comme étant le sien du vin que lui avait livré un non-bourgeois fut — grave sanction — déchu de sa bourgeoisie. Il est vrai qu'il y fut réadmis un peu plus tard en prêtant un nouveau serment [1].

Les Franchises d'Adhémar Fabri, se fondant sur la coutume, ont fait en 1387 une large place au commerce des vins. Il est l'apanage exclusif des chanoines, des curés de la ville, des citoyens, jurés et bourgeois. Les contrevenants seront frappés d'une amende de 5 sous par tonneau. L'hôte qui aura violé les règles paiera de son côté 3 sous par tonneau [2].

Le prix du vin est fixé par l'évêque, son vicaire ou son official, assisté de deux chanoines et de quatre citoyens [3]. Défense est faite de vendre du vin aigre, trouble ou sentant le moisi. D'autres prescriptions s'appliquent au commerce de gros. Il est interdit de livrer du vin lors des fêtes annuelles ou pendant les foires, le saint synode et le carême. Les transactions doivent se faire trois fois par année, à raison de trois jours chaque fois, à un prix qui n'excède pas celui qui est pratiqué dans la cité [4].

Au XVe siècle, la police du marché des vins semble avoir passé des mains de l'évêque dans celles du Conseil. On le voit intervenir à chaque occasion. Il refuse en 1410 la bourgeoisie à deux postulants aussi longtemps qu'ils vendront du vin étranger sans autorisation [5]. Pour favoriser l'écoulement de la récolte genevoise, il ordonne en 1415 une *crie* [6] rappelant qu'il est interdit d'importer du vin en ville jusqu'aux prochaines vendanges sans acquitter les droits d'entrée [7].

---

[1] *S. du dr.*, I, n° 88, 10 février 1364, p. 168. — *M.D.G.*, XVIII, 1872, p. 404. — La même année, les syndics interdirent à un simple habitant de la ville, originaire de Bossy, de vendre du vin. *M.D.G.*, XVIII, pp. 404-405.

[2] Art. 16. *S. du dr.*, I, pp. 202-203.

[3] Art. 17. *Ibid.*, pp. 204-205.

[4] Art. 33. Pp. 210-211.

[5] *R.C.*, I, 3 juin 1410, p. 20.

[6] La *crie*, dans l'acception locale du terme, est une proclamation lue sur les places publiques.

[7] *R.C.*, I, 3 décembre 1415, p. 77. — En revanche, il exempte en 1457 un habitant de Lausanne de tout droit parce que son vin ne fait que traverser la ville. *R.C.*, I, 8 avril, p. 179. — Accusé à tort d'avoir vendu ce vin à Genève, il est arrêté, mais aussitôt libéré. *Loc. cit.*, 27 sept. 1457, p. 233. — D'autres mesures de police peuvent encore être retenues. En 1489, le Conseil interdit la vente du vin de Fribourg. *R.C.*, IV, 13 octobre 1489, p. 230. — Une enquête fait découvrir en 1492 de nombreux cas de vente de vin à un prix trop élevé. Une partie de ce vin est confisquée. *R.C.*, V, 2 novembre, pp. 70-71. — On admet en 1498 que du vin qui est aigre soit exonéré de la gabelle. *R.C.*, V, 16 octobre, p. 479. — Les apothicaires protestent en 1502 : ils estiment que c'est indûment que l'on exige d'eux une gabelle sur la malvoisie. Le Conseil, ayant vérifié d'anciens comptes, leur donne

La communauté possédait un certain nombre de vignes et vendait aux enchères le vin qu'elle y récoltait. Le Registre du Conseil note en général les résultats des adjudications. Ils varient passablement, sans doute au gré de l'abondance et de la qualité des récoltes [1]. La ville est aussi propriétaire d'un cabaret situé dans les halles. Elle l'amodie en 1503 pour un an, à un bourgeois, au prix de 4 florins [2].

Le vin était frappé naturellement de taxes car il constituait une matière imposable facile à exploiter.

Les événements qui se sont déroulés à Genève au début du XIVe siècle et la décision qui a été prise de construire des halles ont posé aux citoyens des problèmes financiers difficiles. Après des discussions ardues, ils demandèrent à l'évêque Aimon du Quart, qui entra dans leurs vues, de créer un impôt sur le vin. Levé à partir de septembre 1309, il fut perçu pendant les trois premières années par la commune et appliqué à l'édification des halles, et au cours des trois années suivantes par l'évêque [3].

Une autre imposition est mentionnée le 12 novembre 1368. Le vin nouveau paiera 6 livres par char pour les crus genevois et 7 livres pour ceux de Sousmont ou Soumont, c'est-à-dire de la région vaudoise de la Côte [4]. En 1428, on lève une taxe d'entrée de 3 sous par *bossette* de 12 setiers [5].

Les renseignements intéressant le dernier quart du XVe siècle sont beaucoup plus nombreux. Les difficultés financières avec lesquelles la commune était aux prises ont incité, une fois de plus, le Conseil à tirer abondamment parti de la gabelle du vin. Le Conseil général décrète le 14 septembre 1477 une taxe d'entrée, identique à celle de 1428, soit de 3 sous par *bossette* de 12 setiers. Personne — pas même les clercs — n'en est exempt [6]. Mais lorsque l'on proposa au Conseil, en 1483, une gabelle d'un denier par quarteron,

---

raison. *R.C.*, VI, 21 janvier, p. 18. — Il semble que la tradition de donner de la malvoisie en cadeau ait été très répandue. Le Conseil estime qu'elle est digne d'éloges. *R.C.*, VII, 18 février 1508, p. 8. — On décide en 1528 de marquer du sceau de la ville les fûts qui y pénètrent afin d'en faciliter le contrôle. *S. du dr.*, II, n° 615, pp. 261-262.

[1] En 1491, le quarteron de vin de la commune vaut 16 sous, *R.C.*, IV, p. 440 ; en 1492, 7 sous ½, V, 74 ; en 1493, 6 sous, V, 153 ; en 1495, 7 sous ½, V, 286 ; en 1496, 3 s. ½, V, 345 ; en 1498, 7 s., V, 488 ; en 1502, 4 s. ½, VI, 85 ; en 1503, 4 s. ½, VI, 157 ; en 1505, 3 s. ½, VI, 279 ; en 1506, 7 s., VI, 323 ; en 1507, 8 s. ½, VI, 367. — En 1509, le setier vaut 5 sous, VII, 106.

[2] *R.C.*, VI, 30 mai, p. 123.

[3] *S. du dr.*, I, n° 59, p. 108. — *M.D.G.*, IX, 1855, pp. 172-173 ; pièce just. n° 34, pp. 272-273. — Borel, *op. cit.*, p. 243.

[4] *S. du dr.*, I, n° 94, pp. 175-176. — *M.D.G.*, XVIII, 1872, p. 410.

[5] *R.C.*, I, 14 novembre, pp. 99-100.

[6] *R.C.*, III, pp. 40-41.

frappant le commerce de détail, donc la consommation, des réactions populaires violentes eurent lieu, allant jusqu'à des menaces à l'égard des syndics [1].

Elles se renouvelèrent l'année suivante lorsque le Conseil décida de lever un impôt d'un sou par florin, c'est-à-dire d'un douzième, sur le vin vendu. Il s'agissait de se procurer les ressources nécessaires notamment pour payer une somme de 1000 florins réclamée par l'évêque Louis de Savoie. On prévoyait en même temps de nouvelles taxes sur la viande. Des rassemblements de citoyens ne laissèrent pas d'inquiéter les autorités. Le Conseil demanda aux gens de l'évêque d'écarter les risques d'une rébellion [2]. Finalement, on arriva à un tarif, accepté en août 1484, de 3 sous par *bossette* entrant dans la ville, à quoi s'ajoutent 3 autres sous par *bossette* vendue sur le marché intérieur [3].

En 1485, le Conseil sollicite de l'évêque la revision des taxes. Elle lui est accordée par l'intermédiaire du vicaire général André de Malvenda, le 5 septembre, et confirmée par l'évêque François de Savoie le 25 octobre. L'imposition prévue est de 6 sous par fût de malvoisie, d'un fort, soit un denier et demi, par quarteron de vin de Chautagne, de Semine et des environs, d'un denier pour celui de Soumont, c'est-à-dire de la Côte, et de Coppet [4]. La réaction populaire ne se fit pas attendre. Le Conseil, sérieusement inquiet, renonça momentanément à poursuivre le débat [5]. Mais, quelques jours plus tard, il rouvrit la discussion, l'orientant vers des droits grevant le commerce de détail. L'intervention des taverniers, soutenus sans doute par les consommateurs, l'obligea à chercher une autre solution. On arriva finalement à un tarif fort différent de celui qui avait obtenu l'approbation épiscopale. La *bossette* de Chautagne paiera 20 sous, de Soumont 14 sous et de vin du pays 6 sous [6]. Ce tarif, tout en tenant compte de la qualité des crus, tendait aussi à protéger la récolte des environs de la ville où se trouvaient les vignobles du clergé et des bourgeois.

Ces gabelles extraordinaires, s'ajoutant aux droits d'*entrage*, semblent avoir été prévues pour des périodes courtes, au gré des circonstances, d'où la fréquence de leur renouvellement. Le 23 juillet 1491, une autre imposition de

---

[1] *R.C.*, III, 12 mars 1483, pp. 254, 259.

[2] *R.C.*, III, 4 mai 1484, p. 332.

[3] *R.C.*, III, 8-10 août 1484, pp. 354-355.

[4] *S. du dr.*, II, n° 318, pp. 75-77.

[5] *R.C.*, III, 10-11 novembre 1485, p. 440.

[6] *R.C.*, III, 18 novembre 1485, pp. 443-444 ; 22 novembre, p. 444 ; 27 novembre, p. 447. — Le 20 juin 1487, l'évêque François de Savoie renouvelle pour une année l'autorisation de la levée de la gabelle du vin. Cf. L. MICHELI, *op. cit.*, *M.D.G.*, XXXII, pièce justif. n° 18, pp. 240-241. — Cette autorisation avait été aussi demandée au pape et au duc de Savoie par l'intermédiaire du jurisconsulte de la cour du duc, Jean Roi. *R.C.*, IV, 16 mars 1487, p. 9.

3 sous par *bossette*, décrétée pour un an, doit permettre de subvenir aux frais exceptionnels auxquels la ville a à faire face[1] ; en 1495, l'évêque Antoine Champion autorise une gabelle de 2 sous par setier de vin et de 2 quarts par lanier de sel[2]. Cette décision, comme tant d'autres, excita la colère du peuple. Une manifestation conduite par un vigneron du Bourg-de-Four, Jean de Léon, chercha à faire remplacer la taxe à la consommation par un droit d'entrée de 6 sous par *bossette* s'ajoutant aux 3 déjà perçus. Cette mesure aurait favorisé la production indigène[3].

En 1497, nouvelles difficultés financières, nouvelles levées d'un denier par quarteron de vin vendu et de 2 sous par setier[4]. Cette gabelle fut amodiée pour un an au prix de 2800 florins[5]. Toutes ces mesures n'empêchaient pas d'ailleurs la ville d'être parfois contrainte de recourir à l'emprunt.

On songe de nouveau à l'imposition du vin lorsque, en 1507, de grosses dépenses doivent être engagées à l'occasion de la visite du duc de Savoie. Mais on lance, en même temps, un emprunt destiné à l'achat de la vaisselle d'argent que la cité va lui offrir[6]. Quelques mois plus tard, le Conseil des Cinquante est convoqué d'urgence pour discuter la prolongation pendant un an de la gabelle sur le vin : il faut trouver 1400 florins pour payer une partie des dettes de la ville[7]. Elle est affermée pour 1710 florins à un apothicaire[8]. Mais au mois d'août déjà, le Conseil en institue une nouvelle, sur le sel, car l'hôpital des pestiférés cause d'énormes dépenses. L'évêque de Nice, administrateur du diocèse de Genève, en a donné l'autorisation[9].

Une fois de plus, on recourt à l'imposition du vin en 1511, le Conseil constatant que c'est le moyen le plus commode pour la cité de se procurer des ressources. Des menaces de guerre pèsent sur elle et provoquent de grosses dépenses. Le duc de Savoie est alors en mauvais termes avec les Suisses et il demande au Conseil de renforcer l'appareil fortifié de Genève, en particulier à Saint-Gervais. On décrète la levée d'un sou par florin sur le vin vendu, soit d'un douzième, le 29 janvier 1511[10].

---

[1] *R.C.*, IV, p. 410.
[2] *S. du dr.*, II, n° 432, 26 avril 1495, pp. 125-126.
[3] *R.C.*, V, 11 septembre 1495, p. 273.
[4] *Ibid.*, 27 et 31 mars 1497, pp. 376-377.
[5] *Ibid.*, pp. 384-385.
[6] *R.C.*, VI, 7 juin, 21 juillet 1507, pp. 345, 351.
[7] *R.C.*, VII, 5 et 9 mai 1508, pp. 16, 17.
[8] *Ibid.*, 19 mai, p. 19.
[9] *Ibid.*, 9 août 1508, pp. 32-33.
[10] *Ibid.*, p. 183. — Le 5 mars de la même année, l'évêque autorise cette gabelle sur le vin et la malvoisie. AEG, P.H., n° 862. — *R.C.*, VII, p. 189, n. 1.

Même situation en 1520. Le syndic P. de Versonnay expose au Conseil des Cinquante les difficultés de trésorerie de la ville dont la dette est de 24.000 florins. En même temps qu'une gabelle sur la viande, il faut accepter une taxe de 3 sous par *bossette* sur l'entrée du vin qui pésera sur tout le monde, sans aucune exception. Elle doit être complétée par un droit d'un sou par florin — soit de 8 $\frac{1}{3}$ % — grevant le commerce de gros et de détail [1]. Sous la pression de la nécessité, le Conseil général ratifie cette double imposition du vin [2].

En 1526, l'entretien des soldats coûte de nouveau cher à la communauté. Avec l'approbation de l'évêque Pierre de la Baume, une taxe d'un sou par setier de vin entrant dans la ville est décrétée pour 6 ans à partir du 29 septembre [3].

J.-F. Bergier a dressé un tableau du revenu de la ferme de l'*entrage* du vin de 1473 à 1498 [4]. Du fait des sources, il comporte certaines lacunes ; mais ses variations ne manquent pas d'intérêt. Nous complétons le tableau des droits d'entrage par des notes indiquant les gabelles qui, périodiquement, se superposaient à eux.

Années	Montant de la ferme de l'*entrage* du vin en florins
1473	400
1478	6.400
1482	400
1484	3.775
1485	480
1486	500
1487	2.425 [5]
	500 [6]
1488	560 [7]

---

[1] *R.C.*, VIII, 9 mars 1520, p. 434.

[2] *Ibid.*, 11 mars 1520, p. 436. — Quelques aménagements à cette taxe ont été encore discutés les jours suivants. P. 437 et ss.

[3] AEG, P.H., n⁰ 966. — *R.C.*, X, 10 juin 1526, p. 237, n. 2. — En 1532, on accorde la franchise de droit à 3 quarterons par setier. *R.C.*, XII, 5 août 1532, pp. 122-123. — Le setier compte 24 quarterons.

[4] Thèse, pp. 126-127.

[5] 2425 fl., gabelle du vin. *R.C.*, IV, 26 juin 1487, pp. 39-40.

[6] 500 fl., taxe sur les *bossettes*, *ibid.*, 10 novembre 1487, p. 71.

[7] En outre, une nouvelle gabelle sur le vin est amodiée pour 6 mois, le 21 avril 1488, au prix de 1100 fl. *R.C.*, IV, p. 115.

Années	Montant de la ferme de l'*entrage* du vin en florins
1489	365
1490	370 [1]
1491	850
1493	325
1494	400
1495	340 [2]
1496	565
1497	540 [3]
1498	480

Nous prolongeons ce tableau grâce aux indications des Registres du Conseil de 1502 à 1524 [4].

Années	Montant en florins	Sources *R.C.*
1502	540	VI, 86
1503	540	VI, 106
1504	585	VI, 221
1505	690	VI, 277-278
1506	525 [5]	VI, 322
1507	455	VI, 365
1508	460	VII, 46
1509	655	VII, 105
1510	570	VII, 167
1511	755 [6]	VII, 226

[1] Une autre gabelle du vin est affermée pour 1800 fl. *R.C.*, IV, 31 août 1490, p. 289.

[2] Une adjudication complémentaire est faite pour 1640 fl. ; elle a été ensuite quelque peu augmentée et liée à la gabelle du sel. *R.C.*, V, 23 et 29 septembre 1495, pp. 274, 275.

[3] De plus, une nouvelle gabelle est adjugée pour 2800 fl. *R.C.*, V, 25 avril 1497, pp. 384-385.

[4] Les Registres des années 1499 à 1501 ont été perdus.

[5] Une autre gabelle de 6 quarts par florin rapporte 2000 fl. *R.C.*, VI, p. 302.

[6] On adjuge une autre gabelle sur le vin, le 12 mars 1511, pour 1910 fl. *R.C.*, VII, p. 191.

Années	Montant en florins	Sources *R.C.*
1512	200 [1]	VII, 298
1513	535 [2]	VII, 368
1514	685 [3]	VIII, 4
1520	1.950 [4]	VIII, 459
1521	2.460	IX, 64
1522	2.260	IX, 166
1523	2.210	IX, 277
1524	1.990	IX, 390

Le revenu de l'imposition du vin variait non seulement du fait de son taux, mais aussi selon l'abondance et la qualité des récoltes et les fluctuations de prix qu'elles entraînaient. Même lorsque la taxe était calculée, ce qui était le plus souvent le cas, en tenant compte uniquement des quantités vendues dans le commerce de gros et de détail, le prix jouait tout de même son rôle car il déterminait dans une certaine mesure la consommation du vin. On peut en dire autant de la qualité.

Nous possédons de nombreuses indications concernant les prix qui sont en général fixés par le Conseil. Nous les retrouverons dans un chapitre spécial [5].

Si le principe de l'affermage de la gabelle du vin, comme d'ailleurs de la plupart des taxes indirectes, a généralement prévalu, il arrivait cependant parfois que l'adjudication publique n'aboutît pas. Cet affermage, ou *admodiatio*, se faisait selon des coutumes qui n'ont pas complètement disparu aujourd'hui. Il était annoncé par des « cries » publiques et se déroulait en présence des syndics au cloître de Saint-Pierre. On utilisait le procédé de la chandelle : le dernier enchérisseur, au moment où elle s'éteignait, obtenait la ferme [6].

---

[1] La même année, une taxe d'un sou par florin et une redevance sur la malvoisie sont amodiées au prix de 1750 fl. *R.C.*, VII, 12 mars 1512, p. 244.

[2] Plus une autre taxe, identique à celle de 1512, affermée pour 1650 fl. *R.C.*, VII, 11 mars 1513, pp. 327-328.

[3] En outre, une gabelle est adjugée à 1715 fl. *R.C.*, VII, 11 mars 1514, pp. 403-404.

[4] A partir de cette date, le Registre indique qu'il s'agit de nouvelles gabelles, ce qui explique leur rendement plus élevé.

[5] Cf. *infra*, XIe partie, chap. I.

[6] MICHELI, *op. cit.*, pp. 158-159.

Lorsqu'aucun acquéreur ne se présentait, ou si les offres au moment de l'adjudication paraissaient insuffisantes au Conseil, on procédait à la perception directe des gabelles par des préposés appointés par l'autorité. En 1476, on offrit à celui qui était chargé de la levée du droit d'entrage sur les *bossettes* un salaire de 40 florins si la taxe rapportait 440 florins, de 50 si elle dépassait ce montant, de 30 si elle ne l'atteignait pas [1].

La perception par les soins des autorités de la ville se retrouve au XVIe siècle. En 1503, on alloue 100 florins à chacun des deux préposés à la gabelle du vin [2]. Mais, en 1506, on répartit cette besogne entre huit percepteurs : trois pour Saint-Gervais, un pour le pont d'Arve et Saint-Léger, un pour la porte de Saint-Antoine, un pour la porte de Rive, deux pour le port. Afin de faciliter le contrôle, certaines portes n'étaient pas ouvertes au trafic du vin [3].

Après la Réforme, jusqu'à la fin de l'ancien régime, la politique du vin a continué à encombrer les discussions des Conseils [4].

---

[1] *R.C.*, II, 12 novembre 1476, p. 463. — En 1478, les enchères ayant donné lieu à des résultats confus, on décida de percevoir directement la gabelle. *R.C.*, III, 17 et 27 septembre 1478, pp. 84, 85, 92.

[2] *R.C.*, VI, 14 février, pp. 105-106.

[3] *R.C.*, X, 5 et 24 septembre 1526, pp. 236, 244. — En 1531, on décide aussi la levée directe. *R.C.*, XII, 8 septembre, p. 22. — De même en 1535. *R.C.*, XIII, 14 et 16 septembre, pp. 308-309.

[4] Nous y reviendrons dans la suite de cet ouvrage.

LES PRIVILÈGES DES CLERCS ET DES CITOYENS

Certaines catégories sociales ont bénéficié de privilèges économiques appréciables, aussi bien au point de vue professionnel que fiscal.

Beaucoup de villes médiévales ont vécu repliées sur elles-mêmes sous un régime quasi autarcique. La protection des intérêts de leurs habitants contre toute concurrence extérieure était le souci constant des autorités municipales. Mais, dans le cadre étroit de cette économie urbaine, certaines classes, celle des citoyens et des bourgeois en particulier, étaient privilégiées.

Cependant, d'autres cités se sont peu à peu ouvertes au monde ; leur vocation européenne, et plus tard universelle, s'est affirmée. Obéissant souvent aux impératifs de leur situation géographique, elles ont opté pour le commerce international. Certaines d'entre elles ont tiré de leurs grandes foires d'incomparables avantages. Genève est du nombre de ces villes.

Un problème dès lors s'est posé. Comment harmoniser les intérêts des classes urbaines, des privilégiés notamment, et ce rôle européen ? Un repliement égoïste, un refus de faire la place qui leur était due aux marchands du dehors, la non-acceptation de certaines formes de la concurrence auraient signifié une stagnation et peut-être une régression. L'équilibre entre la protection des citoyens, des bourgeois, éventuellement des habitants d'origine étrangère fixés à demeure dans la ville, et les avantages qu'il fallait bien accorder aux marchands venant du dehors a été difficile à trouver ; la conciliation des intérêts opposés s'est révélée ardue. On peut le constater en étudiant les mesures de politique économique édictées à Genève par les évêques et par la commune.

Les citoyens, les bourgeois et naturellement les clercs possédaient, en face des simples habitants, des droits spéciaux. On est d'ailleurs mal renseigné sur les critères de la stratification politique et sociale. L. Micheli, dans *Les institutions municipales de Genève au XVe siècle*, a cherché à résoudre ce problème. A propos des Franchises d'Adhémar Fabri (1387), il fait ces remarques : « Quels sont ces bourgeois ? Comment et par qui sont-ils admis à porter ce titre ? A quelles conditions ? Ce sont autant de questions que la charte n'aborde pas. Par le fait qu'il est question de certains de leurs avantages, leur existence est constatée, mais la charte ne donne aucun renseignement relatif à leur organisation, Les termes de *cives* et de *burgenses* peuvent donner lieu à de nombreuses confusions. Suivant l'époque à laquelle on se place, ils n'ont pas la même signification. A l'origine, ils s'appliquent à tous les sujets de l'évêque ; plus tard, ils désignent les membres d'une association constituant une personne morale et jouissant, à l'exclusion du reste de la population, de certains privilèges [1]. »

Alfred-L. Covelle a dressé la liste des admissions à la bourgeoisie attestées par des documents parvenus jusqu'à nous [2]. Nous reviendrons dans le chapitre consacré à la population genevoise sur la statistique de ces nouveaux bourgeois [3].

Les causes de ces admissions seraient intéressantes à connaître. Chez les demandeurs, les avantages économiques ont dû être déterminants bien que l'on n'ait pas le droit de minimiser leur attachement à la cité dans laquelle ils vivaient et où ils avaient des amis et peut-être des parents. Les mobiles de leur acceptation par les citoyens et bourgeois sont plus complexes. On ne désire guère, en principe, partager avec de nouveaux venus les privilèges politiques et économiques dont on jouit [4]. Mais, dans les périodes de prospérité, en particulier au moment du grand essor des foires, l'apport de nouveaux venus capables, entreprenants, n'est pas inutile à la collectivité. Dans d'autres cas, notamment dans les périodes difficiles de la fin du XVᵉ et du début du XVIᵉ siècle, l'accroissement du nombre des bourgeois signifie une augmentation de la force de la commune, de sa puissance militaire même ; c'est un moyen de mieux résister aux prétentions de l'évêque et du duc de Savoie. Après la Réforme, alors que le facteur religieux joue un rôle de premier plan, le Refuge sera un élément décisif, non seulement des transformations politiques de la cité, mais aussi de son redressement, puis de son essor économique.

Quels sont les avantages dont bénéficient les citoyens et les bourgeois ?

Déjà au début du XIVᵉ siècle, ils étaient exempts des droits de péage du pont d'Arve. Ils partageaient d'ailleurs ce privilège, à titre de réciprocité, avec les gens de Cruseilles et de Rumilly. Ils ne payaient pas non plus — et avec eux les bourgeois d'Aubonne — le pontonage du Rhône. Quant aux habitants du diocèse, ils étaient exonérés de la moitié de cette taxe.

Les foires ont posé bien des problèmes. Les Franchises octroyées par

---

[1] *M.D.G.*, XXXII, 1912, p. 60.

[2] *Le Livre des Bourgeois de l'ancienne République de Genève*, Genève, 1897.

[3] Cf. *infra*, XIVᵉ partie, chap. III.

[4] D'autres périodes de l'histoire de Genève le prouvent bien. L'opposition, au XVIIᵉ et au XVIIIᵉ siècle, des natifs et des citoyens et bourgeois en est un exemple caractéristique.

Adhémar Fabri en 1387 reflètent la préoccupation, ancienne déjà, de concilier les intérêts des bourgeois et des forains. Si la charte protège les bouchers genevois, personnages puissants qui savent défendre leurs privilèges, on fait tout de même, nous l'avons vu, leur place, certains jours, à leurs concurrents du dehors.

Par définition, les foires doivent être largement ouvertes aux marchands étrangers. Toute la politique de l'évêque et de la commune tend à les attirer. Mais on leur interdit en même temps, les jours de marché, toute transaction en dehors de l'enceinte de la cité sous peine de 3 sous d'amende et de la confiscation des marchandises en faveur des pauvres [1].

D'ailleurs, l'ouverture de la ville aux forains pour le trafic international n'est valable qu'à des jours déterminés : « Que nulz estrangers, drappiers ou aultres marchans, ne puissent ne ne doivent vendre leurs marchandises dedens la cité sinon au jour de marché et chascune foire trois jours et non plus. » S'ils dépassent ces délais, ils seront frappés d'une amende de 60 sous et leurs marchandises seront confisquées au profit de la fabrique de la cathédrale et de l'entretien des bâtiments de la commune [2].

Les citoyens ne manquent pas de dénoncer les forains qui violent cette règle. En 1460, plusieurs d'entre eux portent plainte contre des marchands d'Yverdon qui ont vendu du drap au détail sur les places publiques après la fermeture de la foire. Le Conseil promulgue une ordonnance pour rappeler les prescriptions en vigueur [3].

Une autre limitation pesait sur les marchands étrangers : ils ne pouvaient vendre qu'en gros. Toute livraison au détail était interdite parce qu'elle aurait lésé les intérêts des aborigènes [4].

Nous avons déjà exposé les prescriptions concernant le commerce des vins. Les chanoines et les citoyens en étaient les principaux bénéficiaires [5]. Le ravitaillement de la ville en blé n'était pas toujours facile. Dans ce domaine

---

[1] Art. 52. — L'art. 66 porte « que nulz ne puissent acheter raysins hors des portes de ladite cité, sus la peine de trois gros à devoir appliquer à nous et sur peine de perdre sa denree ». *S. du dr.*, I, p. 225. — Si un clerc, un citoyen ou un bourgeois trouve quelqu'un, dans la ville ou sa banlieue, « achetant aulcune beste ou aultre denree », avant que le marché ne soit conclu, il pourra participer à l'opération, mais « non pas les estrangiers ». Art. 51, *loc. cit.*, p. 221. — Lorsque des marchands achètent « des bestes ou d'aultres denrees », les citoyens et bourgeois pourront y « avoir part et prendre leur provision avec celuy qui ces choses a achetees ». Art. 53, p. 221. — Il s'agit d'une application particulière du droit de lotissement pratiqué au moyen âge. En somme, les privilégiés bénéficient d'un droit de préemption.

[2] Art. 29. *S. du dr.*, I, p. 209.

[3] Borel, *op. cit.*, pp. 89-90. Des plaintes semblables sont de nouveau élevées en 1474 et, contre des négociants juifs, en 1487. *Ibid.*, p. 90.

[4] Borel, p. 90.

[5] Cf. *supra*, chap. précédent.

aussi, on protégeait les intérêts des privilégiés. Le commerce des grains était localisé sur certaines places publiques, les jours de marché. Aucune transaction n'était admise avant qu'on eût dressé une bannière spéciale. A partir de ce moment, seuls les citoyens et les bourgeois pouvaient acquérir du blé, à l'exclusion des étrangers habitant la ville et des forains. Lorsqu'ils avaient terminé leurs achats, on abaissait la bannière. Le marché était alors ouvert à tous [1].

Le droit de tenir boutique et de vendre au détail était l'apanage non seulement des citoyens et des bourgeois mais aussi des habitants, c'est-à-dire des étrangers qui avaient reçu l'autorisation de résider définitivement dans la ville. Quant aux nouveaux arrivés, ils pouvaient obtenir le droit de séjourner dans la cité et d'y exercer leur profession moyennant le payement d'une taxe spéciale, la *sufferte* ou *soufferte*. Ce n'est qu'ensuite qu'ils accédaient au statut de l'habitant, d'ailleurs dans des conditions qui restent obscures. La charte de 1387 en particulier n'y fait aucune allusion. Mais il semble que, dès la fin du XIVe siècle, les citoyens organisés en communauté ont été habilités à recevoir des habitants et naturellement à choisir ceux qui étaient admis à la bourgeoisie [2].

Les citoyens et les bourgeois sont exonérés des leydes et des droits de halle, de poids, de charriage, de rivage et de quai. Lorsque les maîtres des halles, abusant de leur fonction et cherchant à faire rendre son maximum à la ferme qu'ils ont acquise aux enchères, veulent les astreindre à ces taxes, ils savent défendre leurs privilèges et en appeler au Conseil. Ainsi en 1413 et en 1459 [3].

---

[1] BOREL, pp. 90-91.

[2] BOREL, p. 92. — MICHELI, *op. cit.*, p. 59. « D'après l'accord de Seyssel (1124), après un séjour consécutif *d'an et jour* dans la ville, les étrangers ne relevaient que de l'évêque, et tout autre seigneur perdait les droits qu'il pouvait avoir exercés sur eux. Cette disposition, confirmée à plusieurs reprises, conforme d'ailleurs à la règle généralement admise dans tout le pays environnant, ne se retrouve pas dans la charte de 1387. Cependant, aucun texte ne laisse entrevoir qu'elle ait été modifiée. Adhémar Fabri ne la répète pas, parce qu'elle ne fait de doute pour personne et qu'il cherche moins à établir ses droits qu'à définir ceux de ses sujets. Mais, à la fin du XIVe siècle, la situation intérieure de la ville n'est plus la même qu'au XIIe siècle : l'évêque n'est plus seul à exercer la souveraineté ; à côté de lui s'est constitué un pouvoir qui participe, dans une certaine mesure, au gouvernement de la ville. Ce pouvoir reconnaît bien l'évêque pour maître, mais il est indépendant de lui quant à sa formation et à son recrutement ; il réside dans la communauté des citoyens groupés en commune. Quand un individu devient sujet de l'évêque, il n'entre pas de droit dans la commune ; il ne peut y être admis que par la décision de ses représentants. Les bourgeois forment donc un corps distinct de l'ensemble des habitants, avec des prérogatives qu'ils font partager à ceux qui leur agréent. » MICHELI, pp. 60-61.

[3] BOREL, *op. cit.*, p. 259. — Il arrive aussi que l'on exige des garanties des marchands et des artisans qui sont de simples habitants : en 1532, le Conseil décide que le sautier lèvera des gages notamment sur les meuniers, les pâtissiers, les navatiers — ou bateliers — qui ne sont pas bourgeois. *R.C.*, XII, 31 décembre 1532, p. 180.

Certains ecclésiastiques, et plus particulièrement les chanoines et les curés des paroisses de la ville, bénéficiaient de plusieurs privilèges, indépendamment, cela va de soi, de la levée qu'ils opéraient de droits et de dîmes, et des avantages dont ils bénéficiaient en ce qui concerne l'écoulement de leur récolte de vin.

L'instabilité et la tension qui caractérisent certaines périodes du XVIe siècle ont imposé aux habitants de la cité des sacrifices financiers exceptionnels. Or, les clercs ont cherché parfois à en éluder le poids. En 1519, le duc de Savoie ayant occupé la ville exigea des Genevois la rupture de l'alliance qu'ils venaient de conclure avec Fribourg. La riposte ne se fit pas attendre. Après avoir envahi le Pays de Vaud, Fribourg imposa une indemnité à Genève. Il fallut trouver les ressources nécessaires à son payement. L'évêque, par des lettres patentes du 30 avril 1519, autorisa la levée pendant six ans de taxes sur l'entrée et la vente du vin, de la malvoisie, du sel, de la viande, d'autres marchandises encore. Forts de ce droit, les syndics et Conseils décrétèrent en février 1520 des gabelles sur le vin et la viande [1].

Or, le 30 novembre 1520, l'évêque manda au Conseil qu'il désirait que les membres du clergé fussent exempts de celle sur le vin. Le Conseil insista pour qu'elle fût payée par tous, la défense de la ville important aussi bien aux ecclésiastiques qu'aux laïques [2].

En 1521, de nouvelles démarches sont faites auprès du Chapitre pour que les clercs se plient à la gabelle. Tour à tour, le Conseil, le Conseil des Cinquante, le Conseil général prennent des décisions dans ce sens [3]. Quelques jours plus tard, le Conseil est informé que non seulement le clergé refuse de payer la gabelle sur le vin, mais qu'il prétend en outre être dispensé de celle sur la viande [4]. On crut arriver à une transaction : les clercs acquitteraient la taxe sur le vin, mais ils seraient exemptés de la seconde [5]. Cependant, il semble bien que les chanoines ont fini par triompher dans cette épreuve de force [6].

---

[1] Henri DELARUE, *Notes pour l'histoire de la Réforme à Genève avant Farel*, B.H.G., VI, 1933-1938, p. 32.

[2] *R.C.*, IX, pp. 29-30. — L'année suivante, une discussion au Conseil montre que certains auraient préféré un impôt direct, une taille, à des gabelles. Les syndics firent remarquer que les nobles, les riches laïques, les clercs refuseraient de payer cette taille, alléguant qu'ils avaient déjà consenti des prêts à la trésorerie. Le reste de la population était dans une situation trop modeste pour qu'un tel impôt fût productif. *R.C.*, IX, 20 mars 1521, pp. 55-56. — Cependant, des pressions furent encore exercées sur le Conseil pour qu'il supprimât la gabelle en cause. *R.C.*, IX, 26 mars et 2 avril 1521, pp. 57-58.

[3] *R.C.*, IX, 30 avril, 4 et 5 mai 1521, pp. 63, 65-68.

[4] *Ibid.*, 27 mai 1521, p. 74.

[5] *Ibid.*, 29 mai 1521, p. 75.

[6] Jean-Antoine GAUTIER, *Hist. de Genève*, t. II, p. 180 et note. — Cf. aussi H. DELARUE, *loc. cit.*, p. 32.